LA MONDAINE

Véronique Willemin

LA MONDAINE

Histoire et archives de la Police des Mœurs

hoëbeke

Cet ouvrage est destiné à un public majeur.

Un livre édité par Hervé Desinge
Conception graphique : Jef Cortes
Coordination : Annie Pastor

www.hoebeke.fr

Dépôt légal : octobre 2009
ISBN : 9782-84230-359-4
Imprimé en France par l'imprimerie Clerc-Qualibris

PRÉFACE

La genèse de ce livre relève du souhait d'un policier qui part à la retraite d'écrire son parcours, et de sa rencontre avec Véronique Willemin. Le projet s'est transformé, s'est étoffé, puis son aboutissement en a été tout autre. Je veux rendre hommage à la performance et à la constance de l'auteure.

Sa méthode de travail, fondée sur la confiance réciproque, y est sûrement pour quelque chose. Le participant a eu le choix, ou d'écrire lui-même son texte, ou de valider le compte rendu de l'interview. Cette façon d'opérer a satisfait les intervenants. *Tout ce qui a été écrit, a été dit et n'est pas contestable.*

Beaucoup lui avaient prédit l'échec dans son projet d'écriture. D'abord, en tant que femme, vouloir écrire sur la Mondaine relevait déjà de l'exploit. Avoir fait parler, écrire les «patrons» de ce service qui s'y sont succédés, ça n'avait encore jamais été fait. On le sait bien, dans ce métier, le culte du secret écrase les personnes. *Le mérite de l'ouvrage tient à la ténacité de l'écrivaine.*

La «Brigade des mœurs», encore appelée «la Mondaine», sera le service de police qui va accompagner l'évolution des moeurs, en sera le témoin privilégié au nom de l'état pour y observer les acteurs, les épier, jusqu'à parfois les dénoncer dans leurs moindres comportements intimes. La sensibilité de ce service n'échappera à personne. Il sera craint ou vilipendé tout au long de son existence. On lui prêtera des pouvoirs exorbitants parce qu'il détient quantité de dossiers compromettants sur les gens qui fréquentent les établissements où l'on s'amuse, où l'on s'adonne à ses vices cachés.

Les «maisons closes», ou «maisons de tolérance», vont être un terrain de prédilection pour les bourgeois désireux d'aller s'encanailler, et pour les policiers en quête de renseignements. Ces maisons, pour ouvrir, devaient obtenir l'autorisation du préfet de police. La demande devait émaner obligatoirement d'une femme qui prenait l'engagement de gérer son commerce dans le respect des obligations liées à la salubrité, à la sécurité et à l'hygiène des femmes qui y étaient hébergées. Un règlement intérieur définissait la manière dont les pensionnaires devaient se comporter, tant entre elles qu'avec la clientèle.

La Mondaine était chargée de veiller au bon respect des engagements pris par la mère maquerelle. Les sanctions pouvaient aller jusqu'à la fermeture de l'établissement et à la prison pour les pensionnaires. Ces policiers, aux missions très particulières, tenaient à jour la liste des habitués, avec une fiche pour chacun. Ils faisaient «remonter» les renseignements, en rédigeant des «blancs» sur les pratiques sexuelles des clients aux profils susceptibles d'intéresser leur hiérarchie.

Les tenancières de ces «maisons closes» avaient tout intérêt à collaborer avec la police. Elles étaient les principales sources d'information de la Mondaine, ainsi que les pensionnaires qui décrivaient avec force détails les petits «travers» de leurs clients. C'est donc avec ces «petites histoires» que des destins vont s'entrecroiser, révélant les mœurs d'une société qui trouvait, dans ces «maisons de tolérance», un lieu de rencontres, d'évasion et d'exutoire à la vie ordinaire.

Souvent, on me demande ce que je pense de la réouverture des maisons closes. *J'y suis totalement opposé.* D'abord dans le principe même : la femme, dans cette situation, est considérée, ni plus ni moins, comme un produit de consommation courante à disposition de ceux qui se l'approprient sans retenue. Une seule devise : «le client est roi». Ensuite, dans leurs fonctionnement ; les maisons closes se transformeraient bien vite en véritables «maisons d'abattage» sous la houlette de proxénètes chevronnés.

En France, n'oublions pas qu'il y a eu jusqu'à 1 500 maisons de tolérance !!!. Leur disparition ne date que de 1946, sous l'impulsion de Marthe Richard. Le préfet donnait les autorisations, les policiers surveillaient, les médecins soignaient, la tenancière gérait, mais, en fin de compte, tout le monde s'en mettait plein les poches. Ma conviction est que, si les maisons closes reprenaient du service, il est évident qu'on retrouverait les mêmes dérives.

À la fin des «maisons de tolérance», dépassant son côté «raclure de bidets», la Brigade mondaine va faire sa révolution, pour devenir un *service de police d'investigations spécialisé dans la lutte contre la criminalité organisée.* Son sort va d'abord être associé, pendant quelques années, à celui de la Brigade des stupéfiants. Elle va apprendre à mieux connaître les règles du Code de procédure pénale, à faire «tomber» des proxénètes et à enchaîner les fermetures de studios et les chambres d'hôtel.

La Brigade de répression du proxénétisme, alias «la Mondaine» alias «la Brigade des mœurs» va naître en octobre 1989 de la scission de la Brigade des stupéfiants et du proxénétisme. Sa mission :

Lutter contre le proxénétisme sous toutes ses formes. Mettre fin aux agissements de tous ceux qui exploitent la prostitution, démanteler les réseaux internationaux qui font venir des prostituées d'Europe, d'Afrique, d'Amérique du Sud ou d'Asie. En finir avec ce type d'esclavage moderne qui porte atteinte à la dignité de la femme et à son intégrité physique.

Cette nouvelle Brigade aura aussi pour tâche la surveillance et le contrôle du monde de la nuit. Cette mission sera dévolue au «groupe cabarets» qui va l'exercer sur plus de 500 établissements de nuit emblématiques de la vie parisienne. Ce groupe sera reconnu par l'ensemble des exploitants comme étant «la Mondaine», terminologie nettement plus sympathique que Brigade de répression du proxénétisme qui suscite inquiétudes et soupçons.

«La Mondaine» c'est tout à la fois le monde de la nuit, du renseignement et des informateurs, des gens qui savent beaucoup et ne disent rien. On lui prête des pouvoirs immenses, dont on ne sait ce qu'elle va en faire ; c'est le monde de l'argent, des paillettes, du champagne et des femmes.

La nature même des renseignements recueillis par ces policiers lors de leurs «tournées» a changé. *À ma demande, la recherche des informations se fait dans un but strictement judiciaire.* Pas seulement dans le domaine du proxénétisme, mais aussi dans d'autres domaines, comme les stupéfiants, les vols et recels, ou les braqueurs. Le côté «people», qui consiste à savoir qui couche avec qui, lors de la visite de clubs échangistes, ne fait plus l'objet de «blancs». C'est bien la fin d'une époque.

Je dirige la BRP depuis cinq ans. J'ai conscience de faire un travail utile et d'être un empêcheur de tourner en rond pour ceux qui font de l'argent sur ces femmes qui sont poussées à la prostitution. Pour moi, le proxénétisme est abject, quelle que soit la forme qu'il revêt, quelles que soient les violences ou les contraintes exercées, et même s'il n'y en a aucune. Ces femmes sont toutes des victimes.

Une image me vient souvent à l'esprit quand j'observe une prostituée qui attend son client sur un bout de trottoir. J'imagine apercevoir au-dessus d'elle (un peu comme une bulle dans une BD), **le client** qui vient s'acheter du plaisir, **le policier** qui l'épie pour identifier son proxénète, **le journaliste** qui veut faire un papier vendeur, **le psychologue** qui veut comprendre ce qui motive sa prostitution, **le sociologue** qui veut y découvrir un phénomène de société, **les associations** qui veulent la protéger des risques encourus, **l'écrivain** qui veut la faire rentrer dans ses romans, **le juge** qui va la poursuivre pour racolage, **l'avocat** qui va la défendre, **le proxénète** qui veille sur ses intérêts, **le riverain** qui réclame le silence et qui a peur pour ses enfants et tout ça... pour que tout le monde s'accorde à la «trouver invisible» en ne lui reconnaissant aucun statut lui permettant d'exister en tant que prostituée... Quelle ingratitude !

Surtout, ne jugeons pas ces femmes ! Simplement, elles tentent de survivre en faisant la coupure entre leur vie privée et leur activité prostitutionnelle. Beaucoup sont mariées, veuves ou mères de famille. Elles veulent pour leurs enfants, la meilleure éducation. Le secret entre le policier et la prostituée est souvent là : «J'ai un ou des enfants qui ignorent ce que je fais...»

Le monde de la prostitution, c'est celui de la précarisation, de l'exclusion, d'un parcours de vie erratique. Ce que je sais, c'est que ces femmes ne sont pas «moins bien» que les autres, et souvent, *elles sont des femmes de cœur.* J'éprouve beaucoup de compassion pour toutes ces prostituées qui sont passées dans ce service. Moins souvent, la prostitution relève du choix d'un mode de vie, délibérément marginal associé à la liberté, au luxe et à l'argent facile, qui rend les choses immédiatement possibles.

«Je clique, je nique...», formule simplifiée de l'usage d'internet à des fins prostitutionnelles. Trottoirs virtuels, les sites d'escorts pullulent sur nos écrans. On y trouve des corps qui s'affichent, des prestations racoleuses et des tarifs qui suscitent envie et convoitise. La plupart de ces filles viennent des pays de l'Est, où elles se bousculent pour faire partie des «tournées» dans les capitales européennes et amasser, en vendant leur corps et un peu de leur âme, des sommes qu'elles n'auraient jamais pu gagner autrement.

On pourrait en dire autant des Africaines ou des Chinoises, qui viennent à Paris pour une vie meilleure, et qui sont obligées de monnayer leur corps à vil prix pour pouvoir survivre et envoyer un peu d'argent à leurs familles restées au pays.

C'est un univers que j'ai connu et fréquenté en prenant le commandement de la BRP. J'en ai la vision d'un monde cruel, vénal, où les femmes sont à la fois victimes et auteures de leur désespoir. C'est la tragédie d'un parcours que nous essayons d'interrompre, en arrêtant leurs proxénètes, afin qu'elles prennent conscience de ce qu'elles font de leur liberté, *et qu'elles envisagent un autre choix de vie.*

Le profil type du proxénète est assez étonnant, car il ne correspond pas à l'idée caricaturale qu'on s'en fait. Ce n'est plus un type avec costume croisé, cheveux gominés et pompes bicolores. C'est plutôt une femme, prostituée ou ancienne prostituée, qui n'exerce pas vraiment de contrainte directe, entretenant avec «sa protégée» une relation consensuelle du type employeur-employée, propriétaire-locataire… ou maîtresse-amante.

La loi, qui ne punit pas la prostitution mais le racolage à deux mois de prison et à 3 750 euros d'amende, oblige les prostituées à se cacher. Mais l'exploitant d'un salon de massage, d'un bar à hôtesses, d'un hôtel, le propriétaire d'un studio, lui, sera poursuivi pour proxénétisme. Seule issue pour la prostituée, être propriétaire de son studio ou de son salon pour y exercer son activité. Mais quelles sont celles qui en auront les moyens ? Les banques sont-elles prêtes à leur accorder des crédits ?

Des solutions ? Pas vraiment. Certaines d'entre elles, accompagnées par des associations, demandent *la reconnaissance de leur activité comme un métier*. La société n'est pas encore prête à sauter ce pas. Un métier, c'est quelque chose qui se rajoute aux autres professions, avec écoles, formations, diplômes, syndicats… ça le sera peut-être un jour. Après tout, dans l'Antiquité, la prostituée était vénérée et disposait d'un véritable statut social, bien supérieur à d'autres métiers.

Je pense, néanmoins, qu'il ne faut pas brûler les étapes, car les pays qui ont accordé un statut aux prostituées sans cadre juridique suffisamment protecteur sont rapidement devenus des plaques tournantes du trafic des êtres humains. La reconnaissance dans notre pays de la prostitution en tant qu'activité donnant lieu à des droits et des obligations sociales pourrait être un premier pas. Elle offrirait aux prostituées une plus grande autonomie et une meilleure protection contre le proxénétisme.

Guy Parent
Chef de la Brigade
de Répression
du Proxénétisme
à Paris.

"La Fontaine de Jouvence" (détail).
Vers 1411. Fresque décorant la grande salle du château de Manta - Piémont - Italie.

AUX ORIGINES DE LA MONDAINE

LES «GARDIENS DES MŒURS»

De tout temps des femmes et des hommes ont vendu leur corps. La prostitution est inhérente à l'espèce humaine. Depuis l'Antiquité, les pouvoirs en place n'ont eu de cesse d'essayer d'encadrer ce phénomène très humain.

Lutter contre la débauche, réprimer l'outrage à la pudeur, enrayer les plaisirs déviants, préserver les bonnes mœurs, gérer le «mal nécessaire», telles furent les missions officielles confiées aux «gardiens des mœurs».

Par ailleurs, la prostitution a toujours généré d'importants flux monétaires ; le commerce de l'amour rapporte beaucoup d'argent à ses différents interlocuteurs, et en particulier des impôts et des taxes versées à l'État.

Il semble que le sexe tarifé ait toujours été une irrémédiable affaire de couples : fille-client, fille-souteneur ou fille-mère maquerelle, fille-policier. La prostitution a partie liée avec l'alcool, la drogue, la syphilis, et surtout l'argent, toutes choses qui intéressent l'État, c'est-à-dire la police. La police surveille, réprime ; de la répression naît la clandestinité, mais aussi la corruption.

En se baignant dans la fontaine de Jouvence, les couples légitimes et illégitimes ne recherchent pas la vie éternelle mais l'amour sans limites.
Ils sont en quête d'infini : fresque du XIVe siècle – Château de Manta-Piémont.

LE ROI DES RIBAUDS

Des origines à l'ultime fin de l'Ancien Régime, aucun roi, sous les règnes desquels ont alterné régimes de tolérance et régimes de répression, n'a réellement réussi à empêcher l'amour vénal. Quand la prostitution semble avoir disparu, c'est qu'elle est devenue clandestine, donc invisible.

C'est sous le règne de Philippe Auguste, roi de France de 1180 à 1223, qu'est instituée une milice, les Ribauds, à qui l'on confie la police des «filles publiques», ou «filles folles». À sa tête, le «roi des Ribauds» était juge souverain des mauvaises mœurs. Cet officier à la fonction particulière était autorisé à prélever des amendes auprès de ces filles publiques, dont le nombre ne cessait de croître.

Elles pouvaient exercer librement dans certaines rues à Paris : rues Fromentel, Pavée, Glatiny (dite «du Val d'Amour»), Tiron, Chapon, Brisemiche, du Renard, du Hurleur, de l'Abreuvoir, Saint-Denis…

Dans ces rues, elles avaient leur local, qu'elles devaient tenir proprement et rendre agréable. Elles étaient obligées de s'y rendre à dix heures du matin et d'en sortir dès que sonnait le couvre-feu (six heures du soir en hiver ; huit heures en été).

Il leur était absolument défendu d'exercer ailleurs, hors les lieux autorisés et réglementés. Elles n'avaient pas le droit de recevoir de clients chez elles et encore moins chez autrui (logeuse, ami, hôtel…).

«Œil et oreille de sa majesté», à la fois juge et bourreau, le «roi des Ribauds» régnait en maître absolu sur la prostitution parisienne. En raison de ses excès, cette milice sera supprimée par Philippe le Bel (1268-1314).

La chapelle de Vénus - Le champion des Dames. Miniature de XVe siècle.

LA DISCIPLINE DES MŒURS SELON LOUIS IX

Confronté à une grave maladie, Louis IX fait devant Dieu et devant son peuple le vœu solennel de partir en croisade s'il guérit. Il embarque à Aigues-Mortes en 1247, et arrive en Égypte en 1249. Il est fait prisonnier, rapidement, et ne retrouvera sa liberté qu'après avoir payé une colossale rançon. C'est en captivité qu'il fait le serment de réformer toute sa police, en accord avec la volonté de l'Église. Rentré dans son royaume de France, convaincu qu'il doit conduire son peuple purifié devant Dieu, Louis IX fait de la discipline des mœurs l'un des piliers centraux de sa réforme politique. Afin de rendre la vie de ses sujets conforme à l'idéal chrétien, il devient interdit de blasphémer, de jouer aux dés et de se prostituer.

Ainsi, par l'ordonnance royale de décembre 1254, les femmes publiques doivent être expulsées du Royaume, leurs biens doivent être confisqués, ainsi que leurs vêtements, et ceux qui leur livrent asile risquent de perdre leurs propriétés.

Face à cette sévère répression, la prostitution entre dans la clandestinité. Cette situation déplut fortement à de nombreux intellectuels, princes, bourgeois et hommes influents, qui se plaignirent. Ils firent pression en argumentant que, depuis l'ordonnance de 1254, il était devenu très difficile pour eux de protéger la vertu de leur femme et de leurs filles contre les abus et les violences sexuelles, qui, auparavant, étaient canalisés dans les bordels. Il fallait non pas interdire, mais autoriser le «mal nécessaire» pour mieux le surveiller et le régenter.

Considéré comme inapplicable, l'édit de 1254 est révoqué deux ans plus tard. Une nouvelle ordonnance royale de 1256 rétablit la prostitution et la réouverture des bordels dans des rues assignées.

Bain public – Manuscrit, vers 1470 – Staatliche Museen – Berlin.

À CHAQUE VILLE SON BORDEL

Toléré par l'Église comme un moindre mal, qui empêche le viol et l'homosexualité, le bordel devient le lieu d'apprentissage de la sexualité, sans désaccord avec la morale chrétienne.

Cependant, en 1269, avant de s'embarquer pour sa deuxième croisade, le saint roi adresse aux régents une lettre dans laquelle il les prie d'extirper le «Mal» à sa racine. Outre la prostitution, le jeu, le blasphème et l'usure sont prohibés.

Au nom de la morale royale, les «gardiens des mœurs» volent et maltraitent quelques milliers de filles de joie. Mais d'autres les remplacent, qui espèrent ainsi sortir de la misère de leur vie quotidienne ; l'offre répond à la demande ; la clientèle ne cesse d'augmenter. La rigueur imposée ne tarde pas à produire des effets opposés au but poursuivi. Les filles traquées et punies comme des criminelles quittent la ceinture dorée qui était leur signe distinctif. Elles se vêtent comme des femmes honnêtes, auxquelles elles se mêlent. La fusion et la confusion sont totales. La police chargée des prostituées n'ayant plus de repères commet de très grandes erreurs… Le désordre est tel que Louis IX doit impérativement se montrer plus tolérant. Il décide d'ouvrir à Paris les portes de deux centres de réadaptation et de reclassement pour les ribaudes.

Mais un problème plus complexe se pose, qui est insoluble : la prostitution en Terre sainte.

Le péché de la chair ou l'abstinence ?

Comment résoudre le grand dilemme des croisés ?

À la campagne, les filles de joie vont de village en village en fonction du calendrier des foires, des marchés, des fêtes… Seul l'étendard à l'entrée permet d'identifier le lieu de plaisir .

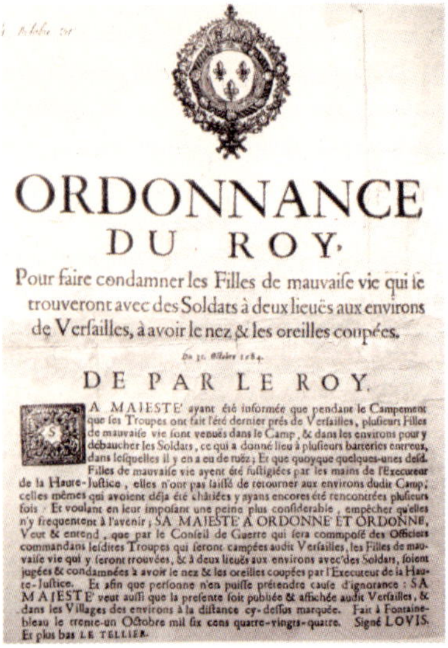
ORDONNANCE
DU ROY.
Pour faire condamner les Filles de mauvaise vie qui se trouveront avec des Soldats à deux lieuës aux environs de Versailles, à avoir le nez & les oreilles coupées.

Du 31. Octobre 1684.

DE PAR LE ROY.

SA MAJESTE' ayant été informée que pendant le Campement que ses Troupes ont fait l'été dernier prés de Versailles, plusieurs Filles de mauvaise vie sont venuës dans le Camp, & dans les environs pour y débaucher les Soldats, ce qui a donné lieu à plusieurs batteries entr'eux, dans lesquelles il y en a eu de tuëz; Et que quoyque quelques-unes desd. Filles de mauvaise vie ayent été fustigées par les mains de l'Executeur de la Haute-Justice, elles n'ont pas laissé de retourner aux environs dudit Camp; celles mêmes qui avoient déja été chassées y ayans encores été rencontrées plusieurs fois: Et voulant en leur imposant une peine plus considerable, empêcher qu'elles n'y frequentent à l'avenir; SA MAJESTE' A ORDONNE' ET ORDONNE, Veut & entend, que par le Conseil de Guerre qui sera commposé des Officiers commandans lesdites Troupes qui seront campées audit Versailles, les Filles de mauvaise vie qui y seront trouvées, & à deux lieuës aux environs avec des Soldats, soient jugées & condamnées à avoir le nez & les oreilles coupées par l'Executeur de la Haute-Justice. Et afin que personne n'en puisse prétendre cause d'ignorance: SA MAJESTE' veut aussi que la presente soit publiée & affichée audit Versailles, & dans les Villages des environs à la distance cy-dessus marquée. Fait à Fontainebleau le trente-un Octobre mil six cens quatre-vingts-quatre. Signé LOVIS. Et plus bas LE TELLIER.

Cette ordonnance royale datée du 31 octobre 1684 est signée par le roi et son vieux chancelier Michel Le Tellier. La menace n'a guère été dissuasive... Musée de l'Île-de-France – Sceaux.

Les soldats du Christ qui partaient en expédition en Terre sainte pendant de longs mois ne résistaient pas toujours à la tentation de la chair, d'autant qu'un cortège de filles publiques les suivait...

En 1270, après la prise de Damiette, les gens du roi établissent dans le camp, à proximité même du pavillon royal, des lieux de débauche autorisés.

Après la huitième croisade menée par Louis IX, les livres de comptes royaux font état, sous la rubrique «serviteurs du camp», d'un salaire payé par le Royaume à plus de treize mille prostituées, afin d'encourager et de soutenir les pèlerins armés dans la guerre sainte. Paradoxe de la morale chrétienne face au «mal nécessaire»...

La femme publique était devenue une institution royale. Elle allait le rester jusqu'à la Révolution de 1789, pour ensuite devenir une institution républicaine.

LE RETOUR À LA MORALE : LA CRISE DE CHASTETÉ

Après la grande période de tolérance des XIVe et XVe siècles, tolérance d'une époque troublée par les guerres et les épidémies, l'on assiste à un retour rigoureux à la morale et à l'ordre.

Au XVIe siècle, la syphilis, importée d'Amérique, l'insécurité due aux guerres de religion, puis la Contre-Réforme ou Réforme catholique remettent en question l'équilibre acquis.

Les villes catholiques se sentent obligées de suivre les exemples des luthériens et des calvinistes, rigoureux et inflexibles. L'édit de 1560, plus connu sous le nom d'ordonnance d'Orléans, est l'aboutissement de cette politique répressive.

Les étuves sont fermées les unes après les autres, de même que tous les bordels municipaux (*prostibulum publicum*). Assainissement et purification sont les devises du pouvoir. L'époque où il n'existait pas de bonne ville sans son «abbaye», son «bon hôtel», son «bon bordel» est révolue.

Maison de force pour les mendiants, les prostituées et les délinquantes avec leurs enfants.

Dans toute la France, il est formellement interdit aux filles de mauvaise vie de participer aux danses et d'assister aux mariages. Les ordonnances de police se succèdent. Elles multiplient les interdictions.

Les dénonciations virulentes des prédicateurs trouvent écho dans la population. Les unions libres sont interdites. Le concubinage est condamné. Les hommes mariés qui fréquentent les bordels sont punis et blâmés. L'impudeur et l'indécence sont dorénavant proscrites.

De publiques, les maisons deviennent privées. Le nombre des filles ne diminue pas. Les «pères la pudeur» n'avaient fait qu'ouvrir les portes de l'ombre et de la clandestinité.

UN CRIME DE TROP…

Après le faste et l'exubérance, la rigueur est de mise pour ces Dames à la cour – Illustration pour l'Almanach – 1655.

À la mort de Mazarin, en 1661, Louis XIV proclame sa volonté toute-puissante d'assumer seul les charges du pouvoir. Le regard critique des étrangers sur Paris, la plus belle ville du monde, «jugée sale, encombrée, dangereuse et mal policée», appelle à une réorganisation du pouvoir de la police.

Et c'est un fait divers retentissant qui va déclencher une révolution administrative, un tournant radical dans l'organisation de la police et de la justice du Royaume.

«Le 24 août 1665, vers 11 h du matin, l'un des plus hauts magistrats du Châtelet, le lieutenant-criminel Jacques Tardieu et sa femme sont assassinés dans leur hôtel particulier du quai des Orfèvres, par deux jeunes provinciaux à court d'argent. Sous prétexte de demander l'aumône, ils s'étaient introduits chez eux, armés d'épées et de pistolets.»

La nouvelle suscite une vive émotion. Les gazettes crient au scandale. Qui désormais peut se croire en sécurité ? Très commentée par la presse, la fin tragique des Tardieu est un révélateur du malaise qui règne à Paris. La police ne maîtrise plus les problèmes croissants, posés par le nombre de marginaux et de «vrais pauvres» qui vivent dans une véritable cour des Miracles. En 1660, la capitale abrite environ 40 000 pauvres pour 300 000 habitants !

Sur le conseil de Colbert, Louis XIV se décide à agir énergiquement. Il réunit un comité de quinze sages présidé par le chancelier de France : Henri Séguier. Ils sont chargés d'«étudier les moyens de rendre la police plus efficace, plus adaptée à rétablir le bon ordre et la discipline publique».

Portrait de Gabriel Nicolas de La Reynie – Premier Lieutenant de police.

Le 15 mars 1667, l'édit royal de Saint-Germain-en-Laye prononce la séparation de la Police et de la Justice. Une tradition multiséculaire disparaît : «Comme les fonctions de Justice et de Police sont souvent incompatibles et d'une trop grande étendue pour être bien exercées par un seul officier dans Paris, nous avons résolu de les partager.» La charge d'un nouveau magistrat était née : le lieutenant de police, responsable de toutes les «matières concernant la police». Le roi résuma en trois mots la mission de son nouveau lieutenant de police : «Netteté. Clarté. Sûreté».

Cette charge est confiée à un homme de quarante-deux ans, né à Limoges, juriste de talent et maître des requêtes, qui avait siégé dans la commission Séguier : Gabriel Nicolas de La Reynie.

Dépendant directement du secrétaire d'État à la Maison du roi, en rapport constant avec le chancelier et le roi lui-même, ce premier policier de France dispose de compétences très étendues, parmi lesquelles la police des mœurs, dite «police des Demoiselles», chargée de la prostitution, de la surveillance de l'imprimerie, des librairies, et des colporteurs, susceptibles de répandre des libelles clandestins imprimés à Amsterdam…

Pour faire face à ces attributions, La Reynie reçoit des moyens considérables. Il a sous ses ordres quarante-huit commissaires répartis dans les dix-sept

Réorganisation des services de la police parisienne par Colbert – 1666 /1668.

Mme de Maintenon dévote et austère épousa secrètement Louis XIV, après la mort de la reine, en 1683. Considérée comme le mauvais génie du roi, elle se fit mal aimer de la cour – Portrait de Mignard – Château de Versailles.

Louis XIV en prière – 1682 – Miniature des "Heures de Louis XIV".

quartiers de Paris, des inspecteurs de police, des sergents à pied, à cheval, et des archers.

La Reynie, qui cherche à répandre au plus vite dans le public une image favorable de la nouvelle institution, sait qu'il doit répondre à la demande générale de la sécurité et de la morale sociale.

Pour lutter contre la délinquance, la débauche et la prostitution, il organise son réseau d'indicateurs, conscient que, sans renseignement, il n'y a pas de police possible.

Recrutés dans tous les milieux, les «observateurs» sont des courtisans, des laquais, des prêtres, des cabaretiers, des hôteliers, des mères maquerelles, voire d'anciens magistrats ou avocats.

Rémunérées sur le fonds de la lieutenance, à la journée ou au coup par coup, ces «mouches» permettent à La Reynie de connaître les noms et la classification des gueux, leurs signes, leurs langages, de contrôler les maisons de jeu, les tavernes, les garnis, et de renseigner le roi sur l'«esprit public», sur le «milieu», sur la liberté des mœurs de ses sujets.

Cette organisation très structurée et très hiérarchisée fut d'une efficacité remarquable. Elle permit sans délai de démanteler et de déstructurer la cour des Miracles. En 1668, le refuge des marginaux, des souteneurs et des filles est en voie de disparition.

Sous l'influence hypocrite de madame de Maintenon, Louis XIV redouble de sévérité : une répression sans précédent allait commencer pour les «filles de mauvaise vie».

«L'hôpital est désormais pour elles, l'espace d'exclusion», commente Michel Foucault, dans son analyse de l'*Histoire de la folie à l'âge classique.*

L'internement temporaire ou à vie à l'hôpital général devient le traitement classique, légal, pour tenter d'enrayer la débauche, et ce jusqu'à la fin de l'Ancien Régime.

Le grand hôpital a pour vocation d'être un établissement de correction, par le travail et par la piété.

L'ordonnance du 20 avril 1684 spécifie : «Les femmes de débauche et prostitution publique et scandaleuse, ou qui en prostituent d'autres, seront enfermées dans un lieu particulier, destiné pour cet effet dans la maison de la Salpêtrière. Elles entendront la messe les dimanches et fêtes et seront traitées des maladies qui leur pourront survenir, sans sortir du lieu où elles seront enfermées, qu'en cas de nécessité indispensable. Elles prieront Dieu, toutes ensemble un quart d'heure le matin et autant le soir.»

Toute la journée, les religieuses leur font la lecture, soit le catéchisme ou d'autres livres de piété, pendant le travail qu'on leur donne à faire. Travail toujours pénible. Quand elles manquent aux règlements, le potage leur est supprimé. Et en aggravation, elles sont mises au carcan. Puisque la petite vérole décime les troupes royales, le roi décrète que les filles trouvées en compagnie de soldats auront le nez et les oreilles coupés.

Si, dans un premier temps, ces ordres barbares sont exécutés à la lettre, ces châtiments exemplaires n'obtiennent pas le résultat escompté. De plus, les peines sont si manifestement disproportionnées que les juges eux-mêmes hésitent à les prononcer.

LES FILLES D'AMOUR, UNE AFFAIRE DE POLICE

Avec un pouvoir quasi discrétionnaire laissé à la police parisienne, et surtout au «département des Demoiselles», la voie est ouverte aux abus, brimades, vexations, humiliations…

Face à cette situation qui laisse libre cours à tous les abus, un arrêté daté du 12 septembre 1708 enjoint aux commissaires de police d'exiger que les dénonciateurs signent leurs déclarations afin d'éviter les règlements de comptes passionnels ou les faux rapports.

L'ordonnance de Louis XIV du 26 juillet 1713 ajoute d'autres formalités. Elle entend donner un minimum de garanties juridiques aux accusés, protéger les filles des bavures, des vengeances…

Le texte établit : «Obligation aux dénonciateurs de prêter serment, avec des preuves nécessaires pour les poursuites et une voie de recours prévue pour les sentences de police.» (Appel au Parlement).

Par ailleurs, le texte fixe une distinction entre deux catégories de délits :

- Ceux de «débauche publique et vie scandaleuse de filles ou femmes», qui donnent lieu à des amendes, des aumônes ou à une injonction de quitter les lieux, avec confiscation des meubles au profit de l'hôpital général. Le soin de ces affaires était laissé à la police et à la juridiction de son lieutenant général, juge en son audience ;
- Ceux «de maquerellage, prostitution publique et autres».

Les faits entraînent «l'application d'une peine afflictive (bannissement, réclusion dans une maison de force) ou infamante». Le procès était instruit soit par le lieutenant général de police, soit de préférence par le lieutenant criminel du Châtelet. En cas d'appel, il était porté devant le Parlement de Paris.

Tabatière à secrets – le double fond dévoile une femme tenant un préservatif dans les mains.

Tabatières et boîtes sont commandées aux marchands-merciers et aux orfèvres, qui transmettent les désirs de leurs clients aux artistes. Il est de bon ton de posséder sa maîtresse peinte en miniature.

Si le couvercle de la boîte à secrets est charmant et honorable, l'intérieur en est d'autant plus licencieux.

Si les textes juridiques semblent ouvrir la loi à des distinctions essentielles dans le degré de délit, la différence entre «prostitution publique» et «débauche publique ou vie scandaleuse» n'est nullement définie. Ce qui signifie, précise l'historienne Erica-Marie Benabou, que, «sur le plan des faits, en réalité, cette démarcation capitale, qui entraînait des condamnations très différentes (poursuite, procès ou simple amende) n'existait ni pour la police, ni pour la justice et encore moins pour l'opinion. La débauchée ou supposée telle était donc de fait totalement à la merci de la police. Elle était, en effet, coupable par définition. Elle pouvait être à tout moment inquiétée ou arrêtée. Et cette culpabilité en puissance la mettait hors du droit commun. Libre, elle était une délinquante impunie. Arrêtée et jugée, sa débauche devenait un crime. Plus de différence dès lors entre prostitution publique et prostitution privée. Dès l'instant, ou par le hasard d'une rafle, d'une dénonciation, ou pour toute autre raison, la fille était arrêtée, sa débauche la mettait d'emblée en position d'être condamnée. Ajoutons que toute femme trouvée dans un lieu de débauche par la police est considérée comme prostituée, quelles que soient les circonstances où elle prétend y avoir été amenée. La notion de responsabilité ou de volonté n'est qu'exception nellement prise en considération. Ce qui confirme la notion d'"infamie de nature" qui s'attache à la personne des prostituées. Méprisable, dégradée, la débauchée ne peut prétendre aux mêmes droits que les autres citoyens. On ne reçoit point en Justice de témoignages de ces sortes de personnes.»

Le texte de loi, du 26 juillet 1713, va rester la base juridique des procédures pour «débauche des filles ou femmes» pendant tous les XVIIIe et XIXe siècles et le début du XXe siècle.

En 1901, à la demande de la Commission d'étude des questions relatives à la prophylaxie des maladies vénériennes, initiée par Waldeck-Rousseau, le préfet de police de Paris, Louis Lépine, dresse dans son rapport sur LA POLICE DES MŒURS À PARIS l'inventaire de tous les textes de lois et des ordonnances qui lui paraissent, à l'aube du XXe siècle, constituer les bases légales de son action : «Il s'agit des ordonnances des lieutenances des 20 avril 1684, 26 juillet 1713 et 6 novembre 1778 qui forment le fond du droit.»

"Le Déjeuner au jambon" (détail). Peinture de Nicolas Lancret - Musée de Condé – Chantilly.

LA RÉGENCE : L'ÂGE D'OR DE LA LUXURE. 1715-1723

À la mort de Louis XIV, le monde galant respire à nouveau. La liberté des mœurs est de retour à la Cour. La pruderie et l'austérité qui sévissaient à la cour du vieux monarque moralisateur et dévot disparaissent pour laisser place aux fêtes d'Amour.

Éduqué et instruit à la débauche par son précepteur l'abbé Dubois, qui devient plus tard cardinal et ministre, le régent Philippe d'Orléans aime à se compter parmi les plus coquins «roués» du Royaume. Amateur d'orgies et d'excès, il a su fermer les yeux sur tous les scandales et même utiliser les renseignements que pouvaient lui fournir les mères maquerelles sur leurs clients...

LA CURIOSITÉ VICIEUSE DE LOUIS XV

À la Cour règne une licence sans frein. La police des mœurs protège les filles qui s'engagent à dénoncer les prêtres et les moines qui viennent se divertir chez elles. Les surprendre était un fin plaisir de la police, qui envoyait les procès-verbaux de ces «expéditions» à l'archevêque de Paris et un double au roi. La police des mœurs était devenue, pour ses agents, un moyen au service de ses intérêts et de ses plaisirs.

Mais Louis XV n'en exige pas moins de son peuple ordre et vertu.

Dans le cadre de vastes remaniements des services de police, en 1747, le lieutenant général de police Nicolas-René Berryer de Ravenoville crée le «Bureau de la discipline des mœurs». Les missions qu'il confie à ce «département des filles» dépassent de loin leurs simples contrôles. Il s'agit d'un véritable service de renseignements. La police des mœurs avait officiellement sa police de l'ombre.

Afin de rendre compte fidèlement tous les matins, dès son réveil, au roi des escapades, des relations intimes et de la vie secrète des nobles gentilshommes de son entourage, Berryer place à sa tête l'inspecteur Meusnier, un policier qui a toutes les qualités nécessaires pour ce type de travail.

«Il sut obliger les tenancières des maisons à lui fournir un journal détaillé jour par jour, et même heure par heure, de tout ce qui se passait dans leur entourage, de tous les marchés passés chez elles et par leur intermédiaire, insistant sur les détails les plus intimes, les plus secrets, les obligeant à dévoiler les passions de chacun de leurs clients. Muni de ces notes précieuses, Meusnier les agrémentait, enjolivait leur brutalité souvent obscène d'un tour de phrase ingénieux. Ses bulletins journaliers étaient ensuite revus par Berryer qui se chargeait personnellement d'en donner connaissance à Louis XV. Bien qu'affectant un profond mépris pour les femmes, Meusnier ne négligeait pas les nombreuses occasions qui lui étaient offertes, choisissant de préférence les primeurs.»

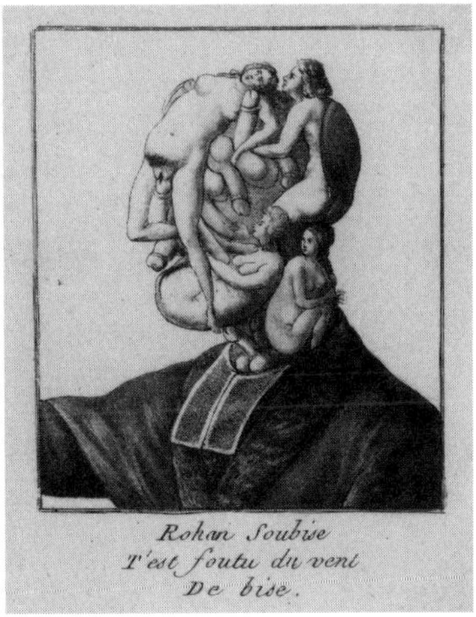

Charles de Rohan, ministre de Louis XIV et Louis XV, prince de Soubise, maréchal de France, et surtout grand libertin.

À la mort de Meusnier, en 1757, Louis Marais prend la succession de son maître. Il a appris à connaître par cœur le monde galant, le milieu de la nuit, et à rédiger quotidiennement *Le Journal galant*. Il enquête, annote, rapporte, transmet à Sartine, lieutenant général de police de 1759 à 1774, des renseignements des plus compromettants pour les galants...

Usant tour à tour de la menace, de la protection et du chantage, Louis Marais s'assure son empire sur ses «sujettes», mais aussi sur les libertins.

Les cabinets particuliers de Louis XV

Antoine de Sartine, comte d'Alby, profita des faveurs d'une amie très intime, ancienne maîtresse du Régent, pour déployer à souhait ses talents et ses ambitions. Conseiller au Parlement, puis maître de requêtes, il accède en 1759 à la charge de lieutenant général de police du Royaume. Il succède à Léonard Bertin de Bellisle, qui ne fut qu'un intermédiaire de courte durée entre Nicolas Berryer et lui-même.

D'une stature impressionnante, travailleur opiniâtre, homme de culture d'une intelligence exceptionnelle, d'une mémoire phénoménale, il s'intéresse de très près, pour le bon plaisir du roi, à la rubrique mondaine et à son «cabinet noir».

Rien de tout ce qui touche aux mœurs de la Cour et du monde ne lui échappe. Il entretenait des espions et des mouches pour obtenir des informations dans le royaume, mais aussi dans les cours étrangères et jusqu'en Amérique.

Ce n'est pas par forfanterie qu'il put dire un jour à Louis XV : «Sire, quand trois personnes causent dans la rue, l'une d'elles est à moi.»

Et quand on venait à lui reprocher le côté peu recommandable de ses «hommes de l'ombre», il avait un grand sourire pour s'en justifier : «Indiquez-moi donc des honnêtes gens qui accepteraient de faire un métier pareil !»

Le duc de Richelieu portait sur lui des boîtes à secrets et des tabatières qui renfermeraient des scènes licencieuses.

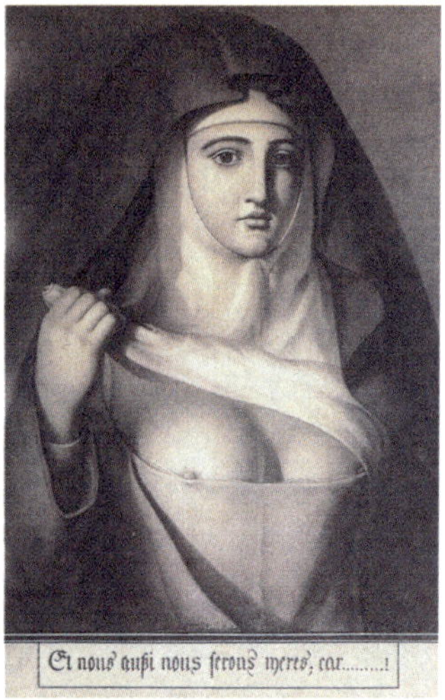

Dessin aquarelle réalisé par Jean-Jacques Lequeu – 1791.

"Le Scandale de Jean-Baptiste Girard" Ce jésuite, recteur du séminaire de Toulon, fut accusé en 1730 d'avoir séduit une jeune fille ; il fut acquitté par le parlement d'Aix, mais fut contraint de fuir le scandale.

LA CHASSE AUX «PRÊTRES DÉBAUCHÉS»

Dans son étude sur l'action occulte de la police des mœurs au XVIIIe siècle, l'historienne Erica-Maria Benabou [3] s'intéresse à une catégorie de population masculine à laquelle la police des mœurs porte un intérêt bien particulier : les prêtres libertins, les moines débauchés et les ecclésiastiques travestis.

«Ils sont au cœur des rapports entre police et prostitution. [...] À partir des années 1750-1755, sur ordre du roi, s'organise une véritable chasse aux "prêtres débauchés". Les policiers disent agir "en vertu des ordres" dont ils sont porteurs, généralement envoyés par le lieutenant général de police (parfois après la capture et souvent antidatés). Les opérations se déroulent selon un scénario invariable. [...] Un inspecteur et un commissaire de police, le premier ayant requis le second, pénètrent chez une prostituée où ils surprennent un homme d'Église. Il est interpellé de son identité, puis il est interrogé sur ce qui s'est passé [...]. À la prise de la Bastille, les dossiers des prêtres libertins furent saisis dans les papiers de lieutenance de police»...

Dans son livre *La Fermeture*, Alphonse Boudard retrace l'histoire succincte de la galanterie et de ses maisons d'accueil depuis l'âge de pierre jusqu'à l'ère de la bourgeoisie absolue. Il révèle que «la police signale peu avant la Révolution que la flagellation est une passion très courante, et qu'elle domine surtout chez les gens d'Église». L'inspecteur Marais rapporte, entre autres, que le bibliothécaire des Petits Pères de la place des Victoires se faisait étriller de bonne façon par deux femmes qui furent obligées, «faute de verges, de prendre un paillasson de jonc qu'elles avaient défilé quand j'entrai dans ce lieu, tout son corps ruisselait de sang».

Un ouvrage anonyme en deux volumes, *La Chasteté du clergé dévoilée ou Procès-verbaux des séances du clergé chez les filles de Paris trouvés à la Bastille*, révèle les mœurs des prêtres débauchés au public. Cet ouvrage reproduit les procès-verbaux et les rapports d'inspecteurs relatifs à deux cent six arrestations. Le sens de cette publication, de 1790, est «de dénoncer les abus despotiques de l'ancienne police liée à l'épiscopat de Paris, représentative d'un ancien régime corrompu, et la scandaleuse inquisition qui frappait, réduisait à la clandestinité, à l'hypocrisie, les hommes qui aspiraient aux plaisirs de l'amour : pour les prêtres, vouloir s'amuser n'a rien que de normal», affirme l'auteur.

Une scène friponne apparaît lorsque l'on ouvre la porte du confessionnal.

"Le Curé", lithographie française anonyme datée de 1740.

Le château de Versailles, royaume de la cabale. Les courtisanes et les ecclésiastiques excellent dans les alcôves et les longs couloirs dans la mise en œuvre des complots.

L'INQUISITION CONTRE LES LIBERTINS DU CLERGÉ

L'importance des moyens et du personnel mis en œuvre, l'envergure des opérations, sans commune mesure avec l'issue des poursuites, contre les libertins de l'Église vont se révéler des enjeux importants.

Au centre du dispositif : l'inspecteur Meusnier – jusqu'en 1757 –, puis Marais. Les «ordres venus d'en haut» et l'appât du gain ont su, semble-t-il, stimuler le zèle inégalé de cet inspecteur, qui aimait agir lui-même, avec la complicité des matrones, les meilleures «donneuses»... Que ce soit par la tolérance ou par la protection, il savait monnayer leurs délations...

«Dans cette chasse au clergé libertin, les prostituées, gibier ordinaire du policier, se font pour lui rabatteuses ; encouragées à attirer, racoler pour son compte, il les soutient, les promeut, et en échange d'avantages ponctuels et précaires, renforce en même temps sur elles son emprise. La police particulière du clergé a eu beau ne durer qu'une quinzaine d'années, elle a joué un rôle pivot, révélé et accéléré à la fois l'évolution de la prostitution parisienne. En s'efforçant de l'affilier, elle a contribué à la professionnaliser», écrit Erica-Marie Benabou.

Le prêtre débauché devait signer une reconnaissance très précise de tous ses actes sexuels et une promesse de ne pas récidiver. La fille était également entendue. Une «soumission», ou «procès-verbal de débauche», était dressée par le commissaire. Le lieutenant général de police en recevait une copie. Il jugeait en audience quelques coupables, les religieux et les séminaristes étaient reconduits sous escorte, dans leur établissement, et remis au supérieur contre une «décharge». Les autres étaient relaxés, fréquemment contre un engagement de s'éloigner de la capitale pour ceux qui n'étaient pas parisiens.

Les archives révèlent l'étonnante ampleur de ces opérations particulières : plus d'un millier d'arrestations «d'ordre du roi» ont été opérées dans la décennie 1755-1764. Et pour la seule année 1758, cent soixante-dix-neuf arrestations !

La figure de l'ecclésiastique libertin ou débauché tient une place considérable dans la littérature du XVIIIe siècle. Mais sous la plume des écrivains, rares sont les hommes d'Église qui sont arrêtés chez les filles, et encore moins verbalisés. Diderot, le premier, a su et osé le montrer dans un épisode du roman Jacques le Fataliste : l'abbé Hudson, un homme noir débauché, supérieur du couvent de Prémontrés, est surpris chez une prostituée. Traduit devant le magistrat, il réussit à faire étouffer l'affaire. Plus tard, il fait attirer chez une fille, sous un faux prétexte, deux moines innocents : ses ennemis. Dénoncés, ils sont arrêtés, contraints à signer le procès-verbal dressé par le commissaire et emprisonnés.

Caricature lubrique de l'Abbé M, à la manière d'Arcimboldo.

INTERDIT DE RACOLER, MÊME PAR LES FENÊTRES

Sous le règne vertueux de Louis XVI et de la chaste Marie-Antoinette, la réglementation redouble de sévérité.

Le lieutenant de police Lenoir lance sa fameuse ordonnance du 6 novembre 1778, qui est toujours en vigueur lors de la création de la Mondaine, en 1901 !

«Faisons très expresses inhibitions à toutes les femmes et filles de débauche de raccrocher dans les rues, sur les quais, places et promenades publiques, sur les boulevards de cette ville de Paris, même par les fenêtres. Le tout, sous peine d'être rasées et enfermées à l'hôpital.»

À partir de l'année 1778, année terrible pour les filles de joie, les arrêtés, les ordonnances et les règlements se succèdent et se répètent, en vain... La prostitution ne cesse de s'accroître... Le législateur n'avait pu «extirper la plaie de la prostitution».

De nouvelles pénalités sont promulguées en 1780, puis en 1784. Les filles qui se prostituent dans les débits de boissons sont arrêtées, conduites devant le commissaire et condamnées, à la première arrestation, à trois mois de prison.

Dans son *Histoire de la législation sur les femmes publiques*, Sabatier met l'accent sur le tableau du nouveau désordre qui règne dans l'ordre apparent : «Quand il s'élevait des querelles dans les maisons de prostitution, le premier commissaire averti s'y transportait avec la garde, faisait arrêter les femmes et les emprisonnait, qu'elles fussent coupables ou non. Elles étaient responsables du tapage qui se faisait chez elles, que ce fût ou non contre leur gré. Lorsque les voisins se plaignaient des filles qui habitaient dans le quartier, on les arrêtait également. Un inspecteur de police était chargé de leur surveillance, ayant sur elles un pouvoir discrétionnaire qui lui valait une trentaine de mille livres, chaque année. Tous les lieux de prostitution étaient inscrits sur le registre de cet officier.

Tout ce qui pouvait flatter les goûts de l'inspecteur de police lui était prodigué par les souteneurs de maisons. Il disposait des personnes, de leur liberté, jouissait de droits abusifs et percevait des impôts sur ces malheureuses.

Quand il avait besoin d'argent, il avertissait de sa visite les maquerelles et les filles en chambre, qu'il ferait enlever celles contre lesquelles des plaintes étaient portées. C'étaient celles qui ne lui avaient rien envoyé pendant un mois ou six semaines.

Alors les cadeaux, les présents lui arrivaient de toutes parts, et l'inspecteur avait les premières faveurs d'une fille nouvellement séduite.

On enlevait tous les mois, sans façon, trois ou quatre cents femmes. Celles qui avaient de l'argent se tiraient d'affaire. On mettait les malades à l'hôpital. Les autres étaient conduites en prison. [...]

Outre les filles, enlevées la nuit par la police, il y en avait qu'on ne pouvait arrêter chez elles que par ordre du roi, c'étaient celles qui étaient dans leurs meubles et les femmes entretenues. L'usage était de les laisser en prison un

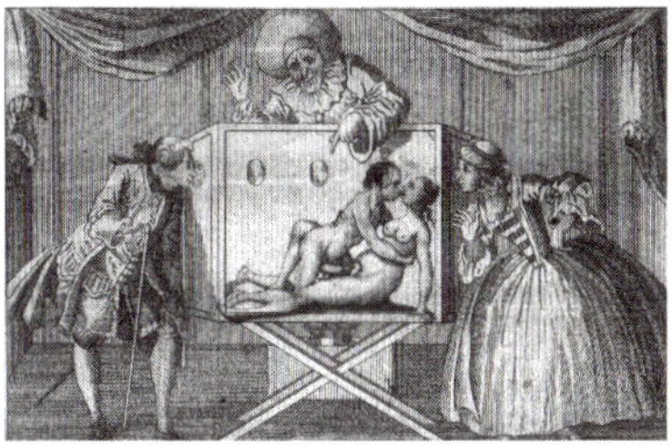

Images à transformation qui permettent de découvrir une scène érotique par transparence.

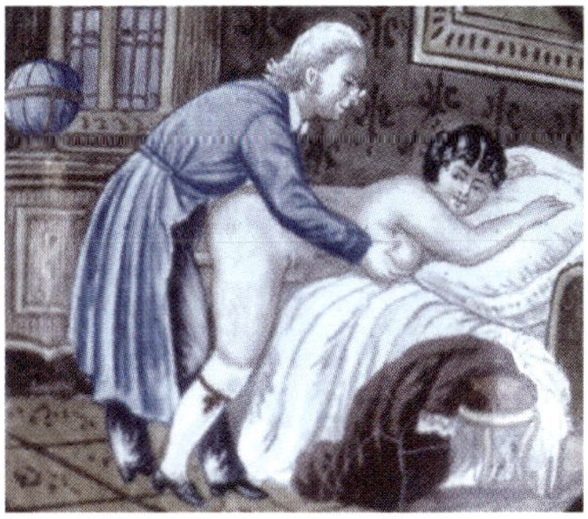

Les premières montres à sujet libertin sont créées pour l'empereur de Chine et son entourage au début du XVIIIe siècle. Fastueuses, ornées de peinture sur émail et serties de pierres précieuses, les scènes libertines sont dissimulées dans le double fond et fabriquées en Europe. Le principal exportateur est James Cox à Londres. Ces montres polissonnes portent en Angleterre, non sans hypocrisie, le nom de "conversation pieces" (pièces à conversation). En posséder une sous le règne de Louis XVI est un immense privilège.

Gravure illustrant le frontispice de "l'Académie des Dames", 1775. Le libertinage n'est-il pas un moyen direct d'exprimer ses penchants érotiques et l'aveu franc de ses pulsions et de ses désirs ?

an. Elles ne paraissaient point à l'audience et étaient conduites dans le lieu qu'avaient désigné ceux qui les avaient fait arrêter, parents, amants trompés, entreteneurs dupés. Alors elles étaient enlevées et coffrées moyennant quelques louis ou la protection de l'inspecteur.

Telle était la Police des Mœurs, à Paris, vers 1780».

PÉRIODE PRÉRÉVOLUTIONNAIRE : L'ŒIL ET L'OREILLE DE LA POLICE SEMBLENT VEILLER À LA TRANQUILLITÉ PUBLIQUE

Dans le bouillonnement intellectuel qui marque la seconde moitié du XVIIIe siècle, un changement radical se prépare dans les esprits. Des idées nouvelles se propagent ; leur dénominateur commun consiste en la remise en cause de tout ce qui forme l'armature administrative et judiciaire de la monarchie absolue.

Dans le cadre des idées nouvelles, quelles sont les perspectives que les hommes des Lumières envisagent pour la police, et, plus particulièrement, pour la police des mœurs ?

Georges Carrot, ancien commissaire de police, spécialiste de la police sous la Révolution, y répond dans son *Histoire et Dictionnaire de la police* : «La police ne constituait pas sous l'Ancien Régime une administration à part. Tout ce qui se rapportait à la sûreté des personnes et des choses et, en général à l'ordre public, avait été peu à peu délégué par les rois à des magistrats siégeant dans des tribunaux. L'exercice de la police se trouvait donc confondu dans une critique générale de la justice visant l'enchevêtrement de ses ressorts, sa lenteur et son coût, la barbarie de la procédure criminelle, la cruauté des châtiments, la sévérité et l'arbitraire des peines.»

Montesquieu reconnaît que l'exercice de la police mérite un traitement à part : «Les matières de police sont des choses de chaque instant.» Il n'en conteste pas pour autant le rattachement à la justice. Si les gens qui relèvent de la police tombent dans des excès, il y a l'avantage qu'ils sont «sans cesse sous les yeux des magistrats».

Pour Jean-Jacques Rousseau, le «contrat social» est supposé apporter la solution aux problèmes fondamentaux, celui de la protection des citoyens et de leurs biens par la force commune, sans empiéter sur la liberté de chacun. Il ne compte que sur la justice, sans laquelle «la liberté est une véritable catastrophe».

Les Encyclopédistes, préoccupés de fixer des principes, ne paraissent pas s'être souciés de changements pratiques en matière de police. Ils s'en remettaient à un gouvernement philosophe.

L'article «Police» de l'*Encyclopédie* explique : «Ce n'est pas assez que d'avoir imaginé des remèdes aux désordres. [...] Il faut encore veiller à ce que ces remèdes soient appliqués et c'est là, la partie du problème qu'il semble qu'on ait négligée».

Si la police de l'Ancien Régime a été décriée, critiquée, sujette à la polémique, c'est surtout à la police des mœurs parisienne qu'elle le doit. Ce n'était pas tant l'institution elle-même qui était visée, que surtout ses pratiques.

L'éloquent chroniqueur parisien, futur député girondin, Louis-Sébastien Mercier, auteur du célèbre ouvrage en six tomes, *Le Tableau de Paris* (1781), admet que «la police est une machine bien montée», mais les commissaires du Châtelet auraient eu, selon lui, une conduite versatile, pour ne pas dire plus, qui a nui à cette réputation d'intégrité qu'ils auraient dû avoir. Il leur reproche surtout «la fréquentation journalière et nécessaire avec l'inspecteur, l'exempt de police, les espions, les mouchards, qui leur a ôté presque entièrement la physionomie du juge». C'est bien sur ce point qu'il y a divorce et incompréhension entre la population et les hommes de la police. Selon cet observateur attentionné des mœurs parisiennes, «ces hommes formaient, une masse de corruption. Au plus bas, il y avait les espions de police, les mouchards, c'est-à-dire tous les occasionnels plus ou moins fiables dont on se sert à Paris pour pomper ses secrets, surtout en matière de mœurs».

Portrait de Louis XVI en habit de sacre – Musée Carnavalet – Paris.

Les collaborateurs de la lieutenance générale de police sont à peine mieux considérés : «Ce sont des satellites qu'elle lâche contre les filous, les escrocs, les voleurs, comme le chasseur ameute les chiens contre les renards et les loups. […] Les inspecteurs de police déterminent pour leur part beaucoup d'enlèvements subalternes, en ce qu'ils sont crus ordinairement sur parole. […] Quelques-uns obéissent à leur humeur, à leur caprice».

En fait, cette police parisienne n'a-t-elle pas eu le tort de servir, avec une efficacité reconnue, un régime politique que la philosophie unanime et l'esprit du temps condamnaient comme despotique ?

Dans son salon parisien, le duc d'Orléans rassemble les nobles opposés au despotisme ministériel de Turgot, le contrôleur des finances. Ils obtiennent sa démission le 12 mai 1776. Aquarelle de Carmontelle.

Le marquis de Condorcet, futur député, peu avant la Révolution, avait tenté de résoudre cette contradiction : «La police veille pour la sûreté et la tranquillité publique, mais c'est en menaçant la liberté. Sans police, le citoyen n'est ni assuré, ni tranquille. Avec une police arbitraire, quelle qu'elle soit, il n'est plus libre.»

La galerie du Palais-Royal, haut lieu de plaisir parisien. Lithographie de Coqueret – Musée Carnavalet – Paris.

Le bal costumé et masqué à l'Opéra de Paris commence à partir de minuit. Détail d'une lithographie de Jean-François Bosio – Musée Carnavalet – Paris.

BELLES DE JOUR DU PALAIS-ROYAL, BELLES DE NUIT DES TUILERIES

L'année 1789 signe la rupture avec la société d'ordres.

Du 14 juillet 1789 à la Commune de Paris, les Français ont semblé vouloir illustrer le discours préliminaire à l'*Encyclopédie* rédigée par d'Alembert : «Il faut tout examiner, tout remuer sans exception et sans ménagement.»

Qu'en fut-il pour les filles du demi-monde, les filles de joie, les belles de jour, les belles de nuit ?...

La Révolution de 1789 ne semble pas avoir bouleversé l'état de la prostitution dans la capitale.

L'article 10 de la loi du 22 juillet 1791 atteste du régime arbitraire en place : «S'il arrive du tapage ou des querelles dans les lieux de prostitution, le commissaire de quartier fait arrêter les femmes...»

Le centre scandaleux de la prostitution durant la Révolution et les années qui vont suivre se concentre, d'après les historiens, plus particulièrement aux Tuileries et dans les galeries du Palais-Royal. Les troubles révolutionnaires ont permis un grand relâchement des mœurs, dont un grand nombre de filles publiques surent savamment profiter...

Grand biographe de «ces dames», Restif de La Bretonne écrit, dans Les *Nuits de Paris* : «Les belles du Palais-Royal sont très jolies, surtout les jeunes, quant aux vieilles, c'est comme partout, une vieille bête n'est jamais belle.»

Les scandales du Palais-Royal relatés dans "la Chronique scandaleuse" 1791.

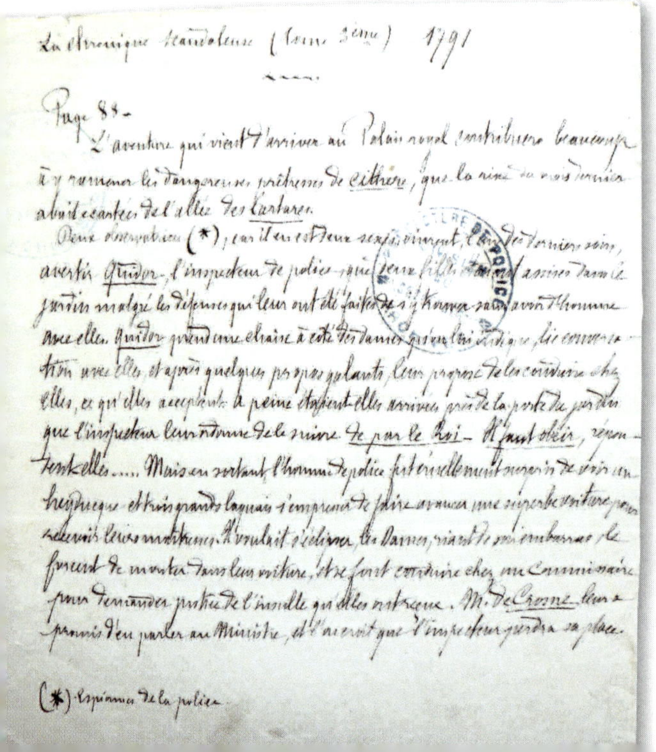

La Chronique scandaleuse (tome 3ème) 1791

Page 88 -

L'aventure qui vient d'arriver au Palais royal contribuera beaucoup à y ramener les dangereuses prêtresses de Cithère, que la rigueur du mois dernier avoit écartées de l'allée des Tartares.

Deux observateurs (*), car il en est [illegible], l'un des derniers soirs, avertit Quidor, l'inspecteur de police, que deux filles étoient arrivées dans le jardin malgré les défenses qui leur ont été faites de s'y trouver sans avoir d'homme avec elles. Quidor prend une chaise à côté des dames qu'on lui indique, lie conversation avec elles et après quelques propos galants, leur propose de les conduire chez elles, ce qu'elles acceptent. A peine étoient-elles arrivées près de la porte du jardin que l'inspecteur leur ordonne de le suivre de par le Roi. Il faut obéir, répondent-elles..... Mais en sortant, l'homme de police fut cruellement surpris de voir un heyduque et trois grands laquais s'empresser de faire avancer une superbe voiture pour recevoir leurs maîtresses. Il voulait s'éclipser, les Dames, riant de son embarras, le forcent de monter dans leur voiture, et se font conduire chez un Commissaire pour demander justice de l'insulte qu'elles ont reçue. M. De Crosne leur a promis d'en parler au Ministre, et l'on croit que l'inspecteur perdra sa place.

(*) Espions de la police

Un ancien acteur, Mayeur Saint Paul, écrit en 1787, dans *Le Tableau du nouveau Palais-Royal* : «Si ça dure, les boutiques ne seront plus occupées que par des femmes publiques, avec leurs trois ou autre cornets de tabac, de trois à quatre livres de poudre, un comptoir, une glace et une séparation qui forme un boudoir.»

Dans *Les Fouteurs de bon goût à l'Assemblée nationale*, un auteur anonyme mentionne : «C'est le lieu où les filles de boutique se font putains et les putains se font filles de boutique.»

À la façon des portières des quartiers réservés, elles racolent sur le pas des portes. Les inspecteurs de la police des mœurs signalent bon nombre d'abus dans le rapport officiel du 21 août 1794 (21 fructidor an II) : «Elles font plus que jamais publiquement commerce de leurs charmes en invitant les passants à venir acheter leurs marchandises.»

Des gravures libertines, des estampes érotiques accrochées aux portes servent d'enseigne à ces bordels à demi clandestins.

À l'époque des fêtes de la Fédération, qui amenaient quantité de visiteurs de province à Paris, paraît la première liste des filles publiques : «Tarif des filles du Palais-Royal, lieux circonvoisins et autres quartiers de Paris, avec leurs noms et demeures.»

Dans la préface, patriotique, l'auteur écrit : «Nous allons mettre sous les yeux du public abusé un tarif exact du prix que les prêtresses de Vénus mettent ordinairement à leurs charmes, et qu'elles ne doivent ni ne peuvent augmenter…»

Devant le succès de cette brochure, une feuille portant l'intitulé «Protestations des filles du Palais-Royal» circule dans le public. Annoncée gratuite, elle est vendue à prix d'or. Copiée sur le tarif, celle-ci ajoutait des descriptions et des détails plus ou moins humoristiques sur chaque fille.

Dans la mouvance paraissent successivement, sur le même modèle, un grand nombre de recueils avec anecdotes, comme L'*Almanach des adresses des demoiselles de Paris, de tout genre et de toutes les classes et Le Calendrier du plaisir* (avec noms, demeures, âges, portraits, caractères, talents et prix de leurs charmes, enrichi de notes curieuses et d'anecdotes érotiques).

Illustration réalisée par Albert Robida pour le livre Les Maisons closes, *de Gaston Capon. Condamnation d'une prostituée qui est exhibée à Paris sur un âne sous la huée et les coups de pierres des passants.*

À la suite de l'almanach paraît, sans signature et sans date, chez les marchands de nouveautés, *La Liste complète des plus belles femmes publiques et des plus saines du Palais de Paris, leurs goûts et caprices, le prix de leurs charmes et les rôles que remplissaient quelques-unes dans plusieurs théâtres*. L'auteur mêle à l'énumération des Vénus vénales une foison de notes et d'anecdotes sur les maisons galantes et leurs pensionnaires.

En 1793, après plusieurs plaquettes sur les lesbiennes et les courtisanes, paraît une brochure qui contient un projet d'organisation des temples d'amour. On y retrouve, revus et corrigés, les arguments du *Pornographe*, de Restif de La Bretonne. Son titre imprévu pouvait surprendre : *Les Demoiselles Chti-Chti traitées selon leur mérite, leur âge, leur beauté, leur taille, leur poitrine, leur tournure et leur caractère.*

Dès les premières lignes, l'auteur prend position : «Les femmes connues sous le nom de *femmes du monde* ou de femmes de tout le monde, intéressent essentiellement la société. Il faut leur donner dans Paris des maisons particulières,

Les galeries du Palais-Royal, lieu privilégié de la prostitution sauvage sous le Directoire 1795-1799. Huile sur toile de Louis Léopold Boily.

La plus grande œuvre du Consulat est l'établissement d'un code civil. Peu après son accession au pouvoir, Bonaparte charge une commission de préparer une série de projets de loi. De 1801 à 1804, 36 lois sont successivement adoptées. Elles sont réunies dans le Code civil des Français, promulgué le 21 mars 1804. Il reçut ultérieurement le nom de code Napoléon.

qui soient sûres, commodes, descentes [*sic*], et à l'abri autant qu'il se pourra de la contagion de cette hideuse maladie qui infecte et dévore la plus grande partie des habitants de cette ville. Ces femmes qui se vouent entièrement au public sont dignes d'une attention particulière.»

SURVEILLER POUR MIEUX RÉPRIMER : DU DIRECTOIRE À LA IIIe RÉPUBLIQUE (1795-1870)

Le 7 janvier 1796, le Directoire demande au Conseil des Cinq-Cents d'assimiler la prostitution à un délit et d'instituer une procédure particulière pour les prostituées. La commission n'arrive pas à se mettre d'accord sur une définition de la prostitution !... Tollés ! Indignations !

En 1804, la République consulaire légifère en faveur de la tolérance. Le préfet de police Dubois accorde une existence légale aux maisons closes. Ce système durera jusqu'à la loi Marthe Richard, du 13 avril 1946, qui entraînera la fermeture définitive des maisons réglementées. Cent quarante-deux ans de tolérance...

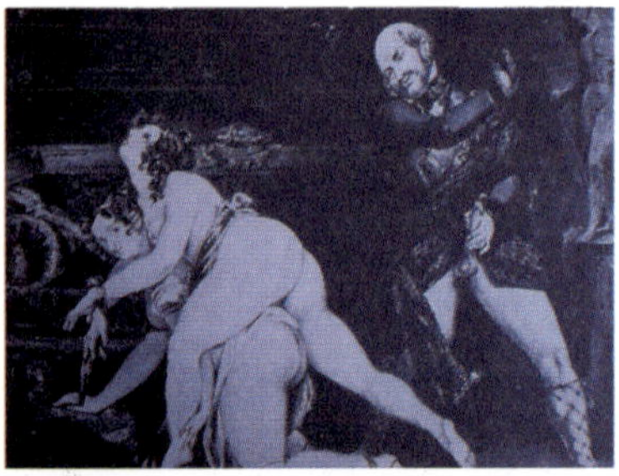

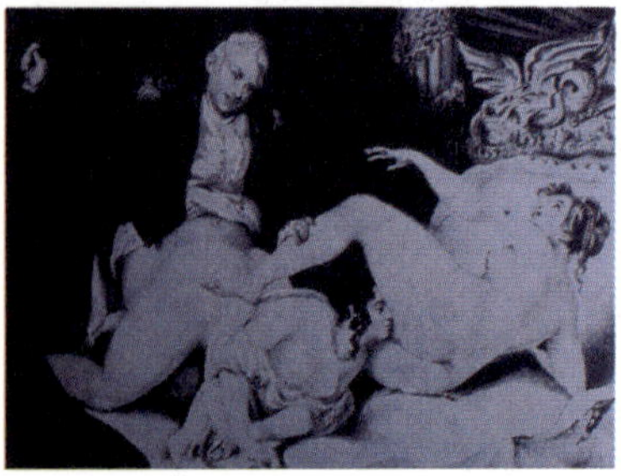

Gouaches libertines d'Achille Devéria (1800-1857) mettant en scène Guillaume IV.

Puis les assemblées décident de ne plus légiférer sur ce sujet délicat, qui ne provoque que malaise et discorde. Le silence législatif dure ainsi tout au long du XIX*e* siècle. Il ne fait qu'encourager les abus, les incompréhensions et les contradictions.

Le Code pénal de 1810 ne s'intéresse qu'à réprimer non le fond, mais la forme, le côté scandaleux et outrancier de la prostitution. Les «maisons» obtiennent gain de cause, elles s'organisent. Le commerce du sexe est florissant, même si certains lieux respirent l'insalubrité et manquent cruellement d'hygiène.

L'inscription

À Paris, pour entrer au bordel, une fille doit s'inscrire. Par cette formalité administrative, la fille devient une fille soumise. Cet enregistrement s'effectue auprès de la Brigade des mœurs, à la préfecture de police. L'inscription avait lieu d'office après une arrestation, mais le plus fréquemment, cet acte était volontaire.

Pour être enregistrée, la fille doit, munie de son acte de naissance, répondre aux questions concernant son état et celui de ses parents. Elle doit donner son âge, son domicile, sa profession antérieure. Si elle a ou non des enfants.

Après l'examen médical pratiqué au dispensaire de la préfecture de police, elle devient libre d'aller exercer dans la maison de son choix. Là, elle est tout de suite inscrite par la maîtresse de maison, sur le registre appelé, dans le jargon des filles, «le livre sans nom». S'il est très simple de se faire inscrire, il est bien plus difficile et compliqué de se faire radier. Les causes acceptées sont : les décès, et les mariages exceptionnels. Lorsqu'un amant demande

La Poule – Danse de salon – lithographie d'Humphrey – 1817.

la radiation de sa compagne, la police effectue en amont une enquête très minutieuse sur l'état de sa fortune et le type de ses relations, avant de prendre la requête en considération. Très rares sont celles qui retournent dans leur famille. Le plus souvent, celles qui veulent changer de vie disparaissent, sans qu'il soit possible de les retrouver. La police les radiait provisoirement.

Chaque fille en carte doit se rendre à la visite médicale chaque mois. Chacune y laisse trois francs par mois et par visite. Le dispensaire reçoit plus de quinze mille femmes par mois, donc la préfecture de police perçoit ainsi au minimum 45 000 francs. Sans compter la redistribution mensuelle des dames de maison qui tiennent les bordels, et qui sont enregistrées comme chefs d'établissement !…

Le dispensaire médical, installé rue Sainte-Croix-des-Petits-Champs par l'arrêté du 21 mai 1805 (1er prairial de l'an XIII), déménage, en juillet 1830, pour aller s'installer dans les locaux attenants à la Préfecture, rue de Jérusalem et rue de Nazareth. Puis, ultérieurement, dans les bâtiments réservés aux mœurs au sein de la préfecture de police.

Le 26 juillet 1811, le magistrat Pasquier, soucieux de l'hygiène, rend une ordonnance portant qu'«une visite générale de toutes les maisons connues de l'administration serait faite sans retard, et que toutes celles qui pécheraient par le défaut d'espace et d'air, et qui par conséquent pouvaient être regardées comme insalubres, seraient fermées». Quelques mois plus tard, le même magistrat continue sur sa lancée : il défend, sous des peines très sévères, que «dans aucune circonstance le même lit pût servir à deux filles à la fois». Il va jusqu'à exiger des maîtresses de maison «la fourniture gratuite du matériel d'hygiène indispensable pour chacune de leurs pensionnaires».

À Paris, la Police des mœurs, gardienne de la morale et de la santé, occupe le deuxième bureau de la première division de la préfecture de police. Delavau, qui la dirige, définit la teneur de sa tâche principale dans la circulaire du 18 juin 1823 : «Elle a voulu concentrer le mal dans des maisons connues et dirigées par des femmes qui répondent de la conduite qu'elles reçoivent chez elles. La police croirait avoir fait beaucoup en faveur des mœurs et de l'ordre public, si elle était parvenue à enfermer la prostitution dans des maisons tolérées sur lesquelles son action put être constante et uniforme, et qui ne pût s'échapper à sa surveillance.»

Durant tout le XIXe siècle, sans relâche, la volonté des pouvoirs en place a été de concentrer

Notes sur la réglementation de la prostitution entre 1800 et 1805 dans le département de la Seine.

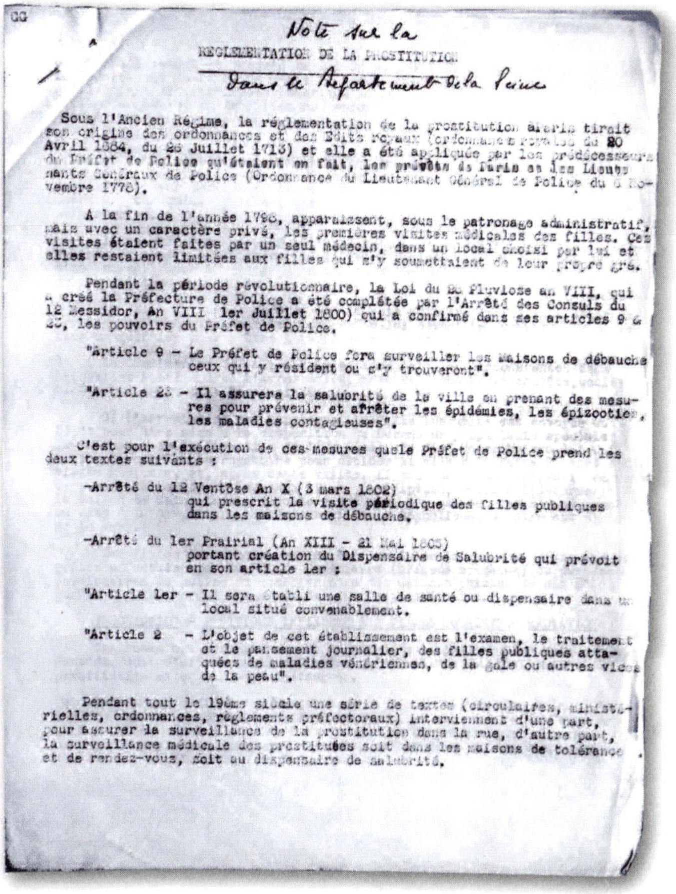

GG

Note sur la
REGLEMENTATION DE LA PROSTITUTION
dans le Departement de la Seine

Sous l'Ancien Régime, la réglementation de la prostitution à Paris tirait son origine des ordonnances et des Edits royaux (ordonnances royales du 20 Avril 1684, du 26 Juillet 1713) et elle a été appliquée par les prédécesseurs du Préfet de Police qu'étaient en fait, les prévôts de Paris et les Lieutenants Généraux de Police (Ordonnance du Lieutenant Général de Police du 6 Novembre 1778).

A la fin de l'année 1798, apparaissent, sous le patronage administratif, mais avec un caractère privé, les premières visites médicales des filles. Ces visites étaient faites par un seul médecin, dans un local choisi par lui et elles restaient limitées aux filles qui s'y soumettaient de leur propre gré.

Pendant la période révolutionnaire, la Loi du 28 Pluviose an VIII, qui a créé la Préfecture de Police a été complétée par l'Arrêté des Consuls du 12 Messidor, An VIII (1er Juillet 1800) qui a confirmé dans ses articles 9 & 23, les pouvoirs du Préfet de Police.

"Article 9 – Le Préfet de Police fera surveiller les Maisons de débauche ceux qui y résident ou s'y trouveront".

"Article 23 – Il assurera la salubrité de la ville en prenant des mesures pour prévenir et arrêter les épidémies, les épizooties, les maladies contagieuses".

C'est pour l'exécution de ces mesures que le Préfet de Police prend les deux textes suivants :

-Arrêté du 12 Ventôse An X (3 mars 1802) qui prescrit la visite périodique des filles publiques dans les maisons de débauche.

-Arrêté du 1er Prairial (An XIII – 21 Mai 1805) portant création du Dispensaire de Salubrité qui prévoit en son article 1er :

"Article 1er – Il sera établi une salle de santé ou dispensaire dans un local situé convenablement.

"Article 2 – L'objet de cet établissement est l'examen, le traitement et le pansement journalier, des filles publiques attaquées de maladies vénériennes, de la gale ou autres vices de la peau".

Pendant tout le 19ème siècle une série de textes (circulaires, ministérielles, ordonnances, règlements préfectoraux) interviennent d'une part, pour assurer la surveillance de la prostitution dans la rue, d'autre part, la surveillance médicale des prostituées soit dans les maisons de tolérance et de rendez-vous, soit au dispensaire de salubrité.

L'ordre public règne à Paris - Lithographie de 1832.

et d'enfermer la débauche dans des maisons de tolérance. Surveiller, contrôler, pour mieux réprimer si nécessaire.

Plusieurs arrêtés tentent d'endiguer la marée des insoumises qui s'étalaient dans la rue. Celui du 11 mars 1829 interdit à «toute femme publique de se montrer en tout temps sur certains points du boulevard».

Celui du 15 avril 1830 ordonne de «ne se livrer à la prostitution que dans les maisons de tolérance».

«Les scandales se multiplient. La Brigade des mœurs est accusée des pires méfaits et des plus basses turpitudes, écrit Laure Adler, dans *La Vie quotidienne dans les maisons closes, 1830-1930*. Le recrutement des agents est critiqué, on les suspecte d'être des voyous, et non des représentants de la vertu et de la bonne moralité. Certains inspecteurs sont chargés de la surveillance des maisons de prostitution, ils veillent également sur la voie publique, recherchent les insoumises et les filles qui ne se sont pas présentées à la visite sanitaire. Paris est divisée en dix lots. Tous les trois mois, chaque inspecteur change de lot, pour éviter les habitudes, les dérives. Ils sont payés un fixe de 1 200 F, plus des primes tous les trimestres qui varient selon leur productivité.»

Ce type d'intéressement ne peut qu'entraîner des abus. Il est de notoriété publique, à Paris, que les arrestations redoublent quand le besoin d'ouvrières se fait pressant à la prison-hôpital de Saint-Lazare. Quinze agents pouvaient encercler et embarquer quatre-vingt-dix femmes en une heure : «Si la femme résiste, elle est poussée à coups de botte, assommée à coups de poing, traînée par les cheveux, fût-elle évanouie, fût-elle malade, fût-elle enceinte. Elle devient la proie, le souffre-douleur de l'agent des mœurs.»

Le deuxième bureau de la première division offre l'«affligeant tableau d'un concours continuel de femmes qui, sans pudeur, entrent et sortent, les unes pour demander l'autorisation d'exercer le métier, parées avec autant de soin que si elles allaient solliciter une place honorable, les autres pour recevoir de vives mercuriales sur les plaintes portées contre elles» (Biographie des commissaires de police 1820-1830).

LE BORDEL À LA LOUPE

En 1836, paraît un ouvrage essentiel, véritable travail d'avant-garde de sociologie empirique, la référence pour plus d'un demi-siècle en la matière : *De la prostitution dans la Ville de Paris*, considérée sous le rapport de l'hygiène publique, de la morale et de l'administration, d'Alexandre Parent-Duchâtelet.

Portrait d'Alexandre Parent-Duchâtelet.

Médecin, hygiéniste, premier titulaire de la chaire d'hygiène médicale créée en 1795 à la faculté de médecine de Paris, il commence son enquête par le dépouillement de tous les livres qui pouvaient lui fournir quelques notions relatives à son sujet, qui se révèlent décevants.

Non sans difficulté, il choisit de se pencher sur les documents renfermés dans les archives de la préfecture de police : « Des raisons majeures arrêtèrent quelque temps les chefs de l'administration qui me connaissaient bien, mais qui ne pouvaient comprendre les motifs qui me faisaient agir. J'insistai, je ne me rebutai point par les réponses évasives. Je m'adressai enfin au préfet M. Delavau qui m'accorda tout ce que je demandais.»

En quelques mois, Parent-Duchâtelet épuise la mine de documents dont il s'était rendu maître. À peine a-t-il fini que vient un ordre de mettre au pilon tous les papiers qu'il avait remués et explorés. Cette destruction rend d'autant plus précieux le livre de Parent-Duchâtelet. Il se rendit, du service des archives, au Bureau des mœurs : «Là, où se trouvent des registres et des papiers d'une haute importance. Là où sont les hommes d'un mérite consommé, d'une expérience immense, et qui, dans leurs attributions respectives rendent à la chose publique des services d'autant plus méritoires que ces services sont ignorés…»

Il va lui falloir plusieurs années pour achever le relevé des registres conservés, mais aussi des «dossiers individuels» tenus sur toutes les femmes qui se trouvaient à la tête des maisons de prostitution, et sur chacune des filles publiques que l'administration avait soumises à sa surveillance. À la lecture de tous les documents, il apparaît que «les prostituées passent une partie de leur temps soit dans la prison, soit à l'hôpital. Je devais les suivre dans ces deux endroits et les étudier avec un nouveau soin».

À la prison, qu'il visite une multitude de fois, aux différentes heures du jour et de la nuit, il recueille des informations auprès des aumôniers, des surveillantes et surveillants, des médecins, des administrateurs et des dames patronnesses.

À l'hôpital, il suit les visites des médecins et des chirurgiens, met à contribution les observations des surveillantes, des infirmières et des élèves en stage. Il recueille les confidences des vénérables dames de la bourgeoisie qui rendent visite aux filles en perdition.

Avec l'intervention des médecins et des différents chefs du Bureau des mœurs, il visite les maisons de tolérance : «J'ai pu ensuite, toujours accompagné par un inspecteur, y retourner et y faire les vérifications qui m'ont paru nécessaires. […] C'est par milliers qu'il faut compter ces démarches. […] J'ai trouvé devant moi un champ inculte et couvert de ronces et d'épines, j'ai entrepris de le déchiffrer, en suis-je venu à bout ? C'est ce que je ne pourrais exprimer. Si ma conscience me dit que j'ai beaucoup fait, mon expérience me prouve que je laisse beaucoup à faire, mais je crois pouvoir me rendre le témoignage d'avoir tracé la route qu'il convient de suivre pour perfectionner ce que j'ai commencé. Que d'autres entrent dans la carrière, qu'ils la poursuivent avec courage, et je leur promets que les peines qu'ils se donneront ne resteront pas sans fruit».

Frontispice du "Pornographe ou idées d'un honnête homme sur un projet de règlement pour les prostituées" par le docteur H. Mineur – 1879 – Paris.

Série de lithographies anonymes, vers 1830.

Les soins sanitaires donnés aux prostituées. Entre abus et prétextes

La salubrité publique n'est-elle qu'un prétexte ?
Le rôle des médecins auprès des prostituées consiste-t-il à se préoccuper de leur santé, ou n'ont-ils qu'un seul but : toucher leurs honoraires ?
Alexandre Parent-Duchâtelet constate : «En confiant aux deux chirurgiens, que je viens de nommer, la visite des prostituées, on ne leur en donna pas la liste exacte. On leur dit en quelque sorte : recherchez ces femmes et faites-leur payer les visites que vous leur ferez. Fidèles à ce mandat, ils ne recherchèrent que celles qui, par leur aisance, leur offraient la chance d'être régulièrement payées. Ils négligèrent entièrement les maisons de débauche, pour ne s'occuper que des riches. En un mot, ils abandonnèrent la classe la plus nombreuse, la plus dangereuse et la plus insalubre, celle enfin par laquelle ils auraient dû commencer.
La négligence de ces hommes ne se borna pas là. Ils se lassèrent bientôt des dégoûtantes fonctions qui leur étaient confiées et s'en dégagèrent sur deux élèves en chirurgie auxquels ils donnaient 1 000 à 1 200 F par an. Que faisaient les deux titulaires pendant que les deux élèves

Visite des Femmes publiques du quartier
SANTÉ BONNE.
PRÉFECTURE DE POLICE

CERTIFICAT DE SANTÉ.
Le Soussigné, Chirurgien chargé du service sanitaire certifie que la nommée ... demeurant chez ... n'est atteinte d'aucune maladie contagieuse.
Âgée de ...
Native de ...
PRÉFECTURE DE POLICE

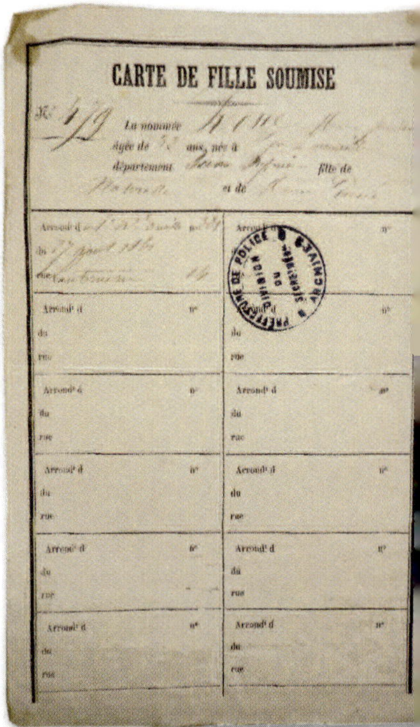
CARTE DE FILLE SOUMISE
N° 479
La nommée ... âgée de ... ans, née à ... département ... fille de ... et de ...
Arrond^t d ... n° ... du ... rue ...
PRÉFECTURE DE POLICE

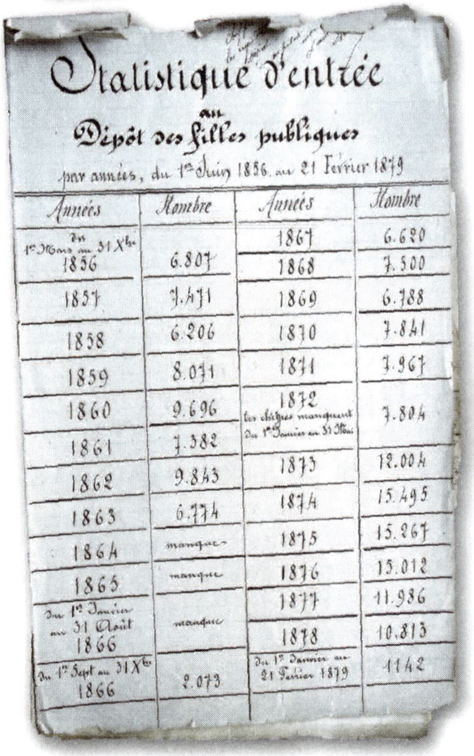
Statistique d'entrée au Dépôt des Filles publiques par années, du 1er Juin 1856 au 21 Février 1879

Années	Nombre	Années	Nombre
du 1er Mars au 31 Xbre 1856	6.807	1867	6.620
1857	7.471	1868	7.500
1858	6.206	1869	6.788
1859	8.071	1870	7.841
1860	9.696	1871	7.967
1861	7.382	1872 les chiffres manquent du 1er Janvier au 31 Mars	7.804
1862	9.843	1873	12.004
1863	6.774	1874	15.495
1864	manque	1875	15.267
1865	manque	1876	15.012
du 1er Janvier au 31 Août 1866	manque	1877	11.986
		1878	10.813
du 1er Sept au 31 Xbre 1866	2.073	du 1er Janvier au 21 Février 1879	1142

Torson
Annette
Les visites auront lieu le 15 et le 30 de chaque mois.
Lorsque la visite tombera un DIMANCHE ou un JOUR FÉRIÉ, elle sera remise au lendemain.
Les jours fériés sont : le 1er Janvier, le Mardi-Gras, le Vendredi-Saint, le Lundi de Pâques, l'Ascension, le Lundi de la Pentecôte, le 14 Juillet, le 15 Août, la Toussaint et la Noël.

MOIS	1re QUINZAINE	VISA	2e QUINZAINE	VISA
Janvier..	15	disp	30	disp
Février..	15	disp	28	disp

1884
Delacour
Alexandrine
Les visites auront lieu le ... et le 19 de chaque mois.
Lorsque la visite tombera un DIMANCHE ou un JOUR FÉRIÉ, elle sera remise au lendemain.
Les jours fériés sont : le 1er Janvier, le Mardi-Gras, le Vendredi-Saint, le Lundi de Pâques, l'Ascension, le Lundi de la Pentecôte, le 14 Juillet, le 15 Août, la Toussaint et la Noël.

MOIS	1re QUINZAINE	VISA	2e QUINZAINE	VISA
Janvier..	4	disp		disp
Février..				

L'action de la police sanitaire de 1840 à la fin du XVIIIe siècle.

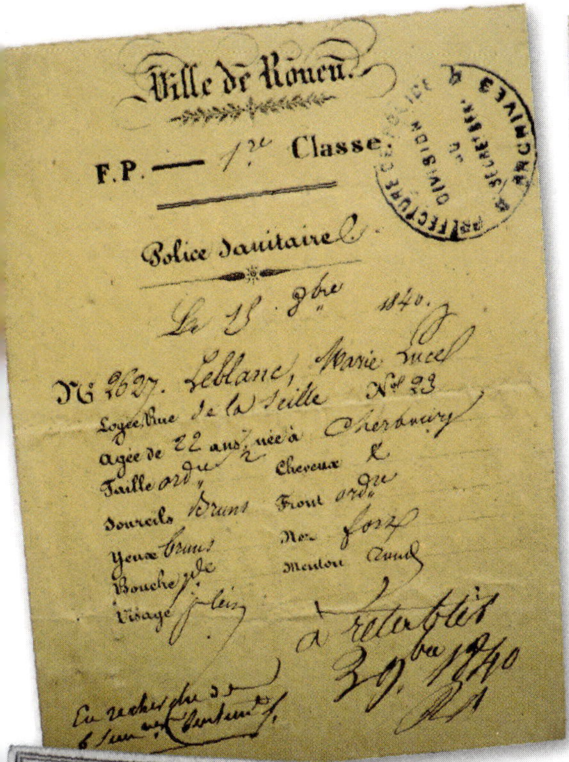
Ville de Rouen.

F.P. — 1re Classe

Police sanitaire

Le 15 9bre 1840.

N° 2627. Leblanc, Marie Luce

Logée Rue de la Seille N° 23

Agée de 22 ans, née à Cherbourg

Taille ord. Cheveux

Sourcils bruns Front ord.

Yeux bruns Nez fort

Bouche id. Menton rond

Visage plein

à rétablir 29 9bre 1840

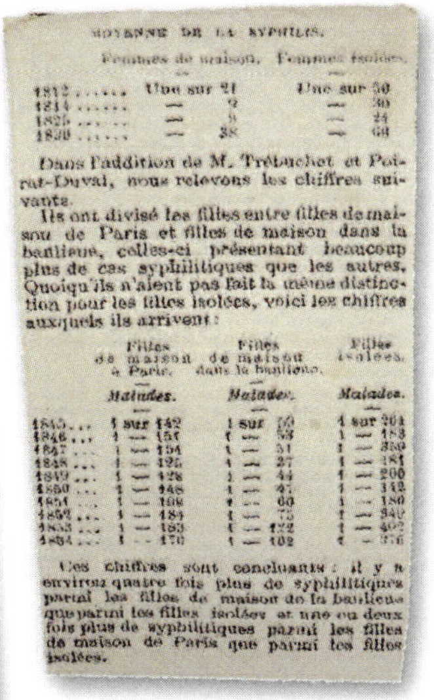
MOYENNE DE LA SYPHILIS.

	Femmes de maison.	Femmes isolées.
1812	Une sur 21	Une sur 30
1814	— 9	— 30
1825	— 5	— 24
1829	— 38	— 68

Dans l'addition de M. Trébuchet et Poirat-Duval, nous relevons les chiffres suivants.

Ils ont divisé les filles entre filles de maison de Paris et filles de maison dans la banlieue, celles-ci présentant beaucoup plus de cas syphilitiques que les autres. Quoiqu'ils n'aient pas fait la même distinction pour les filles isolées, voici les chiffres auxquels ils arrivent :

	Filles de maison à Paris. Malades.	Filles de maison dans la banlieue. Malades.	Filles isolées. Malades.
1845...	1 sur 142	1 sur 50	1 sur 204
1846...	1 — 151	1 — 53	1 — 183
1847...	1 — 154	1 — 31	1 — 350
1848...	1 — 125	1 — 27	1 — 181
1849...	1 — 128	1 — 44	1 — 200
1850...	1 — 148	1 — 47	1 — 112
1851...	1 — 108	1 — 60	1 — 180
1852...	1 — 184	1 — 75	1 — 340
1853...	1 — 183	1 — 122	1 — 402
1854...	1 — 170	1 — 102	1 — 376

Ces chiffres sont concluants : il y a environ quatre fois plus de syphilitiques parmi les filles de maison de la banlieue que parmi les filles isolées et une ou deux fois plus de syphilitiques parmi les filles de maison de Paris que parmi les filles isolées.

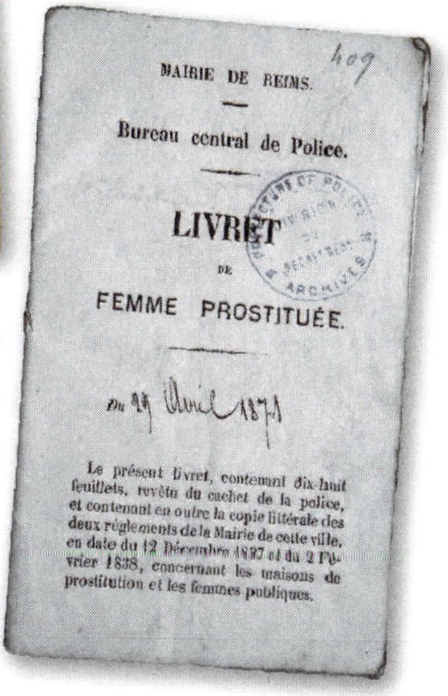
MAIRIE DE REIMS. 409

Bureau central de Police.

LIVRET DE FEMME PROSTITUÉE.

Du 29 Avril 1871

Le présent livret, contenant dix-huit feuillets, revêtu du cachet de la police, et contenant en outre la copie littérale des deux règlements de la Mairie de cette ville, en date du 12 Décembre 1837 et du 2 Février 1838, concernant les maisons de prostitution et les femmes publiques.

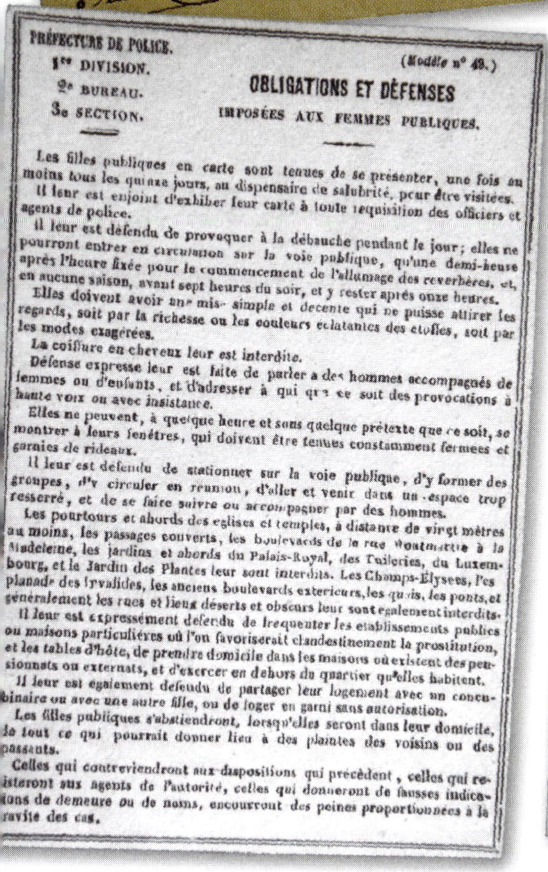
PRÉFECTURE DE POLICE.
1re DIVISION.
2e BUREAU.
3e SECTION.

(Modèle n° 48.)

OBLIGATIONS ET DÉFENSES IMPOSÉES AUX FEMMES PUBLIQUES.

Les filles publiques en carte sont tenues de se présenter, une fois au moins tous les quinze jours, au dispensaire de salubrité, pour être visitées.

Il leur est enjoint d'exhiber leur carte à toute réquisition des officiers et agents de police.

Il leur est défendu de provoquer à la débauche pendant le jour; elles ne pourront entrer en circulation sur la voie publique, qu'une demi-heure après l'heure fixée pour le commencement de l'allumage des reverbères, et, en aucune saison, avant sept heures du soir, et y rester après onze heures.

Elles doivent avoir une mise simple et décente qui ne puisse attirer les regards, soit par la richesse ou les couleurs éclatantes des étoffes, soit par les modes exagérées.

La coiffure en cheveux leur est interdite.

Défense expresse leur est faite de parler à des hommes accompagnés de femmes ou d'enfants, et d'adresser à qui que ce soit des provocations à haute voix ou avec insistance.

Elles ne peuvent, à quelque heure et sous quelque prétexte que ce soit, se montrer à leurs fenêtres, qui doivent être tenues constamment fermées et garnies de rideaux.

Il leur est défendu de stationner sur la voie publique, d'y former des groupes, d'y circuler en réunion, d'aller et venir dans un espace trop resserré, et de se faire suivre ou accompagner par des hommes.

Les pourtours et abords des églises et temples, à distance de vingt mètres au moins, les passages couverts, les boulevards de la rue Montmartre à la Madeleine, les jardins et abords du Palais-Royal, des Tuileries, du Luxembourg, et le Jardin des Plantes leur sont interdits. Les Champs-Élysées, l'esplanade des Invalides, les anciens boulevards extérieurs, les quais, les ponts, et généralement les rues et lieux déserts et obscurs leur sont également interdits.

Il leur est expressément défendu de fréquenter les établissements publics ou maisons particulières où l'on favoriserait clandestinement la prostitution, et les tables d'hôte, de prendre domicile dans les maisons où existent des pensionnats ou externats, et d'exercer en dehors du quartier qu'elles habitent.

Il leur est également défendu de partager leur logement avec un concubinaire ou avec une autre fille, ou de loger en garni sans autorisation.

Les filles publiques s'abstiendront, lorsqu'elles seront dans leur domicile, de tout ce qui pourrait donner lieu à des plaintes des voisins ou des passants.

Celles qui contreviendront aux dispositions qui précèdent, celles qui résisteront aux agents de l'autorité, celles qui donneront de fausses indications de demeure ou de noms, encourront des peines proportionnées à la gravité des cas.

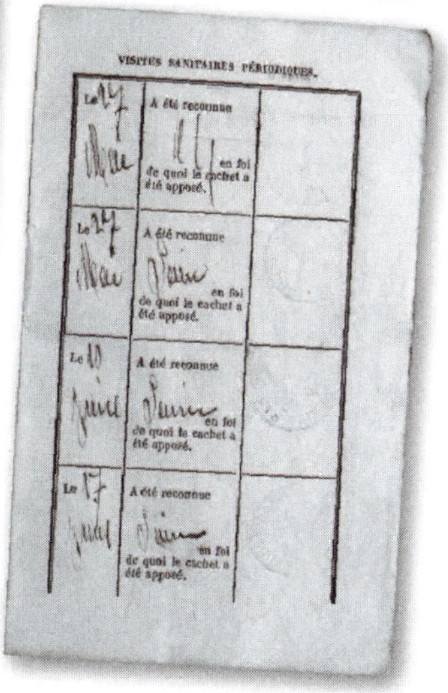
VISITES SANITAIRES PÉRIODIQUES.

Le 27 Mai	A été reconnue ... en foi de quoi le cachet a été apposé.	
Le 27 Mai	A été reconnue ... en foi de quoi le cachet a été apposé.	
Le 10 Juin	A été reconnue ... en foi de quoi le cachet a été apposé.	
Le 17 Juin	A été reconnue ... en foi de quoi le cachet a été apposé.	

LA CONSULTATION MÉDICO-LÉGALE

remplissaient tant bien que mal leurs fonctions ? Le croira-t-on ? Ils allaient de maison en maison prélever eux-mêmes les sommes qui leur étaient dues, et cela avec une sévérité et une exigence qui n'avaient pas de bornes. Ils dénonçaient à la police les filles ou les femmes qui ne voulaient pas payer, car l'administration ne se mêlait de la recette que lorsqu'il n'y avait que quelques arriérés.»

Parent-Duchâtelet ajoute : «Pour donner un but d'utilité à la taxe instaurée et démontrer la nécessité des visites, ces honorables inspecteurs proposèrent la création d'une salle de santé où toutes les filles malades, non susceptibles d'entrer à l'hôpital, pourraient recevoir des conseils et des médicaments, ce qui leur permettrait de se soigner chez elles. Cette proposition fut acceptée. Un local fut choisi dans la rue Croix-des-Petits-Champs. Un point central autour duquel se trouvaient groupées la majeure partie des prostituées qui, à cette époque, attiraient l'attention de la police. L'ouverture de cet établissement, auquel on donna le nom de dispensaire de salubrité, eut lieu le 13 frimaire, an XI (décembre 1802).»

Fille d'amour. Fille du monde
Photographie outrageuse – 1870.

MAIS QUE FAIT DONC LA BRIGADE DES MŒURS SOUS LA IIIe RÉPUBLIQUE ?

Qu'ils soient médecins, policiers, artistes, romanciers, philosophes, historiens, sociologues, tous convergent vers le même constat : la prostitution a changé de statut au XIXe siècle. Et même de nature. «Tout d'abord, elle s'est amplifiée et, sans devenir le phénomène massif que certains ont voulu faire croire, elle a troublé puis inquiété ceux qui se pensaient investis de la mission de veiller au bon ordre social. [...] Les statistiques les plus fantaisistes circulent et les écarts sont étonnants. On peut, si l'on compare les différentes sources, donner le chiffre de 30 000 prostituées au début de la Monarchie de Juillet et de 500 000 dans les années 1930. Parent-Duchâtelet, en 1836, dans sa grande enquête sur la prostitution, évalue le nombre de filles publiques à 10 000 à Paris, alors que la police, au même moment, en déclare moins de 3 000 !

Qui sont ces filles du monde que l'on nomme filles de nuit, filles à partir, filles d'amour, filles à barrière, filles publiques, filles de joie, soupeuses, cocottes, lorettes, célibataires joyeuses, demi-castors, hétaires, trotteuses, frisettes, marcheuses... ?

Dessin caricatural (détail) d'Albert Robida pour le supplément dépliant du journal "la Caricature" du 9 juillet 1881. Grand panorama de la bonne ville de Paris.

Il n'y a pas une réponse, mais des milliers. Les fantasmes et le réel s'enchevêtrent inéluctablement» (Laure Adler, *La Vie quotidienne des prostituées entre 1830 et 1930*).

Selon l'historien Jean-Marc Berlière, auteur de *La Police des mœurs sous la IIIe République* : «La prostituée est une menace contre l'ordre public, une offense à la morale, une source de renseignements pour les services de police et une menace pour l'hygiène. Au nom de la sauvegarde de la santé publique, pour éviter la propagation de la syphilis et rassurer, le dispensaire à la prison Saint-Lazare ne désemplit pas. Le non-sens est total. Seules les femmes sont vérifiées, jamais les hommes.»

La maladie se propage insidieusement dans toute la société, de la maison d'abattage à l'hôtel particulier.

Au XIXe siècle, le mal de Venise court toujours et encore. Après avoir terrassé François Ier et une grande partie de sa cour, puis atteint Louis XIV

Page de couverture du journal La Caricature, *du 6 mai 1882 / n°123 – Illustration d'Albert Robida.*

et son monde galant, il s'attaque aux présidents de la République et à ses ministres.

«Cette angoisse pastorienne, précise Jean-Marc Berlière, se double de la Défense nationale, de la pureté de la race et de la préservation de l'armée. Sous couvert de politique hygiéniste, le pouvoir continue d'utiliser les mêmes méthodes qu'auparavant, par souci de religion, de morale et de bonnes mœurs. C'est la grande hypocrisie. On parle de la "chose" par des biais. L'État perçoit des taxes sur toutes les maisons closes.

C'est LUI le plus grand proxénète.

Chaque visite au dispensaire est payante. La fille est obligée de débourser 2 Frs. Cet argent va dans les caisses de la Préfecture de police. Seuls deux médecins officient pour le Tout Paris de la prostitution !»

Deux médecins qui consacrent moins de trois minutes à chaque fille, dans des conditions d'hygiène paradoxales ! Un même spéculum pour toutes ! Les vecteurs de propagation de la maladie se multiplient au dispensaire même de la préfecture de police. Le spéculum est redoutable. Il n'ausculte pas. Il condamne.

La préfecture de police demande à ses agents de nettoyer la rue, d'assainir la ville, de la rendre propre. Du point de vue du droit, la prostitution n'est pas un délit ; et pourtant c'est ainsi que le commissaire de police Hamon décrit la Police des mœurs, en 1900 :

«Les filles publiques forment dans la société une classe à part [....]. La société au nom de la morale, au nom du bon ordre qu'elle est chargée de maintenir, s'attribue à leur égard l'arbitraire le plus absolu. Pour elles, ce droit primordial qu'a tout individu de n'être arrêté, ni détenu que sur l'ordre d'un juge d'instruction n'existe pas. Sur de simples apparences, sur des indices souvent trompeurs, [...] presque toujours incertains, les agents spéciaux de la Police des mœurs les arrêtent et les conduisent au dépôt de la Préfecture de police ou à la prison municipale. Sur le seul rapport d'un agent de police, elles sont inscrites sur le registre des prostituées et considérées comme indignes de toute justice. Si elles ne se soumettent pas, si elles violent les règlements qui les concernent, [...] on les arrête, on les détient préventivement et toujours sur le rapport d'un seul agent, celui qui a constaté la contravention, sans enquête, ni témoignage. L'arrestation sans mandat, l'emprisonnement sans jugement, ni appel ; telle est la trilogie forgée pour les prostituées».

la grande épidémie de la pornographie illustrée par Albert Robida dans le cahier central du n° 123 du journal "La Caricature".

Les filles publiques forment donc, dans la société, une sorte de caste située en dehors du droit commun.

En matière de mœurs, à la Belle Époque, l'ancien droit légué par l'Ancien Régime reste le droit en vigueur. Où sont les garanties de la liberté individuelle ? Comment, après la Révolution, la République peut-elle laisser subsister des pratiques aussi hypocrites et qui contredisent si bien sa devise «Liberté, Égalité, Fraternité» ?

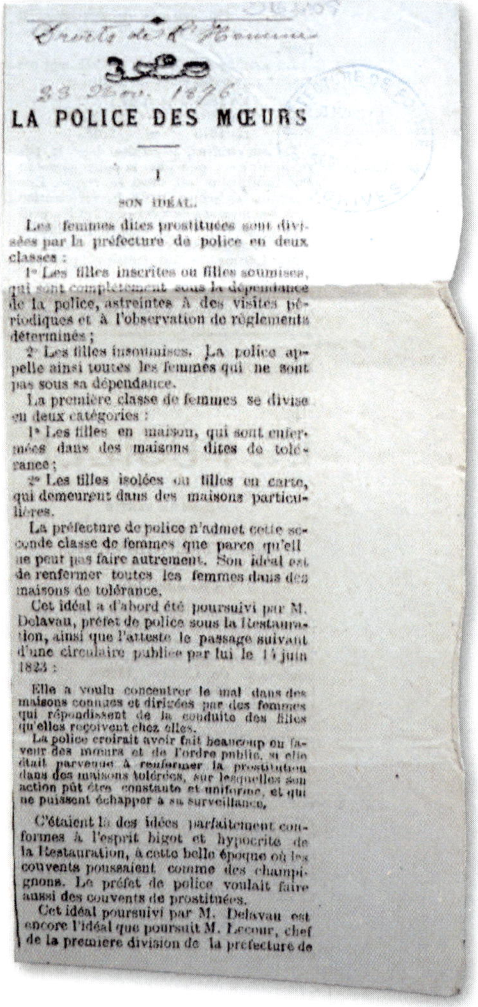

Droits de l'Homme

3520

23 Nov. 1876

LA POLICE DES MŒURS

I

SON IDÉAL.

Les femmes dites prostituées sont divisées par la préfecture de police en deux classes :

1° Les filles inscrites ou filles soumises, qui sont complètement sous la dépendance de la police, astreintes à des visites périodiques et à l'observation de règlements déterminés ;

2° Les filles insoumises. La police appelle ainsi toutes les femmes qui ne sont pas sous sa dépendance.

La première classe de femmes se divise en deux catégories :

1° Les filles en maison, qui sont enfermées dans des maisons dites de tolérance ;

2° Les filles isolées ou filles en carte, qui demeurent dans des maisons particulières.

La préfecture de police n'admet cette seconde classe de femmes que parce qu'elle ne peut pas faire autrement. Son idéal est de renfermer toutes les femmes dans des maisons de tolérance.

Cet idéal a d'abord été poursuivi par M. Delavau, préfet de police sous la Restauration, ainsi que l'atteste le passage suivant d'une circulaire publiée par lui le 14 juin 1823 :

Elle a voulu concentrer le mal dans des maisons connues et dirigées par des femmes qui répondissent de la conduite des filles qu'elles reçoivent chez elles.

La police croirait avoir fait beaucoup en faveur des mœurs et de l'ordre public, si elle était parvenue à renfermer la prostitution dans des maisons tolérées, sur lesquelles son action pût être constante et uniforme, et qui ne puissent échapper à sa surveillance.

C'étaient là des idées parfaitement conformes à l'esprit bigot et hypocrite de la Restauration, à cette belle époque où les couvents poussaient comme des champignons. Le préfet de police voulait faire aussi des couvents de prostituées.

Cet idéal poursuivi par M. Delavau est encore l'idéal que poursuit M. Lecour, chef de la première division de la préfecture de

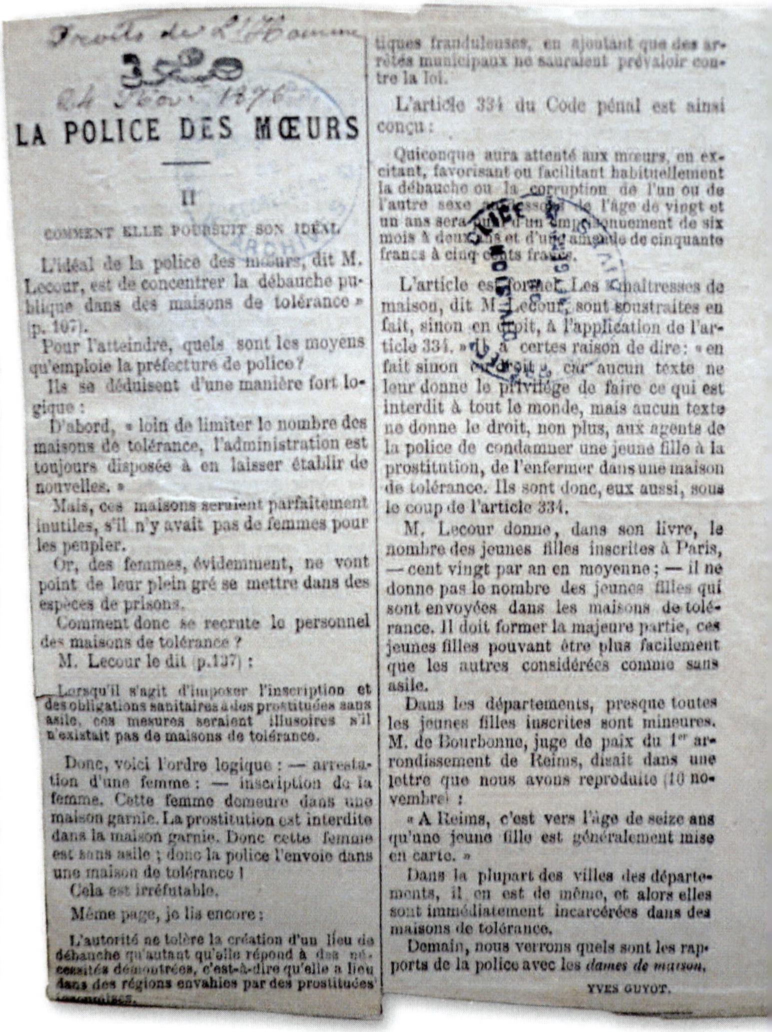

Droits de l'Homme

3520

24 Nov. 1876

LA POLICE DES MŒURS

II

COMMENT ELLE POURSUIT SON IDÉAL

L'idéal de la police des mœurs, dit M. Lecour, est de concentrer la débauche publique dans des maisons de tolérance » (p. 107).

Pour l'atteindre, quels sont les moyens qu'emploie la préfecture de police ?

Ils se déduisent d'une manière fort logique :

D'abord, « loin de limiter le nombre des maisons de tolérance, l'administration est toujours disposée à en laisser établir de nouvelles. »

Mais, ces maisons seraient parfaitement inutiles, s'il n'y avait pas de femmes pour les peupler.

Or, des femmes, évidemment, ne vont point de leur plein gré se mettre dans des espèces de prisons.

Comment donc se recrute le personnel des maisons de tolérance ?

M. Lecour le dit (p. 137) :

Lorsqu'il s'agit d'imposer l'inscription et des obligations sanitaires à des prostituées sans asile, ces mesures seraient illusoires s'il n'existait pas de maisons de tolérance.

Donc, voici l'ordre logique : — arrestation d'une femme : — inscription de la femme. Cette femme demeure dans une maison garnie. La prostitution est interdite dans la maison garnie. Donc cette femme est sans asile ; donc la police l'envoie dans une maison de tolérance !

Cela est irréfutable.

Même page, je lis encore :

L'autorité ne tolère la création d'un lieu de débauche qu'autant qu'elle répond à des nécessités démontrées, c'est-à-dire qu'elle a lieu dans des régions envahies par des prostituées insoumises.

tiques frauduleuses, en ajoutant que des arrêtés municipaux ne sauraient prévaloir contre la loi.

L'article 334 du Code pénal est ainsi conçu :

Quiconque aura attenté aux mœurs, en excitant, favorisant ou facilitant habituellement la débauche ou la corruption de l'un ou de l'autre sexe au-dessous de l'âge de vingt et un ans sera puni d'un emprisonnement de six mois à deux ans et d'une amende de cinquante francs à cinq cents francs.

L'article est formel. Les maîtresses de maison, dit M. Lecour, sont soustraites en fait, sinon en droit, à l'application de l'article 334. » Il a certes raison de dire : « en fait sinon en droit », car aucun texte ne leur donne le privilège de faire ce qui est interdit à tout le monde, mais aucun texte ne donne le droit, non plus, aux agents de la police de condamner une jeune fille à la prostitution, de l'enfermer dans une maison de tolérance. Ils sont donc, eux aussi, sous le coup de l'article 334.

M. Lecour donne, dans son livre, le nombre des jeunes filles inscrites à Paris, — cent vingt par an en moyenne ; — il ne donne pas le nombre des jeunes filles qui sont envoyées dans les maisons de tolérance. Il doit former la majeure partie, ces jeunes filles pouvant être plus facilement que les autres considérées comme sans asile.

Dans les départements, presque toutes les jeunes filles inscrites sont mineures. M. de Bourbonne, juge de paix du 1er arrondissement de Reims, disait dans une lettre que nous avons reproduite (10 novembre) :

« A Reims, c'est vers l'âge de seize ans qu'une jeune fille est généralement mise en carte. »

Dans la plupart des villes des départements, il en est de même, et alors elles sont immédiatement incarcérées dans des maisons de tolérance.

Demain, nous verrons quels sont les rapports de la police avec les *dames de maison*.

YVES GUYOT.

Séries d'articles consacrés à la Police des mœurs dans le quotidien Les Droits de l'homme *par le journaliste Yves Guyot, connu pour dénoncer et lutter contre le régime souvent arbitraire et dévoyé de la Police des mœurs. Du 23 au 26 novembre 1876.*

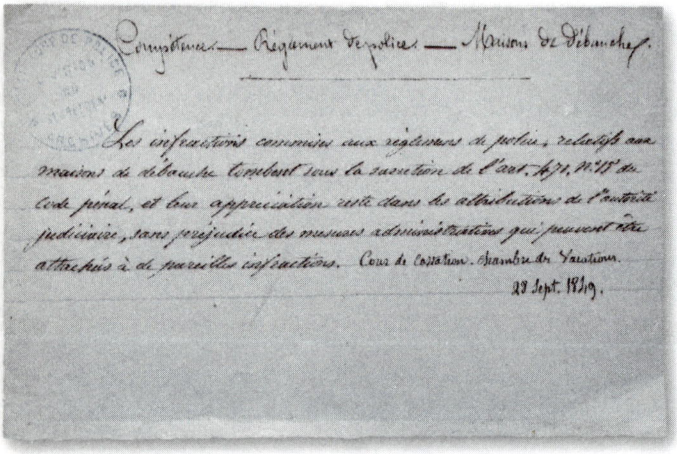

Compétence — Règlement de police — Maisons de Débauche.

Les infractions commises aux règlements de police, relatifs aux maisons de débauche tombent sous la sanction de l'art. 471, N° 15 du code pénal, et leur appréciation reste dans les attributions de l'autorité judiciaire, sans préjudice des mesures administratives qui peuvent être attachées à de pareilles infractions. Cour de Cassation. Chambre des Vacations.

28 Sept. 1849.

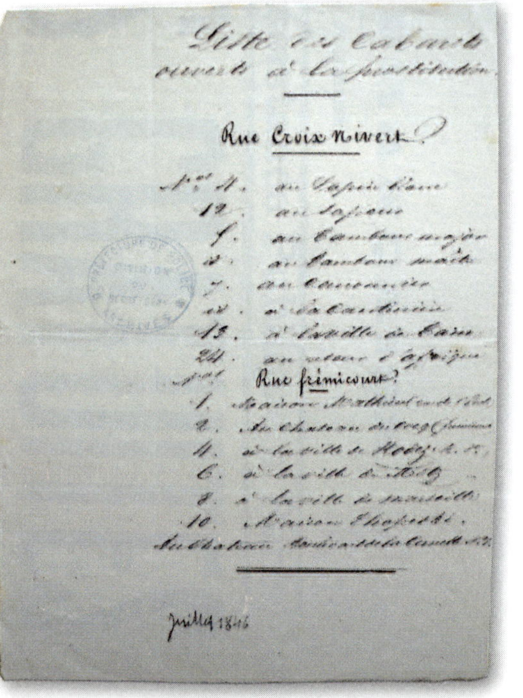

Liste des Cabarets ouverts à la prostitution

Rue Croix Nivert

N° 11. au Lapin blanc
12. au Sapeur
1. au Tambour major
8. au Tambour maître
7. au Canonnier
10. à la Cantinière
13. à l'Oiseau de Paris
24. au retour d'Afrique

Rue Frémicourt

1. [illegible]
2. Au Chateau [illegible]
4. à la ville de Metz [illegible]
6. à la ville de [illegible]
8. à la ville de Marseille
10. Maison [illegible]

Juillet 1846

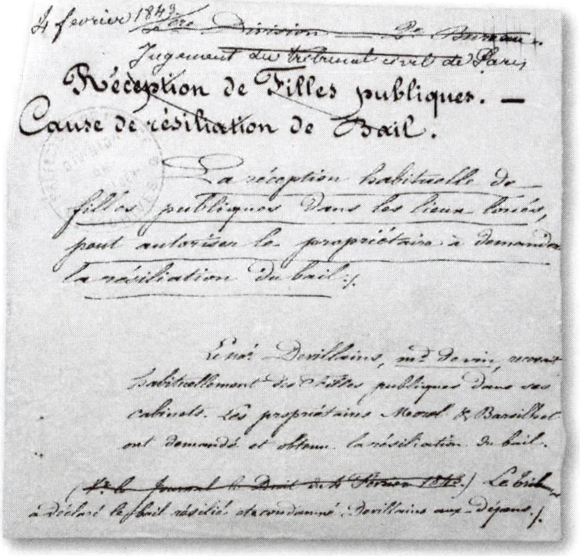
4 février 1843 — Division — Bureau
Jugement du tribunal civil de Paris
Réception de Filles publiques. — Cause de résiliation de Bail.
La réception habituelle de filles publiques dans les lieux loués, peut autoriser le propriétaire à demander la résiliation du bail.
Le sr Devillains, md de vin, recevait habituellement des Filles publiques dans ses cabinets. Les propriétaires Morel & Barillet ont demandé et obtenu la résiliation du bail.
Le trib. a déclaré le bail résilié et condamné Devillains aux dépens.

Le bal Mabille, *d'après Linder, 1884. Haut lieu des plaisirs et de la galanterie - Château de Compiègne.*

«S'il faut remonter à l'ancien droit, constate Jean-Marc Berlière, c'est que tous les régimes depuis 1789 ont marqué la même répugnance à légiférer sur un sujet choquant pour la morale et la pudeur, une répugnance qui s'explique essentiellement par le refus de reconnaître légalement l'existence de la prostitution et l'irréalisme qu'il y aurait eu par ailleurs à décider de son illégalité. Le silence législatif qui résulte de ce refus oblige à chercher les bases légales de la Police des mœurs dans les pouvoirs traditionnels des prévôts de Paris et des lieutenants généraux de police, sur les "femmes de débauche". Des pouvoirs qui remontent fort loin et qui, comme souvent dans l'ancien droit, tiennent à la fois de l'administration et de la justice, qui arment l'administration de pouvoirs judiciaires. La Révolution n'a pas pris de dispositions d'ordre législatif envers cette situation.»

Le préfet de police Albert Gigot déclare en 1904 : «Non seulement, la loi ne réglemente pas ces matières, mais le législateur évite de les mentionner et même d'y faire une allusion quelconque. C'est un sujet qu'il est convenu de passer sous silence. [...] Puisque les questions afférentes aux bordels et à la prostitution des filles du monde ne sont ni du ressort du législateur, ni de la magistrature, c'est à la police seule qu'est réservée l'ingrate et pénible mission de s'occuper de ces questions».

Les dés sont pipés. L'exploitation des filles est reconnue, encouragée par l'État. Mais si la prostitution n'est pas un délit, elle constitue un métier immoral et dangereux. Donc, dans l'intérêt de l'ordre et de la santé publique, la Police des mœurs est armée de pouvoirs particuliers et exceptionnels.

Arrestations sans mandat, incarcérations abusives, brimades et vexations s'ajoutent aux chantages, aux combines et aux malversations. En dehors du contrôle des maisons closes et de la surveillance des filles soumises, les policiers ont pour tâche de transformer les filles "insoumises" en filles "soumises". Elle est aussi chargée, en principe, de vérifier le respect des règlements concernant les mineurs, l'absence de racolage et de scandale, les heures d'ouverture et de fermeture, les prescriptions sur la vente des boissons alcoolisées, etc.

Mais tout se négocie, se troque, s'échange, se monnaye...

La maison close et sa tenancière n'offrent à la police que des avantages financiers, administratifs ou en nature. Lieux de renseignements, de surveillance et d'échange d'informations, les «temples d'amour» réglementés connaissent en 1900 un âge d'or.

« OBLIGATIONS ET DÉFENSES IMPOSÉES AUX FEMMES PUBLIQUES »

« Les filles publiques en carte sont tenues de se présenter, une fois au moins tous les quinze jours, au dispensaire de salubrité, pour être visitées.

« Il leur est enjoint d'exhiber leur carte à toute réquisition des officiers et agents de police.

« Il leur est défendu de provoquer à la débauche, pendant le jour ; elles ne pourront entrer en circulation sur la voie publique qu'une demi-heure après l'heure fixée pour le commencement de l'allumage des réverbères, et, en aucune saison, avant sept heures du soir, et y rester après onze heures.

« Elles doivent avoir une mise simple et décente, qui ne puisse attirer les regards, soit par la richesse ou les couleurs éclatantes des étoffes, soit par les modes exagérées.

« La coiffure en cheveux leur est interdite.

« Défense expresse leur est faite de parler à des hommes accompagnés de femmes ou d'enfants, et d'adresser à qui que ce soit des provocations à haute voix ou avec insistance.

« Elles ne peuvent, à quelque heure et sous quelque prétexte que ce soit, se montrer à leurs fenêtres, qui doivent être tenues constamment fermées et garnies de rideaux.

« Il leur est défendu de stationner sur la voie publique, d'y former des groupes, d'y circuler en réunion, d'aller et venir dans un espace trop resserré, et de se faire suivre ou accompagner par des hommes.

« Les pourtours et abords des églises et temples, à distance de vingt mètres au moins, les passages couverts, les boulevards de la rue Montmartre à la Madeleine, les jardins et abords du Palais-Royal, des Tuileries, du Luxembourg, et le jardin des Plantes leur sont interdits. Les Champs-Élysées, l'esplanade des Invalides, les anciens boulevards extérieurs, les quais, les ponts, et généralement les rues et lieux déserts et obscurs leur sont également interdits.

« Il leur est expressément défendu de fréquenter les établissements publics ou maisons particulières où l'on favoriserait clandestinement la prostitution, et les tables d'hôte, de prendre domicile dans les maisons où existent des pensionnats ou externats, et d'exercer en dehors du quartier qu'elles habitent.

« Il leur est également défendu de partager leur logement avec un concubinaire ou avec une autre fille, ou de loger en garni sans autorisation.

« Les filles publiques s'abstiendront, lorsqu'elles seront dans leur domicile, de tout ce qui pourrait donner lieu à des plaintes des voisins ou des passants.

« Celles qui contreviendront aux dispositions qui précèdent, celles qui résisteront aux agents de l'autorité, celles qui donneront de fausses indications de demeure ou de noms, encourront des peines proportionnées à la gravité des cas. »

(Préfecture de Police, 1878.)

LA LISTE NOIRE DES INFÂMES

Aux archives du musée de la Police, la note BB/4 renvoit à deux imposants registres étiquetés "Pédés 1" et "Pédés 2". Sur des centaines de pages, environ 1200 noms ont été recensés par les fonctionnaires de la Préfecture dans les années 1840-1850. Des prêtres, des bureaucrates, des artisans, des marchands, des ouvriers, des domestiques amis aussi des bourgeois et des personnalités de l'époque. Tous sont homosexuels, ou soupçonnés de l'être. La police les a arrêtés lors de rondes de nuit pour outrage public à la pudeur, ou ils ont été victimes de dénonciation de la part d'informateurs.

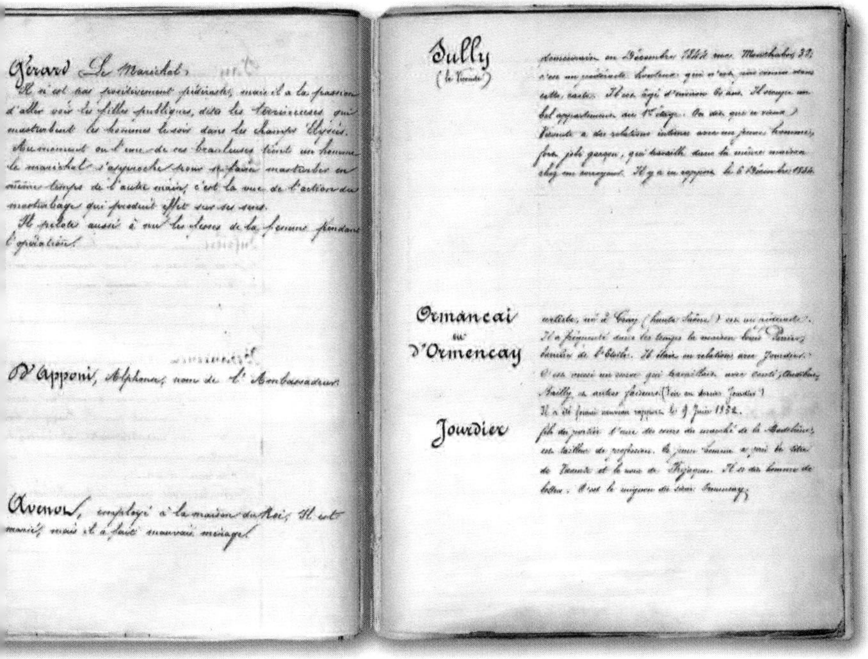

Gérard Le Maréchal

Il n'est pas positivement pédéraste, mais il a la passion d'aller voir les filles publiques, dites les terrineuses qui masturbent les hommes le soir dans les Champs Elysées. Au moment où l'une de ces branleuses tient un homme le maréchal s'approche d'eux et se fait masturber en même temps de l'autre main; c'est la vue de l'action du masturbage qui produit effet sur ses sens.

Il pelote aussi à nu les fesses de la femme pendant l'opération.

D'Apponi, Alphonse, nom de l'Ambassadeur.

Avenel, employé à la maison du Roi, Il est marié, mais il a fait mauvais ménage.

Sully (le Vicomte) — demeurait en Décembre 1844 rue Montthabor 38; c'est un pédéraste honteux, qui n'est pas connu dans cette caste. Il est âgé d'environ 60 ans. Il occupe un bel appartement au 1er étage. On dit que le Vicomte a des relations intimes avec un jeune homme, fort joli garçon, qui travaille dans la même maison chez un [illegible]. Il y a un rapport le 5 Décembre 1844.

Ormancai ou d'Ormencay — artiste, né à Gray (haute Saône) [illegible]

Jourdier — fils du portier [illegible]

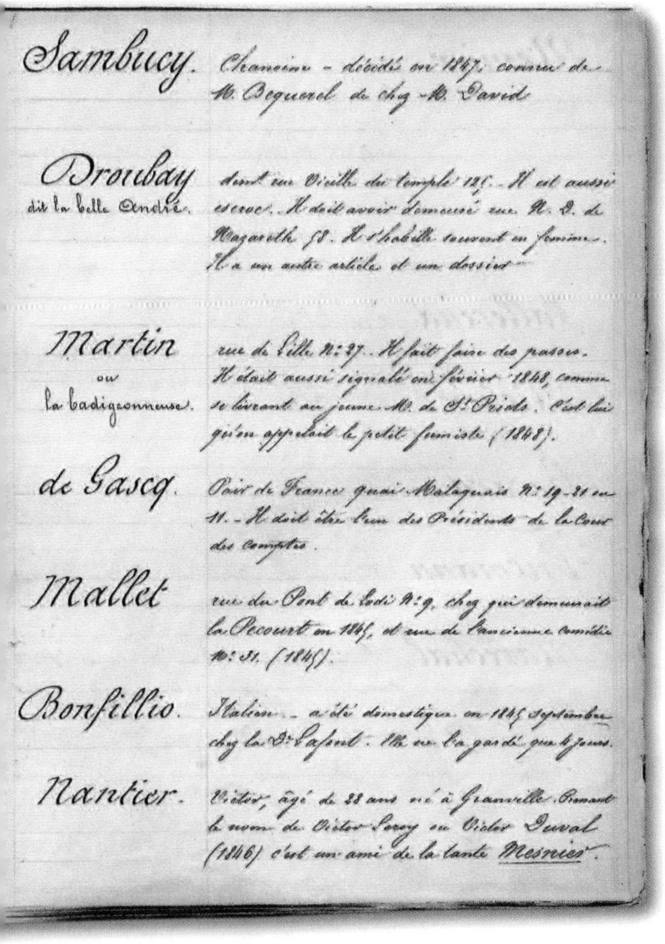

Sambucy. Chanoine – décédé en 1847, connu de M. Bequerel de chez M. David

Droubay dit la belle Andrée. demt rue Vieille du temple 125. Il est aussi escroc. Il doit avoir demeuré rue N. D. de Nazareth 58. Il s'habille souvent en femme. Il a un autre article et un dossier

Martin ou la badigeonneuse. rue de Lille N: 27. Il fait faire des passes. Il était aussi signalé en février 1848, comme se livrant au jeune M. de St Priest. C'est lui qu'on appelait le petit fumiste (1848).

de Gascq. Pair de France quai Malaquais N: 19-21 ou 11. Il doit être l'un des Présidents de la Cour des comptes.

Mallet rue du Pont de Lodi N: 9. chez qui demeurait la Pecourt en 1845, et rue de l'ancienne comédie N: 31. (1845).

Bonfillio. Italien, a été domestique en 1845 septembre chez la Dlle Lafont. Elle ne l'a gardé que 8 jours.

Nantier. Victor, âgé de 38 ans né à Granville. Prenant le nom de Victor Leroy ou Victor Duval (1846) c'est un ami de la tante Mesnier.

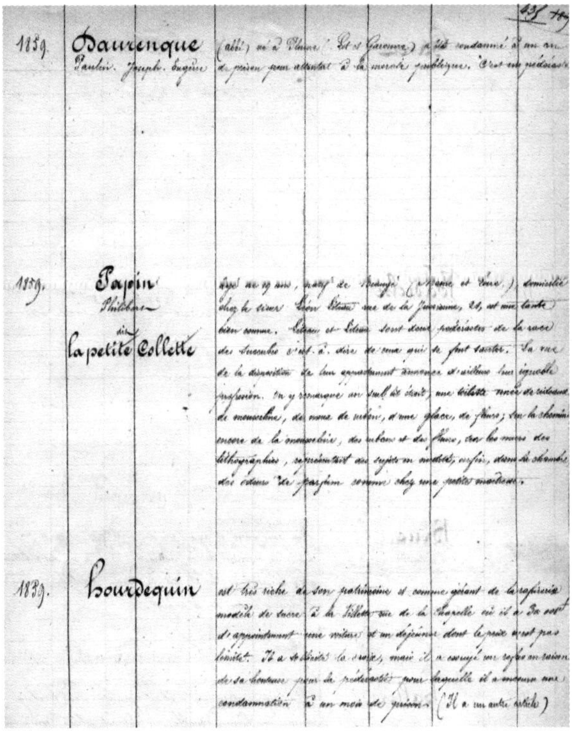

1859. Daurenque Paulin Joseph Eugène — (Albi) né à [illegible] (Lot et Garonne) a été condamné à un an de prison pour attentat à la morale publique. C'est un pédéraste [illegible]

1859. Papin Philibert dit la petite Collette — âgé de 29 ans, natif de [illegible] (Marne et Loire), domicilié chez le sieur [illegible] [illegible]

1859. Lourdequin — est très riche [illegible] (Il a un autre article)

Tous les hommes recensés par les policiers sont qualifiés de pédérastes, pédérastes honteux ou infâmes. Les commentaires précisent qu'ils ont des mœurs contre nature et que certaines de ces tantes, qu'ils soient rentiers, ouvriers ou diplomates, osent fréquenter ce qu'il y a de plus crapuleuxparmi les jésus (jeunes prostitués).

IMAGES OBSCÈNES PUNIES PAR LA POLICE

L'imposant registre BB/3, archivé au musée de la Police, dévoile toutes les images obscènes saisies par la Police des mœurs entre 1862 et 1865, pour outrage public à la pudeur.

99

22 Août 60 (6e Ch.) 2 mois
10 8bre 60 (6e ch) 1 mois de prison 16f d'amende.

Courtault – Louise Victorine Françoise ; née à Paris, le 25 Avril 1843 ; brocheuse. Célibataire

20 Juillet 60, mandat de M. Rohault de Fleury
A posé chez Dubourjal. Habite r. de la Chopinette 31 chez sa tante, la Dame Courtault

Affre Dubourjal.

1860 A posé chez Lamiche ... femmes nues ... Lucas a opéré les ... Xavier, les clichés. – 1860 a posé chez Lamy r. Richer 13.

3 septembre 1860 mandat de M. Fleury
habite chez sa tante rue de la Chopinette 31.

17 7bre 1861 (7e ch. acquittée)

Affaire Castaing.

Juillet 1861. Mandat de Mr Fleury
Affaire Cordier-Billon.

22 Août 60 (6e Ch.) 15 jours

Lecurieux Joséphine Entrepo
née à Fère en Tardenois (Aisne) le 6 Janvier 1841.

20 Juillet 60, mandat de M. Rohault de Fleury, notifié à St Lazare, où elle est détenue. – Modèle chez Dubourjal

Affre Dubourjal.

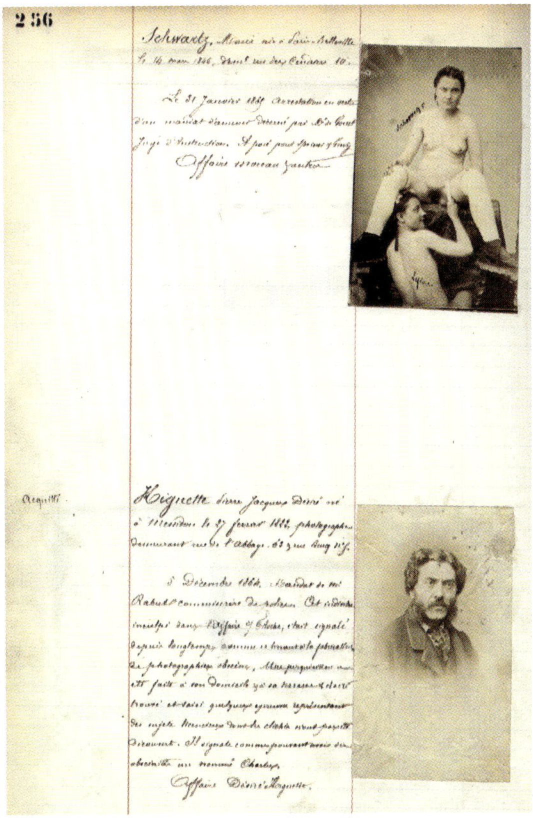

256

Schwartz, Marie née à [illegible] le 14 mars 1846, demt rue des Cendres 10.

Le 31 Janvier 1865 arrestation en vertu d'un mandat d'amener décerné par Mr de [illegible] juge d'instruction. A posé pour [illegible]

Affaire Moreau & autres

Arrêté

Higuette Pierre Jacques Désiré né à Meudon le 27 février 1822, photographe demeurant rue de l'Abbaye [illegible]

5 Décembre 1864. Mandat de Mr Rabut commissaire de police. Cet individu impliqué dans l'affaire [illegible], était signalé depuis longtemps comme se livrant à la fabrication de photographies obscènes. Une perquisition a été faite à son domicile [illegible] trouvé et saisi quelques épreuves représentant des sujets licencieux [illegible]. Il signale comme pouvant avoir [illegible] un nommé Charles.

Affaire Désiré Higuette.

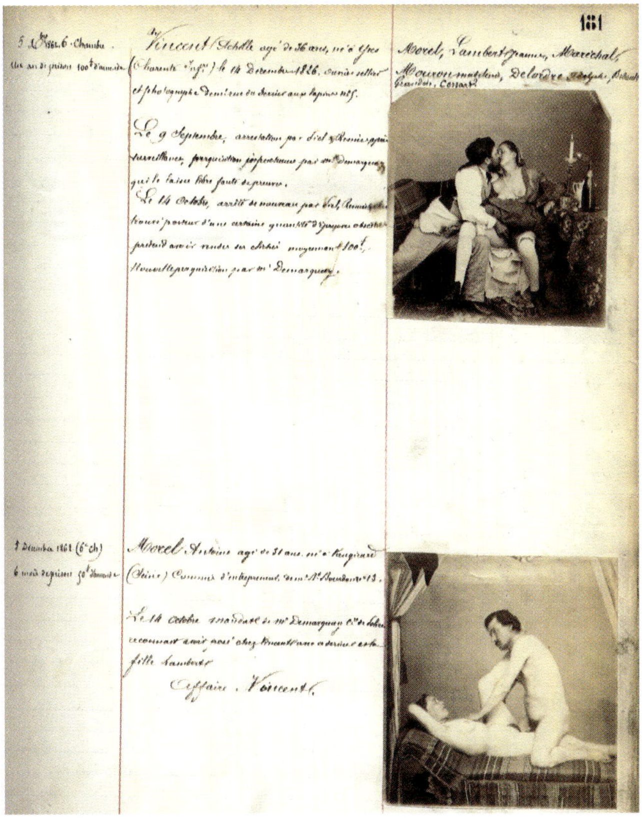

181

5 [illegible] 6e Chambre. Un an de prison 100f d'amende

Vincent Achille âgé de 36 ans, né à [illegible] (Charente Infre) le 14 Décembre 1826, ancien sellier et photographe demeurant en dernier aux Lapins [illegible]

Le 9 Septembre, arrestation par [illegible] après surveillance, perquisition [illegible] par Mr Demarquay qui le laisse libre faute de preuves.

Le 14 Octobre, arrêté de nouveau par [illegible] trouvé porteur d'une certaine quantité d'épreuves obscènes prétend avoir vendu son atelier moyennant 100f.

Nouvelle perquisition par Mr Demarquay.

Morel, Lambert jeanne, Marréchal, Mouron, [illegible], Delorme [illegible], Conrard

3 Décembre 1861 (6e ch) 6 mois de prison 50f d'amende

Morel Antoine âgé de 31 ans, né à Vaugirard (Seine) Commis d'entreprenant, demt [illegible] 13.

Le 14 Octobre mandat de Mr Demarquay [illegible] reconnaît avoir posé chez Vincent avec la dernière [illegible] fille Lambert.

Affaire Vincent.

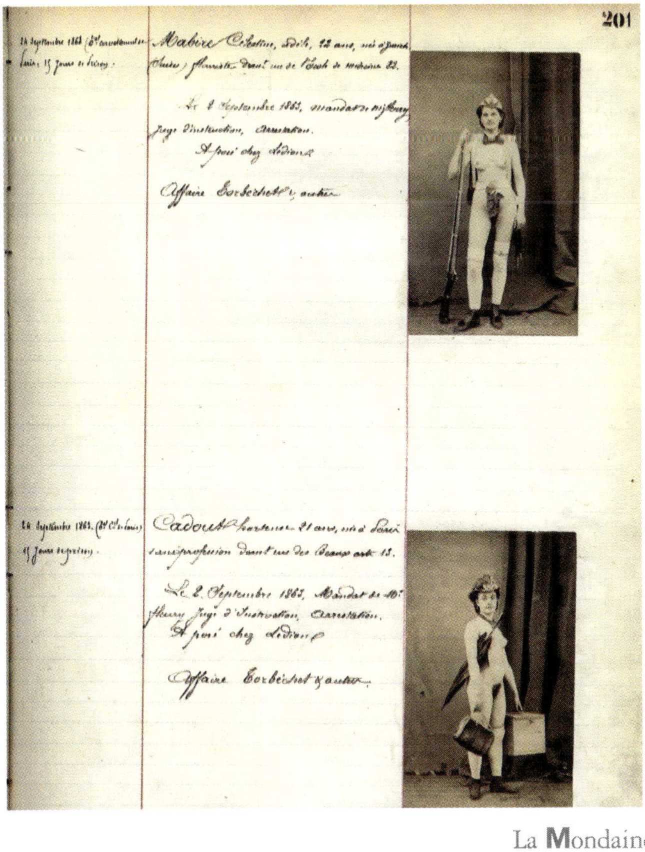

201

24 Septembre 1863 (6e arrondissement) [illegible] 15 jours de prison

Mabire Célestine, [illegible], 22 ans, née à [illegible] fleuriste demt rue de l'École de médecine 22.

Le 8 Septembre 1863, mandat de Mr Fleury juge d'instruction, arrestation.

A posé chez Lidion

Affaire Corbéchet & autres

24 Septembre 1863 (6e arrondissement) 15 jours de prison.

Cadoux Hortense 21 ans, née à Paris sans profession demt rue des Beaux arts 13.

Le 2 Septembre 1863, Mandat de Mr Fleury juge d'instruction, Arrestation.

A posé chez Lidion

Affaire Corbéchet & autres

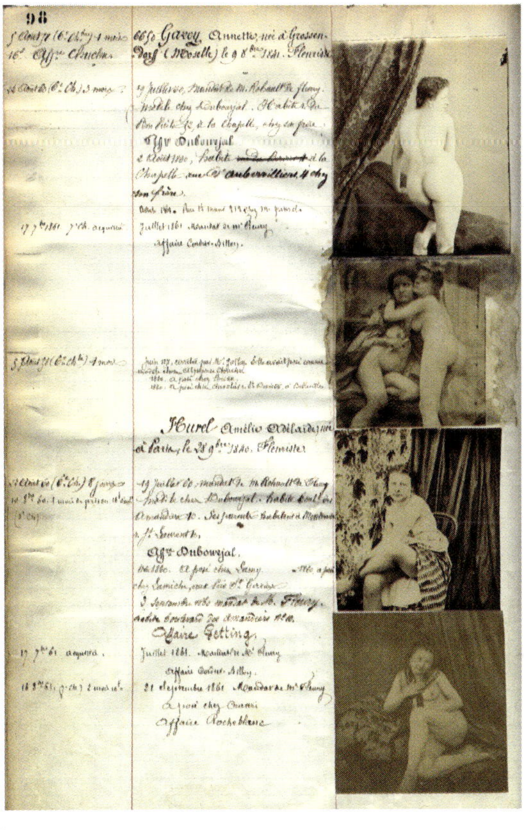

98

5 Août 71 (6e Chre) 4 mois 16f Affre [illegible]

6650 Garey Annette, née à Grossen-dorf (Moselle) le 8 8bre 1841. Fleuriste

[illegible] (6e Ch.) 3 mois

9 Juillet 60, Mandat de M. Rohault de Fleury. [illegible] chez Duboujal. Habite à [illegible] [illegible] à la Chapelle, chez sa [illegible]

Affre Duboujal

2 Août 1860, habite [illegible] à la Chapelle rue d'Aubervilliers, 4 chez son frère.

[illegible]

17 7bre 1861 7e ch. acquittée

Juillet 1861. Mandat de Mr Fleury

Affaire [illegible]

5 [illegible] 71 (6e Chre) 4 mois

[illegible]

Hurel Amélie Adélaïde née à Paris, le 28 9bre 1840. Fleuriste

[illegible] (6e Ch.) 8 jours [illegible]

19 Juillet 60 mandat de M. Rohault de Fleury [illegible] chez Duboujal. Habite [illegible] [illegible]

Affre Duboujal.

[illegible]

3 Septembre [illegible] mandat de M. Fleury. habite boulevard [illegible]

Affaire Getting.

17 7bre 61 acquittée.

Juillet 1861. Mandat de Mr Fleury

Affaire [illegible]

[illegible] 61 (7e ch) 2 mois [illegible]

21 septembre 1861 Mandat de Mr Fleury

A posé chez [illegible]

Affaire Rocheblanc

Louise Marquet

Badel

Si certaines logent en garni, racolent sur le trottoir pour gagner quelques pièces pour survivre, les courtisanes et les demi-mondaines collectionnent les diamants, les robes luxueuses et les blasons.

L'ÉLITE GALANTE SOUS SURVEILLANCE

Sur la demande du préfet de Police, Léon Renault, le bureau des mœurs a redoublé de surveillance pour recenser les prostituées. Entre 1872 et 1873 plus de 400 filles ont été fichées, photographies à l'appui, dans un imposant registre, archivé à ce jour au musée de la Police.

Marie Bruck

Henriette Drouard

Isabelle Maistriau

Vangel

Affiche réalisée par d'Ogé pour promouvoir le journal anti-clérical "La Lanterne" – 1880.

UNE POLICE DES MŒURS DÉVOYÉE, UNE IMAGE PUBLIQUE DÉTESTABLE

Carlier, chef du Service des mœurs à la préfecture de police entre 1860 et 1870, révèle avoir révoqué en quelques mois trente-deux agents sur un effectif de quarante : «Sur trente-deux révocations, huit ont été la conséquence de plaintes adressées au Préfet, [...] les vingt-quatre autres, prononcées d'office, ont été motivées par des enquêtes qu'aucune réclamation n'avait provoqué.» Ces très nombreuses sanctions ne font que confirmer la corruption d'un nombre élevé de policiers.

Le journal *Le Gaulois* précise, en 1876 : «Les agents qui en font partie sont, en général, des hommes à qui nous n'aimerions pas marier nos sœurs, ce sont cependant des hommes qui disposent de la vie et de l'honneur des femmes.»

Autre exemple, dans une série d'articles intitulés «La Police des mœurs. Lettres adressées à *La Lanterne* par un ex-agent des mœurs et un médecin», le journaliste Yves Guyot écrit : «La confiance que tout leur est permis, l'esprit de brutalité qui les domine, la conviction qu'ils sont en guerre avec le reste de la société, qu'ils ont tout pouvoir sur toutes les femmes et doivent considérer tous les hommes comme des ennemis, l'esprit de vengeance, [...] l'ivrognerie qu'ils étalent à 4 h du soir et il n'est pas difficile de prévoir le crescendo dans la soirée où ils opèrent».

Cette image très négative a concouru à la formation de la «légende noire» d'un service corrompu et sulfureux. Elle a élargi le fossé qui le séparait de l'opinion publique. Époque marquée par la peur et la paranoïa. Les policiers se méfiaient d'une brigade à l'autre, d'un service à l'autre, le public devait se protéger. «La police alors, n'est plus un élément d'ordre, mais elle constitue un danger», conclut Yves Guyot.

"L'Estaminet." Les lorettes essayant de vendre leurs charmes à un officier - Lavis de Constantin Guys – 1865-1870 – Musée Carnavalet -Paris.

Caricature de Louis Andrieux par Coll-Toc dans le n° 272 du journal Les Hommes d'aujourd'hui

LA DISSOLUTION DE LA POLICE DES MŒURS

Les bavures, les excès, les passe-droits se multiplient. La presse à sensation s'enivre des erreurs policières. Quelques affaires écrites d'une plume au vitriol déchaînent de telles passions qu'elles font penser à de «petites affaires Dreyfus» !

«Le 1er septembre 1876 à Lyon, Mélanie, une prostituée d'une vingtaine d'années appréhendée cours du Midi par un agent des mœurs, est blessée par les roues d'un omnibus, alors qu'elle se débat pour tenter d'échapper aux gardiens de la paix qui veulent la conduire au poste. Pendant son transfert à l'Hôtel-Dieu, elle réussit à ouvrir la portière du fiacre et à se jeter dans le Rhône où elle se noie. Quelques jours plus tard, toujours à Lyon, une autre prostituée, Marie, se jette par la fenêtre de son garni, lors d'une descente de la Police des mœurs. Elle a préféré la mort plutôt que de les accompagner à la visite sanitaire à laquelle son état de fille "en carte" la soumet. Elle meurt des suites de ses blessures.»

LA LANTERNE du 18 9bre 1881

LES JOLIES PARFUMEUSES

Plusieurs journaux publient cette note :

« Après un essai de quelques mois, qui n'a pas amené les résultats qu'on espérait, la préfecture de police a décidé de remettre le service des mœurs tel qu'il existait auparavant. »

???

On avait donc changé quelque chose au service des mœurs ?

Nous ne nous en étions pas aperçu — et les femmes honnêtes arrêtées « par mégarde » ne s'en étaient pas aperçues non plus.

☆

Mais il paraît qu'on avait fait un essai loyal de modifications.

Cet essai n'ayant pas donné « les résultats qu'on espérait » (quels résultats? la suppression des honnêtes femmes?) on va revenir au système ancien.

Avis aux mères et aux épouses : ne plus sortir seules, à partir de cinq heures du soir, mais se toujours faire accompagner par un homme résolu et armé jusqu'aux dents.

☆

Au reste, qu'on persévère dans le système actuel ou qu'on revienne à l'ancien, c'est à peu près la même chose. Deux dames ont encore été arrêtées jeudi, boulevard Montparnasse.

Pour en finir avec ces infâmes scandales, ce n'est pas des modifications qu'il faut, c'est la suppression du service des mœurs, et le radical bouleversement de la Préfecture de police.

☆

Car, si l'on cherche à quoi sert la police des mœurs, on ne trouve pas autre chose que ceci :

Terroriser les honnêtes femmes.

Mais jamais les ruffians, les souteneurs, les drôlesses et les proxénètes n'ont été plus insolents, plus florissants, plus audacieux !

Chaque jour, on découvre des scandales inouïs, d'incroyables turpitudes, qui durent depuis très longtemps, et qui, chez un peuple bien *policé*, n'auraient pas dû subsister un quart d'heure.

☆

Ainsi, à Bordeaux, les affaires de pillages et de vols nocturnes.

Que faisait la police?

Rien.

Il a fallu une longue suite d'attentats et la plainte d'une des victimes, pour qu'on s'aperçût qu'il se passait quelque chose.

☆

De même, à Paris, la découverte qu'on vient de faire d'un pseudo-bureau de placement, qui était en réalité une agence de proxénétisme.

On plaçait là des demoiselles de magasin.

Mais pour quels magasins ?

Pour ces fausses boutiques de parfumerie, où la seule odeur respirée est celle de la plus crapuleuse débauche, et qui pullulent dans les beaux quartiers.

☆

Une jeune fille se présentait dans cette dégoûtante officine, demandant une place.

On la soumettait à un examen singulier. Puis on lui disait :

— Allez telle rue, tel numéro. Vous aurez 600 FRANCS par mois.

600 francs ! Elle qui pensait en gagner 60 ! Elle interrogeait, stupéfiée :

Article dénonciateur du journaliste Yves Guyot pour La Lanterne, *du 18 septembre 1881.*

Ces deux faits divers dramatiques provoquent l'indignation d'Yves Guyot et vont le déterminer à lutter farouchement contre ce régime arbitraire et dévoyé de la Police des mœurs, qui lui paraît incompatible avec l'état de droit et, a fortiori, avec un régime républicain.

Le 28 octobre 1876, un mois plus tard, à Paris, une jeune actrice de revue, mademoiselle Rousseil, est interpellée par un homme se prétendant «agent des mœurs». Cet incident donne à Yves Guyot la matière de ses premiers articles virulents et marque le début de sa croisade contre la Police des mœurs.

Cette première série d'offensives conduit à la condamnation d'Yves Guyot, à la démission de Lecour, le chef de la 1re division de la préfecture de police (le Bureau des mœurs est le 2e bureau de la 1re division), à celle de deux préfets de police et à l'entrée dans la lutte du conseil municipal de Paris.

Les scandales de presse autour de la Police des mœurs ont servi de détonateur et de prétexte au conseil municipal de Paris pour entrer en lice et tenter de reprendre la direction de la Police de Paris. Il s'agissait de tenter de démanteler la préfecture de police, qui avait été créée par le Premier Consul pour assurer au pouvoir central de l'État la maîtrise de l'ordre dans la capitale.

Le 11 décembre 1876, le conseil municipal de Paris désigne une «commission de la Police des mœurs», présidée par le médecin Louis Fiaux, lequel était connu pour son hostilité envers la réglementation en vigueur.

«Sous la double prétention de l'ordre et de l'hygiène, écrit Louis Fiaux, la Police des mœurs a pour objet de mettre la main sur toutes les femmes convaincues ou soupçonnées de prostitution avouée ou secrète, de les examiner sexuellement, qu'elles y consentent ou non, de jeter en prison, arbitrairement, sans jugement, au simple ad nutum d'un petit bureaucrate, les malades et les contrevenants pendant un temps indéterminé, de les inscrire toutes sur un registre qui en fait une catégorie à part, hors la loi, afin de pouvoir continuer à les examiner corporellement, surveiller tous les actes de leur vie désormais soumise à la police et de les réemprisonner sur-le-champ. Un rouage plus coercitif, plus étroit que la carte, la maison de tolérance, complète la machine. On y jettera pêle-mêle les mineures abandonnées, les caractères indociles, les malades, [...] afin de pouvoir nettoyer la rue, briser les rebellions, faire le silence sur les plaintes, assurer à toute heure le service sexuel de la cité et appliquer la médecine administrative. Le caractère inquisitorial et violent de cette police secrète [...] et du juge administratif entoure tous les actes de ce département d'une sorte de terreur. Le régime est celui des bastilles et des lettres de cachet. Ce système a pour caractéristique d'être spécial, unilatéral».

L'abus de pouvoir du préfet de police

M. Mystère, M. Maison de rendez-vous, M. le Député, M. le Préfet de police... Louis Andrieux incarna jusqu'à la caricature les pouvoirs considérables et l'arbitraire d'un préfet de police qu'il revendiqua avec cynisme.

Surtout lorsqu'il fit saisir en toute illégalité le journal *La Lanterne*. «Convaincu, écrit-il dans ses *Souvenirs d'un Préfet de police*, qu'aussi longtemps qu'on croirait *La Lanterne*, on ne croirait pas au Préfet. Je me résolus à jouer le sort de ma fonction sur un acte d'autorité. Je fis saisir dans tous les kiosques et chez tous les libraires le journal *La Lanterne*, en vertu de l'article 10 du Code d'instruction criminelle, pour délit de fausse nouvelle publiée de mauvaise foi. On me fera l'honneur de croire que mon but n'était pas de soustraire à l'attention des lecteurs quelques appréciations peu flatteuses de ma personne et de mes actes. Je voulais provoquer une interpellation qui me permît de porter devant la Chambre la question de la Préfecture de police. [...] Il fallait que *La Lanterne* fut publiquement conspuée, aux applaudissements du Parlement, et qu'après la séance, le public et le personnel fussent certains que, fort de la confiance de ses collègues, le Préfet serait désormais le chef indépendant et obéi de toute son administration. Je n'ai pas besoin de dire qu'avant d'envoyer les commissaires de police exécuter mes mandats de saisie, je n'avais consulté ni le ministre de l'Intérieur, ni le Garde des Sceaux, ni le président du Conseil. Je savais d'avance que je n'aurais pas rencontré un seul ministre qui m'eût répondu : "Ce que vous proposez là, c'est un acte de folie". [...] J'avais affirmé mon autorité par l'abus même que j'avais pu en faire».

La Brigade des mœurs est dissoute le 9 mars 1881.

Nouvelle bavure policière

Le mardi 29 mars 1881, Madame Eyben, mère de famille, attend ses enfants en fin d'après-midi, passage des Panoramas. Elle est arrêtée, sous prétexte de racolage, par des agents des mœurs. Conduite au poste de la rue Villedo, puis au commissariat de la rue de Richelieu, elle est transférée en pleine nuit au dépôt de la préfecture de police. Ses cris, ses larmes et ses protestations sont vains. Présentée, seulement le surlendemain, au petit parquet, elle se voit signifier par un magistrat qu'elle est prévenue de «rébellion contre agents de la force publique». Elle est remise en liberté le vendredi 31 mars, à 14 heures.

L'affaire Eyben va susciter une grande émotion, une ardente polémique, relançant le débat sur la question des pouvoirs du système français face à la prostitution, des agissements, et des pratiques quotidiennes des «gardiens des mœurs».

La campagne de presse, les débats et les interpellations à la Chambre se terminent quelques semaines plus tard. Le ministre de l'Intérieur Constant reçut avec un grand soulagement, le 14 juillet 1881, la démission de Louis Andrieux, son encombrant préfet de police.

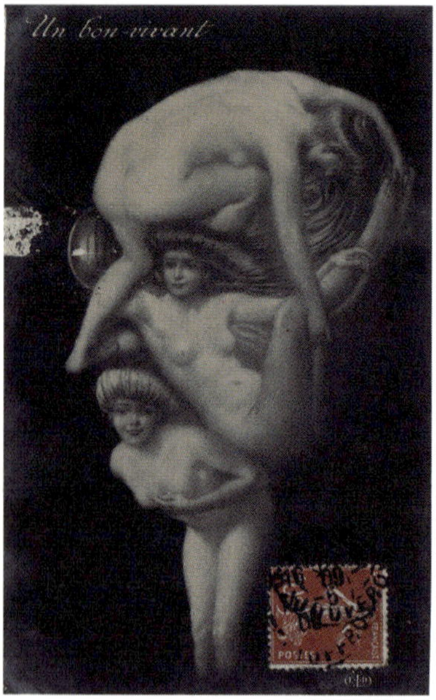

DES PLUMES AU VITRIOL

Les bavures policières, les excès, les scandales, les passe-droits ne cessent de se multiplier. La presse à sensation s'en empare et relate au quotidien les affaires scabreuses qui déclenchent chez les lecteurs de telles passions qu'elles font penser à de "petites affaires Dreyfus".

❶ *Page de couverture du Petit Parisien, du 29 novembre 1881.*

pôt de la Préfecture. Et toujours personne po[ur] m'interroger ! »

Voici la fin du récit de Mlle Fernandez :

« Un peu plus tard, on me fit monter avec tou[tes] les filles qui se trouvaient dans la salle en voiture cellulaire, et on me conduisit à la Préfecture. C'est là que je passai la nuit — et quelle nuit ! Je vous le laisse imaginer. Ce n'est qu'à midi, que je comparus devant M. Goron, chef de la Sûreté, qui me fit immédiatement remettre en liberté, après quatorze heures de la plus angoissante détention. »

La lamentable erreur dont Mlle Fernandez a été victime, a naturellement causé la plus vive émotion. On a annoncé que, pour donner satisfaction à l'opinion publique, le Préfet de police avait révoqué l'agent qui avait procédé à l'arrestation de la jeune femme. De plus, les agents qui avaient prêté main-forte à leur collègue ont été frappés d'une peine disciplinaire et changés de service. Mais cela est-il suffisant ?

Ce qu'il faut surtout, c'est prendre des mesures pour que des faits aussi monstrueux ne se renouvellent point. Et, pour cela, d'abord, il importe que les rafles — puisqu'elles sont nécessaires, au nom de la morale publique, — soient faites avec moins de sauvagerie, avec plus de circonspection. En outre, pourquoi, lorsque les agents conduisent au poste leurs prisonnières, n'y a-t-il point là un commissaire de police qui reconnaisse aussitôt les erreurs commises et qui puisse les réparer sans délai, afin que ce qui n'est qu'une maladresse ne devienne pas un véritable crime ?

Les infâmes méprises de la police des mœurs ne sont point rares. Mlle Fernandez n'est malheureusement pas la seule personne honnête qui ait connu l'ignominie de ces captures nocturnes, l'horreur de ces confusions impardonnables. Il est temps qu'on apporte plus de clairvoyance dans l'exécution des mesures de police, et qu'on prenne garde à ne point toucher à ce qu'il y a de plus respectable au monde : l'honneur d'une femme.

2

ENCORE LA POLICE DES MŒURS

Plus ça change, plus c'est la même chose.

Lorsque M. Camescasse, succédant à M. Andrieux, fut nommé préfet de police, il y eut un véritable soulagement de l'opinion.

On espérait que le nouveau préfet saurait éviter les fautes qui avaient amené la chute de son prédécesseur et, nous le reconnaissons, les premiers actes de son administration justifièrent, dans une certaine mesure, cette espérance.

Malheureusement, à peine installé à la préfecture de police, M. Camescasse, oubliant que les fonctions publiques imposent de graves responsabilités et doivent être autre chose qu'un marche-pied électoral pour ceux qui les exercent, M. Camescasse, disons-nous, s'est empressé de quitter son poste et de s'en aller à Brest briguer une candidature.

Le personnel de la préfecture de police en a profité pour revenir aux traditions du bon temps de M. Andrieux.

La police des mœurs, entre autres, cette lie de la lie de la police, recommence ses exploits.

La liberté individuelle se trouve de nouveau menacée, et tandis que les filles publiques usurpent effrontément nos trottoirs sous la protection de la police, les honnêtes femmes ne peuvent plus aller a pied sans s'exposer aux injures et aux violences des agents des mœurs.

Avant-hier soir, Mme B..., couturière, rue du Faubourg-Saint-Martin, et sa bonne, Herminie R..., reconduisaient a son domicile Mlle D..., jeune fille de dix-huit ans et cliente de Mme B...

Mlle D... est domestique. Elle n'avait pu venir qu'après sa journée faite chez sa couturière; il était donc naturel que celle-ci, vu l'heure avancée, reconduisît sa jeune cliente chez ses patrons habitant la rue du Temple.

Arrivées sur le boulevard Saint-Martin, ces dames s'arrêtèrent auprès d'un marchand de plâtres pour lui acheter quelques statuettes.

A ce moment (il était alors 11 heures du soir), quatre agents des mœurs se précipitèrent sur elles en les injuriant, et, malgré leurs cris et leurs protestations, les entraînèrent au poste de la rue Notre-Dame-de-Nazareth, où, sans autre forme de procès, elles furent, séance tenante, incarcérées en compagnie de quatre filles en carte et d'une fille insoumise.

Après avoir essuyé les ignobles propos des agents, les trois malheureuses femmes durent passer la nuit dans le cabanon où on les avait enfermées.

Le lendemain matin, à 10 heures 1/2, le commissaire de police les fit appeler et les interrogea, après quoi elles furent réintégrées dans leur cellule.

Le commissaire dépêcha aussitôt des agents aux adresses indiquées par elles. Les concierges furent interrogés.

3

Prostitution clandestine

La police, on le sait, prend la prostitution sous sa haute protection. Pourvu que vous ayez pris la peine d'avertir qui de droit qu'on ouvrait chez soi un débit de voluptés à tant la séance — et que vous présentiez d'ailleurs toutes les garanties désirables « d'honorabilité » — la police assurera la liberté de votre petit commerce, y fera réguer l'ordre, et vous rendra tous petits services connus pour entretenir bonne et cordiale amitié.

Mais si vous avez jugé négligeable cette formalité, alors vous verrez fondre sur vous les rigueurs policières. Tel roussin qui, autrement, se fût déclaré tout vôtre, vous mettra gentiment le poing au collet. Descente de police. Fermeture de la boutique. Comparution en police correctionnelle. Le motif à ses sévérités sera excitation de mineures à la débauche. Prétexte fallacieux s'il en fut, attendu que — ceci est connu de tous — l'armée de la prostitution officielle, garantie, réglementaire, fourmille de jeunes filles n'ayant point encore l'âge où la loi concède aux femmes dans une certaine mesure, la libre disposition de leur corps.

∴

Avant-hier, prévenus en effet d'excitation de mineures à la débauche, les patrons de deux maisons de prostitution clandestine se sont assis sur la sellette de la huitième chambre correctionnelle. Les débats n'ont pas présenté d'intérêt particulier. Ça été comme d'habitude sale et navrant.

L'une de ces maisons était située rue de Monsigny. Le pavillon « Magasin de modes » couvrait la marchandise. Vieux truc. Ils sont nombreux, dans les quartiers riches, les établissements de parfumerie, de ganterie, etc., dont le réel commerce ne se fait que dans l'arrière-boutique. L'autre était installée rue de la Chaussée-d'Antin. Il a été constaté que celle-ci avait une clientèle particulière pour les mineures et même pour les vierges.

Dans cette partie-là, comme chez Bignon ou Brébant, les primeurs sont haut côtées! Certes nous ne voulons rien dire en faveur de l'homme et des femmes qui tenaient ces établissements ignobles. Mais s'il fallait expliquer l'adjectif « navrant » dont nous nous sommes servis tout à l'heure, nous dirions n'avoir pu assister sans être émus d'une profonde pitié, au défilé des pauvres jeunes filles que la police a trouvées chez ces proxénètes et qui sont venues déposer comme témoins.

∴

Dix-neuf, dix-huit, dix-sept ans même; hélas! des visages frais encore, roses, avec, sur le front, l'impudence et l'impudeur déjà. Corrompues profondément. Et, sinon au point de vue

4

Paris, 28 Juillet 1885

POLICE DES MŒURS

M. Kuehn, chef de la sûreté, chargé de surveiller les criminels et la moralité des Parisiens, vient de donner à ses fonctions le coup du lapin qu'il appliqua d'une main sûre sur le malheureux Pel.

Le reporter d'un des journaux de la boîte, le *Detective Journal*, autrement dit le *Matin*, lui ayant demandé s'il se passe à Paris des scandales pareils à ceux révélés par la *Pall Mall Gazette*, M. Kuehn a d'abord répondu : *Non*, puis en une longue conversation, il a démontré que c'était tout à fait la même chose.

Il a reconnu qu'il existe à Paris des courtiers, des racoleurs qui cherchent « du nouveau », ce qui s'appelle à Londres des « filles vertes », et que ces entremetteurs ont de nombreuses maisons de rendez-vous.

Il a reconnu que l'exportation des jeunes filles françaises pour l'étranger ou la province se fait sur une large échelle; qu'il existe dans Paris un endroit où les exportateurs se réunissent, une sorte de Bourse de filles parfaitement connue de la police.

Il a reconnu que certaines rues sont tellement encombrées de filles, que la moyenne des arrestations est de cinq ou six cents par mois et que la prison de Saint-Lazare est pleine à ce point que pour introduire les prisonnières d'aujourd'hui, il faut évacuer celles de la veille.

Il a reconnu que les souteneurs sont innombrables et qu'il n'existe pas de moyens de les réprimer.

Naturellement le fonctionnaire Kuehn n'a dit au reporter que ce qu'il pouvait dire sans compromettre ses patrons, mais comme il répète à chaque instant combien ce service lui pèse, on devine les mystères immondes dont il est le gardien. Les extraits des Mémoires du policier Canler, que nous publions en ce moment, donnent à peine une idée — ayant vingt ans de date — des débauches souterraines du monde parisien d'aujourd'hui.

On peut dire hardiment, après avoir entendu M. Kuehn et compris ses réticences, que les vices de Paris valent bien ceux de Londres. Du reste, il se dégage le même prurit de bestialité de toutes les grandes agglomérations. En Chine, où la population est plus dense, le génie de la débauche arrive à des conceptions monstrueuses que le pinceau de certains artistes nous a révélées.

Contre cette marée montante, M. Kuehn ne voit qu'une barrière : la police des mœurs. Comment il arrive à cette conclusion cela lui serait difficile à dire. Nous pouvons l'aider.

Si M. Kuehn rêve d'augmenter indéfiniment l'effectif de son service, ce n'est pas du tout qu'il espère réformer la moralité publique. Mille agents des mœurs au lieu de cinquante dans Paris ne diminueraient pas d'une pulsation la fièvre de sensualité qu'engendrent nos milieux surchauffés. M. Kuehn le sait parfaitement; mais ces mille agents pourraient être d'excellents auxiliaires politiques.

On sait combien le personnel payé de la police est restreint et mal rétribué Cependant la préfecture abonde d'informations. D'où viennent-elles en général? De mouchards volontaires? Pas toujours. Le plus souvent d'individus auxquels un accident quelconque a mis le fil à la patte.

De ces accidents, le plus fréquent est le délit que les lois qualifient d'outrage aux bonnes mœurs. Quelquefois le délit est grave, la plupart du temps il est insignifiant. Mais la seule peur d'être traduit de ce chef en police correctionnelle suffit à ruiner l'honneur d'un homme dans l'esprit des badauds, c'est-à-dire du grand public. La police qui connaît ce préjugé sait l'exploiter à fond. Par la menace d'un procès scandaleux, elle tient des milliers d'individus et, pour prix de son silence, elle exige des rapports. C'est ainsi que s'expliquent certaines trahisons inexplicables puisqu'elles n'ont rapporté aucun avantage pécuniaire aux délateurs. Combien d'individus que nous pourrions citer ont préféré envoyer des rapports que de subir une condamnation réputée infamante.

A côté des chutes dont elle profite, il y a les pièges que la police tend. Nous avons entendu M. Etienne Arago raconter que lorsqu'il était directeur du théâtre du Vaudeville, il apprit d'une façon certaine que son théâtre était espionné. Toutes les conversations intimes du foyer et des coulisses — le Vaudeville était alors, sous Louis-Philippe un foyer d'opposition, — étaient fidèlement rapportées à la préfecture. Une surveillance fut organisée, et bientôt on eut la preuve que le délateur était une des actrices les plus connues. Le directeur la fit venir dans son cabinet, la pressa de questions; elle finit par avouer. Un jour, étant dans la gêne, ayant engagé ses bijoux, impuissante à satisfaire ses créanciers, une femme était venue la trouver, lui avait dit : un tel, un étranger de passage à Paris vous offre une somme énorme pour vous rencontrer une fois seulement. L'actrice avait accepté un ren-

2 Le Petit Parisien *23 septembre 1881.*

3 *Article de Lucien Victor-Meunier, paru dans* Le Cri du peuple *du 14 janvier 1885.*

4 *Pamphlet paru dans* Le Matin *du 26 juillet 1885.*

"Les Bourgeois" : policiers chargés de surveiller les quartiers chauds et sensibles de Paris

LA BRIGADE MONDAINE

LA CRÉATION DE LA BRIGADE MONDAINE

En 1901, Louis Puibaraud, maître des services politiques de la préfecture de police, crée une nouvelle section au sein du «Service des garnis», la Brigade mondaine, qui est chargée d'assurer la surveillance des nombreuses maisons de prostitution clandestines, alors en pleine expansion. Douze inspecteurs sous les ordres d'un brigadier-chef étaient affectés à ce service, fidèle héritier de la longue tradition des services de la Police des mœurs.

Pourquoi «la Mondaine» ?

Précisément en raison de la spécificité de la mission qui lui était confiée, s'infiltrer, surveiller, se renseigner sur le «monde», les différents mondes, ou les différents milieux : le monde des affaires, le monde des diplomates, le monde politique, le monde de l'Église, le monde de la presse, des artistes, du cinéma, de la médecine, du barreau, des sciences…

La Police des mœurs, "des indics en jupon" paru dans L'Assiette au beurre *du 23 mai 1903.*

Les prostituées pensionnaires d'une maison close sont des "filles à numéro". Leur numéro d'ordre est inscrit par la mère maquerelle sur le registre de la maison. Différemment, les filles en carte inscrites à la préfecture de police, travaillent librement.

Surveiller pour mieux contrôler les gens du monde, mais aussi du demi-monde, soit l'univers des prostituées de la haute société, des femmes du monde.

S'informer pour pouvoir éviter les débordements, les atteintes à la pudeur, les outrages aux bonnes mœurs, les abus des vicieux, les déviances morales, et ce pour garantir la bonne tenue de la capitale, ce qu'on appellerait aujourd'hui le «politiquement correct». Être à même d'étouffer les scandales qui pourraient éclabousser les hautes personnalités, les protéger de leurs propres écarts pour préserver la fonction, le titre, l'image et le renom.

Ces informations confidentielles, intimes, compromettantes, recueillies au fil des nuits, des enquêtes, des filatures et des conversations, sont annotées sur des feuilles blanches, sans en-tête administratif. Ces «blancs», à la différence d'un rapport officiel, ne demandent aucune réponse administrative. Ils n'identifient ni celui qui l'écrivait, ni son destinataire.

Le patron de la Mondaine peut ainsi véhiculer cette information souple, parfaitement anonyme, avec discrétion, et la remettre, ou non, selon l'importance qu'il lui accorde, à sa hiérarchie. Ces feuilles volantes, rédigées par les policiers avec une plume plus ou moins caustique et moraliste, sont archivées dans des dossiers secrets, de couleur rose, numérotés. Eux-mêmes sont déposés à l'abri des regards dans un imposant coffre nommé «Les étoiles», au deuxième étage du 36 quai des Orfèvres, dans le mythique bureau du chef de service, lequel est le seul à disposer de la clef du coffre.

Il était le dépositaire privilégié de l'œil et de l'oreille du préfet de police, car ces notes, ces lettres de dénonciations, ces photographies déshonorantes et ces rumeurs constituaient une bombe en puissance capable de déstabiliser la République.

Longtemps considéré comme une diva, comme l'homme qui règne sur les «Mœurs», le patron, le taulier avait dans les mains un jeu de cartes maîtresses, des atouts majeurs considérables pour influencer, maîtriser et dominer les adversaires présents ou à venir, des arguments imparables pour faire régner les prérogatives de son pouvoir.

Pouvoir et sexe. Sexe et loi. Loi et police. Police et mœurs...

En mars 1904, le conseil municipal de Paris dénonce avec virulence les actions occultes de la Brigade mondaine au sujet de «ce ramassis de potins égrillards écumés dans les bidets des maisons de tolérance et de passe sur tout ce que Paris compte de personnalités dans la capitale, le barreau, l'Église, la magistrature, la diplomatie, la presse, les arts et les lettres...»

L'homme qui se trouve alors à la tête de la Préfecture, Louis Lépine, républicain modéré, maniaque de l'ordre et esclave de la loi, est réputé sincère et d'une totale loyauté envers le gouvernement qu'il sert, cependant il n'est pas question pour lui de mettre fin à ce type de pratique.

Aux missions affectées à la Brigade mondaine, lors de sa création, vient s'ajouter très vite, en 1907, la répression des délits, de mendicité et de vagabondage, et d'outrage aux bonnes mœurs.

En 1910, une nouvelle section est rattachée au Service des garnis pour assurer la répression du trafic des stupéfiants ; elle est appelée «Section mixte S».

Le 29 mars 1913, le commissaire de police, directeur général de la sûreté,

Des policiers de la Brigade mondaine dans les années 1910.

Célestin Hennion, succède au juriste Louis Lépine. Tout oppose les deux hommes : leur parcours, leur tempérament et leur sensibilité politique. Célestin Hennion est, après Carlier, le deuxième policier de métier à entrer boulevard du Palais. Il s'intéresse tout particulièrement à la police judiciaire, pensant qu'elle représente, selon la formule de Clemenceau, «la seule police qu'une démocratie puisse avouer». Par le décret du 1er août 1913, il détermine la réorganisation générale des services actifs de la préfecture de police. L'évolution est majeure. Elle différencie dorénavant les trois missions de la police : la police judiciaire, la police de renseignements et la police d'ordre. Chaque mission est confiée à une direction différente.

Héritière directe du Service de sûreté, la Direction de la police judiciaire reçoit toute la police judiciaire, d'investigations et de recherches criminelles.

Dotée de huit cents agents, elle regroupe, entre autres : l'Identité judiciaire, les Archives centrales et plusieurs brigades spécialisées dont la Brigade mondaine et la «Section mixte S», qui fusionnent, le 11 février 1914, en un service nommé «Brigade des mœurs».

Création de la Brigade des Mœurs à la Direction de la Police Judiciaire.

Paris, le 11 février 1914.

Le Préfet de Police à Messieurs les Commissaires divisionnaires et Commissaires de Police du Ressort.

Mon attention a été attirée sur quelques lacunes touchant à la surveillance et à la répression de ces faits spéciaux de prostitution qui se manifestent clandestinement et en dehors de la voie publique.

Actuellement, pour surveiller les deux cent cinquante maisons de prostitution existantes, pour recueillir et vérifier des renseignements spéciaux, pour

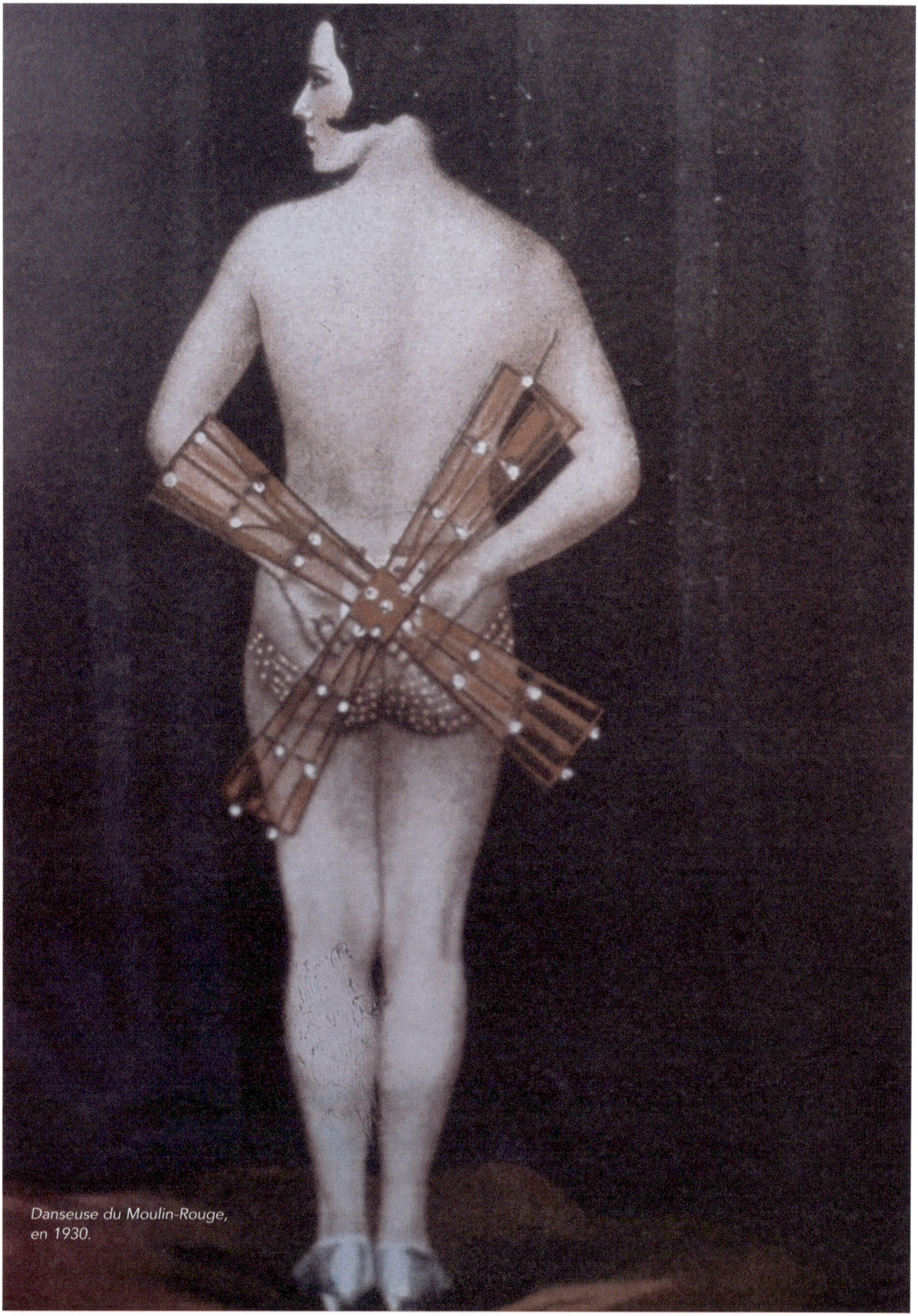

Danseuse du Moulin-Rouge, en 1930.

découvrir les maisons de rendez-vous clandestines, les trafics de stupéfiants, pour poursuivre le proxénétisme et la "traite des blanches", il n'y a qu'un brigadier et un sous-brigadier à la Direction de la Police Judiciaire qui s'inspirent des indications fournies dans les districts par des hommes qui, peut-être, sont insuffisamment informés ou mal préparés à cette délicate mission.

Les maisons ne sont, de ce fait, visitées que très rarement et les indications intéressantes reçues ne peuvent être toujours examinées avec tout le soin désirable. Cette situation est d'autant plus inadmissible que le nombre des maisons de rendez-vous clandestines va croissant, donnant asile à de nombreuses étrangères et aux malfaiteurs de toutes classes.

Pour remédier à cette situation, il m'a paru indispensable de créer une brigade spéciale ayant à sa tête un brigadier-chef et composée de trois sous-brigadiers et de neuf inspecteurs. Le rôle de cette brigade a été arrêté de la façon suivante :

1° Visite des maisons de rendez-vous ;

2° Enquêtes spéciales ;

3° Surveillance et répression de la "traite des blanches" ;

4° Surveillance et répression de la pédérastie et du trafic des stupéfiants.

Les gradés et inspecteurs exerceront en outre une surveillance active sur la voie publique et signaleront tous les faits immoraux qu'ils viendraient à constater au cours de leurs pérégrinations à travers la capitale : livres obscènes, gravures, photographies, publications pornographiques, prostitution sur la voie publique ; ils s'attachent également à découvrir les maisons de rendez-vous clandestines qui se dissimulent souvent sous les apparences bénignes du garni.

Les gradés et inspecteurs de la Brigade des Mœurs ne seront sous aucun prétexte distraits de leur mission spéciale.»

LES POLICIERS MONDAINS

(18/6/04) On avait déjà à Paris la brigade policière des voitures, la brigade des garnis, la brigade fluviale, la brigade des cercles — sans oublier la brigade mobile. Voici que l'on vient d'instituer la brigade mondaine.

La brigade mondaine, comme son nom l'indique, est spécialement destinée aux gens du monde, qui, depuis quelque temps, donnent de l'ouvrage aux tribunaux.

Les dernières affaires, qui fournirent à la police l'occasion de travailler dans « la haute », prouvèrent l'insuffisance du personnel ordinaire. Les gardes du corps de Mme Humbert manquaient, et les deux compagnons que le banquier Boulaine emmenait avec lui souper dans les restaurants de nuit se trouvaient vraiment par trop déplacés dans ces milieux élégants. Une réforme s'imposait. Et voilà comment est née la brigade mondaine, chargée d'opérer dans les salons et les grands bars parce qu'il y a aujourd'hui autant de canailles dans ces milieux que partout ailleurs.

Naturellement, les « mondains » sont triés sur le volet. Ils doivent être bien élevés, corrects, courtois et élégants. Il est indispensable qu'ils aient un tailleur. Le matin, un tour aux Acacias leur est recommandé. L'après-midi, ils fréquentent les réunions à la mode. Le parfait agent mondain revêt l'habit à partir de sept heures du soir, porte monocle, dîne au cercle et assiste aux premières.

Ils sont vingt, divisés en deux sections, sous le haut commandement de M. Court, que seconde un lieutenant habile et fashionable, M. Benin. Déjà, dit-on, la brigade mondaine a donné des preuves de son savoir-faire et les gens du monde que les circonstances amenèrent à se trouver en rapport avec elle s'en déclarent fort satisfaits.

Le Messager Agricole
du 18 juin 1904.

En raison de la confusion qu'elle entraîne avec les effectifs de la police municipale chargés de la surveillance des prostituées sur la voie publique, l'appellation «Brigade des mœurs» tombe en désuétude et est à nouveau remplacée par «Brigade mondaine», de façon officieuse d'abord, puis officielle à partir de 1930.

On constate que lorsque Roger Le Taillanter, qui en fut le grand patron entre 1970 et 1974, écrit ses livres, les compétences de la Brigade mondaine n'avaient pas changé, et ce cinquante ans après sa création.

En 1975, la Mondaine est définitivement débaptisée et renommée «Brigade des stupéfiants et du proxénétisme».

Cette transformation répondait à une logique des pouvoirs publics, qui ont souhaité rompre avec une terminologie datée, jugée désuète et péjorative, et tenir compte de l'évolution des mœurs.

LES SCANDALES DE LA BRIGADE MONDAINE

La presse révèle à l'opinion publique les abus de pouvoir commis au quotidien par la toute nouvelle Brigade mondaine. À peine créée, déjà décriée. Les journalistes alimentent la vision d'une institution détestable "une sorte d'écurie d'Augias". Ils relatent dans les moindres détails le caractère scandaleux des arrestations et des condamnations administratives.

❶

La Lanterne (éditorial) :

« La préfecture de police n'est pas une administration, mais c'est plutôt une sorte d'écurie d'Augias que des torrents d'eau ne sauraient nettoyer. Faite pour nous protéger, elle nous attaque; si les malfaiteurs vont en paix, les honnêtes gens sont arrêtés, cambriolés et ne sortent des pattes des policiers que salis par la suspicion et les calomnies répandues par eux.

» Les femmes sont arrêtées comme des filles, et si le trottoir déborde d'hétaïres, la rue n'est plus permise aux épouses qui regagnent tranquillement leur domicile. Et lorsqu'on se plaint, qu'une enquête est réclamée par les victimes, on charge un Taylor malfaisant de ces besognes, tout comme s'il était raisonnable de faire enquêter Robert Macaire par Bertrand, son coutumier complice.

» En voilà assez ! Il y a des coupables, il faut qu'ils soient punis, nous nous y emploierons de notre mieux et continuerons de signaler tous les méfaits qui se commettent dans cette caverne de la Tour Pointue. Il faudra qu'on dise si, dans une société civilisée, la police est faite pour protéger les citoyens ou s'il est du premier devoir d'un citoyen de se protéger contre la police. »

❶ Le Matin – *1er septembre 1901.*

❷ La Presse – *17 janvier 1901.*

❷

LA POLICE DES MŒURS

A PARIS

« Retranchez les femmes publiques du sein de la société, dit saint Augustin (*De Ordine*, ch. II.) la débauche la troublera par des désordres de tout genre : les prostituées sont dans une cité ce qu'est un cloaque dans un palais ; supprimez le cloaque, le palais deviendra un lieu malpropre et infect. »

Je n'ai point loisir de discuter ici cette thèse ni d'examiner jusqu'à quel point la comparaison du cloaque peut être retenue comme manifestation de la charité chrétienne. Cette courte citation n'a d'autre objet que mon désir de fournir un argument à M. Lépine, au cas où sa conscience scrupuleuse éprouverait un soulagement dans l'approbation anticipée décernée par un Père de l'Eglise à ce que devait être, dans notre société moderne, l'organisation officielle de la prostitution réglementée.

C'est donc la police qui, comme chacun sait, est chargée d'assurer par une tutélaire vigilance, le minimum de risques aux amours vénales et M. le préfet, ainsi que je l'ai déjà noté dans un précédent article, entend ne point se transformer en professeur de morale et rester un fonctionnaire chargé de défendre contre de désagréables lendemains les plaisirs passagers de ses administrés.

Comment fonctionne la police des mœurs ? Quelles mesures d'ordre et de prophylaxie sont prises à cet égard ?

C'est ce que nous allons rapidement exposer.

Le règlement actuel date du mois d'août 1893.

Avant cette date, il existait à la Préfecture de police une brigade dite des mœurs, composée de trente agents s'occupant seuls des filles soumises ou insoumises, des lupanars, des maisons de rendez-vous, des souteneurs, etc.

A la suite des critiques formulées au sein du Conseil municipal, M. Lépine s'efforça de donner satisfaction dans une certaine mesure aux observations qui lui furent faites.

Dès lors, dans chaque arrondissement, la surveillance des filles soumises fut confiée à cinq gardiens de la paix choisis, dit-on, parmi les plus intelligents, qui ne portent pas l'uniforme et qui outre cette fonction spéciale, occupent leurs loisirs du matin à faire la chasse aux chiens errants, et ceux de l'après-midi à poursuivre les vagabonds.

Ces agents ne sortent point de leur arrondissement et doivent arrêter les filles qui n'observent point les règlements.

Ces règlements, ils sont précisés dans les instructions inscrites sur une petite

2e BUREAU	PREFECTURE DE POLICE	SERVICE
3e SECTION	1re DIVISION	des MŒURS

Obligations et Défenses imposées aux Filles publiques

Les filles publiques sont tenues de se présenter, une fois au moins tous les quinze jours, et à date fixe, au Dispensaire de Salubrité, pour être visitées.

Il leur est enjoint d'exhiber leur carte sanitaire à toute réquisition des officiers et agents de police.

Elles ne pourront entrer en circulation sur la voie publique avant l'allumage des réverbères et, en aucune saison, avant sept heures du soir, et y rester après minuit.

Rien de provocant dans leur attitude ou leur mise ne devra attirer les regards.

Défense expresse leur est faite de parler à des mineurs ainsi qu'à des hommes accompagnés de femmes ou d'enfants, et d'adresser à qui que ce soit des provocations à haute voix ou avec insistance.

Il leur est défendu de stationner sur la voie publique, d'y former des groupes, d'y circuler en réunion, d'aller et venir dans un espace trop resserré, et de se faire accompagner ou suivre par des « souteneurs ».

Les abords des églises, temples, écoles et lycées, les passages couverts, les boulevards, les Champs-Elysées, les gares et leurs abords et les jardins publics leur sont interdits.

Il leur est défendu de prendre domicile dans les maisons où existent des pensionnats ou externats.

Il leur est également défendu de partager leur logement avec un concubinaire ou avec une autre fille.

Elles ne devront jamais racoler par leurs fenêtres.

Celles qui contreviendront aux dispositions qui précèdent, celles qui résisteront aux agents de l'autorité, celles qui donneront de fausses indications de demeures ou de noms, encourront des peines proportionnées à la gravité des cas.

Avis important. — La carte délivrée aux filles au moment de leur inscription ne constitue pas une autorisation et ne saurait être considérée comme un encouragement à la débauche, ni comme un obstacle au travail.

La carte permet à l'Administration de s'assurer si les filles publiques — dans leur intérêt personnel comme dans celui de la santé publique — se soumettent aux visites sanitaires qu'elles doivent périodiquement subir tant qu'elles se livrent à la prostitution.

La radiation des contrôles et le retrait de la carte peuvent toujours être prononcés sur la demande des intéressées quand il est prouvé qu'elles ne tirent plus leurs moyens d'existence de la prostitution.

Les vérifications nécessaires sont, d'ailleurs, faites avec réserve et discrétion.

On voit que ces obligations et ces défenses sont multiples et que les agents chargés des arrestations ont d'innombrables occasions d'exercer leur zèle. Un simple chiffre suffira d'ailleurs à donner un aperçu de leur empressement : Il y a *annuellement trente mille arrestations de filles soumises ;* et comme celles-ci sont au nombre de 6 à 7,000, c'est une moyenne d'environ cinq arrestations pour chacune que nous pouvons enregistrer.

A côté des cinq agents d'arrondissement dont nous venons de parler, existe ce qu'on nomme la brigade mobile. Cette brigade se compose de 100 hommes : 75 affectés à la recherche des malfaiteurs, 25 spécialisés dans la surveillance des filles insoumises.

Celles-ci, suivant les évaluations de M. Lépine, seraient à Paris de 60,000 à

1

La Lanterne

NUMÉRO 5 CENTIMES | RÉDACTION, ADMINISTRATION & ANNONCES 24, Boulevard Poissonnière, PARIS TÉLÉPHONE : 101,99 Tout ce qui concerne l'Administration du Journal doit être adressé à l'Administrateur | ABONNEMENTS Paris et Départements UN MOIS... 1 fr. 50 TROIS MOIS. 4 fr. 50 SIX MOIS... 9 fr. UN AN..... 18 fr.

JOURNAL POLITIQUE QUOTIDIEN
Directeur-Rédacteur en Chef
Victor FLACHON

VINGT-SIXIÈME ANNÉE, — NUMÉRO 9516
MERCREDI 13 MAI 1903
24 FLORÉAL — AN 111
Les Abonnements sont reçus SANS FRAIS dans tous les Bureaux de Poste
LES MANUSCRITS NON INSÉRÉS NE SONT PAS RENDUS

LE NUMÉRO 5 CENTIMES

LES AVEUX DE LA POLICE

Les agents révoqués. — M. Lépine flétri. — Démission ! Démission !

2

LES « MŒURS »

L'ORGANISATION DU SERVICE

Une institution mystérieuse. — Sa récente réorganisation. — On se cache. — La « Brigade mobile » et la « Petite Sûreté ». — Leurs attributions respectives

La police des mœurs a fait son temps. Le dernier attentat lui porte le coup de grâce.

Mais bien peu de personnes connaissent cette organisation occulte, que les malheureuses prostituées appellent encore parfois d'un nom qui exprime toute leur terreur : le « moulin à café ».

Je vais, avec la permission du directeur de *La Lanterne*, apporter, au sujet de cette inquisition moderne, une série de documents et de révélations tels qu'une mesure d'assainissement s'en devra suivre, de toute nécessité, et à brève échéance.

Si les détails les plus récents de son organisation sont tellement mystérieux qu'ils paraissent être ignorés du préfet de police lui-même, — mais ils ne le sont heureusement pas du « sous-préfet », — on a des documents qui s'étendent depuis le commencement du dix-neuvième siècle jusqu'au fameux arrêté d'octobre 1878. Mais nous passerons rapidement sur cette période pour prendre la police des mœurs telle qu'elle fonctionne de nos jours et montrer l'état de pourriture dans lequel se trouve ce service.

Une institution impériale

3

La Lanterne

LES « MŒURS »

NOUVELLE CONFESSION DE M. LÉPINE AU CONSEIL MUNICIPAL

21 mai 1903

L'état d'âme des agents des mœurs. — Recrutement du haut personnel. — Une lettre inédite de Raspail. — Devant la 2e commission. — Comment s'opèrent les arrestations

La conviction qu'ils ont tout pouvoir sur toutes les femmes, la confiance que dès lors tout leur est permis, expliquent l'esprit de brutalité qui caractérise la plupart des agents des mœurs.

Tous, hauts et bas fonctionnaires, ont en commun la sadique jouissance du pouvoir absolu. Mais ils en usent différemment : ceux d'en haut avec une parfaite conscience de leur métier et une vue nette des intérêts en jeu ; les autres y trouvent simplement la voluptueuse satisfaction des intérêts les plus brutaux.

4

La Lanterne

LES « MŒURS »

LES DÉCLARATIONS FANTAISISTES DE M. LÉPINE

22 mai 1903

La prétendue protection de la santé publique. — Le nombre des cartes rouges. — Pourcentage des syphilitiques. — Un aveu imbécile. — Les mineures

La Lanterne a relevé hier l'inexactitude des déclarations de M. Lépine sur la police des mœurs, faites la veille par devant la deuxième commission du conseil municipal.

Notamment, il y a, par arrondissement, au moins *quinze* gardiens « déshabillés », préposés à la surveillance de la prostitution, et non pas *cinq*, comme il a été audacieusement affirmé. De sorte qu'indépendamment de la section B de la brigade mobile (elle aussi préposée aux « mœurs ») il y a au moins trois cents gardiens chargés de ce service.

Même en prenant les chiffres de M. Lépine, on voit d'ailleurs que la suppression « nominale » de la police des mœurs en 1893 a amené un accroissement considérable de cette police : « Elle comprenait trente hommes en 1893, elle en compte cent vingt-cinq en 1903, » a dit en substance le préfet de police.

Elle en compte au bas mot *trois cent cinquante*, maintient énergiquement le « sous-préfet ».

5

— NUMÉRO 9529
AI 1903
An 111
s dans tous les Bureaux de Poste
ES NE SONT PAS RENDUS

LE NUMÉRO 5 CENTIMES

LES « MŒURS »

CORRUPTION DES AGENTS PAR LE MÉTIER

Le bas agent. — Comment on le recrute. — En chasse. — Les connivences coupables. — Un cas typique. — L'agent proxénète. — Saint-Lazare chôme

J'ai défini, hier, l'état d'âme du haut personnel des « mœurs » à la préfecture de police. Je vais montrer maintenant quel est celui des bas agents.

Pour augmenter la saveur de la démonstration, je donne, dès le début, la définition de l'agent des « mœurs » d'après la préfecture de police elle-même. Parent-Duchâtelet, médecin officiel, organisateur du Dispensaire, partisan résolu et théoricien rétribué de la réglementation de la prostitution, a osé, en effet, écrire : « L'expérience a reconnu qu'il fallait pour cet emploi des hommes spéciaux *doués d'intelligence, de douceur, d'activité, impartiaux, incorruptibles, capables d'imposer* ».

On va voir sur des exemples typiques comment ce beau programme est pratiquement réalisé.

L'enrôlement des agents

C'est dans le corps des sous-officiers et caporaux en retraite, dans ces cadres inférieurs de l'armée qui sont l'exutoire des instincts les plus violents, que la police des [illegible] de préférence ses sujets, [illegible]

6

LE RÉFÉRENDUM DES MÉDECINS

SUR LA POLICE DES MŒURS

Nos lecteurs ont dû voir que, depuis quelques jours, nous nous bornions à prendre, dans les lettres de nos correspondants, les passages essentiels de consultations souvent très longues.

Cette méthode de travail nous a été imposée par le nombre considérable des réponses que nous avons reçues et continuons à recevoir. Mais nous nous empressons d'ajouter que, désireux de donner à son référendum son maximum d'effet et d'associer le corps médical tout entier à l'examen d'une question à laquelle il a bien voulu s'intéresser aussi largement, le *Français* mettra son dossier complet à la disposition de la commission extraparlementaire dont le président du conseil a annoncé, le 28 mai, à la Chambre, la prochaine constitution.

D'après le docteur F. Ermenge, médecin de Saint-Lazare, il est de toute évidence que la prostitution doit être, à tous les degrés, soumise à une réglementation. Mais il est non moins évident que la police des mœurs, telle qu'elle existe actuellement est mal faite parce que ses procédés sont trop *policiers* et pas du tout *sanitaires*.

Du volumineux envoi de notre correspondant il convient de citer ce passage particulièrement intéressant :

Il faut s'efforcer de faire pénétrer cette idée que la syphilis est bien souvent le résultat d'un *accident* et non d'une faute ; que bon nombre de syphilitiques sont des *victimes* et que chacun de nous ne saurait trop se féliciter d'être resté indemne de cette terrible maladie, que nous frôlons à chaque instant, aussi bien au café qu'au restaurant, [illegible]

1 La Lanterne – *13 mai 1903*
2 La Lanterne – *19 mai 1903*
3 La Lanterne – *21 mai 1903*
4 La Lanterne – *22 mai 1903*
5 La Lanterne – *25 mai 1903*
6 Le Français – *11 juin 1903*

Les journalistes du journal anticlérical La Lanterne exhortent leurs lecteurs à considérer "qu'il est du premier devoir d'un citoyen de se protéger de la Police des mœurs".

LES « MŒURS »

LE FONCTIONNEMENT DU SYSTÈME

Les rafles. — Sur la voie publique et dans les garnis. — Scènes sauvages et immondes. — Le cas de Louise O... — Un véritable assassinat policier

L'abondance des matières a valu un court répit à MM. les policiers. Peut-être s'imaginent-ils que nous allons maintenant les laisser tranquilles. En quoi ils se trompent, comme on va voir.

Nous sommes d'ailleurs décidés à ne cesser notre réquisitoire que lorsque sera intervenue la réforme radicale demandée par la majorité de la Chambre.

Les agents en chasse

On a vu jusqu'ici l'organisation, et, en partie, le fonctionnement du système. A propos du referendum des médecins, organisé par un de nos confrères, et pour couper court aux plaidoyers pseudo-scientifiques apportés en faveur de la réglementation, nous avons interrompu un instant le cours naturel de notre exposé, montrant l'erreur hygiénique du régime. Nous revenons maintenant aux agents d'exécution et à la description de leurs intéressants exploits.

Voici les agents en chasse.

L'officier de paix de l'arrondissement leur a dit : « Il faut du nombre ! » Alors ils trouvent une fille en carte. Sur son trottoir, à l'heure réglementaire, elle « fait le quart », comme les règlements le lui permettent d'ailleurs.

Les agents des mœurs, s'ils n'ont pas leur provision suffisante, la « cueillent ». Elle est de bonne prise. La malheureuse résiste quelquefois, comme Philomène M..., dont l'histoire a été contée ici. Elle crie : ses protestations n'ont pas d'importance. Le rapport de l'agent est un document infaillible. « Il le corsera », si « elle fait sa tête ». Elle n'a donc qu'un seul parti à prendre : se laisser emmener.

Les vieilles se résignent : elles ont l'expérience.

Une fille en carte, quoi [...]

LES « MŒURS »

UNE PROPOSITION DE LOI

Un remède pire que le mal. — Le délit de racolage. — La porte ouverte aux mêmes abus. — Encore une loi d'exception. — Les dispositions acceptables

Une proposition de loi sur la police des mœurs vient d'être présentée par M. Georges Berry, député de Paris.

Après un exposé des motifs qui reproduit la plupart de nos critiques et auquel il n'y a guère à redire, l'auteur aboutit naturellement, par suite de son esprit réactionnaire, à un projet de texte légal bien propre à révolter tous ceux qui ont étudié le sujet car il légalise le droit à l'arbitraire.

Sous le régime actuel de la réglementation, le préfet de police a été obligé de déclarer qu'il « nage déjà dans l'arbitraire ». Si le Parlement adoptait la proposition Berry, M. Lépine, tout en continuant à appliquer les mêmes mesures d'exception, n'aurait plus à faire de ces aveux pénibles, car il pourrait alors se retrancher derrière une charte de la prostitution, qui couvrirait en toutes circonstances les agissements de ses sous-ordres.

[...] (la maladie vénérienne étant alternativement transmise par l'un et par l'autre) tombe sous le coup de la loi.

La loi Berry serait donc, au même titre que la réglementation actuelle, une loi d'exception.

Le Sous-Préfet de police

L'AFFAIRE FORISSIER

LES SCANDALES DE LA POLICE DES MŒURS

LES AGENTS YON ET GOBLET EN CORRECTIONNELLE

Interrogatoire des inculpés. — Deux silhouettes d'argousins. — Pitoyable système de défense. — M. Lépine ne vient pas. — La partie civile demande la Cour d'assises. — Plaidoirie de Me René Renoult. Observations du substitut Pacton. — Le jugement sur la compétence

LA POLICE DES MŒURS

Arrestations. — Pénalités. — Filles soumises. — Insoumises. — Mineures.

Nous avons vu, dans un précédent article, l'organisation de la brigade des mœurs et le concours qui lui est donné par les cinq agents délégués dans chaque arrondissement à la surveillance des filles.

Nous avons fait connaissance avec quelques-uns des règlements appliqués à celles-ci et constaté que les motifs d'arrestation étaient innombrables.

Examinons maintenant ce qu'il advient des filles arrêtées.

Leur sort varie suivant qu'elles sont filles soumises, filles insoumises, filles mineures.

Les premières sont arrêtées dès qu'elles manquent aux prescriptions de la carte qui leur est remise et dont nous avons reproduit le texte. Amenées, la nuit, au Dépôt de la Préfecture, elles passent le lendemain matin devant le sous-chef du 2e bureau, M. Guillet, qui leur applique des pénalités variant de 4 à 15 jours de prison à Saint-Lazare. Nul texte, bien entendu, n'autorise, ni ne fixe ces condamnations administratives. M. Guillet s'inspire uniquement des traditions du bureau.

J'ai assisté plusieurs fois à ces interrogatoires et constaté que certain jour, sur 129 filles arrêtées, 29 ont été punies ; que, un autre jour, sur 128 arrestations, il y a eu seulement 18 envois à Saint-Lazare.

La vérité m'oblige à reconnaître que M. Guillet semble remplir sa fonction avec bienveillance. On pourra [...]

LES ASSISES

Les Bonnes Mœurs et le Sénat

UN RAPPORT DE M. GUILLIER

Pour réprimer les outrages. — Le projet de loi du gouvernement et les décisions de la commission. Délits prévus et peines réclamées.

Il est donc bien difficile de réprimer ce qui est contraire aux bonnes mœurs, que toutes les tentatives faites dans ce but jusqu'à ce jour aient à peu près totalement échoué ? C'est M. Guillier, un des juristes les plus avisés que possède le Sénat, qui nous apprend ce piteux échec. Mieux que cela, ce qu'on est convenu de comprendre dans la catégorie des outrages aux bonnes mœurs n'a fait que se développer au fur et à mesure que les moyens de répression devenaient plus sévères.

Depuis déjà plusieurs mois, le gouvernement et de nombreux moralistes, parlementaires ou autres, se sont émus de ce progrès. Avec eux l'opinion publique se préoccupa des dangers que présentent les publications obscènes et de l'envahissement de la voie publique par les dessins, écrits et objets qui portent atteinte aux bonnes mœurs. Le gouvernement a soumis à l'examen du Sénat, qui a nommé une commission, un projet de loi tendant à réformer ces abus d'un genre spécial.

La commission sénatoriale a fini son œuvre, et c'est le travail de son rapporteur, l'honorable M. Guillier, qu'on a distribué aujourd'hui. Le sujet traité dans le rapport est très délicat, il est même scabreux, mais l'honorable sénateur de la Dordogne a su montrer que, de même que le latin, le français dans les mots bravait l'honnêteté.

Défauts de la législation actuelle

La loi actuellement existante est trop sévère, déclare le rapporteur, et il ajoute :

❶ La Lanterne – *12 juin 1903.*
❷ La Lanterne – *14 juin 1903.*
❸ Le Journal – *4 février 1904.*
❹ La Presse – *29 décembre 1903.*
❺ La Lanterne – *18 juillet 1903.*

LA PRESSE

L'Epuration du Boulevard

Nécessité d'une législation nouvelle. Opinion de deux magistrats. — L'inutilité des rafles.

Les rafles continuent... mais en vain !

Le boulevard a peu-être un peu gagné dans le coup. Pendant quelques soirs, il sera abordable pour les honnêtes gens. Dans une quinzaine de jours, tout sera à recommencer. Même en ce moment, certains quartiers sont envahis par les filles et leurs souteneurs.

Au Palais-Royal, notamment, le mécontentement est unanime chez les commerçants et les promeneurs, parce que le jardin et les galeries sont, depuis le commencement des opérations de police entre la Madeleine et la place de la République, devenus le refuge de la triste clientèle chassée du boulevard.

Aux nombreuses interviews que nous avons publiées, il convient d'ajouter celles-ci, parce qu'elles contiennent d'intéressantes déclarations de magistrats autorisés.

M. le juge Bourdeaux

Comme plusieurs de nos précédents interlocuteurs, l'honorable juge d'instruction estime que la justice n'est pas suffisamment armée.

— La police, nous dit-il, n'attendait qu'une occasion pour essayer d'assainir un peu les principaux quartiers de Paris. Les nombreuses plaintes si particulièrement justifiées dont on l'a saisie lui ont fourni cette occasion. On rafle toutes les nuits. On conduit au poste des théories de gens redoutables. C'est une satisfaction accordée aux Parisiens.

Mais la satisfaction est toute platonique. La plupart des filles arrêtées exhibent des cartes qui les mettent en règle envers l'autorité préfectorale et le public. Une bonne partie des souteneurs produisent des certificats, plus ou moins vagues, mais qui attestent qu'ils vivent de leur travail. Que peut faire alors le parquet ? La loi du 3 avril 1903 délimite nettement sa mission : il n'est en droit de poursuivre que les individus qui aident, assistent ou protègent la prostitution d'autrui sur la voie publique et en partagent sciemment le produit.

Les délinquants connaissent assez l'esprit et le texte de la loi pour échapper aux rigueurs des peines qu'elle édicte. Seule, une législation nouvelle, sagement et longuement étudiée, atteindra le but que l'on poursuit vainement. Seule, une législation nouvelle rendra *effectives* les mesures inévitablement *fictives* que l'on prend pour assurer aux Parisiens la sécurité qu'ils réclament.

Aussi longtemps que nous ne serons pas armés d'un texte de loi efficace, les rafles succéderont aux rafles pendant quelques semaines, filles et souteneurs entreront au Dépôt pour en sortir le lendemain et le silence interviendra à nouveau jusqu'à ce qu'un nouveau scandale oblige encore la police à agir, aussi infructueusement, d'ailleurs, que par le passé.

M. le juge Boucard

Même son de cloche auprès d'un autre juge d'instruction, M. Boucard :

— Evidemment, nous déclare-t-il à son tour, les rafles qui se poursuivent rendront pendant quelques jours l'atmosphère des boulevards plus respirable. La prostitution s'étalera moins outrageante. La lame du couteau luira d'un moindre éclat à la lueur des réverbères. Mais combien de temps cette accalmie durera-t-elle ? Dix jours, vingt jours peut-être... Et de nouveau l'ornière apparaîtra au coin des rues.

Il faut le reconnaître. Nous sommes totalement désarmés. Il n'est pas exact qu'un conflit latent, comme on le dit, divise le parquet et la préfecture de police. En réalité, nous ne pouvons en toute conscience frapper des gens dont le délit n'est pas suffisamment caractérisé. Notre impuissance provient de la crainte continuelle de tomber dans l'arbitraire. »

Le législateur est averti. Profitera-t-il de l'avertissement ? Paris le souhaite...

Julien Chéroy.

L'INSÉCURITÉ DES RUES

AUTOUR DES RAFLES

L'épuration de Paris. — L'opinion de M. Louis Schmoll. — La justice est armée. — Que la police veille.

Nous avons publié hier un article, faisant suite à notre enquête sur l'épuration des trottoirs de Paris, au cours duquel nous avons fait connaître l'avis de M. Séré de Rivières, le « bon juge » parisien. L'éminent magistrat n'hésitait pas à préconiser la défense armée pour tous les citoyens mis en péril par les apaches, souhaitant que le bourgeois porte sur lui son revolver et s'en serve en cas de besoin.

Un avocat distingué du jeune barreau de Paris, M. Louis Schmoll, que nous avons rencontré ce matin, ne paraît pas partager cette manière de voir ; il croit, au contraire, que la justice est suffisamment armée et que la police, plus vigilante, suffirait à la tâche.

— On prétend, nous dit notre interlocuteur, que M. Lépine ne demande pas mieux que d'épurer Paris, mais qu'avec les textes de lois actuels, il est complètement désarmé. Il ne peut, dit-on, maintenir en état d'arrestation que les individus recevant visiblement, dans la rue, de l'argent d'une fille publique, et à la condition expresse que cet argent provienne sans contestation possible du produit de la prostitution.

Rien n'est moins exact.

Ce que dit la loi

— La police, selon vous, aurait donc les armes nécessaires pour purger Paris des souteneurs qui l'infestent ?

— Sans doute ! La loi du 3 avril 1903 punit d'un emprisonnement de trois mois à deux ans, d'une amende de cent à mille francs et d'une interdiction de séjour de cinq à dix ans *tout individu ayant fait métier de souteneur*. Elle définit ainsi ce mot, nouveau dans la législation :

« Sont considérés comme souteneurs ceux qui aident, assistent ou protègent la prostitution d'autrui sur la voie publique et en partagent sciemment les profits. »

Les termes de la loi sont, on le voit, extrêmement larges. Aider, assister ou protéger la prostitution, l'un de ces trois actes suffit pour tomber sous l'application de la loi.

Donc, chaque fois qu'un homme donnera son aide, son assistance ou sa protection à une femme qui racole, la police aura le droit absolu de l'arrêter et de le maintenir en détention. Il restera à établir qu'il partageait sciemment les profits de la prostitution ; mais ce sera la tâche du juge d'instruction et non celle des agents.

— Mais, objectons-nous, s'il n'y a pas flagrant délit, le juge peut-il condamner sur une simple présomption ?

— Mais oui, il y a dans la loi de 1903 une présomption générale, d'après laquelle celui qui favorise la prostitution d'autrui doit être considéré comme agissant dans le but d'en partager le produit. C'est ce qu'a déclaré fort nettement une décision du tribunal correctionnel de la Seine du 22 octobre 1903. Cette présomption justifie à elle seule la détention ; elle peut être confirmée ou combattue par les faits de la cause, mais elle suffit pour faire renvoyer le protecteur de la racoleuse devant un magistrat instructeur.

Le rôle de l'instruction

Une fois que le juge d'instruction est saisi, il a à rechercher si l'inculpé a partagé sciemment les profits de la prostitution. Il aura à sa disposition, pour y parvenir, tous les moyens d'investigation possibles. Il n'est nullement nécessaire qu'il y ait eu un acte matériel de remise d'argent. La cour de Paris l'a fort bien démontré dans un arrêt du 31 octobre 1903. En matière de vagabondage spécial (métier de souteneur), dit cet arrêt, la preuve du partage des profits de la prostitution ne résulte pas seulement de la remise directe d'argent par la prostituée à son souteneur, mais peut être établie par l'ensemble des documents et circonstances de la cause.

Il suffit donc que deux faits soient certains : tout d'abord, que le souteneur ait reçu de l'argent de la prostituée ou simplement profité de celui qu'elle a gagné ; ensuite que cet argent ait été le produit de la prostitution.

En conséquence, chaque fois qu'il sera prouvé qu'un homme, arrêté pour avoir favorisé le racolage d'une prostituée, a profité des libéralités de celle-ci, soit qu'il en reçoive des cadeaux, soit qu'il ait son domicile dans le logement payé par elle, soit qu'il prenne ses repas avec elle et qu'il lui laisse régler l'addition, soit encore qu'il n'ait d'autres moyens d'existence que les subsides de cette fille, la présomption s'accentuera.

Si, d'autre part, la maîtresse de cet individu n'a pas d'autres ressources que le produit de sa prostitution, tous les éléments du délit se trouveront réunis, car ce seront bien les profits de cette prostitution que l'inculpé aura partagé avec sa maîtresse, après avoir aidé ou protégé ses agissements.

La prévention sera suffisamment établie pour que le juge d'instruction n'hésite pas à renvoyer l'individu poursuivi devant le tribunal correctionnel. Les juges à leur tour, pourront le condamner sans aucun scrupule, car la loi aura été fidèlement observée.

Pour épurer Paris

QUE FAIRE ?...

Deux interviews. — La justice n'est pas suffisamment armée. — Une loi à compléter.

La question de l'épuration de Paris est loin d'être résolue ; il convient d'entendre encore de nombreuses opinions pour au moins l'éclaircir.

Les lois actuelles suffisent-elles ? Plusieurs personnalités autorisées ont dit « non » déjà. Mais dans quelle mesure faut-il augmenter les pénalités contre le vagabondage spécial et quelle réglementation nouvelle de la prostitution sera le bon remède ?

Interview de M. Cruppi

M. Jean Cruppi, avocat, et député de la Haute-Garonne, nous a paru tout particulièrement désigné pour nous donner son opinion en raison de la compétence qu'il s'est faite en matière judiciaire :

— Les lois actuelles, nous a-t-il déclaré, ne permettent ni à la préfecture de police ni au parquet de sévir utilement contre le vagabondage spécial. Appliquer des peines plus sévères ? Ce serait arbitraire, et le parquet ne doit pas se livrer à cette fantaisie dangereuse : la est la loi. Celle-ci est mal faite, et certainement il est temps d'y substituer une législation meilleure.

J'ajouterai qu'il est parfois néfaste d'arrêter ces individus parmi lesquels se trouvent des « débutants », lesquels pendant leur séjour en prison apprennent ce qu'ils ignoraient avant leur incarcération. Le vice est contagieux. J'en conclus que la loi est incomplète ; elle est mal faite et, sans vouloir attenter à la liberté individuelle, j'estime que l'on doit s'occuper plus sérieusement de ces graves questions.

On ne peut pas improviser une solution. Un nouveau texte de loi trop hâtivement rédigé ne serait pas sans péril. Le législateur doit évidemment agir, — préalablement, il doit réfléchir. Il faut surtout songer aux « débutants » qu'il est possible d'amender et de relever.

En sévissant trop rigoureusement, d'une façon générale, on rendrait pour ces derniers toute rédemption bien difficile. Essayons de les moraliser en les arrachant à leur pernicieux entourage, en les délivrant des influences fatales qu'ils subissent.

C'est au législateur à reconnaître les « incorrigibles » et les autres. Indulgents envers ceux-ci, soyons impitoyables envers ceux-là. Il importerait alors de les éloigner de la société, non pendant quinze jours comme la loi actuelle le prévoit, mais pendant une durée beaucoup plus longue. Il importerait ensuite de leur interdire l'accès des grandes villes, des grands centres, foyers certains de la débauche, du vice et du crime. Il appartient au Parlement d'étudier promptement cette question. En agissant ainsi, il rendra à la société le service qu'elle réclame.

Interview de Me Clunet

Nous avons posé les mêmes questions à Me Clunet :

— La question que vous me posez, nous a-t-il dit, est très complexe, en effet ; il s'agit surtout de la répression de la prostitution. Or, comment réprimer un délit qui, d'après la loi, n'existe pas ? Aucun article de nos codes ne le prévoit, et cette question est toujours soumise à l'arbitraire des maires et, par extension, à Paris, au préfet de police, par application de la loi municipale du 5 avril 1884.

Les termes de l'article 97, qui leur permet d'agir, sont ceux-ci : « La police municipale a pour objet d'assurer le bon ordre, la sûreté et la salubrité publiques. Vous voyez que rien de spécial ne vise la prostitution ni les souteneurs, par extension, et que, forcément, il faut changer la qualification du délit, lorsqu'on poursuit, souvent arbitrairement, pour des contraventions à différents arrêtés. La solution de cette fausse situation est cherchée depuis longtemps, et depuis plus de cent cinquante ans je pourrais dire qu'elle a été l'objet d'études constantes, mais elle est bien difficile à résoudre.

Où commence la prostitution, où finit-elle ? Comment faire la preuve dans une matière aussi délicate ? Quels pourraient être les moyens d'investigation ? M. Fallières, en 1891, a déposé une proposition visant les logeurs ; M. Bérenger, en 1896, en a déposé une autre tendant à faire un délit de la prostitution. Ces propositions n'ont pas encore abouti. Comme tout le monde, je reconnais qu'il y a quelque chose à faire, mais l'application en est difficile.

— Ne pensez-vous pas qu'une application plus rigoureuse de la loi de 1903 sur le vagabondage spécial ne pourrait pas donner de bons résultats ?

— La loi de 1903 est imbue de cet esprit de prudence qui hante toujours le législateur dans ces questions. Elle assimile aux vagabonds les individus aidant ou protégeant la prostitution « sur la voie publique » ; il suffit donc au souteneur d'être embusqué dans un café pour échapper à toute poursuite. Il était difficile de faire autrement, toujours à cause de la difficulté de qualifier et de prouver le délit. Poursuivre l'individu qui partage avec une fille, dans un coin, dans la rue, l'argent que celle-ci vient de recevoir est encore possible, mais aller plus loin, ce serait amener la police à employer des moyens inquisitoriaux. Poursuivrez-vous comme souteneur le jeune homme de bonne famille qui fait payer ses notes de tailleur par une vieille maîtresse ?...

— Enfin, vous ne voyez pas de remède à la situation actuelle ?

— Je n'en vois guère que dans une augmentation des forces de la police et par conséquent dans une surveillance mieux exercée ; si les rues de Paris étaient plus surveillées, les filles et les rôdeurs qui les infestent seraient, tôt ou tard, forcés de disparaître ou tout au moins d'opérer en moins grand nombre.

Les avis restent partagés, on le voit... En attendant l'accord parfait, la police continue les arrestations des gens sans aveu que le parquet remet en liberté le surlendemain... Ils sont trop !...

Julien Chéroy.

❶ La Presse – *10 avril 1905.*

❷ La Lanterne – *8 août 1905.*

❸ La Presse – *12 août 1905.*

L'ŒIL DE LA POLICE

Un groupe de policiers appartenant à la Brigade mondaine a pour mission de surveiller la fréquentation des établissements de nuit afin de mieux contrôler les agissements des filles publiques, des filles du demi-monde. Qui fréquente qui ? Ils ont pour devoir d'éviter tout débordement, tout scandale, surtout lorsqu'il y a des hautes personnalités en jeu. Gardiens de la moralité et de la pudeur publiques, ils recueillent toutes les informations sur les abus, le vice les déviances sexuelles.

Pinkerton's National Detective Agency
"WE NEVER SLEEP."

L'œil qui voit tout, démasque tout et pénètre partout, l'œil mythique inventé comme logotype par l'agence américaine de détectives privés : l'œil de la Pinkerton. Les policiers de la Mondaine l'adoptent comme symbole de leur fonction. Ils le portent sous le revers de leur veste et ils le montrent au contrôle pour entrer discrètement, d'où l'expression : entrer à l'œil.

La Mondaine surveille ces femmes comédiennes, chanteuses, danseuses, au titre de la personnalité de leurs amants.

La police des Tuileries. — Une lettre de M. Barrès à M. Bérard. — M. Maurice Barrès vient d'adresser la lettre suivante à M. Léon Bérard, sous-secrétaire d'Etat des beaux-arts :

Monsieur le sous-secrétaire d'Etat,

Priape est le dieu des jardins. C'est entendu. Mais aux Tuileries il exagère. Le soir il occupe tous les bancs, et l'on raconte qu'en plein jour il apparaît parfois comme un éclair au milieu des nourrices et des bonnes d'enfants stupéfaites. Si vos gardes, trop peu nombreux, ne parviennent pas, en dépit de leur zèle, à lui mettre la main au collet, le préfet de police ne pourrait-il pas vous prêter des agents ? M. Lépine avait préparé un projet qui a été pris en considération par le Conseil municipal et qui complétait, assurait la police de nos promenades. Pourquoi en ajourner l'exécution ? Pourquoi cette tolérance qui devient la règle dans les bosquets ?

Les étrangers se plaignent qu'ils ne peuvent plus voir le pont du Gard ni les remparts d'Aigues-Mortes. Est-ce pour les dédommager que vous leur ménagez des spectacles antiques dans le décor des feuilles mortes des Tuileries ? Ils n'en demandent pas tant ; *non est hic locus* ; et je crains plutôt que vous ne les fassiez se sauver.

Un bon coup de balai, monsieur le sous-secrétaire d'Etat, voilà ce que réclament tous les visiteurs de notre belle promenade et tous les habitants du quartier, un des plus brillants de Paris. Je vous serais reconnaissant de prendre les mesures nécessaires, et je vous prie de trouver ici l'expression des sentiments d'amitié avec lesquels vous savez que je suis

Votre dévoué collègue,

MAURICE BARRÈS.

Paru dans L'Action Française 15 novembre 1913.

LA PREMIÈRE RÉVOLUTION INDUSTRIELLE DES BORDELS

Et c'est alors que le bordel passe du stade artisanal à la grande entreprise. À la fin de la Première Guerre mondiale, les époux des tenancières, que la loi avait relégués au simple rang de princes consorts, prennent la direction des opérations. Ils se mettent à gérer les maisons de tolérance comme on dirige une usine de conserves ou une ferme de volailles… Les tauliers se transforment en chefs d'entreprise.

Dans *Le Crapouillot* du printemps 1977, consacré à «La petite histoire des maisons closes», Romi écrit : «L'histoire du Milieu a conservé les noms et les surnoms pittoresques de quelques caïds, puissants, riches, respectables, qui fondèrent des chaînes de "maisons" : Maryland, le patron du 16 rue Laferrière à Paris (9e), le très célèbre Tonio le Corse, dit également Chin-Chin le Magnifique, propriétaire du 13 rue des Cinq-Boulets à Calais, qui acheta ensuite deux beaux établissements parisiens, Maurice la Trippe, le plus gros patron de Strasbourg, Maurice le Sauveteur, propriétaires des Belles Japonaises, 6 rue de Tracy à Paris. Deux "hommes du voyage", anciens "placiers en filles" pour les bordels des ports du Japon, de l'Afrique du Sud et de l'Argentine, firent une magnifique carrière : après s'être acheté des maisons à Lyon et à Reims, ces deux "durs" que l'on appelait Nez-Pointu et Georges le Cuirassier, furent copropriétaires du Charbonnais.

On citait encore chez les initiés : Chocolat, un patron de Toulouse, […] mais le caïd, l'empereur, celui que les "tauliers" consultaient dans les grandes occasions, c'était Monsieur Auguste, plus connu sous son pseudonyme : le Rabouin».

Cet «homme du voyage» avait fait ses débuts dans les affaires en vendant des bijoux fantaisie sur les marchés de banlieue, tandis que sa femme disait la bonne aventure. Tenant plus de la fourmi que de la cigale, en économisant sou à sou, il avait fini par s'offrir, en 1906, une maison à Angoulême, «La Sous-Préfecture», pour une vingtaine de milliers de francs. L'affaire prospère. Il s'agrandit et acquiert deux autres établissements, l'un à Barbezieux, l'autre à Ruffec, dont il confie la gérance à ses frères.

Au début de la guerre, le Rabouin met «La Sous-Préfecture» en gérance pour aller avec «Madame la taulière» travailler au Havre, où il vient d'acheter une bonne maison : La Lune, 22 rue des Galions. Les marins et les soldats en manque d'amour font la fortune des nouveaux exploitants.

Durant les quatre ans de guerre, le Rabouin

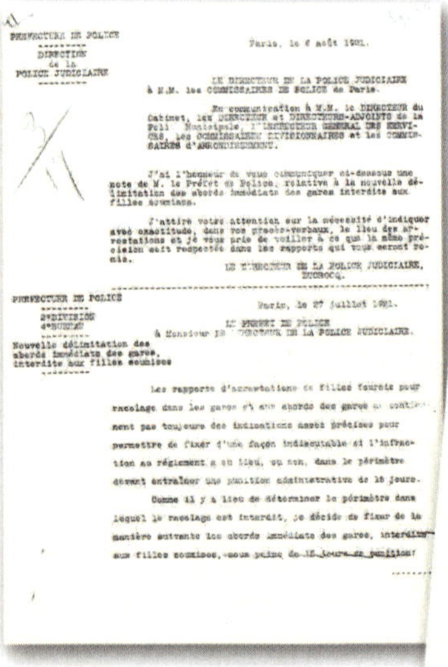

PREFECTURE DE POLICE
DIRECTION de la POLICE JUDICIAIRE

Paris, le 6 août 1921.

LE DIRECTEUR DE LA POLICE JUDICIAIRE à M.M. les COMMISSAIRES DE POLICE de Paris.

En communication à M.M. le DIRECTEUR du Cabinet, les DIRECTEUR et DIRECTEURS-ADJOINTS de la Police Municipale, l'INSPECTEUR GENERAL DES SERVICES, les COMMISSAIRES DIVISIONNAIRES et les COMMISSAIRES d'ARRONDISSEMENT.

J'ai l'honneur de vous communiquer ci-dessous une note de M. le Préfet de Police, relative à la nouvelle délimitation des abords immédiats des gares interdits aux filles soumises.

J'attire votre attention sur la nécessité d'indiquer avec exactitude, dans vos procès-verbaux, le lieu des arrestations et je vous prie de veiller à ce que la même précision soit respectée dans les rapports qui vous seront remis.

LE DIRECTEUR DE LA POLICE JUDICIAIRE,
DUCROCQ.

PREFECTURE DE POLICE
2e DIVISION
4e BUREAU

Paris, le 27 juillet 1921.

LE PREFET DE POLICE à Monsieur LE DIRECTEUR DE LA POLICE JUDICIAIRE.

Nouvelle délimitation des abords immédiats des gares, interdits aux filles soumises

Les rapports d'arrestations de filles soumises pour racolage dans les gares et aux abords des gares ne contiennent pas toujours des indications assez précises pour permettre de fixer d'une façon indiscutable si l'infraction au règlement a eu lieu, ou non, dans le périmètre devant entraîner une punition administrative de 15 jours.

Comme il y a lieu de déterminer le périmètre dans lequel le racolage est interdit, je décide de fixer de la manière suivante les abords immédiats des gares, interdits aux filles soumises, sous peine de 15 jours de punition :

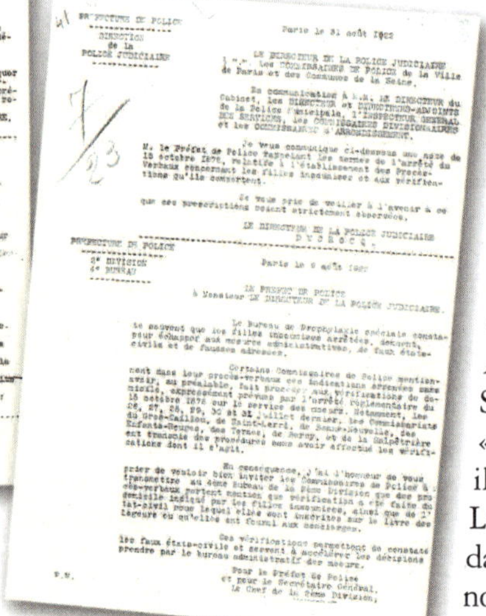

PREFECTURE DE POLICE
DIRECTION de la POLICE JUDICIAIRE

Paris le 31 août 1922

LE DIRECTEUR DE LA POLICE JUDICIAIRE à M.M. les COMMISSAIRES DE POLICE de la Ville de Paris et des Communes de la Seine.

En communication à M.M. LE DIRECTEUR du Cabinet, les DIRECTEUR et DIRECTEURS-ADJOINTS de la Police Municipale, l'INSPECTEUR GENERAL DES SERVICES, les COMMISSAIRES DIVISIONNAIRES et les COMMISSAIRES d'ARRONDISSEMENT.

Je vous communique ci-dessous une note de M. le Préfet de Police rappelant les termes de l'arrêté du 15 octobre 1878, relatif à l'établissement des Procès-Verbaux concernant les filles insoumises et aux vérifications qu'ils comportent.

Je vous prie de veiller à l'avenir à ce que ces prescriptions soient strictement observées.

LE DIRECTEUR DE LA POLICE JUDICIAIRE
DUCROCQ.

PREFECTURE DE POLICE
2e DIVISION
4e BUREAU

Paris le 9 août 1922

LE PREFET DE POLICE à Monsieur LE DIRECTEUR DE LA POLICE JUDICIAIRE.

Le Bureau de Prophylaxie spéciale constate souvent que les filles insoumises arrêtées, donnent, pour échapper aux mesures administratives, de faux états-civils et de fausses adresses.

Certains Commissaires de Police mentionnent dans leur procès-verbaux ces indications erronées sans avoir, au préalable, fait procéder aux vérifications de domicile, expressément prévues par l'arrêté réglementaire du 15 octobre 1878 sur le service des moeurs. Notamment, les 26, 27, 28, 29, 30 et 31 juillet dernier, les Commissariats du Gros-Caillou, de Saint-Merri, de Bonne-Nouvelle, des Enfants-Rouges, des Ternes, de Bercy, et de la Salpêtrière ont transmis des procédures sans avoir effectué les vérifications dont il s'agit.

En conséquence, j'ai l'honneur de vous prier de vouloir bien inviter les Commissaires de Police à transmettre au 4ème Bureau de la 2ème Division que des procès-verbaux portent mention que vérification a été faite du domicile indiqué par les filles insoumises, ainsi que de l'état-civil pour lequel elles sont inscrites sur le livre des logeurs ou qu'elles ont fourni aux concierges.

Ces vérifications permettent de constater les faux états-civils et servent à accélérer les décisions à prendre par le bureau administratif des moeurs.

Pour le Préfet de Police
et pour le Secrétaire Général,
Le Chef de la 2ème Division,

Notes établies par le directeur de la Police Judicaire, Charles Ducrocq, en vue de marquer une nouvelle délimitation plus restrictive, pour les prostituées, aux abords immédiats des gares, et pour ordonner de nouvelles vérifications lors des arrestations des filles insoumises.

achète à un marchand de biens spécialisé à Paris quatre belles «maisons» de province : une à Beauvais, une à Rouen, une à Angers et une à Abbeville.

Après l'armistice, «l'homme du voyage» complète sa collection, en achetant des maisons en Alsace, puis il mise sur Paris, pour placer ses superbénéfices…

À prix d'or, il devient l'heureux propriétaire de la rue des Mathurins dans le deuxième arrondissement. Se sentant tout-puissant, soutenu par de bons amis haut placés, le Rabouin, qui règne alors sur une vingtaine de maisons de tolérance, décide en toute quiétude de ne plus payer ses impôts. Dans le Milieu, la nouvelle fait l'effet d'une bombe : le Rabouin avait osé adresser un recours au Conseil d'État. Lors d'une conférence de presse, l'avocat du Rabouin rapporte aux journalistes l'état d'esprit de son client : «Les services des Contributions veulent faire entrer de façon abusive le revenu des "passes" et des "couchers" dans le chiffre d'affaires de mon client. […] Il y a là une grave incompatibilité, car enfin peut-on prélever un impôt sur cet argent de source impure, alors que les tribunaux s'obstinent à déclarer qu'un tenancier de maison close n'est pas fondé à réclamer en justice ce que les juges appellent le prix des débauches ?»

Le Rabouin perdit son procès. Les conseillers d'État se montrèrent intraitables. Mais le Rabouin avait ainsi acquis une nouvelle popularité et était devenu «l'empereur du milieu de la tolérance».

"Le Dessert" - Anonyme, 1930.

CATALOGUE DES PRIX D'AMOUR
de Mademoiselle Marcelle LAPOMPE

TARIF 1915 ANNULANT TOUS LES PRÉCÉDENTS

Branlette ordinaire, une seule main	33 sous
Avec chatouille des coulisses	1.75
Petit doigt dans le trou du cul, en plus	» 50
Le médium	12 sous
Baisage en levrette avec liquette	5 85
— — sans liquette	5.45
— à Poil	5.95
Dans le lit tout à fait	6 »
Minette le soir	3 »

15 centimes en plus pour la bougie

Baisage dans le lit, le premier coup	4.50
Les autres, en plus pour chaque coup	» 50
Après minuit, en plus	» 10

Il sera fait une concession de **Un franc** si l'on ne se sert pas de lumière.

Gougloutage du poireau avec pression de la main	3.50
Ne se retirant pas, tout dans la bouche	4 »

Je ferai remarquer en passant, que ce suçage n'est pas cher, car beaucoup de femmes n'ont pas le cœur assez ferme pour supporter l'arrivée du sperme et se retirent au moment psychologique, ce qui gâte tout le plaisir.

Avec moi rien à craindre, je ne quitte le BAR biras que lorsqu'il ne verse plus de pleurs.

BRANLAGE A LA MOUCHE

Une fois déshabillé, vous attrapez une grosse mouche, de laquelle vous enlevez les ailes, puis une fois dans la baignoire vous faites sortir la tête de votre gnien-gnien que vous décalottez, puis vous posez la mouche dessus.

La pauvre bestiole tourne autour, cherchant un terrain ferme, ayant toujours peur de se noyer; elle n'ose se jeter à l'eau, tant et si bien que son continuel chatouillement amène l'effusion du plaisir qui l'entraîne à la mort.

69, ou tête bègue sur le dos	3 »
Langue dans le trou du cul en plus (très demandé)	1 »
69, la femme sur l'homme	1 75

Si la minette est bien faite, je laisse tirer un coup à l'œil par l'adroit minetteur.

Voyage en terre jaune avec la bonne	4.90
— — avec le garçon	» 95

SAVONNETTE IMPÉRIALE RUSSE

Bien enduire le boyau chatouilleur de savon, ainsi que les accessoires, vous frottez des deux mains, ce qui amène une jouissance très douce.

Au savon de Marseille	3 »
— **du Congo**	3.75
Le même, avec de la terre à poêle	» 45

PISSETTE SUR LA QUEQUETTE

L'homme est assis sur la chaise, les jambes bien allongées, la femme à cheval dessus, l'orifice de son chouquie tout près du membre visiteur, l'homme tenant la femme à deux mains par les flancs à la hauteur des hanches.

En faisant une brusque pression il arrête le jet à sa volonté, jusqu'au moment où n'en pouvant plus, il se jette dans l'antre humide de plaisir.

PRIX	5 45

Avoir soin de faire boire quelques [illegible] à la femme.

Minette bout à bout: l'homme entre les jambes de la femme	3.05

On peut demander le concours de la bonne qui vous fait feuille de rose, ou autrement dit ventouse dans le trou du cul, ce qui est très savoureux.

UN Franc les cinq minutes

Branlage à la main droite	» 10
— **chaud**	» 10
Chauffage au Gaz	» 05

SUÇAGE A LA MENTHE

Avant de vous faire glougloutter le poireau, faire sucer une pastille de menthe à l'opératrice. Délicieuse sensation de cuisson.

69 — Rue du Chat-Noir — 69

Tarifs appliqués pour les spécialistes en amour tarifé chez Melle Marcelle Lapompe - 1915.

IMAGES INTERDITES

Toute image obscène sortie de la sphère privée peut faire l'objet dans la sphère publique d'une poursuite pénale pour outrage aux bonnes mœurs, en référence au Code pénal. Est considéré comme image obscène tout visuel choquant au plan sexuel qui contrevient de fait à la bonne moralité en vigueur de la société.

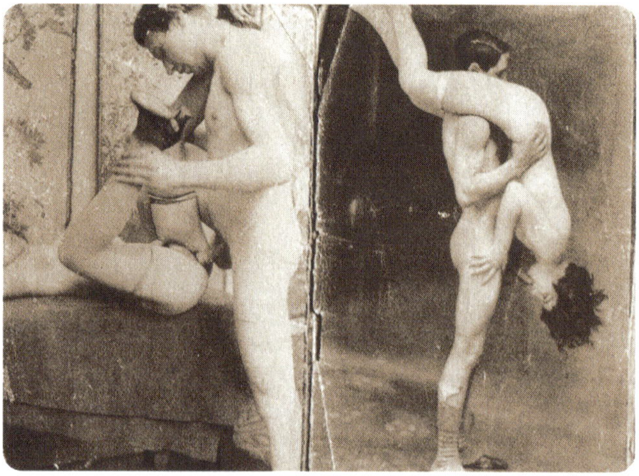

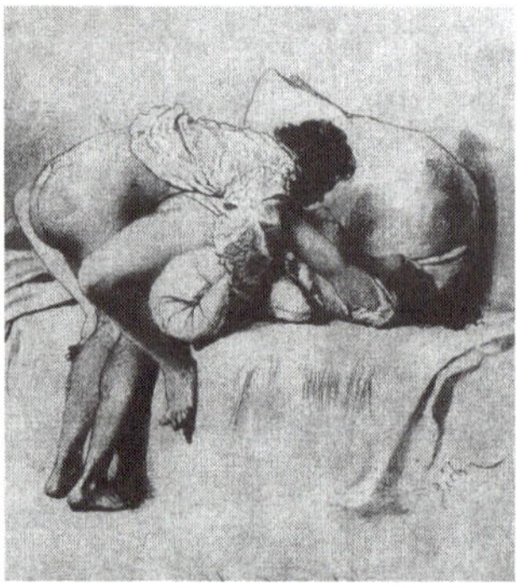

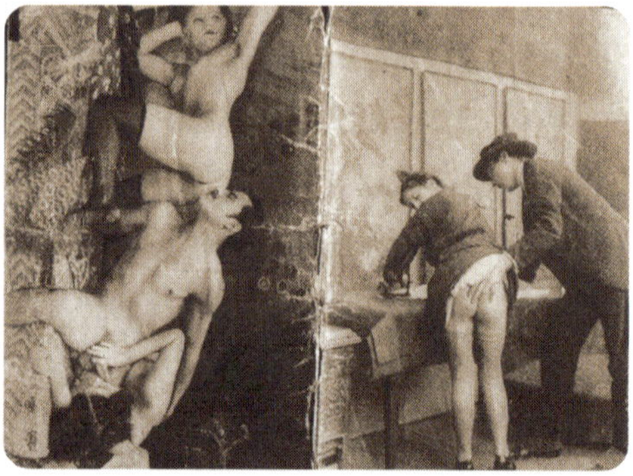

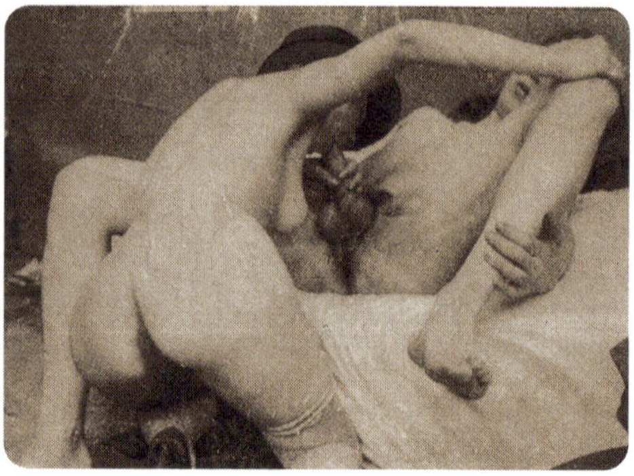

IMAGES AUTORISÉES

Ces images sont autorisées à la vente et à l'exhibition, car elles sont acceptées par les références morales de la société. Elles ne sont ni obscènes, ni dégradantes ni provocatrices. Ces nus académiques ne représentent ni poil pubien, ni sexe en érection, ni poitrine arrogante.

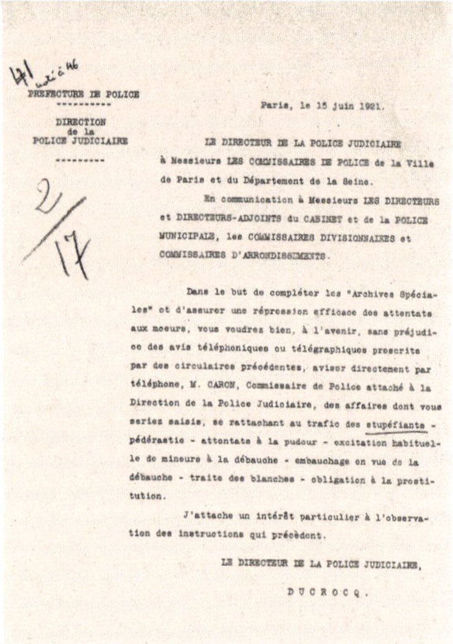

PREFECTURE DE POLICE

DIRECTION de la POLICE JUDICIAIRE

Paris, le 15 juin 1921.

LE DIRECTEUR DE LA POLICE JUDICIAIRE à Messieurs LES COMMISSAIRES DE POLICE de la Ville de Paris et du Département de la Seine.

En communication à Messieurs LES DIRECTEURS et DIRECTEURS-ADJOINTS du CABINET et de la POLICE MUNICIPALE, les COMMISSAIRES DIVISIONNAIRES et COMMISSAIRES D'ARRONDISSEMENTS.

Dans le but de compléter les "Archives Spéciales" et d'assurer une répression efficace des attentats aux moeurs, vous voudrez bien, à l'avenir, sans préjudice des avis téléphoniques ou télégraphiques prescrits par des circulaires précédentes, aviser directement par téléphone, M. CARON, Commissaire de Police attaché à la Direction de la Police Judiciaire, des affaires dont vous seriez saisis, se rattachant au trafic des stupéfiants - pédérastie - attentats à la pudeur - excitation habituelle de mineurs à la débauche - embauchage en vue de la débauche - traite des blanches - obligation à la prostitution.

J'attache un intérêt particulier à l'observation des instructions qui précèdent.

LE DIRECTEUR DE LA POLICE JUDICIAIRE,

DUCROCQ.

Nouvelles instructions données par le directeur de la Police judiciaire afin de compléter les "archives spéciales" (les blancs) et d'assurer une répression plus efficace des attentats aux mœurs 15 juin 1921.

ALERTE CHEZ LES TAULIÈRES LES BOBINARDS SONT MENACÉS DE DISPARAÎTRE

En 1903, une commission extraparlementaire tente en vain de faire voter une loi pour l'abolition de la prostitution réglementée.

En 1920, une autre commission, cette fois composée de quarante médecins affiliés au ministère de l'Hygiène, réitère ses demandes sans plus de succès.

Cinq ans plus tard, une rumeur court dans le Milieu. Les maisons sont menacées. L'alerte est donnée. Le maire de Strasbourg décrète, à l'occasion d'une bagarre, la suppression des maisons de tolérance de la ruelle aux Bœufs, de l'impasse de la Mauve, du quai de la Bruche et de la rue des Pêcheurs. L'incontournable Rabouin voit disparaître certaines de ses plus rentables entreprises.

À Lille, la pelleteuse démolit les neuf maisons de la rue Frénelet sans accorder un sou de dédommagement aux patrons, et en leur interdisant de remonter une autre affaire dans la ville. Les avocats déclarent aux tauliers ruinés par les événements : «Vous étiez tolérés, aujourd'hui vous ne l'êtes plus. C'est la loi !»

Devant un tel changement, jugé injuste et discriminatoire, un taulier de Nancy prend la tête d'une association de défense qu'il baptise «La Maison». Il rédige une circulaire qu'il fait adresser à tous les tenanciers de France :

«Monsieur et cher collègue,

De graves événements se préparent. À Genève, la SDN réclame la fermeture de nos maisons. Déjà, à Strasbourg, des mesures draconiennes ont été prises contre nos inestimables collègues de la rue des Pêcheurs. Les patrons de la rue Frénelet, à Lille, sont chassés de leurs établissements. À Nancy, une maison vient d'être brutalement fermée sur ordre du maire. Demain peut-être le même sort sera réservé sur notre pays.

Groupons-nous ! Syndiquons-nous en une vaste et puissante association, qui aura pour titre "La Maison".

À l'heure actuelle, nous vivons sous le régime du bon plaisir des autorités administratives et policières. On continue à nous appliquer d'antiques règlements, dont les uns datent du temps de la reine Jeanne et les autres de l'an VIII. Les tribunaux civils et les tribunaux de commerce nous ignorent ; il nous est interdit de leur soumettre nos litiges. Et pourtant le fisc nous écrase ; nous payons la patente, l'impôt sur le chiffre d'affaires et les bénéfices commerciaux.

Nous sommes électeurs, citoyens, pères de famille, et on nous traite en parias !

Cher Collègue, adhérez à notre Ligue ! Remplissez le bulletin d'engagement que vous trouverez ci-joint.

Nous réclamons :

Couverture de La Prostitution – enquête, de Maurice Hamel et Charles Tournier – 1927.

Notre reconnaissance légale ; le droit de plaider devant les tribunaux ; une réglementation nouvelle, en harmonie avec les exigences de la vie moderne.

PLUSIEURS PARLEMENTAIRES NOUS ONT PROMIS LEUR CONCOURS. ILS SONT PRETS A DEFENDRE CHALEUREUSEMENT NOTRE CAUSE ET NOS INTERETS.

Pour être forts, soyons unis !

Vouloir, c'est pouvoir !

Signé : M..., rue du Moulin, à Nancy, promoteur de l'association "La Maison".

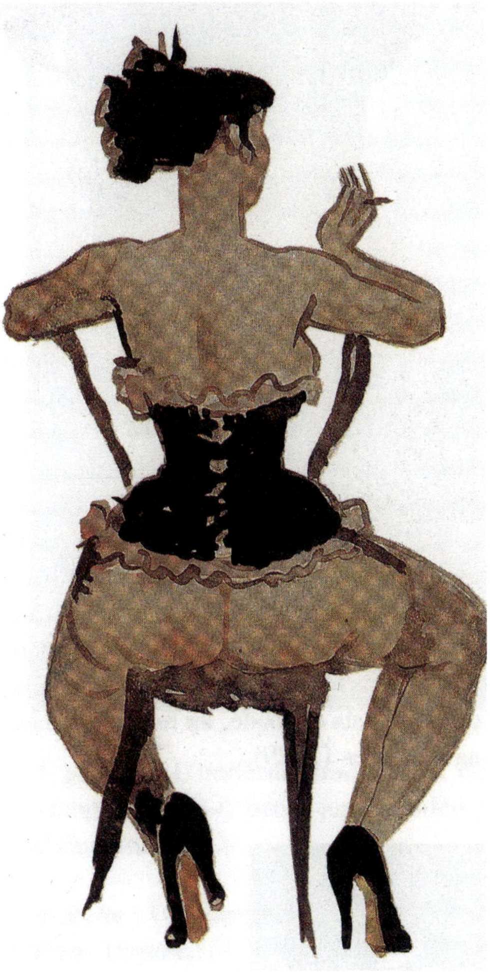

"La Femme au corset", illustration pour Gagneuses, chronique de l'amour vénal à Paris, *de Sylvain Bonmariage, par Charles Picart Le Doux.*

Mais les réactions à cette circulaire ne se font pas attendre. De fortes oppositions naissent au sein de la «profession». Après conférence au sommet, discussions, controverses, chacun obéit aux instructions du Rabouin qui décide : pas de syndicat, pas de réponse à la circulaire du «tordu» de Nancy :

«Nous avons des protecteurs sérieux. Que personne ne se syndique ! Écrivez à tous vos collègues des départements de se tenir tranquilles. Mais, comme il faut tout prévoir, je vous demande instamment d'alimenter une caisse de propagande : nous aurons, nous aussi, nos fonds secrets, comme le gouvernement. Pour que les hommes politiques nous soutiennent, IL FAUT LES ARROSER, vous le savez bien.»

Ainsi que l'avait pressenti le Rabouin, ce n'était qu'une alerte : la SDN rangea ses dossiers, et le rapport du Conseil de l'hygiène fut oublié parmi d'autres.

Mieux encore : l'ouverture de nouvelles maisons fut autorisée dans certaines régions où affluaient les travailleurs étrangers. Le Guide Rose, annuaire-indicateur des maisons et salons de société (exclusivement réservé aux tenanciers de bordels), signalait les ouvertures récentes, félicitant les maires des communes qui avaient obtenu leur 'maison'.

Les patrons de la prostitution et leurs avocats, soulagés, réaffirment leur point de vue : «Ils n'étaient en aucun cas des trafiquants de femmes, des proxénètes en marge de la société ; ils étaient des commerçants sérieux, qui œuvraient dans l'intérêt de la morale, de la santé et de l'ordre» (*Le Crapouillot*, numéro 42, printemps 1997).

En 1935, un périodique polémique, *Bec et Ongles*, écrit : «La phynance [orthographe empruntée à Alfred Jarry et à son père Ubu], la politique, le commerce sont représentés, parmi la clientèle du Sphinx, par leurs plus nobles chevaliers. Il y a tant de Légions d'honneur, du ruban au grand cordon, qu'on peut y rougir de tout sans se faire remarquer. L'époux de Madame possède une des plus belles chasses en France, et il ne manque pas, en saison, d'y inviter les puissants clients de la maison.» Et Madame confesse qu'il est toujours bon d'avoir des amis bien placés quand on tient une maison : «Les ministres arrosés, les amis politiciens de Georges, tout cela a fait qu'on n'a jamais eu top d'ennuis avec le fisc !».

Reconstitution pour un tournage de film du quartier réservé à la prostitution à Marseille.

CRIS ET CHUCHOTEMENTS DERRIÈRE LES VOLETS

La Mondaine, c'est sacré, surtout derrière les volets clos. Le système ambivalent de tolérance ne peut tolérer le silence. Confidences, informations sont de mise. Une tenancière peut voir son établissement fermé pour avoir négligé les préceptes en vigueur. Chaque matrone a son «condé». Sorte de pacte passé avec la police, à qui elle fournit des renseignements de tous ordres, contre une protection.

Les rituels des habitués, les secrets d'alcôve des maisons «à passion», les spécialités de ces dames foisonnent dans les «carnets d'amour» tenus par les filles, dans les cahiers de maison rédigés par les sous-maîtresses, mais aussi dans les rapports de surveillance et dans les enquêtes dites délicates effectuées par la Brigade mondaine, à la demande du préfet de police ou du directeur de la Police judiciaire.

Les maisons à spécialités

Certains clients, généralement fortunés, venaient y goûter des spécialités difficilement praticables ailleurs. Ces fétichistes recherchaient des émotions et du plaisir avec des pratiques jugées hors des bonnes mœurs de l'époque : amateurs de dames grimées en petites filles, voyeurs, scatophiles, amateurs de biberon et de couche, connaisseurs des méthodes anglaises (sadomasochisme), zoophiles, friands de femme enceinte…

Curieusement, une sexualité honteuse et condamnée à l'époque était très mal servie dans les bordels : l'homosexualité. D'ailleurs, Le Guide rose de 1936, bréviaire de toutes les maisons parisiennes, n'indique pas de maison spécialisée pour les homosexuels. Depuis sa création, l'une des priorités de la Brigade mondaine était orientée vers la surveillance et la répression de l'homosexualité pour outrage public à la pudeur, et les actes impudiques avec mineur de même sexe (article 331 du Code pénal). Ainsi, en janvier 1918, une descente de police mit fin aux activités des «invertis» de l'hôtel Marigny, situé au 11 rue de l'Arcade (Paris, VIIIe). D'autres descentes plus confidentielles eurent lieu dans des «clandés» spécialisés.

De source policière, quelques témoignages sur la vie intime du monde.

Chez Sabine, rue Caron (IVe), un client d'une cinquantaine d'années, bien en chair, plutôt petit, bien habillé, très discret sur son métier et son patronyme, avait ses petites habitudes. Il arrivait toujours à pied, enlevait son insigne de commandeur de la Légion d'honneur, la glissait dans sa poche et montait, le regard fixe, à la chambre qui lui était réservée. Quelques instants après, on lui amenait sa «victime», une Africaine chargée de lourdes chaînes. Il saisissait la fille par les cheveux et la pénétrait violemment, sans lui enlever ses entraves. Plus la fille criait, hurlait, mieux elle était payée. Sabine, la patronne, avait dû faire capitonner la chambre… Une nuit, la seule fille noire de la maison était tombée malade, un court laps de temps avant l'arrivée de ce «client-flibustier». Pas le temps de

"Scène de fessées", par Zellé – 1930.

trouver une remplaçante africaine, mais pas question non plus de refuser un gros chèque. Pour parer à la situation, Sabine a badigeonné l'une de ses filles au cirage et au fond de teint de la tête aux pieds… Mais faute de temps, les finitions n'étaient pas parfaites. Quand le négrier s'est jeté sur sa proie, malgré la lumière tamisée, il s'est rendu compte de la tromperie. Les dessous des bras de la jeune fille étaient blancs, ainsi que les pliures des bras et des jambes… «Ce fut terrible, raconta Sabine. Le commandeur, habituellement très bien élevé, s'est répandu en injures offensantes et en blasphèmes. Il a cassé un chandelier, brisé un miroir, avant de repartir à moitié habillé en claquant la porte. Il n'est jamais revenu…»

Photographie de famille de Madame avec ses filles pensionnaires, vers 1930.

Chez Adèle, rue d'Aboukir (IIe), un homme d'affaires très connu demandait à faire l'amour avec plusieurs filles dans son cercueil en acajou vernis, capitonné de velours rouge. Il avait fait fabriquer cette imposante bière, d'après ses croquis personnels, par un ébéniste renommé. Grand amateur d'humour macabre, il faisait, selon un rituel qu'il avait lui-même établi, allumer dans un ordre précis chacune des grandes cierges noirs dressés sur les sept candélabres qui entouraient le cercueil. Il se déshabillait, lisait son testament puis passait à l'acte charnel avec ses dames vêtues d'un porte-jarretelles et d'une cornette. En partant, il aimait dire invariablement la même phrase : «C'est bien, ainsi, j'aurai des souvenirs pour l'éternité quand je serai mort.» Par superstition ou par prudence, de nombreuses filles avaient peur de ce client, d'autant qu'un soir, il demanda de pratiquer sa séance avec le couvercle fermé.

Chez Sevoline, rue des Rosiers (IVe), la taulière respectait fidèlement la tradition établie par ses prédécesseurs. Elle acceptait discrètement de recevoir des couples (légitimes ou non) dans sa maison, sachant pertinemment qu'elle risquait des ennuis avec la Mondaine, car les ordonnances de police interdisaient de recevoir les femmes dans les maisons de tolérance.

Pour contourner la loi, les femmes arrivaient habillées en homme au bras de leur amant ou mari. Ensuite, chacun menait sa vie et faisait son choix : chambre commune ou chambres séparées. Les couples qui s'étaient désunis s'attendaient au bar. Sevoline confia à l'un des inspecteurs de la Mondaine qu'elle assistait parfois à des scènes de ménage terribles entre époux, car l'un des deux tardait vraiment trop… Jalousie ?

"Première leçon", Anonyme – 1930.

Chez Marcelle, rue de l'Arbre-Sec (Ier), dite «la doctoresse», une chambre était réservée aux adeptes de la flagellation. Des séances lucifériennes en hommage à Lilith attiraient des amateurs du Tout-Paris.

Les habitués avaient leur cahier personnel de dressage avec les ordres précis de la maîtresse, à laquelle ils devaient rendre des comptes... Punition corporelle, soumission, pendaison, flagellation, ces pratiques étaient interdites dans les bordels, mais pas dans le privé. Au jour le jour, la tenancière tenait scrupuleusement un fichier de ses clients, avec leurs noms, adresses et professions. Quand le fichier tomba dans les mains de la Mondaine, certaines personnalités du Beau Paris dormirent mal quelques nuits...

Chez Aristèle, 31 rue de la Chaussée-d'Antin (IXe), un petit cabinet indépendant, meublé d'une chaise, jouxtait chaque chambre. Dans les chambres, un petit œilleton avait été installé afin de permettre aux voyeurs d'assister à de multiples ébats sexuels. Le cabinet de mate était loué le temps d'une passe. Le prix de la séance de voyeurisme était celui d'une chambre.

Les cabinets étaient disposés si astucieusement qu'on ne pouvait y accéder que par l'immeuble d'à côté, dont le mur mitoyen avait été percé d'œilletons. Lors d'une descente de la Mondaine, le propriétaire, un ancien gendarme révoqué pour malversation, déclara : «J'ai de gros frais, il faut bien que je rentabilise...»

C'est dans ce lieu que Louis-Ferdinand Céline venait, derrière une vitre sans tain, assister aux coquineries de son amie Élizabeth Graig, à qui il a dédié, en 1932, son roman *Voyage au bout de la nuit*.

Les maisons équipées pour les voyeurs faisaient des chiffres d'affaires colossaux et étaient autorisées par la loi, sauf pour les mineurs. La Mondaine surveillait de près l'âge des protagonistes.

Chez Feldine, rue de Provence (IXe), un riche amateur avait transformé une chambre en palais romain d'opérette, avec colonnade en stuc, jets d'eau, vasques et plantes vertes... L'homme, vêtu d'une toge rouge, se couronnait

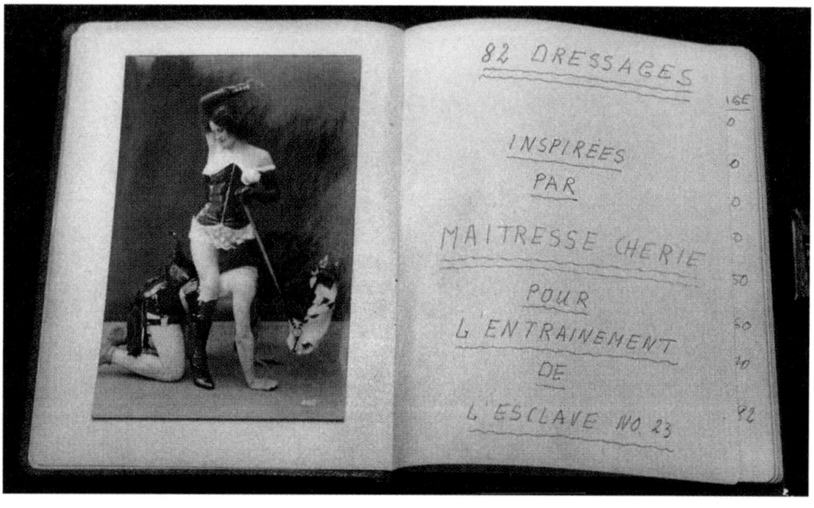

Recueil manuscrit rédigé par une "maîtresse" pour son esclave – 1930.

L'empire du sexe «version Guerini»

Originaire du village de Calenzana, en Corse, aîné d'une famille de huit enfants (six garçons, deux filles), Antoine, né en 1902, débarque sur le continent pour y effectuer son service militaire. L'année suivante, le dénommé Jacques Costa lui trouve une place de serveur dans un bar tenu par le Milieu. Mémé, son frère cadet, le rejoint.
Conseillé par le grand mentor de Mémé, Titi Colonna, Antoine se met à maquer sa première fille, qu'il fait travailler à Marseille. En parallèle, il travaille comme gros bras dans le quartier du Panier, pour le compte du parti socialiste. Il se distingue des gangsters marseillais par sa froideur, son mutisme et sa rigueur. Sa violence totalement imprévisible fait de lui un homme à part. Il est craint. Il peaufine sa réputation après avoir écarté, avec des amis, une bande de proxénètes arabes que personne n'osait affronter.
À la fin des années vingt, le jeune Corse a déjà une bonne douzaine de filles qui travaillent pour lui. En 1928, il achète le bar des Colonies, 80 rue Bernard Dubois, à Marseille, et s'associe avec son frère Mémé. Un tandem soudé qui durera quarante ans !
Carbone et Spirito sont les truands les plus redoutés et les plus influents de la ville. Au début, les relations sont bonnes entre eux et les Guerini. Mémé et Antoine font

d'un diadème puis s'étendait lascivement sur un immense sofa, entouré de quelques jeunes filles nues. Deux éphèbes, nus également, servaient le repas copieusement arrosé. Au dessert, l'un d'eux était tiré au sort et livré à ce nouvel empereur de Rome, maître du lieu !

Chez Suzanne, 43 rue Frémicourt (XVe), un industriel d'une soixantaine d'années avait ses habitudes. Il ne se déshabillait jamais. Il gardait sa cravate, sa veste, sa chemise, son pantalon, ses chaussures. La fille choisie était habillée d'un manteau de fourrure, coiffée d'une toque, hiver comme été, et vêtue d'un tailleur gris anthracite. Il insistait pour qu'elle porte la culotte fendue de sa grand-mère. Dans le noir, la fille déboutonnait sa braguette, s'asseyait sur lui et le chevauchait. Il repartait avec le sous-vêtement fétiche.

Chez Alice, rue Pasquier (VIIIe), un banquier connu sur la place de Paris avait pour habitude de demander à la prostituée de s'habiller comme si elle était sa mère. Il se ruait sur elle, avec un grognement de félin, lui déchirait sa robe, lui arrachait son slip et son soutien-gorge. Il ne faisait rien d'autre. Il partait avec les bouts de tissus qu'il conservait pieusement et amoureusement…

Chez Georgette, rue Poissonnière (IIe), un ancien magistrat réclamait tous les lundis soir ses «fillettes». Les deux plus jeunes pensionnaires, petites, minces, étaient vêtues de jupettes blanches plissées, de chaussettes blanches et de souliers vernis noirs. Un ruban rose ornait leurs cheveux. Leur pubis était totalement épilé. Elles devaient crier «papa» juste avant qu'il jouisse, sinon il ne payait pas.

Jenny régnait à L'Acropole, 4 rue de Hanovre (IIe). La maison était réputée pour sa chambre palais des glaces et son cabinet érotique. La chambre n° 7, où officiait madame Denise, était plus spécialisée dans «l'éducation anglaise» avec martinets, fouets, cuir et talons aiguilles…

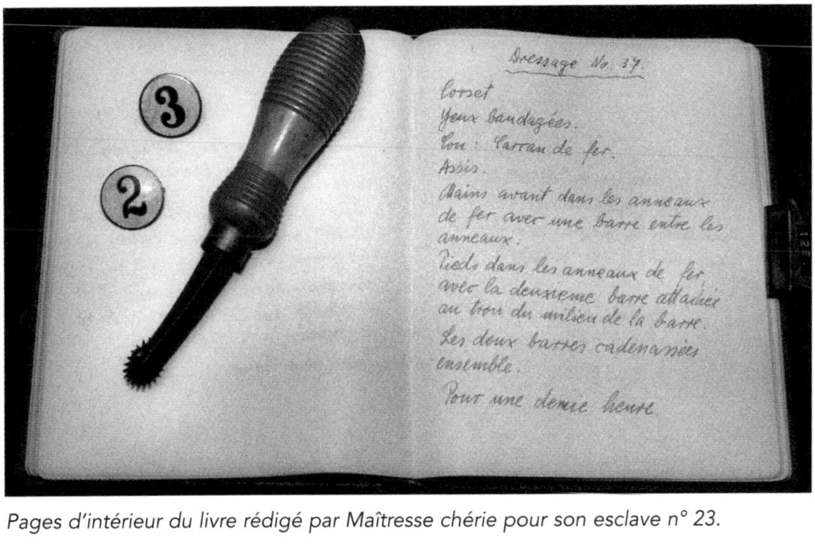

Pages d'intérieur du livre rédigé par Maîtresse chérie pour son esclave n° 23.

même partie de leurs hommes de main et obtiennent la permission de faire travailler des filles sur le trottoir de la rue Thubaneau. Mais dès le début des années trente, les deux frères fournissent des hommes au parti socialiste pour assurer la bonne marche de la campagne électorale. De l'autre côté, la droite se fournit chez le duo Carbone et Spirito. Cependant les rapports restent fluides. Les affrontements directs sont exceptionnels : lors d'une spectaculaire réunion électorale pour Simon Sabiani, les hommes de Paul Carbone tirent à vue sur Antoine et ses amis…
La situation financière aisée, très aisée d'Antoine lui permet de faire venir la fratrie sur le continent. François, Pierre, puis Pascal, débarquent. Lucien, qui est souffrant, ne quitte pas ses parents. Il reste au village avec ses deux sœurs, Toussainte et Restitude.
Antoine et Mémé se spécialisent dans la prostitution. Ils cherchent surtout des «placements de père de famille», et achètent plusieurs maisons dans le Sud : une à Toulouse, deux à Marseille, deux à Alger. Le duo Spirito et Carbone leur laisse le marché du sexe, qui alors ne les intéresse plus.
Mémé Guerini raconte :
«Nous, nous étions des commerçants sérieux, assidus. Nous économisions sou par sou l'argent que nous gagnions. Souvent nous soupions dans nos chambres d'hôtel d'un simple sandwich et d'une canette de bière. Nous nous étions fait des amis dans tous les milieux…»

Chez Jeanne de la Grille au n° 15 rue Saint-Sulpice et chez Miss Beety au n° 36 (VIe), une certaine clientèle en soutane était bien accueillie.

Chez Jeanne, pour éviter toute rencontre inopportune avec des paroissiens prêts à pécher, avec des archevêques, avec des nonces apostoliques et avec des sacristains, un lacis de couloirs permettait aux entrants de ne jamais croiser les sortants. Selon la rumeur qu'elle laissait courir, la tenancière de ce bordel aurait acquis son savoir-faire lors de ses apprentissages dans plusieurs écoles chrétiennes très strictes.

Chez Miss Beety, le n° 36 était inscrit en lettres d'or sur fond bleu au-dessus du porche à colonnades pseudo-gothiques. Tout contre l'église Saint-Sulpice, la façade blanche très étroite, de la largeur d'une fenêtre, attirait le regard… Dans le couloir d'entrée, des gravures érotiques du XVIIIe siècle mettaient en scène des curés sans soutane, des chapelets, des scapulaires, des nonnes sans cornette, des fouets, des cordes, des ostensoirs sans hostie… Une décoration très appréciée par les habitués, dans une perspective potentiellement sacrilège.

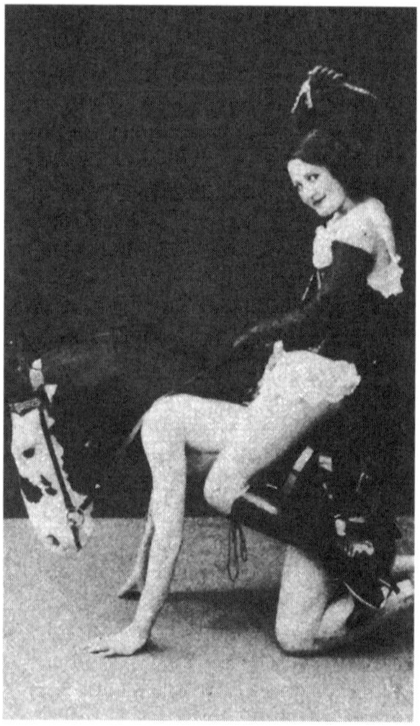

Extraits du catalogue de vente de Diana-slip. Ensemble de dominatrices et divers accessoires destinés à l'amour masochiste. Le modèle Tête de cheval est vendu 1300 francs.

Le Chabanais, 12 rue Chabanais (IIe). Un ministre des Affaires étrangères de la IIIe République fréquentait assidûment la maison close. Il se mettait nu et se laissait passer un collier à pointes autour du cou. À quatre pattes, promené en laisse, il présentait son postérieur devant une ronde de filles nues, qui lui assénaient chacune des coups de fouet, à chaque fois qu'il passait devant elles. Ce collier est conservé précieusement dans le musée de la Mondaine, à côté d'une célèbre ceinture de chasteté… La presse royaliste se fit un plaisir de surnommer et de caricaturer le ministre qui aimait faire le chien «Barthoutou». M. Louis Barthou n'arrêta pas pour autant son cabotinage…

Si les gérants de maisons closes étaient connus de la Mondaine en tant qu'indics ou confidents occasionnels d'informations aussi croustillantes qu'utiles, les propriétaires se dissimulaient derrière des prête-noms ou des hommes de paille.

«Seuls, indique le commissaire Jacques Arnal, patron de la Mondaine en 1952, des dénonciateurs de sous-maîtresses mécontentes ou des enquêtes approfondies permettaient de révéler le vrai visage de ceux qui empochaient l'argent du stupre. C'est ainsi qu'entre 1913 et 1940, on savait que, parmi les "bidochards", il y avait quatre anciens ministres, deux sénateurs, huit députés, cinq banquiers, autant d'industriels, quatre conseillers municipaux, des hauts fonctionnaires, deux généraux du cadre de réserve, des notaires, des magistrats et quelques notables de moindre envergure. La palme revenant à un ancien ministre de la IIIe République qui touchait les bénéfices de trois bordels, dont le tristement célèbre de la rue de Fourcy, l'odieux modèle des maisons d'abattage. Tous ces dossiers dormaient dans l'immense coffre de la Brigade mondaine, un coffre à l'épreuve des balles, des grenades et du feu… Mais aucun coffre-fort n'est à l'abri d'une clé, vraie ou fausse ! Le commissaire Gally, patron de la Mondaine au lendemain de la guerre, a constaté que ces documents avaient mystérieusement disparu pendant l'Occupation…»

Une égérie très demandée du One Two Two.

LE ONE TWO TWO

One… Two… Two… Un. Deux. Deux… 122 rue de Provence… Un monument du plaisir. Une maison réputée mondialement pour l'amusement et le divertissement. Un espace de luxe. Un espace de liberté. Un espace d'évasion. Un espace de rêve.

Les initiés pratiquaient à souhait «le voyage autour du monde», par le truchement de pratiques érotiques inspirées du Kama-sutra et un choix inédit, exceptionnel, de vingt-deux chambres, toutes différentes, toutes aménagées comme des décors de cinéma. Ainsi le client pouvait avoir l'illusion de faire le tour du monde, tout en satisfaisant tous ses penchants érotiques…

De la chambre de torture du Moyen Âge, avec carcans, chaînes et fouets, à celle des supplices, avec mise en scène de crucifixion, en passant par la cabine de paquebot transatlantique, avec son lit-bateau, sa bouée de sauvetage et sa chaise longue d'où, étendu, l'on pouvait admirer une mer peinte à l'huile, jusqu'au sleeping de l'Orient-Express avec le bruit du train en marche et le paysage qui se déroule automatiquement derrière la vitre portière…

M. Marcel à son apogée, en habit et haut de forme.

Mais aussi le grenier à foin, la chambre igloo, avec ses bois de rennes et ses icebergs, et la chambre corsaire, avec son lit à baldaquin qui suit le roulis des ébats amoureux. Très demandée, celle-là ! elle permettait au client avec sa compagne de s'accrocher ou de s'enchaîner au mât, qui traversait la chambre, et d'être aspergé d'eau par une autre partenaire, au travers d'un hublot, aux moments les plus opportuns. La chambre provençale rutilait de soleil et de cuivre. La chambre champêtre offrait à l'amateur ses canards, ses œufs frais du jour, ses nids d'oiseaux, sa

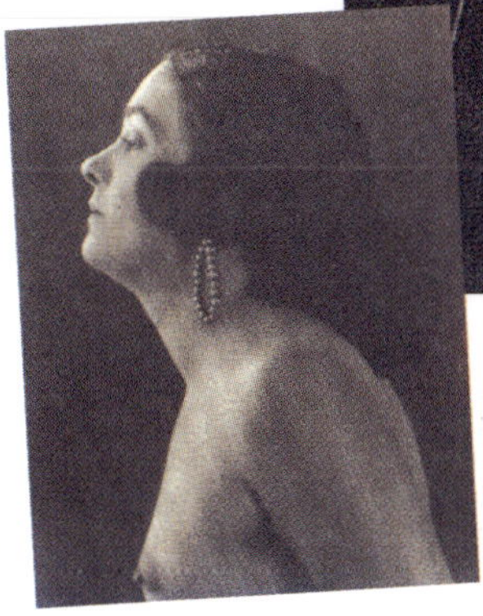

Doriane, le première épouse de Marcel Jamet.

Le chef dans la cuisine du One Two Two, en train de préparer sa spécailité, le bœuf à la ficelle, en compagnie de deux serveuses en tabliers blancs.

brouette en bois, ses draps fleuris et ses paires de sabots. Les passionnés d'histoire choisissaient leur voyage dans le temps : sodomiser Cléopâtre sur son trône, baiser à Rome dans une ambiance de triclinium, retrouver les courtisanes de la cour de François Ier dans sa chambre royale… Les curieux pouvaient se voir à perte de vue et de sens dans les deux salles des glaces, dignes d'un petit Versailles. D'immenses surfaces de miroirs rivalisaient à gauche, à droite, au-dessus, au-dessous, commande particulière passée au siège social de la société Saint-Gobain, située place des Saussaies, à quelques envolées du 122 rue de Provence.

L'on choisissait les dames dans un décor de temple grec à colonnes doriques. Au sol, un tapis vert imitait la mousse. Les soixante égéries, en robes longues, montaient sur des socles. Et les projecteurs s'allumaient…

Au One Two Two il s'agissait d'une véritable cérémonie. Ana Salvo, ancienne pensionnaire de plusieurs maisons, auteur de *Je ne rougis pas*, a recueilli les paroles d'une consœur qui avait travaillé au 122 : «Rien ne vaut le One Two Two. Faut voir le choix, et comment les femmes sont mises en valeur ! Des colonnes partout ! On monte sur des socles, tu parles si les robes font de l'effet là-dessus. On est au moins cinquante à soixante femmes.»

Qui officiait derrière le One Two Two ?

«M'sieur Marcel» pour les habitués. Monsieur Marcel Jamet, né en 1878, pour l'état civil.

À dix-huit ans, ses copains le surnommaient «Fraisette», un clin d'œil au vichy-fraise que buvait la première fille qui travailla pour lui, boulevard Sébastopol. Ce julot casse-croûte avait de l'ambition. Il quitta, avec sa protégée, les trottoirs parisiens pour les bobinards de Buenos Aires, en quête de plus gros bénéfices.

«Fraisette» revient à Paris converti en homme d'affaires. Ils ont amassé un beau capital. La Première Guerre est bénéfique aux deux inséparables. Le cheptel de Marcel s'étoffe. Plusieurs filles travaillent dur pour lui.

En 1924, au Chabanais, il fait la connaissance de Fernande, une fille très distinguée qui a coutume de se faire appeler Doriane. Il l'épouse et, par son intermédiaire, car la tenancière d'une maison publique doit être une femme, il se porte acquéreur du 122 rue de Provence.

M'sieur Marcel se révèle être un redoutable promoteur.

En 1924, le 122 rue de Provence, propriété de Mme Doriane Jamet, n'abritait que trois «essoreuses» d'âge mûr. L'établissement survivait. M. Marcel prend l'affaire en main : il embellit, il rénove, il transforme … Il change tout, la décoration et le personnel, les tarifs et la clientèle…

Les filles disposent, pour être irréprochables, de coiffeurs, de maquilleurs, de masseurs, de pédicures, de manucures. Les lingères et les femmes de chambre sont soignées, toujours vêtues d'un tablier blanc impeccable et les cheveux attachés.

Une Mademoiselle réputée pour être une très bonne gagneuse.

Pour M. Marcel, la discipline va de pair avec le luxe et la volupté. Il faut faire régner une certaine rigueur : 200 francs d'amende pour une absence injustifiée, le renvoi pour une seconde absence.

Georgette Pélagie, dite Fabienne, était la fille d'une tenancière d'un hôtel de passe et d'un inspecteur de police chargé de la surveillance du bois de Boulogne. La jeune Georgette avait un chemin tout tracé.

À dix-sept ans, adolescente, surnommée «Tête de cheval», elle a débuté au Montyon, puis Chez Aline, à Marseille, avant d'entrer au 13 rue Saint-Augustin, à Paris. Une altercation brutale avec sa patronne la laisse sans travail, sans indemnités. Forte de sa jeunesse et de ses atouts, elle va directement se présenter à la meilleure maison, le One Two Two, Mineure, Fabienne réussit à se faire inscrire avec de faux papiers, mais trois semaines après, les soupçons de la police sur son âge véritable et un vol d'argent minime, digne d'une adolescente, lui valent d'être remerciée. Pendant quatre ans, grâce à son physique et à ses autres atouts, elle propose ses services aux grands de ce monde. De source policière, c'est en 1930, âgée de vingt et un ans, qu'elle entre au service de Mme Doriane Jamet, qui feint d'oublier son premier passage dans les lieux, quatre ans auparavant. Sa patronne, très satisfaite de ses prestations et de sa rentabilité, lui propose un poste de gouvernante (sous-maîtresse). Pour Fabienne, le temps du choix et des passes est terminé.

En 1939, Madame abandonne le One Two Two pour suivre un riche diplomate dans les Balkans, ce qui fait un certain bruit dans la profession.

M. Marcel est vite passé de la colère à la raison. Les états d'âme n'ont pas lieu de durer au 122. Il s'empresse de faire remplacer sur les livres de police le nom de Doriane par celui d'une de ses caissières, pour un temps, puis par le nom de Georgette Pélagie, dite Fabienne. Il sait que Fabienne sait compter.

À la veille de la guerre, l'affaire est prospère, plus de cent cinquante passes par jour sont notées sur les registres ; deux Cadillac circulent alors dans Paris : celle de Sacha Guitry et celle de M. Marcel.

Pendant la guerre, attentif et soucieux du confort de sa clientèle de haut de gamme, M. Marcel fait appel à l'architecte Léon Louvet pour réaliser le premier abri à l'épreuve du feu, des gaz et des bombardements, destiné à cent quarante personnes. En 1942, la maquette, exposée dans le hall des automobiles Peugeot, reçoit les félicitations du maréchal Pétain, du préfet Langeron et du ministre André Tardieu.

La même année, en habit et haut de forme, Marcel Jamet épouse Fabienne.

Le repas de mariage a lieu dans la salle à manger du One Two Two. Cette nuit-là, les cinquante-six invités triés sur le volet écoutent Schubert, mangent du caviar et boivent près de deux cents bouteilles et cinquante-quatre magnums de grand champagne !

Devenue «Madame», Fabienne engage son père comme sommelier et la seconde femme de ce dernier comme caissière. Le défilé des clients ne cesse pas durant l'Occupation, mais les clients ont changé d'allure. Des officiers allemands en civil, par exemple le capitaine Radecke, chef de l'Abwehr, peuvent croiser le gros ferrailleur milliardaire Joanovici, ainsi que bon nombre d'hommes de la rue Lauriston, le siège de la Gestapo française.

Le champagne Mumm ou Pommery coule à flots pour accompagner le caviar

Les clients triés sur le volet

Les archives de la police, les souvenirs de pensionnaires et le livre que Fabienne Jamet consacra à ses *Mémoires* (1975) laissent entrevoir une liste impressionnante de personnalités habituées à venir dîner et batifoler au One Two Two. Pêle-mêle, les noms se succèdent : le maharadjah de Kapurthala, l'Agha Khan, Léopold III, roi des Belges, Stavisky dit «M. Alexandre», le fils Churchill, Fernandel, Raimu (qui faillit s'associer avec Jamet), le multimilliardaire américain Gould, Vincent Scotto, Tino Rossi, Sacha Guitry, Jean Gabin, Chaplin, Cary Grant, Humphrey Bogart, et quelques prélats dont il est de bon ton de conserver l'anonymat.

«Les politiques du monde entier venaient. Sur leurs agendas, il était écrit : "Visite au président du Sénat", ce qui signifiait un détour par le 122 !», ironise Albert Kantof, le coauteur des *Mémoires* de Fabienne Jamet.

Des femmes venaient dîner au *Bœuf à la ficelle*, le restaurant du One Two Two, un restaurant quatre étoiles en marge de la maison, ouvert à tous, généralement en tant que simples invitées. Quelques-unes consommaient et montaient avec des amis.

On y rencontrait : Édith Piaf, Suzy Solidor, Martine Carol, Mistinguett, Mae West, Katharine Hepburn et Marlene Dietrich.

Séance de préparation de ces dames, à la demande du client, en tenue de domestique.

du marché noir. «Ce claque, dans le contexte de l'époque, était un scandale permanent», écrit Alphonse Boudard. Il semble que la cohabitation avec les officiers nazis, qui ont fait du 122 un lieu de prédilection, n'ait pas traumatisé «Madame».

«Je me souviens de ces SS tout en noir, si jeunes, si beaux, souvent d'une intelligence extraordinaire. [...] J'ai presque honte de le dire, je ne m'étais jamais autant amusée de ma vie. C'est la vérité, ces nuits d'Occupation ont été fantastiques», écrit Fabienne, en 1975, dans ses *Mémoires*.

Mais les visites de l'attelage des voyous Bonny-Lafont valent à M. Jamet de gros soucis dès les premiers jours de la Libération. Ces hommes, à la tête des officines de la police parallèle, torturaient, tuaient et, après le travail, se retrouvaient dans les meilleures maisons comme le One Two Two. De ce fait, M. Marcel est accusé et arrêté comme collaborateur.

Sa femme constitue un dossier, contacte ses relations. Les témoignages affluent. Le service des archives de la Mondaine en garde mémoire. M. Marcel était résistant. Très résistant. La nouvelle de sa libération provoque des réactions diverses dans la presse : «Après avoir été protégé par les Allemands, le collabo Marcel Jamet est blanchi par la Libération !...»

Les amis fidèles se sont arrangés pour rétablir une seule vérité. Le personnel du One Two Two a arrosé au champagne le diplôme de croix d'honneur décerné au patron par l'Association franco-britannique, «pour dévouement et services éminents rendus à la cause des Alliés».

A-t-il graissé la patte des épurateurs ? Connaissait-il trop de secrets d'État ? Quoi qu'il en soit, la loi du 13 avril 1946 sur la fermeture des maisons closes a signé la fin de partie au One Two Two.

«Un jour d'octobre 1946, le ciel devint très bas et pluvieux. Les lumières s'éteignirent, les rires se cassèrent. Les jeunes femmes ne revinrent plus et pour la première fois au 122 rue de Provence, les volets s'ouvrirent.» C'est avec une grande amertume que Fabienne Jamet évoque, dans ses *Mémoires*, la fermeture de sa Maison, «le lieu où il fallait être».

Fermé, puis vidé, l'immeuble de sept étages du 122 rue de Provence est mis en vente pour 32 millions de francs. Le Syndicat des cuirs et des peaux – ironie de l'histoire – lui succède.

Avec les millions qu'il avait amassés, le couple se retire dans sa propriété du Loiret, où il va vivre cinq ans sur un grand train de vie avec bon nombre de domestiques. Le manque d'activité et l'ennui du monde les poussent à acheter le Luigi's, un bar-restaurant situé rue du Colisée. En dépit de grands travaux, l'affaire ne prend pas. Ils achètent alors un hôtel-restaurant à Sully-sur-Loire. Mais l'affaire périclita, il fallut vendre.

Après des années de faste, d'opulence et de notoriété, on retrouvera le puissant M. Marcel à la direction des cuisines d'une compagnie aérienne à Orly et Fabienne, à la caisse d'un petit hôtel de passe rue Godot-de-Mauroy et de deux autres petits clandés à Beauvais et près d'Amiens...

L'ÉNIGME DU SPHINX

Le décor néo-égyptien de la grande salle du bar plonge les clients du Sphinx dans un monde de rêve, mis en scène par l'architecte Henri Sauvage.

Le 24 avril 1931, Le Sphinx ouvre ses portes boulevard Edgar-Quinet, dans le quartier de Montparnasse.

Des centaines d'artistes et des personnalités sont invités à l'inauguration d'un nouveau lupanar annoncé comme l'un des plus luxueux de Paris. «La grande salle ressemblait à un café, mais, en arrière-plan, arrosée par une cascade, brillait la statue du sphinx en or». C'est ainsi que le photographe Brassaï, habitué des lieux chauds de la capitale, voit le nouvel établissement de prostitution, dont la décoration est entièrement inspirée de l'Égypte ancienne.

Le 31 boulevard Edgar-Quinet devient immédiatement une adresse très courue du Tout-Paris des années trente. S'y montrer, pour boire un verre, même sans «consommer», est du meilleur goût…

L'établissement appartient à quatre associés, dont Charles Martel, figure du Milieu, qui est lié au duo marseillais Paul Carbone et François Spirito. Les trois caïds exploitent sur la côte des maisons bien moins huppées, des bordels proches de l'enfer de l'abattage…

Carte de publicité pour le Sphinx – 1936.

Marié en 1930 à Blanche Scheller, la fille d'un ancien camarade de Sarah Bernhardt, Charles Martel confie la gérance de son nouveau lupanar de luxe à Georges Le Mestre et à sa femme Marthe Marguerite, dite «Martoune».

Avec grande habileté, les Le Mestre tissent les meilleures relations avec le préfet de police Jean Chiappe, avec Albert Sarraut, le président du Conseil radical, puis ministre de l'Intérieur en 1936, ainsi qu'avec Paul Reynaud, figure politique influente, futur président du Conseil.

Les protections sont assurées… Les affaires peuvent commencer…

Martoune raconte, dans son livre de mémoires *Madame Sphinx vous parle*, publié en 1974, la légende dorée du Sphinx. Elle n'en finit pas de donner la liste de toutes les célébrités qui fréquentaient sa maison de luxe : «Les Montparnos, en voisins…, Kisling, Youki Desnos, Kiki, Foujita… Les écrivains et journalistes Joseph Kessel, Georges Simenon, Francis Carco, Blaise Cendrars, etc.» Martoune prétendait avoir reçu les grandes vedettes hollywoodiennes : Gary Cooper, Errol Flynn, Wallace Berry et même Marlene Dietrich, lors d'un passage à Paris. Un fils de Mussolini, Romano, serait venu se divertir… Eva Braun, la maîtresse d'Hitler, aurait fréquenté le lieu en 1932, avec une bande de joyeux amis. Elle aurait, dit-on, traîné à L'Ange bleu, le bar à lesbiennes situé au 60 boulevard Edgar-Quinet. Martoune aurait même vu le Führer chez elle au cours de sa visite à Paris, le 23 juin 1940.

En août 1944, la sous-maîtresse Freeda, qui fut en fonction pendant toute l'Occupation, est remerciée de ses bons services en se faisant tondre. Elle échappe, grâce à ses protections, au peloton des épurateurs…

Le Sphinx, c'est l'Égypte à Paris. Le temple de la galanterie dévolu à tous les plaisirs.

L'Action Française dénonce le mystère du Sphinx

Le 27 mars 1934, le quotidien *L'Action Française* publie sous la plume de Léon Daudet, dit «le gros Léon», un article accablant consacré au Sphinx : «Boulevard Edgar-Quinet se trouve un "dancing", fondé avec des capitaux de tenanciers et de trafiquants de bijoux, et aussi des capitaux volés par Stavisky et sa bande. Ce mauvais lieu, non encore fermé et POUR CAUSE ! a pour habitués de nombreux politiciens, au vu et au su de tout le personnel féminin !...»
Daudet cite le président du Conseil Albert Sarraut, et Paul Boncour, ancien et futur ministre des Affaires étrangères, surnommé en interne «le Don Juan du lavabo».
Sur sa lancée, le journaliste poursuit : «Voici, sur cette boîte de prostitution, je le répète OFFICIELLE, quelques renseignements précis : le propriétaire en nom du Sphinx, boulevard Edgar-Quinet, 31, serait un nommé M... demeurant au château de H... . Il aurait comme associés : premièrement Georges L... qui ferait marcher la maison avec sa femme, et secundo S... qui ne participerait à l'affaire que depuis octobre ou novembre 1933. Ce serait M... qui arrangerait toutes les affaires

La vie sexuelle du Sphinx

Tradition et secret ? Adresse ésotérique ? Lieu d'initiés ?

Un certain Lulu de Montparnasse, qui dirigeait L'Ange rouge, avait eu le coup de génie de trouver pour enseigne l'image de la bête mi-animal, mi-femme.

L'énigme du sphinx... Seul Œdipe a su la résoudre, ce qui l'a amené à épouser sa propre mère. Source d'une mythique union incestueuse.

Dans la mythologie grecque, le sphinx est une créature fantastique représentée avec un buste de femme, un corps de lion et des ailes d'oiseau... Une vraie créature féminine fantastique... Son nom proviendrait du grec ancien «l'étrangleuse», qui dériverait, pour certains puristes, du sanskrit *sthag* signifiant «dissimuler», ou, pour les égyptologues, de l'égyptien ancien désignant une «statue vivante».

Dans le lupanar cinq étoiles du boulevard Edgar-Quinet, l'imposante sculpture égyptienne en marbre noir semble détenir le mystère du lieu. Cette maison de luxe possède une particularité qui lui est propre. Les tenanciers qui présidaient à la destinée de cet établissement dédié au culte de Vénus eurent l'idée et l'opportunité – grâce à des mânes politiques bienveillantes – d'ouvrir le bar aux deux sexes. Une dérogation inusitée.

Ainsi, d'honorables couples bourgeois pouvaient s'offrir le luxe de s'encanailler à bon compte dans un aimable voyeurisme mondain. Les dames avaient tout loisir d'exorciser leurs fantasmes œdipiens..., entre inceste et homosexualité. Toutefois, d'un point de vue administratif, il était formellement interdit aux tenancières de laisser la clientèle féminine se rendre dans les chambres et les salons.

Dans ses confessions, une des gouvernantes du Sphinx aime à raconter que certaines filles, au fumoir, se plaisaient à mettre en scène avec leurs clients l'énigme du sphinx. Avec sérieux, elles racontaient :

«Il y a très longtemps en Grèce antique, dans la région de Béotie, une créature fantastique, monstrueuse, ravageait les champs et terrorisait les populations. Cette chimère à tête de femme déclara qu'elle ne quitterait la province que quand quelqu'un aurait résolu son énigme. Créon, l'administrateur de la région, promit la main de la reine Jocaste, qui était veuve, et la couronne de la ville de Thèbes à qui débarrasserait la Béotie du fléau du sphinx. De très nombreux prétendants s'y essayèrent. Mais tous périrent faute d'avoir trouvé la réponse à la question mystérieuse posée par le sphinx : "Quel être, pourvu d'une seule voix, a quatre jambes le matin, deux jambes l'après-midi et trois le soir ?"»

Seul Œdipe sut répondre. À ce moment-là, commente la gouvernante, «la fille cherchait à croiser le regard de son client, et avec une voix énigmatique et un regard inquisiteur, lui disait : "Et vous, Monsieur, vous savez ?"»

«Ce moment de silence était pure jouissance. Quand le client prononçait le mot magique : "l'homme", la fille le complimentait et l'exhortait à la suivre pour découvrir avec elle d'autres mystères. Si le client lui disait : "je ne sais pas, je ne sais pas",

alors elle l'invitait à chercher la réponse en sa compagnie. Katia la malicieuse adorait demander à certains hommes, pour les guider à percer le mystère du sphinx, à se mettre à quatre pattes. Elle les invitait à retrouver leur âme d'enfant : du haut de ses un mètre quatre-vingt, perchée sur des talons aiguilles, elle se penchait vers l'homme et lui glissait à l'oreille : "Je sens que vous allez trouver, mais je vais vous aider par gentillesse et vous donner d'autres indices". Quand le client ne trouvait vraiment pas et que la litanie des "je ne sais pas" se répétait, elle lui révélait l'énigme : "Enfant, il a quatre jambes, car il se déplace à quatre pattes, adulte il marche sur deux jambes, quand il est vieux il a trois jambes, car il s'appuie sur un bâton". La légende prétendait que bon nombre de stars et de vedettes s'étaient donné en spectacle à quatre pattes... Certains avaient aimé plus que d'autres.»

avec la police. L'association fait actuellement construire ou modifier une villa, entre Saint-Tropez et Sainte-Maxime "pour se mettre au vert", dit L... . Les L... seraient des amis de Nine, la tenancière du fameux restaurant de la rue Victor-Massé fréquenté par beaucoup d'hommes politiques parmi lesquels Daladier. Il existe au Sphinx des microphones et des fichiers. On inscrit sur ces fiches ce que les microphones permettent d'apprendre... Ils auraient été installés avec les derniers perfectionnements et seraient entretenus par les Établissements Clémençon, 23 rue Lamartine. [...] Ces détails infects mais nécessaires, dont je m'excuse auprès de nos lecteurs et surtout auprès de nos lectrices, aident à comprendre le comble de putréfaction où sombre actuellement la République. Ses dirigeants sont, ou bien des chefs de bande sanglants comme Chautemps et Daladier, ou bien des poltrons comme Poincaré, Herriot et Tardieu composant, en suant de peur, avec la tourbe des loges maçonniques, les maîtres-chanteurs à la Dubarry et la "gangster class" de la sûreté générale.
La France est la proie des pourris, des cambrioleurs, des égorgeurs et des marchands de chair humaine...»

LES DESSOUS DU SPHINX

Un souteneur de poids

Député, sénateur, deux fois président du Conseil, deux fois ministre de l'Intérieur (1926-1928 et 1938-1940), mais aussi ministre de l'Instruction publique et des Beaux-Arts, ministre des Colonies, ministre de la Marine, gouverneur général de l'Indochine, ambassadeur de Turquie... Peu d'hommes politiques de la IIIe République ont eu une carrière aussi riche, complexe et longue qu'Albert Sarraut.

Grand amateur d'art et de dessous féminins, client très assidu du 31 boulevard Edgar-Quinet, l'homme avait été caricaturé et traité dans plusieurs journaux comme un « grand protecteur du Sphinx ».

En 1939, alors que Sarraut est ministre de l'Intérieur, un journaliste du *Canard Enchaîné* écrit : «Lutte pour la moralité ! Le gouvernement est décidé à lutter avec la dernière énergie en faveur de la natalité... Il affiche son intention de combattre la licence, la pornographie et en général l'immoralité. M. Sarraut a pris, si l'on ose dire, lui-même l'affaire en main !... Et d'imaginer une visite du Sarraut au Sphinx, bien sûr, au cours de laquelle il vérifie que les dessous des dames ne sont pas trop "froufroutants" et où les tableaux galants ont été remplacés par "des portraits de M. Daladier" ! Ça, il faut dire que pour faire bander, on pouvait trouver plus efficace...

Conclusion : le ministre s'est entretenu avec la grande Lulu ; l'entrevue a duré une heure et en sortant, le ministre a déclaré "Je reviendrai !"»

Une taupe

En 1928, Maryse Choisy se fait engager comme femme de chambre dans plusieurs maisons de tolérance, afin d'écrire un reportage choc : «Un mois chez les filles».

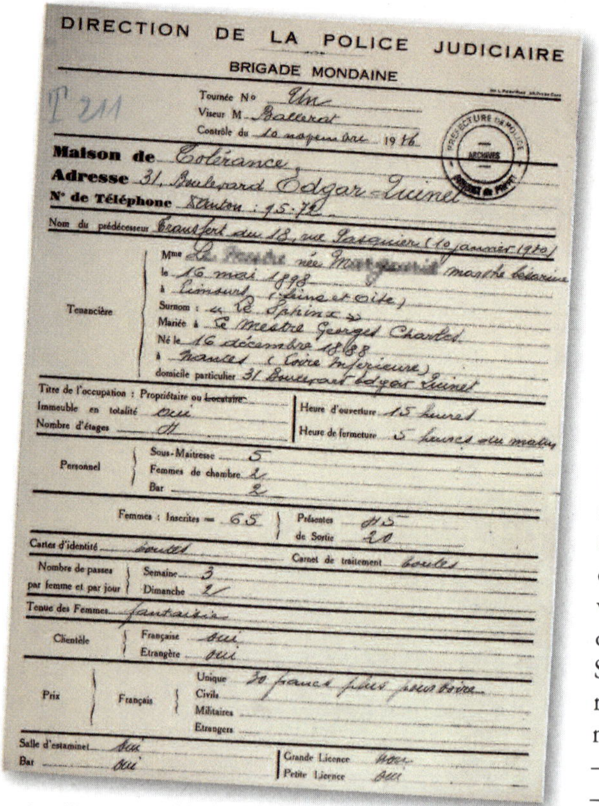

DIRECTION DE LA POLICE JUDICIAIRE
BRIGADE MONDAINE

T 211

Tournée N° Un
Viseur M. Ballerat
Contrôle du 10 novembre 1936

Maison de Tolérance
Adresse 31, Boulevard Edgar-Quinet
N° de Téléphone Danton : 15-72

Nom du prédécesseur Transfert du 18, rue Pasquier (10 janvier 1930)

Tenancière
Mme [illegible] née [illegible] Marthe Césarine
le 16 mai 1898
à Limours (Seine et Oise)
Surnom : « Le Sphinx »
Mariée à Le Mestre Georges Charles
Né le 16 décembre 1888
à Nantes (Loire Inférieure)
domicile particulier 31 Boulevard Edgar Quinet

Titre de l'occupation : Propriétaire ou ~~Locataire~~
Immeuble en totalité oui
Nombre d'étages 11
Heure d'ouverture 15 heures
Heure de fermeture 5 heures du matin

Personnel
Sous-Maitresse 5
Femmes de chambre 2
Bar 2

Femmes : Inscrites = 65
Présentes 45
de Sortie 20

Cartes d'identité toutes
Carnet de traitement toutes

Nombre de passes par femme et par jour
Semaine 3
Dimanche 2

Tenue des Femmes fantaisie

Clientèle
Française oui
Etrangère oui

Prix
Français
Unique 30 francs plus pourboire
Civils
Militaires
Etrangers

Salle d'estaminet oui
Bar oui
Grande Licence non
Petite Licence oui

Fiche d'hygiène établie lors d'un contrôle sanitaire par la Brigade mondaine, le 10 novembre 1936.

Un chapitre est consacré à la sous-maîtresse (très certainement du Sphinx). «Le claque est un institut de psychologie expérimentale ! C'est l'endroit le mieux renseigné de Paris, notre sous-maîtresse connaît les préférences de tous les présidents du Conseil, le chiffre exact de tous les comptes courants, le pouls des élections, les secrets d'alcôves, la raison précise des ruptures, elle sait s'assouplir à toutes les opinions, à tous les préjugés, à tous les compromis. Elle devine, avant les clients, leurs évolutions et leurs révolutions. Elle prévient leurs déviations, elle a mesuré les degrés de toutes les morales.»

De source policière mondaine, les habitués du Sphinx étaient des clients triés sur le volet : des têtes plus ou moins couronnées, des hommes politiques, des artistes, d'authentiques aristocrates qui n'en étaient pas moins de véritables truands comme le baron de Lussat, ami proche de la bande de Carbone et Spirito.

Sans état d'âme, Martoune, «reine du Paris de la Nuit», recevait dans son lupanar luxueux les grands noms du journalisme :

- Albert Legrand, grand reporter ;
- Alexandre Breffort, futur auteur d'*Irma la Douce* ;
- Georges de La Fourchardière, qui révéla la participation de Mgr Grente (homme d'église renommé, assistant au trône pontifical en 1933 et académicien élu le 12 novembre 1936 au fauteuil de Pierre de Nolhac) à de multiples investissements dans des fonds immobiliers de maisons closes… Ce qui ne l'empêchait pas d'être le spécialiste des termes religieux dans la rédaction du Dictionnaire de l'Académie.
- Georges Simenon ;
- Henri Béraud, prix Goncourt, journaliste au *Canard Enchaîné*, au *Petit Parisien* et à *Paris Soir*.

Pour ces hommes de plume, il était bien connu que les muses du 31 boulevard Edgar-Quinet favorisaient l'inspiration… Quand la secrétaire éditoriale du Journal essayait de joindre ses journalistes, elle appelait en toute discrétion le numéro de l'American Bar ou le numéro du Sphinx…

Le peintre Kisling sortait de son atelier pour venir se divertir accompagné de son modèle préféré, Kiki de Montparnasse, et de ses amies proches, Marlene Dietrich et Madeleine Sologne.

Après avoir bu sa ration nécessaire de rouge, Fréhel, avec sa gueule de mère maquerelle et ses kilos en trop, entamait d'une voix rauque comme venant du ventre les couplets de ses chansons sur l'amour, la passion, la misère…

Dès l'ouverture du Sphinx, le 24 avril 1931, «Monsieur Alexandre» dit «Monsieur Sacha», autrement dit Alexandre Stavisky, se fit remarquer par son élégance. Il venait boire un verre, guincher avec Arlette Simon, un mannequin de Chanel dont il était fou amoureux, payait des tournées de champagne, paradait. Il ne montait jamais. Pour combler le déficit de ses

La Brigade mondaine à l'écoute du Sphinx

Le jour même de la parution de l'article de *L'Action Française* visant la maison de tolérance du boulevard Edgar-Quinet, l'inspecteur principal de la Brigade mondaine rédige le rapport suivant :
«De l'enquête à laquelle il a été procédé au sujet des faits relatés dans l'article de L'Action Française de ce jour visant la maison de tolérance dénommée Au Sphinx, il résulte ce qui suit :
Celui-ci fait suite à des articles tendancieux parus dans le

entreprises hasardeuses et payer sa vie de flambeur, Stavisky se mit à émettre de faux bons de caisse au Crédit municipal de Bayonne, malgré les mises en garde de Borelli, son homme de confiance. Le scandale éclata, exploité par l'extrême droite. Le 7 janvier 1933, il fut retrouvé mort dans un chalet à Chamonix. Suicide ? Assassinat ?

Le 10 février, Albert Prince, chef de la section financière du parquet de Paris, qui avait enquêté sur l'affaire et les circonstances de la mort de Stavisky, fut retrouvé décapité le long des lignes de chemins de fer à Combes-aux-Fées, près de Dijon. Passage à tabac…

L'enquête permit de découvrir les nombreuses relations entretenues par l'escroc dans les milieux de la police, des maisons closes, de la presse et de la justice. Le député Bonnaure, le sénateur Renoult, le ministre des Colonies et ancien ministre de la Justice Albert Dalimier, les directeurs de journaux Dubarry et Aymard avaient profité de ses largesses et des nombreuses soirées offertes (au Sphinx et au One Two Two) en échange de leur appui.

Le procureur général Pressard, beau-frère du président du Conseil Camille Chautemps, avait fait en sorte que le procès Stavisky soit indéfiniment reporté. Beaucoup de gens bien placés avaient été du dernier bien avec «le beau Sacha», «Sacha le flambeur» et comptaient sur son silence. À qui profita sa disparition ?

Après sa mort, Le *Canard Enchaîné* titra : «Stavisky se suicide d'un coup de revolver qui lui a été tiré à bout portant», et «Stavisky s'est suicidé d'une balle tirée à trois mètres. Voilà ce que c'est que d'avoir le bras long».

L'affaire fit éclater un scandale politique qui révéla que le «beau Sacha» était déjà poursuivi par la justice, poursuites étouffées sur l'intervention de ministres et de parlementaires corrompus. André Tardieu publia une liste de politiques ayant touché qui rappelait les «chéquards» de l'affaire de Panama.

Léon Daudet dénonça le gouvernement de Camille Chautemps comme une bande de voleurs et d'assassins. Le scandale politique et l'antiparlementarisme violent aboutirent à la chute du gouvernement et aux déclenchements des très violentes émeutes antiparlementaires du 6 février 1934. Stavisky, le sénateur Renoult, les directeurs de journaux, le baron de Lussat, les Marseillais Carbone et Spirito étaient tous des amis de Martoune, l'élégante tenancière du Sphinx, qui confessait : «Il est toujours bon d'avoir des amis haut placés quand on tient une maison, tout cela fait que l'on a jamais eu trop d'ennuis avec le fisc !»

Le baron de Lussat, Carbone et Spirito furent tous trois inculpés pour l'assassinat du conseiller à la Cour, Albert Prince… Tous trois bénéficieront d'un non-lieu. Tous trois sortiront de l'affaire avec le sourire. Tous trois se retrouvèrent au Sphinx.

même journal, ainsi que dans les journaux *La Question du Jour, Cyrano*, etc.
Il paraît certain que Stavisky n'avait apporté aucuns capitaux dans cette affaire. Les personnes qui y sont intéressées sont un sieur Charles Martel, demeurant 15, rue Saint-Zenoch, ayant en location à Nogent-l'Artaud (Aisne) une propriété de chasse dénommée La Houssière.
Un Né Georges Le Mestre, mari de la tenancière de cet établissement et un Né Henri Senet, demeurant 86, rue de Maistre, mari d'une des sous-maîtresses de ladite maison.
Il est exact qu'un des associés le Né Le Mestre fait actuellement construire une villa à Sainte-Maxime et qu'il est en relation d'amitiés avec la pseudo "Mine" tenancière d'un restaurant 32, rue Victor-Massé.
Par contre il est faux qu'il existe des microphones Au Sphinx, pas plus d'ailleurs que des fichiers.
Le directeur des Etablissements Clémençon, 23, rue Lamartine, qui a fait les travaux d'électricité dans cette maison, a déclaré qu'il n'avait pas installé de microphones et qu'il n'était pas chargé des travaux d'entretien de l'installation électrique.
MM. Sarraut et Paul-Boncour qui sont indiqués comme clients du Sphinx y sont inconnus. Un sosie de M. Sarraut y vient assez souvent ce qui a pu prêter à confusion. M. Lucien Saint a été vu quelquefois. »

Lechat.

DÉTECTIVE : LE 1er HEBDO POLICIER

Sur une idée de Joseph Kessel, le premier hebdo policier français, *Détective*, sort le 1er novembre 1928. Gaston Gallimard s'est associé à la demande de Kessel pour racheter à Louis Labarthe (futur auteur de *Pépé le Moko*) le titre qui existait déjà, à un tirage très confidentiel. Dès le 6e numéro, *Détective* tire à 250 000 exemplaires et rapporte une fortune à Gallimard. La parution de cette série policière s'arrêtera avec la seconde guerre mondiale, en juin 1940.

Joseph Kessel collabore à Détective dès le 1er numéro et apporte sur un plateau des dossiers de police que lui confie son ami Jean Chiappe, alors préfet de police. Il recueille aussi des histoires de gangsters par ses relations qui fréquentent Le Palermo, Chez Nine et Le Grand Duc. De plus, Kessel offre à Gallimard son propre frère Georges comme directeur de Détective. Un succès assuré.

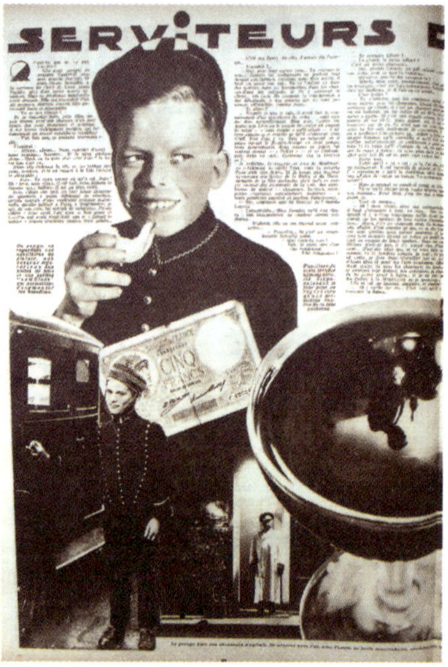

COMMENT SE REFAIRE UNE SANTÉ À LA PRISON ST LAZARE

Rue du Faubourg Saint-Denis, la prison Saint-Lazare, maison de détention et de correction, accueille entre autres les prévenues de crimes et de délits, les filles de mauvaise vie et les insoumises pour les soigner des maladies vénériennes.

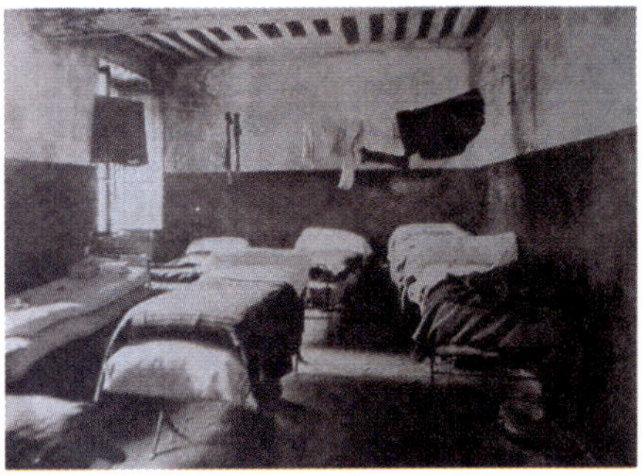

L'infirmerie de Saint-Lazare est le temple du Docteur Bizard, l'homme qui à la fin de sa carrière se prévaut d'avoir visité plus d'un million de femmes.

La prison Saint-Lazare

Dans le langage des filles, la vieille et célèbre prison Saint-Lazare répond au suggestif surnom de "maison de campagne", bien qu'elle n'ait rien de l'aspect qui s'attache à ces mots. Avec son porche et sa façade lépreuse, on y soigne, sous la surveillance des sœurs Marie-Saint-Joseph, les prostituées. Femmes de mauvaise vie y occupent les bâtiments du fond, trois étages où elles emploient le temps – entre de salutaires piqûres – à confectionner des draps et des taies d'oreillers. Assises au pied des lits ou couchées par ordre du docteur, on les voit travailler, non comme des prisonnières, mais comme des recluses qu'une religieuse tient, tant bien que mal, dans le respect des règlements. Les murs blanchis, les bonnets des filles silencieuses, le voile sévère de la sœur surveillante, tout contribue à créer l'atmosphère d'un béguinage qui serait en même temps une infirmerie et un atelier. "J'y suis allé à plusieurs reprises. Et chaque fois, ces recluses se levaient lorsque nous passions. Sœur Léonide m'accompagnait, mais à l'en croire, c'était toujours la faute des hommes si ces pauvres créatures avaient leurs maladies. Pour huit à dix vicieuses, m'affirmait-elle, les autres ont été séduites. Je les plains. J'en connais qui sont sans défense. Sitôt guéries, elles recommencent la vie, leur chiennerie de vie…"»

Francis Carco, Détective, n° 102, 1930.

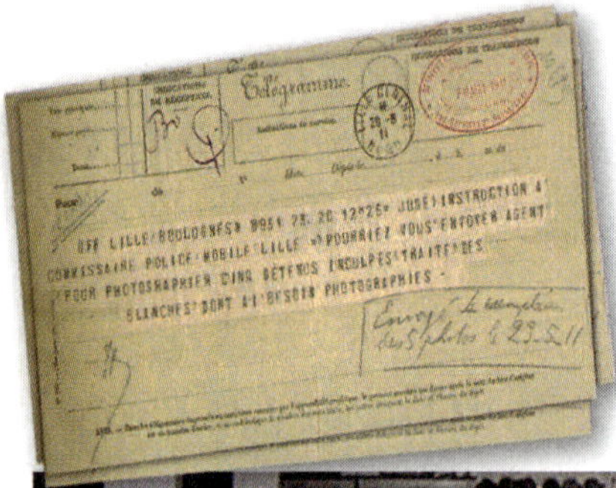
OFF LILLE BOULOGNESM 8951 23 20 12825 JUSE INSTRUCTION A
COMMISSAIRE POLICE MOBILE LILLE POURRIEZ VOUS ENVOYER AGENT
POUR PHOTOGRAPHIER CINQ DETENUS INCULPES TRAITE DES
BLANCHES SONT AU BESOIN PHOTOGRAPHIES -

LES RENSEIGNEMENTS DES « GARNIS »

Les agents du service des Garnis relèvent tous les jours, dans les hôtels de Paris et du département de la Seine, les fiches que chaque client doit remplir, dès son arrivée, avant de pouvoir prendre possession de sa chambre.

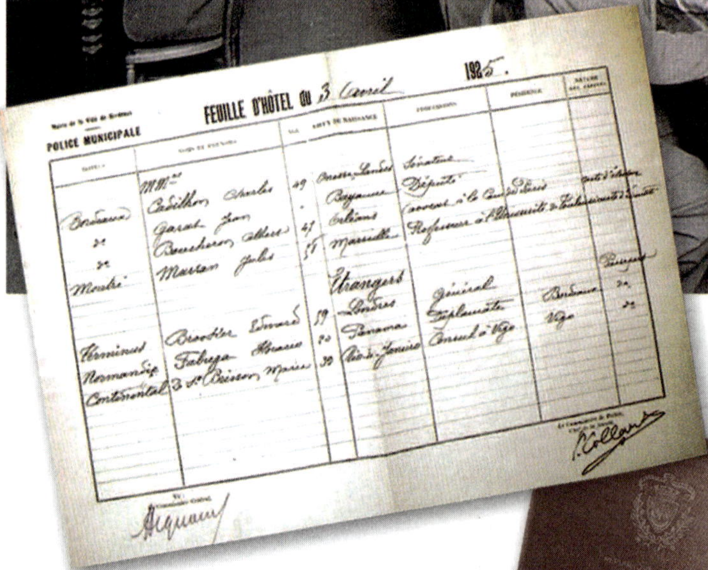
POLICE MUNICIPALE

FEUILLE D'HÔTEL du 3 Avril 1925.

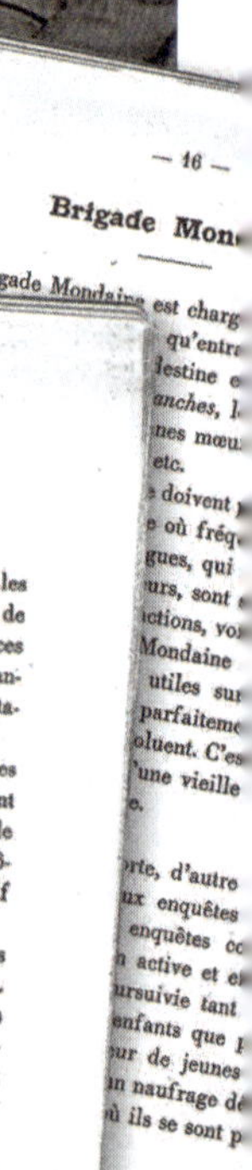
— 16 —

Brigade Mon…

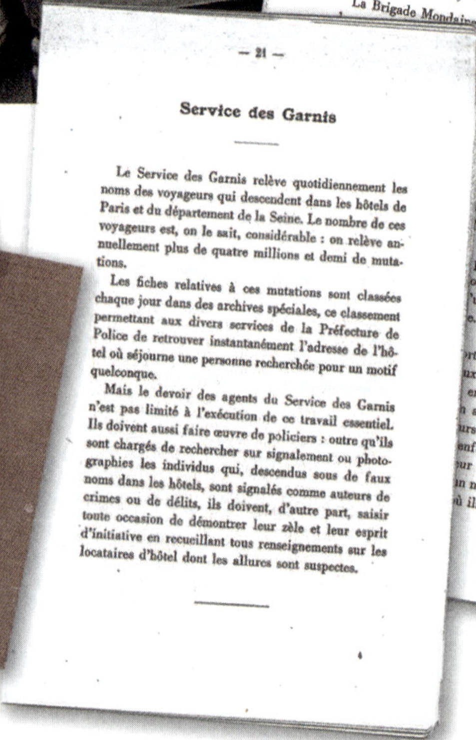
— 21 —

Service des Garnis

Le Service des Garnis relève quotidiennement les noms des voyageurs qui descendent dans les hôtels de Paris et du département de la Seine. Le nombre de ces voyageurs est, on le sait, considérable : on relève annuellement plus de quatre millions et demi de mutations.

Les fiches relatives à ces mutations sont classées chaque jour dans des archives spéciales, ce classement permettant aux divers services de la Préfecture de Police de retrouver instantanément l'adresse de l'hôtel où séjourne une personne recherchée pour un motif quelconque.

Mais le devoir des agents du Service des Garnis n'est pas limité à l'exécution de ce travail essentiel. Ils doivent aussi faire œuvre de policiers : outre qu'ils sont chargés de rechercher sur signalement ou photographies les individus qui, descendus sous de faux noms dans les hôtels, sont signalés comme auteurs de crimes ou de délits, ils doivent, d'autre part, saisir toute occasion de démontrer leur zèle et leur esprit d'initiative en recueillant tous renseignements sur les locataires d'hôtel dont les allures sont suspectes.

Classées, archivées, ces fiches fournissent des informations précieuses qui intéressent tout particulièrement les agents de la Brigade mondaine, sur l'identité des locataires des chambres d'hôtel.

LES DOSSIERS SECRETS DE LA MONDAINE : LES BLANCS

Les renseignements confidentiels, compromettants, sur les mœurs des personnalités du monde diplomatique, politique, de la finance, des arts, du spectacle et les hommes d'Église, recueillis par les agents de la Mondaine auprès de leurs informateurs, sont transcrits sur des feuilles blanches volantes, sans en-tête administratif et sans destinataire ; de plus, celui qui écrit ne s'identifie pas. Le patron de la Mondaine, remet ou non le blanc, selon l'importance que lui accorde sa hiérarchie

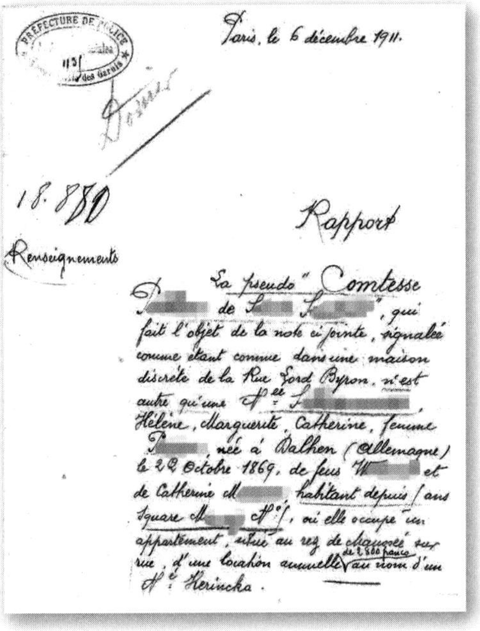

PRÉFECTURE DE POLICE

Paris, le 6 décembre 1911.

18.880

Rapport

Renseignements

La pseudo" Comtesse [redacted] de [redacted]", qui fait l'objet de la note ci-jointe, signalée comme étant connue dans une maison discrète de la Rue Lord Byron, n'est autre qu'une Mme [redacted], Hélène, Marguerite, Catherine, femme [redacted], née à Dalhen (Allemagne) le 22 Octobre 1869, de feus [redacted] et de Catherine [redacted], habitant depuis [illegible] ans Square [redacted] n° [illegible], où elle occupe un appartement, situé au rez de chaussée sur rue, d'une location annuelle de 2.800 francs au nom d'un Mr Herincka.

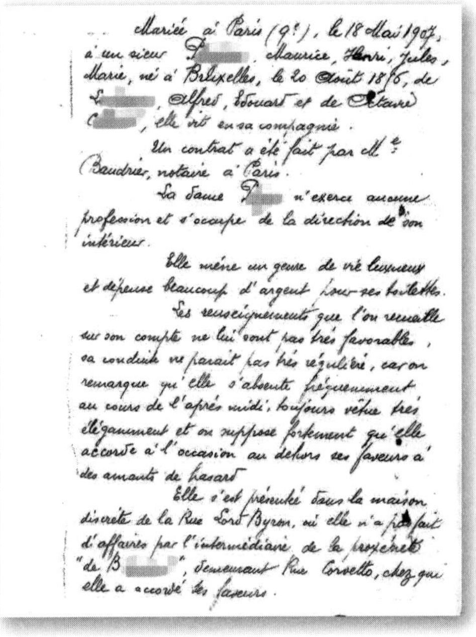

Mariée à Paris (9e), le 18 Mai 1907, à un sieur [redacted], Maurice, Henri, Jules, Marie, né à Bruxelles, le 20 Août 1876, de [redacted], Alfred, Edouard et de Octavie [redacted], elle vit en sa compagnie.

Un contrat a été fait par Me Baudrier, notaire à Paris.

La dame [redacted] n'exerce aucune profession et s'occupe de la direction de son intérieur.

Elle mène un genre de vie luxueux et dépense beaucoup d'argent pour ses toilettes.

Les renseignements que l'on recueille sur son compte ne lui sont pas très favorables, sa conduite ne paraît pas très régulière, car on remarque qu'elle s'absente fréquemment au cours de l'après-midi, toujours vêtue très élégamment et on suppose fortement qu'elle accorde à l'occasion au dehors ses faveurs à des amants de hasard.

Elle s'est présentée dans la maison discrète de la Rue Lord Byron, où elle n'a pas fait d'affaires par l'intermédiaire de la proxénète "de [redacted]", demeurant Rue Corvetto, chez qui elle a accordé ses faveurs.

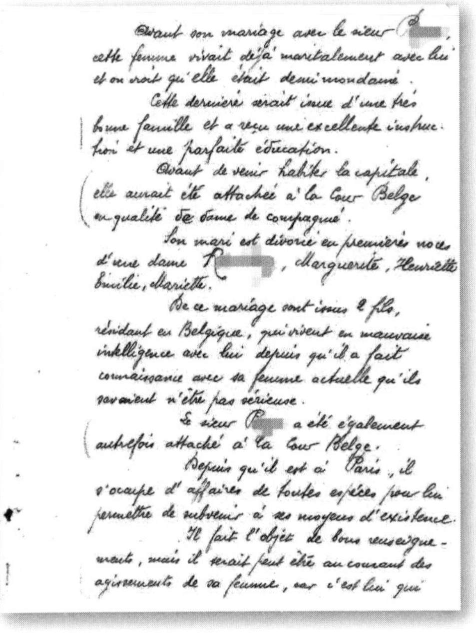

Avant son mariage avec le sieur [redacted], cette femme vivait déjà maritalement avec lui et on croit qu'elle était demi-mondaine.

Cette dernière serait issue d'une très bonne famille et a reçu une excellente instruction et une parfaite éducation.

Avant de venir habiter la capitale, elle aurait été attachée à la Cour Belge en qualité de dame de compagnie.

Son mari est divorcé en premières noces d'une dame [redacted], Marguerite, Henriette, Emilie, Mariette.

De ce mariage sont issus 2 fils, résidant en Belgique, qui vivent en mauvaise intelligence avec lui depuis qu'il a fait connaissance avec sa femme actuelle qu'ils savaient n'être pas sérieuse.

Le sieur [redacted] a été également autrefois attaché à la Cour Belge.

Depuis qu'il est à Paris, il s'occupe d'affaires de toutes espèces pour lui permettre de subvenir à ses moyens d'existence.

Il fait l'objet de bons renseignements, mais il serait peut être au courant des agissements de sa femme, car c'est lui qui

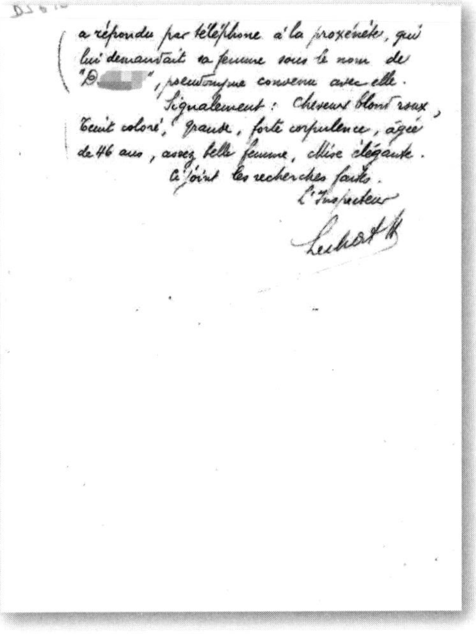

a répondu par téléphone à la proxénète, qui lui demandait sa femme sous le nom de "[redacted]", préalablement convenu avec elle.

Signalement : Cheveux blond roux, teint coloré, grande, forte corpulence, âgée de 46 ans, assez belle femme, mise élégante.

Ci-joint les recherches faites.

L'Inspecteur

Chaque blanc est archivé dans un dossier secret (DS) de couleur rose numéroté. Chaque numéro correspond dans le classement à une personne. Tous les dossiers sont déposés dans le coffre mythique, installé dans le bureau du patron de la Mondaine. Lui seul en détient les clefs.

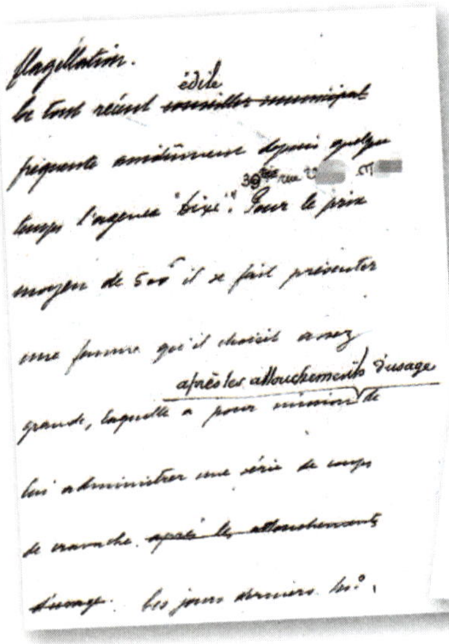

flagellation.
Ce tout récent ~~conseiller municipal~~ édile
fréquente assidûment depuis quelque
temps l'agence "Dixi" 39 rue [redacted]. Pour le prix
moyen de 500 il se fait présenter
une femme qu'il choisit assez
après les attouchements d'usage
grande, laquelle a pour ~~mission~~ de
lui administrer une série de coups
de cravache. ~~après les attouchements~~
~~d'usage~~. Ces jours derniers Mr

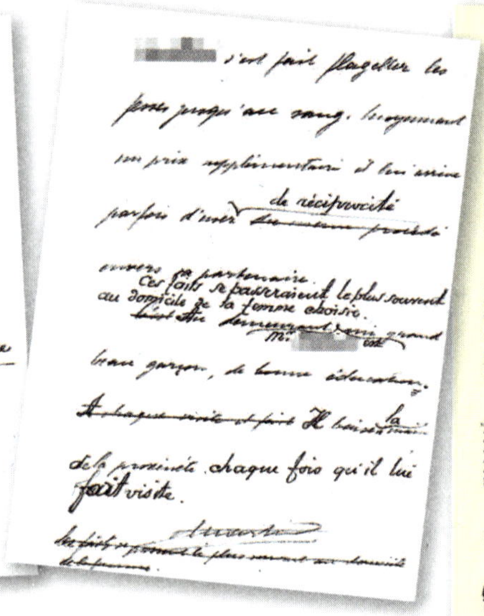

[redacted] s'est fait flageller les
fesses jusqu'au sang. Moyennant
un prix supplémentaire il lui arrive
parfois d'user de réciprocité
envers sa partenaire.
Ces faits se passeraient le plus souvent
au domicile de la femme choisie.
Mr [redacted]
beau garçon, de bonne éducation.
Il baise la main
de la proxénète chaque fois qu'il lui
fait visite.

Trop de ratures, trop de rajouts successifs, l'agent de la Mondaine a dû retaper son texte à la demande expresse de son chef afin qu'il soit digne d'être transmis.

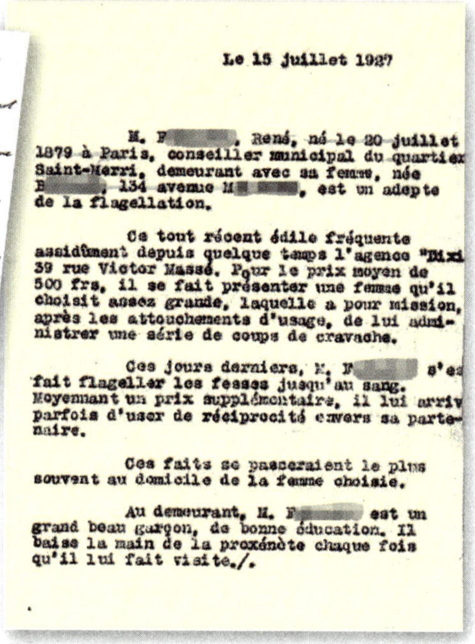

Le 15 juillet 1927

M. F[redacted], René, né le 20 juillet 1879 à Paris, conseiller municipal du quartier Saint-Merri, demeurant avec sa femme, née B[redacted], 134 avenue M[redacted], est un adepte de la flagellation.

Ce tout récent édile fréquente assidûment depuis quelque temps l'agence "Dixi" 39 rue Victor Massé. Pour le prix moyen de 500 frs, il se fait présenter une femme qu'il choisit assez grande, laquelle a pour mission, après les attouchements d'usage, de lui administrer une série de coups de cravache.

Ces jours derniers, M. F[redacted] s'est fait flageller les fesses jusqu'au sang. Moyennant un prix supplémentaire, il lui arrive parfois d'user de réciprocité envers sa partenaire.

Ces faits se passeraient le plus souvent au domicile de la femme choisie.

Au demeurant, M. F[redacted] est un grand beau garçon, de bonne éducation. Il baise la main de la proxénète chaque fois qu'il lui fait visite./.

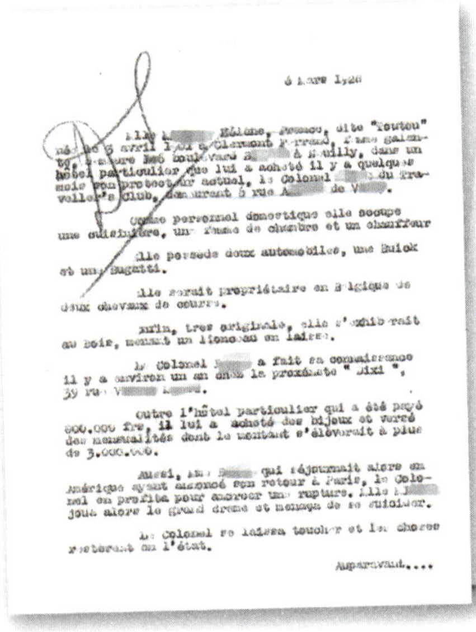

6 Mars 1928

Mlle L[redacted] Hélène, Jeanne, dite "Toutou" née le 5 avril 1901 à Clermont Ferrand, femme galante, demeure 166 boulevard A[redacted] à Neuilly, dans un hôtel particulier que lui a acheté il y a quelques mois son protecteur actuel, le Colonel [redacted] du Traveller's Club, demeurant 5 rue A[redacted] de V[redacted].

Comme personnel domestique elle occupe une cuisinière, une femme de chambre et un chauffeur.

Elle possède deux automobiles, une Buick et une Bugatti.

Elle serait propriétaire en Belgique de deux chevaux de course.

Enfin, très originale, elle s'exhiberait au Bois, menant un lionceau en laisse.

Le Colonel [redacted] a fait sa connaissance il y a environ un an chez la proxénète "Dixi", 39 rue V[redacted] M[redacted].

Outre l'hôtel particulier qui a été payé 800.000 frs, il lui a acheté des bijoux et versé des mensualités dont le montant s'élèverait à plus de 3.000.000.

Aussi, Mme [redacted] qui séjournait alors en Amérique ayant annoncé son retour à Paris, le Colonel en profita pour amorcer une rupture. Mlle [redacted] joua alors le grand drame et menaça de se suicider.

Le Colonel se laissa toucher et les choses restèrent en l'état.

Auparavant....

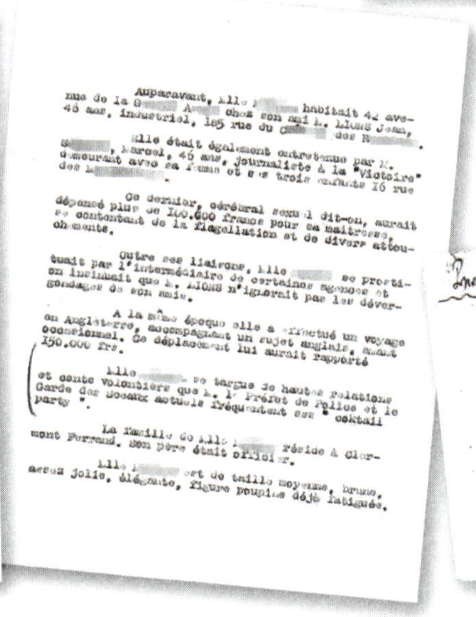

Auparavant, Mlle [redacted] habitait 42 avenue de la G[redacted] A[redacted] chez son ami M. LIONS Jean, 46 ans, industriel, 165 rue du C[redacted] des R[redacted].

Elle était également entretenue par M. S[redacted], Marcel, 46 ans, journaliste à la "Victoire" demeurant avec sa femme et ses trois enfants 16 rue des M[redacted].

Ce dernier, cérébral sexuel dit-on, aurait dépensé plus de 100.000 francs pour sa maîtresse, se contentant de la flagellation et de divers attouchements.

Outre ses liaisons, Mlle [redacted] se prostituait par l'intermédiaire de certaines agences et on insinuait que M. LIONS n'ignorait pas les dévergondages de son amie.

A la même époque elle a effectué un voyage en Angleterre, accompagnant un sujet anglais, amant occasionnel. Ce déplacement lui aurait rapporté 150.000 frs.

Mlle [redacted] se targue de hautes relations et conte volontiers que M. le Préfet de Police et le Garde des Sceaux actuels fréquentent ses "cocktail party".

La famille de Mlle [redacted] réside à Clermont Ferrand. Son père était officier.

Mlle [redacted] est de taille moyenne, brune, assez jolie, élégante, figure poupine déjà fatiguée.

Les renseignements ont été envoyés aux bons soins de l'agent Martin, Brigade mondaine, 36, quai des Orfèvres, Paris, par l'agence Dixi. Un échange de bons services.

Pneumatique
32
Monsieur Pierre Martin
Police judiciaire
36 quai des Orfèvres
Paris

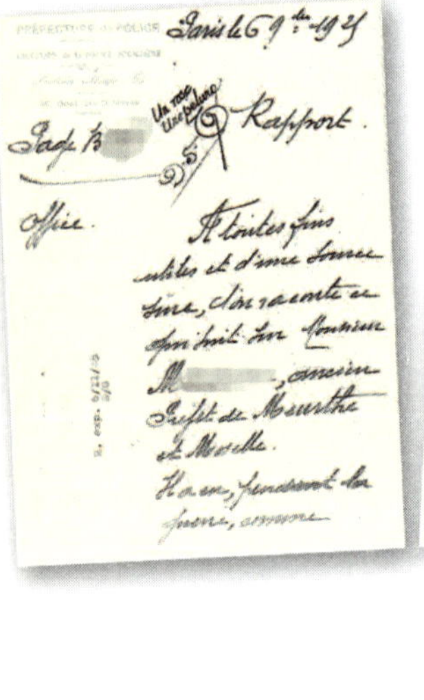

Préfecture de Police
Paris le 6 9bre 1925
Brigade B[redacted]
Rapport
Office
A toutes fins
utiles et d'une source
sûre, d'ai raconté ce
qui suit sur Monsieur
M[redacted], ancien
Préfet de Meurthe
et Moselle.
Il a eu, pendant la
guerre, comme

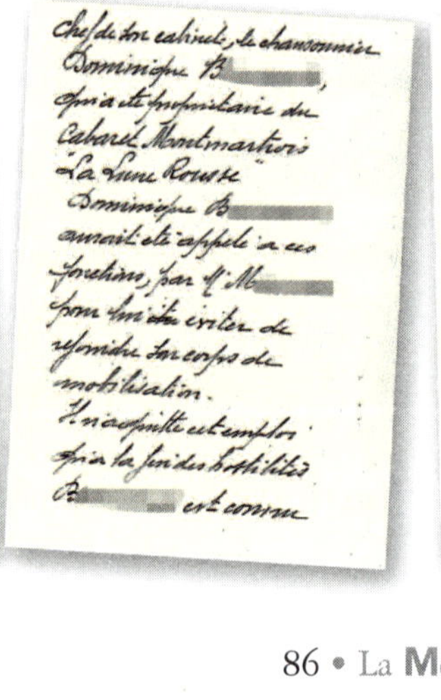

Chef de son cabinet, le chansonnier
Dominique B[redacted]
qui a été propriétaire du
Cabaret Montmartrois
"La Lune Rousse"
Dominique B[redacted]
aurait été appelé à ces
fonctions, par M. M[redacted]
pour lui éviter de
rejoindre son corps de
mobilisation.
Il a acquitté cet emploi
après la fin des hostilités.
B[redacted] est connu

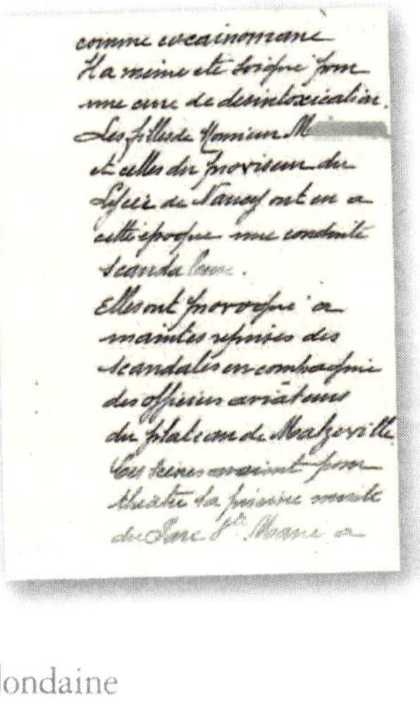

comme cocaïnomane
Il a même été soigné pour
une cure de désintoxication.
Les filles de Monsieur M[redacted]
et celles du proviseur du
Lycée de Nancy ont eu à
cette époque une conduite
scandaleuse.
Elles ont provoqué à
maintes reprises des
scandales en compagnie
des officiers aviateurs
du plateau de Malzéville.
Ces scènes avaient pour
théâtre la pièce d'eau
du Parc Ste Marie à

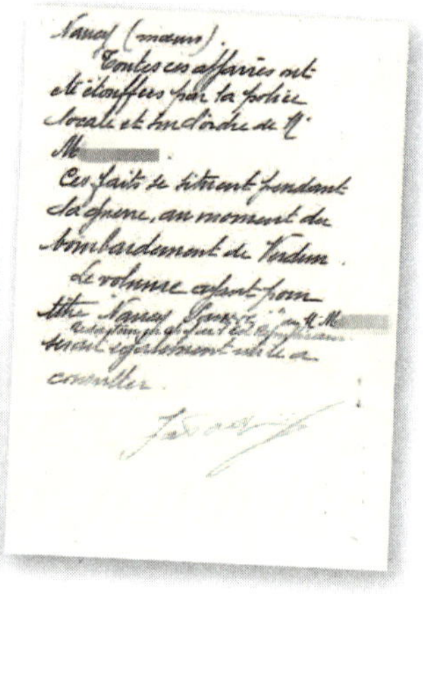

Nancy (manu).
Toutes ces affaires ont
été étouffées par la police
locale et sur l'ordre de M.
M[redacted]
Ces faits se situent pendant
la guerre, au moment du
bombardement de Verdun.
Le volume ayant pour
titre Nancy Guerre [redacted]
serait également utile à
consulter.

POLICE JUDICIAIRE

DIRECTION

BRIGADE MONDAINE

D.A 879

Le 10.10.30

Rapport

On signale que le Maharadjah de L[redacted] qui serait depuis quelque temps à Paris est venu plusieurs fois, la dernière avant-hier 8 courant, dans la maison de rendez-vous, 13. rue St Augustin, accompagné de quelques membres de sa suite.

Il regarde simplement les femmes qui lui sont présentées mais ne les touche pas ; il leur offre du champagne mais lui même n'en boit pas.

Une surveillance est établie de fait par la Mondaine, dès qu'une personnalité étrangère se rend en visite en France.

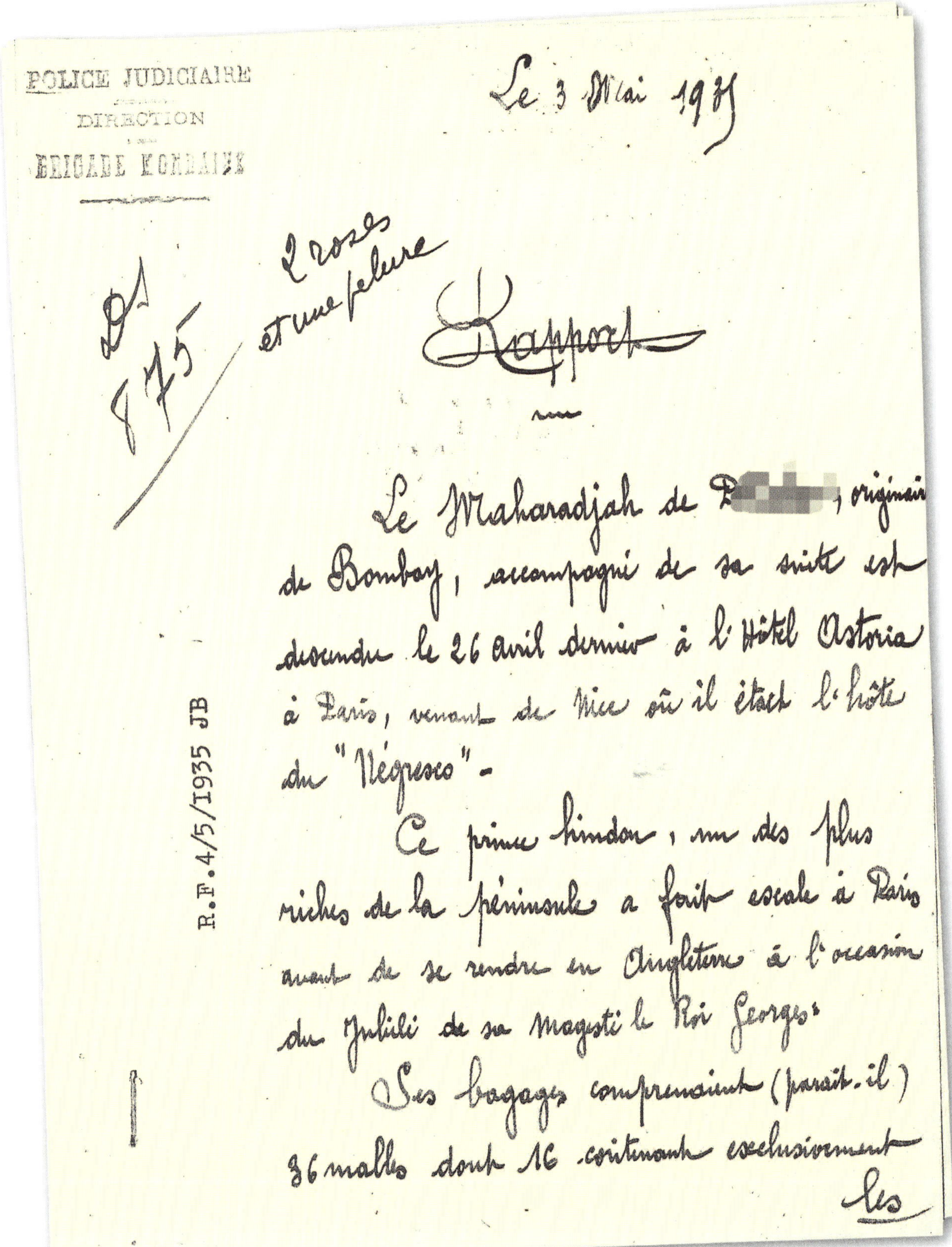
POLICE JUDICIAIRE

DIRECTION

BRIGADE MONDAINE

Le 3 Mai 1935

D 175

2 roses et une pelure

Rapport

Le Maharadjah de [redacted], originaire de Bombay, accompagné de sa suite est descendu le 26 avril dernier à l'Hôtel Astoria à Paris, venant de Nice où il était l'hôte du "Négresco".

Ce prince hindou, un des plus riches de la péninsule a fait escale à Paris avant de se rendre en Angleterre à l'occasion du Jubilé de sa Majesté le Roi Georges.

Ses bagages comprenaient (parait-il) 36 malles dont 16 contenant exclusivement les

R.F.4/5/1935 JB

les bijoux qu'il doit offrir au
Roi d'Angleterre pour son Jubilé.

Depuis son arrivée à Paris, pour se
reposer des fatigues du voyage et aussi ~~selon~~
comme à chaque voyage
~~son habitude~~, il s'est rendu à deux reprises
différentes dans la maison hospitalière sise
12, rue de Chabanais, où il s'est fait
présenter les pensionnaires tout en leur offrant
le champagne.

A sa première visite, il ~~était~~ présenté
~~Les accompagné~~ étant ~~à l'exclusion de~~ son premier Ministre,
de son Ministre de l'Intérieur, ~~de~~ son aide
de camp. ~~et~~ et d'un Prince d'Afghanistan
très âgé.

Après avoir sablé le champagne
tous les membres de la suite ont consacré
à Vénus avec chacun une pensionnaire
de

de leur choix, y compris le prince d'Afghanistan, mais suivant son habitude le Maharadjah s'est abstenu.

~~A noter que le Prince d'Afghanistan, malgré son grand âge (71 ans) a accompli normalement l'acte charnel~~ à deux reprises ~~différentes avec sa partenaire~~.

A sa dernière visite dans cette maison, qui date du 30 avril dernier, le Maharadjah de P[redacted] était accompagné d'un Européen et de deux dames Hindoues. Ils ont seulement consommé du champagne et visité la maison.

Le Maharadjah a quitté Paris hier 2 mai par la gare du Nord, se rendant en Angleterre via Calais. Ses femmes sont restées à Paris.

[illegible]

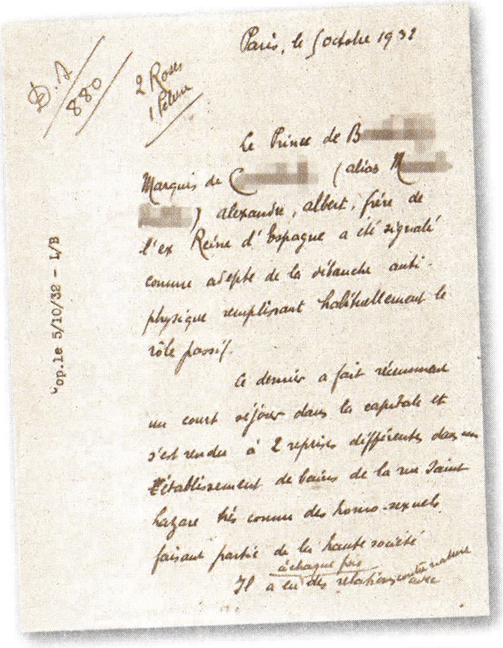

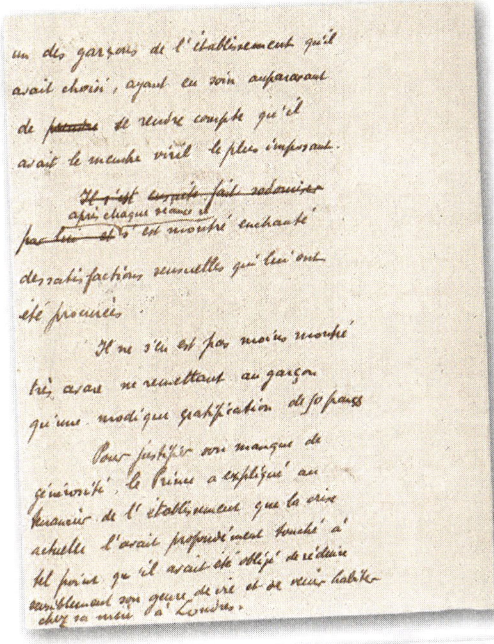

L'établissement de bains de la rue Saint-Lazare surveillé par les agents de la Mondaine est réputé pour être un lieu de prédilection pour des rencontres entre homosexuels fortunés. L'établissement peut fonctionner grâce à une tolérance policière. En échange, le patron doit informer les policiers sur sa clientèle.

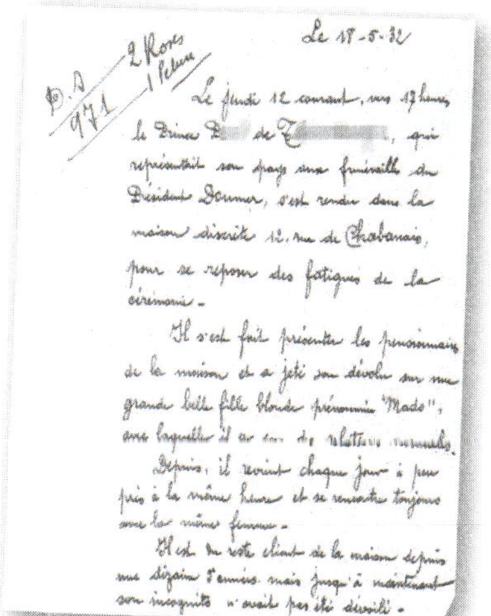

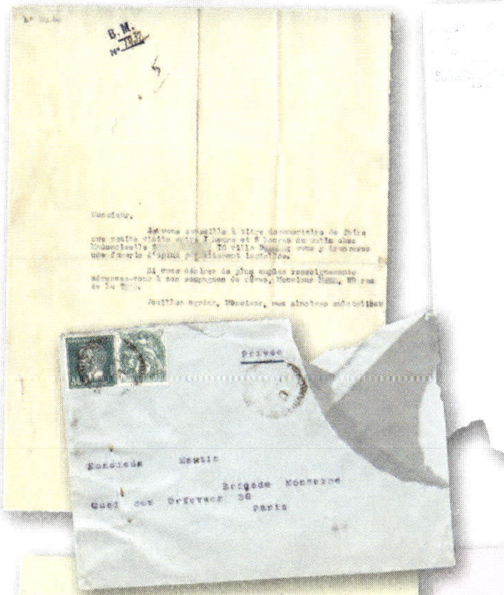

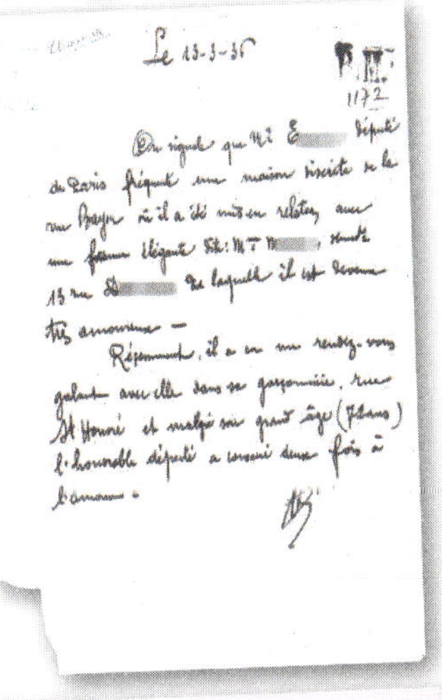

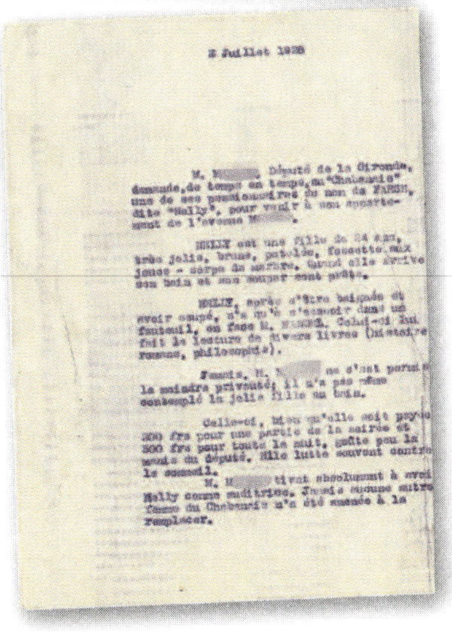

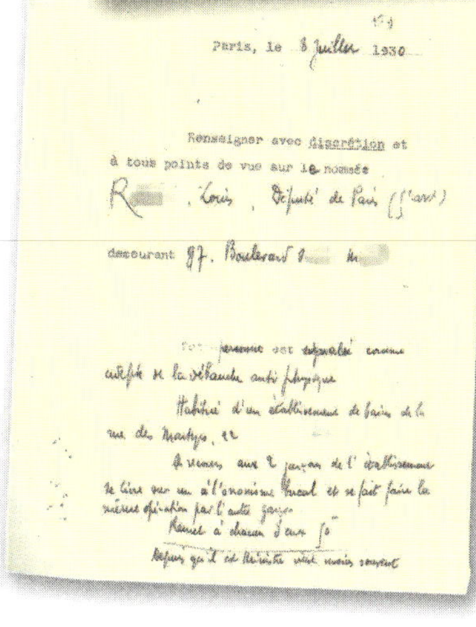

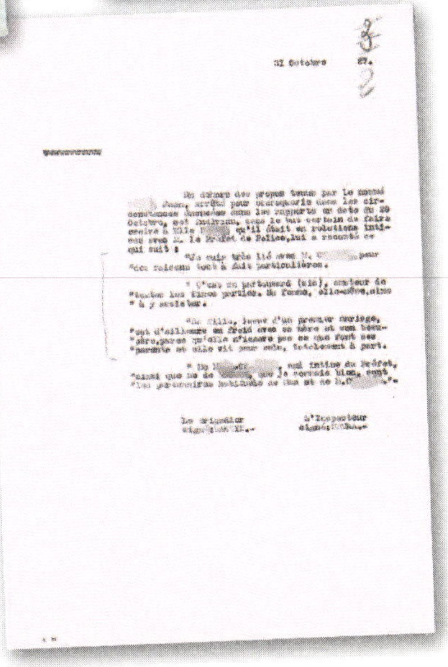

D.S
872

R.F.31/10/1930 JB

Paris, le 3 Novembre 1930

Avant d'être la maîtresse en titre de M. [redacted], notre Premier Ministre, Melle : [redacted] la talentueuse sociétaire de la Comédie Française avait comme protecteur M. B[redacted], Robert, Bernard, Paul, Marie, né le 3 janvier 1884, à Saint Denis (Seine) d'Anatole, Philippe, Alfred et de Aline Charlotte, Fernande, Pauline P[redacted], député d'Ille et Vilaine, demeurant depuis quelques mois rue Dufrénoy, 5.

A l'égard de l'honorable parlementaire Melle M[redacted] avait la réputation d'être très autoritaire et ~~en~~ outre on dit que ses exigences lui auraient coûté fort cher.

Peu après la rupture de leurs relations, M. B[redacted] a remplacé l'artiste en la personne d'une Melle : H[redacted] Eva dite "Moraines", née à Neuilly sur Seine le 5 juin 1880, fille de feu C[redacted], capitaine en retraite et de feue Alida, Emma, A[redacted] demeurant 115, rue de la T[redacted].

Cette dernière est la soeur de la pseudo "Gilda B[redacted]", artiste de la Comédie Française avec qui elle habite, ex maîtresse de M. Maurice de R[redacted], député des Alpes Maritimes.

Très vicieux M. B[redacted] ~~fait~~ se rend quelquefois dans des maisons de tolérance d'un rang peu élevé, notamment dans celle située 32, rue Blondel.

Vers le 23 mars dernier il a fait connaissance d'une pensionnaire de cette maison vulgaire prostituée, la Melle L[redacted], Madeleine Marie, Andrée, femme B[redacted], née le 6 décembre 1900, à Dijon, qui depuis serait devenue sa maîtresse et ~~car elle~~ n'a pas reparu au domicile conjugal.

Son mari, qui est un ancien ouvrier ébéniste, est un repris de justice ~~et est mai~~ qui maintenant s'emploie au placement des femmes dans les maisons de prostitution.

M. Robert B[redacted] ~~habite à l'adresse~~ a ~~épousé le~~ contracté mariage le 2 juin 1909 à Paris (16e) avec Melle : D[redacted]-F[redacted], née le 7 juillet 1890, à Paris (16e) de Emile et de Marguerite Adrienne R[redacted]-F[redacted]

Parmi les témoins au mariage figuraient MM. Henri G[redacted], sous Gouverneur de la Banque de France, Officier de la Légion d'honneur et Hubert Ch[redacted], Contrôleur Général de l'armée Commandeur de la Légion d'honneur

Le ~~jugement~~ mariage a été dissous par jugement du tribunal civil de la Seine, en date du 15 janvier 1913.

De cette union est issue une fille âgée actuellement de 18 ans.

L'ex dame B[redacted] serait sur le point de contracter un second mariage avec Jacques R[redacted], fils de feue l'artiste R[redacted].

M. B[redacted] est réputé comme un viveur effréné, dépensant énormément d'argent pour satisfaire les exigences de ses maîtresses et ses passions.

Il résidait auparavant depuis 13 ans 134, avenue V[redacted] H[redacted] dans un luxueux appartement où il organisait des partouzes auxquelles prenaient part des femmes appartenant à toutes les classes de la société et même des prostituées de bas étage.

~~D'autres réunions~~ Il avait également installé chez lui avec un luxe inouï ~~une splendide~~ fumerie d'opium qui n'était fréquentée que par des amis sûrs +

+ cette fumerie serait à nouveau installée rue Dufrénoy et parmi les personnes qui la fréquentent on cite Maurice R[redacted], son secrétaire et M. Abel H[redacted] de ~~la Comédie~~ l'Académie Française./.

Dans son entourage on dit que c'est grâce [illegible] relations avec [redacted] [redacted] [illegible] [redacted] qu'il a pu se créer des relations dans le monde politique et se faire élire député sous l'étiquette de républicain de gauche.

Quoique d'un âge déjà mûr, cette dernière est encore fort jolie et le député appréciait fort ses talents sexuels.

Elle a été autrefois en relations suivies avec la baronne de V[redacted], qui a dans son temps défrayé la chronique, en raison de son mariage morganatique avec feu Léopold II, roi des Belges.

Mr. Robert B[redacted] est dans une situation de fortune très aisée; il est en outre propriétaire de l'immeuble qu'il habite et de deux châteaux l'un à Brégançon (Var), l'autre au Theil de Bretagne (Ille et Vilaine)

Avec son frère Marcel il est actionnaire dans la société d'exploitation des usines d'automobiles B[redacted] et dans la société immobilière et financière pour l'industrie automobile.

Mr. Robert B[redacted] est Officier de la Légion d'honneur depuis le 23 août 1925 et titulaire de différentes décorations françaises et étrangères.

Paris, le décembre 1931

Dans le monde de nos édiles Municipaux, Madame [redacted] femme du Conseiller représentant du quartier du Palais Royal, passe pour n'être pas d'une fidélité exemplaire à l'égard de son mari.

Comme c'est l'habitude en pareille matière, l'honorable Conseiller, qui a la plus grande confiance en sa femme, n'est pas au courant de son infortune; celle-ci, sous prétexte qu'elle est souffrante ou fatiguée, n'accomplissant l'acte conjugal qu'avec parcimonie.

Mr [redacted], qui semble en être particulièrement épris, ne sait pas la contrarier et cherche ailleurs les sensations qu'elle lui refuse.

C'est dans ce but qu'il se rend de temps en temps dans une maison discrète de la rue Galilée, où il demande qu'une pensionnaire correspondant autant que possible au signalement de sa femme, grande blonde et jolie lui soit présentée.

Mr [redacted] est en outre un adepte de la flagellation et remplit en la circonstance le rôle passif.

Pour prix des satisfactions sexuelles qui lui sont procurées l'honorable Conseiller remet 1000 francs à la proxénète.

On a remarqué que ce dernier était parfois dans un état de surexcitation extrême les yeux injectés de sang, ayant le teint anormal des cocaïnomanes, ce qui fait supposer qu'il fait abus de stupéfiants.

Pédant à l'excès se croyant très beau garçon, il se montre particulièrement exigeant sur le choix de sa compagne d'un moment, qui doit, dit-il, être en rapport avec sa beauté.

Faisant étalage de sa qualité il s'est mis à l'entière disposition de la proxénète pour ~~lui rendre~~ tous les services qu'il serait susceptible de lui rendre

Ce conseiller municipal n'hésite pas à faire grand étalage de sa qualité afin d'obtenir de la mère maquerelle de le fournir en filles, toutes grandes, toutes blondes et jolies, dignes d'être des sosies de son épouse. En échange, il se met à son entière disposition. Il ne doute pas un instant qu'elle renseigne en sous-main la Mondaine, qui la protège.

GRAFF
CINEMA
MOULIN ROUGE
Le MOULIN ROUGE
La Piste d'Argent

UNE SI DOUCE OCCUPATION

LA MORT DU PREMIER OFFICIER ALLEMAND

Le 16 juillet 1940, un sous-officier allemand est trouvé mort, le crâne fracassé, sur la voie ferrée de la gare Saint-Lazare. Il s'agit du premier décès suspect d'un soldat allemand à Paris. La Kommandantur, qui croit à un attentat, fait saisir la Brigade criminelle.

Le jeune inspecteur Robert Lesigne est chargé de l'enquête : «Vous avez dix jours pour trouver le coupable, sinon vous serez fusillé.»

Le commissaire Roches, patron de la Criminelle au début de la guerre, fut le seul policier qui devint par la suite successivement directeur de la Police économique, directeur de l'Inspection générale des services, directeur de la Police judiciaire et directeur de la police municipale... Ce décès suspect fut l'occasion de son premier contact avec la Kommandantur. À cause de son nez proéminant, l'officier allemand le prit pour un juif : «Vous, Jude ?»

L'histoire fit immédiatement le tour de la PJ. Le commissaire Roches se

Soirée de divertissement organisée à l'attention d'officiers et sous-officiers allemands, dans un cabaret parisien. Pour chaque soldat une partenaire est prévue. Février 1941.

reposa sur son inspecteur pour élucider les faits. Lesigne prouva fort heureusement que «le soldat allemand s'était tué accidentellement. Il avait suivi une prostituée chez elle. Surpris par une ronde de Feldgendarme, il avait eu peur et avait tenté de s'enfuir. La maison donnait d'un côté sur la rue, de l'autre en surplomb sur la voie. La fille avec laquelle il venait de batifoler lui avait-elle à ce point perturbé les sens, qu'il s'était trompé de fenêtre ? Il avait sauté sur les rails».

Cette affaire donna à réfléchir au jeune Lesigne. Compte tenu des circonstances, rester à la Criminelle risquait de devenir dangereux. Il décida de descendre d'un étage, et demanda au patron de la Mondaine, le commissaire principal Gally, de le prendre avec lui.

Homme courtois, souriant, d'une grande bienveillance et d'une grande humanité, à la tête d'une brigade réputée sensible, le commissaire Gally appliquait le système Pinault : il se reposait sur ses inspecteurs principaux. Quand il avait accordé sa confiance à ses collaborateurs, il les laissait maîtres de leurs manœuvres et les soutenait jusqu'au bout.

C'est ce qu'il fit pour l'inspecteur principal Lesigne, à qui il confia l'équipe des cabarets et celle des vicieux.

La Mondaine, moins dangereuse que la Crim ? Rien n'est moins sûr.

LES ALLEMANDS INVESTISSENT LES BORDELS

L'exode de 1940 bouleverse considérablement l'organisation de la prostitution parisienne. Les militaires allemands deviennent vite les meilleurs clients des maisons closes de la capitale, transformée en gigantesque caserne vert-de-gris, renommée par Hitler "der sogenannte Puff Europas" : le lupanar de l'Europe. Dès le début de l'Occupation, les services sanitaires de la Wehrmacht organisent la réquisition des maisons closes et renforcent de manière draconnienne les contrôles sanitaires.

Un contrôle sans honte et sans pudeur. Jusqu'où ?, 1941.

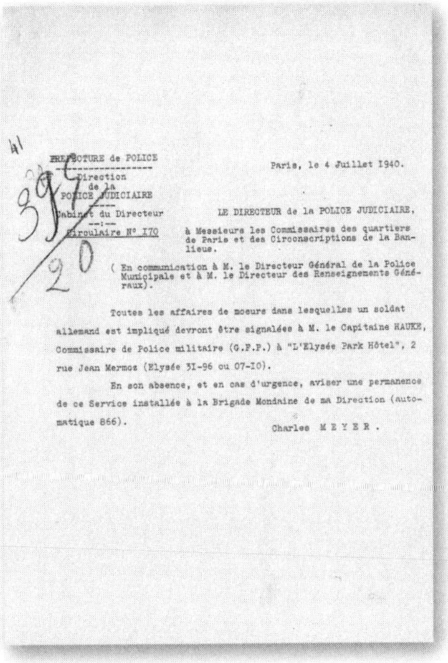

41

PREFECTURE de POLICE
Direction de la POLICE JUDICIAIRE
Cabinet du Directeur
Circulaire N° I70

Paris, le 4 Juillet I940.

LE DIRECTEUR de la POLICE JUDICIAIRE,

à Messieurs les Commissaires des quartiers de Paris et des Circonscriptions de la Banlieue.

(En communication à M. le Directeur Général de la Police Municipale et à M. le Directeur des Renseignements Généraux).

Toutes les affaires de moeurs dans lesquelles un soldat allemand est impliqué devront être signalées à M. le Capitaine HAUKE, Commissaire de Police militaire (G.F.P.) à "L'Elysée Park Hôtel", 2 rue Jean Mermoz (Elysée 3I-96 ou 07-I0).

En son absence, et en cas d'urgence, aviser une permanence de ce Service installée à la Brigade Mondaine de ma Direction (automatique 866).

Charles M E Y E R .

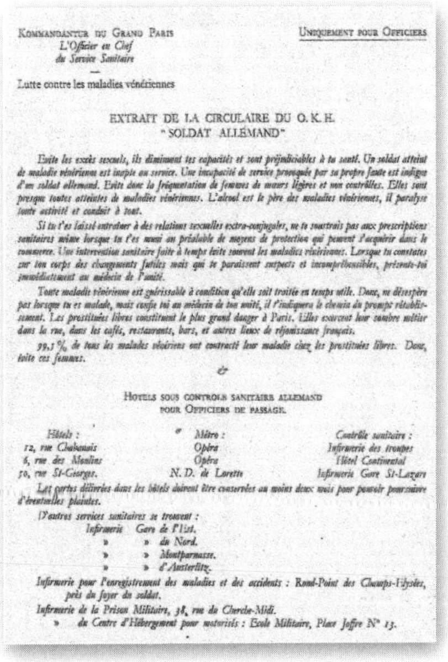

KOMMANDANTUR DU GRAND PARIS
L'Officier en Chef du Service Sanitaire

UNIQUEMENT POUR OFFICIERS

Lutte contre les maladies vénériennes

EXTRAIT DE LA CIRCULAIRE DU O.K.H.
"SOLDAT ALLÉMAND"

Evite les excès sexuels, ils diminuent tes capacités et sont préjudiciables à ta santé. Un soldat atteint de maladie vénérienne est inapte au service. Une incapacité de service provoquée par sa propre faute est indigne d'un soldat allemand. Evite donc la fréquentation de femmes de mœurs légères et non contrôlées. Elles sont presque toutes atteintes de maladies vénériennes. L'alcool est le père des maladies vénériennes, il paralyse toute activité et conduit à tout.

Si tu t'es laissé entraîner à des relations sexuelles extra-conjugales, ne te soustrais pas aux prescriptions sanitaires même lorsque tu t'es muni au préalable de moyens de protection qui peuvent s'acquérir dans le commerce. Une intervention sanitaire faite à temps évite souvent les maladies vénériennes. Lorsque tu constates sur ton corps des changements futiles mais qui te paraissent suspects et incompréhensibles, présente-toi immédiatement au médecin de l'unité.

Toute maladie vénérienne est guérissable à condition qu'elle soit traitée en temps utile. Donc, ne désespère pas lorsque tu es malade, mais confie toi au médecin de ton unité, il t'indiquera le chemin du prompt rétablissement. Les prostituées libres constituent le plus grand danger à Paris. Elles exercent leur sombre métier dans la rue, dans les cafés, restaurants, bars, et autres lieux de réjouissance français.

99,5 % de tous les malades vénériens ont contracté leur maladie chez les prostituées libres. Donc, évite ces femmes.

HOTELS SOUS CONTROLE SANITAIRE ALLEMAND
POUR OFFICIERS DE PASSAGE.

Hôtels :	*Métro :*	*Contrôle sanitaire :*
12, rue Chabanais	*Opéra*	*Infirmerie des troupes*
6, rue des Moulins	*Opéra*	*Hôtel Continental*
50, rue St-Georges.	*N. D. de Lorette*	*Infirmerie Gare St-Lazare*

Les cartes délivrées dans les hôtels doivent être conservées au moins deux mois pour pouvoir poursuivre d'éventuelles plaintes.

D'autres services sanitaires se trouvent :
Infirmerie Gare de l'Est.
» » du Nord.
» » Montparnasse.
» » d'Austerlitz.

Infirmerie pour l'enregistrement des maladies et des accidents : Rond-Point des Champs-Elysées, près du foyer du soldat.
Infirmerie de la Prison Militaire, 38, rue du Cherche-Midi.
» du Centre d'Hébergement pour motorisés : Ecole Militaire, Place Joffre N° 13.

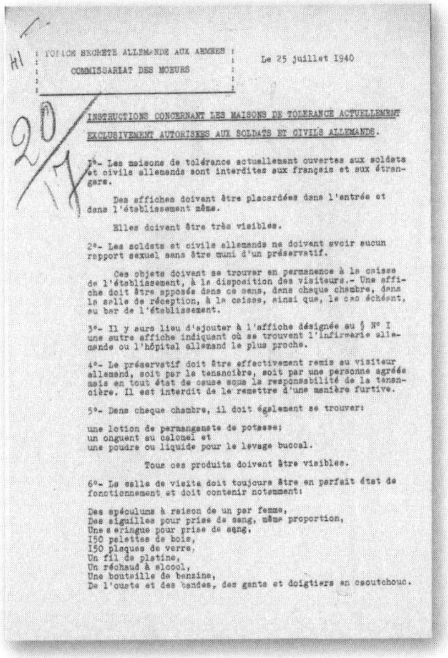

41

POLICE SECRETE ALLEMANDE AUX ARMEES
COMMISSARIAT DES MOEURS

Le 25 juillet I940

INSTRUCTIONS CONCERNANT LES MAISONS DE TOLERANCE ACTUELLEMENT EXCLUSIVEMENT AUTORISEES AUX SOLDATS ET CIVILS ALLEMANDS.

I°- Les maisons de tolérance actuellement ouvertes aux soldats et civils allemands sont interdites aux français et aux étrangers.

Des affiches doivent être placardées dans l'entrée et dans l'établissement même.

Elles doivent être très visibles.

2°- Les soldats et civils allemands ne doivent avoir aucun rapport sexuel sans être muni d'un préservatif.

Ces objets doivent se trouver en permanence à la caisse de l'établissement, à la disposition des visiteurs.- Une affiche doit être apposée dans ce sens, dans chaque chambre, dans la salle de réception, à la caisse, ainsi que, le cas échéant, au bar de l'établissement.

3°- Il y aura lieu d'ajouter à l'affiche désignée au § N° I une autre affiche indiquant où se trouvent l'infirmerie allemande ou l'hôpital allemand le plus proche.

4°- Le préservatif doit être effectivement remis au visiteur allemand, soit par la tenancière, soit par une personne agréée mais en tout état de cause sous la responsabilité de la tenancière. Il est interdit de le remettre d'une manière furtive.

5°- Dans chaque chambre, il doit également se trouver:

une lotion de permanganate de potasse;
un onguent au calomel et
une poudre ou liquide pour le lavage buccal.

Tous ces produits doivent être visibles.

6°- La salle de visite doit toujours être en parfait état de fonctionnement et doit contenir notamment:

Des spéculums à raison de un par femme,
Des aiguilles pour prise de sang, même proportion,
Une seringue pour prise de sang,
I50 palettes de bois,
I50 plaques de verre,
Un fil de platine,
Un réchaud à alcool,
Une bouteille de benzine,
De l'ouate et des bandes, des gants et doigtiers en caoutchouc.

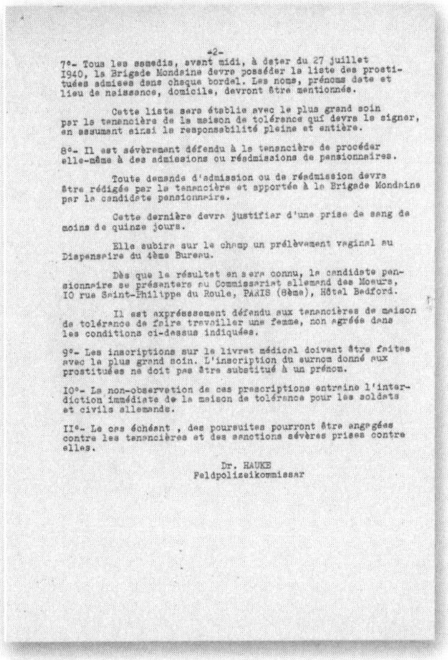

-2-

7°- Tous les samedis, avant midi, à dater du 27 juillet I940, la Brigade Mondaine devra posséder la liste des prostituées admises dans chaque bordel. Les noms, prénoms date et lieu de naissance, domicile, devront être mentionnés.

Cette liste sera établie avec le plus grand soin par la tenancière de la maison de tolérance qui devra la signer, en assumant ainsi la responsabilité pleine et entière.

8°- Il est sévèrement défendu à la tenancière de procéder elle-même à des admissions ou réadmissions de pensionnaires.

Toute demande d'admission ou de réadmission devra être rédigée par la tenancière et apportée à la Brigade Mondaine par la candidate pensionnaire.

Cette dernière devra justifier d'une prise de sang de moins de quinze jours.

Elle subira sur le champ un prélèvement vaginal au Dispensaire du 4ème Bureau.

Dès que le résultat en sera connu, la candidate pensionnaire se présentera au Commissariat allemand des Moeurs, IO rue Saint-Philippe du Roule, PARIS (8ème), Hôtel Bedford.

Il est expréssement défendu aux tenancières de maison de tolérance de faire travailler une femme, non agréée dans les conditions ci-dessus indiquées.

9°- Les inscriptions sur le livret médical doivent être faites avec la plus grand soin. L'inscription du surnom donné aux prostituées ne doit pas être substitué à un prénom.

I0°- La non-observation de ces prescriptions entraine l'interdiction immédiate de la maison de tolérance pour les soldats et civils allemands.

II°- Le cas échéant , des poursuites pourront être engagées contre les tenancières et des sanctions sévères prises contre elles.

Dr. HAUKE
Feldpolizeikommissar

Lulu, jeune mannequin très apprécié des officiers allemands pour son charme et ses allures timorées - Paris, 1941.

Au cabaret "le Nid", l'un des plus élégant de Paris, selon la publicité bilingue, une ambiance particulièrement intime accueille tous les soirs les officiers allemands, 1942.

Publicité en allemand pour le cabaret de danse orientale "Sheherazade", lieu de prédilection de la Wehrmacht et de la Gestapo. Octobre 1942.

LE PARIS QUI S'AMUSE LE PARIS INDÉCENT ET AMORAL

La période de l'occupation allemande est vécue de manière bien différente selon que l'on a choisi un parti ou un autre. On pleure de joie ou de tristesse. «Est-il décent de rire, de s'amuser, de danser, de se livrer aux plaisirs de la chair ou de la galanterie quand une partie de la France est occupée, et que l'autre s'étiole dans une liberté formelle ?», s'interroge le journaliste politologue Patrick Buisson dans le chapitre «Défaite et fêtes» de son livre *1940-1945 années érotiques*.

Pour répondre à cette question, il met en exergue le mot de Jean-Paul Sartre : «Jamais, nous n'avons été plus libres que sous l'occupation allemande.» Simone de Beauvoir lui fera écho : «Pour moi, la fête est avant tout une ardente apothéose du présent, en face de l'inquiétude de l'avenir ; un calme écoulement des jours heureux ne suscite pas de fête ; mais si, au sein du malheur l'espoir renaît, si l'on retrouve une prise sur le monde et sur le temps, alors l'instant se met à flamber, on peut s'y enfermer et se consumer en lui : c'est fête. [...] Nous ne nous leurrions pas ; nous voulions seulement arracher à cette confusion quelques pépites de joie et nous saouler de leur éclat, au défi des lendemains qui déchantent».

Tandis que les premiers résistants estiment que «la France se doit de communier dans un même désarroi et une même volonté de combattre», les patriotes intransigeants et fanatiques prônent l'attitude de repli, de prostration, de recueillement. Pas de spectacle, pas de bal, pas de libation, pas d'agape. Aucun plaisir.

«Ils se révèlent incapables de comprendre que la défaite ait pu libérer, dans certaines catégories de la population, une énergie avide de s'employer à des activités frivoles ou futiles, ou que la fête puisse être pour certains l'antidote nécessaire à une situation oppressante.»

Cette frénésie de vivre, de jouir du présent, certains l'ont, par sentiment d'urgence, et par jeu d'alliances, exacerbée. Dans l'économie de guerre, les excès outranciers de nourriture, d'alcool et de sexe en usage dans des fêtes très particulières intéressent la presse et la Mondaine.

Les bacchanales du 7 rue Scheffer, dans le quartier du Trocadéro, firent des gorges chaudes. La «Princesse rouge», comtesse Marie Tchernycheff-Bezobrazoff, l'une des plus emblématiques demi-mondaines, organisait chez elle des soirées très privées. Cet ex-mannequin de chez Chanel, figurante, en 1932, dans le film *Les Aventures du roi Pausole*, adapté du roman de Pierre Louÿs, s'associe avec Max Stoecklin, un agent de l'Abwehr, au sein de la société BEMIC, spécialisée dans la fourniture d'alcools au bureau d'achat allemand d'Otto Brandl. Lors d'une réception, elle rencontre son futur protecteur et amant Henry Chamberlin dit Lafont, l'homme de la rue Lauriston, coorganisateur avec Pierre Bonny de la «Carlingue» (la Gestapo française).

La «Princesse rouge» organise, avec celles que l'on nommera après la guerre «les veuves de la Gestapo», les «soirées spéciales de monsieur Henry», tantôt dans l'hôtel du 93 rue Lauriston, tantôt dans les trois grands bordels de la capitale : le

La terrasse des Deux Magots pendant l'Occupation.

One Two Two, Le Chabanais, ou Le Sphinx. Les membres de la bande de la Carlingue, réunis de jour dans les officines de la rue Lauriston, se croisent la nuit après le «travail». Truands, proxénètes, demi-mondaines, collaboratrices, hommes de main gravitent dans l'orbite de Lafont, à son service : Louis Pagnon dit Eddy, Charles Delval, Annie de Saint-Jaymes, Jo Attia, Abel Danos dit le Mammouth, le faux marquis Lionel de Wiett, Guy de Voisin, Jean Luchaire, sa fille Corinne et sa maîtresse Yvette Lebon, Madeleine Coraboeuf dite Magda Fontanges alias baronne Thévenin, journaliste à Paris-Soir, Sylviane Quimfe alias marquise d'Abrantès. Sur les fiches de renseignements, ces femmes ont toutes le même profil : bisexuelles, adeptes de l'opium, du vice et des partouzes.

Autres fêtes moins visibles, mais non moins intenses que celles organisées par la Gestapo française ou les tauliers des meilleurs claques de Paris. «Celles qui s'apparentent à des conduites magiques, à des rites de conjuration par quoi l'on cherche, au contraire, à dissiper et à oublier un contexte pour le moins fâcheux. On ne s'y rend pas par désœuvrement ou par lassitude, écrit Patrick Buisson, mais pour congédier ce que le quotidien a d'intolérable. [...] On ne s'étonnera pas d'y retrouver l'étrange couple que composent, depuis le début des années trente, Simone de Beauvoir et Jean-Paul Sartre. Entre eux deux, un pacte a été conclu, un contrat d'assurance affectif signé pour se délivrer des chaînes du couple bourgeois. [...] On couche selon les hasards de son plaisir et on ne se cache rien. De ces accommodements successifs est née "la famille"».

«La famille sartrienne»

Mobilisé en 1939, prisonnier de guerre, Jean-Paul Sartre est libéré en mars 1941 pour raisons de santé. De retour à Paris, il retrouve «la famille», qui tient à la fois du phalanstère et du communisme sexuel. On y entre par cooptation, au gré des variantes de l'appétit sexuel du «Castor». Surnom repris par Sartre, car Beauvoir est proche de l'anglais beaver qui signifie castor, appellation donnée au XVIIIe siècle aux belles de jour du Palais-Royal.

Au sein de «la famille», la fantaisie libertine n'est pas de mise. «Le Castor règle chaque figure, chaque chassé-croisé, selon un emploi du temps minuté et un enchaînement qui fait d'elle la suprême organisatrice de cette toile.» La bohème est un devoir que Simone de Beauvoir accomplit avec minutie. Nathalie Sorokine, surnommée Natacha, grande blonde aux formes opulentes, au visage de poupée russe, dernière jeune recrue de «la famille», repérée par le Castor sur les bancs du lycée Molière, lui rappellera à bon escient : «Vous êtes une horloge dans un frigidaire.»

Jean-Paul Sartre et Simone de Beauvoir, lors d'une réception mondaine.

Le rituel répond à une chorégraphie très étudiée, sans originalité. On se retrouve au Flore et aux Trois Mousquetaires, on part en duo à l'hôtel le plus proche. Dans la même journée, le Castor peut se partager entre Nathalie, l'opulente russe, Olga Kosakiewicz, son ancienne élève du lycée de Rouen, Bianca, une midinette niaise, touchante, avec un profond masochisme, et le jeune Jean-Laurent Bost. De tous les membres de «la famille», Sartre est le plus mal loti. Rabroué par Olga, qui le maintient sadiquement à distance, il reçoit par alternance les faveurs de Bianca et de sa sœur cadette Wanda que le Castor a su convaincre de devenir la maîtresse du philosophe. «J'aurais fait n'importe quoi, confiera-t-elle, pour lui éviter de se heurter à une réalité pénible, [...] à l'idée qu'il se faisait de sa laideur».

Simone de Beauvoir dans son appartement parisien en train de lire la lettre d'une de ses protégées. Un membre de la famille - 1945.

Le chef de la famille sartrienne : Jean-Paul Sartre.

«La famille» avait pris ses marques malgré quelques anicroches passagères quand, en octobre 1940, Nathalie rencontre dans un amphithéâtre de la Sorbonne un étudiant auquel elle ne résiste pas. Elle le suit et s'installe dans sa garçonnière avec la bénédiction de sa mère.

«La famille» ne tarde pas à manquer à la fougueuse Nathalie, qui n'hésite pas, en octobre 1941, à abandonner son amant dévoré par la passion. La mère de Nathalie, Mme Sorokine, coiffeuse sans emploi, vivant dans la précarité, est furieuse de voir le parti dont elle rêvait pour sa fille disparaître au profit d'une relation qu'elle juge de mauvaise aloi.

Elle dépose plainte pour «excitation de mineure à la débauche» contre le couple Sartre-Beauvoir. «Elle était parvenue, avec ce mélange de dureté et d'apparente tendresse, à la mettre entièrement en son pouvoir. [...] Il n'y a pas eu à proprement parler de contrainte mais aliénation complète de sa volonté».

Dans ses mémoires, *La Force de l'âge*, Simone de Beauvoir reste très laconique sur cette affaire. Elle écrit que la mère de Nathalie l'accusa de détournement de mineure parce qu'elle avait refusé de faire pression sur son ancienne élève dans le sens souhaité par Mme Sorokine : accepter un mariage avantageux. «Avant la guerre, l'affaire n'eût pas eu de suite, avec la clique d'Abel Bonnard, il en alla autrement.»

S'appuyant sur les rapports fournis par la directrice du lycée Camille-Sée et du proviseur du lycée Pasteur, où enseignaient respectivement Beauvoir et Sartre, et sur le compte rendu de l'enquête judiciaire confiée à l'inspecteur Dubois de la PJ parisienne, le recteur de l'Université de Paris s'adressa, le 3 avril 1942, au secrétaire d'État à l'Éducation nationale : «Le maintien de Mlle de Beauvoir et de M.Sartre dans les chaires de philosophie de l'enseignement secondaire me paraît inadmissible à l'heure où la France aspire à la restauration des valeurs morales et familiales. Notre jeunesse ne saurait être livrée à des maîtres si manifestement incapables de se conduire eux-mêmes.» Le 17 juin 1943, Simone de Beauvoir est relevée de ses fonctions, par arrêté. Jean-Paul Sartre ne fait l'objet d'aucune sanction répressive. L'enquête judiciaire se clôt sur un non-lieu.

Après cet épisode, «la famille» ne retrouve plus ses marques, elle entre dans l'ennui, jusqu'à l'arrivée de Michel et Zette Leiris, qui organisent des réjouissances hors du commun : des bals orphiques et de gigantesques beuveries.

On y bâfre, on s'y empiffre, on y jouit...

«La plus forte concentration de matière grise qu'on pouvait trouver dans le Paris de l'Occupation, "avait le désir et le plaisir de se retrouver lors de ces fiestas", tantôt chez Georges Bataille, dans un appartement donnant sur la cour de Rohan, tantôt dans la villa de Taverny que la mère de Jacques-Laurent Bost, une veuve de pasteur "aux idées larges", mettait à disposition de cette "arche sartrienne".»

Le 6 juin 1944 : le jour J, le jour du débarquement et du parachutage des soldats alliés sur et aux abords des plages de Normandie (de l'ouest du Calvados et de l'est du Cotentin).

Le 6 juin 1944 : le jour de la dernière grande fête de l'Occupation rue de la Tour-d'Auvergne dans l'appartement de Charles Dullin et de Simone Jolivet...

Une nuit chaude au "Monocle", l'un des grands cabarets lesbiens situé dans le quartier Montparnasse.

LA COLLABORATION HORIZONTALE

Une semaine après l'entrée des troupes allemandes dans Paris, le général von Stütmtz s'entretient avec le préfet de police Roger Langeron afin de remédier à la pénurie de filles publiques à Paris. L'offre lui semble bien inférieure à la demande allemande, tant s'en faut. Il est chargé d'assurer dignement le ravitaillement sexuel de la troupe…

«Sur les quatre mille huit cents filles "encartées" qui arpentaient les trottoirs parisiens avant le 10 mai 1940, combien sont restées fidèles au poste ? Combien en reste-t-il face à la marée des "vainqueurs" ? Moins de la moitié», écrit Patrick Buisson dans *1940-1945 années érotiques*. «De même, qu'ont fondu dans les mêmes proportions les effectifs des maisons closes et des maisons de rendez-vous, estimées avant la guerre par la Mondaine à un peu moins de deux mille. […] Certains, comme ce taulier du faubourg Saint-Antoine qui a mis la clé sous la porte et affiché un nouveau "Maison fermée. Personnel mobilisé". D'autres, avec le concours des filles qui se sont portées volontaires, ont choisi de rester sur place, disponibles».

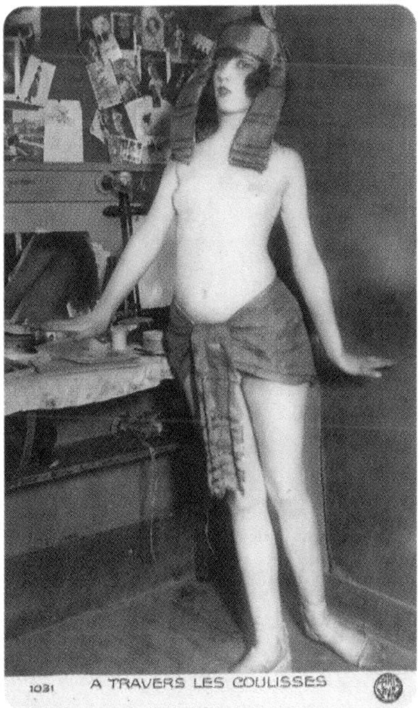

En Allemagne, la loi abolitionniste du 18 février 1927 avait interdit les maisons closes et institué en même temps un strict contrôle médical de la «prostitution libre», ainsi que le traitement obligatoire des filles atteintes de maladies vénériennes.

Le IIIe Reich ne s'était pas contenté de cette politique sanitaire, hygiéniste, il avait érigé «la lutte contre la syphilis en devoir national et la contamination en crime contre la race, passible de stérilisation ou de castration».

Le système français apparaissait aux autorités allemandes comme un moindre mal, «à condition de renforcer le contrôle de l'autorité sanitaire par un dispositif de prophylaxie et de dépistage spécifiquement allemand».

En toute logique, il fallait mettre en place un protocole qui cantonnait les soldats allemands dans des maisons closes, pour éviter les relations avec les filles des rues, et qui générait une surveillance pour réduire a minima tout contact avec la gent féminine civile.

Les services sanitaires de la Wehrmacht sont chargés, avec la police locale, d'organiser la réouverture des maisons après inspection minutieuse du personnel et des locaux.

À Paris, le capitaine Haucke, commissaire de la Geheime Feldpolizei (GFP), reçoit la mission spécifique, sous l'autorité de la Kommandantur du Gross Paris, de réorganiser et de surveiller la prostitution de la capitale.

Expérimenté, aguerri sur ce sujet, cet ancien chef de la Police des mœurs à Berlin prend immédiatement la situation en main. «Sur les cent soixante-dix-sept maisons de tolérance ou de rendez-vous disséminées dans le département de la Seine, il en affecte d'emblée cinq aux officiers et douze à la troupe. Des pancartes bilingues sont apposées à la porte des établissements. Elles officialisent cette ségrégation de fait. Sans que les Parisiens aient eu leur mot à dire, les "gros numéros" des maisons les plus prestigieuses ont roulé sur le tapis vert-de-gris.»

Cinq «maisons», les plus réputées par leur luxe et le choix de leurs filles, sont réquisitionnées pour le plaisir et l'«après-travail» des officiers du Reich : Les Moulins, 6 rue des Moulins, installé dans l'ancien atelier du peintre Toulouse-Lautrec ; Le Chabanais ; Le One Two Two ; Le Sphinx ; et Le 50 rue Saint-Georges.

Ces maisons sont réquisitionnées, d'autres fermées, parfois volontairement, et notamment parce que nombre de femmes ne veulent pas servir la clientèle allemande. Il ne reste plus à Paris que des établissements de second ordre : 7 et 9 rue de Hanovre, 13 rue de Rochechouart, 15 rue Sainte-Apolline,

Monsieur Henri…

Orphelin de père à onze ans, abandonné par sa mère avec ses cinq frères et sœurs, Henri Chamberlin connaît un début dans la vie difficile. Misère, larcin, manque d'affection… De la maison de correction d'Eysses, à Villeneuve-sur-Lot, à la prison, il atterrit au bagne de Cayenne, d'où il réussit à s'évader.

En 1939, il est concessionnaire d'un garage Simca, à la porte des Lilas, sous une fausse identité, Henri Normand. Avec la guerre, les clients n'affluent plus. Il cède son activité et devient le gérant du mess de la préfecture de police de Paris. Manipulateur et enjôleur, il a su tirer profit de bonnes relations nouées quelques mois plus tôt avec la Grande Maison : il a offert à l'Amicale de la préfecture de police une Simca rutilante pour remercier les policiers qui étaient venus enquêter à son sujet…

Il n'en est pas moins incarcéré à la prison du Cherche-Midi, puis au camp de Cepoy, pour ne pas avoir répondu à l'ordre de mobilisation. Rodé aux évasions, il prend la tangente lors d'un transfert en compagnie d'autres prisonniers, dont deux espions allemands. Il est recherché par la police française. Quand les Allemands s'installent à Paris, il se rapproche des nouveaux maîtres, en particulier du colonel Rudolph, patron de l'Abwehr, et de ses deux adjoints : Hermann Brandl dit Otto et le capitaine Radecke. Sous le nom

30 rue La Ferrière, 8 boulevard de la Chapelle, 10 rue de Fourcy, 106 boulevard de la Chapelle, 4 et 12 rue de Lappe, 2 rue Bessières, 123 rue Lesdiguières, 169 boulevard de Grenelle, 9 boulevard Blanqui, 226 boulevard de la Villette.

En zone occupée, le partage est laissé à discrétion des autorités militaires. Sur les cinq cent vingt-huit maisons de tolérance recensées en 1939, plus d'un tiers tombe sous le joug allemand. Elles sont réquisitionnées pour le seul plaisir des Allemands et sont interdites à la clientèle française.

«À des degrés divers de dépravation et de compromission avec l'occupant, la noce, les fêtes débridées, les orgies auront été la culture de guerre d'une minorité de profiteurs.

Gestapistes allemands et français avec leurs maîtresses, trafiquants du marché noir, intermédiaires des bureaux d'achats, demi-mondaines actrices en vogue, tous assouvissent avec une indécente exubérance ce besoin de jouissance immédiate. Cette débauche est d'autant plus abusive qu'ils la savent précaire et instable. On se réjouit et on jouit d'être du bon côté. Carpe diem.»

À quelles motivations obéissent les femmes qui couchent avec l'ennemi ? Goût de l'argent ? de la transgression ? passion du fruit défendu ?...

«Loin de s'engager dans une régénération des mœurs, la France du Maréchal se met peu à peu à ressembler à ce "lupanar de l'Europe", destin auquel l'aurait assigné, écrit Patrick Buisson, le maître du Reich. La détresse matérielle d'une grande partie de la population féminine jette sur le pavé des dizaines de milliers de femmes transformées en intermittentes de l'amour tarifé. [...] Vichy, sous la pression des Allemands, fera paradoxalement des maisons closes l'une des pièces maîtresses du nouvel ordre moral en conférant un statut officiel à ce qui n'était jusque-là que des "tolérances". Les Allemands ont réussi à organiser à leur bon profit, sous un étroit contrôle sanitaire, cet ultime âge d'or des "lupanars".

De cette économie libidinale participe également l'intensification des relations homosexuelles favorisées par la semi-prostitution des jeunes déscolarisés, et le lourd climat homo-érotique que dégage la présence de la troupe allemande.

Moins connues, car plus secrètes, les relations masculines franco-allemandes constituent l'autre versant, jusque-là inexploré, de la "collaboration sentimentale". Dans ces conditions, on ne s'étonnera pas qu'à la Libération, Vichy se voit vu imputer une responsabilité majeure dans l'affaiblissement de la moralité publique et la dégradation des mœurs. Face à l'échec de la politique vichyste, l'épuration se dresse comme une inquisition cathare visant à éradiquer, au nom de la pureté, les éléments corrupteurs et corrompus de la société française.»

de Lafont, il met en place une officine chargée de s'approprier des richesses françaises et de participer à l'espionnage allemand. Le bureau s'installe au 93 rue Lauriston. Il est codirigé par l'ancien policier Pierre Bonny, qui avait été qualifié de «premier flic de France» lorsque, en 1934, sur le point d'être révoqué, il avait retrouvé des pièces à conviction concernant l'affaire Stavisky (1934). Cette annexe de la Gestapo, la Carlingue, se double peu à peu d'un service de basse police où la torture est monnaie courante. Bonny s'installe dans une annexe, située 3 bis place des États-Unis, dont une partie des locaux est aménagée en prison.

«Les criminels utilisaient les sévices corporels comme méthodes d'interrogatoires et profitaient de l'immunité que leur conférait leur Ausweis spécial et leur permis de port d'arme, pour commettre d'innombrables délits : vols, fausses perquisitions aux domiciles de personnes riches, trafic en toutes sortes» (Jacques Delarue, *Histoire de la Gestapo*).

«À son zénith, "Monsieur Henri" roulera en Bentley, s'entourera d'orchidées et de comtesses, et ses derniers mois seront hantés de rêves mégalomaniaques caractérisés» (Pascal Ory, *Les Collaborateurs*).

Dénoncés à la Libération par le collaborateur complexe et ambigu Joseph Joanovici, Henri Lafont et Pierre Bonny sont capturés le 31 août 1944 dans une ferme de Seine-et-Marne. Ils sont condamnés à mort le 12 décembre 1944, et exécutés le 27 décembre en compagnie de six autres membres de la bande.

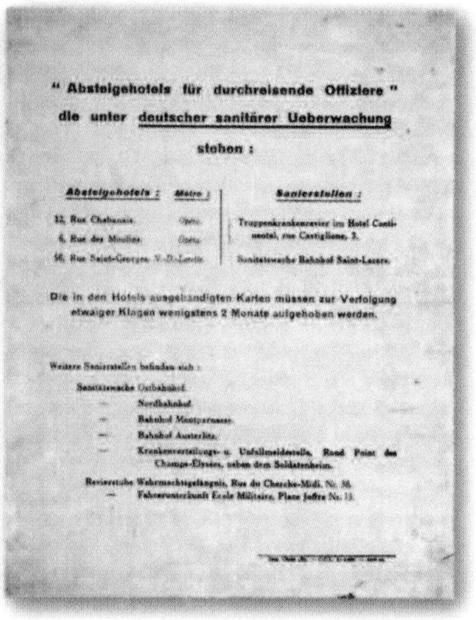
" Absteigehotels für durchreisende Offiziere "
die unter deutscher sanitärer Ueberwachung
stehen :

Absteigehotels :	Metro :	Sanierstellen :
12, Rue Chabanais.	Opéra.	Truppenkrankenrevier im Hotel Continental, rue Castiglione, 3.
6, Rue des Moulins.	Opéra.	
50, Rue Saint-Georges.	N.-D.-Lorette.	Sanitätswache Bahnhof Saint-Lazare.

Die in den Hotels ausgehändigten Karten müssen zur Verfolgung etwaiger Klagen wenigstens 2 Monate aufgehoben werden.

Weitere Sanierstellen befinden sich :

Sanitätswache Ostbahnhof.
— Nordbahnhof.
— Bahnhof Montparnasse.
— Bahnhof Austerlitz.
— Krankenverteilungs- u. Unfallmeldestelle, Rond Point des Champs-Élysées, neben dem Soldatenheim.

Revierstube Wehrmachtsgefängnis, Rue du Cherche-Midi. Nr. 38.
— Fahrerunterkunft Ecole Militaire, Place Joffre Nr. 13.

LE CHABANAIS

Ouvert en 1878 par Mme Kelly, ce temple de l'amour tarifé était devenu une des maisons closes les plus réputées de Paris. Le 12 rue Chabanais avait vu défiler, depuis sa création, princes et têtes couronnées, artistes, dirigeants politiques, diplomates, évêques, militaires gradés et bon nombre de bourgeois…

Ce haut lieu de plaisir ne pouvait être, pendant l'Occupation, que réquisitionné pour les officiers allemands.

Madame Marthe, une des sous-maîtresses du "Chabanais".

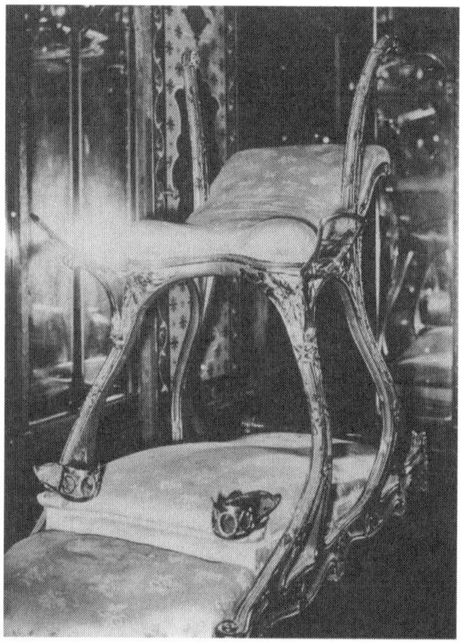

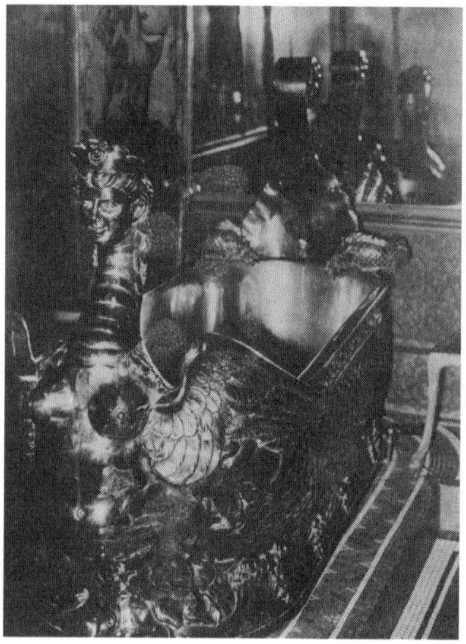

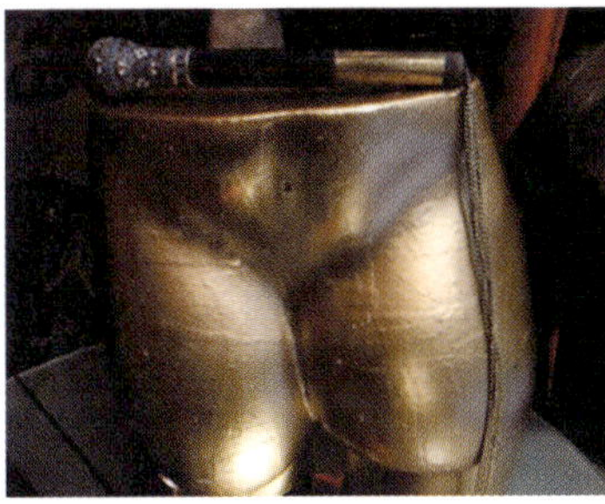

Fouet dissimulé dans une canne ayant appartenu à une maîtresse spécialisée dans le sado masochisme au "Chabanais" pendant la période de l'Occupation.

VENTE par suite de Cessation de Commerce du mobilier
d'un Hôtel Particulier - 12, Rue Chabanais

ENSEMBLES MOBILIERS

DE CHAMBRES A COUCHER

de style 1900. Espagnol japonais. Napoléon III

Salons Mauresque et Directoire
Curieuse Baignoire à décor de Cariatides
Poteries - Bronzes - Vitraux - Glaces vénitiennes
Armoire frigorifique - Meuble pick-up
Appareils sanitaires

GLACES

A PARIS - 12, Rue Chabanais

Le Mardi 8 Mai 1951, à 9 heures 30

Mᵉ Maurice RHEIMS

Commissaire-Priseur

A PARIS — 7, Rue Drouot

Exposition Publique sur place, le Lundi 7 Mai 1951, de 9 à 12 heures
et de 14 à 18 heures

Au comptant - 22,30 % en sus des enchères

Affiche pour la vente du mobilier du "Chabanais" en salle des ventes.

Photographies du "Chabanais" présentées dans la plaquette "das Bordelwesen in Paris" réalisée par les autorités allemandes à l'attention de leurs officiers.

LES BLANCS DES ANNÉES VERT-DE-GRIS 1939-1945

Werhmacht, collabos, Gestapo, basse police… Tous ces hommes se côtoient et festoient parfois ensemble. Ils partagent champagne, caviar et filles. Dans l'ombre, les agents de la Mondaine recueillent, auprès des demi-mondaines, des danseuses de cabaret, mais aussi des tenancières de tous les lieux de divertissements et de plaisirs, le maximum d'informations sur les mœurs et les déviances de leur clientèle. Surtout si elle est allemande ou étrangère.

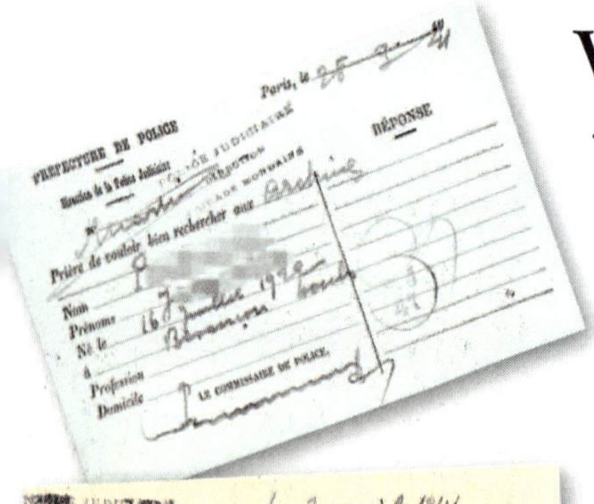
PRÉFECTURE DE POLICE
Paris, le 28 janv 41
RÉPONSE
Prière de vouloir bien rechercher sur
Nom [redacted]
Prénom
Né le 16 juillet 1922
à Besançon Doubs
Profession
Domicile
LE COMMISSAIRE DE POLICE

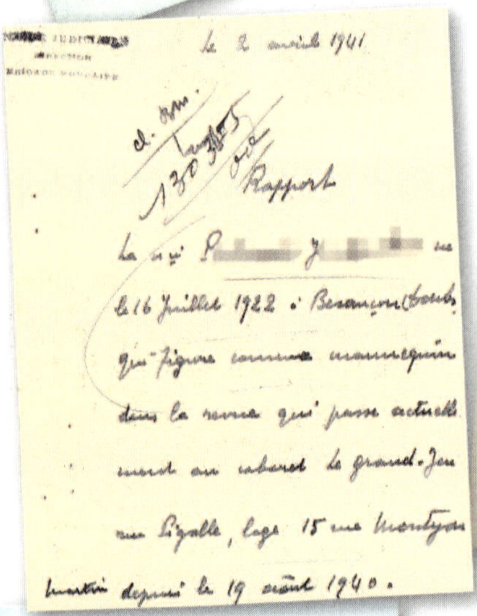
Le 2 avril 1941

Rapport

La n[ée] [redacted] née le 16 juillet 1922 à Besançon (Doubs) qui figure comme mannequin dans la revue qui passe actuellement au cabaret le Grand-Jeu rue Pigalle, loge 15 rue Montyon [illegible] depuis le 19 août 1940.

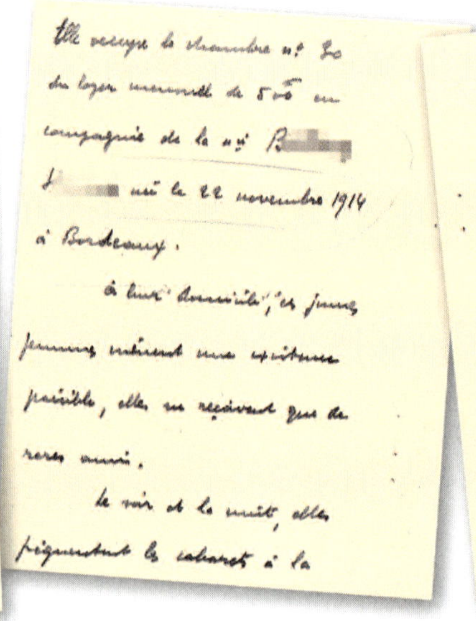
Elle occupe la chambre n° 20 du loyer mensuel de 500 en compagnie de la n[ée] B[redacted] [redacted] née le 22 novembre 1914 à Bordeaux.

À leur domicile, ces jeunes femmes mènent une existence paisible, elles ne reçoivent que de rares amis.

Le soir et la nuit, elles fréquentent les cabarets à la

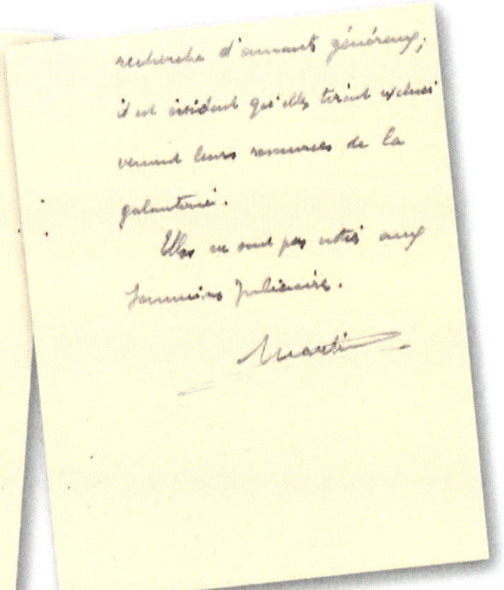
recherche d'amants généreux; il est évident qu'elles tirent [illegible] leurs ressources de la galanterie.

Elles ne sont pas notées aux Sommiers Judiciaires.

Martin

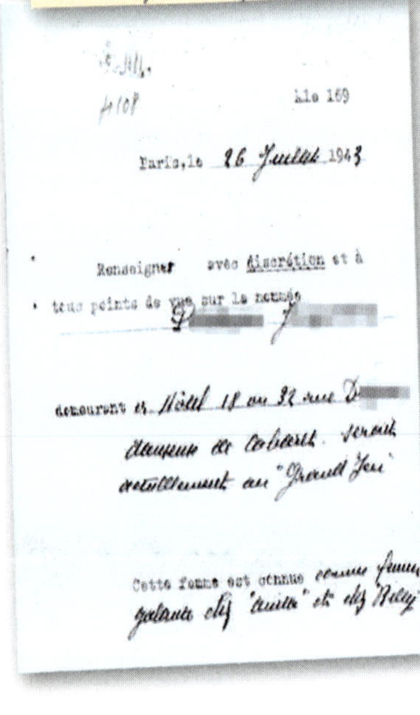
4108 Ale 169

Paris, le 26 Juillet 1943

Renseigner avec discrétion et à tous points de vue sur la nommée [redacted]

demeurant Hôtel 18 ou 32 rue D[redacted] danseuse de cabaret. serait actuellement au "Grand Jeu"

Cette femme est connue comme femme galante chez "[illegible]" et chez "Nelly"

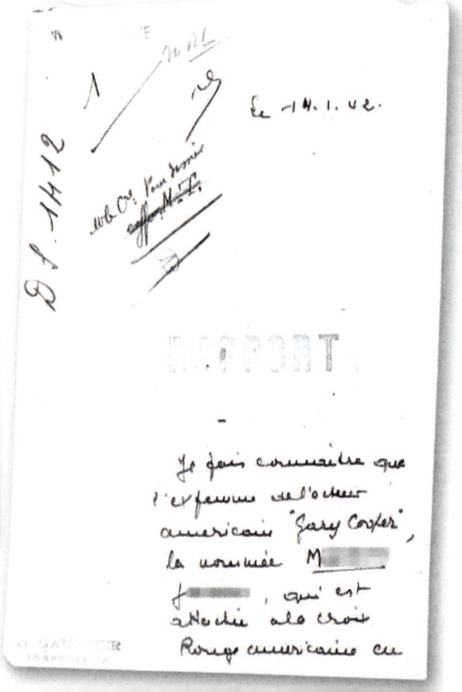
Le 14.1.42.

RAPPORT.

Je fais connaître que l'ex-femme de l'acteur américain "Gary Cooper", la nommée M[redacted] [redacted], qui est attachée à la Croix Rouge américaine en

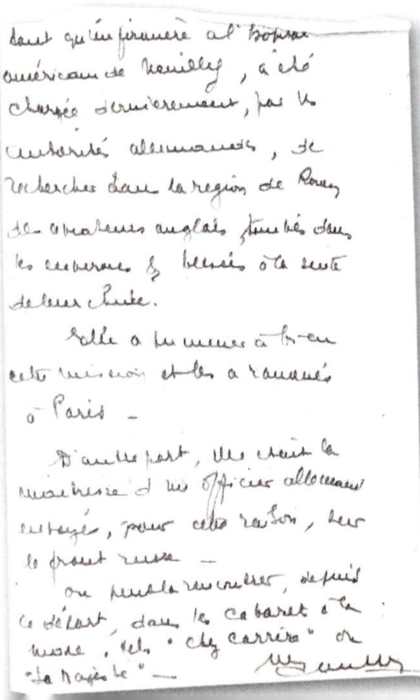
tant qu'infirmière à l'hôpital américain de Neuilly, a été chargée dernièrement, par les autorités allemandes, de rechercher dans la région de Rouen des aviateurs anglais, tombés dans les environs et blessés à la suite de leur chute.

Elle a pu mener à bien cette mission et les a ramenés à Paris.

D'autre part, elle était la maîtresse d'un officier allemand [illegible], pour cette raison, sur le front russe.

On peut la rencontrer, depuis ce départ, dans les cabarets à la mode, tels "Chez Carrère" et "La Majesté".

DIRECTION
de la
POLICE JUDICIAIRE
BRIGADE MONDAINE

25 mai 1942

DS/

DS 988

Au nombre des femmes élégantes qui évoluent et se font remarquer dans la société parisienne, sans que leurs origines et la source de leurs revenus soient connus, il en est une qui retient l'attention.

C'est Mlle B[redacted] G[redacted] Clémence, née le 15 juillet 1905 à Paris (12e) d'E[redacted] T[redacted] V[redacted] et d'E[redacted] B[redacted] demeurant 34 quai de P[redacted].

Cette femme, qui se dit infirmière de la Croix Rouge ou plus vaguement secrétaire,

2

est plus exactement le type même de la demi-mondaine qui mène une vie large et facile.

Mlle B[redacted] est issue d'un modeste ménage d'ouvriers. Son père était peintre en bâtiment et sa mère vaquait aux occupations ménagères. Plus fine qu'intelligente douée d'un esprit d'intrigante et de peu de scrupules elle a réussi à s'imposer.

Elle est reçue par les personnalités du moment et elle bénéficie d'avantages exceptionnels.

Son salon s'ouvre pour des réceptions mondaines où la représentation allemande se concrétise par l'assiduité d'un officier supérieur, du cadre de l'aviation, qui

3

dirige un service d'achat boulevard H[redacted] ([illegible])

Mlle B[redacted] fournit à cet officier d'importants renseignements sur les stocks qui intéressent l'aviation et elle s'assure ainsi de larges commissions.

Il est certain que, livrée à elle-même, elle ne pourrait rien, sans le concours d'un tiers qui apparaît à propos.

Il s'agit de son amant en titre ; vieille relation ; qui s'est attaché à sa fortune depuis de nombreuses années.

Cet homme, dont l'astuce et l'idée de profit s'allient pour mener à bonne fin chaque affaire

4

partage ainsi les bénéfices avec une maîtresse qui lui sert à marquer son rôle personnel. Il n'ignore ~~pas~~ le lien de Germaine B[redacted] avec l'officier allemand, et il s'en sert.

Cette connivence sans conviction ce manque de scrupules dans les actes de la vie font de cette personnalité un homme qu'on voudrait croire entraîné par une époque mais qui a été de toutes les époques par son opportunisme passé et présent.

Avant la défaite de notre pays, celui dont il va être question était d'une anglophilie distinguée, il montre maintenant une conviction aussi ardente dans la germanophilie

DIRECTION
de la
POLICE JUDICIAIRE
BRIGADE MONDAINE

~~14. 9. 43~~
15/9-43

Tri 1581

D.S.1H28

2

DS 1H28

Rapport

L'une de nos plus disgracieuses vedettes cinématographiques pour ne pas dire la plus désavantagée physiquement est sans contredit Michel S[redacted]

Cette laideur doublée d'une voix aux intonations bizarres a cependant mené l'artiste au sommet de la notoriété.

Michel S[redacted] est de nationalité helvétique

Il se nomme S[redacted] François Joseph, il est né

à Genève le 9 avril 1895 de Joseph et de Veronique B[redacted]

Il a deux domiciles, l'un 37 rue B[redacted] à Paris l'autre 24 rue de M[redacted] à Noisy le Grand.

Homme des contrastes il est installé très modestement à Paris et luxueusement à Noisy le Grand.

Michel S[redacted] s'est marié à Genève le 22 juillet 1916 avec une demoiselle R[redacted] Yvonne dont il est divorcé. Il est père d'un fils prénommé Michel dont il se désintéresse et qu'il n'a nul envie de revoir.

Michel S[redacted] est arrivé en France au cours de l'année 1912. Jusqu'à son maria
il a exercé les professions
plus opposées.

Camelot il a bonimenté avec sa nonchalance congénitale et cette voix ventriloquente qui étonne et retient l'attention.

Boxeur il a mené des combats sans histoire et sans gloire.

L'age d'être soldat l'a appelé à rejoindre son pays mais il a été libéré de ses obligations par une opportune réforme.

Une parenthèse est nécessaire pour mettre fin à une légende. Il est admis et affirmé que Michel [redacted] s'est engagé dans la Legion Etrangère Française et qu'il a fait campagne aux Colonies. Rien n'est plus faux mais cadre bien pour expliquer certaines mœurs dissolues de l'artiste et pour excuser ses excentricités.

La réalité est plus simple. Michel S[redacted] réformé s'est marié et a tout simplement exercé la pacifique profession de photographe loin du soleil africain !

Comme le théâtre l'intéressait il en suivait les manifestations avec assiduité y prenant part en amateur.

Le hasard qui décide en maître l'a mis en présence du Directeur de la Comédie des Champs Elysées, M. Pitoëff en tournée à Genève.

Avec l'instinct qui dicte une prompte décision M. Pitoëff a engagé Michel S[redacted] qui, rompant avec la vie sédentaire et avec sa famille, s'est engagé dans la voie de la destinée qui devait le conduire au succès.

C'est le rôle de "[redacted]" dans "[redacted] de la [redacted]" de [redacted], qui a lancé l'artiste et l'a fait apprécier du grand public.

Grisé par le succès et les flatteurs Michel [redacted] a sombré dans un cabotinage outrancier abandonnant le "bon garçonnisme" qui l'avait fait aimer.

Rapidement il s'est fait détester par ses amis, ses camarades, ses directeurs Il s'est aliéné l'amitié de Marcel Achard, d'Henri Bernstein de Louis Jouvet qui l'avaient soutenu épau-lé, aidé et qui, en échange ne recevaient qu'affronts et expressions d'ingratitude.

Le cinéma parlant a offert un nouveau et fructueux débouché à la vedette grisée

par les offres et gonflé par
l'orgueil des cachets astronomiques.

Comme au théâtre il
s'est rendu odieux. Il ne
connaît pas d'amis sincères
et la solitude lui pèse au point
qu'il tombe dans la neurasthénie

Michel S[redacted] apparaît
comme un maniaque qui recherche
le mal pour le mal. C'est aussi
un mégalomane qui joue
au marquis de Sade en
satisfaisant ses vices étranges
dans tous les domaines de son
imagination

Client d'une agence dite
matrimoniale il commande
et organise des rencontres où
la flagellation active et passive
est pratiquée dans son appartement
de la rue B[redacted].

Quand ce divertissement
le lasse, il va fréquenter les
invertis qui le distraient et
satisfont son homosexualité

Une maison de tolerance de la rue Saint Denis lui offre un choix de pensionnaires qui ne peuvent plus pretendre jouer aux petites filles mais qui se pretent à ses fantaisies.

Au nombre de ses aberrations Michel S[redacted] exige que de legeres incisions soient faites sur la plus sensible partie de son organisme pour exasperer la jouissance qui resulte de son imagination delirante et des ecorchures sanguinolentes de son sexe exacerbé.

La vedette a une fortune qui lui permet de satisfaire de nombreuses passions.

Propriétaire du groupe d'immeubles 24 rue de M[redacted] à Noisy le Grand, il dispose pour son usage d'un pavillon particulier avec domaine attenant.

Il s'y rend fréquemment
pour se plonger dans l'atmosphère
qu'il a créée.

Cet excentrique et pervers
artiste a constitué des collections
érotiques à faire pâlir d'envie
un trafiquant d'obscénités.

Du livre au film, de
l'oeuvre d'art à l'image
et à l'objet rien n'y manque.

Il est aussi amateur
de boîtes à musique anciennes
qu'il déclanche avec délice
provocant une cacophonie
qui met à épreuve le système
nerveux le plus assagi.

Enfin pour clore le cycle
des anomalies du personnage
il y a lieu de mettre en lumière
un divertissement dont il se
regale.

Michel [redacted] possède
un couple de chimpanzés qu'il
affectionne particulièrement
La femelle est sa préferée
et il exalte l'amour qu'il

ressent pour la quadrumane

Ceux qui ont accepté une invitation de Michel S[redacted] sont parfois victimes de l'originalité de l'artiste

Ce dernier a fait aménager un souterrain secret qui relie la cage des fauves avec la chambre d'amis.

Quand celle-ci est occupée par un novice ce dernier est infailliblement assailli au milieu de la nuit par les singes qui provoquent une terreur justifiée au grand émoi des locataires et au contentement de Michel S[redacted] qui se délecte de la scène.

Toutes ces fantaisies n'arrivent cependant pas à délivrer Michel S[redacted] de l'ennui incoercible qui l'étreint. Il traîne sa mélancolie comme un boulet de remord. Il n'en sort que pour s'enfoncer dans le vice

Ce dépravé total, sans scrupules, sans soutien moral, abandonné de tous est un de ces anxieux qui souvent finissent mal.

Pour ajouter à la détresse de Michel S[redacted], son percepteur le poursuit implacablement pour exiger un million d'impots arriérés que le redevable ne peut ou ne veut payer.

Michel S[redacted] affirme alors : « J'attends le moment de ficher mon camp ».

Mais où ? L'avenir nous l'apprendra.

Une rafle de prostituées, 1946.

LA FERMETURE DES MAISONS CLOSES EN 1946

LA FIN DES MAISONS CLOSES

Le Figaro du 16 avril 1946 titre en une : «La loi qui interdit les maisons de tolérance sur l'ensemble du territoire français est publiée au *Journal officiel*.» Pour le poète Pierre Mac Orlan, c'est «la base d'une civilisation millénaire qui s'écroule». L'âge d'or de la «tolérance» est terminé. Mort.

Que s'est-il passé dans l'hémicycle au Palais-Bourbon, le 13 avril 1946 ?

Ce jour-là, l'atmosphère y est paisible, détendue. Seule une quarantaine de députés siège à l'Assemblée constituante pour voter la loi 46-685, dite «loi Marthe Richard». Dans les rangs du MRP (Mouvement républicain populaire, démocrates chrétiens) comme dans ceux du puissant Parti communiste, le débat est déjà clos : «Les bordels font honte à la France.»

«On est dans l'immédiate après-guerre, c'est une nouvelle époque,

L'arrêté de M. Luizet contre les maisons closes sera-t-il rapporté ?

LES édiles parisiens, les fonctionnaires hauts ou petits et les journalistes de l'Hôtel de Ville ont actuellement deux sujets de conversation : les ennuis judiciaires tardivement révélés de Mme Marthe Richard, conseiller municipal de la résistance et — les deux affaires sont-elles connexes ? — les maisons closes qui donnent matière à des campagnes de couloirs vigoureuses ou subtiles.

On prête à M. Prigent, ministre de la Population, l'intention de demander aux constituants la fermeture de toutes les maisons de tolérance sur l'ensemble du territoire, mais, d'autre part, on assure que M. Le Troquer, ministre de l'Intérieur, ne verrait aucun inconvénient à ce que M. Luizet, préfet de police, rapportât son arrêté condamnant à terme les maisons closes.

Qui l'emportera de l'une ou de l'autre tendance ? Il est trop tôt pour l'affirmer, mais on peut noter que les partisans désintéressés ou non, de la réouverture se montrent très optimistes. Quant aux membres du conseil municipal qui, sous la vigoureuse impulsion de Marthe Richard, décidèrent de porter la hache dans les maisons de tolérance, ils regardent sans aménité leur collègue Lefebvre-Portalis qui, seul contre tous, vota pour le maintien des dites maisons, et pourrait, en définitive, seul contre tous, avoir raison.

Samedi Matin, *du 23 février 1945.*

Les volets s'ouvrent, les maisons closes sont devenues illégales. Le mobilier du "Sphinx", boulevard Edgar-Quinet, sera vendu aux enchères publiques.

LE TRUST de la prostitution l'emporte...

...provisoirement

Il est sursis à la fermeture des maisons de tolérance !

Les craintes que « l'aube » exprimait dimanche étaient malheureusement fondées puisqu'on annonçait officieusement, hier, à l'Hôtel de Ville, que le ministre de l'Intérieur avait décidé de surseoir à l'arrêté de la préfecture de police portant fermeture, à la date du 15 mars, des maisons de tolérance.

Cette décision pour le moins fâcheuse a soulevé une vive émotion parmi les conseillers municipaux qui y voient l'aboutissement de la campagne entreprise dans certain « milieu » pour maintenir un état de fait qui déshonore Paris.

Le trust de la prostitution marque un point ; mais, si puissante que soit son influence, elle ne saurait prévaloir contre la volonté des élus de la capitale. Et notre ami Pierre Corval se propose d'élever une protestation au cours de la prochaine session de l'assemblée municipale.

Nous croyons savoir, en outre, que cette décision aura un écho au sein de la Constituante.

L'Aube, *12 mars 1945.*

commente l'historienne Brigitte Rochelandet, auteur des *Maisons closes autrefois*. Il y a une envie de tourner la page de l'Occupation, une obsession de régénération, de pureté, presque de désinfection. Et puis aucun député n'a envie de défendre les maisons : on supposerait immédiatement qu'il en est client !»

Ce 13 avril 1946, les votes favorables à la fermeture des maisons closes sont majoritairement écrasants. L'adoption de la loi abolitionniste se fait en silence. Son texte a pourtant une portée exceptionnelle : il somme les mille cinq cents maisons closes de France de fermer dans un délai de un à six mois, répit accordé aux tenancières pour vendre le mobilier, débarrasser les lieux et faire partir les filles…

Détail intéressant : la loi du 13 avril 1946 porte le nom d'une simple conseillère municipale, Marthe Richard, qui n'a jamais été député à l'Assemblée nationale !

C'est à la Mairie de Paris que tout a commencé, précisément le 13 décembre 1945. Parée de sa Légion d'honneur, de son passé d'espionne au service de la France, s'appuyant sur la vague de vertu ambiante, Marthe Betenfeld dite Marthe Richard monte à la tribune de la grande salle des délibérations après avoir bu un verre de rhum avant de quitter son banc. Elle a cinquante-six ans. Femme de charme, elle compte sur son physique bien entretenu, sur ses beaux yeux bleu clair, son teint reposé et son élocution facile. Tailleur et chapeau blanc, discours préparé sur ses feuilles tenues à la main, elle prend la parole devant une salle comble. Tout ce que la place parisienne compte de tenanciers, de placeurs, de julots, de dames, de maîtresses, de sous-maîtresses est présent. Toutes et tous ont fait la queue pour assister au discours de celle qui veut la destruction de leurs institutions. Au sein de l'assemblée, l'œil de la police veille. La Mondaine est là. À l'écoute.

Marthe la Vertueuse attaque avec une citation de Jean Jaurès : «Le courage de chercher la vérité et de la dire.» Puis elle interpelle, avec son implacable réquisitoire, le président de séance André Le Troquer (qui, ironie du sort, tombera en 1959 dans l'affaire de mœurs des «ballets roses»). Le préfet Luizet écoute placidement. Elle prononce les mots, les formules qu'il faut : «Propreté, morale… épuration. Extirper le mal par la racine… Et le mal n'est autre que ce système de prostitution organisée, patentée et couverte par la police. C'est-à-dire la tolérance et ses maisons d'accueil.»

«Elle reconnaît, précise Alphonse Boudard, qu'il y a des femmes qui tapinent… des essaims… rue Saint-Denis, à Pigalle, à Barbès, au bois de Boulogne ! Les marcheuses et les chandelles sont plus nombreuses que les pensionnaires des cent soixante-dix-huit bordels de Paris… mais l'essentiel, n'est-il pas d'anéantir le système qui légalise en quelque sorte le proxénétisme. Mettre à bas le règlement de police…, viendra ensuite le nettoyage de la rue et du trottoir [...]. Elle propose qu'on abolisse la Police des mœurs, qu'elle appelle "police de la prostitution forcée", qui porte atteinte au prestige de la Préfecture de police ! Là, sans doute, pousse-t-elle le bouchon trop loin... Les Mœurs, elle ne les aura pas. Par la suite, ils vont changer d'appellation, mais eux, ils vont tenir. Tous les régimes, les gouvernements de droite et de gauche ont besoin de leurs services».

L'égérie de la moralité présente un texte qui invite expressément le préfet de police à fermer les maisons de tolérance de la Ville de Paris. Soit cent soixante-dix-huit établissements. Le climat est à la vertu. Seuls quelques conseillers municipaux restent partisans du système de tolérance, qui, vu à travers le prisme de la Police des mœurs, «consiste à autoriser ce qui est inéluctable pour mieux atteindre ce qui trouble plus gravement l'ordre public... la sécurité des citoyens».

Le conseiller Amiot monte à la tribune et, tout en rendant hommage à la «femme de qualité» qui défend avec ardeur l'abolition, il prend parti pour la défense du système en vigueur, pour la réglementation de la prostitution et pour le maintien de la Police des mœurs : «Si, par hypothèse, on supprimait toutes les prostituées clandestines et les souteneurs qui en vivent, toutes les femmes en carte et les souteneurs qui en vivent, toutes les maisons de tolérance avec les patrons et patronnes, les pensionnaires qui y séjournent et les souteneurs qui en vivent, et qu'on parque tout ce monde dans une île, vous savez tous très bien que trois mois après, il y en aurait exactement autant, sinon plus, avec cette différence que ce ne serait pas les mêmes.»

UN CERTAIN NOMBRE DE MAISONS DE TOLÉRANCE DEVRAIENT FERMER AUJOURD'HUI

PAR une loi votée en avril dernier, la Constituante avait supprimé sans délai les maisons de rendez-vous. Un sursis était laissé aux maisons de tolérance, variable suivant l'importance des villes où elles étaient exploitées : 1 mois à compter du 14 avril pour les villes de moins de 5.000 habitants ; 3 mois pour les villes de moins de 20.000 habitants ; 6 mois pour Paris et les grandes villes.

Théoriquement donc, les maisons de la première catégorie sont fermées depuis le 14 mai.

Les villes comptant moins de 20.000 habitants seront-elles privées, en ce soir du 14 juillet, de leurs maisons de tolérance ? Le délai légal le voudrait.

Les tenanciers et les autres intéressés attendent avec anxiété la décision du ministre de l'Intérieur.

Paris-Matin, *15 juillet 1945.*

Tolérance ou abolition. Les «contre» et les «pour». Le projet de fermeture est adopté à main levée par soixante-dix voix contre une ! – celle d'un radical-socialiste dont l'histoire n'a pas souhaité retenir le nom. La rumeur dit qu'il aimait s'offrir de petites séances de martinet rue Navarin, dans une maison spécialisée dans le sadomasochisme... avec une femme bien en chair corsetée en cuir noir. Quatre jours après la fameuse réunion, la cause semble parfaitement entendue à la Mairie de Paris : «Le Paris de la Libération, à l'aube de la IVe République, se doit de mettre fin à un régime qui n'a que trop duré et qui tient ses prérogatives davantage de l'époque médiévale que des temps modernes.»

En 1804, durant la République consulaire, le préfet de police avait donné une existence légale aux maisons closes. L'ère de la tolérance était terminée. Elle avait duré cent quarante-deux ans... Marthe Richard avait réussi à obtenir du préfet Luizet qu'il se range publiquement à ses demandes : «Mesdames et messieurs, en ce qui me concerne, la cause est entendue. Fort des arguments apportés ici, fort de votre appui, j'ai décidé la suppression des maisons de tolérance dans le département de la Seine.»

35 prostituées sont interpellées

Mais sept hôteliers vont en prison

EN vue de réprimer la prostitution, de nombreuses surveillances ont été exercées dans le quartier de la Chaussée-d'Antin par des inspecteurs de la brigade mondaine.

Sept hôteliers et trente-cinq femmes ont été emmenés dans les locaux de la police judiciaire. Les femmes ont été relâchées, mais les hôteliers établis 82, 86 et 89, rue de Provence, 3 et 9, rue Joubert, et 36, rue Bergère, ont été envoyés au dépôt. Ils favorisaient la prostitution en recevant les femmes accompagnées de leurs clients.

Paris-Matin, *7 novembre 1945.*

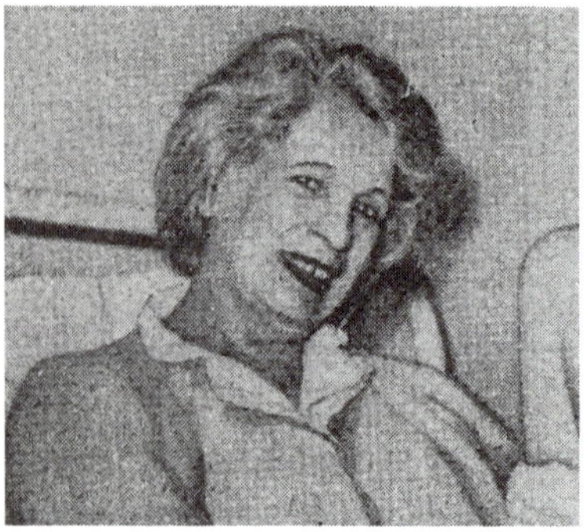

Marthe Richard pose dans la clinique du docteur Robert Judet, où elle vient de subir une intervention chirurgicale. Elle occupe ses loisirs forcés, en rédigeant un nouveau livre intitulé Tête-bêche, une allusion à tout ce qui fonctionne à l'envers… *France Dimanche, 22 octobre 1949.*

EXTRAIT DU DISCOURS DE MARTHE RICHARD, LE 13 DÉCEMBRE 1945.

« Le moment est venu.

Il est temps d'ailleurs de prendre les mesures qui s'imposent. Le moment est venu de s'engager dans la voie de la propreté et du progrès moral : il faut commencer par extirper le mal à la racine et renoncer au système de la débauche organisée et patentée ; viendra ensuite le nettoyage de la rue et du trottoir. Il est temps de lutter contre l'exploitation commerciale de la prostitution. Les femmes ne sont pas des esclaves. […]

Il ne suffit pas de s'indigner, il faut démasquer l'existence des responsables de cette vague d'immoralité qui nous déborde : une mafia, à la fois capitaliste et internationale. […] L'argent tiré de cet infâme commerce devient une force pour la clique des souteneurs et des tenanciers ; plus que jamais il corrompt les hommes et les administrations. […] Il faut renoncer définitivement à un système périmé – dont la malfaisance n'est plus à démontrer – en s'inspirant, à l'égard du proxénétisme, non d'une politique de tolérance complaisante, mais d'une politique de répression rigoureuse.

Aujourd'hui, nous les femmes, nous votons. Nous sommes citoyennes, libérées de toute tutelle ; nous avons notre mot à dire, les temps ont changé. […] La femme est un être humain et non une marchandise». (*Le Nouvel Observateur*)

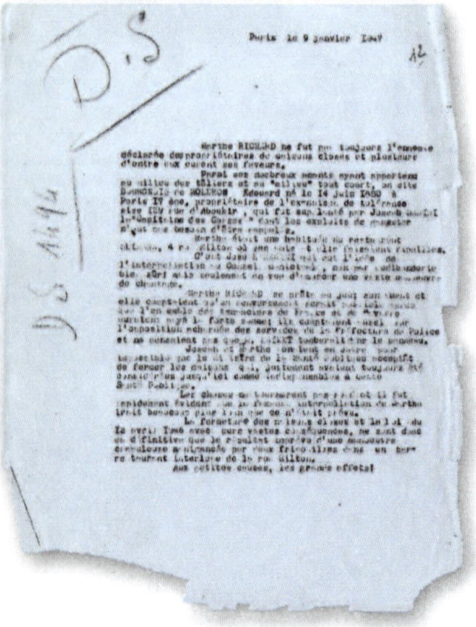

D.S. 1494

Paris le 9 janvier 1947

Marthe RICHARD ne fut pas toujours l'ennemie déclarée des propriétaires de maisons closes et plusieurs d'entre eux eurent ses faveurs.

Parmi ses nombreux amants ayant appartenu au milieu des tôliers et au "milieu" tout court, on cite [illegible] Edouard né le 14 juin 1880 à Paris 17 ème, propriétaire de l'ex-maison de tolérance [illegible] rue d'Aboukir, qui fut supplanté par Joseph [illegible] le "Capitaine des Corses" dont les exploits de gangster n'ont pas besoin d'être rappelés.

[illegible]

Aux petites causes, les grands effets!

Extrait du dossier secret n° 1494, établi par les agents de la Brigade mondaine sur Mme Marthe Betenfeld dite Mme Richard.

QUI EST LA MÈRE DE LA LOI DU 13 AVRIL 1946 ?

Pour ses adeptes, Marthe Richard est une héroïne de la Première Guerre mondiale, une résistante de la Seconde, une grande dame, parée de la Légion d'honneur, une fervente militante engagée dans la lutte pour le respect de la morale et de la vertu.

De source policière, les notes et les rapports donnent un autre profil à l'héroïne de la «fermeture». Sous le nom de Marthe veuve Crompton, dite Marthe Richard, née Betenfeld (Casier central), l'Administration répertorie de nombreux dossiers : au Service des étrangers, aux archives de la Police judiciaire, aux archives centrales des Renseignements généraux, aux archives de la Brigade mondaine, aux archives du cabinet de M. le Préfet de police.

La note du 8 janvier 1953 établie par la direction des services de la Police judiciaire, 4e section, mentionne : «Marthe Betenfeld est née le 15 avril 1889 à Blamont en Meurthe-et-Moselle, de Louis et de Marie Lartisan. Après avoir fait des études primaires dans une institution catholique elle apprend le métier de couturière. En fait, elle commence tout de suite à se prostituer. En mai 1905, à l'âge de seize ans, elle est surprise à plusieurs reprises par le service des Mœurs, alors qu'elle se livre au racolage. Elle est appréhendée, reconduite chez ses parents à Blamont…»

Ainsi commence une vie agitée, pleine d'aventures et surtout de mensonges.

Pour Alphonse Boudard, qui a cherché à traquer la vérité à travers les textes, les enquêtes, les témoignages : «Marthe Richard est, au départ, à peu près du même métal que Mata Hari. Elles jouent de leur physique toutes les deux… Elles couchent quand il faut avec celui qu'il faut. Elles mentent comme elles respirent. L'une joue la bonne carte, passe à travers les mailles de tous les filets, devient une espèce de gloire nationale, l'autre, la malheureuse, va finir à la Caponnière de Vincennes devant le peloton d'exécution. Toutes les deux ont eu le même chef au 2e Bureau, le capitaine Ladoux. Toutes les deux ont putassé, couché avec les fritz et raconté des histoires invraisemblables. Mata Hari a dû être victime de sa célébrité tapageuse avant 1914. Marthe Richard a-t-elle mieux joué ou a-t-elle eu simplement plus de chance ? Un mélange des deux sans doute.»

Prostituée, aviatrice, espionne, trafiquante de stupéfiants, receleuse, mythomane…

Telle est Marthe Richard, l'inspiratrice de la loi du 13 avril 1946.

Cette loi ordonne, dans son article 5, la destruction de tous les fichiers et de toutes les archives de la prostitution. Une pareille disposition ne pouvait que faire le bonheur de la papesse de la Vertu, surtout quand on connaît son parcours.

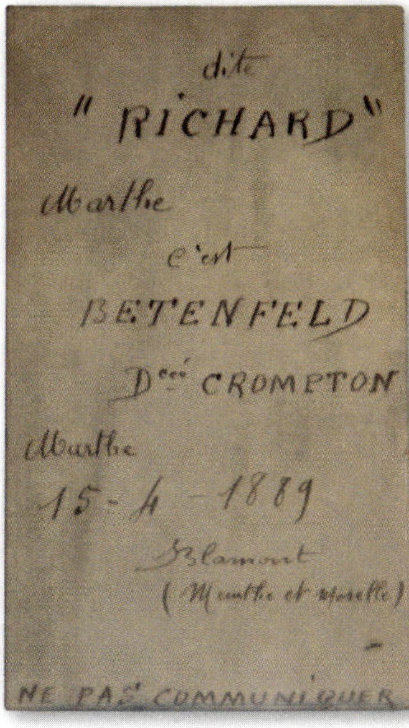

Document récapitulant la vie agitée de Marthe Richard, déposé dans le Dossier secret n° 1494, en 1973.

-. Au sujet de la nommée Marthe BETENFELD dite "Marthe RICHARD".-

Marthe BETENFELD est née le 15 avril 1889 a Blamont (Meurthe-et-Moselle) de Louis et de LARTISAN Marie, decedés.

Après une adolescence mouvementée, marquée par une totale absence d'assiduité tant aux études que dans son activité professionnelle de couturière, la jeune Marthe BETENFELD se dirigea délibérément vers la prostitution et la galanterie à Nancy en 1905 puis à Paris en 1907, époque à laquelle elle épouse un mandataire : Louis RICHER, établi au Mans qui devait être tué sur le front en 1916.

Malgré des essais désastreux, elle parvient grâce à son obstination et à son goût de l'intrigue, à s'immiscer dans les milieux de l'aviation puis à obtenir, du 2ème bureau, une vague mission en Espagne qui devait confirmer que l'intéressée était "culottée" mais pratiquement inutilisable dans ce domaine. Les autres missions relatées par l'intéressée seraient presque intégralement sorties de son imagination, et d'un roman publié par le Commandant LADOUX ex chef du 2ème Bureau qui devait en faire son héroïne : Marthe RICHER (son nom de veuve) devenant pour l'occasion et pour la postérité "Marthe RICHARD".

Autour de 1926, au cours d'une vie agitée de demi-mondaine, Marthe BETENFELD qui fréquentait beaucoup les milieux britanniques et peut-être l'Intelligence Service, réussit à se faire épouser le 15 avril 1926 par M. CROMPTON Thomas, directeur financier de la Fondation Rokfeller en France, et à profiter des hautes et nombreuses relations de celui-ci.

Deux ans après, M. CROMPTON décédait à Genève en 1928, dans des conditions bizarres et mal connues, laissant à sa veuve une rente substantielle servie à vie par la fondation Rokfeller et constituant, encore actuellement, l'essentiel des ressources de l'intéressée.

M. CROMPTON devait être décoré de la légion d'honneu quand sa mort survint. Il fut décidé d'en faire bénéficier sa veuve et c'est dans ces conditions que Marthe BETENFELD fut décorée en 1933 au titre des Affaires Etrangères et sans citatio ...ce qui n'empêche nullement l'intriguante de soutenir qu'elle avait été décorée pour services rendus à l'Etat-Major au cours de la guerre.

De plus, partant du succès obtenu par le roman du Commandant LADOUX, Marthe BETENFELD accrédita si bien le personnage de "Marthe RICHARD" qu'elle publia des mémoires mirifiques dans "France-Soir" et patrona un film bien romancé intitulé "Marthe Richard espionne au service de la France".

../...

Malgré ces succès, elle continua a mener une existence aventureuse émaillée de nombreux voyages - en Afrique du Nord notamment - où elle entretint des relations avec des individus douteux.

De 1934 à 1939 elle attire de nouveau l'attention de services de Police pour son activité galante, ses relations suspectes auprès de nombreux étrangers et l'usage qu'elle aurait fait de stupéfiants.

Pendant l'occupation, en 1940/1942, Marthe BETENFELD tente, sans succès semble-t-il, de s'infiltrer auprès des dirigeants de Vichy mais fit l'objet d'un arrêté d'éloignement pour les départements du Puy-de-Dôme et de l'Allier.

Il apparaît qu'elle eût plus de chance auprès des autorités allemandes qui facilitèrent son séjour à Paris, ce dont elle profita pour se lier intimement avec des militaires et d'autres personnages parmi les plus suspects, qui tiraient de leurs attaches avec les services de la Gestapo, la facilité de se livrer à tous les trafics rendus possibles par la disette générale qui sévissait à l'époque.

Fidèle à ses amitiés, Marthe BETENFELD devait d'ailleurs mettre tout en oeuvre, au moment de la Libération, pour protéger ou tenter de dédouaner plusieurs collaborateurs notoires des allemands.

A la suite d'on ne sait quelles circonstances, on la retrouve en 1944 lancée dans la politique et bientôt élue Conseillère Municipale dans le 5ème Secteur sur une liste de Résistance Unifiée !

Cette élection était parfaitement irrégulière puisqu Marthe BETENFELD, étrangère par son mariage avec M. CROMPTON, avait vainement sollicité sa réintégration dans la nationalité française et se trouvait inéligible.

Son titre de Conseillère Municipale n'empêcha pas l'intéressée de poursuivre ses intrigues lucratives qui lui valurent une inculpation pour escroquerie et une condamnation à 150.000 F d'amende, laquelle était amnistiée sur le champ en 1949.

C'est à cette époque qu'elle proposa l'idée de fermeture des maisons de tolérance qui, devenue projet de loi, devait être adoptée par l'Assemblée Nationale le 13 avril 1946.

Curieusement, après 50 ans de vie agitée, comblée par le retentissement de la Loi de 1946 ou craintive des conséquences de ses agissements trop intéressés face à une justice à la sérénité retrouvée, Marthe BETENFELD est restée semble-t-il dans l'ombre pendant plus de vingt a[illegible] sans attirer l'attention de la justice ni défrayer la chroniq[illegible]...

../...

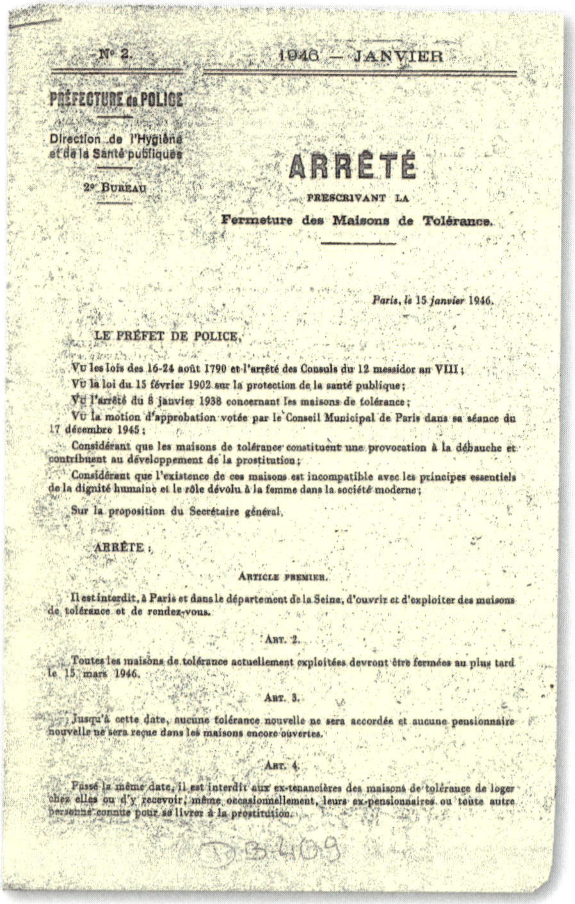

N° 2. 1946 — JANVIER

PRÉFECTURE DE POLICE

Direction de l'Hygiène et de la Santé publiques

2e Bureau

ARRÊTÉ

PRESCRIVANT LA

Fermeture des Maisons de Tolérance.

Paris, le 15 janvier 1946.

LE PRÉFET DE POLICE,

Vu les lois des 16-24 août 1790 et l'arrêté des Consuls du 12 messidor an VIII ;

Vu la loi du 15 février 1902 sur la protection de la santé publique ;

Vu l'arrêté du 8 janvier 1938 concernant les maisons de tolérance ;

Vu la motion d'approbation votée par le Conseil Municipal de Paris dans sa séance du 17 décembre 1945 ;

Considérant que les maisons de tolérance constituent une provocation à la débauche et contribuent au développement de la prostitution ;

Considérant que l'existence de ces maisons est incompatible avec les principes essentiels de la dignité humaine et le rôle dévolu à la femme dans la société moderne ;

Sur la proposition du Secrétaire général,

ARRÊTE :

ARTICLE PREMIER.

Il est interdit, à Paris et dans le département de la Seine, d'ouvrir et d'exploiter des maisons de tolérance et de rendez-vous.

ART. 2.

Toutes les maisons de tolérance actuellement exploitées devront être fermées au plus tard le 15 mars 1946.

ART. 3.

Jusqu'à cette date, aucune tolérance nouvelle ne sera accordée et aucune pensionnaire nouvelle ne sera reçue dans les maisons encore ouvertes.

ART. 4.

Passé la même date, il est interdit aux ex-tenancières des maisons de tolérance de loger chez elles ou d'y recevoir, même occasionnellement, leurs ex-pensionnaires ou toute autre personne connue pour se livrer à la prostitution.

DB 409

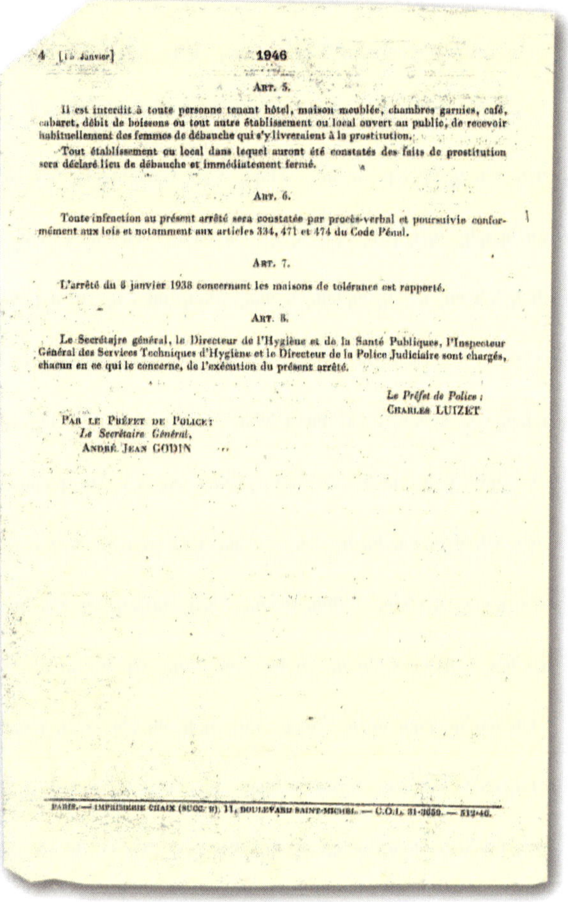

4 [15 Janvier] 1946

ART. 5.

Il est interdit à toute personne tenant hôtel, maison meublée, chambres garnies, café, cabaret, débit de boissons ou tout autre établissement ou local ouvert au public, de recevoir habituellement des femmes de débauche qui s'y livreraient à la prostitution.

Tout établissement ou local dans lequel auront été constatés des faits de prostitution sera déclaré lieu de débauche et immédiatement fermé.

ART. 6.

Toute infraction au présent arrêté sera constatée par procès-verbal et poursuivie conformément aux lois et notamment aux articles 334, 471 et 474 du Code Pénal.

ART. 7.

L'arrêté du 8 janvier 1938 concernant les maisons de tolérance est rapporté.

ART. 8.

Le Secrétaire général, le Directeur de l'Hygiène et de la Santé Publiques, l'Inspecteur Général des Services Techniques d'Hygiène et le Directeur de la Police Judiciaire sont chargés, chacun en ce qui le concerne, de l'exécution du présent arrêté.

Le Préfet de Police :
CHARLES LUIZET

PAR LE PRÉFET DE POLICE :
Le Secrétaire Général,
ANDRÉ JEAN GODIN

PARIS. — IMPRIMERIE CHAIX (SUCC. R). 11, BOULEVARD SAINT-MICHEL. — C.O.L. 31-3650. — 512-46.

Charles Luizet, préfet de police de Paris signe le 15 janvier 1946 un arrêté prescrivant la fermeture des maisons de tolérance.

APRÈS LA MISE À MORT DES MAISONS, L'ENVAHISSEMENT DES «CLANDÉS»

«Pendant l'Occupation, on raflait les putes qui plombaient les Chleuhs, après la Libération, on a raflé les putes qui plombaient les Ricains, la seule différence, c'est qu'avec les Frisés, c'était organisé et qu'avec les Amerlocks, c'était le bordel.»

C'est par cette synthèse imagée que l'inspecteur Pasteau définit le travail de la Brigade mondaine entre 1941 et 1946.

1946 est une année de grand bouleversement pour les hommes du commissaire principal Gally, le patron de la Mondaine. Le 13 avril 1946, la Chambre vote la loi n° 46-685 qui ordonne la fermeture des maisons closes et le renforcement de la lutte contre le proxénétisme.

Dans un premier temps, le législateur ferme les bordels, dans un second, il empêche le racolage. Privée de ses moyens, pense-t-il, la prostitution va s'éteindre d'elle-même. Ce n'est pas du tout l'avis des inspecteurs de la

Mondaine, que personne n'a eu l'idée de consulter. «Sur le plan policier, la loi du 13 avril 1946 fut un désastre», confirme le commissaire Gally.

La loi ordonne, outre la fermeture des maisons, l'interdiction du racolage et l'aménagement d'établissements de rééducation et de reclassement, la suppression de la mise en carte et la destruction des registres des filles. Un fichier national de la prostitution, exclusivement médico-social, confié au ministère de la Santé publique, doit remplacer tous les autres fichiers.

Le seul contrôle exercé sur les prostituées sera d'ordre sanitaire. Désormais, les prostituées échappent à la tutelle de la police.

«Ce n'est pas de l'assistance sociale que la fille avait peur, mais de nous», commente un inspecteur de la Mondaine. Échappant désormais à la tutelle policière, les insoumises se lancent à l'assaut du pavé. En 1953, les chiffres officiels de police en dénombrent quarante mille – estimation basse. D'autres observateurs allaient jusqu'à soixante-dix mille !

Le 1er janvier 1947, il n'y a plus un seul «claque» dans Paris.

Mais les filles ne vont pas se transformer en vendeuses, en femmes de chambre ou en secrétaires. Quand on gagne en quelques jours le salaire d'un mois, la reconversion potentielle n'apparaît que dans les statistiques et dans les dossiers. La fermeture des maisons de tolérance n'a en aucun cas freiné la prostitution, elle l'a juste déplacée. Les unes ont repris le chemin du trottoir, les autres des bordels clandestins.

La Mondaine se réorganise à partir de cette nouvelle donne sur ces deux fronts majeurs.

Puisqu'il existait une loi sur le racolage, la Mondaine allait la faire respecter, en se livrant à la chasse aux racoleuses.

«C'était pour nous, confie un ancien de la Brigade, le seul moyen que nous avions de renouer le contact avec toutes les filles. On a ressorti le panier à salade qui avait sévi sous l'Occupation et à la Libération, et toutes les nuits, des inspecteurs du service (ceux que l'on surnommait la "Brigade du spéculum") sillonnaient Paris à la recherche des prostituées qui racolaient. Officiellement le but de ces rafles était de dépister les filles atteintes de maladies vénériennes et de les envoyer se faire soigner à Saint-Lazare.»

Si la justice ne suit pas toujours les attentes de la police, les juges admettent que le seul fait pour une femme de se tenir debout devant l'entrée d'un hôtel constitue du racolage. Cette interprétation du terme racolage donna lieu

"La Brigade du spéculum" sillonne Paris toutes les nuits pour repérer et embarquer les prostituées qui racolent sur la voie publique, direction le 36 quai des Orfèvres, 2e étage, Brigade mondaine, pour vérification sanitaire.

De Montmartre à Grenelle
du Sébasto à Vincennes

La nuit dernière la "Mondaine" a fait sa dernière rafle

Dès le 13 octobre, le contrôle de la prostitution n'appartiendra plus à la police

Le troupeau jacassant monte l'escalier de la « Mondaine » et s'efforce d'échapper aux photographes...

Cette jeune femme en proie à une crise de nerfs s'est évanouie...

Le dernier grand coup de filet orchestré par le commissaire principal Gally, de la Brigade Mondaine. Le 13 octobre 1946, la loi du 13 avril 1946 allait prendre son plein effet. Désormais, le contrôle de la prostitution n'appartiendrait plus à la police. Libé-Soir, du 26 septembre 1946.

à certaines erreurs et à certains dérapages qui ne sont pas sans rappeler certains abus dénoncés par la presse dans les années 1900.

Au 36 quai des Orfèvres, les cars déversaient des flots de prostituées qui étaient conduites au deuxième étage dans les locaux de la Brigade mondaine.

«Là, les inspecteurs les entassaient dans l'étroit couloir qui desservait la Brigade. Un policier et une assistante sociale les interrogeaient. Ils reconstituaient une nouvelle fiche. Après un brin de morale, les filles étaient soit relâchées dans la matinée si leur carnet sanitaire était en règle, soit conduites à Saint-Lazare dans le cas contraire. Au matin, se souvient l'inspecteur de la Brigade, le couloir de la Mondaine offrait un spectacle de désolation : mégots, peaux de saucisson, croûtes de fromage, écorces d'orange, papiers bonbon maculaient le plancher, sur lequel les filles exténuées s'étaient affalées. Une odeur de sueur, de poudre de riz et de mauvais parfum enveloppait le tout. Les filles avaient coutume de se soutenir moralement en chantant des refrains de chansons d'Édith Piaf, leur héroïne, ou en proférant des invectives ordurières et salasses.»

L'envahissement des clandés

En quelques mois, cinq cents bordels clandestins prennent la relève des cent soixante-dix-huit maisons de tolérance supprimées par la loi du 13 avril 1946. Salons de thé, salons de massage, clubs mondains, soins esthétiques... De belles mentions alléchantes qui masquent la réelle activité du lieu.

Le patron de la Mondaine de 1944 à 1948, le commissaire Gally, eut le feu vert du cabinet du Préfet pour gérer au mieux cet envahissement... Puisqu'ils avaient remplacé les maisons, il fallait s'en accommoder. Les supprimer, c'était déplacer le problème, peut-être l'amplifier. Les voir se reconstituer un peu plus loin, un peu plus tard. Il valait mieux les contrôler en tolérant ceux dont les taulières pouvaient donner des gages, et en faire fermer un certain nombre à titre d'exemple pour éviter une prolifération dangereuse.

Paris ne pouvait quand même pas se trouver privée de «maisons» au moment même où l'ONU tenait sa session au palais du Trocadéro ! L'inspecteur principal Robert Lesigne, responsable du Groupe des cabarets, obtient du Préfet l'autorisation de tolérer trois «clandés» pour l'événement, en plus de ceux qui existaient. La propagande de bouche à oreille se chargea de diriger à bon escient les diplomates et les journalistes vers ces lupanars, vers ce que la rumeur nomma vite : «les clandés de l'ONU».

En échange, les taulières qui avaient eu l'opportunité d'ouvrir ces clandés proposèrent patriotiquement leurs services. L'une d'elles suggéra d'installer des micros dans les chambres...

162.163/00

le 25 MAI 1949

Le Commissaire Principal
à
Monsieur le Directeur de la Police Judiciaire

Objet: a/s des prostituées autorisées par des services P.J.

-La Brigade Mondaine centralise les demandes émanant de services divers et tendant à faire bénéficier d'une certaine tolérance de la part des services de police municipale, les prostituées dont les renseignements peuvent être utiles à l'oeuvre de répression.

Or, à plusieurs reprises il m'a été rapporté que les filles ainsi signalées, loin de bénéficier de l'indulgence, étaient fréquemment l'objet de réflexions désagréables ou de sarcasmes de certains agents de la Police Municipale voire même de certains chefs de poste qui allaient parfois jusqu'à leur infliger une détention plus longue que celle habituellement imposée. Il est aussi fréquent que ces mêmes filles soient publiquement interpellées devant leurs compagnes ce qui a pour effet de dévoiler leurs activités avec nos services. J'estime

Dans l'intérêt même des affaires judiciaires qu'il faudrait attirer l'attention de Monsieur le Directeur Général de la Police Municipale afin qu'il puisse rappeler à ses services qu'ils doivent se dispenser de tous commentaires à l'égard de nos indicatrices et, au contraire, mettre tout en oeuvre pour que leur situation soit examinée avec bienveillance et discrétion; il est évident en effet que la fille mise en liberté en raison de ses activités ne doit pas être saluée

...d'un retentissant :" Les condés vous pouvez vous en aller...(sic)

D'autre part je suggère que les Chefs de poste pour[illegible] être en possession de la liste des filles autorisées dans leur [illegible] afin qu'ils ne soient pas obligés de se mettre en relations avec les services en bourgeois locaux pour vérifier le bien - fondé des allégations de prostituées se réclamant à tort ou à raison d'un quelconque service de police judiciaire.

le COMMISSAIRE PRINCIPAL

...Claire Lucienne née le 14-11-1914 à Paris (20e)

le 9 JUILLET 1949

Le COMMISSAIRE PRINCIPAL
à
Monsieur le Directeur de la Police Judiciaire

Objet: prostituées bénéficiant de tolérance.

J'avais précédemment signalé les difficultés faites à certaines prostituées bénéficiant de tolérance par les services de Police Municipale. Depuis lors ces faits se sont aggravés. Très fréquemment lorsque ces filles se réclament d'un quelconque service de la police Judiciaire, les gardiens en civil et plus spécialement ceux appartenant à la brigade volante PM., leur demandent d'en justifier, ce qu'elles ne peuvent faire puisqu'il n'est pas question de leur donner une autorisation écrite. Elles ne sont relaxées, lorsqu'elles le sont qu'à la suite de longues vérifications faites sans aucune discrétion ce qui a pour objet de faire connaître aux autres filles arrêtées en même temps qu'elles leurs attaches avec nos services. Il n'est pas rare qu'à la suite de ces indiscrétions ces filles soient l'objet de menaces et même de voies de fait de la part d'autres prostituées jalouses ou de leurs souteneurs. C'est ainsi qu'une prostituée autorisée a déposé entre mes mains une plainte en coups et blessures contre X... ayant été frappée à coups de poing, de pied et ayant reçu des coups de ciseaux de la part d'autres filles lui reprochant de travailler avec les "poulets" (sic) Un certificat médical a été déposé à l'appui de cette plainte.

D'autre part depuis une dizaine de jours des gardiens en tenue interpellent les prostituées et répondent aux fi...

..qui se réclament de nous qu'étant de la Police Municipale ils n'ont rien à voir avec la police judiciaire.

Cet état d'esprit est particulièrement fâcheux et ne facilite pas la tâche de nos inspecteurs qui ont besoin d'indicatrices pour traiter et connaître les affaires de souteneurs.

le COMMISSAIRE PRINCIPAL

Le commissaire principal Max Fernet adresse au directeur de la Police judiciaire, en juillet 1949, deux notes concernant les tolérances policières dont peuvent bénéficier les prostituées en échange de renseignements utiles à la répression du proxénétisme. Il évoque "la discordance" entre la police municipale et la Police judiciaire.

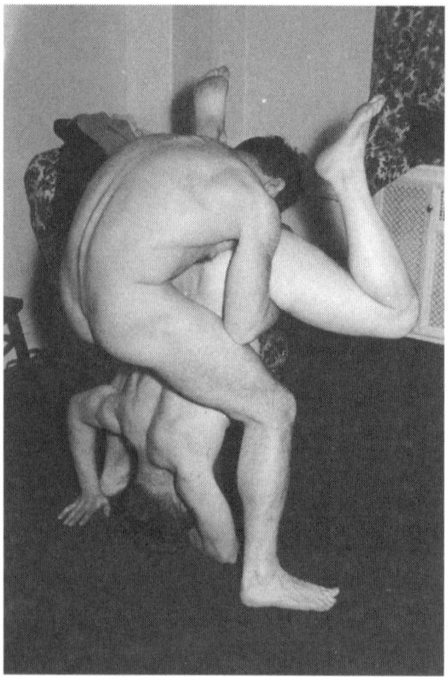

De la fellation à la morsure... photographie saisie au domicile d'un photographe professionnel connu comme "l'inverti vicieux" par les services de la Brigade mondaine, 1946.

COMMENT DIRIGER LE «GROUPE DES VICIEUX» ?

Grand, mince, quarante-cinq ans, le regard bleu-gris, la tempe argentée, l'inspecteur Robert Lesigne, «le seigneur de la nuit», a de la classe et de l'autorité. Tous les inspecteurs ne l'aiment pas, mais ils le respectent. Il dirige l'équipe des cabarets et celle des vicieux. Même s'il passe les nuits dehors à surveiller les restaurants de luxe, les cabarets mondains, les boîtes à la mode, tous les matins, il est derrière son bureau à 9 h, au deuxième étage du 36 quai des Orfèvres.

Les «vicieux», il s'est juré de tous les répertorier les uns après les autres, après une première enquête à la Mondaine, une affaire atroce qui l'a marqué définitivement. Ils forment, pense-t-il, une franc-maçonnerie avec ses rites, son code et ses usages. Ils communiquent entre eux par l'intermédiaire de petites annonces passées dans des journaux spécialisés. L'inspecteur Lesigne fait de même. Il passe une petite annonce sous une forme alléchante : «Recherche dactylo familiarisée avec frappe selon la méthode B...». B est l'auteur d'un traité connu sur la flagellation. Seuls les initiés pouvaient comprendre le sens caché du texte de l'annonce. Heureux d'avoir trouvé un autre amateur éclairé, ils écrivaient pour prendre contact. Lesigne n'avait plus qu'à refermer la trappe.

Dans le jardin des Tuileries, où il fixe ses rendez-vous, l'inspecteur voit arriver un homme élégant, en costume trois-pièces, arborant la rosette de la Légion d'honneur. Haut fonctionnaire, l'homme s'effondre en découvrant le piège dans lequel il est tombé. L'inspecteur le laisse partir. Le lendemain, le haut fonctionnaire se rend au 36 quai des Orfèvres pour témoigner sa gratitude au policier qui a su le laisser en liberté. Cet honorable chef de famille devient dès ce jour, dans la haute société, l'informateur personnel de l'inspecteur Lesigne.

Une nuit, il tombe en pleine bacchanale mondaine sur un homme nu attaché à une croix de Saint-André qu'une femme vêtue d'une peau de panthère flagelle jusqu'au sang. Le crucifié est l'ambassadeur en poste d'un pays européen.

Ces petits renseignements confidentiels sur les pratiques du haut fonctionnaire sont transmis dès le lendemain matin, sous forme de "blanc", au commissaire Gally, qui les remet au Cabinet du préfet. Cela pouvait servir plus tard, au préfet, au ministre... pour une négociation, pour un contrat...

Fouets, encan et martinets saisis lors de perquisitions ou lors de fermetures de maisons de prostitution par la Brigade mondaine.

STUPS ET FLICS

En 1938, la Brigade mondaine avait saisi cent kilos de drogue, en 1942 cinq cents grammes ; la guerre avait presque totalement arrêté le trafic de drogue. En 1946, les saisies remontèrent à trois kilos.

L'équipe des «stups» se compose alors de sept policiers : l'inspecteur principal Cazaulon et deux équipes de trois, Dupont, Faivre et Lavaud d'un côté, Thelé, Clerc et Souchon de l'autre.

Ils n'ont aucun bureau à disposition, pas de voiture… de longues enquêtes à pied, souvent difficiles, qui commencent par un tuyau venu de l'équipe des cabarets ou d'un informateur à l'aéroport d'Orly.

La Mondaine recherche avant tout l'opium. La France n'est qu'une plaque tournante, c'est un petit marché presque insignifiant par rapport aux États-Unis, où tout aboutit.

Nécessaire de voyage ayant appartenu à un riche opiomane nomade, 1947.

Les buveurs d'opium

En 1948, après un an d'enquête, l'inspecteur Cazaulon fait son plus beau coup de filet en arrêtant Robert N. dit Robert la Pipe, le roi de la drogue.

Dans son sillage, nombre de gens célèbres passent entre les mains de la Mondaine : un décorateur en vogue, un actionnaire de grands magasins, un écrivain et des artistes de la scène parisienne.

Au cœur du système monté par Robert la Pipe, une belle boutique d'antiquités spécialisée dans l'Orient qui sert de relais entre les fournisseurs et les consommateurs.

Robert la Pipe se charge d'approvisionner les grossistes qui revendent aux ravitailleurs. En 1948, le bon noir – le préféré des adeptes, que l'on fume, que l'on chique, que l'on boit – ne se négocie guère à moins de 70 000 francs le kilo.

Par crainte du scandale, les fumeurs de noir détruisent leur matériel. Privés de leur pipe, de leur réchaud, les fidèles font bouillir leur noir puis boivent la décoction. La pipe est remplacée, pour un temps, par «le breuvage qui vous capitonne», selon l'expression de Jean Cocteau.

«Drogue de riches, d'intellectuels, d'artistes. L'opium a ses mystiques, ses fidèles qui affirment que supérieur à toutes les religions révélées, il ne se contente pas de promettre le paradis, il l'offre à tous ceux qui savent en user», écrit Eugène Pujarniscle (1881-1951), qui a écrit plusieurs romans sur l'Indochine coloniale.

"Fumeur d'opium" chanson créée par Bérard Jean Flor Farjaux, édité par Marcel Labbé, 20 rue du Croissant, Paris.

LES YEUX ET LES OREILLES DU PRÉFET DE POLICE

La fermeture des maisons closes en 1946 porte un fort préjudice aux activités d'écoute et de renseignements des agents de la Mondaine. Les tenancières et pensionnaires ne sont plus derrière les volets pour les informer sur leur clientèle. Obligées de se déplacer, elles envahissent les salons de massage, les fonds de bar, les clubs de jeux, les salons de thé, les maisons clandestines. Devant la nouvelle donnée, le patron de la Mondaine de 1944 à 1946, le commissaire Gally, ordonne à la demande du directeur du 36, René Desveaux, de se réorganiser rapidement.

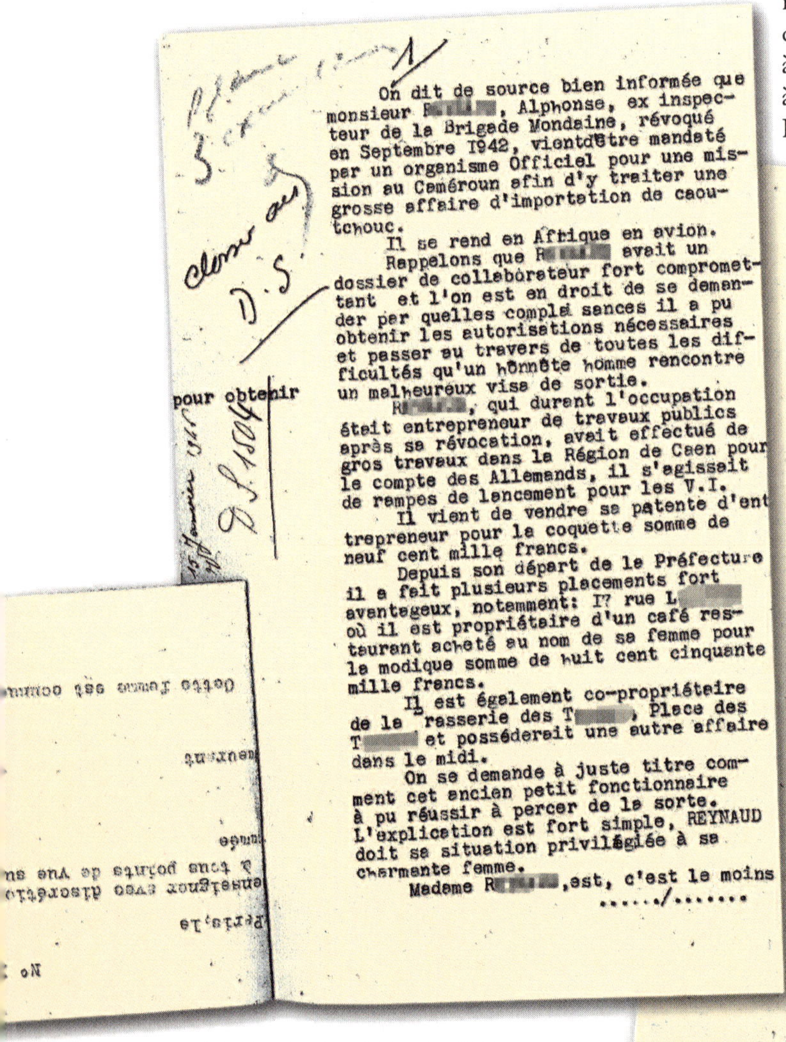

On dit de source bien informée que monsieur [redacted], Alphonse, ex inspecteur de la Brigade Mondaine, révoqué en Septembre 1942, vientd'être mandaté par un organisme Officiel pour une mission au Caméroun afin d'y traiter une grosse affaire d'importation de caoutchouc.

Il se rend en Afrique en avion.

Rappelons que [redacted] avait un dossier de collaborateur fort compromettant et l'on est en droit de se demander par quelles complaisances il a pu obtenir les autorisations nécessaires et passer au travers de toutes les difficultés qu'un hônnête homme rencontre pour obtenir un malheureux visa de sortie.

[redacted], qui durant l'occupation était entrepreneur de travaux publics après sa révocation, avait effectué de gros travaux dans la Région de Caen pour le compte des Allemands, il s'agissait de rampes de lancement pour les V.I.

Il vient de vendre sa patente d'entrepreneur pour la coquette somme de neuf cent mille francs.

Depuis son départ de la Préfecture il a fait plusieurs placements fort avantageux, notamment: I7 rue [redacted] où il est propriétaire d'un café restaurant acheté au nom de sa femme pour la modique somme de huit cent cinquante mille francs.

Il est également co-propriétaire de la Brasserie des [redacted], Place des [redacted] et posséderait une autre affaire dans le midi.

On se demande à juste titre comment cet ancien petit fonctionnaire a pu réussir à percer de la sorte. L'explication est fort simple, REYNAUD doit sa situation privilégiée à sa charmante femme.

Madame [redacted],est, c'est le moins

....../.......

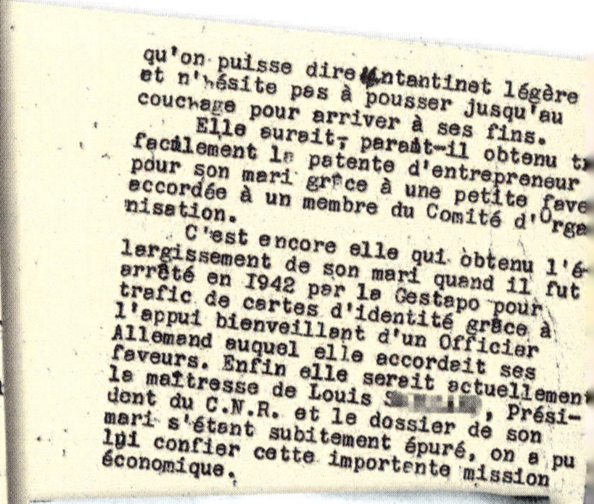

qu'on puisse dire, un tantinet légère et n'hésite pas à pousser jusqu'au couchage pour arriver à ses fins.

Elle aurait, paraît-il obtenu t[…] facilement la patente d'entrepreneur pour son mari grâce à une petite fave[…] accordée à un membre du Comité d'Orga[…]nisation.

C'est encore elle qui obtenu l'é[…]largissement de son mari quand il fut arrêté en I942 par la Gestapo pour trafic de cartes d'identité grâce à l'appui bienveillant d'un Officier Allemand auquel elle accordait ses faveurs. Enfin elle serait actuellemen[…] la maîtresse de Louis [redacted], Président du C.N.R. et le dossier de son mari s'étant subitement épuré, on a pu lui confier cette importante mission économique.

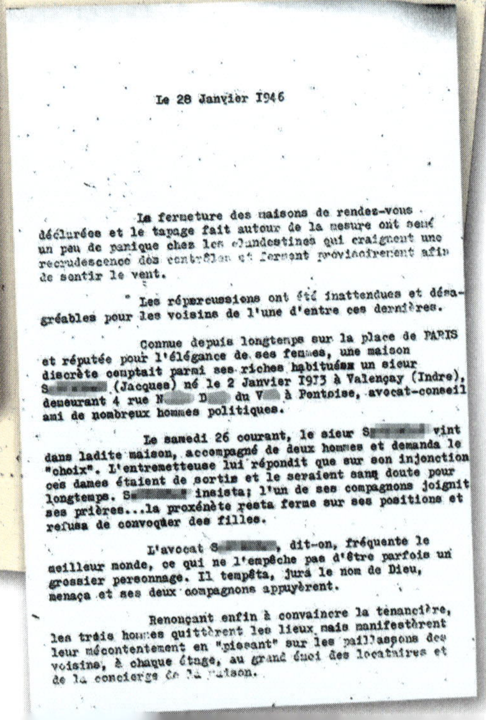

Le 28 Janvier I946

La fermeture des maisons de rendez-vous déclarées et le tapage fait autour de la mesure ont semé un peu de panique chez les clandestines qui craignent une recrudescence des contrôles et ferment provisoirement afin de sentir le vent.

Les répercussions ont été inattendues et désagréables pour les voisins de l'une d'entre ces dernières.

Connue depuis longtemps sur la place de PARIS et réputée pour l'élégance de ses femmes, une maison discrète comptait parmi ses riches habitués un sieur [redacted] (Jacques) né le 2 Janvier I9I3 à Valençay (Indre), demeurant 4 rue [redacted] [redacted] du [redacted] à Pontoise, avocat-conseil ami de nombreux hommes politiques.

Le samedi 26 courant, le sieur [redacted] vint dans ladite maison, accompagné de deux hommes et demanda le "choix". L'entremetteuse lui répondit que sur son injonction ces dames étaient de sortie et le seraient sans doute pour longtemps. [redacted] insista; l'un de ses compagnons joignit ses prières...la proxénète resta ferme sur ses positions et refusa de convoquer des filles.

L'avocat [redacted], dit-on, fréquente le meilleur monde, ce qui ne l'empêche pas d'être parfois un grossier personnage. Il tempêta, jura le nom de Dieu, menaça et ses deux compagnons appuyèrent.

Renonçant enfin à convaincre la tenancière, les trois hommes quittèrent les lieux mais manifestèrent leur mécontentement en "pissant" sur les paillassons des voisins, à chaque étage, au grand émoi des locataires et de la concierge de la maison.

Le dossier secret n° 1504, réalisé le 15 janvier 1946, concerne un ex-inspecteur de la Mondaine reconverti – le rédacteur du blanc ne précise pas dans quelles conditions le policier a quitté la préfecture de police ni comment son dossier s'est épuré… Complicité ou simple oubli ?

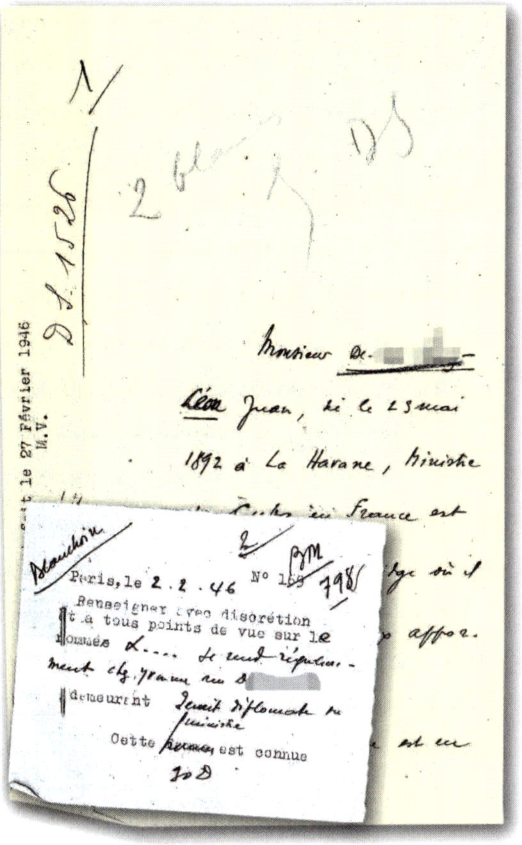

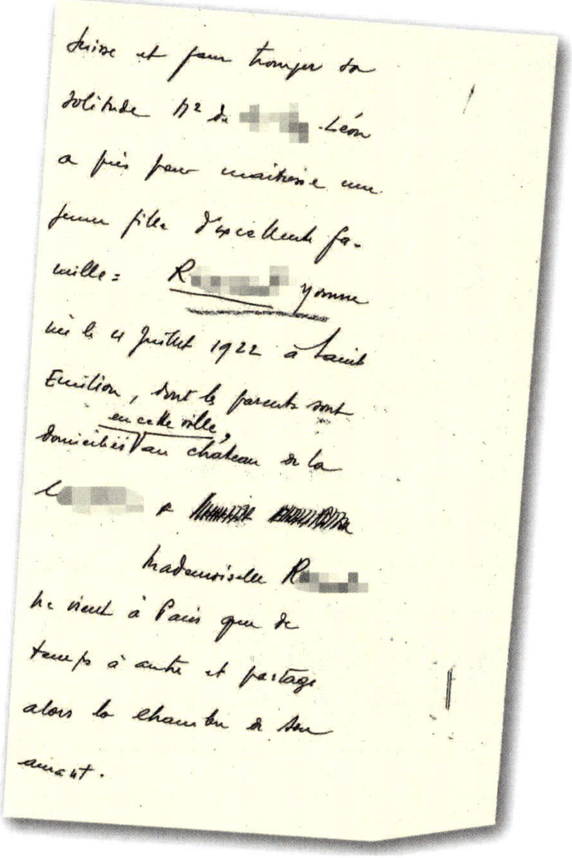

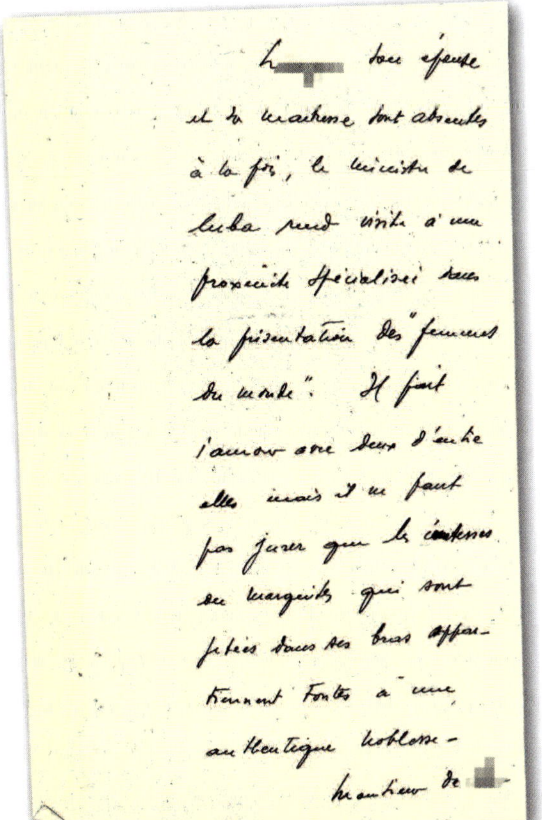

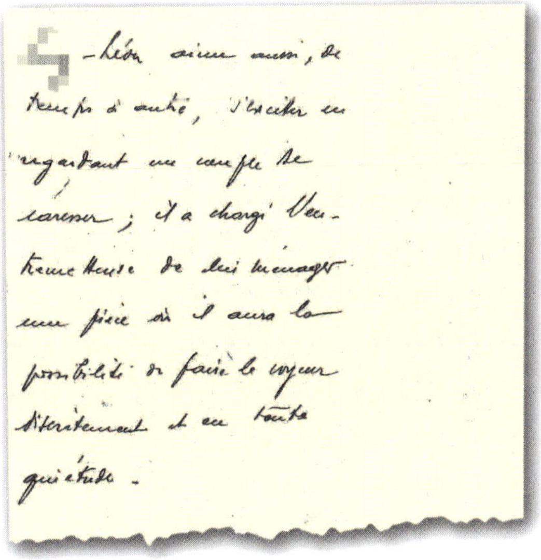

Dossier secret classé 1526, daté du 27 février 1946, concernant les relations intimes extra conjugales qu'entretient un ministre de Cuba lors de ses missions en France.

LES ANNÉES 1950 - 1960

LES DÉLITS D'OUTRAGE AUX BONNES MŒURS

Au sein de la Brigade mondaine, le groupe des OBM réunit six enquêteurs et inspecteurs chargés de constater les outrages aux bonnes mœurs. Ils surveillent et interpellent les individus qui font commerce de films pornographiques, de photographies et affiches obscènes, de journaux et livres licencieux. Ces policiers ont pour mission de veiller à l'application de l'article 119 et suivants du décret, loi du 29 juillet 1939 (promulgué sous le gouvernement Daladier) sur les délits d'outrage aux bonnes mœurs. Le pouvoir de saisies est laissé à l'appréciation personnelle des officiers de la Police judiciaire. Ils sont amenés à discerner et à juger de ce qui relève ou non des bonnes ou des mauvaises mœurs. Dans les cas litigieux leur hiérarchie pourra les guider… Leurs constats sont soumis au juge, qui lui réprimera selon sa propre interprétation. La décision de justice sera retenue in fine. L'outrage aux bonnes mœurs reste un domaine très subjectif, très arbitraire. Selon les lieux géographiques, les policiers, les juges, ce qui peut-être condamné à Besançon peut ne pas l'être à Nice ou à Paris.

Phallus en résine saisi, en 1957, par les inspecteurs de la Brigade mondaine chez une entremetteuse et tenancière de bar, près de la gare Saint Lazare. Elle mettait ce godemiché à disposition de sa clientèle de vicieux.

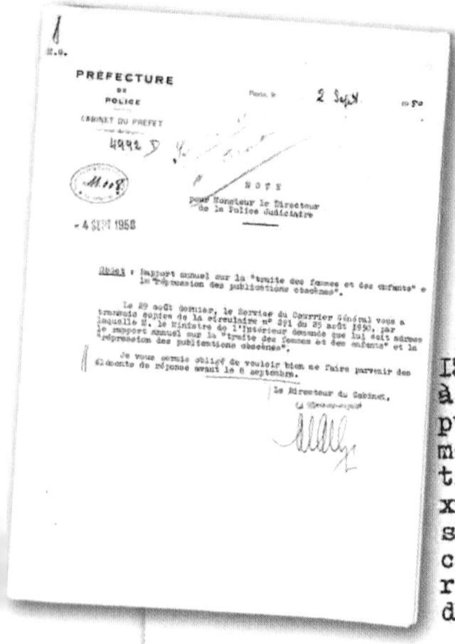
M.G.

PRÉFECTURE DE POLICE

CABINET DU PRÉFET

4992 D

Paris, le 2 Sept 1950

- 4 SEPT 1950

NOTE

pour Monsieur le Directeur de la Police Judiciaire

Objet : Rapport annuel sur la "traite des femmes et des enfants" e la "répression des publications obscènes".

Le 29 août dernier, le Service du Courrier Général vous a transmis copies de la circulaire n° 391 du 25 août 1950, par laquelle M. le Ministre de l'Intérieur demande que lui soit adress le rapport annuel sur la "traite des femmes et des enfants" et la "répression des publications obscènes".

Je vous serais obligé de vouloir bien me faire parvenir des éléments de réponse avant le 8 septembre.

Le Directeur du Cabinet,

2º - PUBLICATIONS OBSCÈNES

Les constatations faites au cours de l'année 1949 confirment les termes de notre précédent rapport en date du 15 Juin 1949. Si l'on constate la diminution, par rapport à l'avant guerre, de l'édition et la diffusion de livres purement pornographiques, imprimés et vendus clandestinement, on assite à une augmentation considérable de collections spécialisées dans des ~~concours~~ où les problèmes sexuels et criminels s'enchevêtrent; ces livres, la plupart sans aucune valeur littéraire, remportent un certain succès en raison de leur prix de vente modique et de leur caractère violent ou scandaleux. Ces livres sont fréquemment des traductions (réelles ou fictives) d'oeuvres américaines.

Le parquet est saisi par nos soins de tous les cas qui nous semblent pouvoir constituer le délit d'outrage aux bonnes moeurs. Mais le décret loi du 29 juillet 1939 qui prévoit et punit ce délit n'accorde la saisie du livre non illustré qu'après l'avis de la Commission du Livre; les décisions de cette commission étant toujours très tardives, les poursuites et les éventuelles saisies ne sont souvent engagées que lorsque le livre est épuisé depuis plusieurs mois. Il est évident que la législation est très incomplète en cette matière et va le plus souvent à l'encontre du but poursuivi puisque des instructions judiciaires ouvertes contre les auteurs et éditeurs de livres jugés contraires aux bonnes moeurs ne font souvent qu'en augmenter la vente, aucune saisie n'étant ordonnée et les sanctions pénales n'étant prononcées que plusieurs mois, parfois plusieurs années après la parution du livre.

En ce qui concerne les périodiques licencieux, la loi du 29 Juillet 1949 qui vient d'être suivi d'effets par un arrêté interdisant la vente aux mineurs et l'exposition de certain nombre de publications semblables rendra de précieux services.

Un grand nombre d'affaires judiciaires ont été traitées à la suite de l'examen des "petites annonces" publiées par des journaux; ces annonces cachent fréquemment des actes de proxénétisme ou servent à mettre en relations, soit des individus aux moeurs spéciales, soit des vendeurs et acheteurs de livres, photos, films, objets pornographiques. A plusieurs reprises les journaux ayant publié de telles annonces ont été poursuivis en vertu du décret du 29 juillet 1939 (art. 120 § 2) de même que les annonceurs. (annexe nº 2).

Le Commissaire Principal,

En 1949, la Mondaine a effectué 95 arrestations pour outrage aux bonnes mœurs par la voie du livre. Dans la liste des auteurs et éditeurs poursuivis et des œuvres saisies sont en outre mentionnés : Sexus d'Henry Miller, Isou ou la Mécanique des femmes d'Isidore Isou.

TROP INDÉCENT POUR L'ÉPOQUE

L'année 1956, les inspecteurs de la Mondaine dressent 33 procédures à l'encontre de libraires, kiosquiers et bouquinistes pour avoir exposé ou affiché à la vue de tous des publications, des revues et des photographies jugées aptes à présenter un danger pour la jeunesse, en raison de leur caractère licencieux ou pornographique. En vertu de l'article 14 de la loi du 16 juillet 1949, le ministre de l'Intérieur est habilité à prendre des arrêtés pour l'interdiction d'exposition et d'affichage.

Les photographies de filles dénudées destinées à allécher la clientèle de ce cabaret de Pigalle ont été saisies par la Mondaine pour affichage contraire à la décence (loi du 6 août 1955, article 483 du Code pénal). Le patron du cabaret a été verbalisé.

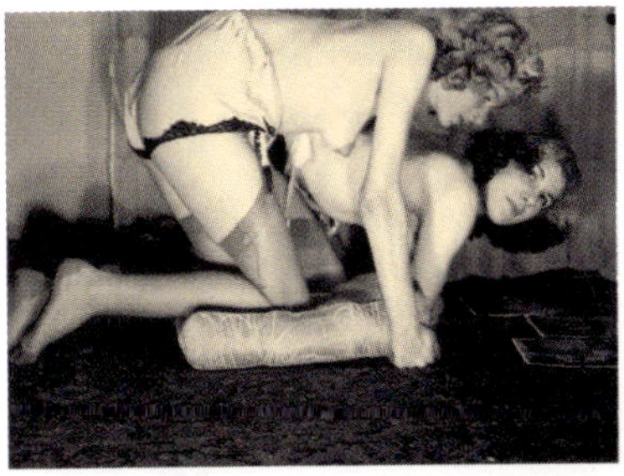

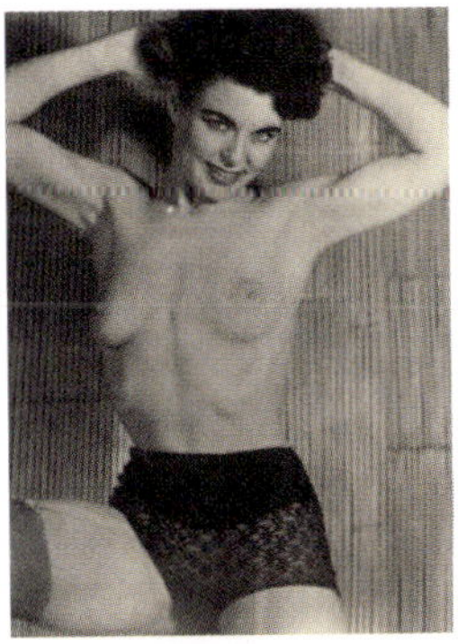

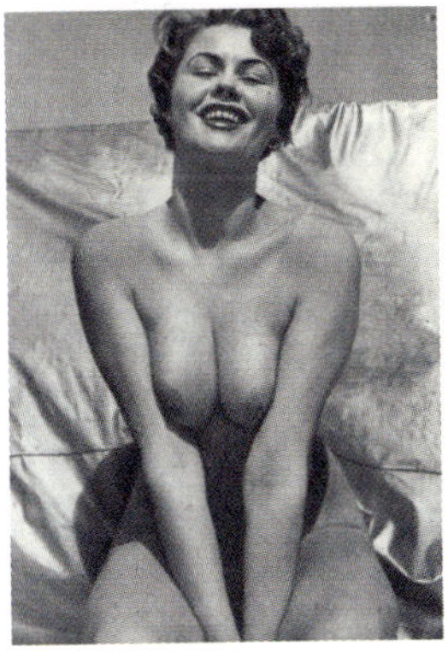

Photographies saisies par la Mondaine pour avoir été exposées à l'intérieur ou à l'extérieur chez des kiosquiers et des bouquinistes. 1950-1957.

LES REVUES SAISIES PAR LA MONDAINE 1952-1958

Très fréquemment, les enquêteurs du groupe des OBM font des descentes chez les kiosquiers et les bouquinistes de la capitale. Ils surveillent les publications et les revues jugées obscènes. Publiés en France, ces périodiques peuvent être saisis pour outrage aux bonnes mœurs soit par le texte, soit par les images, soit par les petites annonces, parfois les trois à la fois (*Paris Tabou, Paris Frou-Frou, Paris Hollywood, Paris Zazou, Paris Bonheur*). Lorsqu'ils tombent sur les publications d'origine étrangère, même s'il s'agit d'une simple traduction, ils vérifient si elles recèlent des critères interdits qui présentent un danger pour l'ordre public. Dans ce cas, ils font un rapport qui est transmis au ministère de l'Intérieur en vue d'un arrêté qui pourra interdire sa circulation et sa mise en vente sur le territoire français, en application de l'article 14, de la loi du 29 juillet 1881, sur "la liberté de la presse".

Enquêtes
PARISIENNES
EN LIBERTÉ

Enquêtes
LA FEMME
ET LA NEIGE
FÉVRIER
150 FRS

PARIS BONHEUR

N° 3

N° 43
FRANCE :
140 fr.
ÉTRANGER :
150 fr.

PARIS-ZAZOU
150 fr

N° 25
FÉVRIER 1958
LA REVUE
NATURISTE
INTERNATIONALE

ALBUM DE LA
PICARDIA
MEDIA NOCHE
12
PESOS

Paris FROU-FROU
ALMANACH
1956
150 fr

LA FAUSSAIRE, LE MODÈLE, LA PUTAIN ET LE MANDATAIRE DES HALLES

Un homme de cinquante-cinq ans, débonnaire et rougeoyant, gros mandataire aux Halles, cherche à tout prix à rencontrer le patron de la Mondaine pour lui raconter comment et pourquoi il avait dû interrompre la relation qu'il avait depuis trois ans avec Mousseline, sa putain préférée.

Chaque vendredi soir, à heure fixe, il a l'habitude de la retrouver dans le hall d'un garni du Quartier latin. Il passe systématiquement toute la nuit avec elle, moyennant 1 500 francs en petites coupures. Mais à cause de Picasso, il doit la quitter. Le commissaire Jacques Arnal, chargé de la Mondaine, se demande pourquoi cet imbroglio entre Mousseline et Picasso, entre la prostitution et la peinture ?

L'homme, qui paraît se sentir en confiance, se met à raconter avec de plus amples détails son étonnante infortune. Brune, peau mate, vingt-neuf ans, cambrure callipyge, poitrine généreuse, Mousseline a de sérieux arguments. Elle sait l'amuser, et le plus important, le faire bander. Au matin, après une nuit agitée, d'extase, elle lui propose avec un immense sourire d'acheter des copies de tableaux de maître : des Cézanne, des Utrillo, des Van Gogh.

La dernière fois, le dernier vendredi, elle lui propose non pas une copie, mais un authentique, un vrai Picasso. Interloqué de prime abord, il se sent envahi par une grande émotion : cette fille lui veut du bien. Elle l'a choisi, lui, lui seul, pour qu'il réalise un gros coup. Une belle affaire. Il signe un énorme chèque. Était-il en état de pouvoir lui résister ? Elle était si belle. Elle savait si bien y faire. Le lendemain, il prend conscience de son acte. Et si le Picasso était faux ? Et si elle l'avait trompé ? D'ailleurs, la peinture lui semble bien fraîche… N'en dormant plus, il en parle à un ami qui lui conseille de se rendre chez Picasso à Vallauris et de le lui demander. Ce qu'il fait. Après avoir examiné la toile quelques instants, le maître en personne, très agacé, a d'un grand coup de pinceau donné son verdict en inscrivant au dos de la toile : «Ce tableau est un faux. Signé : Picasso.»

En rentrant chez lui, le mandataire le suspend au mur, retourné ; il avait un Picasso authentique dans son salon. Le commissaire Arnal, amusé par cette affaire, recommande au mandataire de retourner voir Mousseline le vendredi suivant, d'accepter sa prochaine proposition, de la payer par chèque. De leur côté, eux, les policiers, allaient agir. À demi rassuré, l'homme suit les instructions. La banque est prévenue. Le dispositif est mis en place. Le vendredi, à l'heure habituelle, Mousseline arrive, toute fringante, dans un pantalon blanc serré, un paquet ficelé sous le bras. Après une nuit d'amour, elle propose à son client harassé un authentique Utrillo. Le mandataire signa le chèque tant attendu, la fille lui saute au cou et lui confie délicatement : Pour un Utrillo, c'est donné. Tu es en train de devenir un homme riche, grâce à moi, mon poussinet !» Les inspecteurs suivent la fille pendant plusieurs jours jusqu'à ce qu'elle pénètre dans un bel immeuble en pierre de taille de la rue Lepic, non loin du Sacré-Cœur. Elle en ressort un paquet ficelé sous le bras. Vêtue d'un pantalon rose moulant, elle se déhanche outrageusement en descendant la rue Lepic en quête d'un taxi, lorsque la voiture des inspecteurs de la Mondaine s'arrête à sa hauteur. Direction : 36 quai des Orfèvres. Au fond du couloir, dans un bureau du deuxième étage, le mandataire attend fébrilement. L'inspecteur ouvre le paquet et fait apparaître un superbe Vlaminck : *La Maison à Martigues*. Une œuvre datée de 1907. La fille feint de ne rien savoir. Mais face au flux ininterrompu de questions, elle s'enlise, s'enfonce dans les mensonges, les contradictions, les invraisemblances.

Le patron de la Mondaine lui porte lui-même l'estocade, en lui lisant la déposition de son client si attentionné. Elle ne peut s'empêcher de laisser fuser : «Ce tordu, quelle peau de vache, moi qui lui faisais tous les trucs du Kamasutra !» Mousseline écrit, sous les directives du commissaire, un mot de recommandation afin que celui-ci puisse se faire passer pour un revendeur de faux tableaux. Une demi-heure après, le commissaire Arnal accompagné d'un inspecteur sonne à la porte de l'appartement de la rue Lepic. Une belle femme, d'une quarantaine d'années, petite et se tenant très droite, leur ouvre. Le modèle nu qui posait s'empresse de se rhabiller. Le policier demande à l'artiste si elle pouvait fabriquer un Sisley pour un riche collectionneur américain. La discussion, très polie, s'engage sur les questions de délai et d'argent, jusqu'au moment où le faux revendeur lui déclare : «Peu importe que cela soit cher, mais le plus important est de savoir si vous pourrez le faire ?» L'artiste offusquée lui rétorque sèchement : «Apprenez, mon petit monsieur, que je suis l'élève et l'héritière de Van Meegeren.»

Han Van Meegeren, le père de la faussaire, Marie-Luce, était ce peintre néerlandais, grand restaurateur d'œuvres d'art et remarquable faussaire qui avait appris à copier à la perfection les styles et les couleurs d'artistes peintres connus. Il avait réussi à se jouer des meilleurs experts et critiques d'art. Il s'était plus particulièrement attaché à réaliser de faux Vermeer. La Seconde Guerre mondiale fut l'apogée de sa carrière : de très riches Néerlandais s'étaient rués sur ces œuvres des grands maîtres. Ironie de l'histoire, un faux Vermeer, *Le Christ et la parabole de la femme adultère*, se retrouva en la possession d'Hermann Göring.

Après la guerre, emprisonné sous l'accusation d'avoir vendu des œuvres d'art aux nazis, ce fut Van Meegeren lui-même, pour se disculper, qui révéla la supercherie. Marie-Luce était fière de son père et revendiquait son art et son intelligence. Il lui avait tout appris.

Le commissaire Arnal décline son identité. Hystérique, Marie-Luce s'emballe. Le modèle se rhabille complètement. Les inspecteurs emballent les «faux-authentiques» : un Dufy, deux Cézanne, un Gauguin, deux Marquet avec leurs certificats de garantie signés par les peintres pour les vivants et par les experts pour les morts…

Marie-Luce et Mousseline avouent lors des auditions que les deux femmes et le modèle formaient un ménage triangulaire de lesbiennes. L'artiste faisait travailler les deux autres. La première posait nue, la seconde se prostituait. Toutes les trois avaient vécu heureuses jusqu'au jour où Mousseline avait eu la mauvaise idée de vouloir vendre la production de son amie auprès de ses propres clients.

Han Van Meegeren, le père de la faussaire, lui-même remarquable peintre faussaire, lors de la réalisation de son dernier faux Wermer "Jésus et les docteurs". Cette imitation a été peinte devant témoins entre juillet et septembre 1945.

Porte d'entrée rue Lepic, par laquelle la faussaire passait pour se rendre dans son atelier.

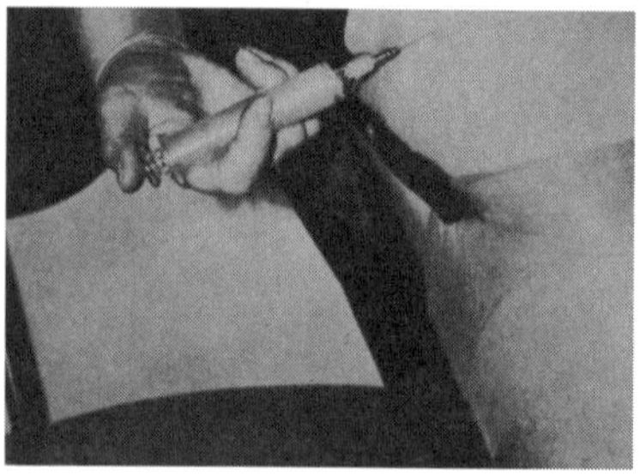

La fameuse "piquouse de morphine" si prisée des intellectuels des années 20-30, est en voie de disparition dans la période de l'après-guerre. Dans les années 1960, le groupe stups de la Mondaine traite de quelques affaires d'héroïne et de cannabis. C'est l'argent de la prostitution qui permet aux proxénètes qui sont aussi trafiquants d'acheter de la drogue.

SIX KILOS D'HÉROÏNE ET UNE CHASSE D'EAU

Jacques Arnal raconte non sans humour l'un des grands moments de son passage à la Mondaine : «J'allais partir en vacances. Auparavant, j'avais fait l'inventaire du coffre de la Brigade mondaine, qui contient les secrets de toutes les Républiques. À mon retour, en vérifiant son contenu, j'ai trouvé une valise qui n'était pas là à mon départ. Elle contenait douze sachets de 500 grammes d'une poudre qui ressemblait à du bicarbonate de soude. L'analyse a révélé qu'il s'agissait d'héroïne pure. Six kilos d'héroïne pure, représentant un demi-milliard d'anciens francs !

Éberlué, je me renseigne. J'apprends qu'un inspecteur de la Galanterie qui n'avait aucune vocation pour traiter une affaire de drogue, avait obtenu des renseignements sur un trafic, et avait voulu se couvrir de gloire en réglant l'affaire tout seul. Or, le trafiquant, plus malin que l'inspecteur, lui avait laissé entre les mains la valise pleine de drogue avant de disparaître. L'inspecteur était rentré au service, pénard, avec la valise. Ne sachant plus quoi en faire, il l'avait mise dans le coffre de la Mondaine en se disant que l'on finirait peut-être par arrêter son propriétaire. Mais on n'a arrêté personne.

Comme je ne pouvais pas conserver indéfiniment cette drogue, je suis allé voir Roches, le directeur de l'époque. Il a commencé par m'enguirlander. C'était son habitude, en disant : "Alors, on entre dans votre coffre comme dans un moulin ? Vous ne savez donc pas ce qui se passe dans votre service !" Je lui ai expliqué dans quelles conditions j'avais récupéré les six kilos d'héroïne, et lui ai demandé ce que nous allions bien pouvoir en faire. Pouvions-nous la donner à l'Hôtel-Dieu ou à la Maison de santé des gardiens de la paix ? Nous avons réfléchi, mais il n'y avait pas de solution parce que les établissements hospitaliers sont obligés de tenir un livre de l'emploi de la drogue, avec sa provenance, son utilisation, etc.

La cargaison de "blanche" est saisie, les trafiquants sont interpellés, les filles qui se prostituent pour eux sont aux abois.

Par conséquent, notre drogue ne pouvait apparaître nulle part. En désespoir de cause, le directeur m'a dit : "Foutez cela dans les waters et n'en parlons plus !" Alors, en présence d'un autre commissaire, car je voulais un témoin, j'ai balancé les six kilos de drogue dans mes WC particuliers de la Brigade mondaine, et j'ai tiré la chasse sur un demi-milliard ! »

Extrait de Boulevard de la Mondaine, *de Jacques Arnal.*

L'HOMME DES DOSSIERS NOIRS ET ROSES

Jacques Arnal, patron de la Brigade mondaine de 1952 à 1955.

Jacques Arnal a été le modèle de la célèbre émission de télévision «L'inspecteur mène l'enquête». Patron de la Mondaine de 1952 à 1955, il termine sa brillante carrière à la direction de la Police judiciaire. Après avoir fait Sciences-Po, en 1937, il réussit le concours qui va le conduire tout droit au sein même des services généraux de la PJ. Il se souvient avec humour du thème de la dissertation qui a décidé de son destin : «On éprouve une sorte de honte à la vue de certaines misères.» Cette citation de Montaigne était réellement prophétique. Il avait eu dix-huit sur vingt, passé brillamment l'épreuve. Quelques années plus tard, à la tête d'une cinquantaine d'inspecteurs, il dirigeait le service de la Mondaine.

«Je ne savais pas sur quelle galère je m'embarquais, le jour où Devaux, le patron du 36, m'a accordé cette honorable promotion en récompense de mes bons et loyaux services. À l'occasion d'une interview Jacques Chancel m'a demandé ce que signifiait exactement l'expression "Brigade mondaine", si on pouvait en résumer ses attributions en quelques mots ? C'était une question abrupte, à laquelle il m'était impossible de répondre aussi lapidairement. Alors, j'ai indiqué que "Brigade mondaine", rien que par la consonance des termes, signifiait qu'il s'agissait d'un problème de mœurs, de la répression des délits de mœurs. Mais encore faut-il définir ce que l'on doit entendre par le mot mœurs. Dans le "bréviaire du policier", à savoir le Code pénal, la loi parle de "l'outrage aux bonnes mœurs" (article 283). Mais pas de définition. Le grand Littré, avec grande prudence, se borne à énoncer que "les mœurs sont des habitudes considérées par rapport au bien ou au mal dans la conduite de la vie".

Nous ne pouvons pas nous arrêter au concept du bien et du mal, car nous ne nous en sortirons jamais, alors je préfère retenir la notion d'"habitudes", qui nous prévient que nous sommes sur un terrain glissant. Cela signifie, pour moi, que certains actes soulèveront un jour la réprobation uniquement parce qu'ils sont contraires aux habitudes du moment, alors qu'ils ne soulèveront plus rien du tout si les habitudes changent. Et rien n'est plus changeant qu'un mode de vie !»

Jacques Arnal évoque un exemple probant qui l'a beaucoup marqué : «En 1954, je me suis précipité au domicile de l'éditeur Jean-Jacques Pauvert, à Sceaux, pour y saisir sur les ordres du juge d'instruction le livre *Histoire d'O*, et ramener l'éditeur en garde à vue pour outrage aux bonnes mœurs. J'entends encore l'excellent Jean-Jacques me dire en levant les bras au ciel : "Je suis en avance de vingt ans !". Il avait raison.»

Histoire d'O

Le 31 mars 1955, la commission de surveillance réclame une interdiction d'exposition et des poursuites pour outrage aux bonnes mœurs pour le roman «pornographique» *Histoire d'O*. Puis c'est la commission spéciale du

Jean-Jacques Pauvert, l'éditeur d'Histoire d'O.

livre qui se déclare favorable à des poursuites contre «ce livre violemment et consciemment immoral, où des scènes de débauche à deux ou plusieurs personnages alternent avec des scènes de cruautés sexuelles, et qui contient un ferment détestable et condamnable».

À la mi-juillet, le commissaire Arnal reçoit à la Brigade mondaine l'éditeur Jean-Jacques Pauvert, qui a publié ce roman pornographique, Jean Paulhan, l'écrivain qui lui a déposé le manuscrit et qui a signé la préface («Le bonheur dans l'esclavage»), et Maurice Girodias, qui a édité de son côté simultanément la version anglaise sous l'enseigne The Olympia Press.

Les inspecteurs se relayaient pour tenter de faire avouer à l'un des trois hommes le nom de l'auteur. Qui a osé écrire l'histoire de cette femme «O», qui n'est pas comme «Justine» une victime affolée et sanglotante, en proie aux «infortunes de la vertu», mais une esclave amoureuse, rapidement consentante et prise corps et âme dans un univers physique et mental où la volupté jaillit des flagellations, des humiliations, des sévices et de la servitude érotique ?

Aucun des trois ne lâche un nom. Silence. Le mystère perdure. Qui est l'auteur qui se cache derrière ce nom : Pauline Réage ? Des aléas de procédure mettront fin aux poursuites.

La véritable histoire d'Histoire d'O

Dans son article publié dans *Le Crapouillot* de mars 1970, «Les pornocrates», le journaliste Jean Bourdier révèle le résultat de son enquête :

«Dans une préface qui fait beaucoup jaser, Jean Paulhan qui sera huit ans plus tard à l'Académie française, exalte les joies subtiles de l'état d'esclave. Dans l'alcôve comme dans la plantation. Mais, avec cette préface de Paulhan, on en vient au point qui pique encore plus les curiosités, et nourrit les chuchotements. Contrairement à bien des ouvrages érotiques, *Histoire d'O* est un livre fort bien écrit dans une prose élégante et glacée. On soupçonne derrière le pseudonyme de Pauline Réage, une personnalité littéraire connue à d'autres titres. Le premier suspect est naturellement Jean Paulhan. Pour beaucoup, la parenté de style entre la préface et le roman lui-même, la consonance du prénom féminin, choisi pour signer celui-ci, sont autant d'indices accablants pour le directeur de la NRF. Il est officiellement, de toute manière, celui qui a porté le manuscrit chez Jean-Jacques Pauvert.

D'autres soupçonnent André Pieyre de Mandiargues, vieux spécialiste de l'érotisme poético-baroque, qui chante avec enthousiasme les louanges d'O et son histoire. Soutenant que cette dernière n'a pu être inventée que par un homme particulièrement misogyne, un petit clan parle d'Henry de Montherlant. Les mois et les années passant, on en viendra à citer Raymond Queneau et même André Malraux, dont les incursions de jeunesse dans la littérature dite "spécialisée", sont bien connues.

Souriant derrière ses lunettes et ses moustaches à la chinoise, Jean-Jacques Pauvert se borne à maintenir sa version des faits : "Pauline Réage est bien une femme, elle n'est pas connue. Elle a simplement un jour, apporté un manuscrit à Paulhan, qui a fait le reste."

Les femmes, on commence d'ailleurs à y penser aussi. [...] On chuchote des noms : celui de Leonor Fini (qui illustrera en 1968 une édition de luxe du livre), de Louise de Vilmorin, mais surtout celui de Dominique Aury. Rapidement, les regards les plus lourds convergent vers cette dernière. Elle semble réunir toutes les conditions, âgée de quarante-huit ans à l'époque, secrétaire générale de la NRF, elle est la collaboratrice et l'amie intime de Paulhan. Elle a même travaillé directement avec lui, après la Libération, à la publication d'un choix de textes de résistance glorieusement intitulé *La patrie se fait tous les jours*. Détail piquant, sa seconde œuvre a été une *Anthologie de la poésie religieuse française*. [...] Pour ce qui est d'*Histoire d'O*, elle se défend avec acharnement.

Mme Dominique Aury, la secrétaire générale de la NRF, est la véritable auteure d'Histoire d'O.

"Je ne me sens pas tenue, proclama-t-elle, d'entendre les questions qu'on peut me poser à ce sujet et encore moins d'y répondre."

Cependant, le livre connaît une carrière vertigineuse. Le bouche à oreille fonctionne à merveille. En quatorze ans, l'heureux éditeur a franchi le seuil des cent soixante mille exemplaires en France, et près d'un million aux États-Unis, où il paraît en 1966.»

Et pourtant, un nouvel arrêté d'interdiction d'exposition a été signé en avril 1968. [...]

En octobre 1968, Jean Paulhan décède sans laisser le moindre indice. Il a choisi de partir et de laisser l'énigme planer sur la véritable identité de Pauline Réage.

Un an plus tard, en septembre 1969, Pauline Réage signe *Retour à Roissy*, la suite d'*Histoire d'O*.»

Dans une longue préface, elle entreprend de raconter la genèse de son livre, sans pour autant lever son anonymat. La préface porte le titre «Une fille amoureuse». Elle raconte la liaison de l'auteur avec un homme marié. Puis, un jour, la relation aurait pris fin, en laissant Pauline avec son amertume, mais un livre vendu à plus de 160 000 exemplaires.

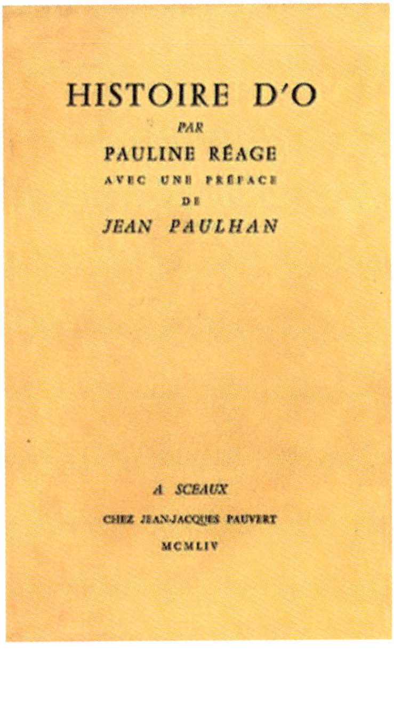

Quelques indices couraient. Le prénom de Pauline était emprunté à deux célèbres mondaines : Pauline Borghèse et Pauline Roland, tandis que Réage avait été trouvé sur un cadastre. Ce qui ramena certains chercheurs, ainsi que des esprits astucieux sur la piste de Dominique Aury. Originaire de Rochefort, certains géographes crurent reconnaître en Réage un nom de la région, voire une contraction de Ré et de Brouage.

Un mois plus tard, le journal *Minute* révélait que sur l'état officiel des créances des éditions Pauvert, le nom de la secrétaire générale de la NRF apparaissait au regard d'une somme de 17 119 000 francs. En principe, elle n'avait jamais écrit une ligne pour les éditions Jean-Jacques Pauvert. À cette révélation publique, Pauvert déclara nonchalamment : «Oui, il s'agit bien des droits d'*Histoire d'O*. Et alors ?»

En juin 1972, le représentant du ministre de l'Éducation nationale demande la levée de toute interdiction, mais Raymond Marcellin, le ministre de l'Intérieur, ne tient pas compte de cet avis.

En 1975 le roman paraît en feuilleton dans *L'Express*, est adapté en bande dessinée, au cinéma, et Régine Deforges sort ses entretiens avec Pauline Réage (*O m'a dit*). En octobre 1975, Michel Poniatowski ramène les arrêtés précédents à une interdiction aux mineurs.

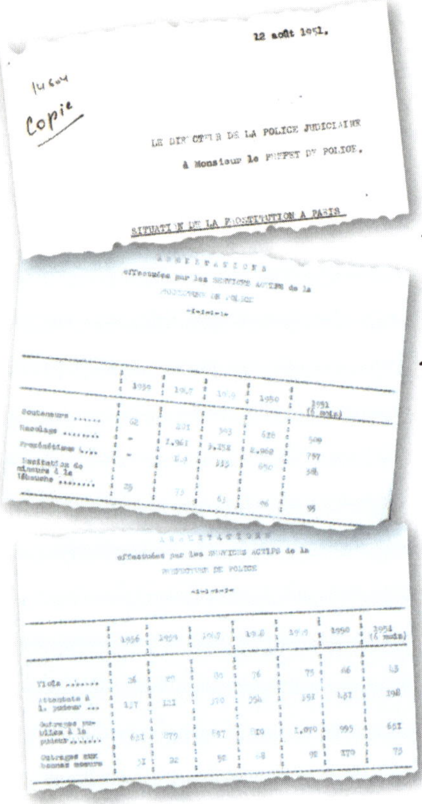

LES OUTRAGES PUBLICS À LA PUDEUR

Au sein de la Brigade mondaine, un groupe de six policiers, surnommé le groupe des "homos" ou "des vespasiennes", est chargé de constater les outrages publics à la pudeur commis dans des lieux publics par des homosexuels ou des exhibitionnistes. Ils surveillent la fréquentation des squares, des bosquets, des urinoirs, des bains de vapeur et des trois cinémas proches de la Porte Saint-Martin, repérés pour ce genre d'exhibition «le Bosphore», «Paris Ciné» et «Le Globe». Si dans les années 1954-1955, la Mondaine a procédé à 600 interpellations par an, durant les années qui ont suivis, ce chiffre a beaucoup baissé, car le groupe des "homos" s'est attaché à ne plus réprimer que les faits particulièrement scandaleux commis par deux ou plusieurs individus ensemble. Les tribunaux ne condamnaient plus les actes d'un simple onaniste.

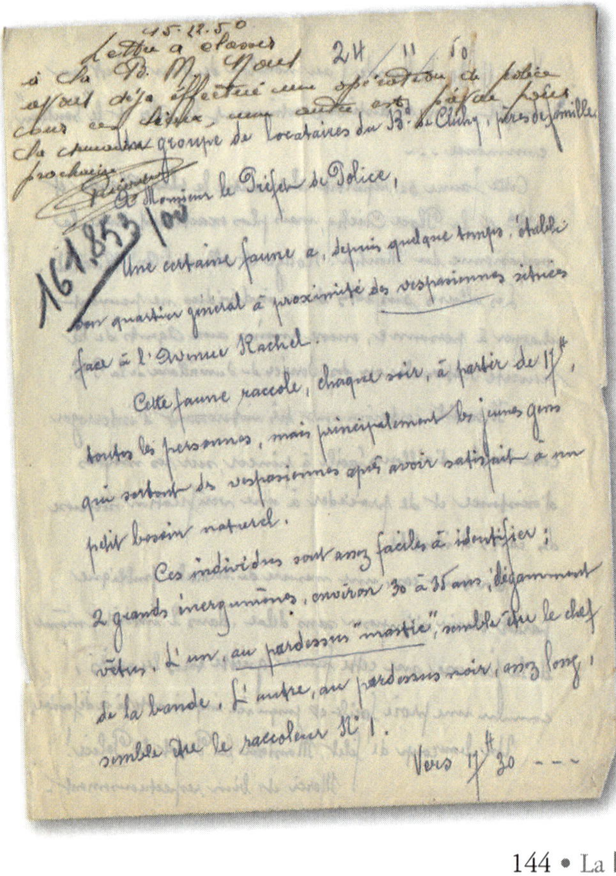

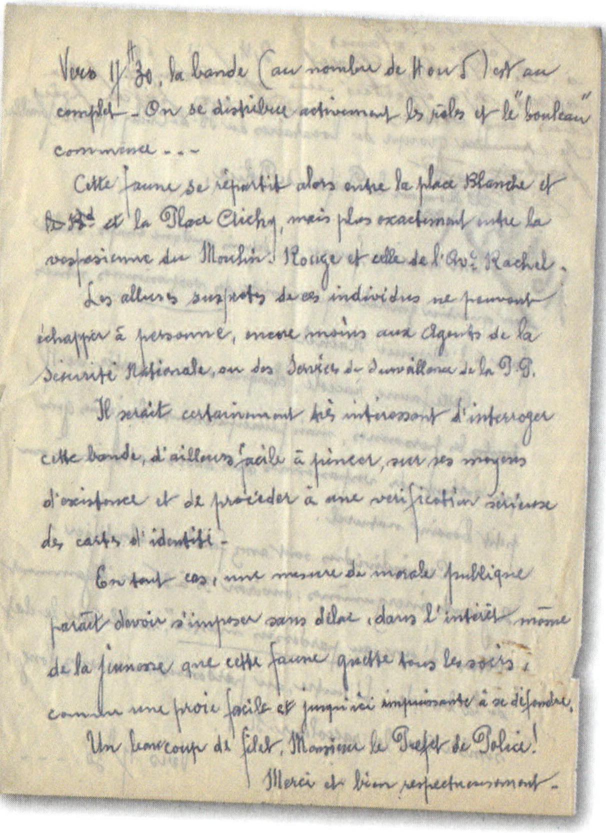

161853

CLASSER - BM : 1 + 2

LE COMMISSAIRE DIVISIONNAIRE. CHEF DE LA B.M.
A
MONSIEUR LE DIRECTEUR DE LA POLICE JUDICIAIRE.

OBJET – Activité des prostitués homosexuels ~~sur~~ le Boulevard de Clichy.
REFERENCE – Votre note D. 59/4054.

Le Droit Pénal français ignore l'homoséxualité en tant que telle : il n'en donne aucune définition légale et ne fait pas de son exercice un motif d'incrimination.

Cependant, certaines manifestations de l'homoséxualité deviennent punissables, à raison des circonstances dont elles s'accompagnent : si les actes d'homosexualité sont commis dans un lieu ouvert au public, ils sont poursuivis à titre d'outrage public à la pudeur; s'ils sont commis sur un mineur de 2I ans, ils tombent sous le coup de l'article 33I, 3° alinéa du Code Pénal qui frappe les "actes impudiques ou contre nature sur un individu du même sexe " agé de moins de 2I ans.

De même, la Loi du I3 avril 1946, qui a remanié et unifié les dispositions pénales concernant la prostitution, ne distinguent pas selon le sexe des individus qui se prostituent.

Les prostitués homosexuels sont donc soumis au même régime que leurs "consoeurs" : leur activité n'est pas punissable tant qu'elle ne s'accompagne pas de certains actes, strictement définis par la Loi et la Jurisprudence, qui constituent une infraction spéciale : le racolage(" Seront punis d'une amende de 6.000 à 40.000 frs inclusivement, et pourront l'être, en outre, de l'emprsonnement pendant 8 jours au plus ... ceux qui, par gestes, paroles, écrits ou par tous autres moyens, procéderaient publiquement au racolage de personnes de l'un ou de l'autre sexe, en vue de les provoquer à la débauche" – Art R. 38 – § IO du Code Pénal)

Les éléments constitutifs de cette infraction sont, d'ailleurs, particulièrement difficiles à établir à la charge des prostitués homosexuels. Ceux-ci, en effet, ne peuvent toujours savoir s'ils ont ou non à faire à un amateur. Pour éviter des méprises qui leur vaudraient, bien des fois, de facheuses algarades, ils évitent d'avoir recours à des procédés de racolage directs. Ils s'ingénient à engager la conversation, sous un prétexte futile, et à provoquer ainsi un conciliabule au cours duquel les offres seront murmurées et la transaction conclue. Puis, les deux futurs partenaires se rendront, à quelques minutes d'intervalle, dans un hotel voisin où ils se retrouveront.

La "provocation à la débauche" ne se manifeste donc pas de façon concrète, sous la forme d'une geste ou d'une parole d'invite aisés à constater. Soucieux, eux aussi, d'éviter des méprises, les policiers ne peuvent intervenir que dans les cas où l'infraction est établie de façon indiscutable, ce qui est trés rare : deux affaires de racolage par homosexuel ont été transmises au Tribunal en I958 et une en I959.

Par de fréquentes opérations de controle, à la suite desquelles les homosexuels sont conduits dans les locaux administratifs pour vérifications, la Brigade Mondaine s'efforce de limiter l'activité de ces individus et de les inciter à une certaine discrétion.

En ce qui concerne le seul Boulevard de Clichy, 309 individus, ont été ainsi interpellés au cours de l'année I959. Parmi eux, 27 prostitués homosexuels ont été dirigés sur les services du Dispensaire Saint Lazare, 5 mineurs en danger moral ont été conduits devant le Juge des Enfants,

Enfin, pour l'ensemble de l'agglomération parisienne, 333 individus qui se livraient à des actes contre nature dans des vespasiennes, cinémas ou bains de vapeur ont été déférés au Parquet

161853

BRIGADE MONDAINE

Cl dossier 2D.

24 aoû I955

En réponse à la note ci-jointe émanant de M. Jacques FERON Président du Conseil Municipal de la Ville de Paris et concernant le racolage homosexuel qui sévit actuellement dans certains quartiers de la Capitale, j'ai l'honneur de faire connaître ce qui suit:

Les surveillances et les opérations de dépistage ayant trait à l'homosexualité masculine constituent depuis une vingtaine d'années une des principales activités de la Brigade Mondaine.

C'est ainsi qu'une quarantaine de jeunes hommes sont interpellés chaque semaine sur la voie publique notamment boulevard de Clichy et rue du Colisée.

Il est à noter qu'il s'agit presque toujours des mêmes individus et leur comportement est semblable à celui des prostituées avec la différence qu'il n'abordent jamais le passant mais se laissent aborder par lui. D'ailleurs, l'homosexuel professionnel refuse et s'éloigne si, d'emblée, des propositions lui sont formulées, mais il accepte volontiers une invitation au cinéma ou au restaurant

Les bars où la clientèle est dans la majorité homosexuelle sont de l'ordre d'une dizaine à Paris.

Leur siège n'est pas constant, la clientèle étant dispersée rapidement en raison des opérations de police qui sont effectuées dès qu'un établissement est signalé.

A titre indicatif, durant les années I954 et I955, au cours de 87 opérations faites tant dans les bars que sur la voie publique, il a été procédé à environ 600 interpellations.

Etant donné l'absence de texte, s'ils sont majeurs leur situation est seulement examinée et ensuite ils sont photographiés. Dans ce cas, il peut en être dénombrés une quarantaine considérés comme " prostitués ".

A l'égard des mineurs abandonnés des mesures légales peuvent être observées et ils sont, dans ce cas, mis à la disposition de M. le Substitut près le Tribunal pour Enfant.

Brigade Mondaine
M. Metayer

E X T R A I T

du RAPPORT MENSUEL du COMMISSARIAT de POLICE
du QUARTIER du GROS-CAILLOU

-:-:-:-

(Mois de JANVIER 1958)

BRIGADE MONDAINE
N° 337 - 8 FEV 1958

....

....

De nombreux ressortissants du quartier se désolent que le Champ de Mars soit devenu une véritable forêt de Bondy. C'est peut-être exagéré mais ces jardins, qui, il n'y a pas si longtemps, faisaient la joie des hommes de cheval, des enfants et des vieillards, a vu sa faune évoluer d'une façon étrange. Les urinoirs des bosquets attirent les individus de moeurs douteuses ou spéciales, si bien que les nombreux cours privés avoisinants n'osent plus y mener les enfants s'y récréer, et, le soir venu, les gens évitent d'y passer.

Plusieurs, non initiés, en ont fait la fâcheuse expérience en janvier.

Il y a un manque de surveillance évident, ne parlons pas de la Police Municipale, qui peut arguer de tâches multiples et peut-être plus urgentes, mais des gardes municipaux, mutilés pour la plupart, au demeurant fort respectables, mais limités.

M. André MICHEL, Commissaire de Police

À la fin des années 1950, certaines vespasiennes, dont celles du Champ-de-Mars (avenue Barbey d'Aurevilly) étaient devenues le rendez-vous d'homosexuels mais aussi du "gang des traqueurs de pissotière". Ils repéraient leurs victimes et lorsque la proie répondait à leurs avances, l'un deux affirmait être inspecteur de police. Il procédait alors à une arrestation factice et n'acceptait de laisser partir ses victimes que contre une forte somme d'argent.

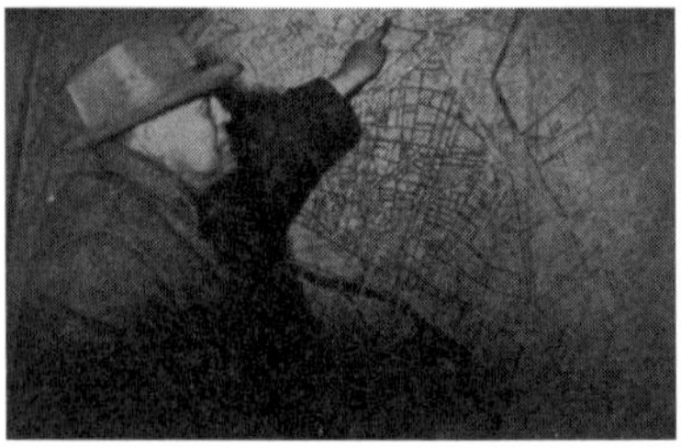

Le point sur l'opération Vénus dans les locaux de la Mondaine.

Départ de la cour du 36 quai des Orfèvres pour l'avenue Foch.

"OPÉRATION VÉNUS". UNE SÉRIE DE RAFLES DE NUIT AVENUE FOCH

Dans son rapport du 12 août 1951, le directeur de la Police judiciaire expose au préfet de police la situation de la prostitution à Paris, conformément à sa demande.

«... des prostituées, en grand nombre, stationnent aux alentours de l'Étoile, avenue Foch. Elles ne racolent pas, elles attendent le signal de l'automobiliste qui passe. Celui-ci s'arrête, le fille monte et ils vont un peu plus loin dans une rue sombre ou dans le Bois de Boulogne pour échanger des gestes intimes. Ces manifestations se répandent, s'amplifient et témoignent de besoins que la législation ignore ou réprouve. Les mesures qu'il convient d'envisager doivent essentiellement avoir pour objet de renforcer le contrôle sanitaire des prostituées et d'autre part de permettre une répression plus efficace et plus adéquate de leurs manifestations publiques. Tout doit concourir à réduire le nombre de filles.»

Après contrôle et vérification à la Mondaine, les filles qui n'ont pas leur carnet sanitaire en règle sont conduites d'autorité à la Maison Saint-Lazare pour une visite médicale.

Max Fernet, directeur de la Police judiciaire, dans son bureau, 36 quai des Orfèvres.

LA SECRÉTAIRE PARTICULIÈRE DU DIRECTEUR DE LA POLICE JUDICIAIRE

Membre du personnel administratif de la police pendant quarante ans, cette femme d'un dynamisme et d'une joie de vivre communicative, aujourd'hui retraitée, aime se souvenir de son parcours atypique : douze ans au 36 quai des Orfèvres (mars 1958-janvier 1970), puis vingt-huit ans à la direction centrale de la Police judiciaire, rue des Saussaies.

«Je suis entrée dans la police tout à fait par hasard. Pour faire plaisir à une copine qui passait le concours de sténodactylo. Elle ne voulait pas le passer toute seule, alors je suis allée le passer avec elle. Pour ma première affectation, je me suis retrouvée à la PJ, 36 quai des Orfèvres. Au bureau administratif, on m'a donné quelques papiers à remplir et on m'a demandé d'aller me faire photographier. Je me suis retrouvée pour la première fois de ma vie dans un endroit que je pensais ne pas pouvoir exister : le dépôt, la prison du quai des Orfèvres.

Dans le quartier des femmes, des sœurs en cornette nous recevaient. Les sœurs de Marie-Joseph, qui se chargent depuis 1865, avec dévouement et tendresse, des détenues du Dépôt. C'est là, qu'on m'a prise en photo, en pied, de face, de profil. Ça a été mon premier contact avec la police.

Au pool dactylographique, où j'ai été affectée, le travail consistait à taper tous les rapports des brigades centrales de la Police judiciaire. Les policiers ne tapaient pas eux-mêmes les gros rapports. Il nous arrivait aussi d'être demandées par les brigades centrales (Crim', Mineurs, Stups, Mondaine…) lorsqu'il leur manquait du personnel pour prendre des procès-verbaux de procédure.

C'est comme ça que je me suis retrouvée à la Brigade des mineurs à taper des procès-verbaux pour une affaire d'avortement. Je me suis retrouvée face au mari d'une "faiseuse d'anges". J'avais à peine vingt ans. La majorité était à vingt et un ans, à l'époque. J'ai découvert des mots que j'ignorais, je ne savais pas du tout comment ça s'écrivait. À vingt ans, à la fin des années cinquante, on ne connaissait pas tout ça. Une femme qui se faisait avorter, c'était grave. Et c'est à ce moment-là que le chef de service, le commissaire divisionnaire est entré. Il a pris conscience de la situation et m'a demandé mon âge. Il s'est mis dans une grande colère en apprenant que j'étais mineure. Il a averti le chef du pool dactylo, en lui faisant des reproches, et m'a demandé de ne surtout pas en parler à mes parents, quand je rentrerai le soir à la maison.

En 1958, sous la IVe République, les femmes étaient rares à la PJ. Hormis, celles affectées au personnel administratif. Les seules femmes qui existaient en service actif étaient les assistantes de police à la Brigade des mineurs. Elles venaient pratiquement toutes du corps des assistantes sociales. Elles n'étaient pas policier. Le chef des assistantes de police et son adjointe portaient la tenue des assistantes sociales : costume gris avec un béret portant une croix rouge. Dans la Brigade, les femmes en service n'avaient pas le droit de traverser le couloir pour adresser la parole aux hommes.

L'escalier mythique du 36 quai des Orfèvres. Au deuxième étage : la Brigade mondaine.

Les prostituées et les travestis interpellés par la Brigade mondaine passent de longues heures en garde à vue dans cet étroit "aquarium".

Un des nombreux bureaux du 3e étage du 36 quai des Orfèvres, en 1958.

À la fin des années cinquante, la Brigade mondaine était installée au 36 quai des Orfèvres. Vous entriez par la porte A. Dans la grande cour, à gauche, vous montiez deux étages. Là, il y avait deux grandes portes. À droite : les bureaux de la direction avec la salle d'attente, à gauche : un long couloir. Côté droit : la documentation, les statistiques. Côté gauche : les bureaux des contrôleurs généraux, puis les locaux de la Mondaine. Au fond du couloir : le bureau du patron, avec une double porte-sas d'entrée et deux boutons lumineux pour indiquer s'il était disponible ou occupé. Un escalier en bois desservait le troisième.

Au troisième étage : la Brigade criminelle et la Brigade de voie publique. Avec une immense salle dans laquelle se trouvaient tous les inspecteurs. Il n'y avait pas de séparation, pas d'intimité. Pas de bureaux séparés. C'est dans ce grand local, très enfumé que les gens qui étaient arrêtés, étaient entendus...

Le directeur du 36, Max Fernet, mon patron, mon "maître administratif", avait beaucoup d'humour. Pour isoler du regard la salle d'attente de la direction avec ses trois fauteuils anodins au deuxième étage, de la rotonde ouverte de la Crim au troisième, il décida de modifier le hall du deuxième. Il transforma la salle d'attente en vaste boudoir fermé. En allégorie d'une maison close, avec ses deux nubiens porte-torches, sa méridienne, ses sofas, ses consoles... Max Fernet a été un grand commis de l'État. Un grand directeur qui a vécu de grandes affaires. Physiquement, c'était un homme de taille moyenne, cheveux grisonnants, portant des lunettes. Un monsieur froid, mais très humain. Il était respecté de tous ses inspecteurs. Il s'impliquait personnellement.

Nous n'étions pas loin de la fin de la guerre. Dans la police, s'étaient retrouvés des individus qui avaient travaillé pendant l'Occupation, qui avaient été épurés, condamnés, et, pour ceux qui n'avaient pas eu de grosses peines, réintégrés. Et il y avait fatalement des hommes qui avaient participé à la Résistance. Ça faisait un curieux mélange. Assez détonant. C'étaient des gens durs. Vous aviez l'impression que c'étaient des gens qu'on ne pouvait pas atteindre. Sans état d'âme. Ils travaillaient dans la boue, dans le gris. Ils sont, comme je le suis devenue, à part, des gens que l'on ne pouvait qualifier de normaux. À part quelques anecdotes, ce n'est pas racontable, tous ceux qui ont écrit leur parcours, l'ont enjolivé. Nécessairement.

Je me refuse de les lire, je connais trop la part cachée, la vraie, l'indicible pour ceux qui ne l'ont pas vécu. La PJ, c'est comme une passion amoureuse.

Pratiquement tous les jours à la même heure, je rencontrais en allant me rendre au métro, place du Châtelet, des messieurs qui descendaient de la Brigade de la voie publique. Habillés comme sous l'Occupation, un grand manteau en cuir noir et un chapeau mou l'hiver, ils me disaient toujours : "Il ne faut pas, jeune fille, se promener toute seule dans les couloirs du Palais, ça peut être dangereux, donc on vous accompagne". Systématiquement, on s'arrêtait à un petit bistrot, on buvait des "mominettes", du Pastis servi dans un petit verre.

Tous les inspecteurs étaient habillés en costume sombre, cravate unie, manteau noir, chapeau mou, et port de la moustache quasi obligatoire. Les patrons portaient le costume trois-pièces. C'était la culture maison. L'atmosphère du 36 a changé. Autres temps. Autres mœurs.»

DOUBLE RÉPRESSION : LES PROSTITUÉES ET LES PROXÉNÈTES SONT CIBLÉS

Dans son rapport annuel de l'année 1956, le commissaire Julien Couvignou, chef de la Brigade Mondaine, constate que toutes les prostituées arrêtées en flagrant délit de racolage ont été conduites au Dépôt à la disposition du procureur de la République, mais toutes, sauf cas exceptionnel, ont été remises en liberté provisoire par le parquet. Devant cet échec de répression, il demande aux pouvoirs publics d'autres moyens, d'autres mesures. Deux ans après, l'ordonnance du 23 décembre 1958 va remédier à cette situation d'une manière plus pragmatique. Le racolage n'est plus un délit puni de 6 mois à 5 ans de prison, que les juges n'appliquaient pas, mais une contravention que les policiers vont pouvoir dorénavant multiplier.

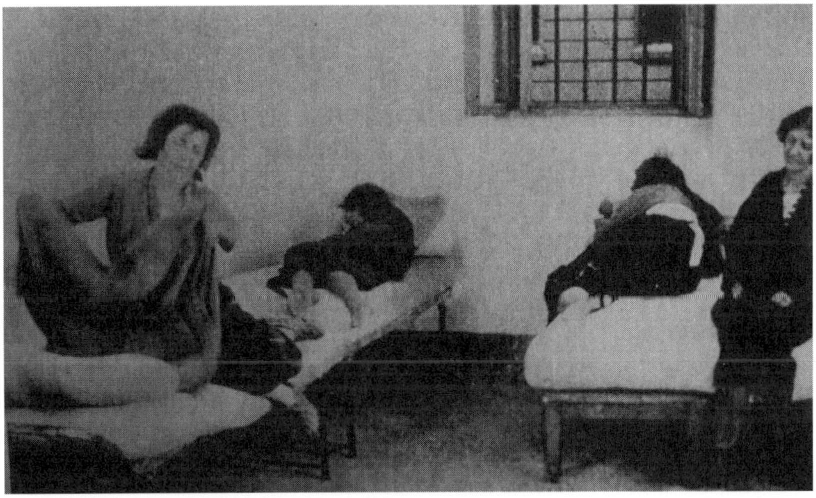

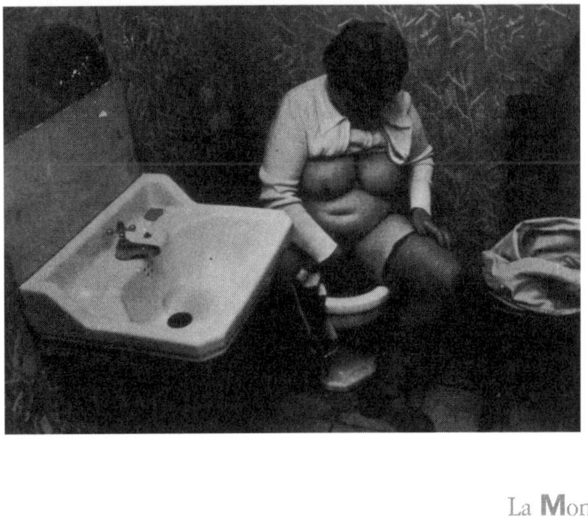

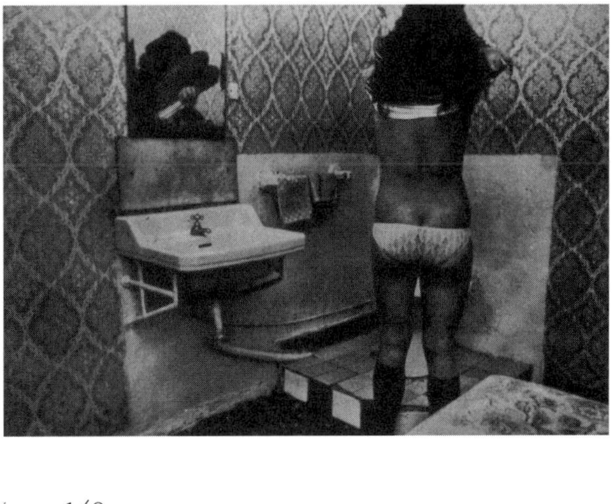

Le commissaire Pierre Ottavioli, en 1970, dans son bureau, 36 quai des Orfèvres.

PIERRE OTTAVIOLI PATRON DE LA MONDAINE DE 1965 À 1970

En 1965, le commissaire Pierre Ottavioli quitte la quatrième brigade territoriale, rue Achille Martinet (XVIIIe), qu'il a dirigée pendant un an et demi. Max Fernet, dit «le menteur», directeur de la PJ, vient de lui proposer de prendre la direction de la Mondaine, au 36 quai des Orfèvres.

«Je n'avais aucune idée de là où j'allais mettre les pieds. Dans des services comme la quatrième brigade territoriale, on ne s'occupait pas du tout des hôtels de passe, ils étaient du domaine exclusif de la Brigade mondaine. Nous avions une compétence générale : stups, braquages, vols à la roulotte…

Qui dit Mondaine dit corruption. Quand il m'est arrivé de donner des cours à l'école des Commissaires, à Saint-Cyr-au-Mont-d'Or, il y avait toujours à un moment ou à un autre, des observations sur la corruption. La Mondaine n'était jamais loin dans les esprits…

Je me suis vraiment retrouvé à la tête de ce service, sans le souhaiter. J'ai pris la succession d'André Simbille qui était là depuis 1963. La Brigade s'occupait des affaires de proxénétisme et de stupéfiants. En matière de stupéfiants, le phénomène démarrait. En un an, on ne faisait pas les chiffres d'une journée actuelle.

Nos missions étaient de sanctionner les outrages publics à la pudeur (essentiellement l'homosexualité), les outrages aux bonnes mœurs (publications, spectacles et films pornographiques), de faire fermer les hôtels de passe, notamment, en matière de proxénétisme. Nous avions alors deux groupes de cinq personnes chacun, soit dix personnes pour traiter du proxénétisme hôtelier, jour et nuit, pendant trois cent soixante-cinq jours. On ne faisait que du coup par coup, pour ce qui paraissait le plus scandaleux.

Dans le 18e arrondissement, il y avait la queue qui s'étalait sur le trottoir, devant les hôtels de passe.

"Monsieur Ottavioli, il faut me débarrasser des prostituées de la Chapelle", m'a dit le préfet de police Maurice Grimaud. J'ai mis mes deux groupes sur le secteur. Procédures sur procédures. Tous les gérants sont partis au dépôt. Les hôtels ont préféré, devant la vague répressive, devenir beaucoup plus discrets. Les filles qui ne pouvaient plus y travailler sont allées dans le 17e, tout autour du parc Monceau et autour de l'Étoile. Mais ce qui était possible, acceptable dans le 18e, était par contre intolérable dans le 17e ! Suite à la pression des riverains, le ministre de l'Intérieur et M. Missoffe le député du 17e sont intervenus. Ils ne voulaient aucune fille sur l'arrondissement.

Du coup, nous avons relâché la pression sur le 17e. Les filles ont migré. Docilement, elles sont revenues dans le 18e. Elles connaissaient tellement bien le quartier.

Il était impossible de vouloir juguler le proxénétisme hôtelier en un rien de

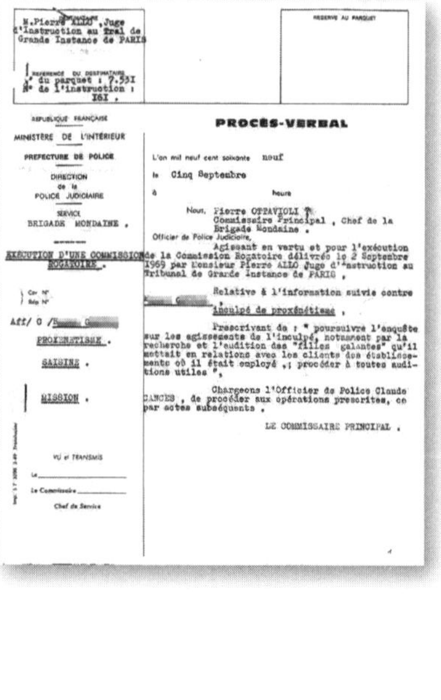

DESTINATAIRE
M. Pierre ALLO, Juge d'Instruction au Trbal de Grande Instance de PARIS

RÉFÉRENCE DU DESTINATAIRE
N° du parquet : 7.531
N° de l'instruction : 161.

RÉSERVÉ AU PARQUET

RÉPUBLIQUE FRANÇAISE
MINISTÈRE DE L'INTÉRIEUR
PRÉFECTURE DE POLICE
DIRECTION de la POLICE JUDICIAIRE
SERVICE BRIGADE MONDAINE.

EXÉCUTION D'UNE COMMISSION ROGATOIRE.

Cor N°
Rép N°

Aff/ G /[redacted]

PROXÉNÉTISME.

SAISINE.

MISSION.

VU et TRANSMIS
Le
Le Commissaire
Chef de Service

PROCÈS-VERBAL

L'an mil neuf cent soixante neuf
le Cinq Septembre
à heure

Nous, Pierre OTTAVIOLI, Commissaire Principal, Chef de la Brigade Mondaine.
Officier de Police Judiciaire,

Agissant en vertu et pour l'exécution de la Commission Rogatoire délivrée le 2 Septembre 1969 par Monsieur Pierre ALLO Juge d'Instruction au Tribunal de Grande Instance de PARIS,

Relative à l'information suivie contre [redacted], inculpé de proxénétisme,

Prescrivant de : " poursuivre l'enquête sur les agissements de l'inculpé, notamment par la recherche et l'audition des "filles galantes" qu'il mettait en relations avec les clients des établissements où il était employé ; procéder à toutes auditions utiles ",

Chargeons l'Officier de Police Claude CANCES, de procéder aux opérations prescrites, ce par actes subséquents.

LE COMMISSAIRE PRINCIPAL.

temps. Notre action n'empêchait pas le gérant d'enlever les scellés de la chambre et de les recoller quand il faut, à bon escient. On ne pouvait pas passer notre temps à vérifier. Ils louaient aussi leurs propres appartements. Pas de petit profit. L'hôtel finissait au bout de deux ou trois récidives par être totalement fermé pour un temps. La durée de ces "moments interdits" était très variable d'une affaire à l'autre. La prostitution, c'est le tonneau des Danaïdes.

La loi du 13 avril 1946, dite de Marthe Richard, était très ambiguë. La prostitution était proclamée libre, mais tout ce qui facilitait cette liberté était puni. Notre mission était de faire en sorte que personne ne puisse aider les prostituées à exercer leur profession. La prison Saint-Lazare était la suite logique de leurs interpellations. Alors que dans la cage, en garde à vue, elles criaient, pleuraient, gémissaient, au dépôt, dans la section femmes tenue par les sœurs de la congrégation de Saint-Joseph, plus aucune ne pipait mot…»

Octobre 1965 : l'affaire Ben Barka

Mehdi Ben Barka.

Juin 65 : j'arrive au service de la Mondaine. Avec les vacances et les congés des uns et des autres, je ne connaissais pas encore bien mon équipe.

L'opération s'est faite totalement à mon insu. La Crim' avait été chargée de l'enquête. Mais j'étais le patron des deux inspecteurs Louis Souchon et Roger Voitot qui dépendaient de la section Stupéfiants. Avec une voiture de service, ils ont enlevé, le 29 octobre 1965, le chef de l'opposition marocaine Mehdi Ben Barka à la sortie du restaurant Lipp, 151 boulevard Saint-Germain. Ils l'ont amené à la villa, puis il a été perdu de vue…

Mes deux inspecteurs ne savaient pas ce qu'allait devenir Medhi Ben Barka. Louis Souchon et Roger Voitot étaient en relation avec Antoine Lopez qui leur donnait des renseignements pour les stupéfiants. Lopez, qui était chef d'escale d'Air France à l'aéroport d'Orly et honorable correspondant du Service de documentation extérieure et du contre-espionnage a dû leur demander ce service : enlever Ben Barka, mais ils ne pensaient pas que cela pouvait aller, à l'instigation du gouvernement marocain, jusqu'à l'assassinat. Toujours est-il que je suis resté étranger à l'affaire, et n'ai jamais été entendu comme témoin. Ni par la police, ni par le juge.

Mon directeur, M. Max Fernet, m'a résumé, dans son bureau, la situation en une phrase : "M. Ottavioli, moins vous en saurez, mieux vous vous porterez".

Très vite, j'ai été convoqué par le préfet de police, M. Papon : "M. Ottavioli, il faut changer 80 % de vos effectifs". Ce qui revenait à détruire le service. Dans les trois mois qui ont suivi, j'ai changé 50 % de mes fonctionnaires. Les faire partir était facile, compte tenu du contexte, mais personne ne voulait intégrer cette brigade. Avec mon premier adjoint Aimé Blanc, nous avons forcé, contraint les inspecteurs à venir…

Couverture du livre témoignage, rédigé par le préfet de police de Paris, M. Maurice Grimaud en fonction lors des évènements de mai 68.

Mai 68

Les problèmes de mœurs sont passés pour quelques semaines au second plan. On ne nous a posé pratiquement plus aucune question sur les réceptions habituelles de femmes de débauche dans les hôtels. La présence de prostituées

Le commissaire Pierre Ottavioli interviewé par la presse, après l'évacuation de la Sorbonne, le 3 mai 1968, par les forces de police.

dans les débits de boissons, les "call-girls", les actes d'outrage public à la pudeur des homosexuels dans les vespasiennes, dans les cinémas, dans les bains de vapeur, dans les squares, les travestis aux bois de Boulogne, les constats d'adultère chez les grands bourgeois, les outrages aux bonnes mœurs, tout cela était passé au second plan.

Les effectifs étaient totalement accaparés par la direction pour d'autres tâches. Les événements de Mai ont entraîné, pendant deux mois, l'arrêt total d'activité des services répressifs de la Mondaine.

La Sorbonne évacuée par les forces de police

Un paradoxe qui a été possible dans des conditions bien particulières. Un dimanche, alors que j'étais de permanence pour l'ensemble de la direction de la Police judiciaire, j'ai été chargé d'identifier les agresseurs qui avaient donné un coup de couteau à une victime à proximité de la Sorbonne. Je me suis rendu sur place, pour le bien-fondé de l'enquête. Le 3 mai, la Sorbonne était occupée. J'ai expliqué aux vigies étudiantes, que je faisais une enquête de police judiciaire. Avec mon assistant, nous avons pénétré à l'intérieur sans difficulté et avons travaillé normalement.

Dans le même temps, M. Marcellin, le ministre de l'Intérieur, avait demandé au préfet de police Maurice Grimaud de faire évacuer la Sorbonne.

Quand on a su que la police allait arriver, que la Sorbonne était encerclée, et que nous étions aux mains des étudiants, nous avons passé un mauvais quart d'heure mon assistant et moi. Mais tout s'est bien passé.

Je suis sorti de la Sorbonne en tête des étudiants évacués !

Fort de ce succès qui ne me devait rien, j'ai par la suite été chargé de l'évacuation de l'école des Beaux-Arts et de la faculté des sciences.

L'affaire Markovic

L'affaire Markovic a marqué mon passage à la Brigade mondaine. Elle était traitée sur le plan de l'assassinat par le SRPJ de Versailles. Deux inspecteurs de la Mondaine, attachés au «groupe de la galanterie», ont été chargés de recueillir des informations.

Dans la mesure où cette affaire avait débordé sur le show-business et le milieu de la nuit, pour atteindre M. Pompidou et sa femme, nous étions missionnés pour savoir si effectivement ce qui était annoncé par la presse pouvait avoir un fondement ou si c'était pure imagination de la part de certains protagonistes.

Dans le métro, aux arrêts de bus et dans les lieux publics étaient diffusées des photographies pornographiques sur lesquelles on reconnaissait le visage de Mme Pompidou.

Au service, le groupe des OBM a fini par trouver la revue pornographique d'où la photo originale avait été extraite. Le visage de l'actrice suédoise avait été remplacé par celui de Mme Pompidou. Photo truquée. La presse d'opposition s'est emparée avec délectation de l'affaire. Le Tout-Paris ne parlait que de l'affaire Markovic. Les rumeurs se sont amplifiées. Mais le jour où nous avons pu prouver le trucage, le battage médiatique sur ce point s'est arrêté net. Le jour où le scandale disparaît, cela ne fait plus vendre. C'est l'un des travers de la presse.

La presse au 36

Jusqu'en 1981, quelques journalistes (*AFP, Le Figaro et France Soir*) avaient un bureau accrédité, au deuxième étage du 36 quai des Orfèvres. Ils allaient de service en service pour obtenir des informations pour nourrir leur papier. Les journalistes vivaient avec nous. Nous avions de très bons rapports de confiance, jamais ils ne trahissaient un renseignement donné à titre confidentiel jusqu'au moment où nous leur donnions le feu vert.

C'est Gaston Defferre qui a mis un coup brutal au système. Il a retiré la parole aux commissaires de police pour la donner aux syndicats, pour faire en sorte que les journalistes n'obtiennent leurs renseignements qu'au cabinet du ministre. Ensuite, il ne nous fut permis de donner des infos à la presse sur les affaires judiciaires que par délégation du procureur de la République.

Le musée de la Mondaine

Un musée très privé. Totalement interdit aux femmes. D'ailleurs à la Mondaine, il n'y avait pas de femme. Élément perturbateur.

Dans une pièce, au deuxième étage du 36, étaient exposés de multiples objets qui avaient été mis sous scellés lors des perquisitions : de la ceinture de chasteté aux cages métalliques pour les séances SM. À l'issue du jugement, ces saisies étaient confiées au musée de la Mondaine, plutôt que d'être détruites.

Moi seul en détenait la clé. De même, j'étais l'unique garant de la clé du grand coffre métallique de trois mètres de haut, installé dans mon bureau, où s'entreposaient les multiples dossiers roses qui renfermaient les "blancs".

Le «groupe des cabarets»

Le fameux groupe des cabarets, celui par qui le scandale peut arriver. Toutes les nuits, un binôme de deux policiers bien habillés (costume, cravate, chapeau) surveillait les cabarets, les discothèques, les night-clubs, les bars de nuit, afin de s'assurer de leur bon fonctionnement, mais aussi afin de recueillir des informations confidentielles. Qui fréquente l'établissement ? Qui vient chercher des filles ? Quelles sont les rumeurs sur le Milieu ? Qui sont les nouveaux actionnaires de tel cabaret ?...

Les renseignements retranscrits sur des "blancs" étaient faits pour informer le préfet de police et le ministre de l'Intérieur de ce qui pouvait les intéresser. C'était très important sous la IIIe République, beaucoup moins sous la IVe et sous la Ve. Je ne pense pas, que cela ait servi à grand-chose comme réel moyen de pression. J'y vois avant tout le plaisir de savoir.

Du fait divers à l'affaire d'État : l'affaire Markovic

Le 1er octobre 1968, le corps de Stephan Markovic, ancien garde du corps d'Alain Delon, est découvert enroulé dans une enveloppe de matelas, dans une décharge publique à Élancourt (Yvelines). C'est le début d'une des plus sales affaires de la Ve République. L'homme est connu pour organiser et participer à des fêtes libertines à Saint-Tropez, vivre de menus larcins et avoir eu une brève liaison avec Nathalie Delon, la femme de son ex-patron.

Dans une lettre envoyée quelques jours avant sa disparition, Markovic prévenait : «S'il m'arrive quelque chose, il faut chercher du côté d'Alain Delon et de François Marcantoni, un Corse, un vrai gangster.»

Le juge Patard, qui mène l'instruction, interroge Alain et Nathalie Delon, puis Marcantoni. Rapidement, l'enquête dévie et s'intéresse aux soirées «très chaudes» qu'organisait Stephan Markovic. Une lettre anonyme publiée dans *Le Figaro* implique de hauts fonctionnaires et d'anciens membres du gouvernement.

Le journal *Minute* avance que «l'ami des vedettes négociait très cher des photos très compromettantes». Notamment celles de «la femme d'un homme politique». Le nom de Claude Pompidou est lancé. La rumeur enfle. Le Tout-Paris ne parle que de «Pompidou dans la tourmente». Un certain Boris, Yougoslave, a des révélations à faire. Il confie que Stephan Markovic lui a dit, lors d'une soirée : «Tu as vu la grande blonde qui était là. C'est la femme du Premier ministre.»
Témoignage de mythomane ? Fausse déclaration ?
La presse de l'opposition s'empare du dossier. Profondément affecté, Pompidou prend conscience de la manipulation montée contre lui, pour lui nuire, par l'intermédiaire de sa femme. La campagne de salissage opère.
Il soupçonne René Capitant, le garde des Sceaux, que les déclarations de Boris auraient fait rire, d'avoir incité les juges à poursuivre l'affaire.
Qui a tenu le stylo de Boris, délinquant yougoslave, à demi illettré ? Quel a été le rôle des services secrets dans cette affaire ?
L'ancien Premier ministre s'émeut surtout de l'attitude de celui qu'il respecte profondément : le président de la République.
«À trop vouloir dîner en ville dans le Tout-Paris, comme aiment le faire les Pompidou, et à y fréquenter trop de

Le «groupe des clandestins ou groupe de la galanterie»

Les "clandés" étaient des maisons closes reconstituées. Totalement illégales. Tout le monde les connaissait : la police au plus haut de la hiérarchie, le gouvernement, les journalistes, le milieu artistique, les hommes d'affaires du monde entier, déjà...

Le Tout-Paris avait ces numéros de téléphone dans son répertoire. Notre mission principale était d'éviter le scandale. Il est clair que jour et nuit, il y avait des violations de la loi, mais c'était presque secondaire, du moment que l'on veillait avant tout à la sauvegarde du politiquement correct. Journalistes et policiers puisaient aux mêmes sources, les mêmes informations et les mêmes ragots.

Le «groupe des outrages publics à la pudeur»

J'avais dans la brigade un groupe spécialisé pour les bains de vapeur, les vespasiennes, les jardins publics, les salles de cinéma. Ils surveillaient et interpellaient en flagrant délit toutes les infractions d'outrage public à la pudeur en relation avec l'homosexualité.

En 1962, le «groupe des outrages publics à la pudeur» avait réalisé cent soixante-douze affaires qui avaient mené à l'inculpation de trois cent quarante-neuf individus.

Le «groupe de l'adultère»

Un petit groupe, surnommé "groupe des cocus". Il procédait à des enquêtes préliminaires sur instruction du parquet, afin de vérifier le bien-fondé de certaines plaintes, et d'exécuter les ordonnances de constat délivrées par le juge d'instruction.

Seules les affaires qui impliquaient des personnalités politiques, diplomatiques, artistiques, mises en cause étaient confiées à ce groupe spécialisé dans l'adultère. Les autres restaient dans les commissariats.

Ces affaires, souvent très délicates à traiter, exigeaient patience, diplomatie, discussion et finesse.

Aujourd'hui, l'adultère (de la femme) et l'entretien de concubines au domicile conjugal pour l'homme ont disparu du Code pénal.

Le «groupe des bars»

Le groupe des bars était spécialisé à la Mondaine pour répondre à l'extension des bars à hôtesses, l'un des refuges des prostituées.

Lumière tamisée, musique d'ambiance, drapé rouge les caractérisaient le plus souvent. Le client y était attendu par des hôtesses bien particulières dont la mission essentielle était de faire consommer du champagne au client, au prix fort. Le client payait à la caisse. La fille était rétribuée à la bouteille, "au bouchon". Elle partait ensuite avec le client dans l'hôtel voisin ou chez lui pour une passe ou pour la nuit.

Dans certains bars, les "hôtesses" ne sortaient pas, elles utilisaient très certainement les alcôves ou les grandes banquettes. Sans doute. Jamais en notre présence, du moins je crois.

Cinq officiers de police étaient chargés de surveiller ces bars qui recevaient des prostituées, et de s'assurer de leur mode d'exploitation. Ils y recueillaient des renseignements intéressants.

Pour démontrer la prostitution, ils suivaient les filles avec leur client. Ils pouvaient ainsi réprimer l'activité de proxénétisme de ces exploitants de boissons.

Dès 1966, vingt-six procédures avaient été établies à l'encontre des patrons qui acceptaient ou, l'on va dire, qui toléraient qu'habituellement une ou plusieurs filles viennent racoler leurs clients au bar. L'habitude était nécessaire pour qu'il y ait délit. Si elle n'était pas prouvée, ces établissements à hôtesses avaient, sur avis conforme de la Brigade mondaine, l'autorisation d'ouverture pour toute la nuit, délivrée par le préfet de police. Dans le cas contraire, ils devaient fermer de 2 h à 4 h. Dans les cas les plus graves, ils pouvaient faire l'objet de mesures de fermeture.

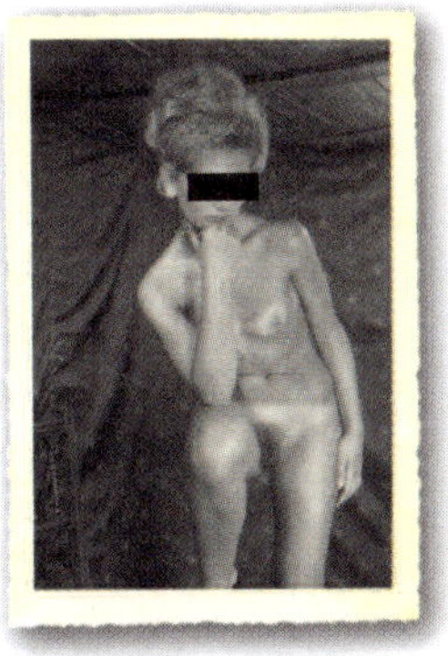

Le «groupe des OBM»

OBM : outrage aux bonnes mœurs. Un groupe de huit fonctionnaires surveillait la vente de films, de photos, de disques, de livres et de revues pornographiques. Interdiction de voir un poil pubien, un sexe en érection, des enfants ou des adolescents nus dans des positions licencieuses… Les affiches de cabarets de strip-tease, de spectacles osés étaient surveillées de près.

Auteurs, éditeurs, imprimeurs et libraires d'œuvres pornographiques ou obscènes étaient traqués et mis en cause pour outrage aux bonnes mœurs.

Je me souviens être allé vérifier si la représentation annoncée comme devant permettre le passage de comédiens nus sur scène ne posait pas de problème dans le cadre du spectacle Hair. Pour la première, les lumières étaient parfaites. Tout était très décent. Je n'ai pas cru devoir proposer l'interdiction de ce spectacle. Par la suite, les lumières étaient, je pense, beaucoup plus vives…

Le «groupe des souteneurs»

Il y avait également le "groupe des souteneurs" qui surveillait et réprimait les proxénètes, du "julot casse-croûte" aux voyous impliqués dans des réseaux de banditisme.

Les Stups

Les problèmes de drogue avaient disparu avec l'Occupation pendant la guerre. Avant : c'était l'opium. Pendant : les sources avaient totalement tari.

monde et de demi-monde, il ne faut pas s'étonner d'y rencontrer tout et n'importe qui», avait lâché le Général à son fils.

L'affaire a eu une conséquence personnelle entre les deux hommes : la rupture.

Pompidou part pour l'Italie, et non la Yougoslavie, comme il en avait l'intention, et annonce qu'il sera candidat à l'élection présidentielle, lorsqu'il y en aura une. De Gaulle réplique : «J'ai le devoir et l'intention de remplir mon mandat jusqu'à son terme.»

Peu de temps après, maître Jacques Isorni, avocat de Marcantoni, demande l'audition du couple Pompidou par le juge. Le 12 mars, M. et Mme Pompidou sont reçus à dîner à l'Élysée. C'est la dernière rencontre entre les deux hommes.

Sur le meurtre de Markovic, personne n'a jamais su la fin de l'histoire. Aucun procès n'eut lieu. François Marcantoni bénéficia d'un non-lieu.

En 1969, quand Pompidou accéda à la présidence, il demanda le départ sur-le-champ de Jean-Charles Marchiani, membre du SAC, qu'il tenait pour responsable de la création et de la diffusion des photographies truquées. Jusqu'à sa mort, Pompidou gardera dans sa poche un petit carnet comprenant les noms des gens qui avaient participé au complot.

Vingt ans après la mort de Pompidou, Charles Pasqua nommera Marchiani préfet…

En veste noire et cravate noire, le commissaire Le Loeuff, l'adjoint à la Brigade mondaine du commissaire Pierre Ottavioli, lors d'une réception au 36 quai des Orfèvres.

Après, dans les années soixante, soixante-dix : on a traité d'affaires de cannabis et d'héroïne. C'était le début du LSD.

La prostitution était la matrice. La base. Elle fournissait les fonds nécessaires au quotidien, aux hold-ups et aux stups. Les proxénètes importants avaient des filles dans tous les lieux stratégiques : Paris, Marseille, Toulon, Lyon…

En 1965, deux affaires importantes ont permis d'appréhender des trafiquants internationaux très actifs.

Le 10 novembre 1965, les dénommés Lategui-Arosarena Miguel, Maugeri André dit Dédé, Gianesini Étienne dit «Étienne le Corse» ont été interpellés. Ils avaient tenté d'embarquer au Havre, à bord du cargo hollandais Loppersum, à destination des États-Unis, 9,5 kg d'héroïne pure. Tout a été saisi. Cette enquête avait démarré suite à des renseignements recueillis par le groupe des stupéfiants de la Brigade mondaine, et s'était poursuivie, compte tenu de son aspect international, avec la collaboration de l'Office central pour la répression du trafic illicite des stupéfiants, et du représentant du Bureau of Narcotics.

Dédé tenait ses assises à Montmartre. Il était considéré comme un membre important de la pègre. Étienne le Corse, lui, était soupçonné d'être la plaque tournante du trafic d'héroïne entre la France et les USA, via Le Havre.

La deuxième affaire a permis l'arrestation à Orly de quatre membres du Milieu parisien, appartenant à la bande des Lyonnais : Pedro Caballero-Linares, Jacques Vincendon, Georges Delage, Jean Lebœuf dit Jeannot le Bœuf. Ils étaient spécialisés dans le transport de drogue à destination des USA, par la voie des airs, en la maintenant fixée à même le corps à l'aide de multiples rouleaux de sparadrap… Le groupe a saisi 9 kg d'héroïne. Neuf personnes inculpées.

Ces deux grosses affaires ont permis de penser qu'en 1965 la France était une des plaques tournantes du trafic d'héroïne à destination des USA et du Canada, et de constater que les malfaiteurs qui se livraient jusqu'alors à des actes de banditisme se reconvertissaient et se tournaient vers le trafic de stups. La liaison avec les USA était assurée par de nombreux malfaiteurs français qui étaient réfugiés en Amérique du Sud parce qu'ils étaient déjà condamnés ou recherchés par la police française.

Paris n'était pas le haut lieu de la consommation. Le marché clandestin était très réduit. Paris était le cadre idéal pour les transactions. La tâche des officiers de police du groupe des stupéfiants, chargés de déceler tous ces contacts, était très difficile et lourde, compte tenu de leur faible effectif, à savoir huit fonctionnaires !

Car, outre les missions d'initiative, les huit policiers devaient s'acquitter à la demande de l'Office central qui assurait la liaison avec les polices étrangères, de très nombreuses enquêtes qui exigeaient des vérifications mais en plus, des heures de surveillance et de filature. Cent vingt-deux enquêtes en 1965 !»

En 1970, le commissaire Pierre Ottavioli a quitté la Mondaine pour succéder à Roger Le Taillanter au Banditisme, qui, lui, est venu à la Mondaine.

EN TOUTE DISCRÉTION

À la demande de leur hiérarchie, patron de la Mondaine, patron de la Police judiciaire, préfet de police, les enquêteurs rapportent de manière informelle des informations sur les mœurs des personnalités en vue et de certaines professions sensibles.

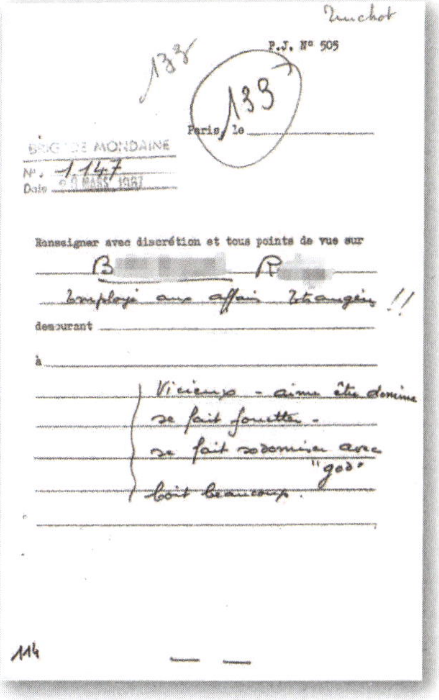
Truchot
P.J. N° 505
138
133
BRIGADE MONDAINE
N° 1147
Date 20 MARS 1967
Paris, le
Renseigner avec discrétion et tous points de vue sur
B[redacted] R[redacted]
Employé aux affaires étrangères !!
demeurant
à
Vicieux – aime être dominé
se fait fouetter –
se fait sodomiser avec "godé"
boit beaucoup.
114

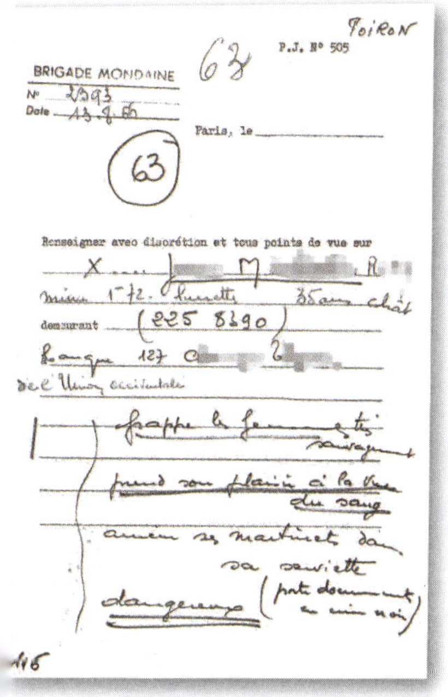
Poiron
BRIGADE MONDAINE
63
P.J. N° 505
N° 2593
Date 13.7.66
Paris, le
63
Renseigner avec discrétion et tous points de vue sur
X.... J[redacted] M[redacted] R[redacted]
mince 1 m 72. lunettes 35 ans chât.
demeurant (225 8390)
Banque 127 C[redacted] E[redacted]
de l'Union occidentale
frappe les femmes très sauvagement
prend son plaisir à la vue du sang
amène ses martinets dans sa serviette
dangereux (port document cuir noir)
116

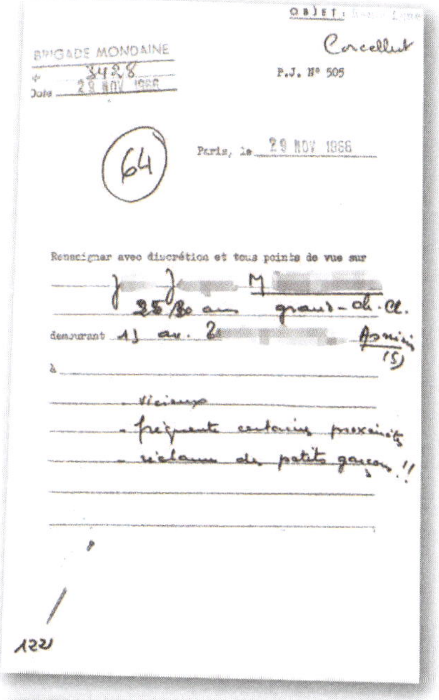
OBJET :
BRIGADE MONDAINE
N° 3428
Date 28 NOV 1966
Corcelle
P.J. N° 505
64
Paris, le 29 NOV 1966
Renseigner avec discrétion et tous points de vue sur
J[redacted] J[redacted] M[redacted]
25/30 ans grand-ch. cl.
demeurant 11 av. [redacted] Asnières (5)
à
Vicieux
– fréquente certains proxénètes
– réclame des petits garçons !!
122

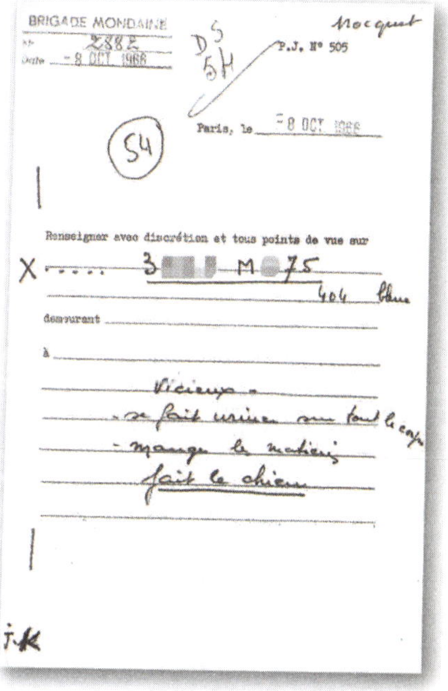
BRIGADE MONDAINE
N° 2882
Date 8 OCT 1968
DS
5H
Mocquet
P.J. N° 505
Paris, le 8 OCT 1968
54
Renseigner avec discrétion et tous points de vue sur
X.... 3[redacted] M 75
404 bleue
demeurant
à
Vicieux –
– se fait uriner sur tout le corps
– mange les matières
fait le chien
J-K

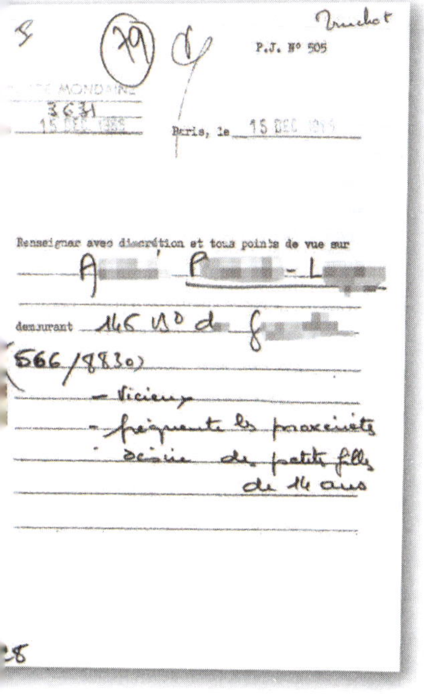
Truchot
79
P.J. N° 505
BRIGADE MONDAINE
3631
15 DEC 1966
Paris, le 15 DEC 1966
Renseigner avec discrétion et tous points de vue sur
A[redacted] P[redacted]-L[redacted]
demeurant 145 Bd de [redacted]
(566/8830)
– Vicieux
– fréquente les proxénètes
désire des petites filles de 14 ans
28

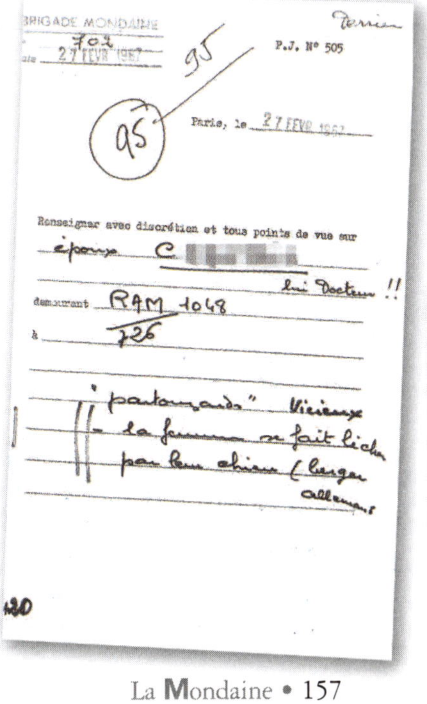
BRIGADE MONDAINE
N° 702
Date 27 FEVR 1967
Ferrier
P.J. N° 505
95
95
Paris, le 27 FEVR 1967
Renseigner avec discrétion et tous points de vue sur
époux C[redacted]
lui Docteur !!
demeurant RAM 1048
à 726
"partouzards" Vicieux
– la femme se fait lécher par leur chien (berger allemand)
120

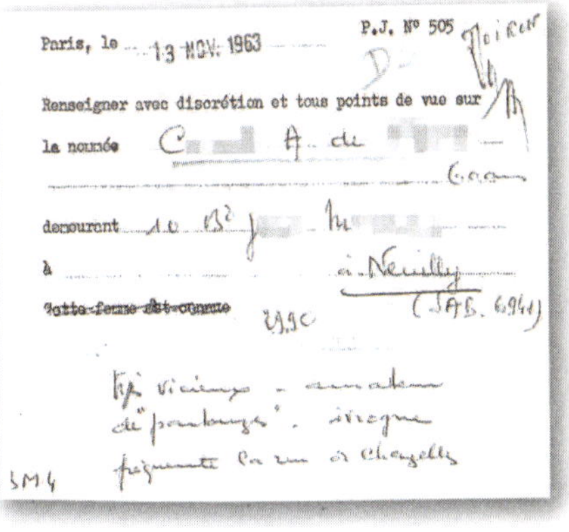
Paris, le 13 NOV 1963
P.J. N° 505
Poiron
D
Renseigner avec discrétion et tous points de vue sur
la nommée C[redacted] A[redacted] de [redacted]
Caen
demeurant 10 Bd [redacted] M[redacted]
à à Neuilly
~~Cette femme est connue~~ (SAB. 6941)
Type vicieux – amateur de "partouzes". ivrogne fréquente la rue de Chapelle
5M4

2156

Le 2. 6. 53

Venant d'Evian, l'Emir S[redacted] S[redacted] de Koweit a été l'hôte de M. et Mme Bi[redacted]ault au cours d'une réception à laquelle assistaient également des princes, radjahs, ministres et présidents de tous les pays.

Après cette réception l'Emir a manifesté le désir de terminer la soirée en galante compagnie et à cet effet il a été fait appel à la directrice d'un salon particulier du quartier de l'Etoile pour qu'un "choix" de jeunes et belles filles lui soit présenté. ~~rapidement~~.

L'Emir et son premier ministre et secrétaire G[redacted] E[redacted] se sont retirés dans une chambre avec dix de ces femmes et se sont livrés avec elles à des divertissements divers. Aucun d'eux n'a accompli cependant l'acte sexuel et pour cause leur virilité étant chose morte.

Il faut dire que l'Emir comme son secrétaire éprouveraient plus de satisfaction encore s'ils pouvaient être mis en présence de jeunes garçons.

A son retour de Londres où il était invité aux fêtes du couronnement, l'Emir qui aime beaucoup notre pays passera encore un mois à Paris puis effectuera un voyage en Italie.

---

21. 6. 53

2160

V[redacted] Raymond dit "R[redacted] V[redacted]", né le 7 avril 19[redacted] à Paris (IX), chef d'orchestre et producteur de films bien connu, aime rechercher au Bois de Boulogne la partenaire qui se prêtera à satisfaire certains de ses désirs.

Le 19 courant, à 2h. du matin, il a invité une prostituée habituée des lieux, à monter dans sa voiture (2[redacted] A[redacted] 75) et lui a demandé de se livrer sur lui à l'onanisme buccal dans une allée déserte du bois.

Prix de la prestation 3000 francs.

Le 6 Janvier 1954.

D. S

2196

Au nombre des vicieux fréquentant le Bois de Boulogne on remarque le sieur :

T[redacted], J[redacted], B[redacted], né le 3 février 19[redacted] à Nîmes (Gard), Directeur de l'Agence H[redacted] de Dakar (Sénégal).

Lors de ses séjours à Paris, il ne manque pas d'aller satisfaire le plaisir qu'il éprouve à faire l'amour dans sa voiture, dans une allée déserte du Bois, avec une prostituée habituée des lieux.

* * *

---

18 AOUT 1955

N° 20

Parmi les amateurs de partouzes fréquentant tout particulièrement le Bois de Boulogne, est signalé le Géné de brigade de l'Armée de l'Air, V[redacted] M[redacted] J[redacted] Antoine, né le 23 Aout 19[redacted] à SAINT SELVE (Gironde) de Oscar et de [redacted] J[redacted], domicilié 96 rue de I[redacted] à NEUILLY-sur-SEINE, où il occupe un pavillon dépendant d'un ancien manège, et titulaire de la carte de circulation militaire N° [redacted], délivrée le 2 Mai 1955.

Propriétaire de la "203" Peugeot immatriculée [redacted], il vient rejoindre presque chaque semaine, au Boiś de Boulogne ou aux abords de la Porte Maillot ou de la Porte Dauphine une prostituée avec laquelle il a des rapports sexuels. Il va parfois au domicile de cette femm parfois dans un hotel proche de l'Etoile.

Il recherche auprès de son amie qu'il voit très régulièrement certaines fantaisies sexuelles qu'il ne doit peut être pas trouver auprès de son épouse; outre les rapports sexuels normaux, il n'est pas rare qu'il demande que l'on pratique sur sa personne l'onanisme buccal.

Il ne dédaigne pas au surplus que deux femmes aient des rapports de lesbiennes en sa présence .

De nombreuses prostituées et les travestis du Bois de Boulogne négocient avec les enquêteurs de la Mondaine. En échange de l'identité et d'informations précises sur les mœurs de leurs clients , la Mondaine exerce un "système de tolérances".

1439

11 Avril 1958

Le 10 Avril 1958, à 17 h.15, au bain de vapeur 85, rue Cambronne à Paris (15°), 4 hommes ont été interpellés en flagrant délit d'outrage public à la pudeur.

Il s'agit des personnes suivantes :

- Jacques [redacted], né le 1er Juillet 1901 à Paris (17°), homme de lettres, ancien ministre, demeurant 52, avenue de C[redacted] à Paris (18°).

- Constant T[redacted], né le 23 Juin 1934 à Forest (Belgique), de nationalité belge, professeur, demeurant 32, avenue M[redacted] à Forest-Bruxelles (Belgique).

- Pierre H[redacted], né le 15 Février 1910 à Montréal (Canada), de nationalité canadienne, courtier d'assurances, demeurant 276, rue St-J[redacted] à Montréal (Canada).

- Mohamed B[redacted], né en 1927 à Dahara (département d'Alger), français de souche algérienne, manoeuvre, demeurant 71, rue P[redacted] de B[redacted] à Versailles.

Alors qu'ils étaient debout dans la salle de vapeur, Mr. B[redacted] a sodomisé Monsieur T[redacted]. Intéressé par ce spectacle, Monsieur B[redacted] s'est masturbé, puis, a saisi la verge de Monsieur T[redacted] qu'il a caressée. Pendant cette scène, Monsieur H[redacted] caressait les fesses et le sexe de Monsieur B[redacted].

Après avoir été entendus à la Brigade Mondaine, Messieurs B[redacted], T[redacted], H[redacted] et B[redacted] ont été laissés libres.

Il est à noter que Monsieur B[redacted] a été interpellé dans des circonstances quelque peu semblables, le 25 Mai 1944, alors qu'il se masturbait dans une vespasienne des Champs-Elysées.

DESTINATAIRE

Monsieur le Procureur de la République

PRÉFECTURE DE POLICE

DIRECTION DE LA POLICE JUDICIAIRE

BRIGADE MONDAINE

Mr Pierre OTTAVIOLI

Commissaire de Police Pal

Cee N°
Rm N°
Rep. N° 67/124

96

DS 96

RÉPUBLIQUE FRANÇAISE

le 26 Avril 1967

RAPPORT

Le Commissaire de Police Principal
Chef de la BRIGADE MONDAINE
à Monsieur le Procureur de la République

J'ai l'honneur de vous transmettre la procédure ci-jointe, établie à l'encontre des nommés:

B[redacted] P[redacted], agé de 41 ans
Capitaine de Corvette de la Marine Nationale

et

B[redacted] R[redacted], agé de 53 ans
sans emploi actuellement,

pour: OUTRAGE PUBLIC A LA PUDEUR

Ces deux individus ont été interpellés ce jour à 15 heures 15, à l'intérieur du Cinéma "LE STRASBOURG" sis 8 bd Bonne Nouvelle à Paris 10°, dans les circonstances suivantes:

Dans la salle de spectacles, le nommé B[redacted] a masturbé la verge de B[redacted] pendant que ce dernier lui rendait le même office, et ce, pendant deux minutes environ.

Les deux hommes ne se sont nullement souciés de la publicité donnée à leurs actes.

Ils reconnaissent les faits.

Je les ai laissés libres aux charges d'usage.
LE COMMISSAIRE PRINCIPAL.

DIRECTION DE LA POLICE JUDICIAIRE

RÉPUBLIQUE FRANÇAISE

PRÉFECTURE DE POLICE

BRIGADE MONDAINE.
-0-0-0-0-

D.S. 137

PARIS, LE 19 Mars 1968,

Récemment, un renseignement confidentiel faisait connaître que Monsieur:

- G[redacted], Edouard, dit:
" Eddie K[redacted] ",

né le 7 Juillet 19[redacted] à Marseille (B.du Rh.)
des feus G[redacted] et [redacted]
de nationalité française,

serait de moeurs homosexuelles.

Monsieur G[redacted] est depuis de nombreuses années le secrétaire particulier de C[redacted] A[redacted], le chanteur connu.

Il demeure d'ailleurs à la même adresse que cet artiste à G[redacted] (Yvelines).

On dit que l'intéressé serait attiré par les garçons d'âge assez tendre.

Des recherches ont été effectuées à son sujet dans les différentes Archives de la Préfecture de Police.

Mr. G[redacted] est connu de la Brigade Mondaine pour avoir été interpellé en 1958 dans un cinéma de la Capitale en flagrant délit d'outrage public à la pudeur et d'actes impudiques avec un mineur de son sexe.

Il se livrait à des pratiques obscènes en compagnie d'un jeune-homme. Ces faits démontrent le bien-fondé du renseignement recueilli.

Les Sommiers Judiciaires font état, avec les réserves d'usage, d'une condamnation concernant cette affaire.

A cette époque, Monsieur G[redacted] n'était pas encore " Eddie K[redacted] " et ne semblait pas s'être intégré dans le milieu de la Chanson. Il était vendeur et demeurait 109 Bd, M[redacted] à Paris 10e.

Aucun autre renseignement n'a été recueilli.

-0-0-0-0-0-0-0-

BRIGADE MONDAINE.
-0-0-0-0-

Le 10 Décembre 1968.

Enquête et renseignements concernant la nommée: M[redacted], M[redacted], Actrice de Cinéma.

-0-0-0-0-0-0-0-0-0-0-0-0-

Il s'agit de:

R[redacted], S[redacted] dite M[redacted], M[redacted] née le 29-Février 19[redacted] à Neuilly sur Seine (Seine) de Louis R[redacted] et de P[redacted] Georgette, de nationalité Française, veuve de l'acteur V[redacted] Henri, un enfant né de son premier mariage M[redacted], demeurant 2 Rue de S[redacted] à Paris IV ème.

Au cours du mois d'Aout 1968 l'intéressée se trouvait à Saint Tropez, elle était en compagnie de son fils M[redacted].

Des renseignements condidentiels permettent d'établir que des surprises parties d'un genre très spécial étaient organisées à bord de deux "Yachts" ancrés dans le port de Saint Tropez. Sur l'un de ces bateaux se retrouvaient le fils de M[redacted] et de nombreux jeunes homosexuels, en effet le jeune M[redacted] est Homosexuel. Sur l'autre bateau se faisaient des réunions de Lesbiennes, M[redacted] M[redacted] prenait une part des plus actives aux réjouissances de ces dames.

A Ficher

A Ficher

Si l'on se souvient que le Sieur V[redacted] Henri était un homosexuel notoire, qui s'était prostitué dans le quartier de Blanche Pigalle, ces renseignements ne surprennent pas.

L'enquête n'a pas permis d'établir si M[redacted] M[redacted] recevait des "Amies" à son domicile.

Il n'a pas été possible de connaitre l'identité des autres femmes qui ont participé a ces réunions.

-0-0-0-0-0-0-0-0-0-0-0-0-0-

Par ailleurs on remarque la Photo de M[redacted] M[redacted] en bonne place dans tous les établissements recevant habituellement les lesbiennes ou les homosexuels.

-0-0-0-0-0-0-0-0-0-0-0-0-0-0-

1968 - 1980 LA LIBÉRATION SEXUELLE

NOTRE VENTRE NOUS APPARTIENT

L'explosion de Mai 68 et le courant féministe de libération sexuelle qui s'amplifient à partir de 1970, témoignent de la volonté des femmes de se faire entendre et de leur détermination à mener le combat nécessaire pour enfin disposer pleinement et librement de leur corps. Les interdits vont se lever les uns après les autres, à la suite d'événements porteurs. 1971 : «Le manifeste des 343 salopes» paraît dans le *Nouvel Observateur*. Les 343 femmes déclarent s'être fait avorter et donc avoir enfreint l'article 317 du Code pénal. Parmi les signataires : Simone de Beauvoir, Marguerite Duras, Françoise Sagan, Jeanne Moreau, Micheline Presle, Catherine Deneuve... 1972 : l'avocate Gisèle Halimi défend une mineure de 17 ans qui s'est fait avorter après un viol ; le tribunal de Bobigny la relaxe. 1974 : libéralisation de la loi Neuwirth, la pilule est remboursée par la Sécurité sociale et autorisée aux mineures, sans avis parental. 1975 : promulgation de la loi 75-17 du 17 janvier, la loi Veil autorise l'avortement avant la fin de la dixième semaine de grossesse.

«PARIS SUR VICES»

«Le chef de la Brigade mondaine ressentait tellement bien, sans les connaître, toutes les contradictions et les incertitudes de sa fonction que, dans un premier temps, il avait carrément refusé une affectation que le Pacha lui présentait comme une promotion exceptionnelle.

"Le plus beau poste de la PJ, mon ami ! Celui qui fait de vous l'homme le plus redouté de Paris par tous les secrets qu'il détient, celui qui vous permettra aussi de voir réellement de quoi est fait le monde, en dehors des médiocres assassins, des petits voleurs, des casseurs d'occasion et des braqueurs minables dont vous faites votre pain quotidien depuis vingt ans.

– Monsieur le directeur, s'était insurgé Le Flaour, les malfrats que je chasse ont au moins l'avantage de ne pas me poser de problèmes de conscience ! J'ai peur qu'il n'en soit pas de même dans le domaine des mœurs où la vérité d'aujourd'hui n'est plus celle d'hier et ne sera plus celle de demain. Être considéré par les uns comme le patron des turpitudes et par les autres comme un attardé mental, un fana de la répression et un empêcheur de partouzer en rond, très peu pour moi !"

Mais le ministre de l'Intérieur lui-même y avait tenu, et, bon gré mal gré, Le Flaour avait dû accepter son affectation pour quatre ans dans une brigade qui était sans nul doute la plus riche en pièges. Boîtes de nuit de tous ordres, des plus sélects aux plus minables. Établissements de spectacles nocturnes. Prostitution et proxénétisme multiformes, des call-girls aux studios. Établissements pour homosexuels des deux bords. Bains de vapeur. Urinoirs. Salons spéciaux de massages de toutes nationalités. Aucun domaine du plaisir qui ne fût réputé de sa compétence.

Un vrai merdier, somme toute ! C'est ainsi qu'il avait défini son univers en en prenant possession.»

Roger Le Taillanter.

Le commissaire Roger Le Taillanter, patron de la Brigade mondaine, dans son musée très privé, interdit au public, 36 quai des Orfèvres. 1975.

JERRY, UN GÉRANT DE CABARET À PIGALLE

«En 1970, j'avais dix-neuf ans et j'étais très amoureux d'une danseuse galloise. Pour suivre ma fiancée qui venait de signer un contrat au Moulin-Rouge, j'ai traversé la Manche. J'étais venu pour un week-end, je ne suis jamais reparti de Pigalle.

Je suis toujours en France. En arrivant, je ne parlais pas un seul mot de français. Dès que j'ai su me débrouiller, le patron du Funny Girls, François Lévy, m'a engagé comme régisseur. Au cabaret, les filles ne faisaient pas l'intégral.

En 1970-1971, elles gardaient leur cache-sexe. Un bout de tissu collé avec des sparadraps sur la peau… Un soir, François m'a dit : "Tout à l'heure, on va faire le premier nu intégral devant la Mondaine, pour obtenir leur approbation." La danseuse qui devait enlever le bout de tissu était totalement paniquée : "Dis-moi Jerry, dès que je l'enlève, tu éteins. Surtout, tu fais le noir, je compte vraiment sur toi."

Les trois policiers sont arrivés. Champagne. Musique. Spectacle. Au moment convenu, j'ai éteint la lumière. Ils n'ont rien vu. Tout est allé très vite.

"Puisque ce n'est que ça, alors allez-y !", la Mondaine avait donné son autorisation. Le nu intégral était né. Les filles qui enlevaient leur cache-sexe touchaient un peu plus. Leur emploi du temps de la soirée et de la nuit était chronométré. Elles faisaient tous les cabarets du boulevard, avec parfois deux ou trois passages dans le même lieu à des moments différents de la nuit. C'était une grosse organisation qui nécessitait une bonne entente entre les patrons des boîtes, pour coordonner leurs spectacles respectifs.

À Pigalle en 1970, il n'y avait pas un seul sex-shop. Les ouvrages pornos, interdits, se vendaient cachés sous le manteau, au fond des boutiques à souvenirs de Paris. À l'époque, Pigalle ne manquait pas d'humour. Une nuit, un type s'approche de Riton, le chasseur du Tabaris, l'un des cabarets strip-tease du boulevard. Il lui demande s'il peut lui fournir un colt. Riton lui demande de l'argent et lui dit de revenir dans une heure. À l'heure dite, le type repart avec son paquet. Mais, surprise, Riton ne lui a pas fourni un colt mais un gode !

De régisseur, je suis devenu successivement chasseur, maître d'hôtel, puis en 1975, j'ai pris L'Aiglon, rue Fontaine. C'était une époque dorée, on gagnait beaucoup d'argent, très facilement. Champagne à gogo, la bouteille était à 70 francs. L'argent coulait à flots. Les filles avaient tendance à forcer l'addition, elles étaient payées au pourcentage. Tout était exagéré, les filles versaient leur champagne dans les rigoles sous les banquettes. C'est une astuce pour vider rapidement les bouteilles et faire monter l'addition. Il y a eu des plaintes. Beaucoup d'excès… J'ai d'abord été convoqué au commissariat du 9e, puis à la Mondaine. Les inspecteurs de la Mondaine connaissaient tous les lieux de Pigalle, tous les patrons… Quand il y avait une plainte d'un client, ils savaient évaluer la véracité et l'exagération des propos. Ce qui était possible, ce qui était invraisemblable…»

Propos de Jerry, recueillis à Pigalle, le 19 mai 2008.

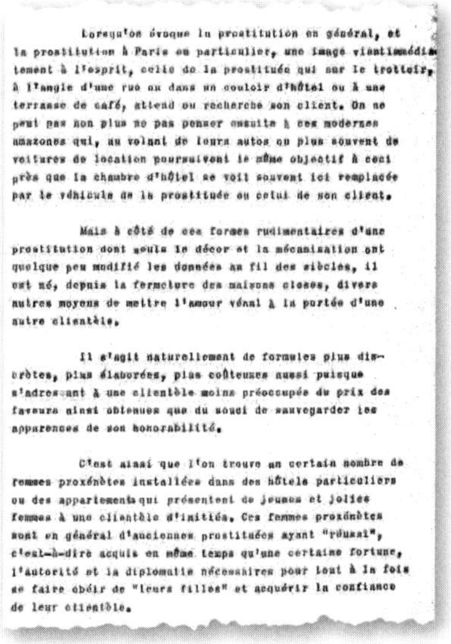

Lorsqu'on évoque la prostitution en général, et la prostitution à Paris en particulier, une image vient immédiatement à l'esprit, celle de la prostituée qui sur le trottoir, à l'angle d'une rue ou dans un couloir d'hôtel ou à une terrasse de café, attend ou recherche son client. On ne peut pas non plus ne pas penser ensuite à ces modernes amazones qui, au volant de leurs autos ou plus souvent de voitures de location poursuivent le même objectif à ceci près que la chambre d'hôtel se voit souvent ici remplacée par le véhicule de la prostituée ou celui de son client.

Mais à côté de ces formes rudimentaires d'une prostitution dont seuls le décor et la mécanisation ont quelque peu modifié les données au fil des siècles, il est né, depuis la fermeture des maisons closes, divers autres moyens de mettre l'amour vénal à la portée d'une autre clientèle.

Il s'agit naturellement de formules plus discrètes, plus élaborées, plus coûteuses aussi puisque s'adressant à une clientèle moins préoccupée du prix des faveurs ainsi obtenues que du souci de sauvegarder les apparences de son honorabilité.

C'est ainsi que l'on trouve un certain nombre de femmes proxénètes installées dans des hôtels particuliers ou des appartements qui présentent de jeunes et jolies femmes à une clientèle d'initiés. Ces femmes proxénètes sont en général d'anciennes prostituées ayant "réussi", c'est-à-dire acquis en même temps qu'une certaine fortune, l'autorité et la diplomatie nécessaires pour tout à la fois se faire obéir de "leurs filles" et acquérir la confiance de leur clientèle.

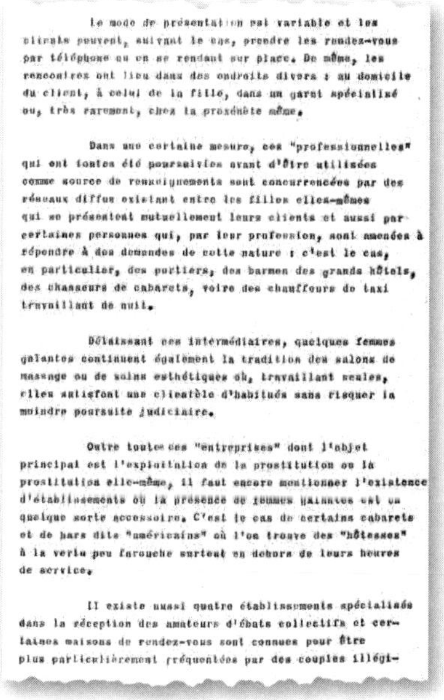

Le mode de présentation est variable et les clients peuvent, suivant le cas, prendre les rendez-vous par téléphone ou en se rendant sur place. De même, les rencontres ont lieu dans des endroits divers : au domicile du client, à celui de la fille, dans un garni spécialisé ou, très rarement, chez la proxénète même.

Dans une certaine mesure, ces "professionnelles" qui ont toutes été poursuivies avant d'être utilisées comme source de renseignements sont concurrencées par des réseaux diffus existant entre les filles elles-mêmes qui se présentent mutuellement leurs clients et aussi par certaines personnes qui, par leur profession, sont amenées à répondre à des demandes de cette nature : c'est le cas, en particulier, des portiers, des barmen des grands hôtels, des chasseurs de cabarets, voire des chauffeurs de taxi travaillant de nuit.

Délaissant ces intermédiaires, quelques femmes galantes continuent également la tradition des salons de massage ou de soins esthétiques où, travaillant seules, elles satisfont une clientèle d'habitués sans risquer la moindre poursuite judiciaire.

Outre toutes ces "entreprises" dont l'objet principal est l'exploitation de la prostitution ou la prostitution elle-même, il faut encore mentionner l'existence d'établissements où la présence de femmes galantes est en quelque sorte accessoire. C'est le cas de certains cabarets et de bars dits "américains" où l'on trouve des "hôtesses" à la vertu peu farouche surtout en dehors de leurs heures de service.

Il existe aussi quatre établissements spécialisés dans la réception des amateurs d'ébats collectifs et certaines maisons de rendez-vous sont connues pour être plus particulièrement fréquentées par des couples illégi-

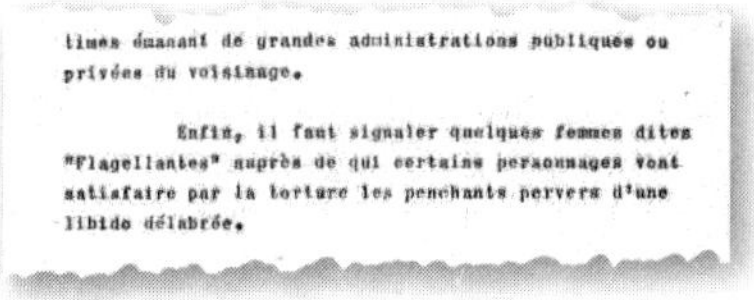

times émanant de grandes administrations publiques ou privées du voisinage.

Enfin, il faut signaler quelques femmes dites "Flagellantes" auprès de qui certains personnages vont satisfaire par la torture les penchants pervers d'une libido délabrée.

Les trois premières pages du rapport rédigé par le groupe de la galanterie sur "les activités galantes à Paris en 1971".

Marthe Richard, en juillet 1973.

27 ANS APRÈS, MARTHE RICHARD S'INTERROGE : «FAUT-IL ROUVRIR LES MAISONS CLOSES ?»

La nuit du 4 au 5 août 1973, comme toutes les nuits, *France Inter* diffuse en direct son émission quotidienne. Pierre Guillermon, le journaliste, a invité Marthe Richard pour parler de la prostitution et du rôle qu'elle a joué dans la loi du 13 avril 1946.

À la question :

«Est-ce que cela ne vous gêne pas qu'on vous associe toujours à la fameuse affaire des maisons closes et que l'on ne pense pas à vous pour autre chose ?»

Marthe Richard répond avec aplomb :

«C'est parce que les hommes aiment beaucoup l'histoire de la prostitution et que ça les ennuie que les maisons closes soient fermées. Voilà l'histoire de la prostitution. C'est la seule raison. En décembre 1945, mes électeurs m'avaient envoyé une lettre pour me demander une intervention au sujet de la prostitution.»

Marthe Richard explique au journaliste que pour se documenter elle a dû travailler deux nuits de suite et qu'elle a visité cinquante à soixante maisons en huit jours avec deux agents de police.

«Je disais que je faisais une enquête parce que l'on voulait fermer les maisons et que moi, je ne demandais pas cela, alors on nous recevait bien, même avec du champagne.»

Lorsque le journaliste interroge son invitée sur les maisons «spéciales», en Allemagne, qui ne sont pas considérées comme des maisons closes, mais des bureaux ou des grands hôtels, et sur l'opportunité d'en ouvrir en France, Marthe Richard répond :

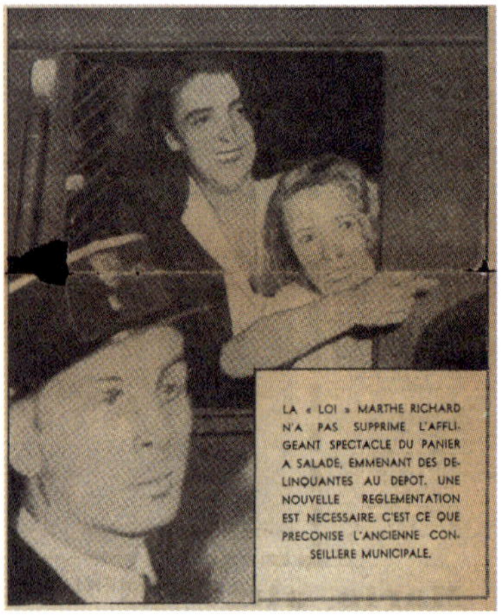

Extrait de l'article de presse paru dans La Presse *: «Marthe Richard, l'ouverture de nouvelles maisons».*

«Je ne sais pas. Mais, mon Dieu, que les femmes soient enfermées dans une chambre ou qu'elles soient dehors à la porte des hôtels, j'aime encore mieux qu'elles soient dans la chambre. Si ces maisons allemandes sont bien, très bien. Si ces maisons sont pratiques, beaucoup plus pratiques, beaucoup plus propres. Alors, je suis d'accord.»

En 1973, elle pense que le problème ne sera résolu que par la «réouverture de maisons d'un style nouveau».

«Des maisons, explique-t-elle, où les prostituées se rendraient en toute liberté, des maisons qu'on peut dire de "salut public", puisqu'elles apparaissent comme indispensables. Le contrôle médical y serait assuré par des médecins, avec le concours d'assistantes sociales spécialisées, vigilantes et pitoyables aux filles. Parallèlement, on ouvrirait des centres médicaux prophylactiques, nombreux et gratuits…»

Au cours de l'émission, le journaliste pousse Marthe Richard dans ses retranchements :

«Vous n'êtes pas pour la réouverture des maisons closes, mais pour l'ouverture des maisons ouvertes. En tout cas, merci, Marthe Richard. Il faut rouvrir les maisons ou plutôt les ouvrir.»

LA MONDAINE «TAPE» LES HÔTELS DE PASSE LES UNS APRÈS LES AUTRES

Après les êvenements de mai 68, qui avaient profondément bouleversé le fonctionnement de la Brigade mondaine, le commissaire divisionnaire Pierre Ottavioli reçoit de sa hiérarchie ordre de porter tous ses efforts sur la fermeture des hôtels de passe, le préfet ayant enregistré trop de plaintes des riverains exaspérés et de demandes d'intervention d'élus pour l'exhorter à faire cesser au plus vite les manifestations scandaleuses des filles de débauche.

Durant les mois qui suivent, les effectifs sont doublés, les surveillances jour et nuit multipliées et les hôteliers proxénètes vont tomber les uns après les autres. Chaque année, le nombre de procédures transmises au parquet augmentent de 10 %.

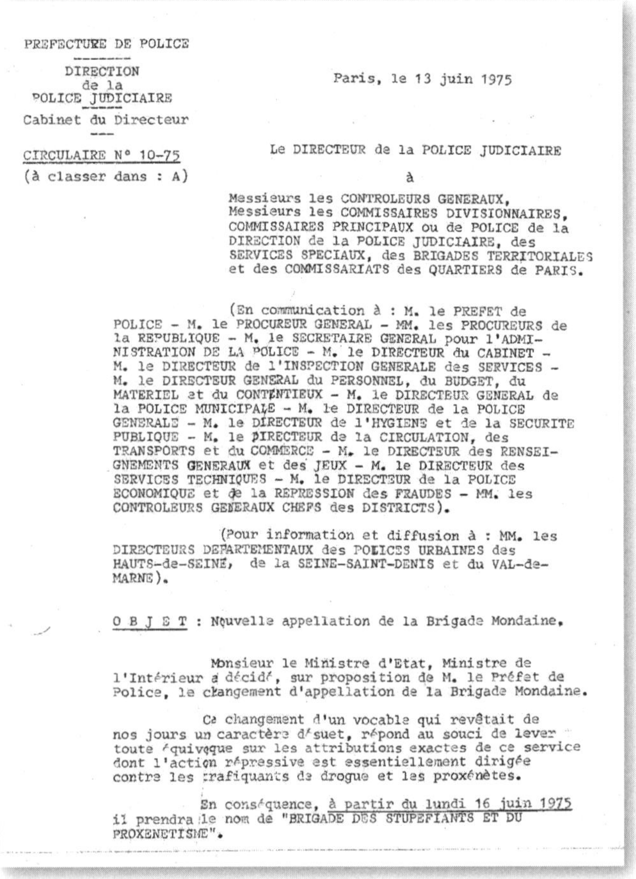
PREFECTURE DE POLICE

DIRECTION
de la
POLICE JUDICIAIRE

Cabinet du Directeur

CIRCULAIRE N° 10-75
(à classer dans : A)

Paris, le 13 juin 1975

Le DIRECTEUR de la POLICE JUDICIAIRE

à

Messieurs les CONTROLEURS GENERAUX,
Messieurs les COMMISSAIRES DIVISIONNAIRES, COMMISSAIRES PRINCIPAUX ou de POLICE de la DIRECTION de la POLICE JUDICIAIRE, des SERVICES SPECIAUX, des BRIGADES TERRITORIALES et des COMMISSARIATS des QUARTIERS de PARIS.

(En communication à : M. le PREFET de POLICE - M. le PROCUREUR GENERAL - MM. les PROCUREURS de la REPUBLIQUE - M. le SECRETAIRE GENERAL pour l'ADMINISTRATION DE LA POLICE - M. le DIRECTEUR du CABINET - M. le DIRECTEUR de l'INSPECTION GENERALE des SERVICES - M. le DIRECTEUR GENERAL du PERSONNEL, du BUDGET, du MATERIEL et du CONTENTIEUX - M. le DIRECTEUR GENERAL de la POLICE MUNICIPALE - M. le DIRECTEUR de la POLICE GENERALE - M. le DIRECTEUR de l'HYGIENE et de la SECURITE PUBLIQUE - M. le DIRECTEUR de la CIRCULATION, des TRANSPORTS et du COMMERCE - M. le DIRECTEUR des RENSEIGNEMENTS GENERAUX et des JEUX - M. le DIRECTEUR des SERVICES TECHNIQUES - M. le DIRECTEUR de la POLICE ECONOMIQUE et de la REPRESSION des FRAUDES - MM. les CONTROLEURS GENERAUX CHEFS des DISTRICTS).

(Pour information et diffusion à : MM. les DIRECTEURS DEPARTEMENTAUX des POLICES URBAINES des HAUTS-de-SEINE, de la SEINE-SAINT-DENIS et du VAL-de-MARNE).

OBJET : Nouvelle appellation de la Brigade Mondaine.

Monsieur le Ministre d'Etat, Ministre de l'Intérieur a décidé, sur proposition de M. le Préfet de Police, le changement d'appellation de la Brigade Mondaine.

Ce changement d'un vocable qui revêtait de nos jours un caractère désuet, répond au souci de lever toute équivoque sur les attributions exactes de ce service dont l'action répressive est essentiellement dirigée contre les trafiquants de drogue et les proxénètes.

En conséquence, à partir du lundi 16 juin 1975 il prendra le nom de "BRIGADE DES STUPEFIANTS ET DU PROXENETISME".

La circulaire, datée du 13 juin 1975, du directeur de la Police judiciaire à tous ses chefs de service pour les informer de la nouvelle appellation de la Brigade mondaine.
À partir du 16 juin 1975, elle prendra désormais le nom de Brigade des stupéfiants et du proxénétisme.

LA MONDAINE DISPARAÎT LE 12 JUIN 1975…

Révolution silencieuse ou simple changement de nom ?

Comme la foudre, la décision du ministre Michel Poniatowski est tombée le jeudi 12 juin sous la forme d'un communiqué laconique. À dater du 16 juin 1975, la Brigade mondaine n'existera plus. Elle sera transformée en Brigade des stupéfiants et du proxénétisme.

Ainsi l'explique le ministre de l'Intérieur : «Il est procédé à la redéfinition des attributions de ce service, dont l'action est uniquement dirigée contre les trafiquants de drogue, les diverses manifestations du proxénétisme et la traite des blanches. Les moyens de cette nouvelle brigade seront renforcés en personnel et en matériel.»

Pour le directeur de la Police judiciaire de la préfecture de police, Jean Ducret, son vieux rêve se réalise : «Depuis de longues années, explique-t-il au journaliste de *L'Aurore*, je proposais au Préfet de police de mettre fin à cette appellation dépassée, surannée, avec son côté maison close de la IIIe République qui ne reflète absolument plus l'activité réelle, très spécialisée, très technique d'une brigade en lutte contre le trafic des stupéfiants et du proxénétisme. La Mondaine évoquait une période de galanterie, de filles embarquées, totalement dépassée. Contrairement à ce qu'on croit et raconte, cette brigade n'est pas là pour chercher noise aux filles, pour les verbaliser. Racolage et prostitution ne sont plus un véritable problème pour la Mondaine. Ses coups vont aux proxénètes, à l'exploitation criminelle de cette prostitution. C'est ce qu'on s'acharne à ne pas comprendre et lorsqu'on voit une fille dans la rue, on dit que c'est la faute de la Mondaine, qu'elle laisse faire.»

De même, Jean Ducret s'insurge contre les accusations qui mettent en cause la Mondaine, ou plutôt l'ex-Mondaine, dans l'affaire des hôtels de passe, et plus particulièrement le scandale de l'hôtel Del Monaco, 10 bis rue du Débarcadère, dans le XVIIe arrondissement.

Au centre et à l'origine de cette affaire à rebondissements qui entraîna dans son sillage sulfureux des inspecteurs de la Mondaine et des policiers de tous grades : une femme, Radja Godfarb, cinquante ans, née en Pologne, dite Katia, dite la Rouquine, dite Madame Lucienne, ou encore Floria Tosca pour les mélomanes. Indicatrice de police et proxénète notoire, la première fonction découlant de la seconde. Katia se croyait à l'abri de toute poursuite, de tout ennui.

Une photographie exceptionnelle. Pour la première fois le portrait de "Katia la Rouquine" est publié dans la presse. La propriétaire de l'hôtel Del Monaco apparaît au grand jour.

Or, le 29 avril 1974, à sa plus grande surprise et à sa très vive indignation, Katia, qui se croyait invulnérable, est inculpée pour proxénétisme hôtelier par le juge Pinsseau. Il lui est reproché de recevoir régulièrement des prostituées et leurs clients dans son mythique hôtel Del Monaco.

S'estimant trahie, la Rouquine décide de provoquer un scandale, de faire une grande lessive en balançant les noms de ceux qu'elle pensait avoir comme protecteurs, des policiers de tous grades. Déballage immense. Scandale, noms révélés, sujets tabous répandus dans une lettre écrite par Katia au procureur de la République. Lettre qui fut lue au cours d'une audition de six heures devant le chef de la section criminelle du parquet de Paris, le premier substitut François Rabut. Il s'ensuivit l'ouverture d'une information pour «corruption de fonctionnaires».

La presse nationale se saisit du «Roman de la donneuse Katia», de «La fin du règne de la Rouquine».

Comment l'«auxiliaire de police» est devenue l'héroïne, à son insu, du scandale de la Mondaine. Pourquoi l'IGS, la police des polices, a dû mettre le holà à certaines pratiques et à certains petits jeux de cette fine équipe ?

Les « scandales de la mondaine » : un haut fonctionnaire de la P. J. parle

DES inspecteurs de la Brigade Mondaine, à Paris, et même de hauts gradés, se sont-ils laissé corrompre ? En échange d'argent, de cadeaux, voire de « petits services », ont-ils protégé certains proxénètes ?

L'enquête menée par l'Inspection Générale des Services, la police des polices (I.G.S.), et l'information ouverte par le juge Hubert Pinsseau le donnent à croire. Mais quelle est la mesure du scandale ? Qui est compromis ou risque demain de l'être ? Y a-t-il d'ailleurs scandale au sens propre (si l'on peut dire...) du mot ? Il est encore trop tôt pour le savoir.

Au centre et à l'origine de cette affaire, une femme : Kaila Godfarb, 50 ans, née en Pologne, dite « Mme Lucienne », dite « Katia », dite encore « la Rouquine », indicatrice de police et proxénète notoire, la première fonction découlant de la seconde...

Or, à sa grande surprise et à sa vive indignation, « Katia », qui se croyait à l'abri de toute poursuite, s'est entendu inculper, le 29 avril 1974, de proxénétisme hôtelier par le juge Pinsseau. Il lui était reproché de recevoir régulièrement des prostituées et leurs clients en son hôtel (Le Monaco), 10 bis, rue du Débarcadère, dans le 17e arrondissement, tout près du bois de Boulogne, alors fermé par décision judiciaire.

S'estimant trahie, « la Rouquine » décida de provoquer « une grande lessive » en dénonçant ceux qu'elle pensait être les protecteurs de ses concurrents intouchables : des policiers de tous grades. Déballage immense, sujet à caution (sauf pour un inspecteur de la « Mondaine » qui a été révoqué depuis) répandu dans une lettre de « Katia » au procureur de la République, et qui fut répété au cours d'une audition de six heures devant le chef de la section criminelle du parquet de Paris, le premier substitut François Rabut. D'où l'ouverture d'une information pour « corruption de fonctionnaires ».

Si le juge d'instruction a déjà entendu des témoins dans le cadre de cette affaire, et notamment des inspecteurs, il n'a, pour le moment, notifié aucune inculpation, ni du reste convoqué l'un ou l'autre des hauts gradés dont les noms ont été cités ici ou là.

Mais en filigrane de ce remue-ménage, certains croient voir un règlement de comptes, soit entre policiers, soit entre services. Ainsi, les Renseignements Généraux n'ont jamais prisé la Brigade Mondaine qu'ils accusent de concurrence... D'autres la taxent de complaisance envers des truands importants qui échappent aux arrestations parce qu'ils sont très bien informés...

Quoi qu'il en soit, c'est un aspect de la question que n'aborde pas le haut fonctionnaire de la Police judiciaire qui a accepté de répondre à nos questions.

Enquête exclusive de Jean-Marie Texier, parue dans France Soir *du 3 juin 1975.*

Un journaliste du *Canard Enchaîné* renchérit, dans un article du 7 juillet 1976 : «À cause d'elle, Ponia a dû, même en catastrophe, transformer la Mondaine en Brigade des stupéfiants et du proxénétisme. Avec une velléité d'épuration qui envoya quelques lampistes s'occuper de leur jardinet de banlieue. Les véritables bénéficiaires des générosités de Katia, eux, restèrent en poste. La dame leur donne, d'ailleurs, un coup de main dans son livre de souvenirs, rassemblés en 1975-1976 par Alphonse Boudard sous le titre *La Rouquine*. Elle n'a balancé dans son "déballage impudique" que les noms des "policiers parfaitement intègres… mais qui ont sans doute eu l'impolitesse de ne pas succomber à ses charmes divers et multiples". En revanche, dès qu'il s'agit des copains, c'est le trou de mémoire. Idem pour ce qui précède 1947, début avoué des activités de cette chérie. Comme si cela n'avait jamais existé, les camps de concentration et les baignoires de la police française associés à la Gestapo. Cette belle époque où une certaine Katia dénonçait les juifs, les résistants, les FPT étrangers, le groupe Manouchian dans lequel elle, "la Rouquine", était parvenue à s'infiltrer… C'est la championne du genre, Katia. "Employée" de 1942 à 1975… la police a décidément plus que de la suite dans les idées…»

L'AURORE — Mercredi 4 juin 1975

EXCLUSIF LA TRÈS GALANTE AFFAIRE DES SCELLÉS

Cette belle Katia qui a déclenché la guerre des polices

JEUDI DERNIER rebondissait pour la première fois dans le cabinet du juge d'instruction Hubert Pinsseau, au Palais de Justice de Paris, une étonnante affaire vieille d'un an : le « scandale des scellés ». En avril 1974, l'Inspection générale des services — la police des polices — s'apercevait que des scellés posés sur certaines chambres d'un hôtel de passe du 17e arrondissement, le Del Monaco, avaient été décollés et transférés ailleurs, sur des portes de débarras et de greniers.

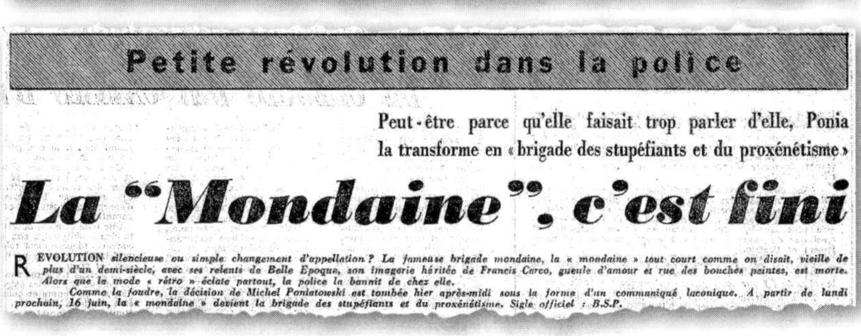

Petite révolution dans la police

Peut-être parce qu'elle faisait trop parler d'elle, Ponia la transforme en « brigade des stupéfiants et du proxénétisme »

La "Mondaine", c'est fini

REVOLUTION silencieuse ou simple changement d'appellation ? La fameuse brigade mondaine, la « mondaine » tout court comme on disait, vieille de plus d'un demi-siècle, avec ses relents de Belle Epoque, son imagerie héritée de Francis Carco, gueule d'amour et rue des bouches peintes, est morte. Alors que la mode « rétro » éclate partout, la police la bannit de chez elle.

Comme la foudre, la décision de Michel Poniatowski est tombée hier après-midi sous la forme d'un communiqué laconique. A partir de lundi prochain, 16 juin, la « mondaine » devient la brigade des stupéfiants et du proxénétisme. Sigle officiel : B.S.P.

Articles du journaliste d'investigation Philippe Bernet parus dans L'Aurore *du mercredi 4 juin et du 13 juin 1975.*

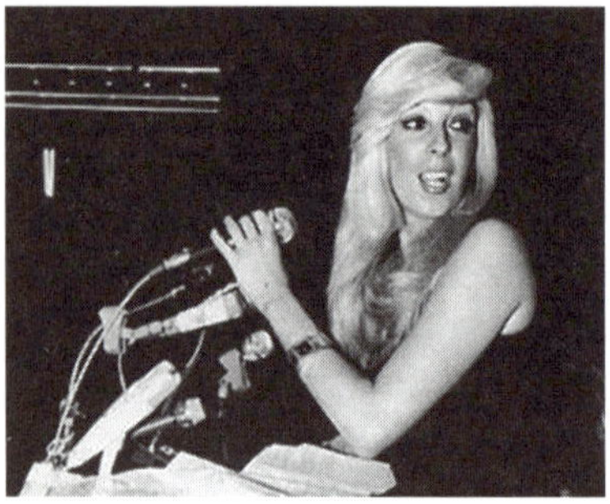

Ulla, une jeune prostituée charismatique, devient la porte-parole du collectif des femmes prostituées en lutte.

Un film sur la prostitution, présenté hier soir à la Mutualité va peut-être faire quelques remous dans la police...

LES "CONDÉS" EN ACCUSATION

LA SALLE DE LA MUTUALITE avait été louée hier pour une « première » très spéciale. Le film : « Prostitution », la dernière production de Jean-François Davy, l'auteur d' « Exhibition ». Les invitées : prostituées parisiennes. Après la projection, un débat était prévu en présence de Mme Simone Il, représentant le Planning familial.

Mais, avant cette soirée nous avions soumis ce document en séance privée à un jury hautement autorisé, intransigeant et compétent. Des professionnelles ont jugé pour nous d'autres professionnelles, puisque les acteurs sont des prostituées. Acteurs est d'ailleurs un bien grand mot. Il s'agit en fait d'un documentaire où chacune vient raconter sa vie.

Ce n'est pas toujours passionnant. C'est quelquefois un peu longuet, et surtout — éternel problème lorsque l'on s'attaque à ce sujet — les mensonges foisonnent. Une prostituée par exemple s'éternise sur ses malheurs en maison close rue Quincampoix, alors que toutes nos « collaboratrices » d'un jour étaient formelles : il n'y a jamais eu de maisons closes rue Quincampoix, mais simplement des hôtels de passe.

Odieuses

Mais, au milieu de ses longues tirades qui ne paraissent même pas convaincre leurs auteurs jaillit quelquefois un document choc. L'un d'eux a brusquement fait bondir mes compagnes et, le 30 juin, lorsque le film sortira sur les écrans il devrait faire quelques remous du côté du ministère de l'Intérieur et donner un peu plus de travail à l'I.G.S., la police des polices.

Pourquoi ? Parce qu'il fait ressurgir un lièvre qu'avait levé Ulla, la Jeanne d'Arc des prostituées. « **Si nous n'obtenons pas gain de cause,** avait-elle dit, **nous livrerons les noms des policiers que nous entretenons.** » Cette bombinette avait fait long feu. Les noms n'étaient jamais venus. Personne n'en avait plus reparlé. Sauf à l'I.G.S. où finalement, tout en trouvant de telles accusations odieuses, on était tout de même allé voir d'un peu plus près de quoi il retournait.

Et voilà que dans le film, à visage découvert, Nicole, une prostituée de 35 ans remet ça. Et cette fois elle donne des précisions. Non pas sur les identités ou les lieux, mais sur les méthodes employées par les « condés ».

En substance, elle explique que certains policiers ont effectivement des rapports très spéciaux avec des prostituées et que tous deux s'accordent des protections mutuelles. C'est-à-dire que pour tirer sa protégée d'un mauvais pas et pour qu'elle puisse expliquer sa « protection » autrement que par des histoires d'argent, le policier lui soumet une liste d'affaires résolues grâce à des indicateurs. Elle choisit dans le tas ce qui l'intéresse. Le policier lui procure alors le dossier, qu'elle étudie bien et lorsque l'I.G.S. ou tout autre service veut en savoir plus sur sa « protection » elle affirme : « Mais c'est moi qui ai donné telle et telle affaire... » Ce coup de baguette magique transforme alors le policier mouillé en policier habile et efficace.

Si Nicole dit vrai, cela risquerait bien de faire grincer des dents dans les commissariats et les brigades territoriales, car cela prouverait que certains policiers sont bel et bien corrompus, mais qu'en plus lorsqu'ils se défendent en affirmant que ces « relations » leur permettent de réussir des affaires, cela n'est même pas vrai. C'est ennuyeux. Un commissaire me disait un jour : « **Ce n'est pas en restant derrière son bureau que l'on obtient des informations** », mais il ajoutait : « **Toutefois il ne faut pas se tromper : c'est nous qui devons nous infiltrer dans le milieu, et pas l'inverse.** » Les déclarations de Nicole risquent bien de relancer le débat. Mais si elle ment, c'est elle qui va certainement grincer des dents pendant un certain temps...

Jacques LESINGE.

L' article, paru dans L'Aurore *du 17 juin 1975, fait le point sur le meeting organisé le soir du 16 juin à la Mutualité.*

STOP À LA «LOTERIE-RÉPRESSION» LES PROSTITUÉES SE RÉVOLTENT

Le 24 mai 1975, une jeune prostituée est condamnée au TGI de Villeurbanne à 15 jours de prison et à 3 600 francs d'amende, pour «attitude de nature à provoquer la débauche». Cette décision fait la une de la presse régionale. Pour protester contre un système trop répressif, contre trop de rafles, trop de violence policière, trop d'amendes, un groupe de 28 prostituées s'enferme dans une église à Lyon, avec l'indulgence du clergé. Dans le manifeste qu'elles rédigent pour le procureur de la République, elles réclament des impositions non abusives donnant droit à la sécurité sociale et à la retraite comme toutes les Françaises, mères de famille. Nous constatons que la prostitution est un métier dû aux besoins d'une partie de la société. Nous voulons être citoyennes à part entière. Nous refusons la réouverture des maisons closes, et d'être fonctionnaires du sexe, sans aucune liberté...»

Dans la grande salle de la Mutualité, 500 personnes, dont la moitié de prostituées et de travestis, assistent à la projection du film Prostitution, *de Jean-François Davy.*

LA CRÉATION DU «GROUPE DES STUDIOS»

Rue Saint-Denis. Symbole de la prostitution parisienne qui porte le nom d'un apôtre des Gaules, premier évêque de la capitale. Mille cent trente-quatre mètres de trottoir qui épousent le tracé d'une ancienne voie romaine qui conduisait tout droit à la basilique Saint-Denis, lieu du repos éternel des rois de France.

Le spectacle est aujourd'hui peut-être moins royal. Encore faut-il savoir pour qui ?

Réputée pour avoir accueilli les plus belles filles de Paris à l'époque des maisons closes puis des hôtels de passe, la rue des plaisirs tarifés suit à son rythme propre les courbes d'inflation et les crises boursières du marché du sexe, freinée par les vagues successives et incessantes des policiers chargés de la répression du proxénétisme.

La rue Saint-Denis demeure un univers clos où tout le monde s'observe. Les rumeurs montent et descendent du bas au haut de la rue : «Si des studios sont sous-loués aux filles pour se prostituer et que les flics ne font rien, alors faisons la même chose, profitons-en, sous-louons, et quand ils viendront, on leur donnera du fric», clame une vieille mère maquerelle.

Un ancien hôtel de passe transformé en studios, rue Blondel.

En effet : trop de rumeurs, trop de bruits fondés ou infondés… Des policiers ripoux porte-valises pour des partis politiques, des politiques protégés par des voyous, des hommes de main et de sécurité. Des voyous, informateurs de policiers, amis d'hommes politiques. Des amitiés insolites, intrigantes. Des transactions que l'on préfère garder sous silence.

1972-1973-1974 : la rue Saint-Denis devient pour la Mondaine une grande priorité. La décision vient d'en haut : «Il faut assainir la rue, fermer les hôtels.»

Le groupe des hôtels lance alors une vaste offensive répressive. Il «tape» les hôtels les uns après les autres. Les gérants tombent pour proxénétisme hôtelier. Par décision judiciaire, les hôtels sont découpés, vendus par lots ou par chambres.

Mais «les tauliers passent plus ou moins officiellement la main aux mères maquerelles, à d'anciennes prostituées qui achètent». Elles placent leur argent gagné sur le trottoir ou celui du Milieu. Les chambres se transforment en studios. Les notaires rédigent de nouveaux actes de propriété. Seuls les noms changent sur les papiers. Mais l'activité reste inchangée. Jeu de passe-passe. Jeu de dupes.

«Les vrais propriétaires restent des voyous qui tirent les ficelles depuis le Sud (Nice, Marseille, Bastia, Toulon…). Régulièrement, ils montent à Paris pour vérifier, mettre de l'ordre», explique un ancien policier du groupe des hôtels.

Le 23 et 32 rue Blondel. Deux adresses bien connues de la Mondaine.

Michel Poniatowski s'efforçe, durant son passage place Beauvau, de laisser une image «autre», «différente», «intègre» de la police. Une autre conception, une autre politique que celle menée par son prédécesseur, Raymond Marcellin.

Nommé ministre de l'Intérieur le 31 mai 1968, Marcellin fut l'homme de l'interdiction des manifestations, de la dissolution des groupes gauchistes, et aussi l'homme qui plaça avant tout le renseignement au centre de son action, pour savoir et dissuader. Pour rompre avec toute cette période qu'il veut révolue et rendre compte de l'évolution qu'il souhaite donner en toute logique à la feue Mondaine, Michel Poniatowski attribue à sa nouvelle brigade, la BSP, de nouvelles missions, de nouveaux effectifs, de nouveaux moyens.

L'accès aux studios de prostitution du 17 rue Blondel.

Le commissaire Roger Le Taillanter part. Il est remplacé par son numéro deux : le commissaire divisionnaire André Soleres. Ce Pyrénéen dirige, avec ses deux adjoints Richardot et Quevry, un service de cent dix inspecteurs. Il modifie la répartition de ces fonctionnaires dans les groupes et crée un nouveau groupe : le groupe des studios, qui ne s'occupe que des studios loués pour la prostitution. Les affaires judiciaires traitées par le groupe des hôtels passent en 1991 au groupe de la voie publique, puis au groupe des studios, en 1995.

Dans un article de *L'Aurore* du 11 juillet 1978, André Soleres fait le point : «Depuis quatre ans que je suis à la tête de la Brigade, je peux affirmer qu'il n'y a pas, dans notre ressort territorial, un seul hôtel louche, un seul baron du proxénétisme qui puisse se vanter d'être passé au travers. Je suis fonctionnaire, ma tâche est de réprimer le proxénétisme, alors je le réprime, aussi sauvagement et intelligemment que je le peux, sans tenir compte d'aucune pression, réelle ou imaginaire…

Le public, comme d'ailleurs les journalistes, ne peut pas toujours se rendre compte de notre action. Dans les hôtels où nous effectuons des descentes, on ne peut fermer que les chambres où les prostituées ont été prises en flagrant délit. À peine avons-nous tourné les talons que les filles changent de chambre. Je peux vous citer le cas d'un hôtel où les scellés avaient été posés sur la porte d'une chambre dans le mur de laquelle le patron a fait percer une autre porte ! C'en est à ce point qu'il y a une semaine, lassé de voir un autre hôtel du même quartier se moquer de nous, j'en ai fait murer le couloir !

L'humour et la patience constituent les deux qualités essentielles de tout bon policier», conclut le patron de la Mondaine.

RICHARD FAHL : LE PRINCE FRANÇAIS DU SEX-BUSINESS

Richard Fahl en 1983.

« Mon plaisir a toujours été la musique. Mais quand on est jeune, ça ne nourrit pas toujours son homme. Alors, je me suis mis à vendre de la fripe sur les marchés…

En 1969, j'avais vingt ans. Un matin, alors que je passais devant le drugstore des Champs-Élysées, j'ai vu plein de gens faire la queue à la librairie. Ils achetaient tous le même livre. Un livre vendu sous cellophane, qui avait pour titre : *Positions*.

Moi, je n'avais pas d'argent. J'en ai pris un sans payer. Aujourd'hui, il y a prescription. Je peux le dire. Discrètement, j'ai enlevé le cellophane, et à l'intérieur du livre j'ai découvert trente-deux photos noir et blanc d'un couple en collant. Trente-deux positions amoureuses. Mais on ne voyait ni les seins, ni les fesses, ni les sexes…

L'après-midi même, j'avais rendez-vous avec un musicien à la rédaction de *France Dimanche*. Pendant que je l'attendais, je me suis mis à discuter avec la fille de l'accueil. On s'est séduits. Le courant est si bien passé qu'elle m'a même proposé de faire passer une petite annonce gratuitement. J'avais le livre dans mon sac. J'ai réfléchi très vite et comme un éclair, j'ai rédigé avec ironie ce texte : "Envoyez 50 F, je vous enverrai le livre *Positions sexuelles*."

J'avais rajouté le mot clé "sexuelles" ! L'annonce est passée. Quinze jours après, la poste me convoquait pour venir retirer mon courrier. Trois gros sacs postaux. Deux mille lettres avec des chèques de 50 F. C'était royal ! J'ai foncé au drugstore. J'ai vidé le rayon de la librairie. Avec des rouleaux de papier kraft, on enveloppait les livres toute la journée. Chaque jour, je dévalisais le drugstore. Au bout d'une semaine, j'ai demandé une remise. La réponse a été négative. J'ai donc pris contact avec l'éditeur Marie Concorde (aux Presses de la Cité). J'ai obtenu 33 % de ristourne. La vente s'est poursuivie à un rythme effréné. Mon audace ne s'est pas interrompue. Comme par jeu, j'ai demandé une autre remise, plus importante. La réponse a été négative.

Alors j'ai envisagé de changer de stratégie. Et si je faisais les photographies moi-même. Par relation, j'ai trouvé un couple. On a fait des photos. Toujours aucun poil. Pas de sexe. Pas de sein. Mais les collants, eux, avaient disparu.

Positions suédoises, *le premier livre de 32 photographies en noir et blanc d'un couple dans 32 positions amoureuses. Conçu, réalisé, édité et diffusé par Richard Fahl, en 1969.*

L'éditeur de livres pornographiques ne tarde pas à pénétrer dans l'univers de la production de films X, dans lequel il excelle.

On voyait les fesses et les cuisses. Trente-deux photos noir et blanc. Mon premier livre était né. Je l'ai appelé *Positions suédoises*.

J'étais devenu éditeur. Un livre me coûtait 3 F. Je le vendais 50 F. Chaque semaine je continuais à recevoir trois ou quatre sacs postaux remplis de chèques…

Mais peu à peu, la source miraculeuse s'est épuisée. Je suis retourné voir *France Dimanche* pour faire passer un encart publicitaire. Mais là, on m'a dit "non". Pas question. J'ai essayé chez *Play Boy*, chez *Paris Hollywood*. La réponse était partout négative. D'une annonce personnelle, j'étais passé à une annonce commerciale, qui, elle, pouvait attirer l'attention des services de police pour outrage aux bonnes mœurs.

Face à cette situation, je me suis adapté. J'ai fait imprimer des prospectus à distribuer dans les boîtes aux lettres des cités d'immeubles des grandes villes, dans toute la France. Ça a très bien fonctionné.

En parallèle, j'ai été contacté par des gens qui entraient dans le métier. Ils m'ont proposé de mettre *Positions suédoises* en vente en librairie à côté du marquis de Sade, d'Anaïs Nin, ou d'Apollinaire…

Régulièrement, j'alimentais les rayons de la librairie érotique de la rue Castagnary tenue par M. Truong. L'espace ne tarda pas à être trop exigu…

M. Truong déménagea dans 500 m² à Linas, dans l'Essonne. Il faisait de la vente par correspondance. Il vendait mon livre et plusieurs autres livres ramenés de l'étranger sous le manteau. Leur importation était interdite, en référence à la loi du 29 juillet 1882 sur la liberté de la presse. Les revues pornographiques se vendaient à Pigalle dans la rue. Le type ouvrait son pardessus et proposait "porno ! porno !". Il vendait des revues, des cartes postales, des photos, des dessins. Que du porno... En 1969, un numéro de *Color Climax* se vendait 150 F alors que le Smic était à 650 F !

Huit mois après la première mise en vente en librairie érotique de mon livre *Positions suédoises*, j'ai pris un bureau de 20 m² au 1 rue Bridaine dans le 17ᵉ arrondissement, sous le nom de Fahl Distribution. J'étais éditeur installé.

En arrivant, un matin, j'ai vu un type genre jean moto, style décontracté qui m'attendait.

"C'est qui le patron ?"

Très fier, je lui ai répondu :

"C'est moi."

En retour, j'ai reçu une baffe dans la figure.

"C'est toi l'enculé qui distribue ça ?"

Il m'a tendu un des prospectus que je faisais distribuer dans les boîtes aux lettres.

J'ai été convoqué au 36 quai des Orfèvres, à la Mondaine. Ça s'est mal passé, avec un discours moralisateur à l'appui. Puis, je suis passé à la 17ᵉ chambre correctionnelle. J'ai écopé de 15 000 F d'amende. C'était toutes mes économies. Là, je me suis dit : "Je ne peux pas arrêter. Il faut que je continue pour rattraper ma mise."

J'ai osé. J'ai re-misé. J'ai édité d'autres livres dans lesquels on montrait le système pileux. En 1970-1971, j'étais régulièrement convoqué par la Mondaine. Ça se passait moyennant finance et protection.

Richard Fahl, sur l'un des tournages de ses films X.

On me reprochait d'en montrer trop. À l'époque, on n'avait le droit de montrer ni le sexe, ni le système pileux. Aujourd'hui, ça paraît invraisemblable. Lors d'une des convocations, les inspecteurs ont examiné chacun à leur tour, à la loupe, la provenance des poils.

"Vous montrez le système pileux, même s'il est peu fourni. C'est un délit.

– Mais vous voyez bien que ce sont des poils d'imprimerie, des pétouilles et non pas des poils pubiens."

À chaque passage, en correctionnelle, c'était le même tarif : 30 000 F d'amende.

En 1970, mon frère Serge a monté le premier sex-shop/librairie érotique, 19 rue de Choiseul (2e arrondissement). Vitrine toute noire, rideau rouge et sur la devanture en grosses lettres rouges : SEXSHOP. On y vendait des vibromasseurs, les premiers godes, mon livre *Positions suédoises* et d'autres ouvrages très libertins, français ou étrangers (*Les Onze Mille Verges*, *Histoire d'O*, *Le Con d'Irène*, *L'Éloge de la fessée*, *Les Cent Vingt Journées de Sodome*...). On vendait une centaine de livres par jour : la poule aux œufs d'or !

En parallèle, il ne se passait pas une semaine sans que l'on ait la visite de la Mondaine. Une descente, et c'était une "saisie conservatoire" dans le magasin et chez l'éditeur, s'il était français. On réimprimait. On continuait à vendre des livres tout frais sortis des rotatives.

En l'espace d'un an, plus de cinquante sex-shops ont ouvert à Pigalle et rue Saint-Denis. Les Halles venaient de partir, les locaux étaient vides et très bon marché.

La maison d'édition de livres érotiques de Jérôme Martineau, au 88 rue Saint-Denis, n'a pas survécu au fisc. Paul et Roger Darmond ont racheté le local. Ils en ont fait le premier grand sex-shop de Paris.

En trois, quatre ans, tous les tabous sont tombés. L'évolution des mœurs est allée à toute vitesse :

1970 : pas de poitrine, pas de sexe, pas de poils ;

1971 : des poils, des seins, mais pas de sexe ;

1972 : on peut tout voir sauf la pénétration ;

1973 : on voit tout, y compris l'anal (homo et hétéro) ;

1975 : tout est possible, sauf tout ce qui touche aux uniformes (police, militaire, pompier...), au nazisme et à la religion.

Après la période de gestation et de mise en place des règles, le parquet décidait au coup par coup. Il sanctionnait lourdement.

Nous entretenions des relations conviviales avec la Mondaine. J'allais les voir au 36 quai des Orfèvres pour avoir des conseils, savoir jusqu'où on pouvait aller, ce qui était totalement interdit à la vente. En tant que producteur et éditeur de romans photos porno, on était tenté d'aller toujours plus loin. De faire toujours plus osé, toujours plus libertin. Notre but était de séduire la clientèle. De vendre. Plus on en montre, plus le client veut en voir, plus il en demande. Alors, on y allait, on montrait tout... Honnêtement avec du recul, je n'étais pas conscient de choquer. On répondait à la demande du marché.

Les mœurs ont évolué extrêmement vite, on surfait sur la vague, pour susciter de nouvelles envies, de nouvelles ventes.

Le parcours bien connu de tous les habitués convoqués pour outrage aux bonnes mœurs, à la 17e chambre correctionnelle, au TGI de Paris.

Film de 30 mn, pour adulte strictement interdit à la vente aux moins de 18 ans , produit par les Éditions Concorde. Ce film promet à celui qui le regarde de découvrir les secrets des massages sexuels tels qu'on les pratique à Bangkok. Les scènes de fist avec une main entière étant jugées trop violentes et dégradantes par les enquêteurs de la Mondaine, le film a été saisi pour outrage aux bonnes mœurs.

Au 36, j'avais de bonnes relations avec le chef de groupe, M. Palisse. Après une tentative de racket anonyme au téléphone, angoissé, je suis allé lui demander conseil. Il m'a fait sortir du bureau et m'a dit : "Si vous déposez plainte, vous n'allez pas en sortir si vous avez une grosse équipe sur le dos. Moi, je n'ai pas d'équipe ici, mais je peux vous présenter du monde."

Le rendez-vous a été pris pour me mettre en contact avec une équipe. Le gars m'a dit : "Palisse m'a expliqué ton histoire, soit c'est des gros comme nous. Là, il y a le code de l'honneur. Tu payes la première fois, nous on s'arrange entre nous. On se serrera la main et ça en restera là. Soit c'est des voyous. Dans ce cas, on peut te remonter de la cave une oreille ou la tête. Tu choisis."

J'ai revu Palisse. Il m'a expliqué. Les grosses équipes tombent régulièrement, mais ils ressortent. Ils rendent beaucoup de services… Mon fameux racketteur anonyme était un de mes anciens employés. Je n'ai fait appel à aucune équipe.

En 1974, j'ai été saisi pour une affaire de godemichés. Une fois de plus, j'ai été convoqué à la 17e chambre correctionnelle, mais je me suis présenté avec un œil de verre, un dentier et une perruque… J'ai expliqué au prrésident que l'on pouvait acheter ces "fameux" accessoires pour s'amuser, mais aussi par nécessité, que certaines personnes en vieillissant n'ont plus les mêmes performances et ont besoin d'aide… J'ai été relaxé. Le président, qui avait un certain âge, m'a dit : "Vous pouvez continuer, si vous parlez de prothèse sexuelle." Alors dans les catalogues, on a rajouté : "prothèse sexuelle".

Une autre fois, la même année, je me suis fait traiter par un juge de "pollueur de l'humanité". J'ai pensé arrêter. Quelques jours plus tard, j'ai retrouvé mon interlocuteur en tenue très légère dans une soirée libertine… J'ai pensé qu'il ne m'avait pas reconnu. Mais je m'étais trompé. Nous étions hors cadre, hors temps… Mes doutes se sont totalement estompés, j'allais continuer de plus belle.

Il a fallu cinq à six ans de gestation pour que la profession s'installe vraiment et pour que les règles s'établissent. Abandonnant la tolérance du début des années 1970, la Mondaine est allée vers une vague de répression systématique. La Brigade des stupéfiants et du proxénétisme, qui a remplacé la Mondaine, avait pour mission d'être encore plus dure, encore plus répressive. Nous avons dû nous adapter à leurs nouvelles méthodes, au nouveau patron et aux nouvelles têtes…»

Propos recueillis auprès de Richard Fahl, au siège social de la société Concorde, à Champigny-sur-Marne.

All sorts of prostitutes can be found in the Bois de Boulogne

The hookers are either walking or by car. If you are driving, you can invite a girl in your car, this will prevent you from being disturbed by peepers or worse by the vice squad which is there everyday. If you are walking, you can choose a prostitute working by car. We advice you walking girls. Indeed, you should know that the girl - whether by car or not - will ask you to watch over the surroundings before she'll do anything, in order to warn her if the police comes. It's already not particularly easy by car... but on foot, with your pants down, in the cold (between October and April), being obliged to watch over the surroundings to avoid the police or the peepers, you have to be talented to have pleasure ! It's never very pleasant to come quickly and in the cold. The prostitutes will propose you a fellatio or a penetration. Don't forget that everything is done either by car or outside, do not expect too much, you would be disappointed !

Vous désirez être le correspondant du Guide ESCORTE pour votre région. Prenez contact avec J.-P. Piazza d'Olmo Editions CONCORDE 276, rue des Pyrénées - 75020 Paris

156

OU TROUVER LES FILLES

WHERE ARE THE WHORES

Avenue Foch :

Les Allées (ou plutôt les contre-allées) de l'avenue Foch sont remplies - dès la nuit tombée - de jeunes et jolies filles qui se donneront à vous contre un peu de gentillesse et beaucoup d'argent. Elles sont, en général, assez déshabillées et montent plutôt en voiture, puisqu'elles sont à pied et qu'il n'y a pas d'hôtels dans le coin.

You will see - since the coming of the dark - a lot of young and pretty girls who'll give their body against a few kindness and a lot of money. They're usually sexy dressed and go with motorized customers as they have not cars such as there's not hotels around here.

Allée de Longchamps :

L'allée de Longchamps est, elle aussi, arpentée par de nombreuses prostituées dès la nuit tombée. Il y en a pour tous les goûts : des petites, des grosses, des moches, des belles et quelques travestis. Alors, soyez attentifs. Il y a aussi beaucoup de voyeurs.

The Alley de Longchamps is also plenty of whore, since the night. There's for every tendency: small, fat, bad, beautiful and a lot of transformists. Do care. There is a lot of watchers, too

Avenue de la Reine Marguerite :

On y croise de nombreuses prostituées qui pratiquent à pied, derrière un fourré. Elles vous proposeront une fellation pour 40 F ou l'amour "en levrette" pour 80 F.

You may see many prostitute who work outside, behind a tree. They'll propose you a fellatio for 40 F or a "behind" shot for 80 F.

Avenue de l'Hippodrome :

C'est dans l'avenue de l'Hippodrome que l'on trouve les filles les plus grosses, les plus énormes qu'on croirait sorties d'un film de Fellini. Elle se font, elles aussi, prendre par derrière. Cela vous coûtera 80 F.

It's in this avenue that you may find the big tits ladies, so fat that you could think they come out a Fellini's movie. They also practice the behind fuck. It'll cost you 80 F.

Route de l'Etoile :

Si vous êtes un disciple de l'éducation anglaise, si vous aimez les châtiments corporels administrés par de fortes femmes dotées de poitrines agressives et toute de cuir vêtues, il vous faut aller Route de l'Étoile. Vous verrez là des quadragénaires - équipées comme il convient - qui vous proposeront leurs spécialités...

If you're an adept of the english education, if you like the corporal punishment given by a fat busty lady all in leather dressed, you have to go Route de l'Etoile. [illegible] other stuff - who'll purpose you their specialites

157

Le Guide Escort, Français - Anglais, publié par les Éditions Concorde en 1980.

MARC DORCEL

Après avoir été successivement dessinateur industriel, puis technico-commercial pour une société de machines à coudre, Marc Dorcel décide de devenir son propre patron. Il rencontre un transporteur de travaux publics qui gagne jusqu'à 500 francs par jour pour acheminer des marchandises d'un chantier à l'autre. Un travail qui lui semble facile. En 1965, Marc, aidé financièrement par ses parents, investit dans l'achat de 15 tonnes et embauche des chauffeurs… Si dans un premier temps les affaires sont plutôt florissantes, très vite, les camions passent plus de temps au garage, en réparation, que sur la route. La société ne cesse de perdre de l'argent. Après un an de cauchemar, Marc Dorcel met la clef sous la porte et se réfugie dans un appartement place des Vosges.

Une nouvelle rencontre va être décisive sur son parcours. Chaque jour, il croise un homme qui va chercher son courrier à la poste et ouvre des dizaines d'enveloppes. Dans chacune, un chèque ! Une commande pour un livre érotique. L'inconnu, qui deviendra très vite un ami, vend par correspondance de la littérature érotique à travers toutes les provinces françaises. Nous sommes en 1968. «Il est interdit d'interdire.» La société bouge, explose. La révolution culturelle est en marche. «Faites l'amour, pas la guerre…» Marc se laisse porter par la conjoncture favorable. Avec deux amis associés, il crée la société Select Diffusion, qui vend des livres aux titres sulfureux… Sur sa route, il croise Pietr Bauer, un journaliste suisse, qui le prend pour un grand éditeur. Celui-ci insiste pour qu'il publie un manuscrit érotique inédit qui dort dans ses tiroirs depuis des mois. Son titre : *Ursula*. Marc Dorcel le publie. Vingt mille exemplaires en trois mois ! Le succès ! Mais la police mondaine veille. *Ursula* est interdit à la vente, mis sous scellé, et sanctionné pour outrage aux bonnes mœurs.

Marc Dorcel : un homme réservé, à la tête d'un empire industriel spécialisé dans le film pour adultes.

«Je découvre le monde de la censure, des interdits, des saisies, de la Police mondaine, de la 17e chambre correctionnelle… Tous les jours, les interdictions pleuvaient au *Journal officiel*. Dès que le *JO* sortait, les policiers du groupe des OBM à la Mondaine l'épluchaient à la ligne près pour identifier leurs futures cibles, les mettre en objectif. Nous, éditeurs, nous n'avions qu'un seul souhait, surtout ne pas être dans la "liste". Cette loi sur les outrages aux bonnes mœurs a toujours été d'une grande hypocrisie. Vous aviez le droit d'imprimer un livre, mais il devait ensuite rester dans le tiroir.

Dans les années soixante-dix, nous vivions dans une course de vitesse entre les interdictions, le droit de vendre et les passages à la 17e chambre correctionnelle du tribunal de grande instance de Paris. Au bout de trois interdictions, l'éditeur était vraiment sanctionné. La loi était sournoise. Elle obligeait l'éditeur à faire un dépôt légal. Il fallait prendre le risque financier de faire un tirage du livre, de le présenter en trois exemplaires au ministère de la Justice et attendre patiemment son consentement. Qui pouvait se permettre de faire ça ? Tous les éditeurs, même les plus gros, avaient maille à partir avec la Mondaine. Pauvert, Losfeld, Deforges ne comptaient plus les

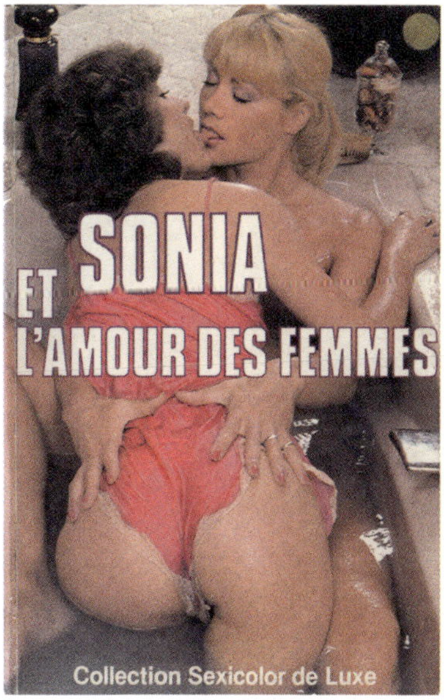

En 1979, Marc Dorcel a l'idée ingénieuse de tourner des films porno en vidéo directe, tirés des romans-photos qu'il réalise. Après le succès fulgurant de son premier film X, Jolies petites garces, *en 1979, il produit et réalise dans la foulée plus de 15 titres entre 1980 et 1983.* Sonia et l'amour des femmes, *met en scène un sujet encore sensible, l'homosexualité féminine.*

descentes de police et les convocations à la 17e chambre correctionnelle. Nous étions contraints de vivre dans l'ombre. Briller, c'était se faire attraper. À mes yeux, la Mondaine, c'était la Terreur. Quand ils débarquaient, cela me rappelait Eliott Ness, la série télévisée américaine *Les Incorruptibles*. Les cow-boys avec les colts.

Ils mettaient les scellés sur les palettes de livres, puis c'était le déroulé du même scénario. Un vrai rituel : convocation pour outrage aux bonnes mœurs au 36 quai des Orfèvres, audition, recherche d'un avocat, passage à la 17e chambre correctionnelle du tribunal de grande instance de Paris, sanction financière et quelques mois de prison avec sursis… L'avocat plaidait presque toujours la même chose : "Nous sommes encore au temps de l'Inquisition, et pourtant il y a eu une évolution des mœurs. Les publications répondent à une demande bien réelle, à un besoin."

Il n'y avait jamais de relaxe. Toujours une amende, plus ou moins forte. On payait. On continuait à publier et à vendre. En allant au Palais de Justice, deux où trois fois par an, j'avais toujours une vraie crainte, les mois de prison.

À la fin des années soixante-dix, l'arrivée de la vidéo a fait chuter la vente des livres illustrés et des romans-photos érotiques.

Nous avions installé notre nouvelle société, les éditions Pierre Yvon, dans des locaux plus grands, rue de Sèvres. Dans la cour de l'immeuble, deux réparateurs de magnétoscopes s'activaient toute la journée. Admiratifs devant la qualité de nos publications, ils nous proposèrent de retranscrire le papier glacé en vidéo. C'est ainsi qu'est née, en 1979, la vidéo Marc Dorcel : VMD. *Jolies petites garces* (53 minutes) fut notre premier film X produit, réalisé et tourné en vidéo.

Collection sexicolor de luxe. Films pour adultes. Interdit aux moins de 18 ans.

À sa sortie, le succès fut immédiat. Plus de quatre mille cassettes furent vendues en sex-shops, 500 F ! Le contexte de l'époque explique aisément cet engouement. Une loi venait de frapper les films X. Diffusés jusqu'alors au cinéma, ils étaient désormais relégués dans des salles spécialisées. Cette loi a signé pour nous le succès de la vidéo X. À cette époque, en 1979, mes concurrents ne proposaient alors que des films en 16 ou 35 millimètres en cassettes qui étaient transcodés en VHS. Comme la technique n'était pas encore suffisamment au point, la qualité pour le spectateur était très faible. Avec un film tourné en vidéo, l'image était digne de celle d'une émission tournée en direct à la télévision. La France découvrait tout juste le magnétoscope…

Dans la foulée, nous avons produit et réalisé un second film *Les Mauvaises Rencontres*, puis un troisième, *Orgie extra-conjugale*. J'ai décidé alors de cesser mes activités dans le roman-photo afin d'investir complètement dans la production.»

Marc Dorcel engage Michel Barny comme metteur en scène. Il réalisera pour Dorcel plus de quinze films (*Tendre Corinne*, *Ma Cousine de Paris*, *Hôtel Bon Plaisir*, *Une femme honnête…*).

En 1987, naît l'union sacrée entre Marc Dorcel et son nouveau réalisateur Michel Ricaud. Ils marquent ensemble l'histoire du X d'une empreinte qui leur est propre. Leur politique se fonde sur des films hauts de gamme. Ils signent la griffe VMD.

«Autant l'édition érotique était sanctionnée, censurée, autant la vidéo associée au cinéma était libératrice, innovatrice. Historiquement en France, le magnétoscope a été lancé au début des années quatre-vingt par la production de films vidéo X. Les gens voulaient avoir du sexe chez eux, pouvoir consommer. Mais pour lire les cassettes vidéo, il fallait l'outil sacré : le magnétoscope.

Les commissions de sécurité étaient bien différentes. Le but du CNL n'était pas de censurer le cinéma. Il y avait des normes, des interdictions, mais pas la même hypocrisie. Le film pouvait être interdit aux moins de treize ans, de dix-huit ans … être classé X, mais en aucun cas, c'était le casse-tête monstrueux de l'univers du livre.

En tant que cinéaste, je n'ai jamais été inquiété. J'ai choisi pour être en harmonie avec mon caractère d'axer ma production sur le luxe, l'érotisme. Je recherche un côté bourgeois, esthétique. Je suis producteur de films pour adultes, pas de films porno.»

Propos recueillis auprès de Marc Dorcel à Paris.

La censure du X

«Silences et perversions de la censure.

Les vrais problèmes posés par la censure n'ont jamais été sérieusement étudiés depuis que la Révolution française, tout en affirmant le principe de la liberté d'expression, a forgé les lois répressives qui lui donnaient les moyens de la limiter.

Comme le soulignait Robespierre en 1791, lorsqu'il défendait la liberté de la presse (deux ans avant de la supprimer totalement), «c'est sur un principe qu'il faut établir la loi».

Pendant environ deux ans, de 1973 à 1975, le cinéma français a connu une sorte de «silence des lois», comme dit Sade. À l'avalanche de films érotiques – ou pornographiques, comme on veut – les pouvoirs publics, poussés à la fois par le Parti communiste et l'extrême droite (comme toujours), répliquèrent par les fameuses lois sur les films dits «X».

Or, il ne semble pas douteux que ce sont les lois «X» qui créèrent immédiatement les conditions les plus favorables à une production pornographique de bas niveau, avec toutes les conséquences que l'on imagine, tandis qu'elles émasculaient les films de qualité. Autrement dit, la censure aggravait en fin de compte la pornographie, la signalant du même coup, par une étiquette, à ces esprits fragiles qu'elle prétendait protéger.»

Jean-Jacques Pauvert

LE MAGNAT DES SEX-SHOPS

« En 1976, un de mes cousins qui travaillait dans un sex-shop chez Darmond, a décidé d'ouvrir, rue Godot-de-Mauroy, un sex-shop. J'ai posé ma guitare et je l'ai rejoint.

Pour alimenter le magasin, il fallait aller chercher des revues en Hollande, en Allemagne et aux États-Unis. On achetait absolument tout, sauf la pédophilie et la zoophilie. Même des trucs qui pouvaient nous paraître étranges, dérangeants : fessées, fétiches, sévices, bandages, fist, double-pénétration, scènes de lutte et de catch entre femmes...

Jusqu'à la fin des années soixante, le sexe était encore tabou. C'était le MAL. Les scènes de sexe dans les romans manquaient amèrement d'humour et de légèreté. C'était lourd, pathétique. Souvent incestueux. Le sexe mit en scène n'était que source de souffrance, de dépravation et menait même à la débauche, voire à la mort.

Pour moi, l'arrivée de la pornographie a réellement fait évoluer les mentalités. Le sexe est devenu source d'énergie, “c'est le pied de baiser”. La surenchère s'est faite au fur et à mesure par les créateurs pour satisfaire les clients, qui en voulaient toujours plus. Dans la sexualité, l'homme est prêt à mettre en scène des situations extrêmes pour jouir encore plus. Toujours plus. Quand la société s'en mêle et veut régenter l'art, la répression, les interdits et les sanctions arrivent. L'hypocrisie, c'est avant tout le regard porté sur les images, l'interprétation que l'on peut en faire, et non pas les images en elles-mêmes. Elles existent. La perversité vient du monde adulte. L'État a toujours essayé de gérer les relations intimes, de les connaître, de les orienter. Depuis que l'article 283 du Code pénal sur ces publications contraires aux bonnes mœurs, commises par la voie de la presse ou du livre, a été supprimé en 1994 - lors du changement du Code pénal - pour être remplacé par l'article 227-24, la BRP ne nous a ni perquisitionnés, ni saisis.

Les textes ont changé. Les mentalités ont beaucoup évolué. Dans les sex-shops, les sextoys sont des produits de consommation grand public. Les DVD pour les amatrices et les amateurs de bingbang et de bukkake font recette.

Seuls, encore aujourd'hui, sont interdites les scènes de zoophilie (hormis avec les petits animaux domestiques !).

Les policiers de la BRP nous rendent visite régulièrement pour voir s'il n'y a pas de prostitution, ni de mineur dans les cabines doubles de projection, ni dans les salons de peep-show.

Dans nos établissements, nous pratiquons une extrême surveillance. Nous avons mis en place des dizaines et des dizaines de caméras disséminées aux points stratégiques. Dans la salle de contrôle, il y a en permanence une ou deux personnes, le regard vissé sur les écrans de contrôle. Un vrai vaisseau spatial. Mais nul n'est prince en son domaine... »

LOVE THEATRE
NON STOP SHOW

PIGAL'S PEEP SHOW
Ciné SHOW

LINGERIE folie
SEX SHOP
PROJECTIONS

SEX SHOP
PROJECTIONS
VIDEO
cabines individuelles
EX SHOP

SHOP VIDEO
VIDEO X
VIDEO X
BRAND CHOIX de CASSETTES VIDEO
CARTES & ABONNEMENTS

SEX SHOP
SEX SHOP
PROJECTIONS
VIDEO
en cabines individuelles
LIVRES
REVUES
PRODUITS
GADGETS
FILMS
HARDS

VIDEO SEX
CINE
SEX
VIDEO

PoRNo-ShoP
CINÉ
SEX
SHOP
PROJECTION
FILMS VIDEO
GADGETS

HOP
ENTREE
SEX SHOP
SALLE VIDEO
Video Shop
SUPER SEX SHOP
Spécialisé
GAY CINE SEX
CINÉ
SEX
SHOP
PROJECTION

VIDEO STAR
Vente Projections Location

CINE SEX SHOP
SEX au

SEX SHOP
LINGERIE

SEXASHOP
51
ENTREE
PROJECTION
CINE SEX
FILMS HARDS
PERMANENTE
SUPER SEX
Spécial
GAY CINE SE

SEX
MACHINE
Sex Shop
soldes

SEX-SHOP
FILMS
VIDEO
PROJECTIONS
CLUB VIDEO 50
PRODUITS · GADGETS
LIVRES · REVUES
CUIR · LATEX
ANNONCES · CONTACTS
LINGERIE SEXY

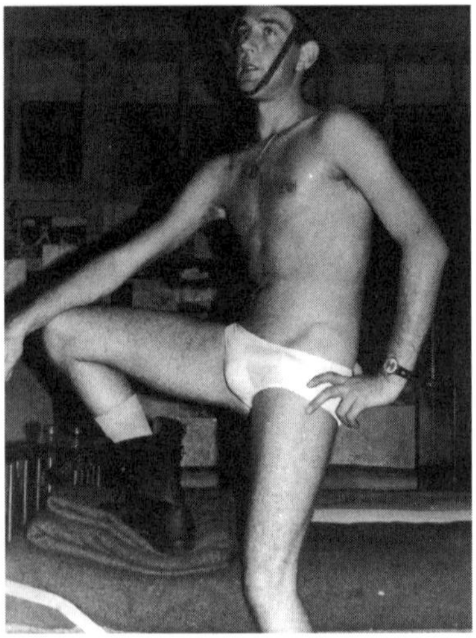

Robert Dufossé en militaire. Classe 69.

LE PARCOURS D'UN PIONNIER GAY LIBERTIN

« En 1968, j'ai dix-neuf ans, je vis en province chez mes parents à Calais. Ma première expérience amoureuse avec un ami, 4 ans à l'internat «les amitiés particulières».

Ensuite, j'ai découvert les "tasses" et les hommes qui y vont. Au hasard d'une rencontre, une bande de folles m'a emmené avec elles au Touquet. On draguait sur les dunes. Je trouvais le milieu sympa. Je découvrais. Je savourais. Je consommais. Je m'initiais aux réseaux homos. Avant 68, il n'y avait pas de boîte, ni de club homo en province. Cela n'existait qu'à Paris, à Lyon et à Marseille. À Paris et à Lyon, il était interdit de danser ouvertement et librement entre garçons. C'était un outrage à la pudeur.

Pour parer à cette interdiction, on cherchait des lieux où la tenancière acceptait de nous recevoir et de fermer les yeux sur nos pratiques. De mémoire, je me souviens d'avoir entendu parler de quelques bars entremetteurs tolérants :

- Chez la Colonelle, en vallée de Chevreuse. En groupe, les homos prenaient le train à Saint-Lazare. Entre nous, on l'appelait "le train des folles".
- Chez Madame Arthur. Le haut lieu du spectacle travesti.
- Elle et Lui, boulevard Raspail à Montparnasse. L'établissement recevait une clientèle bisexuelle.
- Le Monocle ne recevait que les femmes.
- Le Fiacre, tenu par Petit Louis, rue du Cherche-Midi. Bar essentiellement homo.

Dans tous ces bars, où régnait une atmosphère "gay friendly", on attendait la danse du tapis pour draguer les mecs.

Ostende, en Belgique, Un haut lieu des boîtes de nuit. Toutes de styles différents. Les grandes folles allaient au Caniche, les friqués et les chics chez Roland, les amateurs de sauna au Blue Boy, les aficionados des bars routiers avec tables en formica et nappes à carreaux chez Willy, où l'on dansait le tango et la valse, et les friands de thé dansant au Trianon. Hormis la pépinière de lieux de rencontres pour hommes, la Belgique était le seul endroit où l'on faisait des tables rondes sur l'homosexualité, des émissions de télévision qui traitaient du délit d'outrage public à la pudeur… et des droits homosexuels.

Le combat pour la libération de l'homosexualité s'est intensifié, car de nombreux homos faisaient circuler des photocopies et des tracts. Très vite, un mouvement radical : le FHAR (Front homo d'action révolutionnaire) s'est installé 3 rue Keller.

Le père B. crée Arcadie. Il avait réuni autour de lui un certain nombre d'éminences grises, des aristocrates, des écrivains, des philosophes pour réfléchir sur la libération de l'homosexualité. Ils se réunissaient rue Béranger.

En référence à La Chevauchée sauvage.

En 68, il n'y avait aucun club à Paris, où l'on puisse avoir des relations sexuelles entre homos. Nous jouions avec l'interdiction ; les squares, les abords du Trocadéro, les bosquets dans les parcs, les "tasses", les abords des gares étaient des lieux très privilégiés pour baiser. Les arbustes bougeaient beaucoup. Nous provoquions le vent. L'esplanade des Invalides et le quai Branly étaient spécialisés dans la drague SM.

À la même la période qu'Ostende : Boulogne-sur-Mer, avec comme point de ralliement : le bar "gay friendly", L'Écus de France (surnommé les culs). Bar typique à entraîneuses. Carrelage au sol. Lumière glauque… La tenancière, sa choucroute sur la tête, son tricot en cours d'élaboration sur les genoux, gérait l'établissement avec Eugène, le barman «Perruqué». Dans ce bar à matelots, des banquettes en moleskine rouge se tenaient au fond, près des toilettes. Tous les garçons investissaient l'espace banquette, et ils attendaient qu'un hétéro rentre dans les toilettes pour se précipiter pour le rejoindre : pendant ce temps, Madame attendait devant sa bière…

Les machos du "Keller's".

Par le biais d'une petite annonce, j'ai adhéré au club Boy's cuir. La 1ère association fétichiste SM. On se masturbait sur des photos, les lettres des uns, des autres. Certains week-ends, nous partions dans le haut lieu du sexe à Amsterdam. Là, on pouvait baiser librement dans les parcs. Les roseraies abritaient le milieu hard. La police passait pour voir si tout se passait bien. À 6 h, ils demandaient avec gentillesse à ces messieurs de bien vouloir se rhabiller, car le parc allait ouvrir au public. Côté Hollande, à 4 km de la frontière belge, dans un petit village nommé Sluis, nous écumions avec délectation les sex-shops qui vendaient des revues hard pour homos et hétéros. Le problème était de passer la frontière avec, pour les ramener à la maison.

De nombreuses relations m'avaient parlé de l'Argos, le feu dans les yeux et dans le pantalon. Ce bar à matelots, le premier bar hard d'Amsterdam, réservé aux homos hards, fonctionnait de bouche à oreille. Par le réseau. Pas de portier. Pas de caméra. Pas de videur. On entrait ou non. Pas de sonnette. Ce bar à dockers, brut de décoffrage, très sexe, véritable caricature des dessins de Tom of Finland, me tentait outrageusement, mais je n'osais pas. Puis un jour, j'ai adopté la tenue en vigueur, le signe de reconnaissance : jean retroussé sur bottes cuir de moto, cul serré, tee-shirt blanc, blouson noir. J'ai osé. Je suis rentré. À 23 h, le bar fermait, on m'a invité à monter à l'étage. Et là, je me suis retrouvé attaché à un lit métallique à vivre ma première séance hard.

Au gré des rencontres et des affinités, une opportunité m'a guidé au Colhern à Londres. Ce bar faisait la une dans le milieu. Il y avait un grand bar en forme de U au centre. L'univers des toilettes permettait de connaître très vite les affinités de chacun. Tous les mecs cuir se réunissaient aux toilettes pour hommes. En face, toutes les "folles" s'amalgamaient aux toilettes pour femmes. On draguait. On fumait. On buvait. On matait. Mais, on ne baisait pas dedans.

En 69-70, j'ai fait mon service militaire dans les Ardennes. L'homosexualité en tant que telle n'était pas un motif suffisant pour être réformé. Il fallait y ajouter un aspect psychologique incompatible à la vie militaire. Au moment où je suis rentré à l'armée, en 71, le club Boy's cuir (fondé en 67), auquel j'appartenais, cherchait un

Défilé du FHAR à la première Gay Pride à Paris en 1979.

endroit pour organiser son premier meeting. J'ai demandé à mes parents s'il était possible de recevoir le groupe de «motards», cinquante personnes pour un week-end, dans leur hôtel : l'hôtel de Boulogne, à Calais. Ils ont acquiescé, sans trop savoir ce dont il retournait. Dans la cave, j'ai aménagé, pour les accueillir le plus discrètement possible, un comptoir et une sono.... Chaque été, pendant quatre ans (de 1971 à 1974), l'hôtel de mes parents a accueilli le meeting du Boy's cuir.

Nous avions tous un look commun : Perfecto, jean, cheveux longs, tatouages. Pas de casquette. Tout était codé, symbolique, en référence à... Le fait de porter le collier étrangleur à droite ou à gauche n'avait pas la même signification. En France, un dominateur portait à gauche, un soumis à droite. Mais attention, aux États-Unis, d'une côte à l'autre, les codes s'inversaient. En Californie, le dominant (sado) s'identifiait par le port du collier à droite. De même, les couleurs du mouchoir en tissu étaient référents : bleu marine (sodomie), bleu ciel (fellation), rouge (fist), jaune (urologie), noir (sadomaso), gris (bandage, ligotage), blanc (exhibition, masturbation), orange (quand tu veux, ce que tu veux, où tu veux). Une épingle de nourrice dans le revers du col signifiait piercing.

Aux États-Unis, il n'y avait des backrooms que dans les clubs privés, accessibles avec une carte de membre. En aucun cas, il n'y en avait dans les bars. Le mot backroom signifie arrière-boutique. Le lieu idéal pour les gays, pour avoir des relations sexuelles, car la police n'avait pas le droit de s'y introduire sans mandat de perquisition.

En 73, j'ai rencontré mon ami dans une boîte, que Gerald N. venait d'ouvrir rue Sainte-Anne. Après le Nuage, un bar homo dancing, il avait investi le Bronx, un lieu branché hard, très high-tech, avec des lits métalliques superposés qui provenaient de l'armée américaine. Tous les gens du Boy's cuir se retrouvaient au Bronx, jusqu'à ce que les responsables des lieux trouvent nos attitudes trop provocatrices, trop osées. C'est vrai que nous n'hésitions pas à nous masturber ouvertement. On nous a demandé de partir. On nous a fait comprendre que c'était trop.

En 75, après une période d'errance, les groupes gays ont atterri au DD. Un bar avec une salle de billard, rue du Moulin-Vert dans le 15e arrondissement. Quand la Mondaine débarquait, une lumière rouge s'allumait, les pantalons remontaient, les braguettes se reboutonnaient. Yves M. était des nôtres. Au bout d'un an, le DD a dû fermer. Une fermeture administrative ... ? Nous avons élu un autre lieu, le restaurant des abattoirs de la Villette. stucs défraîchis, ambiance *Orange mécanique* et toilettes en art déco en backrooms. La police en a eu vent trop tôt. Un soir, les gardiens de la guérite d'accueil qui devait nous avertir par téléphone ont été pris de court...

Mars 76. Une fois de plus, nous recherchons un endroit pour nous retrouver. L'errance continue. Les vice-présidents du Boy's cuir recherchaient un local dans les zones insalubres et à réhabiliter dans Paris : l'îlot Chalons, le quartier Bastille (rue de la Roquette, rue Keller). De bouche à oreille, ils sont arrivés au Keller's, un ancien bougnat. Ils ont monté une société : le Keller's. Ce bar, lieu de rencontres basées sur le hard, accueillait les clients sur parrainage. Il fallait être looké motard ou cuir noir.

Christian B, le 2e gérant du "Keller's", de 1970 à 1980.

Devant la porte du "Keller's", en 1979. À gauche, Michel, le gérant, 1er président de l'ASMF en 1975.

La salle de billard du "Keller's", 1979.

Cela passait pour être un rendez-vous de motards. C'était une couverture pour ne pas choquer. Le Keller's ouvrait tous les jours de 22 h 30 à 2 h du matin. Fermé le lundi. Jacques F. a tenu le lieu jusqu'à sa disparition, en 1977. Il a dû gérer les plaintes du voisinage, les rumeurs et les propos homophobes, mais aussi les nombreuses descentes de la police. Christian B. lui a succédé. Une clientèle parisienne, provinciale, mais aussi étrangère, toujours très lookée (militaire, motard…), s'y retrouvait régulièrement et assidûment. Il n'y avait pas de backroom. Au début, j'y allais en tant que client le week-end, dans la semaine, je travaillais en tant que maître d'hôtel dans l'hôtellerie quatre étoiles à Neuilly. Puis pour payer mes déplacements à Amsterdam, je suis allé y faire deux heures de ménage tous les jours…

En 75, c'est la scission puis la disparition du Boy's cuir en tant que tel. Son président, Jean-Pierre, remonte de son côté le France Sport Moto Club, à Marseille. Les dissidents créent l'association Sport Moto Club.

En avril 76, le Daytona, rue Notre-Dame-de-Lorette, franchit le cap. La présence de sa backroom dure plus que quelques semaines grâce à la protection d'un député du 18e arrondissement.

Sortie privée pour le 3e anniversaire du "Keller's", en mars 1979.

Fin novembre 80, Christian B. démissionne de son poste de gérant au Keller's. Il ne s'entend plus du tout avec ses associés. Je reprends le Keller's pour un an, mais le même problème relationnel se pose. Je démissionne à mon tour, et pars ouvrir le Sling, au début 82 rue du Perche, à l'angle de la rue de Saintonge.

La loi en 1981, ne change pas radicalement la situation, elle l'assouplit. Au Sling, j'avais aménagé une backroom au premier étage, les policiers de la BSP passaient régulièrement pour surveiller. Ils m'avaient demandé de ne pas mettre de signal d'avertissement entre la caisse au rez-de-chaussée et la backroom au premier étage, de les laisser faire leur travail, sachant très bien ce qui se passe dans une backroom …. ce qui continua à mon retour au Keller's.

En juillet 84, je quitte le Sling, pour partir avec mon copain, au vert, dans la vallée de la Loire. Il décède en 90. Je largue tout, l'hôtel-restaurant que nous avions tenu ensemble… Je reviens seul à Paris. Les survivants du Keller's ont appris mon retour et ma disponibilité, insistent plusieurs fois. Je finis par accepter, en 91, la proposition de revenir au Keller's en tant que barman. J'y retrouve d'anciens amis, ce qui fut très bénéfique pour mon moral, mais le lieu est en état de décomposition. Le bruit a circulé que j'étais revenu, et c'est reparti à nouveau.

En 93, le gérant, Michel, décède et me laisse sa place. Je redeviens gérant. J'institue le nouveau Keller's avec une atmosphère beaucoup plus lubrique, avec les premières parties du dimanche après-midi, les spécialités dans les best-off du fist et de l'urologie.

Le Keller's a toujours été un exemple dans le milieu qui a donné envie à beaucoup de l'imiter. Je me demande, le jour où la disparition du Keller's arrivera, qui aura encore de nouvelles idées…

Propos recueillis auprès de Robert Dufossé en janvier 2009, au "Keller's".

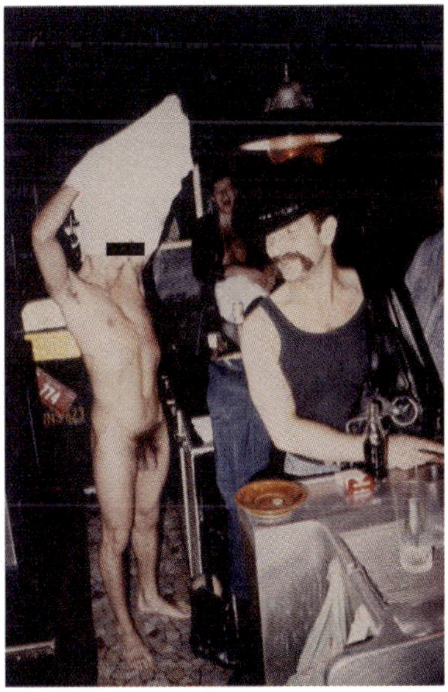

Lors du 5e anniversaire du "Keller's", en mars 1981, Robert Dufossé est le gérant des lieux depuis décembre 1980.

Dans un des grands sex-Shops de la rue Saint-Denis, films étrangers pornographiques qui vont être visionnés par la Mondaine.

LA MONDAINE CONTRÔLE L'INDUSTRIE DU X, LES «SEXPLOITEURS» TOMBENT

Deux enquêteurs du groupe des OBM s'enferment régulièrement toute la journée dans le noir pour visionner durant des heures et des heures des films porno. Ils traquent toutes les scènes réprimées par le parquet pour outrage aux bonnes mœurs. Si, en 1972, la sodomie est sanctionnée, à partir de 1975, presque tout est montrable, sauf, encore et toujours à ce jour, les mises en scène qui utilisent des uniformes – police, pompier, militaire – et tout ce qui est religieux.

Films pornographiques super-8, tournés aux États-Unis, interdits à la vente aux mineurs de moins de 18 ans. Saisis par la Mondaine dans des sex-Shops de la rue Saint Denis et de Pigalle, avant les années 70.

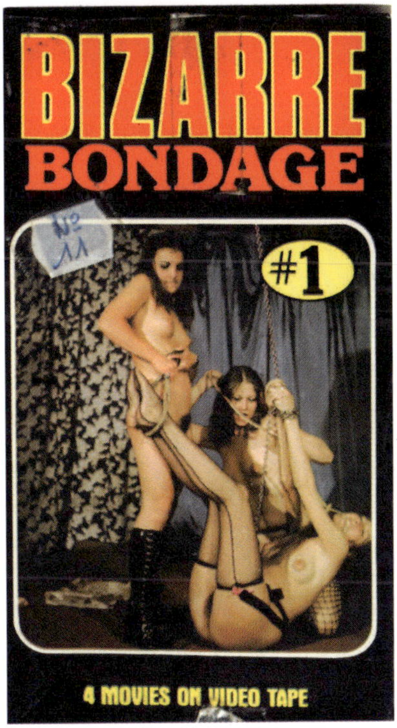

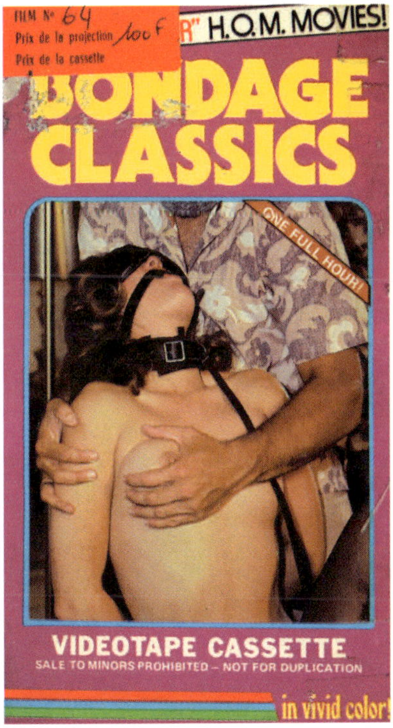

Série de cassettes vidéo saisies dans des sex-shops. Certaines scènes SM présentent des actes d'une extrême violence, d'une rare perversion et de tortures physiques.

Ces revues hard, réservées à la vente pour adulte, saisies par la Mondaine ont été interdites à la vente et à l'exportation. De nombreuses professionnelles de l'amour tarifé se cachent avec habileté derrière l'anonymat des petites annonces coquines et proposent leurs spécialités, parfois extrêmes, urologie, scatologie, zoophilie, SM avec violence.

L'ARRIVÉE DES FEMMES DANS LA POLICE JUDICIAIRE

À la BRP, au 3 rue de Lutéce, les femmes policières ont désormais leur place.

Une des premières femmes en poste à la PJ témoigne de son parcours atypique. En trente ans, la société, l'administration et le regard des hommes ont beaucoup évolué, vers une plus grande mixité.

« Une maîtrise de droit en poche, les dates des concours administratifs se sont succédé. En janvier 1978, sur le calendrier, l'écrit pour le concours des impôts et celui pour le concours de la Police tombait le même jour. J'ai choisi la Police. C'est la première année où l'on recrutait autant de filles : quarante sur sept cent soixante candidats. Je voulais un métier avec un fort contact humain, ne pas traiter que du papier dans un bureau clos. Dans ma promotion, la moitié de mes collègues était parente ou compagne de policier. Dans ma famille, il n'y a aucun flic. Neuf mois à Cannes-Écluse (77) pour devenir inspecteur. En fonction du classement de fin d'études, on pouvait choisir son poste. Je n'ai pas voulu retourner en province, d'où j'étais originaire. Dans les postes provinciaux, les femmes étaient cantonnées dans les bureaux avec pour tâches majeures : répondre au téléphone, classer les dossiers, traiter les affaires dont personne ne voulait. J'ai demandé Paris, le choix des postes est plus large et, d'autre part, je savais qu'il serait beaucoup plus facile de changer si je ne me plaisais pas.

Lors de mon affectation à Paris, je me suis présentée au commissariat, personne ne m'attendait… J'étais la seule femme. Que des hommes. Un univers viril avec ses codes et ses traditions ! J'ai vécu deux ans de découverte, axée sur le comportement humain, les réactions des gens, toutes classes sociales confondues. Leurs excès. Leurs failles. Leurs désespoirs. Leurs attentes.

L'été 1981, mon commissaire a été muté. Il m'a convoquée pour me dire : "Mademoiselle, vous avez en deux ans fait le tour de tout ce que l'on peut voir en commissariat. Un conseil, demandez les brigades centrales."

J'ai postulé. C'était la première année, concours de circonstances heureuses, où il y a eu plusieurs recrutements ouverts à des femmes. Quand j'ai pris mon poste, on n'était pas plus d'une dizaine. Là, j'ai vraiment fait du terrain non-stop. Les surveillances, les filatures, les auditions. Le fait d'être une femme dans un monde d'hommes, c'était difficile. Les patriarches ne voyaient pas, à cette époque, notre venue d'un bon œil. Une femme, cela pouvait donner un coup de canif dans leur machisme, tenter de les déstabiliser. Dans le service, il y avait une phrase clé, récurrente : "Vous n'avez pas la force physique les filles, pour interpeller." Tout était systématiquement ramené à l'interpellation, quand on sait que c'est un centième du boulot ! Après la période de tentative de découragement et d'observation, la situation a évolué. J'ai trouvé ma place, je me suis fondue dans le groupe en douceur.

Depuis 1981, les arcanes féminins ont bien changé au sein des brigades centrales. La dizaine s'est multipliée. Les jeunes femmes gardiens, brigadiers et officiers sont beaucoup plus facilement intégrées. Il n'y a plus les mêmes a priori.

Aujourd'hui, soixante-cinq femmes exercent à l'égal des hommes dans les six brigades centrales : la PJ a su se féminiser…

LE PARIS SM

Le masochisme, jusqu'où ? Si les adeptes de cette pratique du plaisir, fiers lecteurs du roman à scandale *La Vénus à la fourrure* de Léopold Van Sacher-Masoch, sont des inconnus, pas de problème. S'ils font partie de l'élite intellectuelle, sont artistes ou religieux, occupent des fonctions sociales sensibles dans la société, leurs pratiques dites «perverses» intéressent alors beaucoup plus les enquêteurs de la Mondaine, qui établissent des dossiers secrets sur ces vicieux et vicieuses qui aiment se faire coudre les seins, les parties génitales, se faire couler de la cire chaude pour arrêter le sang.

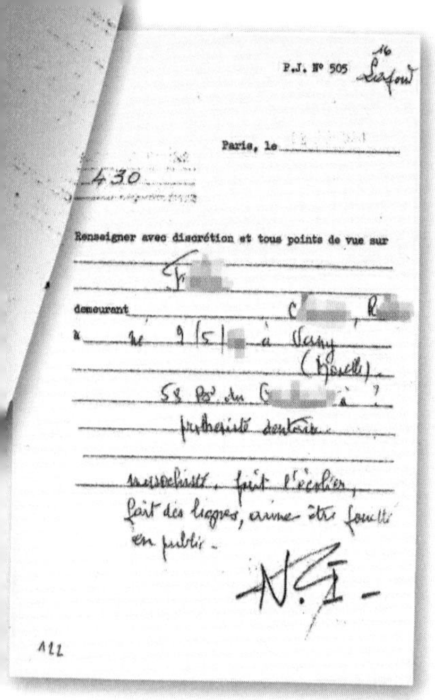
P.J. Nº 505
Paris, le
430
Renseigner avec discrétion et tous points de vue sur
F[redacted]
demeurant C[redacted], R[redacted]
à né 9/5/[redacted] à Vany (Moselle).
58 Bd du G[redacted] à ?
prothésiste dentaire
masochiste, fait l'écolier, fait des lignes, aime être fouetté en public.
N.I.
122

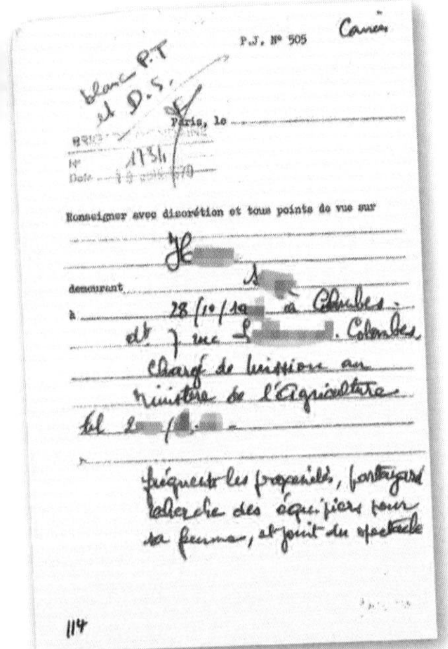
P.J. Nº 505
blanc P.T et D.S.
Paris, le
Nº 1134
Renseigner avec discrétion et tous points de vue sur
H[redacted]
demeurant A[redacted]
à 28/10/19[redacted] à Colombes. et 7 rue L[redacted]. Colombes.
Chargé de mission au ministère de l'Agriculture
tel 2[redacted]
fréquente les partouzes, partouzard recherche des équipiers pour sa femme, et jouit du spectacle
114

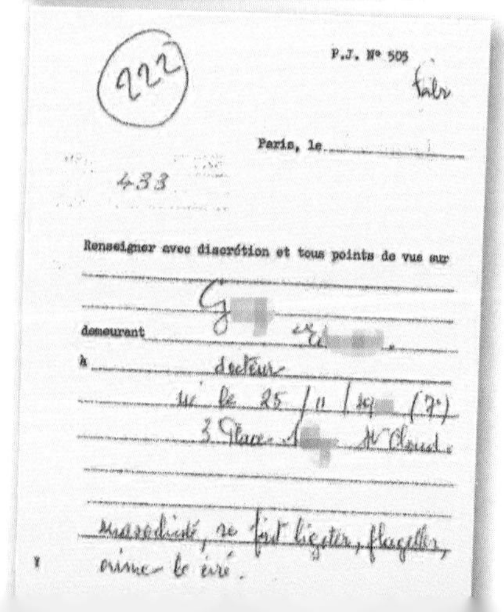
222
P.J. Nº 505
Paris, le
433
Renseigner avec discrétion et tous points de vue sur
G[redacted]
demeurant G[redacted] E[redacted].
à docteur
né le 25/11/19[redacted] (7?)
3 Place A[redacted] St Cloud.
masochiste, se fait ligoter, flageller, aime la cire.

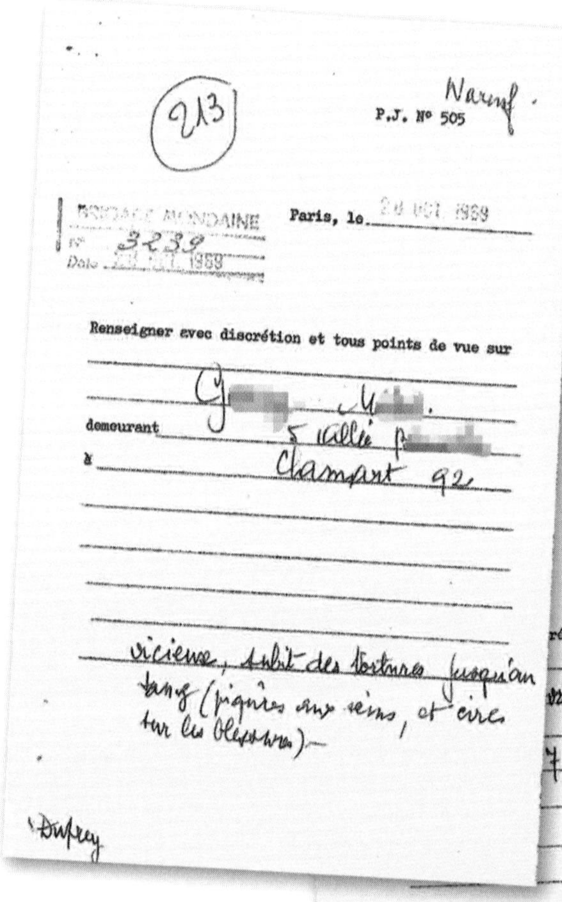
213
P.J. Nº 505
BRIGADE MONDAINE Nº 3239
Paris, le 28 OCT. 1969
Renseigner avec discrétion et tous points de vue sur
G[redacted] M[redacted].
demeurant 5 allée P[redacted]
à Clamart 92
vicieuse, subit des tortures jusqu'au sang (piqûres aux seins, et cire sur les blessures).
Dupré

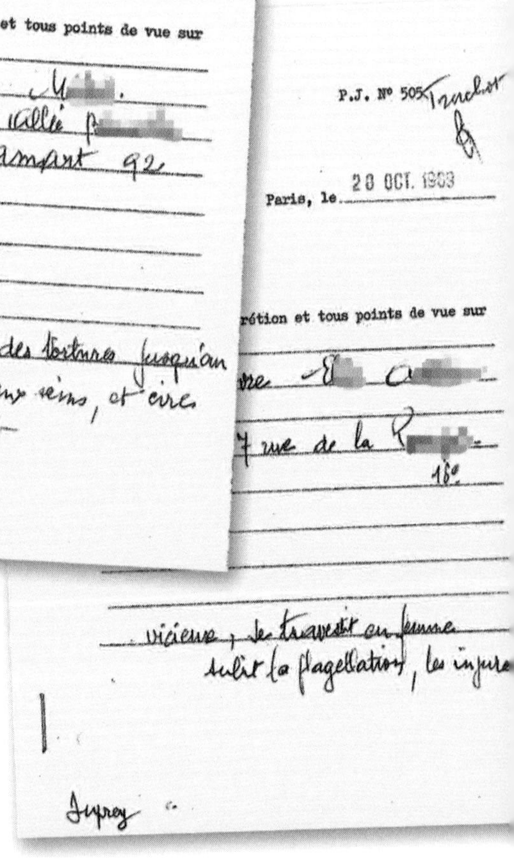
P.J. Nº 505
Paris, le 28 OCT. 1969
…rétion et tous points de vue sur
…se E[redacted] C[redacted]
7 rue de la R[redacted] 18e
vicieuse, se travestit en femme subit la flagellation, les injures
Dupré

P.J. N° 505

[redacted] MONDAINE
2963 Paris, le

Renseigner avec discrétion et tous points de vue sur

[redacted]

demeurant [redacted] né le 8/3/[redacted]

à Châlon s/ Marne

correspondant [redacted] à Londres

(tél [redacted]).

a été rédact^r en chef adjoint [redacted]

puis Directeur [redacted] à

Strasbourg en 1966

dt. à Paris, 7 rue [redacted] (16e).

masochiste, vient 1 fois par

mois à Paris chez 122 – fait

l'esclave – boit l'urine – subit les

tortures

RÉSERVÉ AU DESTINATAIRE

Blanc

Le 9 Octobre 1971

[RAP]PORT

[...] Police [redacted] Roland

[redacted],
[...],Chef de la Brigade Mondaine

[...]ion du sieur [redacted],
[...] 1928 à Chalons sur Marne.

[...]tions.

[...]ur de vous rendre compte
[...],né le 8 mars 1928 à Châlon
[...] comme étant:

[...],Arthur,né le 8 Mars 19[redacted]
[...] Marne.Il est le fils de
[...] Anne [redacted].

[...]sé le 24 Juin 19[redacted] la demo
[...]airie de Paris 8em.
[...]re 7 rue [redacted] à Paris I
[...]s souvent à Londres.En ef-
[...]s fonctions de correspondа
[...] l'Officiel de [redacted]
[...].
[...]dacteur en Chef de la [redacted]
[redacted],en 1966,il devenait
diffusion [redacted] pour la région de Strasbourg.
Directeur [redacted]

-:-:-:-:-:-

Monsieur [redacted],n'a jamais attiré l'attention de services de Police.Il est inconnu des différentes Ar chives de la Police Nationale.

-:-:-:-:-:-:-

Le sieur [redacted] a été signalé à notre groupe comme étant un perverti sexuel.

Ce dernier serait Masochiste,se complairait à fai re l'esclave et a subir la torture.

Il trouverait de plus,un certain plaisir à boire l'urine.

L' Officier de Police.

VU et TRANSMIS

le

Le Commissaire

Chef de Service

DESTINATAIRE

BRIGADE MONDAINE

PRÉFECTURE DE POLICE

DIRECTION de la POLICE JUDICIAIRE

BRIGADE MONDAINE

LAFOND M. OPA

Cce N° 431 (214)
Rts N°
Rep. N°

RÉPUBLIQUE FRANÇAISE

le 8 Avril 1970

RAPPORT

D.S.

l'Officier de Police Adjoint LAFOND Marcel Claude

à Monsieur le Commissaire Principal
Chargé de la Brigade Mondaine

OBJET : Renseignements sur le nommé [redacted].

RÉFÉRENCE : Note B.M. N° 431 en dâte du 12/2/70.

Le nommé [redacted] objet de la note citée en référence, a été identifié comme suit:

[redacted], né le 13 Mai 19[redacted] à Romorantin (Loir et Cher).

L'intéressé exerce la profession de serrurier, et ce depuis le 4 Mai 1956. Inscrit sous le n° [redacted] de 1964, il est établi au 33 rue [redacted] à Paris 12e, où il est propriétaire d'un petit atelier de serrurerie. Il demeure d'ailleurs à cette même adresse.

Le nommé [redacted] est le serrurier attitré du Commissariat du quartier des Quinze-Vingts sis 59 rue [redacted] à Paris 12e, et ce depuis de longues années.

Très confidentiellement, il a été appris que le susnommé n'avait plus de relations sexuelles avec son épouse, et ce, depuis 15 ans. Cette dernière s'est vue contrainte de prendre un amant.
[redacted] est père d'une fille de 10 ans.

Titulaire de la carte nationale d'identité N° [redacted] délivrée le 5/5/[redacted] par la Préfecture de Police, il est inconnu des divers services de Police, ainsi que de nos archives spécialisées.

Un renseignement confidentiel a révélé que [redacted] était masochiste. Entre autres, il aimerait se faire coudre la verge et les parties.

L'Officier de Police Adjoint

DESTINATAIRE

BRIGADE MONDAINE

PRÉFECTURE DE POLICE

DIRECTION de la POLICE JUDICIAIRE

D.S.

(209)

Cce N°
Rts N°
Rep. N°

RÉPUBLIQUE FRANÇAISE

le 28 mars 1970

RAPPORT

l'Officier de Police adjoint GUITOU Michel

à Monsieur le Commissaire Principal, chef de la Brigade Mondaine.

OBJET : Renseignements concernant le nommé : [redacted].

RÉFÉRENCE : Note B.M. 436 en data du 12.2.1970.
- Vos instructions -
-o-o-

Le susnommé objet de la note citée en référence a été identifié comme suit :

[redacted], né le 20.2.19[redacted] à Flayose (Var), de Jean, et de Madeleine [redacted].

Célibataire.

Domicilié seul en hôtel, depuis 1963, 47, rue [redacted] (Ch 27), à Paris 18ème.

Le sieur [redacted], aurait le grade d'adjudant-chef dans l'armée. Aucune précision n'a pu être apportée quant à la spécialité de l'armée.

Il est titulaire de la carte nationale d'identité numéro [redacted], délivrée le 25 juin 1964, par la Préfecture de Police.

Son nom est inconnu des différents services de Police, ainsi que de notre Brigade.

Un renseignement confidentiel nous apprend que l'intéressé serait un adepte du masochisme. du
Sadisme. Dans ce vice particulier, il aimerait faire souffri les femmes.

L'Officier de Police Adjoint.

DESTINATAIRE

BRIGADE MONDAINE.

PRÉFECTURE DE POLICE

DIRECTION de la POLICE JUDICIAIRE

D.S.

(206)

Cce N°
Rts N°
Rep. N°

RÉPUBLIQUE FRANÇAISE

le 26 mars 1970

RAPPORT

l'Officier de Police adjoint GUITOU Michel

à Monsieur le Commissaire Principal, chef de la Brigade Mondaine.

OBJET : Renseignements concernant le nommé : [redacted].

RÉFÉRENCE : Note B.M. 3244 en date du 28.10.1969.
- Vos instructions -
-o-o-

Le susnommé objet de la note citée en référence a été identifié comme suit :

[redacted], Emile, né le 8 juin 19[redacted] à Montargis Loiret, de Marcel, et de Louise [redacted].
Divorcé depuis le le 4 novembre 19[redacted], d'avec Mlle [redacted] Annie, qu'il avait épousée le 8 juin 19[redacted] à Presles-et-Thierny (Aisne).

Conducteur de machines à la gare de Lyon.

Domicilié dans un logement de fonction de la [redacted]. 3, chemin de la [redacted], Bt C chambre [redacted] à Villeneuve-Saint-Georges (Val-de-Marne).

Son nom est inconnu des différents services de Police, ainsi que de notre Brigade.

Un renseignement confidentiel nous apprend que le sieur [redacted], serait un adepte du masochisme. Considéré comme très vicieux, il subirait la flagellation, et les tortures au sang. D'autre part, il aimerait particulièrement se faire coudre les seins et les parties. Sur ses blessures sanguignolentes, il se ferait ensuite couler de la cire chaude, afin d'arrêter le sang.

L'Officier de Police Adjoint.

ANNÉES 80 LA RÉVOLUTION ROSE DU MINITEL

L'HOMOSEXUALITÉ N'EST PLUS UN DÉLIT

La *Gay Pride* de 1981 connait une affluence record. 12 000 personnes écoutent le message de François Mitterrand, candidat à la l'Élysée. Il promet la dépénalisation de l'homosexualité. Quelques mois après son accession au pouvoir et celle des socialistes, le ministre de la Santé, Robert Badinter, présente devant l'Assemblée nationale une proposition de loi dans ce but. Le 4 août 1982, la victoire est enfin acquise. Avec l'abrogation de l'article 332-1 du Code pénal, l'homosexualité n'est plus considéré comme un délit en France. En 1983, l'apparition du sida, appelé «cancer gay» amène les pouvoirs publics et la population à porter un nouveau regard sur le besoin urgent de résoudre les problèmes graves qui touchent les homos frappés par le VIH.

Le commissaire principal Patrick Riou, chef de la section du proxénétisme à la BSP, en 1981.

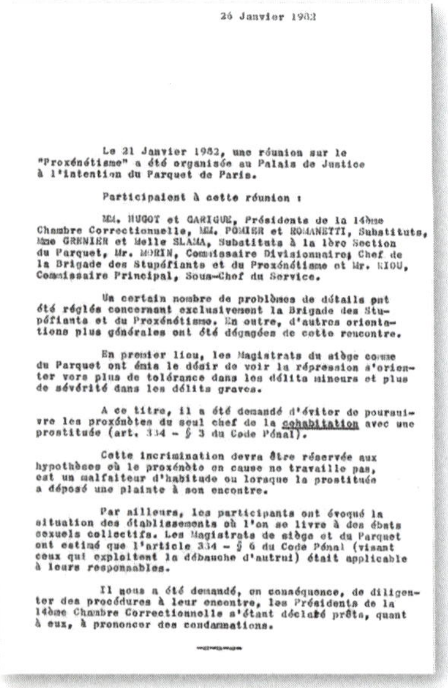

26 Janvier 1982

Le 21 Janvier 1982, une réunion sur le "Proxénétisme" a été organisée au Palais de Justice à l'intention du Parquet de Paris.

Participaient à cette réunion :

MM. HUGOT et GARIGUE, Présidents de la 14ème Chambre Correctionnelle, MM. POMIER et ROMANETTI, Substituts, Mme GRENIER et Melle SLAMA, Substituts à la 1ère Section du Parquet, Mr. MORIN, Commissaire Divisionnaire, Chef de la Brigade des Stupéfiants et du Proxénétisme et Mr. RIOU, Commissaire Principal, Sous-Chef du Service.

Un certain nombre de problèmes de détails ont été réglés concernant exclusivement la Brigade des Stupéfiants et du Proxénétisme. En outre, d'autres orientations plus générales ont été dégagées de cette rencontre.

En premier lieu, les Magistrats du siège comme du Parquet ont émis le désir de voir la répression s'orienter vers plus de tolérance dans les délits mineurs et plus de sévérité dans les délits graves.

A ce titre, il a été demandé d'éviter de poursuivre les proxénètes du seul chef de la <u>cohabitation</u> avec une prostituée (art. 334 - § 3 du Code Pénal).

Cette incrimination devra être réservée aux hypothèses où le proxénète en cause ne travaille pas, est un malfaiteur d'habitude ou lorsque la prostituée a déposé une plainte à son encontre.

Par ailleurs, les participants ont évoqué la situation des établissements où l'on se livre à des ébats sexuels collectifs. Les Magistrats de siège et du Parquet ont estimé que l'article 334 - § 6 du Code Pénal (visant ceux qui exploitent la débauche d'autrui) était applicable à leurs responsables.

Il nous a été demandé, en conséquence, de diligenter des procédures à leur encontre, les Présidents de la 14ème Chambre Correctionnelle s'étant déclarés prêts, quant à eux, à prononcer des condamnations.

LE COMMISSAIRE DIVISIONNAIRE PATRICK RIOU

« Ma première approche de la BSP a lieu le 14 janvier 1980, lorsque le commissaire André Soleres, nommé à la tête du service, me prend comme adjoint en tant que chef de la section du proxénétisme. Le commissaire Christian Gallo était alors chef de la section des stupéfiants. La commissaire Martine Monteil sera affectée à la brigade le 1er août 1982. Elle est devenue chef de la section des stupéfiants le 1er octobre 1984.

L'année 1981 est une époque charnière. Gaston Defferre vient de prendre ses fonctions de ministre de l'Intérieur. Une de ses premières décisions est de supprimer le «groupe des homosexuels» et d'interdire que quiconque soit fiché pour sa seule homosexualité.

Quelque temps plus tard, André Soleres quitte le commandement de la BSP pour prendre un fauteuil de direction au Quai des Orfèvres en vue d'opérer des changements radicaux. Dès son arrivée, ses intentions sont bien clairement définies : "Je ne ferai jamais carrière en identifiant les raclures de bidet."

Il voulait signifier qu'il refusait d'écrire quoi que ce soit sur une personne si cela ne constituait pas un délit.

Ce jour-là, il interdit les "blancs" tous azimuts destinés à fournir des informations sur les coucheries mondaines parisiennes.

Le bouleversement déontologique est considérable.

Les "blancs" sont alors restés exceptionnels et auront pour but unique de préserver les hommes publics (ministres, députés, diplomates...). Le comportement fragile de certains pouvait en effet être préjudiciable pour eux, leur famille, leur institution, voire pour leur pays.

En quelques années, le commissaire André Soleres épure nettement le monde des boîtes à partouzes et des clubs échangistes. La corruption, trop tolérée, est systématiquement combattue.

La communication à la police des identités des partouzeurs et des photos compromettantes par les tauliers des clubs échangistes, ce en échange de tolérances diverses, pratique alors habituelle, disparaît.

Les hommes qui étaient au commandement, de même que les mœurs, avaient changé.

Au début des années quatre-vingt, la politique en vigueur concernant la prostitution, était : "La prostitution n'est pas interdite, le proxénétisme l'est. Tentons de gérer cette contradiction intelligemment."

Le politique s'en moquait totalement.

Je me souviens néanmoins de l'aide que m'ont apportée à l'époque des juges d'instruction remarquables comme Guy Joly ou Jean-Louis Debré.

Selon la déontologie du chef de service et selon sa morale, cette énorme hypocrisie était ou non mise en œuvre différemment.

Le 1er juin 1983, je suis parti à la brigade criminelle comme sous-chef.

Dans un bureau du 36 quai des Orfèvres, avec le commissaire Martine Monteil, chef de la section des Stups à la BSP.

Le 19 mars 1987, je suis revenu à la BSP, cette fois-ci pour en prendre le commandement.

Côté proxénétisme, le système avait été très largement assaini. Les grandes familles du Milieu avaient été arrêtées. Il n'y avait plus de Milieu organisé. Les grands noms du banditisme avaient disparu de la scène. Le Milieu s'était étiolé.

Côté justice, les magistrats étaient plus présents, plus attentifs au proxénétisme, aux réseaux. Néanmoins, il fallait être stratège avant de faire tomber un réseau de proxénètes ou de call-girls, parce que ces personnes étaient toujours protégées par des relations haut placées, des contacts privilégiés. L'ordre public n'est pas concerné. Alors, il pouvait arriver quelquefois que l'on fâche tout le monde. Il ne fallait pas que nos actes engendrent un désordre supérieur, un trouble majeur à la situation préexistante.

Nous nous débattions en permanence dans cette contradiction.

En 1987, les Stups et le Proxénétisme étaient dans les mêmes locaux, au deuxième étage du 36 quai des Orfèvres.

Au milieu des années soixante-dix, la Mondaine avait enfanté des Stups, car il était apparu que le problème de la toxicomanie était infiniment plus important, et que c'était à lui qu'il fallait consacrer la majorité des effectifs.

Mais dix ans après, la section des Stups avait beaucoup grossi. Elle avait doublé, triplé. Nous avions de fait, la tête dans le guidon, tant le problème devenait angoissant…

Le 2 octobre 1989, lorsque je suis parti prendre la direction de la Crim', le commissaire Michel Bouchet a pris ma place à la BSP.

Aujourd'hui, en 2009, la prostitution moins visible existe toujours, comme le proxénétisme, dans l'indifférence générale.

La toxicomanie et le trafic se sont développés de façon exponentielle.

Ni l'un, ni l'autre n'intéressent plus personne.»

Patrick Riou, le 5 février 2009.

Au centre, le commissaire principal Patrick Riou pose avec tous ses chefs de groupe en tenue de soirée, queue de pie - 1980.

MICHEL BOUCHET, CHEF DE LA SECTION PROXÉNÉTISME DE 1981 À 1987

« Dès l'âge de douze ans, je savais quel métier je voulais exercer : commissaire de police, celui-là et pas un autre. J'ai fait le nécessaire pour y parvenir : maîtrise de droit pénal, concours, école des commissaires de Lyon pendant deux ans. À la sortie de l'école, j'ai choisi la Police judiciaire à Paris, conformément à mon goût pour l'action et l'investigation. Je voulais être un "chasseur" utile à la société…

Pour mon premier poste, j'ai été affecté comme adjoint au centre de police du 17ᵉ. Dans cet arrondissement, à large éventail sociologique j'ai vu le "tout venant" de la vie d'un secteur parisien.

Puis, comme je m'étais fait remarquer pour mon goût pour la Police judiciaire

Adolescent, Michel Bouchet voulait être commissaire de police, un vrai "chasseur" utile à la société. Le commissaire Marcel Morin, "flic historique" qui était parvenu à démanteler la French Connection, va l'aspirer auprès de lui à la PJ. Son Pygmalion va influer sur son parcours.

plus “lourde”, le chef de la première brigade territoriale m’a “aspiré” auprès de lui. Il s’agissait de Marcel Morin, “flic historique”, qui, envoyé à Marseille par le ministre, était parvenu, avec des équipes parisiennes, à démanteler la “French Connection”, responsable du trafic d’héroïne entre la France et les États-Unis.

À la première brigade territoriale, qui couvrait les 8e, 16e et 17e arrondissements, les hold-up, les cambriolages et les agressions, se succédaient à un rythme effréné. Près d’un par jour ouvrable. En ce qui concernait le renseignement et l’action, nous travaillions souvent en liaison avec la Brigade antigang, commandée par le commissaire Broussard, personnalité célèbre depuis.

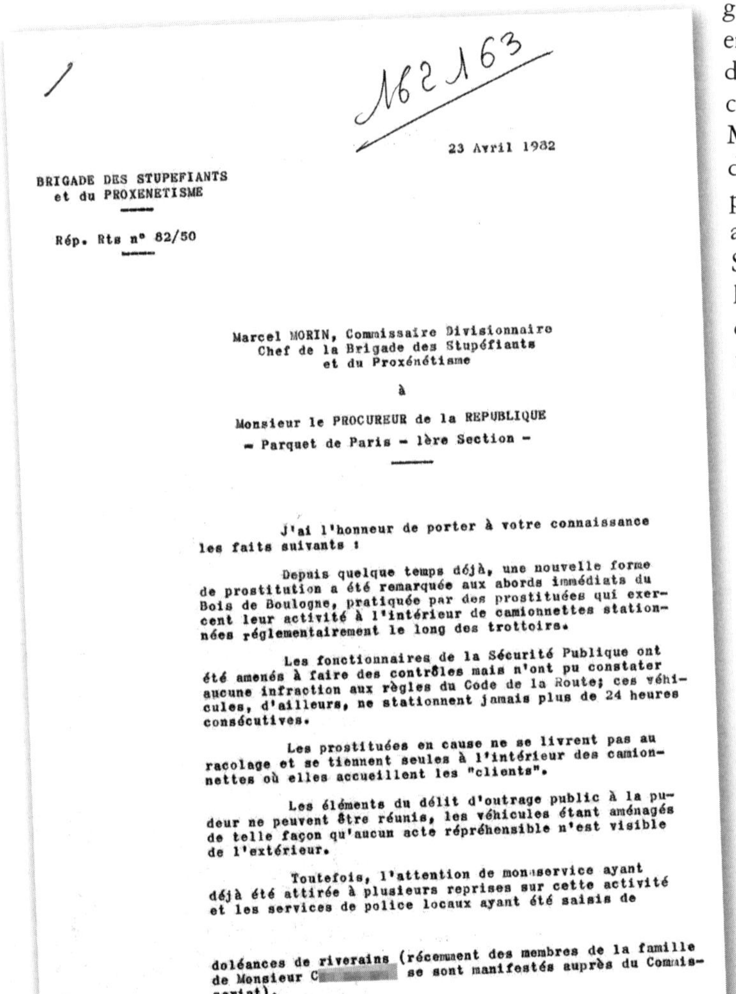

/

N62163

23 Avril 1982

BRIGADE DES STUPEFIANTS
et du PROXENETISME

Rép. Rts n° 82/50

Marcel MORIN, Commissaire Divisionnaire
Chef de la Brigade des Stupéfiants
et du Proxénétisme

à

Monsieur le PROCUREUR de la REPUBLIQUE
- Parquet de Paris - 1ère Section -

J'ai l'honneur de porter à votre connaissance les faits suivants :

Depuis quelque temps déjà, une nouvelle forme de prostitution a été remarquée aux abords immédiats du Bois de Boulogne, pratiquée par des prostituées qui exercent leur activité à l'intérieur de camionnettes stationnées réglementairement le long des trottoirs.

Les fonctionnaires de la Sécurité Publique ont été amenés à faire des contrôles mais n'ont pu constater aucune infraction aux règles du Code de la Route; ces véhicules, d'ailleurs, ne stationnent jamais plus de 24 heures consécutives.

Les prostituées en cause ne se livrent pas au racolage et se tiennent seules à l'intérieur des camionnettes où elles accueillent les "clients".

Les éléments du délit d'outrage public à la pudeur ne peuvent être réunis, les véhicules étant aménagés de telle façon qu'aucun acte répréhensible n'est visible de l'extérieur.

Toutefois, l'attention de mon service ayant déjà été attirée à plusieurs reprises sur cette activité et les services de police locaux ayant été saisis de

doléances de riverains (récemment des membres de la famille de Monsieur C[redacted] se sont manifestés auprès du Commissariat),

j'ai l'honneur de soumettre ces faits à votre appréciation et de solliciter vos instructions.

LE COMMISSAIRE DIVISIONNAIRE

Marcel Morin qui s’était vu confier le commandement de la Brigade des stupéfiants et du proxénétisme (BSP) m’a appelé à nouveau auprès de lui en mai 1981. Il succédait à André Soleres, qui était plus perçu comme un intellectuel lettré qu’un opérationnel. Habile, pondéré, lisant les grands auteurs latins dans le texte, il pouvait aisément passer, aux yeux de ceux qui ne le connaissaient pas, pour un professeur à la Sorbonne. Marcel Morin, plus opérationnel, plus “flic”, était détenteur quant à lui d’une maîtrise de philosophie…

En ce début des années quatre-vingt, l’ancienne Brigade mondaine, celle de l’époque de Roger Le Taillanter (qui avait précédé Soleres) avait déjà évolué. L’esprit et les missions étaient plus orientés vers la répression du proxénétisme et du trafic de stups, que vers l’observation des “milieux mondains”, d’où la nouvelle appellation : Brigade des stupéfiants et du proxénétisme. Autrefois, la Mondaine, au-delà de ses attributions répressives, avait également pour charge l’observation et la surveillance des mœurs dans la capitale. Il fallait savoir qui faisait quoi et avec qui parmi les élites et au sein de ce que l’on appellerait aujourd’hui la jet-set. C’était un peu le “trou de serrure” de la Préfecture de police. La connaissance par l’appareil d’État des turpitudes de certains milieux ou de certains personnages a vraisemblablement permis de modérer leur virulence en certaines occasions. Ainsi, probablement, la loi sur l’avortement est finalement passée, sans que ne se manifestent trop bruyamment certains milieux, institutionnels ou non, qui y étaient opposés.

L'état d'esprit de la population et l'évolution des mœurs avaient abouti à l'idée que chacun pouvait faire ce qu'il voulait de son corps sans que son comportement ne soit stigmatisé par la société et la loi. Mai 68, la libération sexuelle, l'explosion de l'érotisme dans les arts et dans la littérature ont contribué pour beaucoup à cette métamorphose. Les milieux homosexuels, qui, du temps où l'homosexualité était encore réprouvée, avaient fait l'objet de surveillance et de fichage, obtenaient progressivement droit de cité. Le "groupe de contrôle des homosexuels" à la Brigade a subsisté quelque temps. Il a finalement été dissous au début des années quatre-vingt.

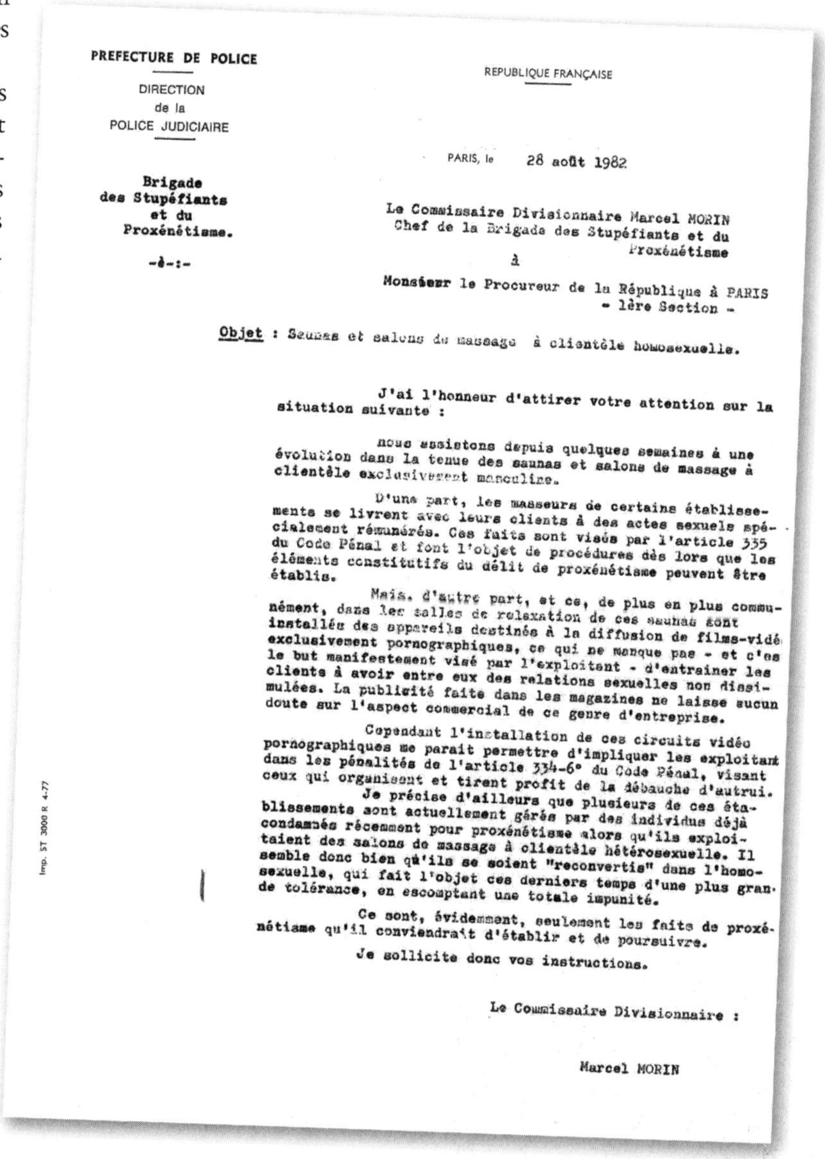

PREFECTURE DE POLICE

DIRECTION
de la
POLICE JUDICIAIRE

REPUBLIQUE FRANÇAISE

PARIS, le 28 août 1982

Brigade
des Stupéfiants
et du
Proxénétisme.

-è-:-

Le Commissaire Divisionnaire Marcel MORIN
Chef de la Brigade des Stupéfiants et du
Proxénétisme
à
Monsieur le Procureur de la République à PARIS
- 1ère Section -

Objet : Saunas et salons de massage à clientèle homosexuelle.

J'ai l'honneur d'attirer votre attention sur la situation suivante :

nous assistons depuis quelques semaines à une évolution dans la tenue des saunas et salons de massage à clientèle exclusivement masculine.

D'une part, les masseurs de certains établissements se livrent avec leurs clients à des actes sexuels spécialement rémunérés. Ces faits sont visés par l'article 335 du Code Pénal et font l'objet de procédures dès lors que les éléments constitutifs du délit de proxénétisme peuvent être établis.

Mais, d'autre part, et ce, de plus en plus communément, dans les salles de relaxation de ces saunas sont installés des appareils destinés à la diffusion de films-vidé exclusivement pornographiques, ce qui ne manque pas - et c'es le but manifestement visé par l'exploitant - d'entrainer les clients à avoir entre eux des relations sexuelles non dissimulées. La publicité faite dans les magazines ne laisse aucun doute sur l'aspect commercial de ce genre d'entreprise.

Cependant l'installation de ces circuits vidéo pornographiques me parait permettre d'impliquer les exploitant dans les pénalités de l'article 334-6° du Code Pénal, visant ceux qui organisent et tirent profit de la débauche d'autrui.

Je précise d'ailleurs que plusieurs de ces établissements sont actuellement gérés par des individus déjà condamnés récemment pour proxénétisme alors qu'ils exploitaient des salons de massage à clientèle hétérosexuelle. Il semble donc bien qu'ils se soient "reconvertis" dans l'homosexuelle, qui fait l'objet ces derniers temps d'une plus grande tolérance, en escomptant une totale impunité.

Ce sont, évidemment, seulement les faits de proxénétisme qu'il conviendrait d'établir et de poursuivre.

Je sollicite donc vos instructions.

Le Commissaire Divisionnaire :

Marcel MORIN

Imp. ST 3000 R 4-77

Dans le même temps, l'usage des stupéfiants s'est considérablement démocratisé, conduisant à un important renforcement de la section des stups. Le phénomène avait été pris en compte, dans le passé, par la Brigade mondaine car il figurait au nombre des turpitudes de certains milieux dits "favorisés". La nouvelle appellation de BSP se trouvait donc plus en conformité avec les réalités de ses missions.

J'ai été aspiré, en 1981, dans cette brigade, comme chef de la section proxénétisme et premier adjoint de Marcel Morin. On considérait que cette section, au confluent de l'argent, du pouvoir, de la notoriété, des femmes, était plus sensible que la section stupéfiants. Cette dernière avait été confiée à Martine Monteil, en seconde adjointe. Il n'y avait toutefois pas de cloison étanche entre ces deux sections. En fonction de la nature des affaires, des effectifs de l'une ou de l'autre étaient prélevés en renfort. Ainsi, comme il n'y avait pas d'inspecteur femme à la section du proxénétisme, celles des stups étaient demandées pour former des couples, ainsi ils pouvaient opérer certaines surveillances ou entrer dans des établissements de prostitution ou des clubs échangistes.

La politique était claire. La répression du proxénétisme sous toutes ses formes.

La doctrine et la loi étaient simples : la prostitution reste une activité libre

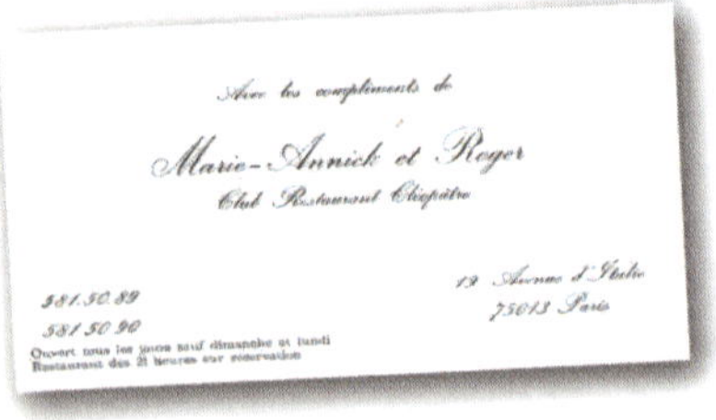

Les hauts lieux du libertinage parisien sont sous la haute surveillance de la Mondaine. Les inspecteurs du groupe des cabarets restent en permanence à l'écoute de renseignements susceptibles d'être exploités par les Stups, le grand banditisme ou d'autres services.

et chacun peut vendre son corps s'il le souhaite, sous réserve de l'interdiction (contraventionnelle) du racolage public. En revanche, la répression de toute action tendant à la favoriser, à en tirer profit ou, a fortiori, la contraindre devait nous préoccuper au premier chef.

Les objectifs prioritaires étaient les proxénètes de haut vol, qui appartenaient bien souvent aux sphères du banditisme. À l'époque, les malfaiteurs organisés, braqueurs de banques, etc., étaient la plupart du temps également proxénètes. Les prostituées qu'ils dirigeaient étaient pour eux l'assurance d'un revenu constant, quels que soient les aléas de leur vie de malfaiteur. Contrairement aux idées reçues, ils ne toléraient pas qu'elles se droguent ou qu'elles boivent, car elles devenaient rapidement moins commerciales et surtout moins fiables, au regard de leurs obligations de mutisme, notamment auprès des policiers.

Le groupe spécialisé dans cette répression était familièrement appelé le "groupe des julots". Pour celui-ci, attaquer les gangsters sous l'angle du proxénétisme était aussi un moyen de les "faire tomber", alors que leurs autres activités criminelles n'avaient pas toujours pu être établies, même si elles étaient connues. En matière de Police Judiciaire, il ne suffit pas de savoir, il faut également prouver. Le proxénétisme n'était pas une chasse gardée de la BSP, car les neuf brigades territoriales implantées à Paris et en banlieue opéraient dans le proxénétisme de moindre envergure.

Mais d'autres formes d'exploitation étaient mises en œuvre par les malfaiteurs, notamment le proxénétisme immobilier. Le principe en est simple. Une prostituée, dûment "actionnée", achète un studio pour y exercer, mais elle le sous-loue en plus à d'autres consœurs. Le local, qui fonctionne sur le mode des trois/huit, peut ainsi être utilisé par dix à quinze prostituées en vingt-quatre heures. Avec un loyer hebdomadaire de deux mille francs (trois cents euros), le profit pouvait être très substantiel. Cette exploitation concernait plus particulièrement la rue Saint-Denis et ses abords, où plus de deux cent cinquante studios constituaient un véritable pôle d'attraction du banditisme. Le groupe dit "des studios" a réussi après de longues et difficiles enquêtes à faire considérablement régresser ce phénomène, d'autant que les locaux visés étaient fermés par le préfet de police.

Aujourd'hui, le passage du racolage dans le champ des délits a mis fin à la plus grande part de la prostitution de rue et, de là, du proxénétisme immobilier. De ce fait, le monde des relations sexuelles tarifées s'est maintenant largement replié sur les divers sites offerts par le Web ou la presse. Ce n'est peut-être qu'un déplacement du problème, mais cette nouvelle situation laisse moins de place à l'emprise des proxénètes.

Les moyens de tirer profit de la prostitution prennent parfois d'autres formes plus feutrées. Tel est le cas des réseaux d'escortes, salons de massage, clubs échangistes ou autres officines. Le groupe des réseaux clandestins (qui avait auparavant l'appellation surannée de "groupe de la galanterie") était chargé de poursuivre les faits délictuels dans ce domaine à moindre "visibilité". Des investigations policières conduisant à s'occuper de la vie sexuelle des gens pouvaient être perçues comme abusives, surtout dans notre pays où l'on est volontiers libéral sur ce point. Mais les policiers n'étaient pas là pour jouer les "pères la pudeur" et empêcher les Parisiens de "faire l'amour en rond", si cela leur faisait plaisir. Les réalités étaient autres. Ainsi les réseaux d'escortes (appellation faussement luxueuse de la prostitution), tels que ceux qui étaient dirigés par la fameuse "Madame Claude", tiraient très grassement parti des femmes, qui leur reversaient une bonne part de leurs gains. De même, les clubs échangistes dits boîtes à partouzes ou autres officines sadomaso de l'époque fonctionnaient pour une bonne part grâce au concours des prostituées, parfois plusieurs dizaines. Maintenant la liberté des mœurs et des fantasmes a fait évoluer les données. Les plus connus de ces "clubs" étaient à l'époque Le Cléopâtre et Le Roi René. Ils ont d'ailleurs fait l'objet de procédures judiciaires. Mais il y en avait d'autres… Évidemment, comme du temps de l'ancienne Mondaine, dans ce milieu, il était donné de rencontrer des personnes connues à divers titres, mais il n'en était rendu compte que lorsque des préjudices importants pouvaient en découler pour l'État ou pour nos relations avec d'autres pays.

Un petit groupe était chargé du contrôle des hôtels dits de passe. Les tenanciers qui abusaient faisaient l'objet d'une procédure assortie de la fermeture administrative des chambres utilisées. Cela ne visait pas seulement les établissements de bas étage. Une affaire dite des "hommes aux clés d'or" a créé de fortes turbulences dans le milieu des palaces parisiens…

La section proxénétisme avait également pour attribution la surveillance des établissements de nuit de la capitale, ainsi que celle des publications vendues dans les sex-shops ou sous le manteau. C'était le Groupe des Outrages aux Bonnes Mœurs qui officiait et écumait ces officines spécialisées. À l'époque, en accord avec le parquet de Paris, nous étions convenus de ce qui pouvait être poursuivi. Il s'agissait en priorité de pourchasser systématiquement les producteurs et les distributeurs de matériel pornographique pédophile. Dans ce domaine, nous étions bien souvent confrontés à l'ignoble et au révoltant. Il n'était pas rare de saisir des revues ou des films mettant en scène des enfants de cinq à dix ans, voire moins. Nous saisissions également tout matériel ayant trait à la zoophilie, la scatologie, le sadomaso hard ou mettant en scène des femmes enceintes en situation pornographique.

Ce même groupe était également missionné pour faire respecter un minimum de tenue dans les saunas et dans certains établissements "trash".

Le Groupe des Cabarets était chargé entre autres de la surveillance des boîtes de nuit. L'action de ce groupe a permis que certaines ne passent pas sous la coupe du banditisme. Des manœuvres de malfaiteurs tendant à se les approprier ou à les racketter (menaces, bagarres orchestrées) ont ainsi pu être déjouées. La mise en confiance et le travail d'écoute permettaient, en outre, d'obtenir un grand nombre de renseignements susceptibles d'être exploités par les Stups ou par d'autres services.

Le même groupe avait été amené à diriger son action à l'encontre des bars à hôtesses de Pigalle, notamment en raison de la pratique des additions forcées, particulièrement à l'égard des touristes étrangers (appelé "le tir au pigeon"). Après la fermeture administrative d'un grand nombre d'établissements, les tenanciers étaient revenus à la raison. L'enjeu était aussi de maintenir une certaine image de la capitale, notamment aux yeux des pays étrangers.

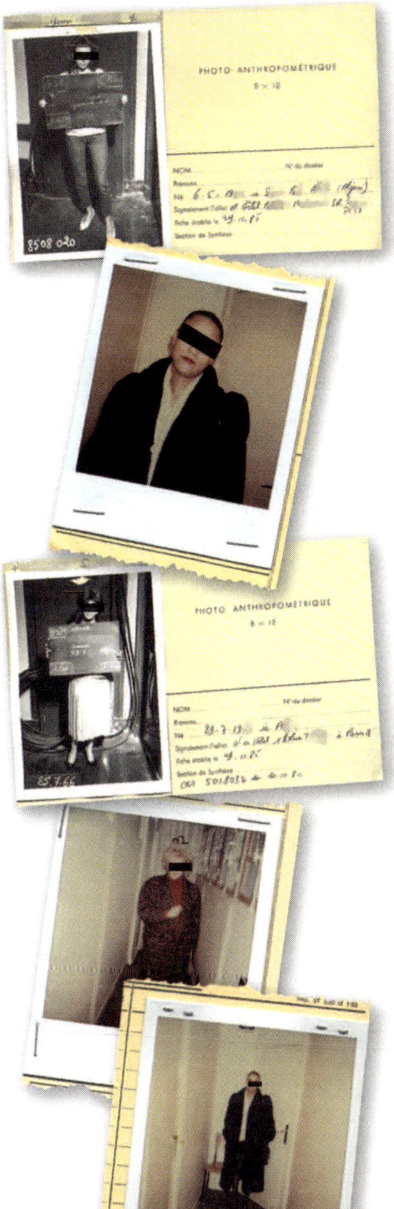

Les clubs sadomasochistes, les boîtes à partouzes et les bars à hôtesses fonctionnent pour une bonne part grâce aux prestations des prostituées.

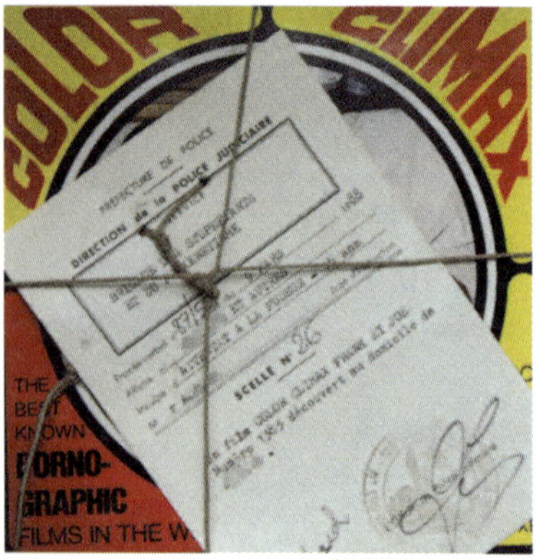

Films super 8 produits à Copenhague, mettant en scène des mineurs et saisis par la BRP en 1988.

Parfois, la BSP était chargée de s'attaquer à des phénomènes qui relevaient moins du judiciaire que de l'ordre public. C'est ainsi que le préfet de police nous avait dévolu la mission de régler le problème de la présence des centaines de travestis (Brésiliens à l'époque) qui envahissaient chaque nuit et même le jour le bois de Boulogne et ses abords, au grand dam de ses riverains. Nous y sommes parvenus par des ramassages massifs. Certains soirs, cette population "bigarrée", chantante et turbulente donnait au Quai des Orfèvres des allures de carnaval de Rio. Nous avons réussi à tarir progressivement la source grâce à une bonne entente avec les services diplomatiques français au Brésil. Les travestis brésiliens qui étaient rentrés occasionnellement au pays n'arrivaient plus à obtenir de visas touristiques pour la France. Beaucoup d'entre eux se sont alors repliés vers l'Italie.

La Mondaine est un poste privilégié d'observation de notre société. Les sept années que j'y ai passé, au milieu des turpitudes les plus noires parfois et des drames humains très lourds m'ont donné, je dois l'avouer, une vision assez pessimiste de la nature humaine, même si je sais bien que cela n'est issu que d'un prisme très particulier. Comme pour chaque expérience forte, on n'en sort pas totalement indemne. J'ai été particulièrement touché par la détresse, la perte de repères et finalement la tristesse de ce monde du sexe, tarifé ou non, lorsqu'il est totalement coupé de ses composantes émotionnelles et affectives.

Heureusement, j'ai eu l'honneur de commander des inspecteurs dont les qualités professionnelles, l'habileté, le sens de l'humain et la disponibilité m'ont chaque jour conforté dans cette mission. Je reste convaincu que l'action des pouvoirs publics peut tendre à ce que les femmes qui se prostituent deviennent plus libres, plus propriétaires de leur corps, et plus autonomes.»

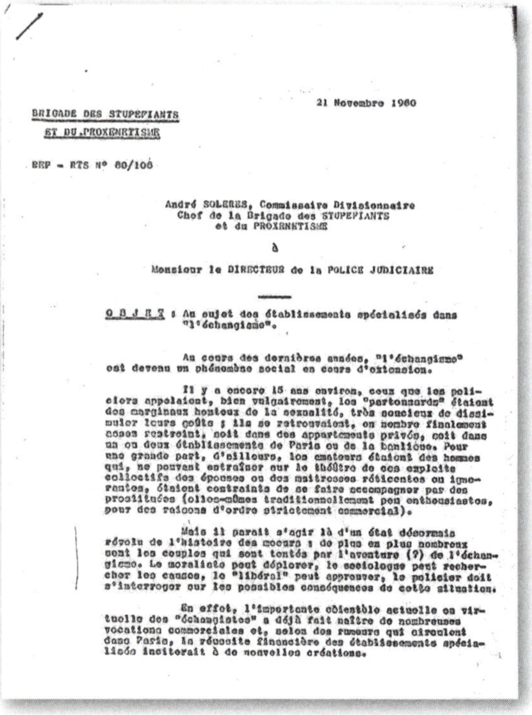

21 Novembre 1980

BRIGADE DES STUPEFIANTS
ET DU PROXENETISME

BRP - RTS N° 80/106

André SOLERES, Commissaire Divisionnaire
Chef de la Brigade des STUPEFIANTS
et du PROXENETISME

à

Monsieur le DIRECTEUR de la POLICE JUDICIAIRE

O B J E T : Au sujet des établissements spécialisés dans "l'échangisme".

Au cours des dernières années, "l'échangisme" est devenu un phénomène social en cours d'extension.

Il y a encore 15 ans environ, ceux que les policiers appelaient, bien vulgairement, les "partouzards" étaient des marginaux honteux de la sexualité, très soucieux de dissimuler leurs goûts ; ils se retrouvaient, en nombre finalement assez restreint, soit dans des appartements privés, soit dans un ou deux établissements de Paris ou de la banlieue. Pour une grande part, d'ailleurs, les amateurs étaient des hommes qui, ne pouvant entraîner sur le théâtre de ces exploits collectifs des épouses ou des maîtresses réticentes ou ignorantes, étaient contraints de se faire accompagner par des prostituées (elles-mêmes traditionnellement peu enthousiastes, pour des raisons d'ordre strictement commercial).

Mais il parait s'agir là d'un état désormais révolu de l'histoire des moeurs : de plus en plus nombreux sont les couples qui sont tentés par l'aventure (?) de l'échangisme. Le moraliste peut déplorer, le sociologue peut rechercher les causes, le "libéral" peut approuver, le policier doit s'interroger sur les possibles conséquences de cette situation.

En effet, l'importante clientèle actuelle ou virtuelle des "échangistes" a déjà fait naître de nombreuses vocations commerciales et, selon des rumeurs qui circulent dans Paris, la réussite financière des établissements spécialisés inciterait à de nouvelles créations.

LE CLÉO

Sous la tour d'Antoine et Cléopâtre, au 19 de l'avenue d'Italie, dans le XIIIe arrondissement, Roger G. et son épouse Marie-Annick exploitent depuis 1978, à l'abri des regards indiscrets, un club échangiste connu du Tout-Paris branché et huppé.

«Le Cléopâtre : le sésame de la partouze», «le club privé où les clients ne pénètrent que s'ils ont la chance d'être parrainés de haut vol», «Le club très spécial où il faut débourser 800 francs de droit d'entrée», «Le Cléo : un listing informatisé de trois mille sept cent quatre-vingt-huit noms, plus célèbres les uns que les autres. Une recette quotidienne de 200 000 francs»…

Au Cléopâtre, les clients payent très cher pour pouvoir s'amuser et pratiquer l'échangisme dans le luxe et la volupté. Les couples qui y viennent pénètrent par une petite porte noire et, après avoir montré patte blanche en déclinant l'identité de leur parrain, ont l'opportunité de rejoindre le cercle fermé du Cléo. Commun dénominateur à tous les membres : l'argent.

Les couples peuvent, dans ce restaurant-bar-dancing très prisé, avoir des rapports sexuels en public, échanger leur partenaire. Au fil des soirées et des années, le patron Roger fait appel à de plus en plus de professionnelles pour pimenter l'ambiance. Il a même créé une association, «Les amis de la Vie Inimitable», qui organise des soirées spéciales, des croisières sur le Rhin et vers d'autres destinations à l'étranger.

Très vite, la BSP apprend que le Milieu suit l'affaire de près. Un grand voyou de Toulon s'intéresse aux finances du club et rabat plus d'une cinquantaine de prostituées pour la clientèle. Certaines d'entre elles assurent une sorte de navette entre une rue du VIIIe arrondissement et la tour Cléopâtre. En 1982, le club a fait l'objet de nombreuses sanctions administratives : bruit, nuisance, non-respect de la réglementation et des règles de sécurité... Déjà cent cinquante procès-verbaux dressés par la police...

À force d'entendre les patrons d'autres établissements, moins chanceux que Roger G., crier à l'injustice et à la corruption, le commissaire divisionnaire Marcel Morin, alors patron de la BSP, décide d'une intervention au Cléo le 1er juillet 1982. Le couple de policiers, un moment bloqué dans le sas d'entrée (le temps pour les clients d'être présentables), constate que toutes les issues de secours sont fermées à clef. Ils obtiennent, pour des raisons de sécurité, une fermeture administrative de six mois. La sanction ne sera pas appliquée.

«Le 19 mars 1983, Monsieur Didier Julia, député de Seine-et-Marne et vice-président du Conseil régional chargé de l'Environnement, téléphone au chef de la BSP pour attirer son attention sur les nuisances sonores répétitives générées par le fonctionnement du club échangiste : Le Cléopâtre.»

M. Julia, propriétaire d'un appartement dans la tour, demande l'intervention du service pour faire cesser ce trouble. Il précise, par ailleurs, que le responsable du Cléopâtre ne paye pas ses charges depuis un certain temps et qu'il est en conflit ouvert avec les autres copropriétaires.

Le 30 juin 1983, deuxième tentative de la BSP au Cléopâtre. Un inspecteur et une inspectrice se font passer pour des clients. Le couple entre dans le club et constate la présence de professionnelles en pleins ébats avec des clients. Il rédige un procès-verbal attestant les faits. Une instruction judiciaire pour proxénétisme est ouverte par le juge d'instruction Jean-Louis Debré. Le 7 octobre suivant, des policiers pénètrent dans le club privé en force par les cuisines et constatent le flagrant délit. Roger G. et son épouse sont interpellés et conduits au 36 quai des Orfèvres. Mais il y a erreur de procédure : les deux complices sont entendus comme témoins alors qu'ils auraient dû être inculpés pour proxénétisme aggravé.

Néanmoins, le patron du Cléopâtre fera sept mois de prison préventive. À trois reprises, la chambre d'accusation, saisie d'une demande de mise en liberté provisoire, confirme la régularité du dossier. Mais les rumeurs sifflent de plus en plus fort aux oreilles des policiers et du magistrat.

Invitation du "club Cléopatre" strictement personnelle. Chaque invité doit en être muni pour pouvoir participer à la nuit de tous les phantasmes, en tenue habillé ou costumé.

Invitation pour la soirée du jeudi 2 juin 1983.

Invitation pour la soirée du jeudi 4 janvier 1982.

"LA CARTE D'ARGENT" — "LE PASSEPORT OR"

Cléo est unique, et vous souhaitez qu'il le demeure : alors, vous devez aider votre Association 1901, "Cercle des Amis de la Vie Inimitable", à vivre, à prospérer, à réaliser ses projets — toujours un peu fous — en acquérant :

— La Carte d'Argent :

Vous serez toujours prioritaire au Cléo.

Exceptionnellement, si vous êtes seul, Cléo fera l'impossible pour vous recevoir. Téléphonez-nous. (Avis aux autres).

Pour vous et votre compagne, finies les consommations supplémentaires au bar, où tout sera à discrétion.

Vous paierez sensiblement moins cher en toutes circonstances. (soirées, voyages, sorties, etc...).

La **cotisation** est de 2.000 F pour 12 mois, la première fois, et de 1.350 F s'il s'agit d'un renouvellement.

Elle est récupérée, et au-delà, en quelques visites.

— Le Passeport Or :

Il est l'apanage des grands Amis de la Vie Inimitable, qui veulent aider matériellement leur Cercle.

Vous bénéficierez de tous les avantages ci-dessus, mais en outre :

Vous serez toujours accueilli, seul ou pas.

Vous pourrez aller et venir libre de toute contrainte, Cléo vous faisant entièrement confiance, et ne payer qu'en fin de mois sur relevé. (Si vous le souhaitez évidemment).

D'autre part, même si nous sommes un peu retardés par la surveillance constante des travaux, nous prenons contact avec des clubs sympathiques, un peu partout, à qui nous rendons visite, et dont votre Passeport ouvrira grandes les portes.

Nous commençons par l'Europe, et nous vous informerons de nos résultats dans les semaines à venir.

La **cotisation** est de 5 000 F pour 12 mois, de 4 000 F en cas de renouvellement.

Nous ne manquons pas d'ambitions, aidez-nous à les réaliser.

MERCI, et à bientôt.

N.B. : *Les chèques sont à libeller à l'ordre de A.A.V.I.*
N'oubliez pas de préciser si vous désirez une carte gravée à votre nom, ou seulement numérotée, et si vous voulez la recevoir ou la prendre lors de votre prochaine visite.

Vacances 1982 :

Cléo sera ouvert jusqu'au samedi 7 août inclus, et fermera ensuite. Il vous attendra dès le mardi 7 septembre.

Mais attention : le restaurant, lui, sera fermé à partir du 1er août.

Bonnes vacances.

B.P. 340 - 75624 PARIS CEDEX 13

Membres et amis du Cléo, reconnaissez-vous !

Votre Cercle fait réaliser un petit bijou original que vous voyez, pâlement reproduit, grandeur nature sur ce carton.

Il sera disponible, et pourra vous être remis, ou envoyé, au plus tard le 25 juillet.

***Deux possibilités** : En insigne de boutonnière pour les Messieurs, en pendentif, avec sa chaîne dorée, pour les Dames.*

***Son prix** : 100 francs, emballage et envoi compris.*

Si vous désirez le, ou les recevoir, envoyez dès à présent 100 F par objet à A.A.V.I., BP 340, 75624 Paris Cedex 13, en précisant votre choix, et en indiquant, éventuellement, l'adresse d'expédition.

C'est un bijou fantaisie, mais il est Cléo : il sera beau.

«Pourquoi s'intéresser encore aujourd'hui à ce genre d'affaire ? Les mœurs ont évolué… Pourquoi cette intervention "coup de poing" sur le Cléopâtre ?»

Le dossier brûlant du célèbre Cléo est retenu par le parquet durant un an, pour «examen».

Le 28 février 1985, le procès s'ouvre à la 30e chambre correctionnelle du tribunal de grande instance de Paris, lequel, après avoir examiné les faits et documents de la cause, et après en avoir délibéré conformément à la loi, renvoie l'affaire à l'audience du 7 mars. En effet, dès le début de l'audience, maître Binet, l'avocat des époux G., réclame l'annulation de la procédure pour «vice de forme».

Après quelques jours de réflexion, le jeudi 7 mars, le tribunal décide d'annuler le procès-verbal, intitulé «Transport description des lieux et constatations», dressé par l'officier de police judiciaire le 30 juin 1983.

Le couple de policiers n'avait pas à pénétrer sans commission rogatoire dans ce club privé. Ils avaient profité de l'ouverture de la porte par le portier du club pour accueillir un couple de clients pour pénétrer dans les locaux sans révéler leur qualité de policiers. «Erreur fatale dans l'affaire du Cléo, même si cette technique policière, jugée assez classique, est utilisée dans de nombreuses affaires de stupéfiants et de proxénétisme, sans provoquer le moindre problème de procédure», écrit le journaliste J.-M. P. dans l'article «Cléo de 5 à 7», paru dans *L'Express* du 21 mars 1983.

Carton d'invitation pour un "réveillon cosmique sidéral et sidérant" au Cléo.

Maître Binet a également mentionné, dans sa plaidoirie, la violation de l'article 105 du Code de procédure pénal (obstacle aux droits de la défense).

Les époux G. ont été entendus les 7 et 8 octobre en qualité de témoins alors qu'ils étaient déjà en situation d'accusés. Le mandat d'amener avait été signé avant même que le couple ne soit placé en garde à vue.

Le club très spécial (restaurant-bar-dancing) de l'avenue d'Italie (13e) fermé

Les clients échangistes du « Cléopâtre » payaient 800 F de droit d'entrée

LE plus chic des clubs échangistes de Paris est tombé. Le célèbre « Cléopâtre », un restau-

matin, ils ont conduit Quai des Orfèvres une quinzaine d'hommes et de femmes. Deux seulement ont été gardés à vue : les propriétaires de l'établissement qui

parrainés n'avaient aucune chance de faire partie de la petite société qui s'y ébattait au cours de soirées d'un genre bien spécial. Commun dénominateur à tous les

avoir des rapports sexuels en public, échanger leur partenaire, faire appel à des personnes extérieures : plusieurs prostituées étaient des familières de la boîte. Mais de nom

Récemment encore, un restaurateur de 45 ans a été condamné par la cour d'assises de la Haute-Saône et du Territoire de Belfort, pour des faits quasiment

France-Soir *chronique la visite des enquêteurs de la BSP, dans la nuit du jeudi au vendredi 7 octobre 1983, dans le club échangiste le plus chic de Paris. Les propriétaires des lieux ainsi que 5 couples libertins ont été conduits au 36 quai des Orfèvres.*

La présidente du tribunal, Mme Chevallier, a acquiescé aux demandes de l'avocat, en statuant sur les deux «vices de forme» dénoncés par la défense.

Sur les marches du Palais, un journaliste qui avait suivi le procès avec grand intérêt ne peut s'empêcher de demander à Roger G. s'il comptait rouvrir le Cléopâtre. Avec un sourire de chat, l'homme a répondu : «Rien n'est exclu, même si les lieux ont besoin d'un sérieux nettoyage, ils ont été ravagés et pillés lors de l'enquête policière.»

Durant des semaines, les corps de métiers se succèdent 19 avenue d'Italie, pour remettre à neuf le club du Cléopâtre : ses salons, son labyrinthe, ses alcôves, son restaurant, sa discothèque... En 1986, le Cléopâtre rouvre avec un nouveau nez ! Mais cette fois-ci, les époux G. décident d'exploiter leur club échangiste différemment. L'établissement n'est plus titulaire d'une licence de 4e catégorie, la vente d'alcool n'est donc plus autorisée. Les lieux sont exploités en indivision, c'est-à-dire cinq cents membres. Chacun est propriétaire d'une parcelle de «l'indivision Cléopâtre», ce qui l'autorise à pénétrer dans les lieux en tant que co-indivisaire. Un nouveau règlement intérieur de bonne conduite est établi par le nouveau bureau de l'indivision. «Dans cette optique, indique un membre du nouveau club, un contrôle policier est plus difficile.»

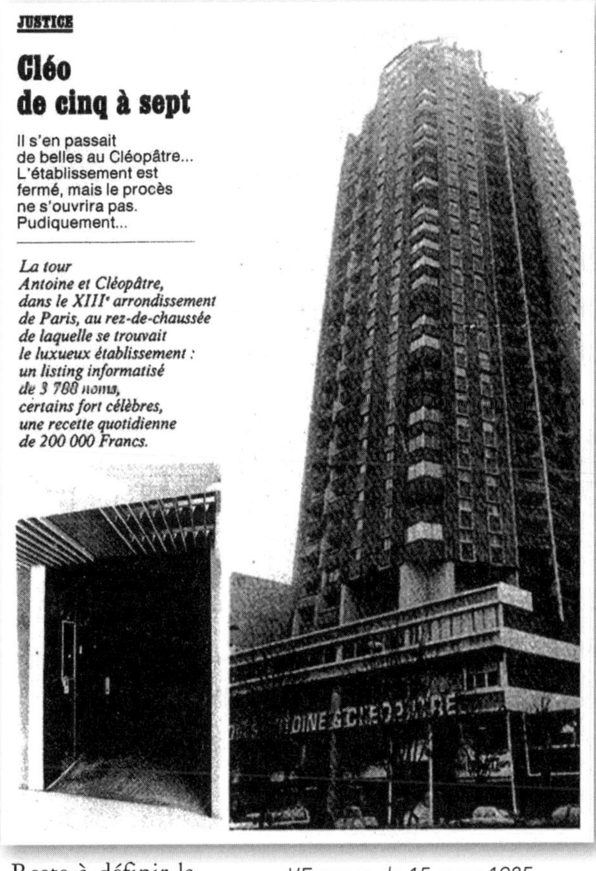

JUSTICE

Cléo de cinq à sept

Il s'en passait de belles au Cléopâtre... L'établissement est fermé, mais le procès ne s'ouvrira pas. Pudiquement...

La tour Antoine et Cléopâtre, dans le XIIIe arrondissement de Paris, au rez-de-chaussée de laquelle se trouvait le luxueux établissement : un listing informatisé de 3 700 noms, certains fort célèbres, une recette quotidienne de 200 000 Francs.

L'Express *du 15 mars 1985.*

Mais n'oublions pas, comme l'écrit le journaliste Laurent Gally, le vendredi 8 mars 1985, dans son article paru dans *Libération*, «Clubs échangistes : la police se fait taper sur les doigts» : «L'échangisme, c'est à peu près le contraire de la prostitution, sans aucune obligation, sans rémunération quelconque. Alors, comme le Code pénal enroule sans fin ses arcanes, les policiers s'appuient sur un autre texte, l'article 334-6, pour continuer leurs poursuites.» L'article précise encore que sera considéré comme proxénète «qui fait office d'intermédiaire, à un titre quelconque, entre les personnes se livrant à la prostitution ou à la débauche. Reste à définir la débauche, "excès condamnable dans la jouissance des plaisirs sensuels", selon le dictionnaire Robert. Les propriétaires du Cléopâtre risquent toujours des poursuites, puisque le dictionnaire et le Code pénal se renvoient l'un à l'autre. Les refontes sans cesse annoncées de ces deux institutions s'avèrent décidément nécessaires.»

Photographies prises le 19 octobre 1984 à l'intérieur de "l'Auberge du Roi René", par les services de l'Identité judiciaire de la Police judiciaire.

❶ - Le couloir d'entrée
❷ - Le bar
❸ - La salle du restaurant.
❹ - Le salon.
❺ - La salle de relaxation.

LE ROI RENÉ

L'Auberge du Roi René, pour les amateurs éclairés d'échangisme et d'exhibitionnisme, est «la forteresse la plus polissonne de France», «le nec plus ultra des nuits débridées», «le temple de la luxure», «le meilleur club de partouze de la capitale».

Pour le patron de la BSP, le commissaire divisionnaire Olivier Foll, il s'agit d'un club dont il entend trop parler, un nom qui lui revient trop souvent aux oreilles, à travers des termes comme tolérance, trafic d'influence...

«Le Cléo est tombé, alors pourquoi pas le Roi René ? Le Roi René bénéficie d'une protection. Ils ignorent volontairement ce qui s'y passe. Ils y ont leur intérêt.»

Des rumeurs, des suspicions sur la probité des fonctionnaires, mais aussi des informations sur les hautes personnalités françaises et étrangères s'exhibant le pantalon sur les chaussures... De quoi mettre en porte-à-faux et exercer certains chantages auprès de corps diplomatiques et politiques... Le commissaire principal Michel Bouchet, responsable de la section proxénétisme au sein de la BSP, se voit confier le délicat dossier du Roi René.

«Nous n'étions pas là pour jouer les pères la pudeur, commente Michel Bouchet, chacun vit ses fantasmes comme il l'entend, les réalise ou non.»

«Mais au Roi René, commente un inspecteur du «groupe de la galanterie», les nuisances préjudiciables s'accumulaient, les rumeurs contre le service, les VIP et les diplomates qui fréquentaient assidûment le lieu, et les professionnelles qui y travaillaient. Les clients pensaient faire l'amour avec d'autres bourgeoises et s'encanailler. En réalité, ces fausses bourgeoises étaient des prostituées. Le patron s'accordait le concours de ces femmes professionnelles en les payant pour pimenter ses nuits. Il trompait et leurrait sciemment sa clientèle, qui croyait avoir des relations avec une bourgeoise libertine, et qui, en réalité, se retrouvait avec une professionnelle. Mais surtout, il commettait là un acte constitutif du délit de proxénétisme.

Nous avons commencé les surveillances, mais y parvenir sans éveiller de soupçons relevait de l'exploit. L'Auberge du Roi René, située 184 avenue de Versailles sur la commune de Ville-d'Avray, était une petite maison anonyme, un petit pavillon de banlieue sans prétention. Un rez-de-chaussée sans étage, ni enseigne, au bord de la route nationale qui relie Paris à Versailles. Pour plus de discrétion, l'Auberge du Roi René, un ancien restaurant, se dissimulait sous l'épais feuillage d'un marronnier ancestral. Sur le portail métallique, deux écriteaux pour décourager les curieux : "Chiens méchants. Attention."

Nous avions vite remarqué la présence de plusieurs caméras sur la façade et celle d'un portier peu coopératif. Un amateur de sports de combat. Lors des premières soirées et des premières nuits de surveillance, les inspecteurs du «groupe de la galanterie» ont observé de vrais ballets de voitures de marque et de collection : Mercedes, DS noire, voiture diplomatique... et un important mouvement de taxis qui déposaient des couples devant le portail de l'auberge.

Le 2 mai 1984, nous avions dû faire part au parquet de Nanterre du fait que "la conformité des lieux, alliée à la méfiance des tenanciers qui s'entouraient d'un luxe de précautions, avait fait échec aux interventions de notre service et n'avait pas permis d'établir des constatations rigoureuses débouchant sur une procédure judiciaire non contestable. En plus des professionnelles qui entraînaient régulièrement leurs clients au Roi René, des informations nous amenaient à prendre en compte le fait que le Milieu marseillais n'était pas totalement désintéressé des gains plus que substantiels que pouvaient générer une telle activité".»

Les ébats collectifs sont sous haute surveillance, pour éviter les dérapages intempestifs.

Le dossier de l'Auberge du Roi René n'était pas si vierge que cela. Des incidents graves, dont le meurtre, en 1968, du barman, un travesti surnommé la Comtesse tué à coups de talon aiguille, avait conduit le préfet de police à prendre des mesures de fermeture administrative de longue durée.

Le Roi René ferma ses portes à toutes les reines de la nuit pour une année entière. Un autre meurtre, non élucidé par les services de police, avait entaché le lieu. L'assassinat de René C., le fondateur du Roi René.

Dans la nuit du 18 au 19 septembre 1973, le dispensateur des plaisirs le plus réputé de la IVe et de la Ve République allait mourir, assassiné. Quatre balles, dont une dans le cœur. Racketteurs ? Tueurs à gages chargés d'exécuter un contrat ? Règlement de comptes à un indicateur trop zélé ? Cette nuit-là, le patron du Roi René a été volé par ses tueurs. Les 24 000 francs de recette de la soirée passée ont été prélevés dans la poche revolver de son pantalon.

De source policière, René C. était racketté par des voyous qui lui vendaient du whisky de mauvaise qualité sous contrainte.

Le 6 décembre 1973, Gilberte C., son épouse, disparaît de son domicile, sans laisser de traces. Personne ne l'a jamais revue.

Après le meurtre, les policiers ont découvert que les murs de l'Auberge du Roi René étaient littéralement truffés d'appareils photographiques. À qui pouvaient profiter ces documents politiquement incorrects ? La nuit de l'assassinat de René C., les deux carnets tenus méticuleusement par Gilberte C. avec les noms, les adresses et les numéros de téléphone des habitués, ainsi que leurs préférences en coquinerie, ont disparu…

Le 17 juillet 1980, l'Auberge du Roi René, tenue alors par le fils de René C., était victime d'un attentat par explosif… L'Auberge du Roi René n'était plus un établissement calme ; la police ne pouvait pas ignorer ce qui se passait à l'intérieur : liens avec le Milieu, proxénétisme…

À la suite du rapport du commissaire divisionnaire Olivier Foll, chef de la BSP, remis au procureur de la République, une information est ouverte. Le juge d'instruction du tribunal de grande instance de Nanterre a délivré une commission rogatoire à la BSP prescrivant de «bien vouloir procéder à une enquête sur l'activité de proxénétisme à laquelle pouvaient se livrer les responsables de l'Auberge du Roi René à Ville-d'Avray. D'entendre tous les témoins et de procéder à toutes les perquisitions et les saisies utiles à la manifestation de la Vérité.»

Album des poils pubiens des reines de la nuit, réalisé par René C., le patron du "Roi René". Mis sous scellé, par la BSP.

Les Reines de la Nuit du Roi René

«Invariablement, René C. attendait que les couples aient fait connaissance pour mettre en marche le juke-box. Lorsqu'il sentait le moment propice, il déclenchait les hostilités. Subitement, les tables basses se couvraient de matelas, les fauteuils-clubs se dépliaient. Il attendait que la danse commence et que les danseurs s'échauffent. Lorsqu'il enregistrait les premières caresses, qu'il voyait les corsages se dégrafer, il tamisait un peu plus les lumières et annonçait : "Maintenant, tous au travail !" Tous les habitués savaient ce que ces mots signifiaient. C'était le début des réjouissances nocturnes. René C. entraînait tout son monde par un couloir très sombre donnant au fond du bar vers une pièce secrète qu'on appelait la "salle de travail" ou le "Club 421". C'était une grande salle volontairement laissée dans une pénombre rouge. Au milieu se trouvait une table massive de bois sombre, entourée de sièges identiques. Sans que personne ne l'y invitât, une femme s'allongeait, relevait sa jupe ou sa robe, écartait les jambes et disait : "Au premier de ces messieurs."
C'était au plus rapide. Mais très vite, les hommes se succédaient. Ils se rejoignaient même, ne laissant pas de répit à la femme allongée, qui était souvent obligée de se livrer à tous les caprices de ses admirateurs. René ne participait jamais, pas plus que son personnel masculin ou féminin, mais il était

Après plusieurs nuits de surveillance qui se sont succédé durant dix jours, au cours desquelles nous avons pris soin de changer de véhicules (camionnette, taxi, triporteur...) et de plaques d'immatriculation le plus souvent possible pour ne pas éveiller l'attention, nous avons décidé de mettre en place le grand dispositif pour intervenir dans la nuit du jeudi 18 octobre. La Brigade s'est déplacée presque au grand complet. Trois commissaires : Olivier Foll, le patron de la BSP, Michel Bouchet, à la tête de la section proxénétisme, Martine Monteil, chef de la section des stupéfiants, ainsi que M. Barillat, un juge d'instruction, assistés de trois inspecteurs divisionnaires, de quinze inspecteurs et de cinq enquêteurs.

«J'avais placé, décrit le commissaire Michel Bouchet, les inspecteurs un à un le long de la maison, habillés en costume, les pieds dans les orties, prêts à intervenir au moment où le portier ouvrirait la porte. La commissaire Martine Monteil et l'inspecteur Lionel Laumonier formaient le couple d'intervention. Après avoir sonné à la porte, l'inspecteur, pour faire face à l'agressivité du portier, a dû le neutraliser par la force, l'un faisant du karaté, l'autre de la boxe. Le portier n'a pas porté plainte. Entre lutteurs, pas de rancune.

Profitant de cette diversion, nous sommes tous rentrés les uns derrière les autres, très rapidement, sans que personne ne s'aperçoive du trouble. Une femme très déshabillée m'a même proposé des relations immédiates...»

À 1 h 20, les patrons Gérard et sa sœur Marie-Noëlle C., ainsi que tous les membres de leur personnel, étaient interpellés. Au cours de l'intervention, les nombreux inspecteurs ont interrompu, dans les différentes alcôves, des ébats collectifs. Soixante-dix clients et clientes dont un certain nombre de professionnelles ont été interpellés et auditionnés. Trois femmes ont déclaré,

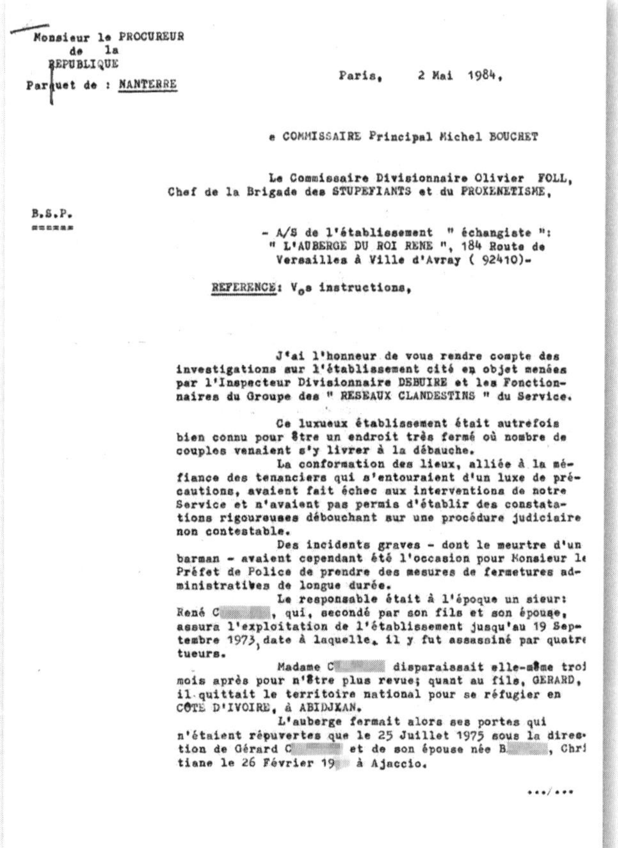

Monsieur le PROCUREUR
de la
REPUBLIQUE
Parquet de : NANTERRE

Paris, 2 Mai 1984,

e COMMISSAIRE Principal Michel BOUCHET

Le Commissaire Divisionnaire Olivier FOLL,
Chef de la Brigade des STUPEFIANTS et du PROXENETISME,

B.S.P.

- A/S de l'établissement " échangiste ": " L'AUBERGE DU ROI RENE ", 184 Route de Versailles à Ville d'Avray (92410)-

REFERENCE: Vos instructions,

J'ai l'honneur de vous rendre compte des investigations sur l'établissement cité en objet menées par l'Inspecteur Divisionnaire DEBUIRE et les Fonctionnaires du Groupe des " RESEAUX CLANDESTINS " du Service.

Ce luxueux établissement était autrefois bien connu pour être un endroit très fermé où nombre de couples venaient s'y livrer à la débauche.

La conformation des lieux, alliée à la méfiance des tenanciers qui s'entouraient d'un luxe de précautions, avaient fait échec aux interventions de notre Service et n'avaient pas permis d'établir des constatations rigoureuses débouchant sur une procédure judiciaire non contestable.

Des incidents graves - dont le meurtre d'un barman - avaient cependant été l'occasion pour Monsieur le Préfet de Police de prendre des mesures de fermetures administratives de longue durée.

Le responsable était à l'époque un sieur: René C[redacted], qui, secondé par son fils et son épouse, assura l'exploitation de l'établissement jusqu'au 19 Septembre 1973, date à laquelle, il y fut assassiné par quatre tueurs.

Madame C[redacted] disparaissait elle-même trois mois après pour n'être plus revue; quant au fils, GERARD, il quittait le territoire national pour se réfugier en CÔTE D'IVOIRE, à ABIDJAN.

L'auberge fermait alors ses portes qui n'étaient réouvertes que le 25 Juillet 1975 sous la direction de Gérard C[redacted] et de son épouse née B[redacted], Christiane le 26 Février 19[redacted] à Ajaccio.

.../...

après avoir prêté serment conformément à la loi, être des prostituées et se rendre régulièrement au Roi René.

Lors de son audition, le fils de René C. déclare être actionnaire au sein d'une société que sa sœur et trois autres personnes ont montée, et n'avoir aucune responsabilité dans l'exploitation de ce commerce. Il va jusqu'à déclarer ne pas connaître la personne qui s'occupe de l'exploitation du fonds de commerce.

«En ce qui me concerne, déclara-t-il à l'inspecteur qui l'interrogeait, j'y suis très souvent, mais de façon facultative, car je trouve que c'est l'un des meilleurs endroits, je m'y trouve bien car c'est la maison de mon père. J'ignore totalement qu'il s'agit d'un endroit où s'y déroulent des ébats sexuels collectifs. Je n'y ai jamais remarqué la présence de prostituées.»

Sa sœur Marie-Noëlle, directrice de la société mère du Roi René, déclare s'occuper de la réception des clients et du restaurant. L'établissement qui est spécialisé dans la restauration et le night-club fonctionnait tous les jours de 20 h à 2 h du matin sauf le dimanche. Une fois par mois, une soirée à thème était proposée aux clients, mais elle était de moins en moins suivie, les gens n'ont plus goût à se déguiser. Elle achève sa déclaration en mentionnant : «Je ne peux vous dire si au Roi René, il y a des ébats sexuels collectifs. S'il y en a, je ne le sais pas ou je ne le vois pas.»

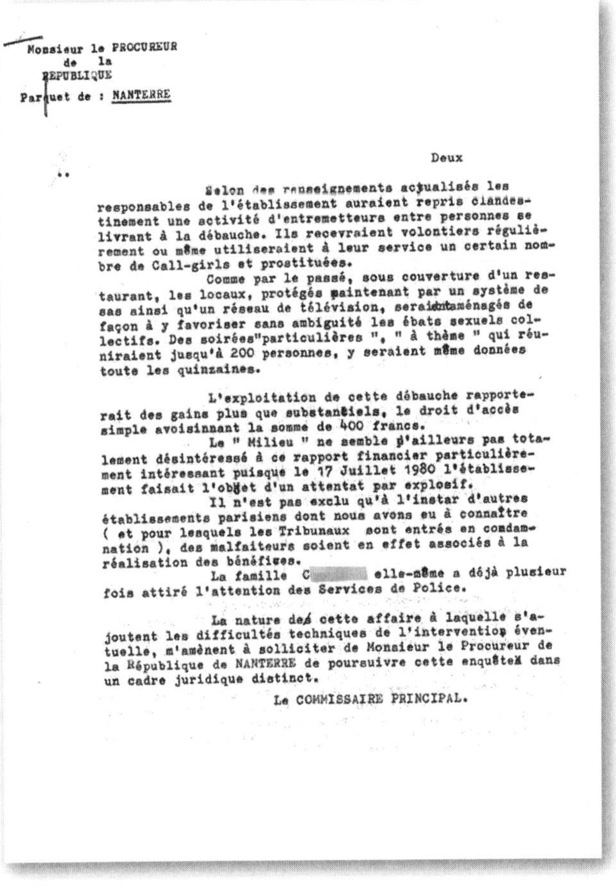

Monsieur le PROCUREUR
de la
REPUBLIQUE
Parquet de : NANTERRE

Deux

Selon des renseignements actualisés les responsables de l'établissement auraient repris clandestinement une activité d'entremetteurs entre personnes se livrant à la débauche. Ils recevraient volontiers régulièrement ou même utiliseraient à leur service un certain nombre de Call-girls et prostituées.

Comme par le passé, sous couverture d'un restaurant, les locaux, protégés maintenant par un système de sas ainsi qu'un réseau de télévision, seraient aménagés de façon à y favoriser sans ambiguité les ébats sexuels collectifs. Des soirées"particulières ", " à thème " qui réuniraient jusqu'à 200 personnes, y seraient même données toute les quinzaines.

L'exploitation de cette débauche rapporterait des gains plus que substantiels, le droit d'accès simple avoisinnant la somme de 400 francs.

Le " Milieu " ne semble d'ailleurs pas totalement désintéressé à ce rapport financier particulièrement intéressant puisque le 17 Juillet 1980 l'établissement faisait l'objet d'un attentat par explosif.

Il n'est pas exclu qu'à l'instar d'autres établissements parisiens dont nous avons eu à connaître (et pour lesquels les Tribunaux sont entrés en comdamnation), des malfaiteurs soient en effet associés à la réalisation des bénéfices.

La famille C[redacted] elle-même a déjà plusieur fois attiré l'attention des Services de Police.

La nature de cette affaire à laquelle s'ajoutent les difficultés techniques de l'intervention éventuelle, m'amènent à solliciter de Monsieur le Procureur de la République de NANTERRE de poursuivre cette enquête dans un cadre juridique distinct.

Le COMMISSAIRE PRINCIPAL.

Le vendredi 26 octobre 1984, les habitués du Roi René n'ont pas pu passer la nuit à s'ébattre. Le cinquième haut lieu de l'échangisme mondain était fermé.

Libération titre : «Temple de la partouze. Le Roi René est mort.»

Gérard et Marie-Noëlle C. sont mis sous mandat de dépôt…

connaisseur et notait les performances. Il récompensait toujours celle qui avait réussi le "tiercé", dans l'ordre ou le désordre, et il avait une attention toute particulière pour celle qui s'était révélée au cours de la nuit. Il allait, lui-même, cueillir une rose rouge dans son jardin, qu'il lui offrait en déclarant : "Pour honorer la reine de la nuit".

C'était la consécration pour la femme ainsi fleurie, qui pouvait revenir quand elle voulait, seule ou accompagnée. C'était sa carte VIP. Elle pouvait boire tout son soûl. René ne facturait même pas ses consommations à son chevalier servant d'un soir.

Autour de la grande table, personne de restait inactif, ni les couples, ni les hommes seuls. D'autres préféraient rester au bar et se servir des tables capitonnées, loin des voyeurs, ou se réfugier dans les petits pavillons de chasse, des cabanons à vrai dire, disséminés dans le jardin où ils se trouvaient à l'abri des regards indiscrets. Ils pouvaient encore s'isoler davantage dans la dernière trouvaille du maître des lieux : un perchoir, une espèce de pigeonnier, installé sur la grosse branche d'un marronnier. On raconte qu'une nuit, une certaine Sonia, une très jolie Slave battit tous les records de popularité. Elle en était à trente-deux amants de rencontre lorsque le roi René lui décerna son diplôme de gagnante. Il était 4 heures du matin et il voulait aller se coucher. Peut-être aurait-elle été plus loin, ce soir-là, si on l'avait laissé faire.»

André Burnat, «Des flics et des claques». Paru dans Privé, *n° 10, 1975.*

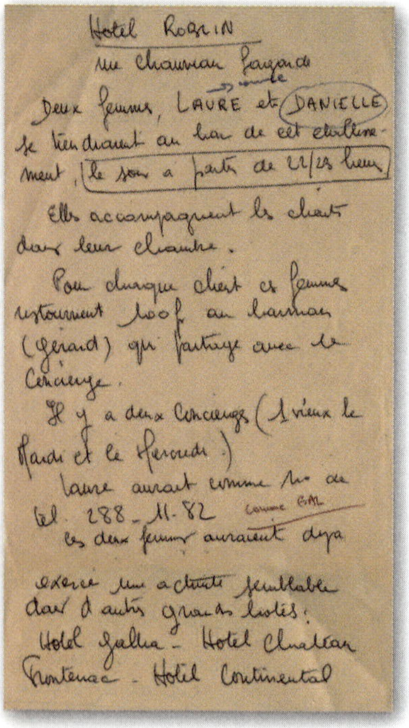

Hotel ROBLIN
rue Chauveau Lagarde
Deux femmes, LAURE et DANIELLE
se tiendraient au bar de cet établissement, le soir à partir de 22/23 heures
Elles accompagnent les clients dans leur chambre.
Pour chaque client ces femmes ristournent 100 F au barman (Gérard) qui partage avec le concierge.
Il y a deux concierges (1 vieux le Mardi et le Mercredi)
Laure aurait comme no de tel. 288-11-82
les deux femmes auraient déjà exercé une activité semblable dans d'autres grands hôtels :
Hotel Galha - Hotel Chateau Frontenac - Hotel Continental

Notes personnelles de travail d'un enquêteur lors de la surveillance de l'hôtel Roblin dans l'affaire des concierges proxénètes des grands hôtels parisiens.

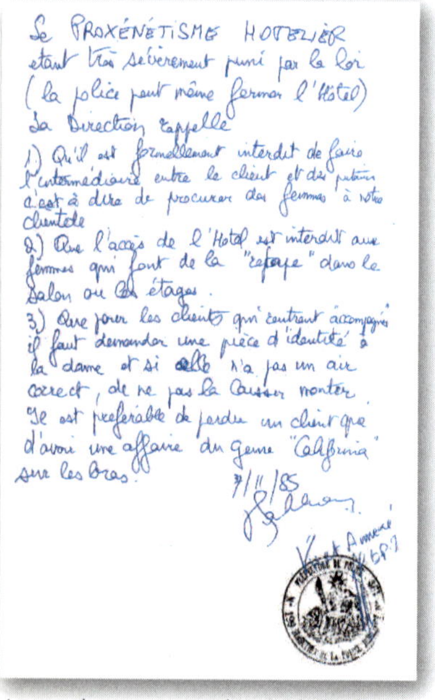

Le PROXÉNÉTISME HOTELIER étant très sévèrement puni par la loi (la police peut même fermer l'Hôtel) La Direction rappelle
1) Qu'il est formellement interdit de faire l'intermédiaire entre le client et des putains c'est à dire de procurer des femmes à notre clientèle
2) Que l'accès de l'Hotel est interdit aux femmes qui font de la "retape" dans le salon ou les étages.
3) Que pour les clients qui rentrent accompagnés il faut demander une pièce d'identité à la dame et si elle n'a pas un air correct, de ne pas la laisser monter.
Il est préférable de perdre un client que d'avoir une affaire du genre "California" sur les bras.
7/11/85

Lettre de recommandation de la directrice d'un grand hôtel parisien à l'attention de son personnel visant à lui rappeler les consignes à suivre afin d'éviter toute poursuite judiciaire pour proxénétisme hôtelier.

LES CLÉS DU VICE

« Bonsoir, réception de l'hôtel Méridien à votre service.
– Bonsoir, ici la chambre 210, nous désirerions un taxi spécialement aménagé pour nous rendre à Fontainebleau chez des amis à 23 h 30, avec nos quatre chiens colleys.
– Bien, Monsieur, nous commandons une voiture à cet effet, elle sera là à 23 h 15, et vous attendra.»

«Bonsoir, réception de l'hôtel Concorde Lafayette. – Ici, la suite Napoléon, nous avons envie pour la nuit d'avoir de la "bonne compagnie". Pouvez-vous nous arranger ça ! Nous désirons des filles jeunes, parlant anglais, blondes et très minces. Quand peuvent-elles se joindre à nous ? Quelles sont les conditions ?
– Je me renseigne et vous rappelle afin de vous donner des précisions pour vous satisfaire au mieux.»

L'homme aux clés d'or est celui qui trouve la solution. Avec son carnet de téléphones incomparable il sait gérer toutes les solutions, même les plus inattendues, avec le sourire.

Ces concierges de nuit occupent des postes stratégiques au sein des palaces et des hôtels quatre étoiles. Ils contrôlent les allées et venues, filtrent les nouvelles têtes avec diplomatie et assurent à toute heure de la nuit les caprices et les fantasmes de leur clientèle privilégiée et fortunée. Ils doivent être capables de satisfaire les grands de ce monde, quelle que soit la demande.

Dans le domaine du sexe, le client a pour habitude de le récompenser avec quelques billets. Disons un très bon pourboire. Mais en aucun cas, normalement, le concierge ne prélève d'argent directement sur les gains de la fille.

Certains ont oublié qu'en prenant personnellement un pourcentage sur les passes, ils étaient, au regard du Code pénal, des proxénètes.

Les archives de la Mondaine, puis de la BSP, regorgent de petites affaires mettant en cause des employés (veilleurs de nuit, concierges, réceptionnistes) d'hôtel qui mettaient en relation des «filles galantes» avec des clients descendus dans l'établissement, moyennant une commission.

Mais en 1985 l'affaire des concierges proxénètes dans les plus grands palaces de Paris fait un immense scandale. Dans ce monde très à part, les hommes aux clés d'or avaient monté leur propre réseau de filles. Ils le géraient avec maestria, jusqu'au jour où l'un d'eux répondit un peu sèchement à une amazone. Il lui demandait, pour qu'il accepte de la laisser travailler dans le palace, de lui verser 30 % de ses gains.

«Ici, c'est la règle, ma règle. Il est impossible d'y déroger. Sinon, ce n'est pas la peine de penser pouvoir pénétrer dans le hall. Je vous conseille de rebrousser chemin.»

Vexée, la fille ne décolérera pas de la nuit. Elle attendit avec impatience l'heure de l'ouverture des bureaux, pour aller conter ses déboires à un inspecteur au 36 quai des Orfèvres.

Elle voulait se venger. Se faire interdire l'entrée de l'hôtel California et en plus se faire racketter, c'était insupportable.

L'inspecteur du «groupe de la galanterie» l'écouta avec le plus grand intérêt et recueillit le plus d'informations possible pour lancer une enquête.

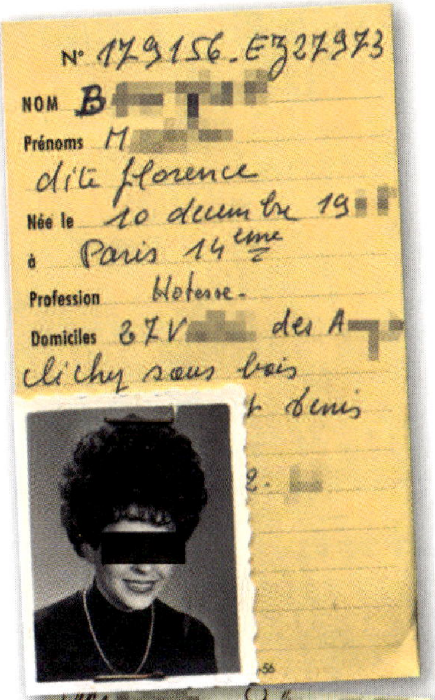

Mars 1985

Surveillances, filatures, prises de vues… Les renseignements s'accumulent. «Mais d'entrée de jeu, commente un inspecteur, l'affaire s'avère délicate. Dans les palaces, tout se passe dans une extrême discrétion. Les filles sont contactées par téléphone. Lorsqu'elles arrivent, elles ont connaissance du numéro de la chambre dans laquelle le client les attend. Elles se dirigent directement à l'étage, sans avoir à adresser la parole à quiconque. Par prudence, l'entremetteur ne touche pas de commission sur-le-champ. Il tient une comptabilité précise. L'argent lui est remis à chaque fin de semaine, ailleurs. En un lieu discret.»

À la suite d'une demande d'information adressée au procureur, une commission rogatoire est délivrée le 21 mars 1985 à la BSP, par le juge d'instruction du TGI de Paris, Jean-Louis Debré.

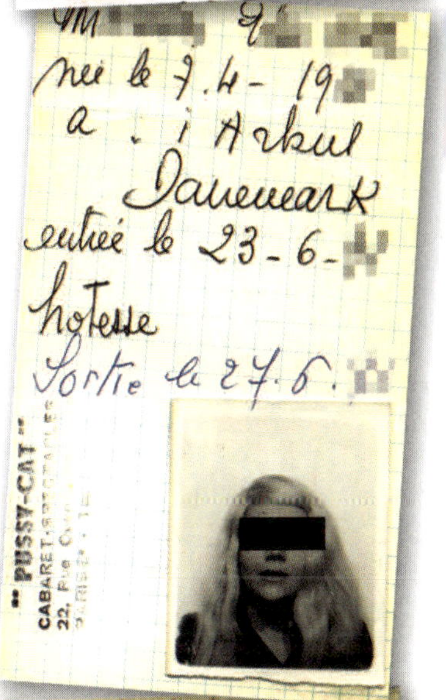

Surveillances, filatures, écoutes. Tous les éléments du puzzle sont identifiés, toutes les preuves sont réunies. Le 6 novembre, au milieu de la nuit, trois groupes d'inspecteurs et d'enquêteurs du groupe de la galanterie se rendent aux abords de trois hôtels de luxe situés près des Champs-Élysées et des Invalides : l'hôtel Vernet, 25 rue Vernet, Paris VIIIe ; l'hôtel Sofitel Bourbon, 32 rue Saint-Dominique, Paris VIIe ; l'hôtel California, 16 rue de Berri, Paris VIIIe.

L'inspecteur divisionnaire, le chef du groupe, avait donné comme consigne à chacune de ses équipes d'exercer une surveillance rapprochée afin de détecter l'arrivée et le départ de prostituées, et de procéder à leur interpellation.

À 1 h 30, une femme blonde, cheveux longs, vêtue d'un tailleur gris, connue des services, dite Suzanne, pénètre dans l'hôtel California.

À 3 h 10, elle ressort de l'hôtel, emprunte à pied la rue de Berri en direction de la rue d'Artois. Elle est interpellée en vertu de la commission rogatoire.

Après avoir présenté son passeport italien, elle déclare à l'inspecteur «être passée, comme à son habitude, à l'hôtel California où elle a proposé à l'occupant de la chambre 216, d'avoir des relations sexuelles pour 700 francs. C'est Jean-Paul, le concierge de l'hôtel qui lui a indiqué cette chambre». La belle Italienne fait dès lors l'objet d'une mesure de garde à vue.

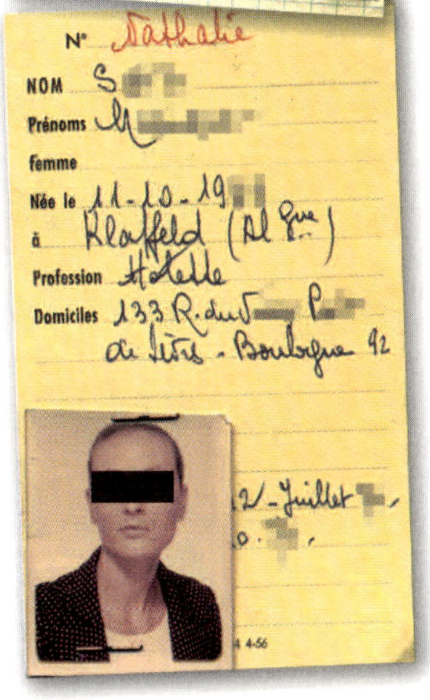

À 5 h, le commissaire principal, Michel Bouchet, chef adjoint du service de proxénétisme, rejoint ses équipes pour faire le point. Aucune prostituée n'a été aperçue à proximité des deux autres hôtels.

Dès lors, il est décidé qu'à 6 h une opération simultanée serait déclenchée dans les trois établissements surveillés, avec pour mission de procéder à l'interpellation des concierges, des prostituées susceptibles de s'y trouver et de procéder aux perquisitions dans les bureaux et dans les vestiaires des concierges.

À l'aube du 6 novembre, le commissaire principal Michel Bouchet, assisté de quatre de ses inspecteurs et d'un enquêteur, pénètre dans le grand hall du California. Dans cet univers de luxe, où règnent imperturbablement le calme et la sérénité, l'atmosphère change brusquement.

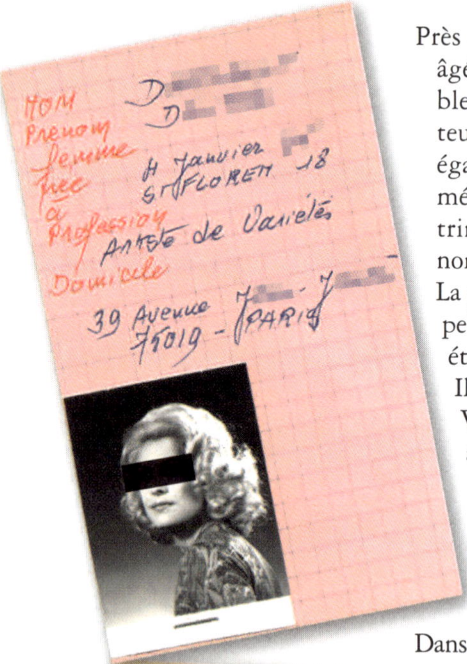

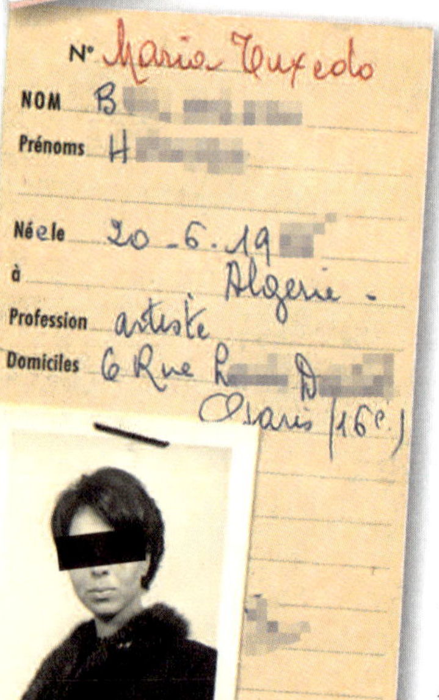

Les concierges proxénètes confisquaient jusqu'à 30 % du gain des filles qui venaient faire des passes dans leur hôtel.

Près des ascenseurs, une jeune femme brune, accompagnée d'un homme âgé, discute avec le concierge de l'hôtel. L'homme porte sur son costume bleu les insignes des «clés d'or». Après l'avoir interpellé, les inspecteurs perquisitionnent la petite pièce dont il a l'usage avec son collègue, également «clés d'or», ainsi que leur vestiaire. Dans une armoire métallique, dans une boîte fermée à clé, un carnet à couverture en feutrine rouge recèle des dizaines de numéros de téléphone, avec des prénoms féminins.

La jeune femme brune qui s'apprêtait à repartir seule de l'hôtel est interpellée, ainsi que son client, qui dormait dans sa chambre au huitième étage.

Il déclare avoir rencontré cette très belle jeune femme dans un bar, le Via Veneto, et être revenu à l'hôtel en sa compagnie pour y avoir des relations sexuelles moyennant la somme de 1 500 francs.

À 7 h 50, le chef concierge de jour arrive à l'hôtel.

À 8 h, le directeur arrive à son tour. Il est invité à se rendre à 10 h au quai des Orfèvres, afin d'être auditionné.

À 8 h 10, l'opération California est terminée.

Dans le même temps, une autre équipe avait investi l'hôtel Vernet.

«Les portes nous avaient été ouvertes automatiquement par le réceptionniste qui ce jour-là remplaçait le concierge de nuit. Placé en garde à vue, il s'était littéralement effondré sur le bureau. Déclarant se sentir mal, il avait vomi de la bile dans un carton qui était à côté de son siège, sous le bureau.» Mais il n'a pas réussi à dissimuler au fond du carton son petit carnet noir d'adresses et de numéros de téléphone, contenant de très nombreux prénoms et surnoms féminins.

Lors de son audition, il déclare «être bien le propriétaire du petit carnet noir sur lequel il notait les numéros de téléphone de femmes galantes qui venaient avec des clients à l'hôtel. Au cas où un client aurait oublié ce numéro, et le lui aurait demandé. Mais jamais, au grand jamais, il n'aurait proposé à un client, une de ces jeunes femmes».

Dans un second temps, après avoir nié le fait qu'il puisse recevoir de l'argent, l'homme aux clés d'or s'est un peu plus rapproché de la vérité.

À l'hôtel Sofitel Bourbon, 32 rue Saint-Dominique dans le VIIe, les deux inspecteurs et un enquêteur pénètrent à 6 heures précises dans le hall, alors que les deux hommes vêtus de l'uniforme de concierge, assis confortablement dans des fauteuils en cuir, devisent gaiement. Une heure après, moins fringants, ils sont placés en garde à vue. Un des deux hommes déclare spontanément, contrairement aux concierges des autres établissements, faire commerce avec les filles pour satisfaire les clients et partager l'argent avec son collègue de nuit.

Au total, vingt et une inculpations de proxénétisme aggravé sont établies.

Les directeurs des palaces et des quatre étoiles ignoraient tout du trafic de leurs concierges de nuit, et donc du véritable réseau de proxénétisme que ces hommes avaient monté. Chaque concierge avait son fichier personnel de professionnelles qu'il fournissait aux clients de l'hôtel, mais ils étaient pour la grande majorité d'entre eux en contact les uns avec les autres afin d'être le plus efficace possible. Si l'un n'avait pas dans sa propre liste le profil demandé, un autre l'avait…

Les vingt et un portiers de nuit des grands hôtels vont connaître, pour quelques longues semaines, une atmosphère et un confort bien différents en maison d'arrêt.

En 48 heures dans les super-palaces des Champs-Elysées

Nouvelle rafle chez les concierges proxénètes

20 couchent en prison et ce n'est pas fini

NOUVEAU coup dur pour le réseau de proxénètes, constitué par des concierges de palaces parisiens, la plupart de ces établissements bénéficiant d'une notoriété mondiale. Mercredi, en …

… est immense et menace de s'étendre encore. De nouvelles arrestations sont prévues vendredi.

La plupart des person…

… veau rapidement. Certains autres concierges de nuit, se sachant identifiés, étaient sur le départ, prêts à s'enfuir. Il fallait …

… quête, il y a quatre mois, ouvert l'information judiciaire et délivré une commission rogatoire générale à la B.S.P.

On sait que le magistrat a finalement choisi de se lancer dans la politique et qu'il est candidat aux prochaines élections législatives sur une liste R.P.R. Le dossier d'instruction a donc été confié à son homolo…

France Soir du 8 novembre 1985.

LE CLANDÉ D'UN ANCIEN FLIC TOMBE À SAINT-CLOUD

Que peut faire un policier, ancien gardien de la paix, chauffeur aux services techniques, parti à la retraite de bonne heure, qui a très envie de ne pas rester inactif ? Responsable de sécurité ? Conseiller technique ? Auteur de romans policiers ?

Jean C., cinquante-huit ans, et sa femme de quarante-huit ans, en ont décidé autrement. Ils veulent vivre dans le luxe et l'opulence. Après différentes expériences, ils choisissent, pour satisfaire leurs désirs, de louer une belle propriété dans une rue bien tranquille, située à la lisière du grand parc de Saint-Cloud. Pendant six ans, avec son épouse, C. mène grand train à la villa Trianon, qu'il loue moyennant 20 000 francs par mois au couturier Jacques Esterel.

Quand la nuit tombe sur les hauteurs de cette banlieue cossue de l'Ouest parisien, un ballet de voitures s'empare des trottoirs, à touche-touche sur des centaines de mètres. Que viennent faire ces puissantes cylindrées de marque étrangère dans ce passage tranquille ? Jean C. n'a rien d'un homme solitaire, il aime partager des sensations physiques avec plusieurs partenaires, il se plaît dans le jeu et la mise en scène qui confortent agréablement son ego.

Ce superbe pavillon blanc à étages avec un jardin à la française reçoit deux soirs par semaine, chaque mardi et chaque vendredi, des habitués, amateurs de soirées libertines. Un bar luxueux au rez-de-chaussée et des chambres d'un certain standing sont adaptés aux us et coutumes de la maison… Les autres jours de la semaine se déroulent selon les désirs et les fantaisies des clients… Personne dans le quartier n'ignore les folles nuits de la villa Trianon, mais l'omerta durera jusqu'à ce que les époux C. s'amusent de manière trop

Portail d'entrée et vues intérieures de la villa Trianon, à Saint-Cloud.

DESTINATAIRE

Brigade des Stupéfiants et du proxénétisme

RÉFÉRENCE DU DESTINATAIRE

RÉSERVÉ AU DESTINATAIRE

REPUBLIQUE FRANÇAISE

PREFECTURE DE POLICE

DIRECTION de la POLICE JUDICIAIRE

SERVICE

Brigade des Stupéfiants et du proxénétisme

Cce N°
Rts N°
Rep. N°

Paris Le 26 novembre 1983

RAPPORT

L ' Inspecteur Divisionnaire Jean DEBUIRE et les inspecteurs de son groupe

à Monsieur Marcel MORIN, Commissaire Divisionnaire, chargé de la Brigade des Stupéfiants et du proxénétisme

OBJET : – A/S du " Petit Chateau de St Cloud " (établissement échangiste)

Nous avons l'honneur de vous informer qu'une villa dite " Villa Trianon " sise 3 rue Laval à St Cloud (92) tel 602/80 40 s'est spécialisée depuis quelques mois dans les ébats sexuels collectifs.

Il s'agit en fait d'une villa luxeuse au fond d'un jardin occupée par les époux C[redacted] Jean et Janine, cette dernière s'identifiant comme suit:

V[redacted] Janine femme C[redacted] dite " Camille "
née le II novembre 19[redacted] à P[redacted] (Cantal)
de Léon et de Denise B[redacted]
de nté française

Elle a épousé le 12 no embre 1964 à Paris 16ème C[redacted] Jean.

Cette ex-employée des PTT a tenté en 1968 une expérience dans le style de Mme CLAUDE dans un apparte... étage du 32 av Georges V, Expérienc... juillet 1968 suite à un accident de ...n mari.

...ivité en vai, auprès du service en ...ation d'installer une maison de ...e Mme BILLY.

[redacted] Jean aurait été clerc de ...sentant en vins. Il est entré à la ...e le 16 janvier 1952 comme gardien ... devenu chau feur aux services tech... ...ormé le 6 février 1963 avec un taux ...% suite ç une blessure en service. ...restituer sa carte de réquisition; ...r perdu alors que de sources confi... ..., il l'utilisait de temps à autre...

... à janvier 1967 il a exploité au 12

FRANÇOISE - JANINE
JEAN

seraient heureux de vous compter au nombre de leurs amis qu'ils réunissent les mardi et vendredi, à leur domicile, à partir de 21 heures.

Soyez assez aimable pour confirmer votre participation

Les folles nuits de Saint-Cloud

Dans le clandé de l'ancien flic 25 hôtesses accueillaient jusqu'à 50 couples à la fois

L'ancien brigadier et sa femme roulaient en voiture américaine ! Il faut dire qu'ils en avaient les moyens depuis que le mari avait quitté la police... pour ouvrir une maison de rendez-vous chic pour couples échangistes ! La villa Trianon de Saint-Cloud s'était fait une réputation internationale et les amateurs — riches — des « transports en commun », la fréquentaient régulièrement. On pouvait réserver pour deux, quatre, ou... cinquante couples l'hôtel particulier et ses hôtesses !

Jean C[redacted], cinquante-huit ans, policier à la retraite, et sa femme, Jeanine, quarante-huit ans, se sont fait prendre au cours d'une soirée libertine en compagnie d'un couple de touristes suisses. « Nous hésitions ce soir-là entre assister à un match de football du P.S.-G. et nous rendre à Trianon », ont expliqué les Suisses.

C[redacted] avait monté sa maison il y a six ans, et employait environ vingt-cinq prostituées dans sa splendide maison, louée 20 000 F par mois. Il avait installé un bar luxueux au rez-de-chaussée et des chambres de grand confort à l'étage. Les habitués étaient pour beaucoup des Parisiens, mais aussi des étrangers amateurs de sensations partagées. Les tenanciers avaient deux soirées publiques, chaque mardi et chaque vendredi, les autres jours se déroulant selon la fantaisie de la clientèle.

Arrêtés par la brigade des stupéfiants et du proxénétisme, les C[redacted] devront répondre de proxénétisme hôtelier, de fraude fiscale et tenue de débit de boissons sans autorisation, devant le parquet de Paris.

Le Parisien Libéré *du 26 avril 1986.*

ostentatoire sur la voie publique et qu'ils fassent appel à des prostituées bien peu discrètes pour enjoliver leurs parties fines et attirer les hommes seuls.

De sa cuisine, de l'autre côté de la rue Laval, un voisin assiste régulièrement à des scènes de mascarades érotiques : «Ils tournaient, sans se gêner, des films dans le jardin. Les femmes costumées en habit Marie-Antoinette comme à la Cour de Versailles se faisaient trousser à qui mieux mieux par des marquis qui leur contaient leur désir insatiable.»

Une autre voisine a une vision plus crue des ébats cinématographiques : «Moi, je les voyais s'envoyer en l'air sauvagement sur la table de la cuisine et sous l'œil du caméraman. J'étais écœurée.»

Depuis son balcon, un riverain profite de son axe de vue imparable pour immortaliser à son tour les «meilleures scènes de vie débridée de la villa Trianon», en les enregistrant sur sa caméra vidéo. Il se rend au commissariat de Saint-Cloud, où il propose aux policiers une petite projection privée.

«Noël au balcon, Pâques aux tisons», ironise un riverain en apprenant que Jean C. avait enfin eu la visite de la BSP. «Il a vraiment dû être surpris, lui qui m'avait promis les plus grands ennuis si je déposais ne serait-ce qu'une main courante à la police.»

Les enquêteurs de la BSP surveillent la propriété depuis janvier. «Selon un renseignement issu des "milieux galants", chaque couple de client payait 800 F, les hommes seuls 1 300 F. En échange, précise un inspecteur principal, ces derniers étaient assurés de trouver sur place des jeunes femmes, prostituées occasionnelles, prêtes à assouvir tous leurs désirs. Chaque soir, le couple organisateur remettait aux jeunes hétaïres 500 F pour leurs prestations.»

Le 20 avril 1986, la grille de la villa reste fermée. Une main anonyme a écrit sur le mur à la craie : «Bandes de putes.» Ce jour-là, le couple C. a été conduit au 36 quai des Orfèvres pour proxénétisme. L'ex-fonctionnaire de la Préfecture de police connaissait bien les locaux, qu'il avait fréquentés dans son ancienne vie. Aux archives générales de la PJ, le dossier de Jean C. n'est pas vierge : faillite, infraction à la législation sur des chèques, abus de confiance à la suite de prêts d'argent non restitués...

Une nouvelle rubrique va désormais y figurer : le proxénétisme aggravé.

LE PREMIER SUPERMARCHÉ DU SEXE

« En 1986, après un contrôle fiscal, j'écope d'un redressement de dix millions de francs ! Je suis à la rue, et pense à me suicider. Le contrôleur a surestimé la dette. Je n'ai plus de stock, plus de personnel, plus de bureau. Je dors même une nuit sur l'une des banquettes de la Brigade des stupéfiants et du proxénétisme. Un matin, pour forcer le destin, je fais passer une petite publicité dans un journal gratuit : "Venez acheter vos K7 dans le premier supermarché du sexe." Il me restait de ma déroute un local au 276 rue des Pyrénées, un entrepôt sans attrait. Un journaliste a vu la publicité et derechef l'a présentée aux infos de treize heures à la télévision : "Un autre type de supermarché s'est ouvert aujourd'hui. On n'y trouve pas de lait, ni de beurre, ni de conserves mais des K7, des fouets, des poupées gonflables, des romans-photos libertins, des revues érotiques suédoises, danoises…" Dix minutes après, la boutique était pleine. Cinq cents personnes entassées. Prévenu d'urgence par mon vendeur, j'ai accouru une demi-heure après, cent journalistes étaient présents, appareil photo et caméra à la main. Un journaliste m'a pris à part et m'a convaincu de dire n'importe quoi, mais quelque chose. J'ai raconté comment l'idée m'était venue… Les affaires sont reparties. Aujourd'hui, j'ai quatre supermarchés du sexe à Paris et un à Strasbourg. La clientèle a évolué, elle s'est féminisée. De 100% d'hommes, on arrive à 60% de femmes. Le concept est étudié pour séduire la clientèle la plus large, pour que l'on puisse de dix-huit à quatre-vingt-dix-neuf ans venir faire ses courses sans gêne. À l'entrée du magasin, on trouve de la lingerie sexy, des perruques, du maquillage, des produits de beauté, puis des sex-toys, puis encore des DVD… Tous les articles sont emballés et mis en vente comme des produits classiques. Rien d'ostentatoire, ni de provocateur.

En 1986, en tant que grossiste en distribution de gadgets pour adultes, j'ai réalisé une publicité pour vendre une nouvelle gamme de préservatifs : goûts fraise, vanille, pistache… C'était le début des années sida. Les préservatifs faisaient la une de l'info… Moi, j'ai eu la visite des fraudes et je me suis retrouvé avec trois mois de prison avec sursis et une amende de 100 000 F ! Les plastiques n'étaient pas homologués NF ! En ce qui concerne les images interdites, depuis plusieurs années nous n'avons pas eu de saisie. La dernière était en avril 1982. L'éditeur pratique l'autocensure, il sait qu'il ne faut pas mettre des scènes sexuelles avec des animaux domestiques, ni des mineurs, ni toucher aux uniformes. La Mondaine, la BSP, la BRP, les douanes, les impôts, la répression des fraudes, je les ai tous côtoyés. C'est inhérent au métier. On se respecte, parfois on peut même s'apprécier. Je préfère avoir affaire avec eux qu'avoir les voyous sur le dos, c'est pour ça que je n'ai jamais touché aux peep-shows.

La presse me nomme le "prince français du sex-business". C'est pour gagner ma vie. Mon vrai métier, c'est de chanter.»

Propos recueillis le 6 mai 2008 auprès de Richard Fahl, au siège social de la société Concorde à Champigny-sur-Marne.

Richard Fahl veille à la bonne marche de ses quatre supermarchés du sexe parisiens. Intérieur de la boutique Concorde 117 bd de l'Hôpital, Paris XIIIe.

CABINET DU PRÉFET

RÉPUBLIQUE FRANÇAISE

PRÉFECTURE DE POLICE

89 10541

PARIS, LE 22 JUIN 1989

LE PREFET DE POLICE

Vu l'arrêté des Consuls du 12 Messidor An VIII,

Vu la loi n° 86-1308 du 29 décembre 1986 portant adaptation du régime administratif et financier de la Ville de Paris,

Vu la loi n° 66-492 du 9 juillet 1966 portant organisation de la Police Nationale,

Vu le décret du 15 février 1969 relatif à l'organisation des services extérieurs de la Police Judiciaire,

Vu l'arrêté du Ministère de l'Intérieur du 25 septembre 1971 constituant la Direction de la Police Judiciaire de la Préfecture de Police en Direction Régionale,

Vu l'arrêté du Préfet de Police du 20 janvier 1988 relatif à l'organisation de la Direction Régionale de la Police Judiciaire de Paris,

Sur proposition du Préfet, Directeur de Cabinet,

ARRETE

Article 1er

La Brigade des Stupéfiants et du Proxénétisme est dissoute.

Article 2

Deux Brigades Centrales sont créées au sein de la Direction Régionale de la Police Judiciaire de Paris :

- la Brigade de Répression du Trafic Illicite des Stupéfiants et de la Toxicomanie

- La Brigade de Répression du Proxénétisme.

Article 3

Le Préfet, Directeur de Cabinet du Préfet de Police et le Directeur Régional de la Police Judiciaire de Paris sont chargés, chacun en ce qui le concerne, de l'exécution du présent arrêté dont les modalités feront l'objet d'une circulaire.

Fait à Paris, le 22 JUIN 1989

Le Préfet de Police,

Imp. ST 28 7-79

La Brigade des stupéfiants et du proxénétisme est scindée en deux brigades distinctes, l'une chargée de la lutte contre le trafic illicite des stupéfiants et de la toxicomanie (la Brigade des stupéfiants), et l'autre de la répression du proxénétisme (BRP).

MARTINE MONTEIL, PREMIÈRE FEMME À LA TÊTE DE LA BRP

Le commissaire principal Martine Monteil dans son bureau de la BRP, 3 rue de Lutèce, au 5e étage.

Le 2 octobre 1989, 3 rue de Lutèce, Paris.

Le commissaire divisionnaire Jean-Pierre Sanguy, patron du 36 quai des Orfèvres, installe, pour la toute première fois, une femme à la tête d'une brigade centrale de la P.J. parisienne. L'affaire est de taille, d'autant que le commissaire principal Martine Monteil prend la direction de la Brigade de répression du proxénétisme. Les journalistes s'emparent de l'événement : «La première femme à la tête de la Mondaine !» ; «Une femme pour diriger la Police des mœurs ! Est-ce bien raisonnable ?» ; «La police n'est plus uniquement un métier d'homme !» ; «Une femme commissaire va dorénavant surveiller la nuit parisienne !»

En acceptant ce poste avec fierté, le commissaire principal Martine Monteil savait pertinemment qu'elle allait susciter des méfiances et des jalousies. Certains attendaient déjà avec le sourire du chat qu'elle se prenne les pieds dans le tapis…

«Je quittais une brigade de jeunes aux stups pour arriver dans une brigade d'anciens à la BRP. Certains policiers étaient en place depuis plus de dix ans, voire quinze ans. Le côté positif, c'est qu'ils connaissaient très bien le Milieu. Ils naviguaient comme des poissons dans l'eau dans le monde de la nuit, des boîtes louches et des proxénètes. Mais, avec le temps, certains avaient pris des habitudes, il a fallu les bousculer. Mon leitmotiv n'a jamais varié, qu'il s'agisse de diriger un commissariat, de faire la chasse aux trafiquants de drogue ou de traquer les proxénètes : l'efficacité. J'ai toujours été obsédée par cette idée. J'ai toujours voulu que la machine tourne à plein rendement.

Quand je suis arrivée à la BRP, le bois de Boulogne était envahi par les travestis ; le bois de Vincennes ne comptait plus ses camionnettes, et les studios de la rue Saint-Denis tournaient jour et nuit. J'ai observé. J'ai pris d'abord du recul pour avoir une juste perception. Puis, rapidement, j'ai été intriguée par les OBM, entendre «outrage aux bonnes mœurs». Dans ce groupe, plusieurs fonctionnaires visionnaient du matin au soir des films pornographiques pour y débusquer les déviances sexuelles prohibées par le législateur (zoophilie, pédophilie, scatologie, urologie, sado masochisme…). Beaucoup de travail pour très peu de condamnations. Juste des amendes. Compte tenu de la très forte rentabilité de leurs entreprises, les producteurs de films payaient leurs amendes sans difficulté et ils continuaient…

Devant un tel état de fait, j'ai demandé au procureur pourquoi les condamnations pour délits d'outrage aux bonnes mœurs étaient si faibles ? Il m'a répondu que, depuis le début des années quatre-vingt, le parquet avait reçu des instructions pour être très tolérant sur le sujet. La situation n'allait donc pas évoluer. Le groupe des OBM allait-il continuer à visionner durant des heures des films et des cassettes vidéo délirants, puis à passer d'autres longues heures à décrire dans les moindres détails les scènes prohibées sur des procès-verbaux en vue de poursuites pénales ?

Le chef de la BRP avec ses hommes. À sa gauche, l'inspecteur divisionnaire Robert Paturel. À sa droite, le commissaire principal Frédéric Dupuch, l'inspecteur principal Gilbert Celma, l'inspecteur divisionnaire Jean-Robert Logeais, l'enquêteur Daniel Salord.

La BRP mène au bois de Vincennes des opérations d'une grande envergure. Les estafettes quittent une à une les allées du Bois pour partir vers les bois de grande banlieue, hors de Paris.

J'ai proposé au procureur d'utiliser les deniers publics à d'autres fins qui me semblaient bien plus utiles. Il n'a émis aucune objection, bien au contraire. J'ai eu son approbation.»

La guerre des estafettes au bois de Vincennes

«C'est ainsi que les policiers du groupe des OBM ont quitté les sex-shops et les salles obscures pour d'autres priorités. Ils sont partis nettoyer le bois de Vincennes et faire la guerre aux estafettes. Le groupe des OBM, transformé en nouveau groupe de «voie publique», a eu pour mission de monter des planques pour identifier les proxénètes qui venaient "relever les compteurs". Certains souteneurs géraient jusqu'à cinq ou six camionnettes. À raison de quarante à cinquante passes par jour et par fille à cinquante francs la passe, multiplié par le nombre de chambres sur roues, on arrivait très vite à des sommes considérables tous les mois pour un seul proxénète. Aujourd'hui cela ferait environ cinquante mille euros. Nos interventions répétées ont fini par porter leurs fruits. La plupart des estafettes ont disparu du bois de Vincennes. Mais quelques mois après, les prostituées africaines proposaient leur charme dans des estafettes stationnées dans les forêts de Seine-et-Marne…»

Un travesti colombien grand habitué du bois de Boulogne. Qu'il pleuve, qu'il neige, il tapine toutes les nuits. Sur lui, son récépissé de perte de papiers d'identité.

Le Brésil au bois de Boulogne

«Au début des années quatre-vingt-dix, le poumon vert de la capitale était littéralement investi par les travestis brésiliens. Avenue de l'Hippodrome, route de la Grande-Cascade, allée de Longchamp, allée de la Reine-Marguerite… le spectacle était au rendez-vous. Certains tour-opérateurs japonais proposaient dans leurs dépliants une visite guidée à leurs clients, avec la possibilité de faire des photos souvenirs…

Porte Dauphine, les exhibitionnistes se pavanaient devant un parterre de voyeurs de plus en plus nombreux… et de plus en plus bruyants. Face à la pression des riverains et au désordre grandissant sur la voie publique, le préfet de police, Pierre Verbrugghe, a décidé de mettre un terme à la présence des travestis brésiliens dans le bois de Boulogne. Lors de la première opération policière de grande envergure, quatre-vingt-dix travestis brésiliens furent interpellés. Une centaine de policiers de la PJ et de la Sécurité publique organisaient le ballet jusqu'à la salle Bertillon au 36 quai des Orfèvres. Sur un air de samba, le rimmel coulait. Au petit matin, la barbe naissante, sous la lumière féroce des néons, l'illusion n'était plus de mise. C'était un tout autre spectacle… Certains refusaient d'être fouillés par des policiers hommes, ils demandaient des femmes. Lors de nos multiples opérations, une nuit, l'un de mes officiers est venu me voir. Il était très ennuyé car le travesti avait une carte d'identité belge falsifiée de femme et il demandait à être fouillé uniquement par une femme. J'ai procédé moi-même à la fouille. Ce travesti, en réalité transsexuel, fut très fier de me montrer son opération. Poitrine opulente et absence de pénis. Il m'a expliqué qu'il (elle) s'était toujours senti(e) femme et m'a raconté sa vie et son parcours.

Fin quatre-vingt-treize, après des mois et des mois d'opérations d'envergure de ramassage, le bois de Boulogne ne résonnait plus au son de la samba. La quiétude était revenue. Lassés de passer d'interminables nuits au poste, bon nombre de Brésiliens ont préféré partir vendre leurs charmes en Belgique.»

La rue Saint-Denis

«Je voulais que l'on règle vraiment les affaires. Les enquêtes s'arrêtaient bien trop souvent à la mère maquerelle qui louait ses studios à des prostituées. Ces femmes de paille récoltaient l'argent pour d'autres mains. À nous de faire tomber les proxénètes, les anciens du grand banditisme. À nous, de surveiller, d'écouter, de filer, de remonter les filières. C'est ce que nous avons fait.»

Une certaine odeur de soufre

«Si certains groupes ont changé de nom, de priorité et d'objectif pour réprimer au mieux le proxénétisme, le groupe des cabarets, lui, semblait intemporel. Depuis les débuts de la Mondaine, ces policiers noctambules avaient pour mission de collecter des renseignements, d'observer les voyous, de jouer les relations publiques de la PJ auprès des rois et des reines du Paris de la nuit. En véritables experts, ils savaient à qui appartenait telle boîte ou tel cabaret, et qui le possédait en sous-main. Ce sont eux qui répondaient aux notes du préfet lorsque les tenanciers demandaient une dérogation spéciale pour rester ouverts entre deux heures et quatre heures du matin. Ce sont eux qui avaient le pouvoir de retirer cette indispensable autorisation au moindre débordement.

Chaque nuit, une équipe de deux policiers faisait sa tournée, conduite par un gardien de la paix en civil qui leur servait de chauffeur et de contact radio avec l'état-major. L'un de mos objectifs était de traquer les bars à hôtesses qui arnaquaient les clients, souvent avec la complicité de taxis rabatteurs.»

La femme de l'année 1990

En 1990, le magazine féminin *Biba* décide de créer un trophée pour récompenser la «femme de l'année» : «Survient ce à quoi, sincèrement, je ne m'attendais pas : je suis élue femme de l'année. Je suis flattée à titre personnel. Je suis fière pour la maison.»

Surnommée la «Dame de fer» et «Madame propre de la BRP», la commissaire divisionnaire Martine Monteil a su ne rien perdre de son élégance, de son panache et de sa féminité en occupant le délicat poste de chef de la BRP.

«Si la Mondaine a souvent souffert d'une image négative, s'il y a trop souvent régné une odeur de soufre autour de ses patrons successifs, soupçonnés de franchir la ligne jaune et de recevoir des enveloppes de tel ou tel tenancier, la Police des mœurs et la société des années 1980 étaient devenues bien différentes de celles des années antérieures.

Être la première femme à la tête d'un service si en vue, si sensible n'a pas engendré pour moi que des difficultés. Bien au contraire, être une femme peut devenir un atout majeur. A priori, une femme ne va pas être attirée par une prostituée. Cela évite bon nombre de dérapages. D'autre part, dans ce milieu à la moralité douteuse, on imagine mal une femme commissaire prendre une enveloppe. C'est donc dans un climat de confiance que l'on me donnait beaucoup de tuyaux, d'informations, et qu'ainsi j'ai pu assainir beaucoup de situations, d'où mon surnom de "Madame Propre".»

Les disparitions du bas de la rue Saint-Denis, vouée à agrandir la zone piétonne des Halles, va entraîner des bouleversements pour les prostituées qui exercent dans ce secteur. Les filles vont soit monter dans la rue, soit quitter le quartier.

En 1989, le Groupe des cabarets a réalisé 3 600 contrôles d'établissements de nuit et traité plus de 1 500 notes.

Pierre Joxe, ministre de l'Intérieur, Jack Lang, ministre de la Culture, Martine Monteil, lors de la cérémonie de l'élection de la femme de l'année.

LES ANNÉES 90 INTERNET ET PROSTITUTION

LE CLANDÉ CHINOIS DU 32e ÉTAGE

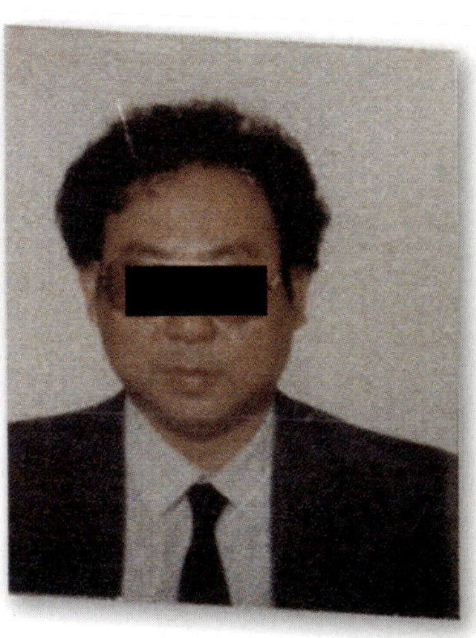

On le surnomme "Pan", il aime faire savoir qu'il est l'un des caïds de Chinatown.

«Boulevard Masséna, en plein cœur du quartier chinois de Paris, au 32e étage d'une tour d'HLM, un appartement de trois pièces servirait à la prostitution. Les clients seraient tous Asiatiques. Pas d'Européens…»

Cette information parvient à l'automne 1990 au groupe des réseaux de la BRP. Un indicateur confirme les faits : «La demi-heure avec Kou Kou ou So Hong coûte 700 F aux clients asiatiques exclusivement. Les étrangers ne sont pas admis. Il n'y a pas d'intrus.»

Deux policiers planquent dans l'escalier de secours de la tour. Le milieu asiatique est très fermé, très difficile à infiltrer. La loi du silence règne. Les règles en usage suivent les schémas de préservation de la communauté, qui a des yeux et des oreilles partout. L'état de suspicion et de veille est permanent, d'autant plus lorsqu'il s'agit de rendre totalement opaque le Milieu, qui fonctionne à partir de la prostitution, de la drogue et des salles de jeu.

Après plusieurs jours de surveillance au 32e étage, les enquêteurs ont recueilli les éléments nécessaires et suffisants pour prouver que l'appartement abrite des créatures exotiques qui offrent «le septième ciel», moyennant finance.

«Quand nous intervenons, commente un des inspecteurs du Groupe des Réseaux, deux jeunes filles asiatiques sont présentes, ainsi qu'un nain bossu. Un couple est en pleins ébats, un autre se rhabille. Les deux clients sont entendus sur place. En revanche, les deux prostituées, deux Malaises de dix-huit et vingt-trois ans, entrées en France avec un visa touristique, et le majordome bossu de quarante-trois ans, sont placés en garde à vue, rue de Lutèce, dans les locaux de la BRP.»

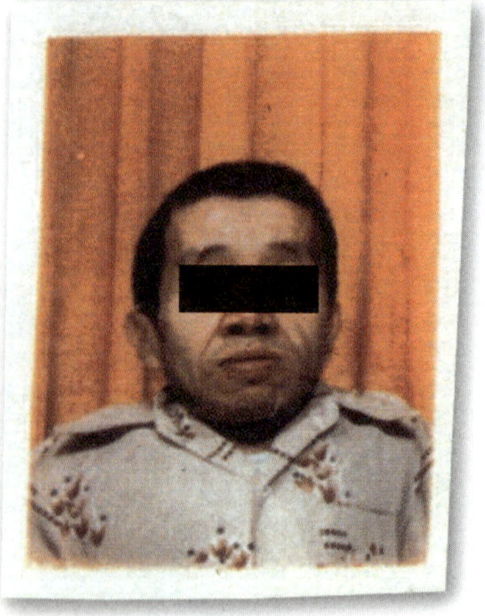

"Le Bossu", le majordome de Pan, Il se déplace toujours arme au poing et ne quitte que rarement ses lunettes noires.

«Pan», est arrêté le soir même, à son domicile, au Bourget. Pan, âgé de trente-huit ans, a la réputation d'un caïd, à Chinatown. Gérant de deux salles de jeu, l'une rue Civiale dans le 10e, l'autre boulevard Masséna dans le 13e, l'homme, qui se prend déjà pour un mandarin, ne se laisse approcher que par des initiés, triés sur le volet. Il marche le ventre en avant, en poussant ses pieds devant lui, sans jamais les décoller du sol. Inquiétant, il glisse comme une ombre, épiant tout. Ceux qui le connaissent disent qu'«il est capable dans une salle de jeu d'entendre battre le cœur des joueurs dans leur poitrine et de ressentir leurs propres angoisses...»

Dans l'appartement de Pan, au Bourget, sont présents deux hommes de main, deux Malais, vingt-trois ans et trente et un ans, plus habitués au port des lunettes noires et des armes de poing qu'aux menottes. Lors de la perquisition, 300 000 F en grosses coupures sont saisis ainsi qu'une belle collection d'armes à feu avec leurs munitions : revolver 11,43 mm, pistolet 7,65 mm, Luger 9 mm et un 6,35.

«Rien à dire.» «Rien à dire...» Lors de sa garde à vue, Pan refuse de répondre à toutes les questions. Pas la moindre réponse sur les activités qu'il occupe dans le 13e, ni dans le 10e. Lui, l'«humble réfugié politique», arrivé en France il y a quinze ans, n'a aucune activité professionnelle. «Pour vivre, je m'arrange...»

Pourquoi alors se déplace-t-il dans la rue toujours accompagné par deux ou trois gorilles armés et champions de boxe thaïlandaise ? De quoi a-t-il peur ? De qui ? Rue Civiale, une salle d'entraînement équipée de tatamis et de

À la suite de la perquisition dans l'appartement de Pan au Bourget, 300 000 francs ont été saisis ainsi que de nombreuses armes de poing avec leurs munitions, par la BRP.

sacs de sable est aménagée au sous-sol du club de jeu. À quoi joue-t-on ?

L'enquête menée pendant plusieurs semaines par les hommes de la commissaire principale Martine Monteil, alors chef de la BRP, révèle que «ces quatre Asiatiques, le chef du Milieu, Pan, son majordome, "le Bossu", et les deux Malais, qui surveillent armes au poing des prostituées et également les gardes du corps de l'organisation, sont liés au grand banditisme.»

Le tarif était 700 F la demi-heure, six à dix passes par jour et par fille. Le bossu prélevait 250 F pour lui. La même somme était envoyée en Malaisie pour le complice qui exportait les jeunes Malaises. Elles, recevaient 200 F.

Elles ne sortaient pas de l'appartement pendant deux mois, la durée du visa touristique, puis elles étaient envoyées par le réseau monté par Pan à Londres, Barcelone, Amsterdam, une tournée européenne entre quatre murs…

Ce fut une grande première pour la BRP que d'avoir «réussi à briser la loi du silence qui règne sur Chinatown».

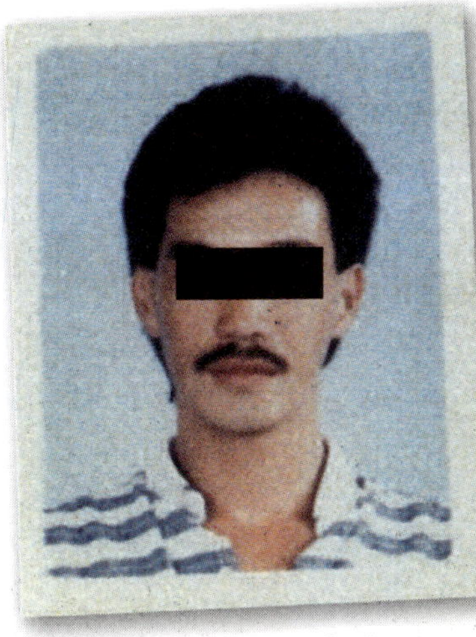

L'un des deux Malais, garde du corps et homme de main de Pan.

LE BON GARDIEN DU TEMPLE

René T., trente-trois ans, était depuis 1982 le gardien en titre de l'église luthérienne Notre-Dame-du-Bon-Secours, rue Titon dans le 11e arrondissement.

Il vivait avec sa femme et sa petite fille au fond de la cour, près de l'église, dans une loge.

Pour le pasteur Viot, ce «bon gardien du temple» était un garçon aimable, généreux. «Cet homme m'a été présenté par un membre du conseil presbytéral, confirme le pasteur Viot. Je n'ai jamais eu le moindre souci avec lui. Ce n'est vraiment pas un type méchant.»

Après une enquête préliminaire, les policiers, qui avaient été alertés par un informateur que de nombreux hommes venaient se confesser plusieurs fois par semaine, ont fini par interpeller René T. pour proxénétisme.

Le pasteur fut totalement sidéré d'apprendre par un commandant de police que cet homme ait pu faire travailler deux prostituées, deux relations amicales, dans un petit local appartenant à la paroisse, à quelques mètres de l'église.

Ce jour-là, au moment où le pasteur célébrait une cérémonie d'enterrement, les deux prostituées recevaient avec ferveur leurs clients.

LIBÉRATION.

Profanation et messe noire

Onze tombes, dont celle de la famille Médecin, ont été profanées dans la nuit de jeudi à vendredi dans le cimetière catholique de Gairaut, sur une colline niçoise, où les policiers ont retrouvé des traces de messe noire. Sur la pierre tombale de Jean Médecin, le père de Jacques Médecin, maire de Nice de 1928 à 1965, des inscriptions cabalistiques ont été écrites au charbon de bois.

Pas bigotes, mais toujours fourrées à l'église

Dans le civil, René T[redacted] C[redacted], 33 ans, est le gardien d'une église luthérienne du XIe arrondissement de Paris. Il est surtout soupçonné d'avoir fait travailler deux prostituées de ses amies, dans un petit local jouxtant l'édifice religieux. Les policiers de la Brigade de répression du proxénétisme l'ont interpellé après avoir surpris des clients sortant de la pièce attenante, alors qu'au même moment avait lieu un enterrement dans l'église.

Libération, *20 juin 1991.*

Les passes étaient-elles plus dynamiques quand elles étaient rythmées au son du carillon des cloches ? Pour certains, le goût du blasphème est une source d'excitation et de fantasme…

Le gardien du temple faisait travailler les filles de joie !

es policiers viennent d'interpeller le gardien de église luthérienne Bon-Secours, soupçonné 'être un proxénète. Le Pasteur est atterré...

« JE suis consterné... » Le Pasteur de l'Eglise Luthérienne Notre-Dame de Bon-Secours (XIe), M. Viot, n'en revient pas. Les policiers viennent de lui apprendre l'interpellation du gardien de l'église. René T. Les hommes de la igade de Répression du Proxénétisme (B.R.P.) lui ont mis la dessus après avoir surpris des « clients » sortant du local jouxtant l'église, rue Titon, dans les bras de prostituées ! Et ce, alors qu'avait lieu au même moment la cérémonie d'un enterrement dans l'église ! René T. est soupçonné d'avoir fait travailler deux prostituées dans ce local appartenant à la paroisse, officiellement réservé à des photographes amateurs. D'après les premiers éléments de l'enquête, les deux prostituées reversaient au gardien la moitié du produit de leurs passes...

René T. était gardien de l'église Bon-Secours depuis 1982. « Il m'avait été présenté par un membre du Conseil Présbytéral, raconte le Pasteur Viot. On n'a jamais eu le moindre problème avec lui. Il vivait avec sa femme et sa petite fille dans la loge de l'église, au fond de la cour... Ce n'était vraiment pas un type méchant. Par exemple, il venait en aide à un de ses cousins simple d'esprit... ».

Incontestablement, il était difficile d'imaginer que le bon « gardien du Temple » fasse travailler des filles de joie. « Il me disait qu'en dehors de son poste de gardien, sa principale activité était dans l'import-export » (sic). Agé de trente-trois ans, René T., déjà connu des services de police pour une petite escroquerie, a été déféré au Parquet de Paris.

Fabrice Lhomme

Le Parisien Libéré, *juin 1991.*

Exceptionnellement, Madame Claude, accepte d'apparaître à visage découvert.

MADAME CLAUDE, LE RETOUR

Fernande Grudet naît le 6 juillet 1928 à Angers. Ses parents, qui souhaitent lui donner une éducation parfaite, rigoureuse, la confient dès l'âge de cinq ans aux sœurs visitandines. Au couvent, la jeune enfant apprend les préceptes de cet ordre contemplatif : «Le cœur bien déchaussé et bien nu des affections terrestres, le dépouillement et une parfaite obéissance, indispensable pour accéder à un chemin de perfection.»

Mais durant la guerre, le père de Fernande meurt, elle doit subvenir aux besoins de sa mère qui ne travaille pas. Elle n'a que dix-huit ans. L'urgence est de trouver de l'argent à tout prix. Elle commence par vendre des bibles, mais cela ne rapporte pas gros. Elle multiplie alors les petits métiers, sans grande conviction. Elle finit pas analyser froidement la situation : il n'y a que deux activités rémunératrices, «le sexe et la bouffe».

Côté cuisine, elle ne sait faire qu'un plat : le navarin aux pommes. C'est trop limité pour bien vivre ! Le choix se fait donc de lui-même. Compte tenu de la conjoncture économique, elle ferme les yeux sur ses scrupules moraux… Elle a besoin d'argent.

En 1957, elle décide de monter avec rigueur sa petite entreprise de galanterie pour une clientèle de haut de gamme triée sur le volet. L'élite. Fernande Grudet n'existe plus. Sauf pour l'état civil. Elle est devenue Madame Claude, la grande prêtresse de la galanterie française, avec son propre réseau de call-girls de luxe.

Sa technique est très étudiée : très peu de rencontres dans son salon, rue de Boulainvilliers, dans le XVIe arrondissement à Paris, mais essentiellement des rendez-vous à l'extérieur, pris au téléphone.

Une nouvelle formule innovatrice et hardie, qui connaît vite un succès qui croît exponentiellement, «en dépit ou à cause, confie-t-elle, des prix élevés que je pratique».

La réputation des «filles» de Madame Claude dépasse rapidement les frontières de l'Hexagone. Elle a une méthode bien à elle pour former les impétrantes : rigueur, discipline, professionnalisme.

«Ce sont les principes que m'ont inculqués les bonnes sœurs. Je les ai transmis à mon tour à mes jeunes amies, pour leur plus grand profit.» Son obsession : Satisfaire, sans jamais défaillir, une clientèle de grand standing : chefs d'État, diplomates, hommes politiques et financiers.

Le recrutement est rigoureux : «J'en voyais à peu près une centaine pour en garder une. Elles venaient du monde entier, par grappes. Ma difficulté était de faire comprendre à une jeune femme qui se présentait avec toutes ses illusions qu'elle n'était pas tout à fait ce que je cherchais.»

Jolies, très jolies, de grande beauté, élégantes, intelligentes, bien élevées, les jeunes prétendantes subissaient un terrible examen de passage portant non seulement sur leurs qualités physiques et morphologiques, mais aussi sur leurs connaissances en histoire, géographie, sciences naturelles… «Elles ont comme obligation de lire *Historia*, la presse quotidienne, d'être informées de l'actualité et de parler une ou deux langues étrangères. En fait, chaque fille devait remplir trois critères : le physique, l'intelligence et le comportement au lit. Avec deux facteurs sur trois, elle pouvait encore réussir. Avec un seul critère, elle ne pouvait pas espérer faire carrière chez moi.»

Fernande Grudet à la sortie de l'hôtel Crillon, le 10 mars 1992, à 15h45.

Paris, rue Saint-Gilles.

Bénéficiant de relations privilégiées et de hautes protections – du grand banditisme à l'administration policière –, Madame Claude déclare au journaliste Pierre Rey, pour le magazine *Lui* (septembre 1981), qu'elle a «mené sa coupable industrie avec la bénédiction de l'État, jusqu'à ce que le fisc la poursuive. J'ai exercé de façon bourgeoise un métier jusqu'alors réservé aux putes. J'ai rendu le vice joli. Mais le juge Bruguière n'était pas une relation particulièrement amicale».

Madame Claude s'est alors sentie «prise entre deux feux» : payer ses impôts, qu'elle estimait ne pas devoir, ou purger une peine de prison. Elle a choisi de partir en Amérique. «Dès mon arrivée, en juin 1977, j'ai ouvert des pâtisseries. Ça n'a pas du tout marché. Il faut croire que vraiment je ne suis pas douée pour le baba... Puis, j'ai financé une galerie de peinture... Le bide.» Persuadée qu'il y a prescription en ce qui concerne ses ennuis fiscaux, Madame Claude revient en France. Derechef, elle lance un nouveau réseau de call-girls.

Son absence physique n'a en rien diminué son image quasi mythique de grande ordonnatrice de plaisirs et de voluptés. Bien au contraire, sa vie a inspiré scénaristes et producteurs. En 1977, Just Jaeckin réalise le film *Madame Claude*. En 1981, François Mimet porte à l'écran *Madame Claude 2*, avec Alexandra Stewart dans le rôle-titre.

Madame Claude, icône du plaisir tarifé, se pense invulnérable. En 1986, seul le fisc, qui ne la lâche pas et la poursuit pour fraude fiscale à hauteur de 17 millions de francs, aura raison de son opiniâtreté.

Pour fêter le réveillon du 31 décembre 1985, Madame Claude a réuni dans sa maison de Carjac, dans le Lot, quelques-uns de ses amis proches, dont l'écrivain Françoise Sagan. La fête tourne court : les gendarmes l'interrompent brusquement. Ils viennent chercher Fernande Grudet, dans le cadre de l'exécution d'une contrainte par corps. Direction la prison de Cahors.

Après avoir passé plusieurs mois derrière les barreaux, Madame Claude, qui estime «n'avoir que trop purgé sa dette», redynamise son réseau, elle recrute des danseuses, des ex-mannequins. Toujours avec la plus grande discrétion. Très rapidement, une vingtaine de nouvelles filles sont sélectionnées. Elle prend 25 % sur les rendez-vous qu'elle organise elle-même (de 5 000 à 7 000 francs). Le réseau retrouve de son panache et de sa prestance. Mais Madame Claude ne peut empêcher les jalousies, les amertumes...

MADAME CLAUDE reprend du service

A 70 ans passés, Madame Claude, la célèbre patronne des réseaux de call-girls haut-de-gamme dans les années soixante-dix, reprend du service.

« Tombée » pour fraude fiscale sous Valéry Giscard d'Estaing, la taulière au plus beau carnet d'adresses d'Europe recrute depuis peu dans le petit milieu des films X. Objectif : engager des créatures de rêve afin de remonter une agence prestigieuse de « filles d'accompagnement ». Mais cette fois, Madame Claude, après une longue traversée du désert, ne risque pas d'ennuis avec la justice et le fisc. La célèbre maquerelle aurait reçu le feu vert officieux de quelques émissaires travaillant pour le ministère des Affaires étrangères.

En effet, depuis le sommet des pays africains de la Baule en mai 1990, ces discrets entremetteurs se sont aperçus qu'il n'y avait plus assez de call-girls dignes de ce nom pour « accueillir » les ministres étrangers en visite officielle en France. L'inquiétante propagation du sida et le récent démantèlement de réseaux de prostituées de luxe par la police n'ont rien arrangé à cette pénurie de jeunes femmes « sûres », recommandables en haut lieu, et capables d'agrémenter nombre de cérémonies protocolaires.

Avis aux candidates, sachant qu'un physique proche de la perfection et qu'une excellente éducation sont exigés comme élémentaires critères de recrutement pour accompagner dignement les personnalités. Et plus si affinités ?

L'IMPERTINENT N° 6 PAGE 7

n°7 - 16/1/92

Un tête-à-tête entre femmes

Parmi les multiples affaires traitées par la patronne de la BRP, entre le 2 octobre 1989 et le 3 août 1994, l'audition de Fernande Grudet reste pour Martine Monteil un moment très intense. «Lorsque mon groupe des réseaux interpelle Fernande Grudet à son domicile, 11 rue Saint-Gilles, je suis dans mon bureau, d'où je contrôle la situation. J'avais caché son interpellation jusqu'au dernier moment. Il y avait juste le groupe et deux patrons qui étaient au courant. J'ai sensibilisé mon sous-directeur PJ la veille. Autrement, très certainement, il m'aurait demandé une note, qui aurait pu être vue. Ça aurait pu "fuiter" auprès d'un journaliste... Le tout dernier moment. La "meilleure maquerelle du siècle" n'était jamais tombée pénalement. Elle était très intelligente. La clandestinité lui convenait très bien. Quand elle a été ramenée au service, rue de Lutèce, elle s'est comportée en maîtresse femme. Elle avait soixante-dix ans. Elle rembarrait tout le monde et se montrait agressive. Tout en la respectant, nous avons dû élever le ton. Elle a rapidement compris que nous avions des atouts. Je l'ai laissée entre les mains du chef de groupe, Claude Paul, avant de la rencontrer en tête à tête.

"Vous êtes une dame d'un certain âge. Vous ne découvrez pas la vie. Vous êtes intelligente. Vous comprenez bien que si vous êtes là, ce

Elle est sûre que la police l'a oubliée depuis longtemps. Or, fin 1991, dans les locaux de la BRP, une fille qui espérait vivement entrer dans le célèbre réseau et n'a pas été retenue lors du casting s'est mise à parler. À rompre le silence. Le commissaire divisionnaire Martine Monteil, alors patronne de la BRP, demande à son équipe des réseaux la discrétion la plus absolue. L'enquête démarre.

Les enquêteurs se rendent vite compte que l'exploitation du réseau repose exclusivement sur l'utilisation de deux lignes de téléphone. Elles sont attribuées à M. Jean A., domicilié dans le IIIe arrondissement. Une discrète enquête de voisinage permet aux policiers de localiser l'appartement dans un immeuble bourgeois, au premier étage, escalier B, porte gauche. Ils remarquent qu'une boîte aux lettres est au nom d'A.-Cook. Dans les jours qui suivent, les surveillances exercées aux abords révèlent que de nombreuses jeunes femmes sont reçues quotidiennement dans cet appartement. Compte tenu des précautions prises par les exploitants du réseau et de leur discrétion, les policiers se heurtent à beaucoup de difficultés pour établir les liens entre tous les protagonistes : proxénètes, call-girls, clients.

Afin de poursuivre leurs investigations dans un cadre juridique différent, le juge d'instruction, Chantal Perdrix, délivre à la BRP une commission rogatoire. Les deux lignes de téléphone sont alors placées sous surveillance. Les écoutes permettent d'établir que Madame Claude communique plusieurs fois par jour avec ses protégées. Elle s'enquiert de leur état de beauté, leur donne des conseils pour leur coiffure, leur maquillage, leur garde-robe, leurs sous-vêtements... Tout, absolument tout, pour qu'elles soient au sommet de leur séduction. Chaque fille est coachée par Madame Claude elle-même, qui veille avec autorité et rigueur. Un client ne doit jamais, jamais être déçu. Avant chaque rendez-vous, Madame Claude vérifie avec la fille sa check-list personnalisée. Elle passe en revue tout ce qui pour elle est indispensable : manucure, pédicure, maquillage, esthéticienne, coiffeur...

Les 4, 15 et 16 mars 1992, les policiers établissent qu'à l'issue des rendez-vous galants avec les clients les filles passent au domicile de Madame Claude, rue Saint-Gilles, afin de lui déposer 25 % de leurs revenus.

«Par les écoutes, se souvient un inspecteur du groupe des réseaux, nous sommes informés qu'une jeune femme, très recommandée par une fille du réseau, doit venir présenter sa candidature à Madame Claude le 16 mars à quinze heures, rue Saint-Gilles. Un quart d'heure avant l'heure dite, nous avons vu arriver une jeune femme blonde, cheveux courts, d'une vingtaine d'années. Elle est passée devant l'immeuble, est revenue sur ses pas, a hésité avant d'entrer. Puis, Madame Claude lui a ouvert et l'a accueillie : "Bonjour, vous êtes Isabelle ? Entrez." Alors, seules quelques bribes de conversation nous sont parvenues. Nous avons pu entendre en tendant l'oreille Madame Claude dire à la jeune novice qu'il fallait qu'elle perde cinq kilos et qu'elle prenne rendez-vous avec un chirurgien esthétique pour ses seins et ses cuisses. Elle lui a remis des pilules à prendre tous les matins et l'a longuement interrogée sur ses motivations et ses connaissances...

À dix-sept heures, nous avons pénétré dans l'appartement. Nous nous sommes retrouvés en présence des deux femmes : Madame Claude, vêtue d'un jogging gris, et la jeune Sylvie P. Nous les avons placées en garde à vue. La perquisition de l'appartement a commencé en présence de Mme Fernande Grudet.

Nous avons découvert un répertoire alphabétique comprenant tous les noms et les prénoms de ses filles, deux carnets de rendez-vous mentionnant avec précision les noms des hôtels, les horaires des rendez-vous, les noms des filles et ceux des clients, deux autres cahiers avec des examens sérologiques et cytobactériologiques de la majorité des filles, ainsi que de très nombreux dossiers de transactions financières, d'attestations de biens immobiliers, de relevés d'identité bancaire, et une liasse de billets de cinq cents francs. D'autre part, sur réquisition, la Compagnie financière Edmond de Rothschild nous a informés qu'il existait un compte bancaire au nom de Thierry C., domicilié à Beverly Hills, et un coffre au même nom, avec une procuration pour le coffre et le compte au nom de Mme Fernande Grudet Cook.

Le groupe des réseaux a continué l'exécution de la commission rogatoire, en interpellant à leurs domiciles six call-girls directement intéressées par l'enquête. Chaque call-girl a révélé aux inspecteurs les conditions que Madame Claude leur imposait lors du casting.

À chacune elle trouvait un défaut physique qu'il fallait corriger, et pour ce faire, Madame Claude faisait appel à un ami très proche, chirurgien esthétique. Elle accompagnait chaque fille dans le cabinet de ce chirurgien, dans le XVIe. Krystyna : «Madame Claude a discuté avec lui devant moi pour mon opération du nez. Je pense qu'ils s'arrangeaient entre eux. J'ai payé 20 000 F en liquide pour mon opération. Et mes premiers rendez-vous n'ont servi qu'à rembourser cette dette.»

Gaby, née en 1968 à Paris, déclare : «Je suis comédienne, je travaille à la télévision, j'ai été présentée à Madame Claude par une amie lesbienne de rencontre. J'ai des difficultés financières en ce moment. Je n'ai pas fait le rapprochement entre cette dame Claude et la célèbre Madame Claude. C'est vous qui m'apprenez qu'il s'agit de la même personne. Cette dame m'a demandé de me déshabiller, et tout d'abord elle a trouvé que j'avais des cuisses trop grosses et que mes seins n'étaient pas assez beaux. Elle m'a alors expliqué que je devais dans un premier temps me faire examiner par un de ses amis chirurgien plasticien. Pour le paiement des opérations, je lui ai dit que je n'avais pas d'argent. Elle m'a dit qu'on pouvait s'arranger avec lui et le payer à tempérament. Elle m'a dit de me mettre au régime, de perdre cinq kilos et m'a donné des comprimés Ephynal du laboratoire Roche ; elle m'a dit d'en prendre deux tous les matins afin d'avoir une meilleure peau.»

Une autre jeune femme, Sabrina : «Il est exact que je connais la surnommée Claude, Madame Claude. Je ne sais pas s'il s'agit de son prénom ou de son patronyme. En avril 1991, j'avais rompu avec un prince charmant, je menais une existence solitaire sentimentalement et surtout financièrement. Alors que je me trouvais dans un café de Saint-Germain, une accorte dame d'un certain âge, d'une réelle prestance et d'une grande élégance, m'a abordée de

n'est pas par hasard. Il va falloir être raisonnable. Vous devez admettre les faits révélés par notre enquête. Nier en bloc ne servira strictement à rien, et personne ne viendra à votre secours..." Le courant est passé. Elle a admis des éléments retenus contre elle. Elle m'a demandé l'autorisation d'aller se changer chez elle. J'ai accepté. Le lendemain, elle a demandé à me voir pour me parler. Elle s'est mise à nous raconter sa vie entre deux parts de pizza. "Vous savez, mes prostituées ne font pas des passes, mais l'amour. Je n'ai jamais voulu vendre du sexe. Moi, ce que j'ai offert, c'est du rêve avec de magnifiques créatures. Il y a un mot que j'ai toujours exécré, le mot passe. Certaines sont devenues des vedettes du grand écran ou ont fait de très beaux mariages. Et tout ça, grâce à moi !" Très fine psychologue, "Sainte Madame Claude" était dotée d'un redoutable talent de persuasion. Elle piégeait ses filles, les envoyait chez le chirurgien esthétique pour leur bien. Pour la première fois de sa vie, Madame Claude sera accusée de proxénétisme aggravé et incarcérée quelques mois à la prison de Fleury-Mérogis. Cette affaire fera la une de l'actualité, tandis que ma hiérarchie me reprochera de ne l'avoir informée de notre enquête que la veille de l'arrestation.» À sa sortie de prison, Fernande Grudet se laissera très facilement approcher par les médias. Au cours d'une interview, elle rendra hommage à celle qui avait réussi à l'expédier derrière les barreaux : «C'est quelqu'un de bien, et pour que je dise ça d'un poulet, moi, il en faut.»

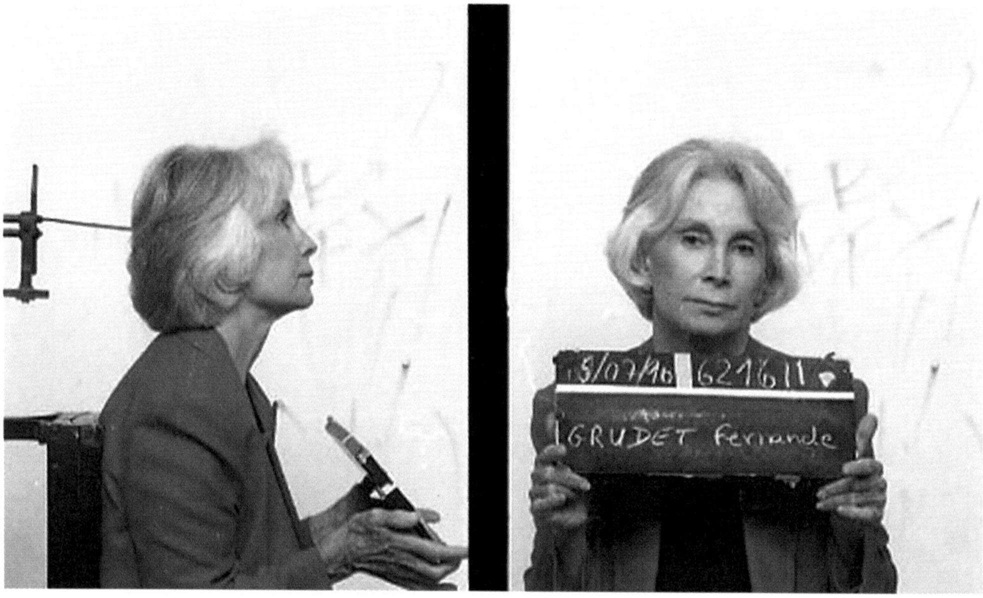

façon impromptue. Dans ce bar, elle m'a abreuvée de compliments, de flatteries diverses sur mon physique, ma poitrine, mon éloquence. Bien sûr, je lui ai fait part de mon impécuniosité. Sans ambages, dans ce café, cette dame s'est mise à table et m'a avoué être la fameuse Madame Claude. Sans tourner autour du pot, elle m'a affirmée être une proxénète évoluant dans la haute société. Elle m'a proposée de rencontrer des hommes riches… »

Les six filles auditionnées ont confirmé des opérations esthétiques effectuées par le chirurgien. Toutes ont payé en liquide.

Poursuivant sa déposition, l'une des filles déclare sous serment : «Madame Claude avait prévu une soirée à plusieurs, quatre filles quatre hommes. J'y suis allée avec trois consœurs. La soirée s'est mal passée, car les hommes ont sorti de la cocaïne, ils en ont mis sur leur sexe et ils voulaient qu'on aille les sucer. J'ai refusé : le client m'a mise à la porte avec 1 000 F. Les autres sont restées. J'ai appelé Madame Claude en pleurs en rentrant à la maison. Elle m'a dit que j'aurais dû céder à leurs exigences, que le client est roi. Elle m'a véritablement engueulée. Je pensais qu'elle ne me rappellerait plus. Une semaine plus tard, elle m'a demandé d'aller chez le coiffeur, d'être impeccable pour un client particulier.»

Lors de sa garde à vue, les 16 et 17 mars 1992, Fernande Grudet déclare n'être propriétaire d'aucun bien immobilier et de ne posséder aucun titre, ni obligation. Étant frappée d'interdiction bancaire, elle n'a, de fait, pas de compte en banque.

Sur ses ressources, Madame Claude garde un silence absolu : «Je n'ai rien à dire à ce sujet et je m'en expliquerai devant le juge en présence de mon avocat.»

La célèbre Madame Claude a été condamnée à six mois de prison ferme, trente mois avec sursis et un million de francs d'amende pour proxénétisme aggravé.

Elle fit appel. Le verdict tomba le 4 février 1993. La 10ᵉ chambre de la cour d'appel de Paris confirma la condamnation contre Fernande Grudet, dite Madame Claude, à trois ans d'emprisonnement dont trente mois avec sursis, à cinq ans d'interdiction de séjour et autant de privation des droits civiques. La peine d'amende fut ramenée d'un million à 600 000 francs…

LE COMMISSAIRE YVES CASTANO, PATRON DE LA BRP DE 1994 À 2000

Resté près de six ans à la tête de la Brigade de répression du Proxénétisme, le commissaire divisionnaire Yves Castano a connu différentes évolutions, ce qui a nécessité quelques modifications dans l'organisation, tant de son service que du travail de ses collaborateurs. S'étant vu confié en 1995 une nouvelle attribution, la répression des jeux clandestins, exercée antérieurement par une section de la Direction des renseignements généraux de la préfecture de police, il a, sans renfort de personnel (son effectif global ayant d'ailleurs régulièrement baissé et étant passé de quarante-huit en 1994 à trente-cinq en 1999), créé avec des fonctionnaires issus du groupe dit des souteneurs, dissous en raisons de ses faibles résultats, un nouveau groupe qui, après une formation sur le tas, se montrait très rapidement performant grâce à une grande disponibilité et beaucoup de dynamisme.

«Durant cette période, la BRP a dû également s'adapter, pour la réalisation d'affaires d'initiative, aux changements du nouveau Code pénal de 1994, par exemple la disparition du délit d'outrage aux bonnes mœurs qui n'a pas facilité la répression de certains excès dans le domaine de la pornographie, ou encore la suppression de la cohabitation comme élément constitutif d'une forme de proxénétisme. La disparition du racolage passif a rendu plus difficile le contrôle et l'évaluation précise de la prostitution de voie publique, laquelle a continué à lentement évoluer, avec une baisse de la fréquentation du centre de la capitale et notamment de la rue Saint-Denis, au profit des boulevards extérieurs, où était constatée la présence en augmentation d'étrangères et de toxicomanes. Par ailleurs, il était noté le développement d'une prostitution plus discrète avec recherche de clients, au-delà des établissements spécialisés, dans les bars à hôtesses et salons de massages, en particulier par le biais de petites annonces. En 1997-1998 arrivaient sur les trottoirs parisiens de jeunes prostituées originaires des Balkans, Albanaises et Bulgares, sous la coupe de proxénètes de mêmes nationalités, très violents, dont un grand nombre étaient interpellées par la Brigade et faisaient l'objet de procédures pour proxénétisme aggravé.

Le groupe des cabarets de la BRP, chargé du contrôle des établissements de nuit de Paris a observé, dès 1995, une certaine morosité liée à la désaffection de la clientèle traditionnelle ainsi que des touristes, remplacée par des groupes de jeunes pas toujours faciles à gérer. C'est durant cette année que sont apparus les «afters». Certains établissements, dans un créneau horaire allant de six heures à douze heures, se sont spécialisés dans l'accueil d'une clientèle interlope de noctambules, souvent grands consommateurs d'alcool et de produits stupéfiants, et auteurs d'incidents divers. La pression exercée sur les gérants les a contraints à abandonner cette formule qui comportait beaucoup de risques de dérapages aux conséquences graves.

Le commissaire divisionnaire Yves Castano, chef de la BRP, dans son bureau, au 3 rue de Lutèce.

En 1998, la tendance est à la création de bars «branchés» accueillant une clientèle désirant se détendre dans un cadre plus reposant que celui des discothèques traditionnelles. Ces établissements d'un nouveau type, ne posant aucun problème d'ordre public, se multiplieront dans certains quartiers les années suivantes.

Venant de la 3e division de police judiciaire et avant de prendre la direction de la Brigade de répression du banditisme, le passage par la BRP, service sensible aux missions variées, aura été une expérience intéressante et enrichissante dans ma carrière de policier. Sans revenir sur les belles affaires d'initiative réalisées, déjà évoquées, la BRP m'aura permis d'avoir une certaine approche d'un milieu mal connu ou marginal.»

Yves Castano

DU BON USAGE DU PLASTIQUE POUR CONTOURNER LA LOI

« Avant 1994, commente un ancien enquêteur des OBM, les livres interdits par la loi du 16 juillet 1949 sur les publications destinées à la jeunesse pouvaient, en l'absence d'exposition en vitrine ouvrant sur l'extérieur, être mis en vente dans des magasins dits "sex-shops" ouverts à une clientèle exclusivement majeure. Dans ce cas l'emballage plastique, qui constituait une parade hypocrite pour empêcher les mineurs d'ouvrir les livres qui leur étaient interdits, était totalement sans intérêt.

En ce qui concerne les librairies et les kiosques, le barrage se faisait en amont. Les distributeurs ne prenaient pas le risque de diffuser ce type de publication.

Seuls certains kiosques acceptaient de traiter directement avec des éditeurs spécialisés en pornographie. Ils vendaient les mêmes produits que ceux des sex-shops, mais ils risquaient la saisie. Une plainte, une dénonciation, une visite de routine du groupe des OBM, avant que la garde à vue puis la saisie ne viennent parachever l'histoire.

Certains kiosques étaient récidivistes de manière chronique. Après chaque saisie, ils replongeaient. Ils recommençaient à acheter. Ils recommençaient à revendre.

En 1994, apparaît une nouvelle donne. Le Code pénal change. L'article 283 (outrage aux bonnes mœurs) disparaît. Il est remplacé par l'article 227-4 (atteintes à la dignité humaine).

Dès lors, de gros malins réfléchissent au moyen de détourner la nouvelle loi, qui stipule : "La fabrication et la diffusion de messages à caractère pornographique ne sont punissables que lorsque ces messages sont susceptibles d'être vus ou perçus par un mineur." La parade consiste à mettre les ouvrages sous plastique, ainsi le mineur ne

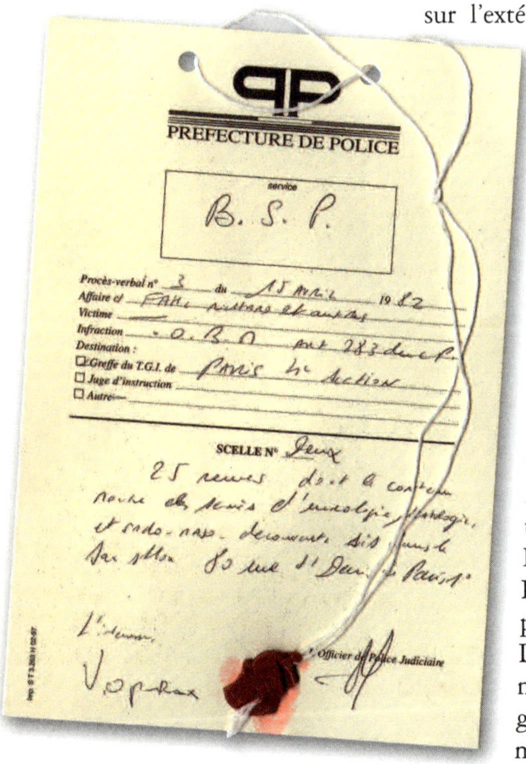

Revues saisies dans un sex-shop de la rue Saint-Denis par le groupe des OBM, le 15 avril 1982, pour infraction à l'article 283 du Code pénal.

pourra pas les ouvrir. Il ne pourra donc pas être choqué ni perturbé par leur contenu. La couverture doit rester neutre.

Les éditeurs de revues pornographiques qui, avant 1994, ne pouvaient pas passer par des diffuseurs type NMPP (Nouvelles messageries de la presse et du livre), peuvent dorénavant le faire, car il leur suffit de mettre toute la production sous plastique, et le tour est joué.

La quantité d'ouvrages pornographiques s'est de la sorte considérablement accrue. Elle a atteint un tel excès que les kiosques ont mené dans les années 1995-1996 une véritable fronde pour dénoncer et limiter le débordement du porno.

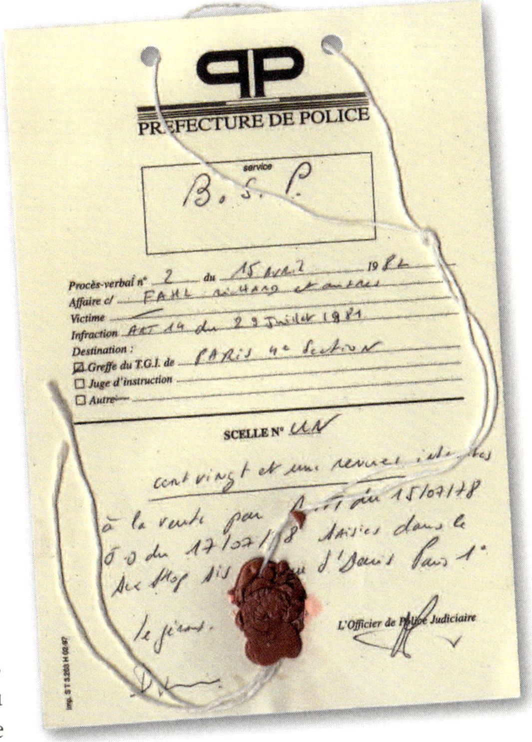

Certains n'avaient plus de place pour les périodiques et les hebdos… Ils étaient totalement saturés par la vague du porno sous plastique ! Une société de Perpignan, fut l'une des premières à les submerger.

Son PDG a été mis en garde à vue de nombreuses fois, les caractères d'imprimerie ont été saisis.

La dernière intervention de saisie de la BRP remonte en 1994, pour le journal sadomaso *Demonia*.

Avec le changement du Code pénal et la dépénalisation des outrages aux bonnes mœurs, le groupe des OBM est devenu une simple cellule de contrôle au sein du groupe de contrôle de la pornographie. De six fonctionnaires à l'époque, l'effectif a été réduit à deux fonctionnaires chargés de surveiller les sex-shops, les peep-shows et le début d'Internet.

De la rue, on est passé à l'écran, au virtuel, aux sites Internet. L'évolution des mœurs suit l'innovation technologique.

Nous avons constaté que beaucoup de sites français proposaient des cassettes vidéo, des films et des revues sans aucune protection pour les mineurs. Pour les besoins de la cause, je me suis glissé dans la peau d'un mineur. Plusieurs sites à caractère pornographique m'ont proposé des cassettes X sadomaso…

Sur ces sites, à la première page, il est proposé : "Taper oui, si vous êtes majeur. Non, si vous êtes mineur." Un simple clic, et hop le môme ou le jeune ado devient majeur, et il entre sur le site. Dans la majorité des cas, les extraits de films, les visuels de jaquettes de livres présentaient des scènes violentes, de porno hard (urologie, scatologie, zoophilie…).

Très vite, le service a pris langue avec le parquet pour explorer cette nouvelle situation. Le procureur nous a dit de viser ce qui nous paraissait le plus violent pour un mineur : tout ce qui touchait à l'avilissement de l'être humain. La pornographie classique était tolérée.

La BRP a diligenté plusieurs affaires de ce type dans la région parisienne. Les nombreuses descentes de la brigade avec saisie d'ordinateurs dans les sociétés, gardes à vue des responsables et condamnations à la clé ont mis un sérieux frein dans les sites et les moteurs de recherches.

Tel un miroir de la société, avec ses vices et ses vertus, la police des mœurs en charge de faire respecter la loi se doit de respecter une certaine liberté, tout en rejetant les dépassements.»

Les patrons et gérants des sex-shops sont très habitués à la visite – plus ou moins inattendue - des enquêteurs de la BRP. Le bruit circule très vite d'un sex-shop à l'autre. Les saisies successives de films et de cassettes étrangères interdites à l'importation et à la vente en France ne découragent guère les vendeurs. Les peines sont souvent dérisoires.

Le 36.15 Aline, le plus grand serveur de la prostitution parisienne. Un outil très performant et facile d'usage, bien connu des professionnelles qui cherchent à boucler leurs fins de mois ou à se faire un peu d'argent de poche.

36.15 ALINE. UNE MESSAGERIE TRÈS TRÈS ROSE…

Utilisation d'un pseudonyme. Langage codé, communauté électronique, boîte aux lettres électronique…

L'écran du Minitel favorise tous les types de contacts : des conversations intellectuelles aux rencontres conviviales. L'utilisation du Minitel, celui des années quatre-vingt, va dans la décennie suivante beaucoup évoluer.

En 1985, Claude Perdriel, le patron du *Nouvel Observateur,* lance le 36.15 Aline. Une messagerie rose, pionnière du genre, qui cible les rencontres de haut de gamme. Quelques années plus tard, le 36.15 Aline est devenu le grand serveur de la prostitution parisienne. Un trottoir électronique bien connu des professionnelles, mais aussi des occasionnelles qui viennent y boucler leurs fins de mois. Un outil performant qui évite à de nombreuses filles le racolage dans la rue. Dans une enquête publiée dans *VSD*, en juillet 1996, la dénommée Pretty Girl a accepté d'expliquer comment elle travaille, grâce au serveur 36.15 Aline. Elle a longtemps traîné avenue Foch, à Paris, l'un des hauts lieux de la prostitution de luxe. Depuis un an et demi, elle rôde quotidiennement sur Aline. «Dans la rue, une passe se négocie à 500 francs. Ici c'est entre 1 200 et 1 500 francs. Avec sept ou huit clients par jour, c'est beaucoup plus rentable.»

Dans son appartement du XVIe arrondissement, Pretty Girl possède deux lignes de téléphone. Sur l'une d'elles, son Minitel est connecté presque en permanence. Une drôle d'enseigne pour attirer les clients. Ce qui lui vaut régulièrement une facture de téléphone de 20 000 francs ! Selon elle, se prostituer sur Minitel n'est pas nécessairement plus facile que dans la rue. «Là, au moins, le client dit oui ou non tout de suite. Alors que sur Minitel, il faut lire toutes ses cochonneries sur l'écran. Très souvent, il faut aussi l'écouter au téléphone, car il demande s'il peut faire ça ou ça. Nerveusement, c'est plus dur.» Les rendez-vous bidons, les hommes qui sonnent chez elle sans jamais monter, Pretty Girl connaît bien le lot du Minitel rose. Plus inquiétants, rajoute la jeune femme, sont «les pervers et les détraqués qui s'excitent sur le petit écran». Son molosse de 80 kg veille sur elle. La concierge est aussi dans la confidence. Elle surveille les allées et venues dans l'immeuble au cas où… En dehors de quelques illuminés, la prostituée reçoit dans son grand lit, dissimulé derrière un mur de glace, une grande majorité d'hommes mariés qui ont une très bonne situation sociale et exigent d'elle une discrétion absolue. À force de discuter et d'écouter ses clients, elle dit avoir compris le ressort essentiel de ces rencontres d'un autre type, qui correspondent à une évolution des mœurs. «Ces hommes fantasment à l'idée de découvrir quelqu'un qu'ils n'ont jamais vu, dit-elle. L'idée de dénicher des filles qui arrondissent leurs fins de mois ou des bourgeoises qui s'ennuient les excite au plus haut point.»

Toutes ces prostituées se connectent sur 36.15 Aline. La plupart accolent une ou deux étoiles à leur pseudonyme pour se faire repérer plus vite. De la même façon, les clients potentiels se baptisent «PDG», ce qui signifie qu'ils sont prêts à débourser beaucoup d'argent… Les BAL (boîtes aux lettres) servent à laisser des messages et des rendez-vous aux filles absentes. Peu se déplacent, la plupart reçoivent dans des appartements meublés qu'elles louent à plusieurs. Certaines acceptent la passe à 800 francs, d'autres ne commencent la négociation qu'à partir de 2 000 à 3 000 francs la soirée et 5 000 francs la nuit. L'offre peut être pimentée : 1 500 francs pour se laisser inviter à dîner et accompagner le client dans un club échangiste, 4 000 francs pour deux ou trois filles qui font équipe. Revendue en 1992 par le groupe du *Nouvel Observateur* à la société Eurofinacom, Aline dégage alors, avec ses huit mille connexions mensuelles, un chiffre d'affaires de vingt-six millions de francs et se classe au second rang à l'échelon national.

C'est plus particulièrement en été et en décembre, lorsque les femmes et les enfants sont en vacances, que la messagerie Aline connaît des pointes de fréquentation, avec plus de cinq cents personnes connectées en permanence, dont 90 % d'hommes vivant à Paris. Mais certaines associations de défense des valeurs morales, dont la Fédération des familles françaises, ne voient pas ce commerce du même œil. Elles demandent et redemandent avec insistance l'interdiction pure et simple des messageries roses, considérant qu'elles incitent les mineurs à la débauche. Le premier procès a lieu en 1991 : le service 36.15 Phone est déconnecté par France Télécom pour outrage aux bonnes mœurs…

Mais les batailles juridiques n'ont que peu inquiété les serveurs, qui se sentaient en conformité avec une loi plutôt protectrice à leur égard. Le directeur financier de la société Eurofinacom, fournisseur du service, affirme en juillet 1996, lors du reportage de *VSD* : «C'est très facile pour une femme de se servir d'un Minitel pour attirer les hommes. Tout comme elle peut prendre un téléphone pour proposer ses services, personne ne peut l'en empêcher. Du moment que le pseudonyme et le curriculum vitae ne font pas référence à la prostitution, le serveur est légalement hors d'atteinte. La loi ne nous impose pas d'intervenir dans les dialogues qui restent du domaine privé, comme pour le téléphone. Est-ce une bonne chose ? C'est une question de morale sur laquelle je ne tranche pas.»

Ces propos publiés dans l'article intitulé «36.15 Aline la prostitution sur Minitel», du numéro 107 de *VSD*, provoquent une série de réactions en chaîne. À la fin de juillet 1996, M. Bernard Pagès, premier substitut chef de la première section du parquet de Paris, confie à la BRP une enquête à mener d'urgence.

Les policiers du groupe des réseaux se mettent alors au travail. Ils commencent par rechercher dans leurs précédentes affaires des années 1995 et 1996 des dépositions de prostitués, hommes ou femmes, qui ont eu recours au serveur 36.15 Aline pour se prostituer. La liste est longue. 36.15 Aline est très connu pour mettre en relation des «amateurs de relations sexuelles tarifées».

Les enquêteurs cherchent à préciser le fonctionnement de 36.15 Aline, qui nécessite la signature d'un contrat tripartite entre France Télécom, un fournisseur de service, en l'occurrence la société Eurofinacom, et un autre serveur, en la matière Sciences et Avenir.

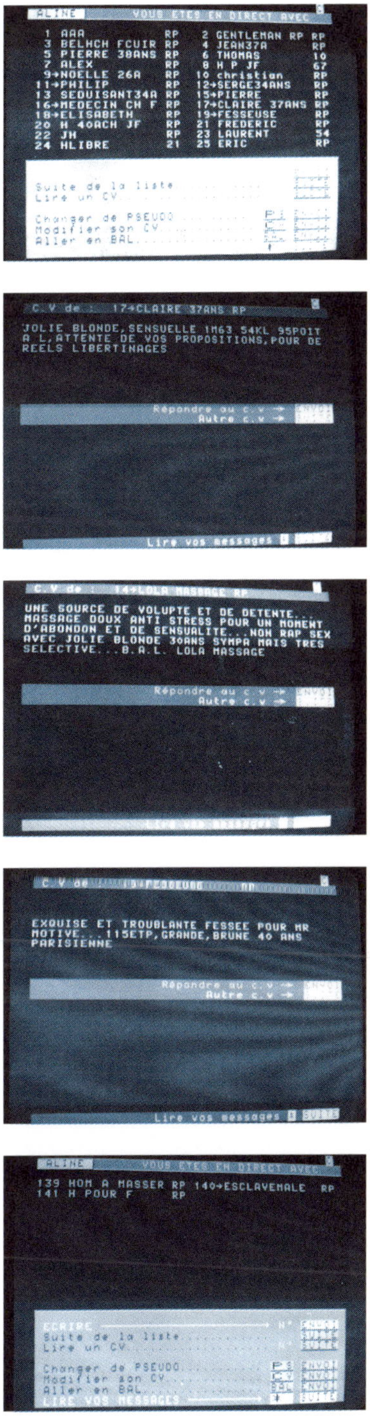

Pour de nombreux adeptes, devenus dépendants du 36.15 Aline, le dialogue finit par coûter des sommes exorbitantes.

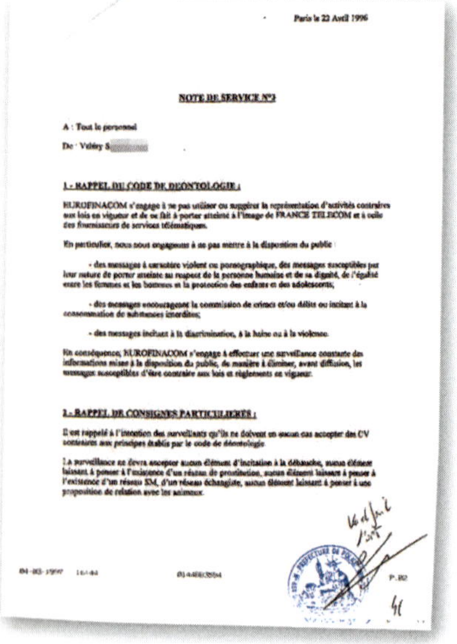
Paris le 22 Avril 1996

NOTE DE SERVICE N°3

A : Tout le personnel

De : Valéry S[redacted]

1 - RAPPEL DU CODE DE DEONTOLOGIE :

EUROFINACOM s'engage à ne pas utiliser ou suggérer la représentation d'activités contraires aux lois en vigueur et de ce fait à porter atteinte à l'image de FRANCE TELECOM et à celle des fournisseurs de services télématiques.

En particulier, nous nous engageons à ne pas mettre à la disposition du public :

- des messages à caractère violent ou pornographique, des messages susceptibles par leur nature de porter atteinte au respect de la personne humaine et de sa dignité, de l'égalité entre les femmes et les hommes et la protection des enfants et des adolescents;

- des messages encourageant la commission de crimes et/ou délits ou incitant à la consommation de substances interdites;

- des messages incitant à la discrimination, à la haine ou à la violence.

En conséquence, EUROFINACOM s'engage à effectuer une surveillance constante des informations mises à la disposition du public, de manière à éliminer, avant diffusion, les messages susceptibles d'être contraire aux lois et règlements en vigueur.

2 - RAPPEL DE CONSIGNES PARTICULIERES :

Il est rappelé à l'intention des surveillants qu'ils ne doivent en aucun cas accepter des CV contraires aux principes établis par le code de déontologie.

La surveillance ne devra accepter aucun élément d'incitation à la débauche, aucun élément laissant à penser à l'existence d'un réseau de prostitution, aucun élément laissant à penser à l'existence d'un réseau SM, d'un réseau échangiste, aucun élément laissant à penser à une proposition de relation avec les animaux.

04-03-1997 16:44 0144883594 P.02

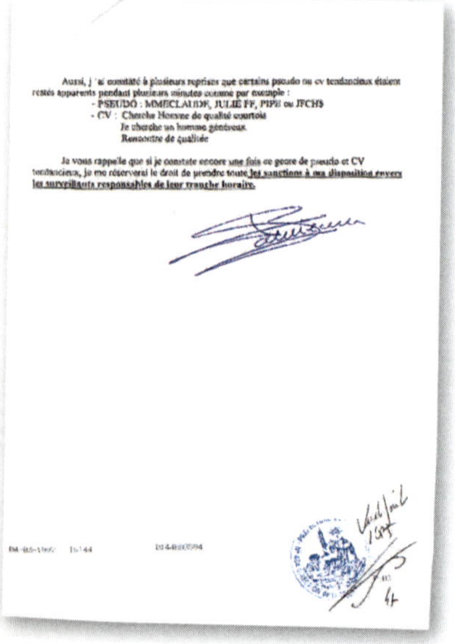
Aussi, j'ai constaté à plusieurs reprises que certains pseudo ou cv tendancieux étaient restés apparents pendant plusieurs minutes comme par exemple :
- PSEUDO : MMECLAUDE, JULIE FF, PIPE ou JFCHS
- CV : Cherche Homme de qualité courtois
Je cherche un homme généreux
Rencontre de qualitée

Je vous rappelle que si je constate encore une fois ce genre de pseudo et CV tendancieux, je me réserverai le droit de prendre toute <u>les sanctions à ma disposition envers les surveillants responsables de leur tranche horaire.</u>

04-03-1997 16:44 0144883594

Valery S. rappelle à l'ordre l'ensemble du personnel d'Eurofinacom en établissant ce code de déontologie, qui interdit les messages à caractère violent ou pornographique, ceux encourageant les crimes et les délits. Également il précise l'usage des C.V., condamnant tout élément incitant à la débauche ou laissant penser à l'existence d'un réseau de prostitution.

Le centre serveur est chargé de l'aspect purement technique afin que le système fonctionne correctement. Le fournisseur, lui, s'occupe de l'aspect commercial et de la bonne tenue des échanges sur son serveur.

Dans le courant de décembre 1996, un fonctionnaire de l'Identité judiciaire établit un cliché correspondant à chacune des étapes que peut effectuer un client potentiel en se connectant au serveur 36.15 Aline :
– connexion au 36.15, code du service Aline ;
– après le texte d'avertissement, un pseudo est demandé pour continuer ;
– envoi du pseudo, AAA ;
– une carte de visite facultative est demandée.

L'écran suivant propose quatre choix, dont le dialogue en direct. En choisissant cet intitulé, on entre en direct avec d'autres interlocuteurs ayant chacun un pseudo différent. Les flèches qui apparaissent à l'écran devant certains pseudos signalent que les CV ont été alimentés par les personnes qui se sont connectées.

Une rubrique «lire CV» permet d'aller au-delà du pseudo. En suivant les instructions du serveur, le pseudo AAA va «répondre au CV» en lançant le message «conditions» de plusieurs pseudos. C'est alors que l'interlocuteur dissimulé derrière Lola Massage adresse au policier (pseudo AAA) le message suivant : «Mon tarif est de 1 000 francs pour un rendez-vous massage sublime du corps entier. Paris XVIe - Foch, pour d'autres infos, votre téléphone ?

Merci ou m'écrire BAL. Lola Massage.»

Les 2, 3 et 7 janvier 1997, un capitaine de police du groupe des réseaux, conformément aux instructions reçues du parquet, se connecte au serveur 36.15 Aline sous le pseudo AAA. Derrière les pseudos, les CV défilent.

«Pseudo 35 > Linda > CV : belle brune très sensuelle et féminine cheveux longs yeux noirs 1,70 m / 55 kg / TP 95D âge 26 ans.» Ses conditions sont de 1 200 F.

«Pseudo 97 > Christina > CV : blonde 1,70 m / 95 TP / 59 kg / 35 ans. TBCBG pour une évasion de qualité se déplace.» Ses conditions : 800 francs.

«Pseudo 71 > F élégante > CV : séduisante et féminine sexy et sensuelle belle femme de 40 ans 1,70 m / 58 kg / 95B / jambes longues et fines gainées de voile noir porte lingerie fine pour moment coquin avec H tendre et raffiné.» Ses conditions : 1 500 francs.

Dans un second temps, en février 1997, les enquêteurs ont identifié les titulaires d'abonnements téléphoniques apparus lors de leur connexion sur le 36.15 Aline, et les ont convoqués au service, rue de Lutèce.

Derrière le pseudo Eva 93, Évelyne S. déclare se prostituer depuis deux ans et demi par l'intermédiaire du Minitel de façon occasionnelle, après avoir vu une publicité dans le Nouvel Observateur vantant les mérites de 36.15 Aline comme étant un serveur convivial.

«J'ai décidé d'essayer ce serveur pour faire des rencontres désintéressées. Lors de ma première connexion, quand j'ai annoncé que j'étais une femme, immédiatement les hommes m'ont demandé combien je prenais.

Étant divorcée et ayant de grosses difficultés financières, j'ai cédé à ces demandes pour la première fois de ma vie et je me suis livrée à la prostitution. Je reçois les clients exclusivement chez moi et je prends entre 500 et 1 000 francs pour des rapports sexuels normaux. Je ne fais pas les clients adeptes du sadomasochisme, bien qu'il y ait une énorme demande sur ce serveur, surtout en ce qui concerne l'urologie, la scatologie et la zoophilie. Je me connecte entre 11 h et 14 h 30, le temps de prendre mes rendez-vous pour l'après-midi. Je n'ai jamais été déconnectée. J'ai même vu des pseudos du type "Pute". Même ce type de pseudo n'a jamais été déconnecté. En fait, c'est un espace de liberté où vraiment tout est permis. Je suis souvent choquée par les dialogues pervers des clients et c'est moi-même qui suis obligée de couper court à ces dialogues trop hards. Dans mon CV, je mets : "Jolie blonde 38 ans lingerie fine et coquine 1,65 m / 75 kg / 95 TP.". Le dialogue est très bref en raison du prix des communications. Une fois que le client se connecte avec Eva 93, je lui réponds immédiatement "1 000 francs près Rosny". À chaque facture de téléphone, j'en ai pour 5 000 francs au minimum.»

Enquête

36.15 Aline la prostitution sur Minitel

Des dizaines de jeunes femmes vendent leurs charmes par l'intermédiaire de cette messagerie rose. Enquête et témoignage.

Oarla, très jolie JF 23 ans, brune, 1,64 m, TP 95C, ch RV coquin avec n…

… à sept avec n'importe qui. Des créatures aux mensurations et âges de rêve. Des combinaisons à plusieurs chiffres qui font tourner la tête. A l'autre bout d'Aline, des jeunes filles en chair et en os tendent bien les mains. Car ce 36.15 est devenu depuis quelques années le grand serveur de la prostitution parisienne. Un trottoir électronique bien connu des professionnelles, mais aussi des occasionnelles qui viennent y boucler leurs fins de …

… aussi l'écouter au téléphone, car il demande s'il peut faire ça ou ça. Nerveusement, c'est plus dur.» Les rendez-vous bidon, les hommes qui sonnent chez elle sans jamais monter. Pretty Girl connaît. C'est le lot du Minitel rose.

Plus inquiétant, les pervers et les détraqués, excités par le halo du petit écran. Pour dissuader les plus dingues, Pretty Girl héberge Bandit, un molosse de 80 kilos. Au cas où… La concierge est aussi dans …

À la suite des propos tenus par le directeur de la société Eurofinacom, dans l'article publié par VSD en juillet 1996, le parquet de Paris confie à la BRP une enquête à mener d'urgence.

Le 3 mars 1997, Valery S. est convoqué à la BRP dans le cadre de l'enquête en cours. Célibataire, sans enfants, âgé de trente ans, l'homme, sûr de lui, déclare exercer la profession de gérant de société au salaire mensuel de 15 000 francs. Il a été embauché le 1er septembre 1994 par M. Cambassedes, propriétaire de la société Eurofinacom. À cette date, la société s'occupait déjà du serveur 36.15 Aline. À sa création, la société Eurofinacom dépendait du groupe de presse du *Nouvel Observateur*. Elle s'occupait essentiellement des abonnements et des courriers. En 1992, le groupe de presse s'est séparé du 36.15 Aline et de la société Eurofinacom. C'est ainsi que les éditions Cambassedes ont pu acheter les parts d'Eurofinacom et exploiter le 36.15 Aline.

«Actuellement, je suis toujours gérant de la société Eurofinacom et en possède 15 % des parts. Ma sœur en a 30 %. Les éditions Cambassedes se sont séparées du 36.15 Aline au cours de l'automne 1995. Le centre serveur actuel est simplement chargé d'héberger tout l'aspect technique et matériel (machines et câbles pour les liaisons avec Transpac) afin que le système fonctionne.

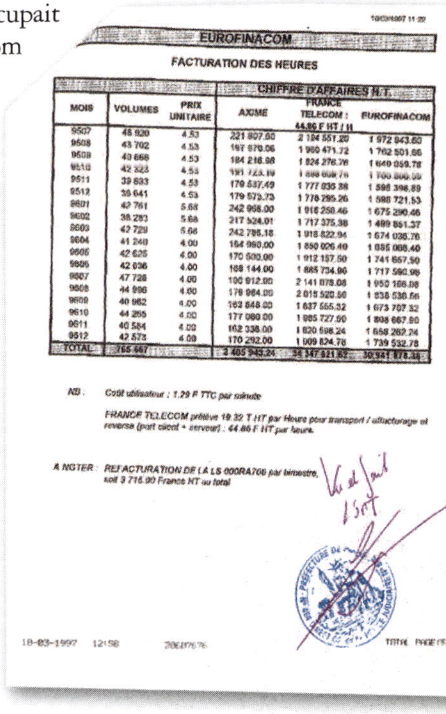
18/03/1997 11:22

EUROFINACOM

FACTURATION DES HEURES

MOIS	VOLUMES	PRIX UNITAIRE	CHIFFRE D'AFFAIRES H.T. AXIME	FRANCE TELECOM : 44,86 F HT / H	EUROFINACOM
9507	48 920	4.53	221 807.60	2 194 551.20	1 972 943.60
9508	43 702	4.53	197 970.06	1 960 471.72	1 762 501.66
9509	40 668	4.53	184 216.98	1 824 276.76	1 640 059.78
9510	42 323	4.53	[illegible]	[illegible]	[illegible]
9511	39 633	4.53	179 537.49	1 777 936.38	1 598 398.89
9512	39 641	4.53	179 573.73	1 778 295.26	1 598 721.53
9601	42 761	5.68	242 968.00	1 918 258.46	1 675 290.46
9602	38 293	5.68	217 524.01	1 717 375.38	1 499 851.37
9603	42 729	5.68	242 795.18	1 916 822.94	1 674 036.76
9604	41 240	4.00	164 960.00	1 850 026.40	1 685 066.40
9605	42 625	4.00	170 500.00	1 912 157.50	1 741 657.50
9606	42 036	4.00	168 144.00	1 885 734.96	1 717 590.96
9607	47 728	4.00	190 912.00	2 141 078.08	1 950 166.08
9608	44 996	4.00	179 984.00	2 018 520.56	1 838 536.56
9609	40 962	4.00	163 848.00	1 837 555.32	1 673 707.32
9610	44 265	4.00	177 060.00	1 985 727.90	1 808 667.90
9611	40 584	4.00	162 336.00	1 820 598.24	1 658 262.24
9612	42 573	4.00	170 292.00	1 909 824.78	1 739 532.78
TOTAL	765 667		3 405 943.24	[illegible]	30 941 878.38

NB : Coût utilisateur : 1.29 F TTC par minute

FRANCE TELECOM prélève 19.32 F HT par Heure pour transport / affacturage et reverse (part client + serveur) : 44.86 F HT par heure.

A NOTER : REFACTURATION DE LA LS 000RA706 par bimestre, soit 3 716.90 Francs HT au total

18-03-1997 12:58 TOTAL PAGE(S) P.02

[…] À ce jour, France Télécom verse à Eurofinacom une quote-part des sommes perçues grâce aux connexions sur le 36.15 Aline. Cela représente 44,86 francs par heure de connexion ! Sur cette somme, Eurofinacom reverse entre 4 à 5 francs au centre serveur. Le fournisseur, c'est-à-dire ma société Eurofinacom, est propriétaire du logiciel Aline, elle s'occupe de sa gestion courante et de tout son aspect commercial. Afin de limiter les déviances sur les échanges, nous veillons à ce que des équipes de contrôle travaillent vingt-quatre heures sur vingt-quatre, sept jours sur sept. À ma connaissance, nous som-

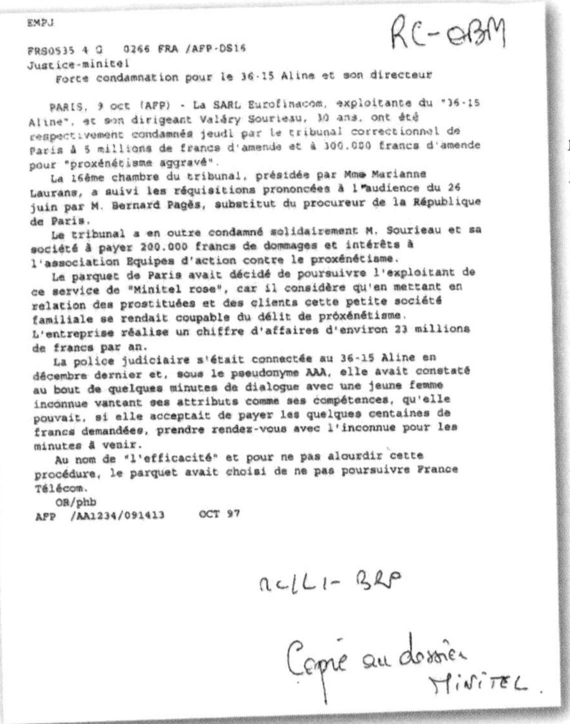

EMPJ

FRS0535 4 G 0266 FRA /AFP-DS16
Justice-minitel
Forte condamnation pour le 36-15 Aline et son directeur

PARIS, 9 oct (AFP) - La SARL Eurofinacom, exploitante du "36-15 Aline", et son dirigeant Valéry Sourieau, 30 ans, ont été respectivement condamnés jeudi par le tribunal correctionnel de Paris à 5 millions de francs d'amende et à 300.000 francs d'amende pour "proxénétisme aggravé".

La 16ème chambre du tribunal, présidée par Mme Marianne Laurans, a suivi les réquisitions prononcées à l'audience du 26 juin par M. Bernard Pagès, substitut du procureur de la République de Paris.

Le tribunal a en outre condamné solidairement M. Sourieau et sa société à payer 200.000 francs de dommages et intérêts à l'association Equipes d'action contre le proxénétisme.

Le parquet de Paris avait décidé de poursuivre l'exploitant de ce service de "Minitel rose", car il considère qu'en mettant en relation des prostituées et des clients cette petite société familiale se rendait coupable du délit de próxénétisme.
L'entreprise réalise un chiffre d'affaires d'environ 23 millions de francs par an.

La police judiciaire s'était connectée au 36-15 Aline en décembre dernier et, sous le pseudonyme AAA, elle avait constaté au bout de quelques minutes de dialogue avec une jeune femme inconnue vantant ses attributs comme ses compétences, qu'elle pouvait, si elle acceptait de payer les quelques centaines de francs demandées, prendre rendez-vous avec l'inconnue pour les minutes à venir.

Au nom de "l'efficacité" et pour ne pas alourdir cette procédure, le parquet avait choisi de ne pas poursuivre France Télécom.

OR/phb
AFP /AA1234/091413 OCT 97

Copie au dossier MINITEL

Le dossier noir du Minitel rose : l'étonnante et étrange cohabitation de l'administration, des grands patrons de presse et des proxénètes...
Au nom de "l'efficacité", et pour ne pas alourdir une procédure bien complexe, le parquet choisit, délibérément de ne pas poursuivre France Télécom.

mes un des seuls fournisseurs à appliquer aussi scrupuleusement les consignes de France Télécom. J'ai établi personnellement une note interne qui indique dans les moindres détails les critères à respecter pour éviter la déconnexion !
Mais mon contrôle ne peut s'exercer que sur l'aspect public des messages. Techniquement, mon équipe de contrôle pourrait s'intéresser aux échanges entre pseudos connectés, mais cela constitue une communication privée et la loi m'interdit formellement de l'écouter. Si un jour la loi nous autorisait à exercer un contrôle sur ces échanges, il va de soi que nous le ferions. Je ne suis pas dupe, il est de notoriété publique que beaucoup d'échanges sur le 36.15 Aline sont le fait d'hommes et de femmes qui se prostituent. Mais nous n'avons aucun moyen de contrôle sur leurs activités... Si leurs pseudos et leurs CV sont "déontologiquement corrects", je ne peux pas m'y opposer. Sinon, je me heurterais à un refus commercial. Les connectés savent très bien s'adapter aux contrôles et aux limitations que nous pouvons exercer. Lorsque des journaux gratuits sur Paris ont été condamnés parce qu'ils faisaient passer des annonces proposant des massages relaxants, nous avons immédiatement interdit toute annonce du même type sur le serveur. Mais certains connectés ont continué à proposer dans leur CV sur 36.15 Aline des massages relaxants, zen, en précisant qu'ils étaient sans aucun rapport sexuel. Que faire ? J'ai pris le dossier en main, en dialoguant avec ces personnes. Au bout de deux ou trois échanges, il m'était proposé toutes les finitions possibles, dont la sodomie. Mon rôle de contrôle est vraiment très difficile.»

Pour conclure, l'intéressé insiste sur le fait que depuis son arrivée comme gérant, sa société n'a reçu aucun rappel à l'ordre de France Télécom.

Au cours de ces années, la société Axime a remplacé Sciences et Avenir comme centre serveur. En décembre 1996, 42 573 heures de connexion ont été réalisées sur le 36.15 Aline. France Télécom a perçu 1 909 824 francs, Axime a reçu 170 292 francs et Eurofinacom 1 739 532 francs.»

«Il était donc possible avec ces données de mettre à mal France Télécom pour proxénétisme. France Télécom ne pouvait pas ignorer ce qui se passait sur ses serveurs. L'affaire était délicate et très sensible politiquement. Des groupes de presse pouvaient se servir de manière immorale du Minitel...», confie un capitaine des réseaux.

L'enquête se poursuivit...

Le 7 octobre 1997, la 16e chambre correctionnelle du tribunal de grande instance de Paris suit les réquisitions prononcées à l'audience du 26 juin par le premier substitut du procureur de la République. La société Eurofinacom exploitante du 36.15 Aline et son dirigeant Valery S. furent respectivement condamnés à 5 000 000 francs d'amende et 300 000 francs d'amende pour proxénétisme. Au nom de l'«efficacité», et pour ne pas alourdir encore cette procédure, le parquet choisit de ne pas poursuivre France Télécom.

SIMONE, LA BRETONNE DE LA RUE SAINT-DENIS

Plus de quarante filles se prostituent au 185 rue Saint-Denis.

Simone est une ancienne prostituée, d'un âge certain, originaire d'une charmante cité bretonne, nid de corsaires aux XVIe et XVIIe siècles, avec pour devise : «Et donner et frapper toujours (*Ha rei ha skei atoo*).»

Simone est une personnalité connue, très connue de la rue Saint-Denis, vieille routière de la prostitution. Elle en connaît tous les rouages, beaucoup de filles et bon nombre de policiers. Peu discrète, elle n'hésite pas à se vanter de ses protections. Mais ses informations de plus en plus fantaisistes, son manque de discernement et sa grande gueule lui ont valu de ne plus avoir d'oreille attentive à la BRP. Sa collaboration avec le service a cessé en mars 1996 pour des raisons d'inefficacité. Dans les mois qui ont suivi, elle a fait vendre son local de la rue Blondel, qui appartenait à sa sœur, studio dans lequel elle accueillait des prostituées. Elle se fait alors discrète jusqu'à la fin de septembre 1996, quand les rumeurs de la rue parviennent à la BRP : «Simone aurait rouvert, au 185, un studio avec quinze prostituées africaines.» Simone a toujours eu un penchant pour les belles femmes noires à croupe callipyge.

Durant les mois suivants, des renseignements parfois contradictoires font état du retrait de Simone. Elle aurait délégué de larges pouvoirs aux videurs. Pour s'assurer de leur confiance, elle aurait institué un système assez inhabituel de paiement. Chaque fille se doit de remettre 200 francs au videur. Versement obligatoirement renouvelé au-delà de cinq passes. Ce qui met le gagne-pain d'un homme musclé à 3 000 francs.

Dans le courant de mai 1997, on sait que Simone contrôle quatre studios à la même adresse, avec le concours actif des gardiens.

Par son entremise, plus de quarante filles se prostituent au 185 rue Saint-Denis.

Simone toucherait un loyer mensuel de l'ordre de 10 000 francs par fille. Trop visible, trop bruyant, le 185 devient insupportable aux propriétaires des immeubles avoisinants, qui déposent plainte.

En raison d'affaires de proxénétisme, la BRP avait déjà fermé huit studios d'abattage.

Malgré les avertissements du chef de la BRP, le commissaire divisionnaire Yves Castano, qui la somme d'arrêter «cette activité illicite qui prend une grande ampleur», Simone pense pouvoir continuer.

Par son comportement despotique, Simone s'est mis l'immeuble à dos, mais aussi la rue Saint-Denis. Trop de rumeurs malveillantes concernant des hauts fonctionnaires et des policiers. Les tags dénonçant Simone comme indic des flics fleurissent sur le trottoir et les portes de la rue Saint-Denis : «Simone indic», «Simone vendue aux flics». En juillet 1998, le patron du 36, Patrick Riou, alerté, est amené à trancher. Il demande à la BRP de faire tomber Simone.

Une chambre du 185 rue Saint-Denis.

Couloir d'entrée de l'immeuble du 185 rue Saint-Denis.

Le 2 novembre 1998, le GRPI investit le 185 rue Saint-Denis. Les policiers interpellent onze prostituées, deux clients, un videur et Simone. Elle est trouvée en possession des clés de onze des dix-neuf studios. Au soir du 2 novembre et le lendemain, le frère de Simone, cinq propriétaires de studios du 185 et quatre videurs sont arrêtés à leurs domiciles respectifs. Lors d'auditions effectuées sous le régime de la garde à vue, Simone n'expliquera jamais pourquoi elle réglait en espèces et sous un faux nom les charges des cinq studios qui ne lui appartenaient pas. Elle ne justifiera sa présence quotidienne sur place que «par le simple souci de vouloir assurer la maintenance des lieux, le bon ordre de l'immeuble», sans aucun rapport avec des revenus occultes qu'elle percevait. Soit plus de 100 000 francs par mois estimés par la police.

Tout au long des interrogatoires, Simone cherche à minimiser ses responsabilités. Elle reconnaît avoir installé une petite dizaine de filles dans différents studios pour leur rendre service. Toujours à la demande. «Personnage intelligent, rusé, incontournable au 185, elle fut décrite par les videurs, les propriétaires, les prostituées comme une femme qui savait de gré ou de force imposer son autorité par sa forte personnalité, et la crainte de ses hommes de main», déclare un inspecteur du GRPI.

Le 3 novembre 1998, Simone et ses cinq videurs sont déférés à la première section du parquet de Paris, conformément aux instructions du premier substitut, M. Pages, puis placés sous mandat de dépôt. La presse s'empare rapidement de l'affaire Simone avec ses multiples tiroirs.

Le 15 décembre 1998, dans un flash AFP, Rémi Bellon parle d'«une femme indicatrice écrouée en dépit d'assurances reçues lors d'une affaire criminelle».

La journaliste Claudine Proust titre, dans *Le Parisien* du 16 décembre 1998 : «Grogne sur le sort d'une prostituée indicatrice.» Sous la plume de Dominique Rizet, *Le Figaro Magazine* publie, le 9 janvier 1999 : «Crime contre la Mondaine, la guerre des Polices.» Le ton monte d'un cran, Simone n'est plus qu'un faire-valoir. La source des journalistes sera priée par sa hiérarchie de se taire. Le climat se calme et tout tend à réapparaître lisse. Trois jours après, la proxénète du 185 rue Saint-Denis, qui a fait couler tellement d'encre, est remise en liberté.

Le 6 mars 2002, Simone est jugée par la 16e chambre correctionnelle. Elle est condamnée à quinze mois de prison dont douze avec sursis, et 9 000 euros d'amende. Sur les marches du palais de Justice, certains n'hésitent pas à évoquer ouvertement la «grande mansuétude du tribunal, l'aide apportée par Daridon à la brigade criminelle».

Fin mars, Simone supervise les travaux en cours pour un studio appartenant à une Mme Y.. Queue-de-cheval noire, cuir noir, regard noir implacable, «Simone la Bretonne» est censée ne plus posséder aucun bien immobilier au 185. Alors, pourquoi y est-elle ? Qu'y fait-elle ?

Le 4 avril, les officiers du groupe de répression du proxénétisme immobilier constatent que les scellés posés sur la porte du studio ont été détruits. La fermeture administrative ordonnée par le préfet de police n'a pas été respectée. Le local est à nouveau en cours d'aménagement intérieur. De nouveaux scellés administratifs sont alors apposés par les policiers. Le patron de la

BRP convoque l'infatigable et «irréductible» Simone, digne du surnom de «Ma Dalton», dans son bureau pour lui notifier qu'«elle ne bénéficie de protection policière d'aucune sorte et qu'elle ne doit en aucun cas ouvrir à aucune adresse un studio de prostitution».

Au 185 rue Saint-Denis tout semble rentrer dans l'ordre, pourtant, en décembre 2008, cette fameuse adresse fera encore parler d'elle.

Studios meublés sur cour gérés par Simone, au 185 rue Saint-Denis.

L'AFFAIRE SIMONE, VUE PAR LE PATRON DE LA BRP

Le commissaire divisionnaire Yves Castano, qui a eu à gérer le dossier Simone, apporte quelques précisions sur cette affaire sensible, traitée avec rigueur, mais qui malgré cela lui a valu des critiques tout à fait injustifiées de la part de personnes soit de mauvaise foi, soit mal informées. Il convient donc de rappeler dans quelles circonstances et dans quel climat il a été mené à prendre des décisions qui ont déplu à certains…

«Affecté en septembre 1994, en qualité de chef de service à la Brigade de répression du proxénétisme, j'ai pris, entre autres, la responsabilité de la surveillance de tous les secteurs de prostitution de la capitale, notamment celui de la rue Saint-Denis, ce qui impliquait de veiller à ce qu'aucun débordement de quelque nature que ce soit ne se produise, et à contrôler de manière très stricte la collaboration avec les informateurs, mal nécessaire mais acceptable, à condition qu'ils contribuent efficacement à la lutte contre la délinquance. N'ayant ni pour mission, ni pour intention de gérer une caisse de retraite, je demandai l'année suivante à un chef de groupe, en raison de ses faibles résultats, de ne plus couvrir la dizaine d'informatrices qui, durant plusieurs années, avaient peut-être permis la réalisation d'affaires de proxénétisme mais qui, pour différentes raisons, n'apportaient plus grand-chose. Ces personnes, anciennes prostituées, étaient propriétaires de studios, principalement dans le secteur de la rue Saint-Denis, dans chacun desquels, de jour comme de nuit, des femmes qui payaient mensuellement des sommes conséquentes effectuaient à tour de rôle leurs passes. Mises en demeure de cesser

"Crim" contre "Mondaine"

La guerre des polices

Martine Montril.

Yves Castano.

L'arrestation d'une ex-prostituée, témoin dans un meurtre, a déclenché un règlement de comptes entre services.

C'était une parole de flics.

Aziz est interpellé par la brigade criminelle et reconnaît les faits. Johana, une jeune prostituée qui se trouvait dans la voiture des tueurs au moment des faits, confirme la version d'Aziz. Quant à Simone, l'importance du renseignement qu'elle a apporté fait d'elle un témoin capital dans le dossier d'instruction du meurtre de la jeune gardienne de la paix instruit au tribunal de Paris par le juge Ricard. Le secret de l'instruction est jalouse-

filles, sachant qu'un studio ainsi exploité rapporte 50 000 F environ par mois… Le couac est intervenu au mois de novembre dernier avec l'arrestation de Simone par la brigade de répression du proxénétisme. Mise en examen à Paris par le juge De Vidal pour proxénétisme, Simone est actuellement détenue à la prison de Fresnes sous les insultes et les menaces des autres détenues, qui lui reprochent sa

Choukroun… A la brigade criminelle, les officiers de police regrettent de ne pas avoir été écoutés :

– Les propos relayés par la Direction de la police judiciaire sont faux. Simone n'a pas abusé, et même si elle en avait eu l'intention, elle n'en aurait pas eu le temps avant d'être interpellée. Dans cette histoire, on n'a écouté que la version de la brigade de répression du proxénétisme parce que c'est ce qui

Article paru dans Le Figaro Magazine *du samedi 9 janvier 1999.*

leurs activités délictueuses dans les plus brefs délais, certaines informatrices, ayant refusé d'obtempérer, étaient interpellées et leurs studios fermés.

Il était appliqué les mêmes règles à Simone. Ayant bénéficié durant plusieurs années d'une tolérance qui lui a permis d'accueillir dans deux studios, rue Saint-Denis et rue Blondel, plus d'une quinzaine de prostituées, qui lui payaient chacune un loyer mensuel de 5 000 à 8 000 francs, tolérance accordée en contrepartie de la fourniture de renseignements permettant la réalisation d'affaires de proxénétisme, mais devenue inefficace, et par ailleurs peu discrète, je donnai pour instruction en mars 1996 à un autre chef de groupe de cesser avec elle une collaboration qui durait depuis 1991. Sommée de cesser son activité, Simone se soumit dans un premier temps à cette décision, mais, après plusieurs mois d'absence de la rue Saint-Denis, privée d'une source importante de revenus, elle revint dans le secteur et reprit de manière discrète son ancienne occupation au 185 de cette rue, ce qui ne pouvait être accepté.

De nouveau mise en demeure et sachant qu'elle allait être interpellée par la BRP, Simone prit contact avec la Brigade criminelle et donna, par pur intérêt et certainement pas par civisme, des renseignements précieux – pourquoi ne les a-t-elle pas donnés avant ?… – qui permettront l'identification et l'arrestation, le 18 juin 1997 et en septembre 1997, des deux auteurs de l'homicide volontaire du gardien de la paix Catherine Chouckroun. Dès le 6 juin 1997, à la demande du chef de la Brigade criminelle et sur instruction du directeur de la Police judiciaire, réitérées à plusieurs reprises jusqu'au mois de juillet 1998, les investigations concernant les agissements de Simon avaient été suspendues. Durant cette période, se sachant protégée, celle-ci donna une certaine ampleur à son activité au 185, rue Saint Denis, se chargeant, avec l'assistance de videurs choisis par elle, de faire régner l'ordre dans cet immeuble de prostitution. Le comportement peu discret et les abus de Simone faisaient l'objet de lettres anonymes qui étaient adressées aux autorités administratives et judiciaires. Devant une telle situation, qui ne pouvait perdurer, Simone, ayant largement été récompensée pour les renseignements fournis et n'ayant plus rien à apporter à l'enquête sur l'affaire Chouckroun, il était convenu, le 1er juillet 1998, avec le directeur de la Police judiciaire, qu'elle ne serait plus "couverte". Le 6 juillet, elle était convoquée à la Brigade criminelle et était informée de cette décision par le chef de ce service.

Ce n'est que le 2 novembre 1998, soit près de quatre mois après sa mise en demeure d'arrêter son activité illicite, interdiction dont elle n'avait manifestement pas tenu compte, que Simone était interpellée au 185, rue Saint-Denis. Elle était en possession des clés de onze des dix-neuf studios situés à l'adresse. Elle reconnaissait avoir sous sa coupe, en en minimisant le nombre, plus d'une dizaine de prostituées et avouait assurer la bonne tenue des lieux, ayant sous son autorité plusieurs videurs.

Ces quelques éléments tendent à démontrer que l'affaire Simone a été traitée sans complaisance mais dans le respect des règles déontologiques, ce qui devrait toujours être le cas lorsqu'il s'agit d'informateurs.»

L'ADMINISTRATION COMPTE LES PROSTITUÉES À PARIS

Interpellations	1989	1990
Interpellations	1.082	824
dont G.A.V.	510	386
dont déférées	113	119

L'augmentation du nombre des personnes déférées malgré un nombre de gardes à vue moindre, démontre l'amélioration qualitative des procédures établies sur des objets d'envergure.
Par ailleurs, 26 mesures de G.A.V. ont été prises en province à l'issue desquelles 9 personnes ont été présentées à un magistrat.

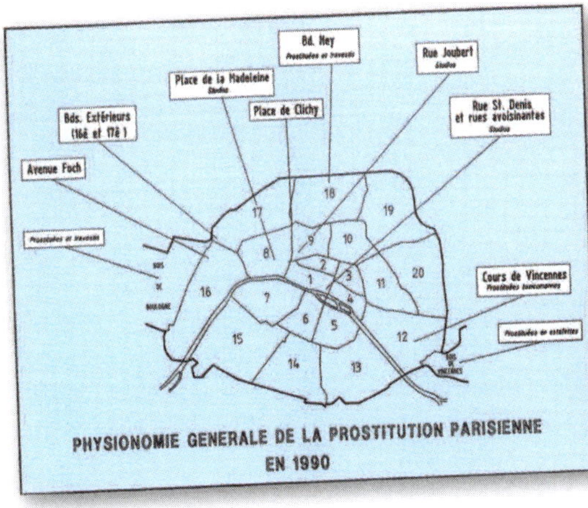

LES PROSTITUEES

BILAN ANNUEL 1990 PAR NATIONALITES

NATIONALITES	Personnes conduites au service	Personnes mises en cause		
		H	F	TOTAL
Française	477	123	70	193
Algérienne	65	19	2	21
Brésilienne	7	2		2
Cambodgienne	3	2		2
Espagnole	14	1	1	2
Ghanéenne	24		1	1
Haïtienne	1			
Malienne	2	1		1
Marocaine	18	2	1	3
Portugaise	33	1		1
Tunisienne	15	11		11
Turque	3	3		3
Italienne	4	2		2
Yougoslave	4	1		1
Camerounaise	1			
Malgache	1	1		1
Colombienne	61	6		6
Argentine	5			
Equatorienne	54	9	2	11
Guinéenne	1			
Ivoirienne	1	1		1
Laotienne	1			
Péruvienne	14			
Sénégalaise	1			
Vietnamienne	5	2		2
Uruguayaise	1			
Capverdienne	1			

Tableaux publiés dans la revue d'informations et de relations publiques de la préfecture de police. Dossier spécial sur la prostitution à Paris en 1990. Liaisons, janvier - février 1991.

créer dossier ordinateur

DIRECTION de la SECURITE PUBLIQUE

SOUS-DIRECTION DES SERVICES GENERAUX

CENTRE DE COORDINATION DES SERVICES LOCAUX

DSP/CCSL n° 92-3747

LAR/CAR

1

REPUBLIQUE FRANCAISE

PREFECTURE DE POLICE

Paris, le 30 avril 1992

A AFFICHER

NOTE

AUX VINGT ARRONDISSEMENTS

SIX DISTRICTS

OBJET : Rédaction des procès-verbaux pour prostitution.

Vous voudrez bien donner toutes instructions utiles aux effectifs placés sous votre autorité notamment à ceux assurant leur service en civil afin qu'ils apportent une attention particulière à la rédaction des procès-verbaux pour prostitution.

Il convient que les renseignements concernant les points ci-après soient impérativement relevés avec le plus grand soin :

1 - L'emplacement

Le lieu où les prostituées et les travestis exercent leur activité doit être aussi précis que possible. Pour les secteurs, tels que les bois de Boulogne et de Vincennes, préciser le nom des routes. Pour les boulevards Ney et Bessières, inscrire le numéro correspondant.

2 - La nationalité

Elle doit être obligatoirement mentionnée dans la rubrique "profession" figurant au verso de la carte maîtresse.

3 - L'état civil

Il importe d'être très attentif vis-à-vis des ressortissants de la péninsule ibérique ou d'Amérique du Sud.

.../...

2

En effet, l'ordre des noms et prénoms n'est pas le même sur les documents d'identité selon les pays pour ceux qui n'ont pas de titre de séjour français. Ce type de confusion entraîne alors plusieurs enregistrements de personnes au détriment du suivi d'un même individu.

En outre, doit apparaître le nom de jeune fille suivi du nom d'épouse.

Par ailleurs, afin d'éviter toute faute d'orthographe dans le relevé du nom (ex : ZAHROUI au lieu de ZAHRAOUI) il convient de prendre le temps nécessaire pour recopier scrupuleusement une pièce d'identité lors de la rédaction du P.V.

* *
*

J'attacherai du prix à ce que ces dispositions soient strictement respectées.

En effet, si la répression du racolage passif (Art. R 34-13° du C.P.) doit bien évidemment être intensifiée, celle-ci ne peut présenter un caractère positif que dans la mesure où les procès-verbaux seront poursuivis et non pas rejetés en raison de ces erreurs ou omissions.

Le DIRECTEUR
de la SECURITE PUBLIQUE

J.C. RIQUOIS

Note de service destinée à être affichée dans tous les commissariats de Paris.

SAISIES DE FILMS PORNOS AVEC DES ACTEURS MINEURS

REPUBLIQUE FRANCAISE
PREFECTURE DE POLICE

DIRECTION GENERALE DE LA POLICE NATIONALE

Brigade de Répression du Proxénétisme

P.V / /

AFFAIRE :

Contre/sarl D[redacted]

OBJET :

COONSTATATIONS

PROCES VERBAL

L'an mil neuf cent quatre vingt dix neuf.
le vingt cinq août à seize heures

Nous, **Dominique CIESIELCZYK**
CAPITAINE DE POLICE
en fonction à la B.R.P.

Officier de Police Judiciaire en résidence à Paris
---Vu les articles 75 et suivants du Code de Procédure Pénale-
---Ce jour assurant notre mission de contrôle des sex shops parisiens constatons que sont proposées à la vente dans divers commerces de la rue Saint denis des cassettes vidéo à caractère pornographique de la série " EXCUSE ME ", les jacquettes mentionnent : L'ART DE CONVAINCRE LES ADOS DE TOUT DEVOILER ! Le SECRET DU MICRO-TROTTOIR HARD ". - - -
---Les jacquetttes des cassettes volume 3 et 3 Bis portent des photographies de jeunes femmes dans scènes pornographiques.- - -
Certaines actrices semblent être mineures. - - -
---Au verso est inscrit " DISTRIBUTION EXCLUSIVE D[redacted] INTERNATIONAL 16, RUE ARTHUR G[redacted] 75010 PARIS. - - -
---Il est précisé : FILM A CARACTERE PORNOGRAPHIQUE STRICTEMENT INTERDIT AUX MOINS DE 18 ANS. - - -
--Il est mentionné également qu'un nommé HARRY parcourt le monde qu'il rencontre à COPENHAGUE deux soeurs, des philippines et une nommée Léonora en HOLLANDE. - - -
---Disons acquérir un exemplaire de ces deux cassettes vidéo aux fins de visionnage.- - -
---Dont procès verbal. - - -

LE CAPITAINE DE POLICE

REPUBLIQUE FRANCAISE
PREFECTURE DE POLICE

DIRECTION GENERALE DE LA POLICE NATIONALE

Brigade de Répression du Proxénétisme

P.V : 99/ /

AFFAIRE :

Contre/sarl D[redacted]

OBJET :

EXAMEN FILMS VIDEO

PROCES VERBAL

L'an mil neuf cent quatre vingt dix neuf.
le vingt sept août à dix heures trente cinq

Nous, **Dominique CIESIELCZYK**
CAPITAINE DE POLICE
en fonction à la B.R.P.

Officier de Police Judiciaire en résidence à Paris
---Poursuivant l'enquête préliminaire, - - -
---Vu les articles 75 et suivants du Code de Procédure Pénale-
---Nous trouvant au service, - - -
---Disons visionner les cassettes vidéo serie EXCUSE ME volume 3 et 3 bis.- - -
---Dans ces films apparaissent des jeunes femmes tournant des scènes à caractère pornographique (un homme introduit un ou plusieurs doigts dans le vagin, utilisation d'un godemichet les mêmes actrices apparaissent dans les deux films vidéo. -
---Elle sont recrutées par un nommé HARRY qui les racolent sur les trottoirs d'une ville visiblement au Danemark. - - -
---Il propose à une jeune femme la somme de 100 couronnes danoise. - - -
---Au vue de la constitution physique de l'une d'elle il est permis de penser qu'elle n'a pas l'âge de la majorité en France.
---Plusieurs scènes sont tournées dans la chambre 1420 du FALCONNER HOTEL. - - -
---Au dessus de cette enseigne apparait le sigle SAS. - - -
---La fin du film mentionne : HARRY VIDEOART BV - PO BOX 402 1520 AK WORMERVEER HOLLAND, et d'autres inscriptions néerlandais. - - -
---Disons que des planches photographiques seront réalisées par le service VIDEO de l'Identité Judiciaire de notre Direction. - - -
---Dont procès verbal. - - -

LE CAPITAINE DE POLICE

REPUBLIQUE FRANCAISE
PREFECTURE DE POLICE

DIRECTION GENERALE DE LA POLICE NATIONALE

Brigade de Répression du Proxénétisme

P.V 99/

AFFAIRE :

Contre/sarl D[redacted]

OBJET :

MISE SOUS COTE

COTE n° UN
COTE n° DEUX

PROCES VERBAL

L'an mil neuf cent quatre vingt dix neuf.
le premier septembre à dix heures vingt

Nous, **Dominique CIESIELCZYK**
CAPITAINE DE POLICE
en fonction à la B.R.P.

Officier de Police Judiciaire en résidence à Paris
---Poursuivant l'enquête préliminaire, - - -
---Vu les articles 75 et suivants du Code de Procédure Pénale-
---Nous transportons au service VIDEO de l'IDENTITE JUDICIAIRE aux fins d'effectuer des tirages papier de certaines scènes apparaissant dans les vidéocassettes de la série EXCUSE ME volume 3 et 3 bis. - - -
---Selon nos instructions le technicien vidéo effectue : - - -
HUIT tirages papier du film 3 : un d'une jeune femme aux cheveux longs et blonds assise sur un lit, un d'une jeune femme aux cheveux courts blonds devant des voitures, trois d'une même jeune fille aux yeux bleus cheveux courts et blonds, trois de textes apparaissant en fin de film.- - -
PLACONS SOUS COTE N° UN ces huit tirages papier. - - -
NEUF tirages papier du film 3 bis : un de visage d'une jeune fille, trois de jeunes femmes asiatiques, deux de l'enseigne FALCONER HOTEL, trois de la même jeune fille yeux bleus cheveux courts et blonds (personne identique à celle du film 3.
PLACONS SOUS COTE N° DEUX ces neuf tirage papier. - - -
---Dont procès verbal. - - -

LE CAPITAINE DE POLICE

Lors de leur mission de contrôle dans les Sex-shop parisiens, les enquêteurs du groupe des OBM recherchent toutes les nouveautés.

Vigilance oblige. D'un œil aguerri, ils discernent sans trop de difficultés les actrices mineures qui tournent des scènes pornographiques.

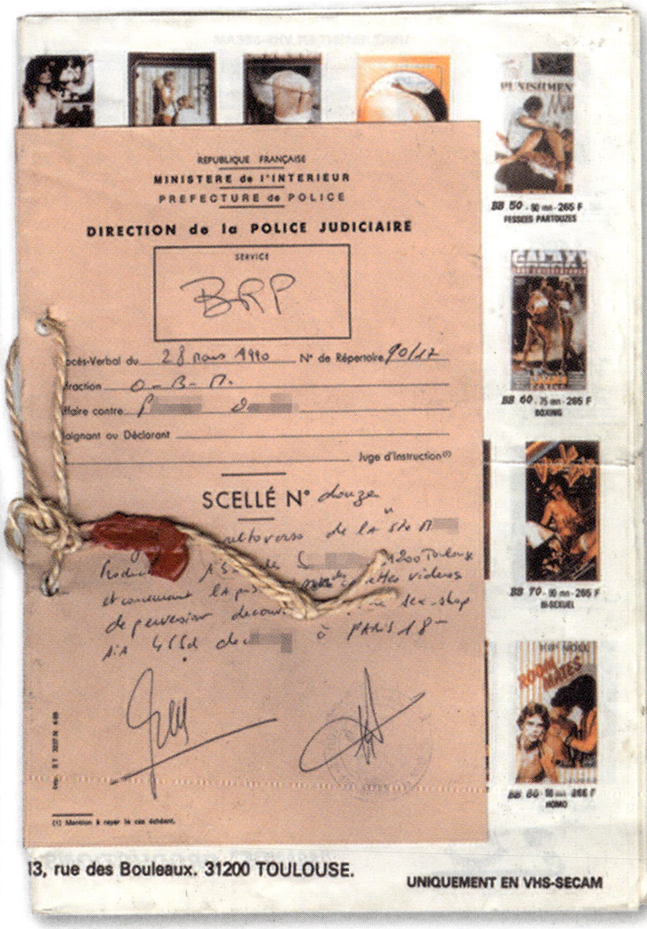

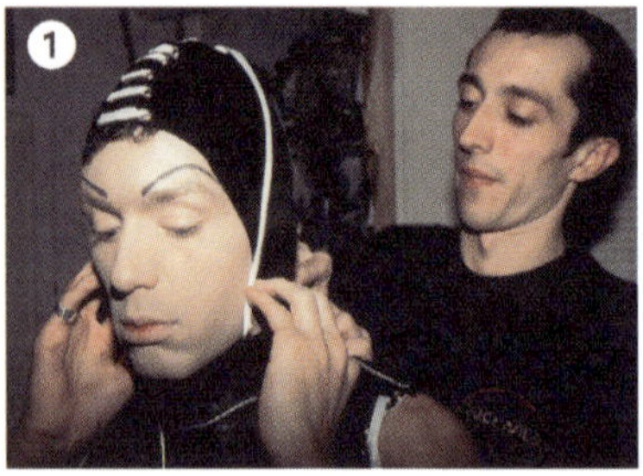

MISS SUE, HOMME LE JOUR, FEMME LA NUIT

En 1988, Stéphane a vingt ans. Il vient de quitter le giron familial à Compiègne, pour suivre à Paris des études de stylisme. Très vite, son agenda est surchargé. Trop vite, au goût de ses parents qui apprennent que leur fils fréquente plus assidûment les bars de nuit homos et la discothèque du Palace que les salles de cours. Une réaction vive et radicale s'ensuit : on lui coupe les vivres. L'époque de la débrouille commence, avec ses aléas et ses rencontres de fortune et d'infortune. La rupture familiale n'est pas totale, sa grand-mère l'aide un peu, le soutient.

«De relation en relation, j'ai commencé à créer des vêtements de théâtre, des accessoires de scène pour des copains. Pendant huit mois, on a vécu à plusieurs, rue d'Aubervilliers dans un squat. Chanel, mon ami travesti, partait tous les jours tapiner au Bois. L'argent qu'il rapportait permettait de descendre à l'épicerie. Aucune prévision à court terme, ni à moyen terme. La rencontre avec mon ami Stéphane, mon homonyme, a tout bouleversé. Atteint du sida, il comptait les jours qui lui restaient, et moi je traînais...

"Écoute-moi, tu es mignon, tu es en pleine santé et tu passes ta vie devant la télé. Bouge-toi. Je te donne quarante-huit heures pour quitter l'appartement." Ébranlé, j'ai activé le système réseau. Le lendemain, j'ai trouvé un lieu, rue Keller. La propriétaire, une artiste, m'a donné ma chance. Exit l'insouciance et le parasitage. Du jour au lendemain, j'ai repris ma machine à coudre, contacté tout le milieu des boîtes de nuit que je connaissais, pour fabriquer des costumes. J'ai même retrouvé des drag queens qui étaient barmaids aux Folie's Pigalle. En quelques semaines, les portants, les cintres et les tissus ont envahi mes quelques mètres carrés. Chaque jour, je transformais les métrages achetés au marché Saint-Pierre en tenues extravagantes. C'était l'époque de la surenchère du look, de la course à la tenue la plus folle... Plus on était looké, moins on payait. Déjà, on entrait à l'œil, et puis ça nous permettait de nous faire inviter durant toute la nuit. Personnellement, je refusais de me travestir, certainement en raison de l'intimité que j'avais partagée avec Chanel... Quand Philippe Fatien ouvre le Queen, en 1992, j'y travaille jour et nuit. Je ne sors plus des loges. Création de costumes, essayages, préparation des défilés... créations... Un soir, j'ai eu une envie insurmontable de monter sur le podium et de danser. Habillé en femme, j'y suis allé, j'ai rejoint les drag queens.

❶ Stéphane dans les loges du "Queen". Le défilé va démarrer, 1992.
❷ Sue et Pétunia au "Queen", en 1993.
❸ Une nuit au "Queen", hiver 1993.
❹ Juste après l'émission de télévision, septembre 1995.

En 1995, deux émissions de télévision, "52 sur la une" sur TF1 et "Envoyé spécial" sur la 2, ont propulsé notre quatuor sur le devant de la scène publique. Nous étions devenues "les drag queens vues à la télé", "ces hommes à la personnalité à la fois masculine et féminine".

la Gay pride *de 1997 à Paris.*

Hommes le jour, reines la nuit : Philippe, qui s'occupait des comptes d'une banque, devenait Lady Barclays, Vincent le coiffeur était Pétunia, Éric, dit La Chose, tenait le vestiaire du Queen, et moi, le styliste, j'étais Miss Sue.

Après des années de galère, nous étions connues. Reconnues. On nous invitait partout. Il nous est arrivé de nous faire arrêter en voiture parce que nous avions trop bu : pas de souci, c'était les drag queens de la télé ! En tant que people, nous avons tourné dans les boîtes de nuit de toutes les régions de France. Lady Barclays avait pris conscience qu'il était temps que nous pensions à assurer nos arrières professionnellement. "Nous, les garçons habillés en femmes, nous commencions à passer de mode. Les Boy's Band et les 2B3 arrivaient sur les podiums. Ils dansaient et en plus, ils chantaient."

La troupe : Chose, Barclay's, Sue et Laetitia en Drag Queens, le 4 juillet 1998 à Ibiza.

Courant 1997-1998, nous sommes partis travailler à Ibiza. Notre force : ma machine à coudre. Je nous habillais tous pareils. Nous formions une vraie troupe et non pas des fortes personnalités rassemblées autour d'un même spectacle. Il n'y a que le maquillage et les chaussures que chacun choisissait à son goût.

En 1998, le mouvement des drag queens se féminise encore plus. Beaucoup pensent à se faire opérer, à transformer leur corps. À devenir de vraies femmes. Nous, nous restons des hommes habillés de manière féminine. Nous avions trop de galas. Un vrai travail à plein temps. Lady Barclays et Pétunia ont choisi d'arrêter. Bien que travaillant dans le spectacle, le statut d'intermittent nous a toujours été refusé…

Des soirées privées à gros budgets aux tournages de films d'animation, nous sommes passées à la phase organisation. Sur les flyers des soirées, ce n'était plus : "Avec La Chose et Miss Sue", mais "La Chose et Miss

Flyers pour les nuits spéciales "Drag superstar" au "Gibus" et au "Queen" 1998-1999.

❶ Carton d'invitation pour la soirée privée organisée par La Chose et Miss Sue, le 20 novembre 1991, dans un appartement.

❶

Sue organisent". Nous faisions travailler les autres drag queens, les DJ, les gogos, les comédiens de rue… Ces soirées privées nous ont conduites tout droit au tribunal. Nous avions pris l'habitude de louer des appartements à des propriétaires pour une nuit ou un week-end. Nous arrivions avec tout : les plastiques pour protéger les murs, le bar, la sono, les vestiaires… Ces soirées fonctionnaient en pré-ventes.

Un soir, fin 1999, rue du Sentier, la police a débarqué. Tapage nocturne. Le propriétaire, qui participait à la soirée, a tenu à s'expliquer avec les policiers. Le lendemain matin, cinq PV l'attendaient dans sa boîte aux lettres. Le tribunal l'a condamné à 15 000 francs d'amende. Pour nous c'était très cher.»

La Chose dans une soirée privée en novembre 1999.

D'acteurs, ils étaient devenus organisateurs de soirées pour homos et hétéros. Le milieu de la nuit en 2000, avec ses soirées à thèmes, était bien différent de celui des années quatre-vingt-dix. Les répressions et les sanctions policières ne visaient plus les mêmes phénomènes de société. Le groupe des cabarets qui ne fonctionnait, en 2000, qu'avec cinq policiers, avait été obligé de laisser les nuits parisiennes en friche. Les fonctionnaires de la PUP avaient occupé le terrain et sévissaient.

«Sur ces entrefaites, nous avons décidé, La Chose et moi, d'arrêter les soirées privées. Cela devenait trop risqué. La Chose a rencontré un ami, ils ont ouvert un restaurant. Je me suis retrouvé seule, sans ma moitié. Je ne me sentais plus aussi à l'aise dans ce corps que j'habillais en femme. Trop d'excès. Trop de Tout. Trop de Trop.

En voyant des photos de moi, avec la barbe et le teint gris, j'ai compris que c'était la fin de Miss Sue. J'ai décidé d'arrêter net. Mes perruques sont à la cave dans un carton, tous mes costumes à la benne. On ne peut plus vivre comme nous l'avons fait durant toutes les années quatre-vingt-dix. Les mœurs ont beaucoup changé.»

Miss Sue et le patron du bar de "l'Interface", rue Keller, janvier 1999.

Soirée dans les Frigos de Paris, hiver 2000.

Aphro et Miss Sue à l'aube, 2001.

Un esclave contraint de rester la bouche ouverte pour les plaisirs de son maître SM.

LES ANNÉES 2000 LA MONDAINE AU XXIe SIÈCLE

LE COMMISSAIRE DIVISIONNAIRE DANIEL RIGOURD, PATRON DE LA BRP DE 2000 À 2004

« En 1970, après avoir passé le concours d'officier de police adjoint, je quitte la gendarmerie pour la préfecture de police de Paris. Affecté à la première brigade territoriale, j'intègre successivement le commissariat d'Auteuil, celui de la porte Dauphine, avant de connaître le "Stalag 17", du 17-19 rue Truffaut, à savoir le commissariat central du 17e arrondissement. En 1974, je réussis le concours d'inspecteur principal. Je descends alors d'un étage dans le même bâtiment, du quatrième au troisième, de la brigade territoriale au commissariat de quartier. Sous les ordres du commissaire principal Paul Laisné, j'alterne une semaine au flagrant délit, une semaine

8 h 00, le patron de la BRP arrive au service.

au bureau des plaintes. Dix à quinze par jour : du vol de portefeuille au voisin grincheux…

En 1979, je sors 9e sur 109e de l'école des commissaires de Saint-Cyr-au-Mont-d'Or. Après trois mois à la deuxième brigade territoriale, au commissariat de la rue Achille Martinet dans le 18e, M. Roger Poiblanc, le sous-directeur du 36, me convoque pour me faire savoir que le patron de la dixième brigade territoriale à Issy-les-Moulineaux, M. Jean Dufour, souhaite m'avoir comme adjoint. J'y fais mon trou. Je m'y plais beaucoup pendant quatorze mois, jusqu'à ce que le patron du 36, M. Michel Guyot, m'annonce qu'il est nécessaire et indispensable pour de jeunes commissaires de faire une tournée des commissariats de quartier. Une sorte de compagnonnage… Seule consolation : on vous laisse le choix de l'arrondissement. Je suis revenu aux sources. Porte Dauphine, 75 rue de la Faisanderie dans le 16e. Nous avions une partie du bois de Boulogne et le haut du 16e.

Puis, mon cursus professionnel m'a amené du service départemental de police judiciaire du Val-de-Marne à Créteil, en tant que chef de section des antennes territoriales, au cinquième cabinet des délégations judiciaires aux Affaires économiques et financières. Me sentant mis au placard, en tant que responsable syndical, j'ai demandé à quitter la direction de la PJ pour aller vers les services techniques. J'ai déposé mon rapport de demande de mutation. Le patron du 36 quai des Orfèvres, M. Pierre Touraine, a refusé. Je suis resté au "5e cab" quelques mois, avant de migrer vers la cinquième division de la PJ (5e, 13e et 6e arrondissements), puis comme adjoint à Nanterre au SDPJ 92, et comme patron à la 6e DJP (avenue du Maine dans le 14e, qui traitait des 7e, 14e et 15e arrondissements).

Après le 94, le 92, le 93 en 94 ! Le 7 avril 1994, je prends les commandes du SRPJ 93. Après six ans de bons et loyaux services à Bobigny, à cinquante-quatre ans, le directeur du 36, M. Gérard Girel, me confie la direction d'une brigade centrale : la BRP.

Le 2 octobre 2000, quand je rentre dans mon bureau au 3 rue de Lutèce, mon adjoint, le commissaire principal Patrick Yvars, m'accueille. Nous passons plusieurs semaines à faire le point, à mettre sur pied la stratégie à définir, car la brigade déborde de travail, mais est exsangue en effectifs. Mon prédécesseur a subi violemment les effets collatéraux de la création de la PUP. Les politiques ont préféré privilégier la police visible, en tenue, à la police d'investigation. Au passage de l'an 2000, tous les services centraux étaient amputés de fonctionnaires. La BRP n'a pas échappé à cette règle, alors que les visages de la prostitution et du proxénétisme étaient totalement transformés. Le temps des julots casse-croûte des années soixante, soixante-dix, avec ses filles amoureuses de lui, était dépassé.

21 h, le chef de la BRP est toujours dans son bureau. Il prépare avec ses hommes une opération d'envergure pour le lendemain 6 h 30.

À partir des années quatre-vingt, la femme a conquis son indépendance. Avec la libération des mœurs, les services de police judiciaire ne se sont plus intéressés aux proxénètes de la même manière. Afin de soutenir son activité, mon prédécesseur le commissaire Yves Castano a pris en charge la partie jeux du Groupe courses et jeux. La partie courses n'a pas bougé, tandis que les affaires concernant les cercles de jeux, le contrôle des bars où étaient installées les machines à sous, relevaient désormais des seuls services de la direction de la Police judiciaire. Ces missions passèrent sous le contrôle de la BRP. Au sein de la BRP, le groupe des souteneurs avait disparu au profit du groupe des jeux. Les six fonctionnaires avaient dû apprendre très vite les règles de l'escroquerie en matière de Bingo et de vidéo-poker.

Bingos et vidéo-pokers

Les Bingos, dans leur présentation générale, ressemblaient aux billards électriques connus sous le nom de “flippers”. Ils étaient constitués d'un caisson rectangulaire (appelé plateau) légèrement incliné. Face au joueur se trouvait un second caisson appelé “fronton”. Ces appareils, appelés jeux de hasard, ne faisaient appel qu'à la dextérité du joueur à conserver la bille le plus longtemps possible sur le plateau. Les gains s'exprimaient sous forme de points qui s'affichaient sur un tableau.

Vidéo-poker mis sous scellé, par le groupe des jeux.

Les vidéo-pokers ressemblaient à une borne à jeux. Ils étaient installés sur des meubles hauts. Sous l'écran se trouvaient plusieurs boutons que le joueur manipulait. La mise sous tension s'effectuait par une pression exercée sur le bouton central. Cinq cartes à jouer apparaissaient alors, reproduisant les combinaisons de poker. Au joueur de réaliser la meilleure combinaison. Sur l'écran s'affichait le montant des crédits, le nombre de points obtenus et le montant de la mise engagée. C'est l'achat ou le paiement des crédits réalisés qui étaient répréhensibles. L'appareil se transformait alors en machine à sous, uniquement acceptée dans les casinos.

Dans ce type de jeux, les parties gagnantes généraient des parties gratuites, mais en aucun cas de l'argent. Afin de rentabiliser le système, les cartes informatiques des machines étaient trafiquées, ce qui permettait au patron du bar de monnayer les parties gagnantes en argent liquide. La plupart des machines provenaient d'Italie et de France. Des sociétés de location de machines se sont créées. Elles se sont vite multipliées, avec à leur tête des gérants de paille. En filigrane, les grands noms du banditisme. La base des négociations reposait sur le même schéma, quels que soient les démarcheurs : 50 % des recettes pour le bistrotier, les 50 % restants pour le placier.

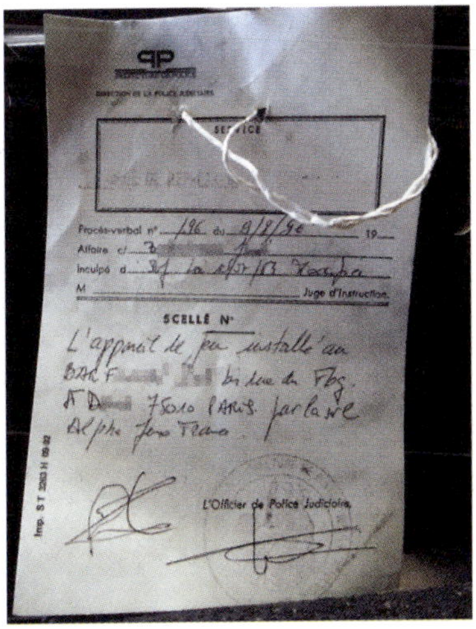

Des gens modestes, devenus addicts du jeu, y perdaient toute leur paie, leur santé psychique et leur intégrité. Il n'était pas rare d'entendre de la bouche des voyous : “On peut plus compter sur les machines que sur les filles.”

Le groupe des jeux essayait de faire des flagrants délits dans les bars, d'être présents au moment de la remise d'argent entre le joueur et le patron ou de démanteler une société à travers son parc de machines, en ciblant l'aspect financier. Le but était de frapper le gérant, ou le vrai donneur d'ordres au portefeuille. Les machines à sous étaient alors saisies.

À mon arrivée, en octobre 2000, le service tournait à petit régime, avec quarante-cinq fonctionnaires. Le moral n'était pas au plus haut. Chacun faisait son travail avec les moyens du bord. Le groupe des cabarets n'avait que cinq fonctionnaires. Les gérants des établissements de nuit, qui avaient l'habitude d'avoir la visite de la Mondaine, ne les apercevaient que très épisodiquement, laissant ainsi le terrain ouvert à nos collègues de la PUP.

Si on enlevait les cinq policiers affectés au groupe des cabarets, il ne me

4 grand paris

Le plus vieux crime du monde se porte bien

20 minutes-Paris *du 26 février 2003.*

restait que quarante policiers, dont trois femmes, répartis en six groupes de cinq à six personnes : Voie publique ; Jeux ; Réseaux ; Répression du proxénétisme immobilier ; Contrôle et documentation. Et un binôme qui contrôlait les sex-shops et les peep-shows : la Cellule.

L'arrivée massive des filles de l'Est

À partir de 1996, nous avons vu arriver massivement des filles de l'Europe de l'Est sur les trottoirs parisiens. La chute du mur de Berlin a ouvert l'ère de la libre circulation, mais aussi le temps de l'immigration vers l'Ouest.

En 2000, les prostituées franco-françaises tirent la sonnette d'alarme. Les filles de l'Est : les Albanaises, les Kosovardes, les Bulgares, les Ukrainiennes, les Roumaines, les Moldaves leur prennent du travail. Excédées, les métropolitaines en parlent aux fonctionnaires du Groupe de contrôle et de documentation, dont la mission est de contrôler les prostituées sur la voie publique.

Ces filles ont connu une vie difficile, elles rêvent d'une vie plus facile. Leur parcours de l'Est vers l'Ouest est très emblématique. Un copain d'école ou un amoureux leur fait miroiter un ailleurs plus heureux où ils pourraient se retrouver et s'aimer. Là-bas, en France ou dans un pays de l'Europe de l'Ouest, un ami à lui pourra lui trouver une place de bonne à tout faire ou de serveuse dans un bar ou un restaurant.

Sans contrainte, confiantes, elles se présentent le jour dit avec leur valise. Mais le copain a été retenu. D'autres personnes, des amis à lui, sont présents pour les accompagner à bon port. De là, le périple commence. Elles passent, de préférence de nuit, sur des bateaux rapides, les Scafis, de l'Albanie à Bari en Italie du Sud, puis remontent en train ou en voiture vers l'Europe du Nord. Des bruits ont couru qu'en Europe il y avait des camps de séquestration où les filles à leur arrivée étaient violées, puis battues, voire même exécutées, si elles étaient trop indisciplinées et récalcitrantes. Je maintiens qu'il n'y avait pas de camp sur le territoire français. Je ne peux pas être aussi affirmatif pour d'autres pays…

En Moldavie, les proxénètes achètent des adolescentes pour 60 à 100 euros… Nouvelles esclaves modernes, elles travaillent sans répit sous la contrainte, sur les trottoirs parisiens.

Au service, nous mettions les filles vingt-quatre heures en garde à vue, le temps nécessaire pour les mettre en confiance, afin qu'elles nous donnent des renseignements sur leur proxénète. Certaines nous disaient : “Moi, je préfère être à Paris, sur le trottoir, qu'enfermée comme une sardine dans une vitrine à Amsterdam. Sur le trottoir, on peut discuter avec d'autres consœurs, on n'est pas seule dans son aquarium…”

Quand les premiers réseaux des filles de l'Est sont tombés, les proxénètes se sont adaptés. Au début, ils venaient avec les filles et descendaient dans le même hôtel qu'elles. Ensuite, ils ont commencé par choisir un hôtel différent, avant de décider de ne plus passer la frontière, ce qui était trop risqué. Ils ont opté pour le système de la ramasseuse. Une égérie ou une ancienne maîtresse du proxénète, placée au sein du groupe des filles, était chargée de les surveiller et de ramasser l'argent. Un coup de fil, un coup de Thalys, et les billets arrivaient à Bruxelles ou à Amsterdam. Nous avons eu quelques affaires qui mettaient en cause des chauffeurs de bus internationaux.

Les mamas et leurs filles

En parallèle, il y a eu l'arrivée des Africaines avec le système des mamas. Trois pays, le Ghana, le Cameroun et le Nigeria, fournissaient les plus gros contingents. Notre point faible résidait dans le fait que ces jeunes femmes demandaient dès leur arrivée à Roissy, à peine le pied posé sur le territoire français, l'asile politique. Avec un passeport de Sierra Leone, vrai ou faux, elles pouvaient demander le droit d'asile à cause de la guerre qui y sévissait. Pour statuer sur leur état, il fallait en moyenne huit mois. Trop de temps. Un délai beaucoup trop long. Elles disparaissaient dans la nature…

Prostituées africaines recrutées par la filière des "mamas".

La filière chinoise

En 2000, j'ai commencé à m'inquiéter de la prostitution chinoise. Mon groupe de contrôle et de documentation les avait repérées à République, à Belleville, à Strasbourg-Saint-Denis… Âgées de trente à quarante ans, elles arrivaient des provinces du Nord. Habillées comme des ménagères, un cabas à la main, elles marchaient autour des stations de métro, devant les vitrines des magasins et proposaient aux hommes intéressés des passes allant de 50 à 200 francs dans des hôtels du quartier ou des appartements loués. D'autres femmes travaillaient pour des réseaux. Le recrutement se faisait alors par petites annonces dans les journaux, ainsi que dans le quartier chinois de la capitale. La prestation proposée pour une heure était annoncée à 800 francs. La prostituée gardait 50 % de ses gains, les 50 % restant revenaient à la structure.

L'événement

Ils prostituaient des Africaines sur les maréchaux

ILS RECRUTAIENT des jeunes filles en Afrique puis les obligeaient à se prostituer sur les boulevards des maréchaux. Neuf membres de ce réseau international de prostitution comparaissent ce matin devant le tribunal correctionnel de Bobi-

du trafic. Cette Nigériane de 25 ans aurait pris la fuite dans le nord de l'Europe. Ses complices, tous originaires de pays anglophones d'Afrique de l'Ouest, installés en Seine-Saint-Denis, dans le Val-d'Oise et à Paris, comparais-sent pour proxénétisme et complicité de proxé-

Saint-Denis. A la même période à Paris, les trottoirs des boulevards des maréchaux commencent à être envahis de jeunes prostituées africaines.

L'enquête prend un tour décisif le 25 novembre 2001 lorsqu'une Nigériane, Grace Wil-

Ghanéen de 42 ans et sa femme Joye, 32 ans, qui hébergeaient les filles à Garges-lès-Gonesse (Val-d'Oise), sont interpellés. Herod reconnaît que les jeunes filles vivaient chez lui. « Nous avons rencontré Edith et Aaron Kodua, son petit ami Ghanéen, dans une église pentecôtiste de Sarcelles. Elle m'a demandé d'héber-

Majoritairement en situation irrégulière en France, ces femmes arrivaient soit par des filières d'immigration illégales, soit en obtenant un visa touristique en Chine moyennant 50 000 à 60 000 francs. Dès leur arrivée, elles sollicitaient l'asile politique. Une "grande sœur" les accueillait. La caution était de 3 000 à 3 500 francs. Une association, à Belleville, qui était une école de langue chinoise, servait de boîte aux lettres. Donnée au moment du départ par les gens du village comme un sésame, cette adresse circulait entre compatriotes à Paris.

Les "marcheuses chinoises" font inlassablement des allers-retours sur le trottoir aux alentours des bouches de métro Bonne Nouvelle et Strasbourg-Saint-Denis.

Ces femmes ne parlaient que quelques mots de français. Quand elles n'étaient pas employées illégalement dans la confection ou dans la garde d'enfants, elles se prostituaient. Les transferts d'argent étaient effectués par l'intermédiaire de Chinois en règle. Ces enquêtes étaient difficiles à concrétiser du fait de leur méfiance, de leur méconnaissance totale de la langue française, et du fait qu'elles refusaient de témoigner contre leur proxénète de peur des représailles auprès de leur famille demeurée en Chine.

Avec l'explosion des différents réseaux de prostitution, filles de l'Est, Africaines et Chinoises, les affairent se sont multipliées. Il nous a fallu réorganiser le service. Nous étions en 2001. Il fallait absolument que je mette du monde sur la voie publique, mais je n'avais pas assez de fonctionnaires.

J'ai fait fusionner le groupe de contrôle et de documentation avec la Cellule, pour créer le GCPP : Groupe de contrôle de la prostitution et de la pornographie. En plus des missions traditionnelles du contrôle des prostituées, des peep-shows et des sex-shops, j'invitais le chef de groupe à réaliser de petites affaires de proxénétisme, de voie publique ou à l'intérieur des établissements. L'alternance politique ayant eu lieu en 2002, les effectifs sont remontés dans les différents services. La police d'investigation avait une nouvelle écoute bienveillante.

Compte tenu des bilans de la brigade dans les années 2002 et 2003 et de l'évolution du phénomène des jeux, j'ai souhaité que ce groupe quitte la BRP.

En février 2004, le groupe des jeux descendait du cinquième au quatrième étage, de la BRP à la BRB. À travers ce monde des machines à sous se profilaient les figures du grand banditisme. Comme Michel Ardouin dit le porte-avion, grand ami de Mesrine, qui fut interpellé le 18 mars 2003 par la BRP avec une douzaine de comparses… comme Souhel Hanna-Elias, homme de confiance de Francis Vanverberghe dit Le Belge (abattu le 27 septembre 2000, dans le 8e arrondissement)… comme bien d'autres noms…

ASSEMBLÉE

Sarkozy accroît les moyens contre le proxénétisme

Henri Paillard

Le gouvernement est décidé à intensifier la lutte contre la prostitution et le proxénétisme. Nicolas Sarkozy a annoncé hier, au cours du débat sur le projet de loi sur la sécurité intérieure, une augmentation du nombre des fonctionnaires affectés à cette action. Quand le ministre de l'Intérieur a pris ses fonctions, il y avait dix-huit personnes à l'Office central pour la répression de la traite des êtres humains ; le nombre va passer à cinquante cette année. A la brigade de répression du proxénétisme, il y avait vingt fonctionnaires ; il y en aura cinquante cette année. Nicolas Sarkozy a certes reconnu que ce n'était pas suffisant mais, pour lui, cela constitue au moins un début.

Plus de fonctionnaires seront affectés à cette action

Cette question de la répression de la prostitution et de son corollaire, l'exploitation sexuelle des êtres humains, a dominé les travaux des députés. Le débat a été empreint de gravité car les députés ont parlé de questions assez sordides, comme la tyrannie exercée sur des femmes *« devenues une marchandise »*, l'esclavage moderne, les réseaux mafieux qui dominent la prostitution et l'argent recyclé dans ces activités. Ils ont aussi parlé des clients, notamment ceux qui ont recours aux prostituées mineures ou handicapées.

Deux chiffres ont été cités par le ministre de l'Intérieur, qui donnent l'ampleur du problème à traiter : il y a actuellement entre 15 000 et 18 000 prostituées, dont 7 000 à Paris. Il relève une forte progression des actes de proxénétisme, estimée à 30 % pour l'année dernière. *« Je n'ai jamais dit que ce texte allait régler tous les problèmes,* a rappelé Nicolas Sarkozy, *mais il commence à les régler. »* Il a rappelé aussi que la loi en discussion était *« conforme à la convention de Palerme sur les trafics de personnes humaines »*.

Pour la gauche, ce texte est en grande partie uniquement répressif, comme l'a estimé Christophe Caresche (PS, Paris). *« Où placer le curseur »* entre *« ordre moral »* et répression, a demandé Ségolène Royal (PS, Deux-Sèvres), qui souhaitait surtout légiférer sur la prostitution *« forcée »* et le proxénétisme. Mais, comme l'a fait remarquer Martine Billard (Verts, Paris), on peut observer que le clivage traverse les groupes politiques. Mme Royal a insisté sur le fait qu'il fallait lutter contre cette forme d'esclavage, demandant au ministre de favoriser un effort d'éducation. De son côté, Claude Goasguen (UMP, Paris) a pu faire valoir qu'il n'y avait pas de prostituées *« libres »* et qu'il fallait donc intensifier la lutte contre les proxénètes.

Priorité : la voie publique

Par le jeu des affectations et des mutations, j'ai pu créer un nouveau groupe : la Voie publique n° 2. Je suis allé recruter à la sortie des écoles de police et parmi mes anciens fonctionnaires. Enfin, nous avions deux groupes : la VP1 et la VP2. Deux unités complémentaires pour travailler sur la voie publique, pour démanteler des réseaux en provenance d'Afrique, de Chine et d'Europe de l'Est. Les résultats furent probants.

Quand j'ai passé les commandes de la BRP au commissaire divisionnaire Guy Parent, à l'automne 2004, le service, avec ses cinquante-trois fonctionnaires, était, je pense, très opérationnel.»

ARNAQUES AU DÉSIR

Escroquerie

Six peep-shows fermés rue Saint-Denis

183, RUE SAINT-DENIS (IIe), HIER. L'un des six peep-shows fermés lors d'une vaste opération de la brigade de répression du proxénétisme. Trois personnes ont été interpellées pour escroquerie. Cette affaire vient apporter de l'eau au moulin des riverains, excédés par les nombreux abus, racolage incessant, passants insultés, générés par ce type de commerce.

Le Parisien *du 21 juin 2000.*

Même s'ils ont tendance à se raréfier de nos jours, les peep-shows s'égrènent toujours le long des artères proches des gares, auparavant empruntées par les militaires en goguette, mais surtout rue Saint-Denis, haut lieu touristique de l'érotisme et de la pornographie.

Leurs façades colorées et lumineuses, aux accès opacifiés, inspirent le mystère et réveillent les fantasmes chez le passant crédule, cible privilégiée des strip-teaseuses et des animateurs-rabatteurs. Debout sur le seuil, ils guettent leurs victimes, les persuadent de rentrer avec un talent remarquable. La naïveté étant leur dénominateur commun, ces proies potentielles présentent principalement le même profil : originaires de province ou touristes étrangers, dépourvus d'expérience.

Une fois à l'intérieur, le naïf pris au piège de sa curiosité se voit proposer un catalogue représentant de superbes créatures couchées sur papier glacé. Les poses suggestives de ces jeunes femmes dénudées éveillent alors son désir, d'autant que le prix d'appel pour un strip-tease intégral se veut modique, de l'ordre de 20 à 30 euros. Le menu comprend également des spectacles plus ardents, aux noms évocateurs («sensation», «jusqu'au plaisir», «pénétration») à des tarifs croissants. Généralement, le client opte pour le show de base et se voit conduit dans un salon privé, petite pièce intime au décor soigné. Il est invité à prendre place dans un fauteuil face à la danseuse, laquelle l'autorise à se masturber alors qu'elle commence son effeuillage. Aucune vitre ne le sépare de la belle, ce qui va faire naître chez lui un sentiment de possession érotique.

Dès que le désir du client est perceptible, et alors que le spectacle promis demeure volontairement inachevé, la belle lui demande de rajouter un peu d'argent pour en avoir plus, ce qu'on appelle une relance. À ces fins, le terminal de paiement se trouve bien souvent placé aux pieds du gogo, qui demeure ainsi continuellement dans l'ambiance et sous la pression de son propre désir qui augmente crescendo. Les paiements se succèdent au rythme des promesses qui convergent, dans la tête du client, vers l'idée d'un acte sexuel, coït qui n'aura toutefois jamais lieu.

«Si tu rajoutes 200 euros de plus, tu auras le droit à un show avec pénétration.» C'est le coup de grâce, la phrase qui fait tilt dans l'esprit de l'homme qui s'exécute, gagné par l'impatience et l'irrésistible influence de l'excitation. Cet état d'agitation va retomber quand la professionnelle aura finalement une relation vaginale avec… un sex toy.

Ainsi, il n'est pas rare que certaines victimes soient capables de se dépenser 1 000 à 2 000 euros en moins de trente minutes. La strip-teaseuse étant rémunérée au pourcentage, plus les enchères grimpent, plus elle empoche. Il reste néanmoins difficile d'évaluer les gains de ces filles, clés de voûte de ce système pernicieux. Jamais pénurie de personnel n'ayant été constatée, on peut supposer que l'activité est rentable… Une fois délesté de son excitation et de son argent, le client dupé se trouve envahi par un sentiment de honte et de culpabilité l'emportant sur la frustration. Il n'ose porter les faits à la connaissance de la police, préférant enfouir ses scrupules afin de préserver

La strip-teaseuse est rémunérée au pourcentage. Plus le client paye, plus la fille gagne. Alors…

Arrestations/XIVe

Les strip-teaseuses se prostituaient dans le peep-show

LE NEW SEX PARADISE, rue de la Gaîté (XIVe), portait un peu trop bien son nom. Recueillant les confidences d'habitués de ce peep-show — un client affirmait avoir payé pas moins de 2 300 F (350,63 €) pour une fellation dans cet établissement — les policiers de la brigade de répression du proxénétisme (BRP) se sont invités dans les lieux jeudi. Pas pour suivre les spectacles torrides des jeunes femmes, mais pour s'assurer qu'elles y faisaient bien commerce de leurs corps. Ce qu'elles ont fini par admettre pour deux d'entre elles. Le délit n'aurait toutefois pas été constitué si les enquêteurs n'avaient alors pu démontrer que deux animateurs du lieu et deux gérants étaient parfaitement au courant que les jeunes femmes ne se contentaient pas de se déshabiller derrière des vitres sans tain. Et que de surcroît, elles reversaient plus de la moitié du prix de la passe à leurs employeurs. Les deux animateurs et les deux gérants ont été placés en garde à vue. Si les deux animateurs ont fini par admettre avoir mis en relation certains clients et les jeunes femmes, les gérants ont nié en bloc. Alors que les policiers sont parvenus à démontrer que l'établissement percevait 5 000 F (762,25 €) par jour de cette activité inavouable.

R.C.

Le Parisien du 6 mars 2001.

Authenticité, intimité, relaxation thaï, le but est d'attirer le client à l'intérieur de l'établissement. Ensuite, il revient aux filles de l'enrôler et de le pousser à toujours en demander plus, et donc à payer plus, plus…

son honneur, ou tout simplement… sa situation familiale. De fait, très peu de plaintes parviennent aux oreilles des policiers de la BRP.

L'année 1999 voit l'enregistrement de multiples plaintes, à la suite d'escroqueries commises dans les peep-shows de la rue Saint-Denis, où une nouvelle vague de gérants vient de prendre le pouvoir. Six établissements changent ainsi de mains pour atterrir dans l'escarcelle de deux frères, individus originaires de Seine-Saint-Denis. Ni l'enquête qui va suivre, ni les rumeurs locales ne révéleront s'il s'agissait de la conséquence d'une vente classique ou de la mise en place de sociétés écrans par les anciens gérants. La gestion de ce genre d'établissement impose d'être titulaire d'une licence d'entrepreneur de spectacles, précieux sésame délivré, au même titre que pour le cirque, par la Drac (direction régionale des affaires culturelles). Le défaut de cette licence constitue un délit.

Les visites des policiers permettent d'éviter les dérives potentielles, comme des actes de prostitution qui se produiraient à l'intérieur des cabines, relations sexuelles tarifées qui rendraient le responsable des lieux coupable de l'infraction de proxénétisme aggravé. De plus, la protection des mineurs justifie également ces inspections périodiques. En matière d'escroquerie, les policiers décident, en 1999, de collecter les plaintes et de patienter : ainsi, ils s'aperçoivent que les "frères" commencent progressivement à avoir des intérêts multiples dans la rue. Par ailleurs, l'appétit tentaculaire de cette fratrie les conduit à investir dans un bureau de change à proximité immédiate des établissements dont l'importante fréquentation laisse les enquêteurs perplexes.

Face au désintérêt des magistrats pour la matière, les policiers décident de n'enquêter que sur un seul peep-show. Agissant dans un cadre juridique les privant de tout moyen coercitif, ils se présentent au sein de l'établissement et invitent les gérants à les suivre dans les locaux de la Brigade. À l'issue des auditions, suffisamment d'éléments à charge ayant été mis en exergue, les deux frères sont placés en garde à vue mais refusent que des perquisitions soient faites, comme le leur permet la loi dans ce cadre juridique. Les auditions qui se succèdent permettent d'évaluer l'ampleur des escroqueries et d'apprendre que les filles sont rémunérées entre 20 et 50 % de la somme qu'elles rapportent.

Les clients sont habilement amenés à signer des abonnements qu'ils payent de 5 000 à 40000 francs, persuadés qu'ils auront droit à des prestations sexuelles. Tous les coups sont permis. Ainsi, l'une des filles avait poussé le vice jusqu'à faire jouir les clients dans un préservatif qui était ensuite numéroté et accroché au mur, «dans l'attente d'analyse», avant un rapport sexuel promis. Certains hommes épris arrivaient avec leurs valises, persuadés qu'ils allaient partir en voyage avec leur égérie. D'autres étaient conduits dans des bijouteries pour quelques cadeaux, etc.

Après avoir bénéficié d'un entretien avec leur avocat, les "frères" acceptent les perquisitions qui, étrangement, seront infructueuses. Devant les éléments recueillis, qui mettent en cause toute une chaîne de responsabilités, et au vu des investigations restant à conduire, le procureur de la République décide d'ouvrir une information judiciaire du chef d'escroqueries en bande organisée. Pour que l'enquête soit plus efficace et plus aboutie, la Brigade de recherche et d'investigation financière est également saisie du dossier. L'enquête révèle des transferts réguliers de liquidités vers Israël, base arrière des "frères". Les versements sont constitués de sommes légèrement inférieures à 5 000 francs, de manière à ne pas éveiller les soupçons des services fiscaux ou policiers.

D'autre part, une perquisition du bureau de change va permettre une étrange découverte, probablement une erreur de ménage : des chèques français impayés. C'est le détail qui démontre le lien avec les peep-shows, et qui ficelle cette affaire. Les chèques proviennent de paiements effectués dans les établissements érotiques ; comme les noms des sociétés sont très proches, il est aisé d'en falsifier l'ordre pour les faire passer sur la comptabilité du bureau de change. Six mois d'enquête auront été nécessaires pour mettre fin à cette gigantesque escroquerie aux mécanismes structurés ; pas moins de dix interpellations émailleront cette procédure diligentée de janvier à juin 2000.

Lors de leur comparution devant le tribunal correctionnel, les deux frères écoperont de deux ans d'emprisonnement.

IIe ▸ Ils dénoncent le « racolage visuel » des commerces érotiques

Le ras-le-bol des riverains de la rue Saint-Denis

Trop d'agression verbale, visuelle et physique devant les peep-shows. La coordination des riverains du quartier dépose plainte au commissariat du IIe arrondissement. Pour eux la situation ne cesse de s'aggraver, depuis 1997. La rue a vu s'ouvrir 16 boutiques très spécialisées, au point de compter 42 établissements dont 23 sex-shops, un sauna et 17 peep-shows.

LE NEW SEX PARADISE PROPOSAIT À SES CLIENTS LA NOMINÉE DU HOT D'OR

Fin 2000, les rumeurs courent dans le milieu des peep-shows. Rue de la Gaîté, les clients pourraient, après le strip-tease, obtenir quelques gâteries...

Le groupe de contrôle de la prostitution et de la pornographie vise le peep-show New Sex Paradise. Les policiers interrogent les clients à la sortie de l'établissement . «Pour quelle prestation avez-vous payé ? Comment cela se passe-t-il ? Peut-on se faire pratiquer une prestation sexuelle ?»

L'un des premiers interlocuteurs repart offusqué face à l'interrogatoire policier : «Rien ne s'est passé.» L'enquête s'enlise, jusqu'à ce qu'une ancienne strip-teaseuse du New Sex Paradise, partie après un différend financier, vienne donner quelques renseignements confidentiels aux officiers de la BRP : «On se prostitue au 35. Il y a du beau monde.»

Les surveillances reprennent. L'un des clients avoue : «Je viens de me faire pratiquer une fellation pour la somme de 2 300 francs !» Sur cette déposition, le 6 mars 2001, les policiers investissent immédiatement les lieux en flagrant délit. Ils arrêtent l'animateur, et le conduisent au service avec les cinq strip-teaseuses et les deux autres employés. Dans la soirée, le gérant, son associé, et le second animateur sont placés en garde à vue. Quatre des cinq filles déclarent «pratiquer quotidiennement des fellations et des masturbations dans les cabines du peep-show à des clients habitués, avec l'accord des animateurs. Un langage de codes et de signes était établi entre eux, pour éviter les malotrus et les indiscrets. Les caissiers gardaient 70 % des sommes versées par les clients».

L'un d'eux finit par avouer qu'avec l'assentiment du gérant, présent tous les jours, les fellations et les masturbations sont admises et autorisées. Les gains atteignent plus de 5 000 francs par jour. Les deux associés, tous deux bons professionnels des peep-shows depuis plusieurs années, prétendent maladroitement aux policiers qu'«ils ignorent tout de la prostitution des strip-teaseuses et qu'ils ont été réellement abusés par leurs animateurs. Ils ne comprennent pas».

Le 8 mars 2001, à l'issue de la prolongation de leur garde à vue, le gérant et son associé sont déférés devant le parquet. Le juge d'instruction Georges Caddeo délivre alors une commission rogatoire à la BRP, qui va passer au crible le registre du personnel du New Sex Paradise. Celui-ci révèle le nom d'une vingtaine de filles, dont celui d'actrices du porno. L'une d'elles avait décroché le Hot d'or des films porno, un atout majeur pour ne pas faire mentir le New Sex Paradise.

À partir du 16 mars 2001, les dix cabines et les cinq salons du peep-show sont restés fermés pour une période de deux mois.

LAURA SCHLEICH, PROXÉNÈTE À VINGT ET UN ANS

Deux jeunes femmes viennent rendre compte au groupe des réseaux de leur aventure. Plutôt de leur mésaventure. Elles ont toutes deux répondu à une annonce passée dans un journal gratuit : «Cherche mannequin-escort». Le premier contact téléphonique les a amenées à se rendre à un rendez-vous fixé dans un hôtel parisien. La fille qui les a reçues était vulgaire, brutale. Elle leur a fait comprendre qu'«il fallait qu'elles couchent». Elles n'étaient vraiment pas venues pour ça. Elles ont été remerciées vertement et mises à la porte.

Les policiers du groupe des réseaux remontent jusqu'à une femme qui se sert du site «elite-agence.com». De ravissantes créatures, brunes, blondes, blacks, asiatiques y exhibent leurs mensurations de mannequin. Elles s'appellent Lisa, Angel, Naomi, Amanda, Estelle, Clarisse, Cristal. Officiellement, elles sont «mannequin-escort-girls». Mais la consultation du site laisse peu de doutes sur leur spécialité professionnelle : «Je vous invite à découvrir en douceur les charmes d'une rencontre coquine et complice. Je suis élégante, sensuelle, joueuse, entreprenante et très chaude... Alors à bientôt.» Les tarifs sont explicites : 2 500 francs l'heure, 12 000 francs la nuit, 20 000 francs le week-end.

Derrière «elite-agence.com», une jeune femme allemande, inconnue jusqu'alors des services de police : Laura Schleich. Son identification permet de mettre son téléphone sur écoute. Les conversations de la jeune proxénète révèlent que trente filles travaillent pour elle. Des apprenties mannequins, des jeunes chômeuses, des étudiantes désargentées, des comédiennes en manque de gros cachets... Recrutées par petites annonces, elles reversent 40 % de leurs gains à Laura, qui gère toute la logistique. Hommes d'affaires, personnalités du show-business, la clientèle est sélectionnée, triée

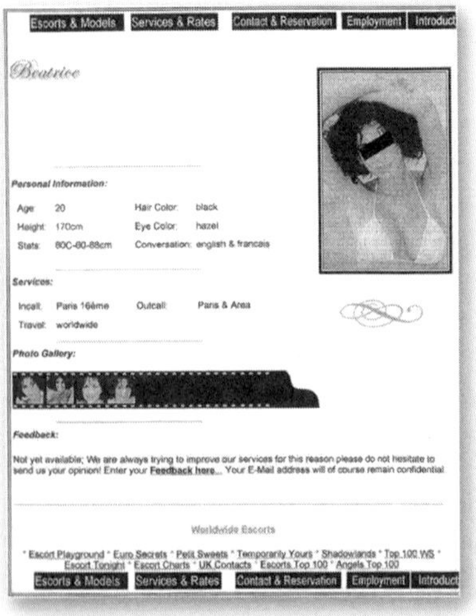

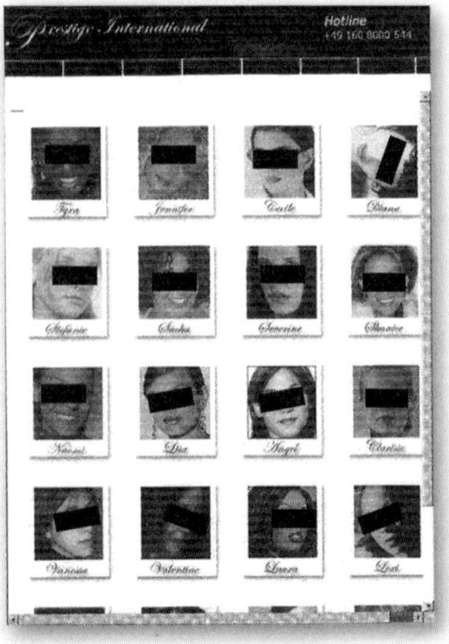

Laura recrute des futures call-girls par petites annonces, pour la plupart apprenties mannequins ou étudiantes. Après leur avoir fait signer un contrat, elle diffuse leurs photos et mensurations sur Internet.

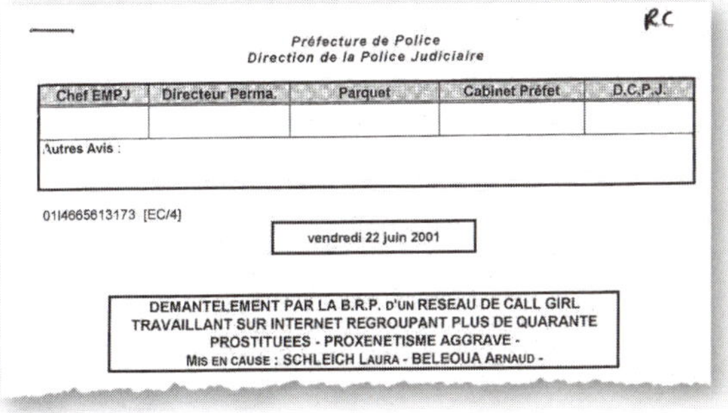

Préfecture de Police
Direction de la Police Judiciaire

Chef EMPJ	Directeur Perma.	Parquet	Cabinet Préfet	D.C.P.J.

Autres Avis :

0114665613173 [EC/4]

vendredi 22 juin 2001

DEMANTELEMENT PAR LA B.R.P. D'UN RESEAU DE CALL GIRL TRAVAILLANT SUR INTERNET REGROUPANT PLUS DE QUARANTE PROSTITUEES - PROXENETISME AGGRAVE -
MIS EN CAUSE : SCHLEICH LAURA - BELEOUA ARNAUD -

Le 21 juin 2001, Laura Schleich est présentée au juge et placée sous mandat de dépôt.

sur le volet. Certaines filles ont même droit à gravir les marches du Palais du festival à Cannes.

«Laura se montre très directive, colérique, dure, voire même désagréable avec ses clients et ses filles. Elle n'est pas méfiante, elle parle ouvertement, en détail, des prestations sexuelles. Laura n'est pas une femme d'affaires comme l'étonnante Margaret McDonald, l'autre "Madame Claude". Laura a d'ailleurs travaillé jusqu'en 2000 comme prostituée dans le réseau des quatre cent cinquante filles de Margaret. Son but est de faire la fête, de trouver un mec, d'avoir des copines pour sortir, de séduire. Elle vit un peu n'importe comment. Elle change régulièrement de voiture de sport, d'hôtel de luxe. N'a pas de compte en banque, règle tout en liquide. Elle flambe son argent. Se brûle aux passions qu'elle génère.»

Le 20 juin 2001, le groupe des réseaux interpelle Laura Schleich dans un hôtel à Créteil. Mise en garde à vue, elle reconnaît difficilement les faits, même devant l'évidence. Ses propres paroles enregistrées sur les écoutes téléphoniques ne font que la condamner. Elle parle ouvertement d'un hôtel de haut de gamme pour les rendez-vous, la villa Saint-Didier, des mensurations des filles, des tarifs des prestations. Elle avoue avoir été embringuée dans un réseau allemand de call-girls dès l'âge de 17 ans.

Laura, proxénète à 21 ans

Grâce à Internet, une jeune Allemande dirigeait en France 40 prostituées. Tarif : 2.500 F de l'heure.

all-girls. Certaines
lles de ce réseau
e prostitution de luxe
ouvaient se faire
usqu'à 100.000 F
ar mois.

lles s'appellent Naomi, Ambre, Shanice, Lola, Jasmine… Elles sont brunes, blondes, blacks, iatiques et exhibent leurs menurations de mannequins. Officielment, ces ravissantes créatures nt des «escort-girls». Mais la

Le Parisien *du 27 juin 2001.*

Tandis que Laura est en détention préventive, les investigations orientent l'enquête vers d'autres objectifs, d'autres cibles : l'affaire Margaret McDonald.

MARGARET MCDONALD : LA NOUVELLE MADAME CLAUDE BRITANNIQUE

Le 21 juin 2001, le groupe des réseaux interpelle Laura Schleich, qui dirige une quarantaine de call-girls à Paris. Avant de monter son propre réseau, cette jeune Allemande de vingt et un ans avait fait ses classes chez une dénommée Margaret. Laura ne dirige-t-elle pas une succursale parisienne du réseau de Margaret ?

Executive woman, Margaret, la Britannique nomade, a pour habitude de passer des petites annonces dans l'*International Herald Tribune* afin de proposer les services de ses escort-girls, mais également pour y rechercher de nouvelles recrues. Elle demande à ses filles d'envoyer directement l'argent au journal, pour payer les annonces. C'est plus discret et plus sûr. L'*International Herald Tribune* est le quotidien mondial par excellence. Édité à Paris, imprimé dans vingt-huit villes du monde, il est lu dans cent quatre-vingts pays. Il est le support idéal pour toucher une clientèle fortunée américaine et anglo-saxonne d'hommes d'affaires, de financiers, de diplomates…

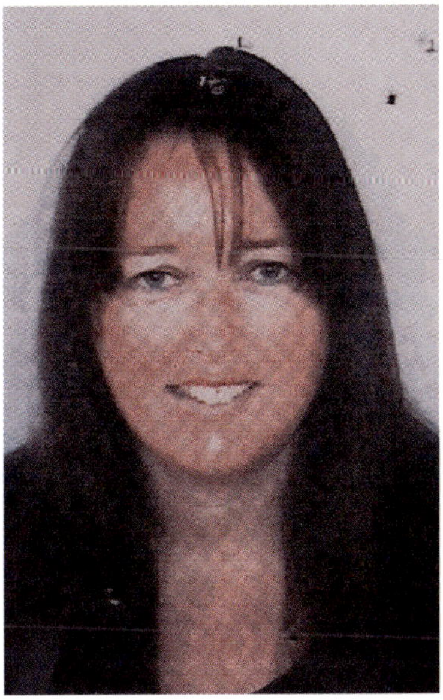

Diplômée de l'École polytechnique de Londres, Margaret McDonald monte une multinationale du sex-business.

À Neuilly-sur-Seine, au siège de l'*International Herald Tribune*, les enquêteurs découvrent que tous les registres des annonces d'une certaine Margaret

Margaret expose sur ce site les photos de ses escorts.

renvoient à la même agence, European Escort Agency, et au même site Internet, «eurescorts.com». Le système est très simple. L'annonce papier qui propose les services d'escorts mentionne un numéro de téléphone. À l'autre bout du fil, une voix de femme répond. Elle annonce les tarifs, 1 000 euros de l'heure, et prend le numéro de téléphone du client, qui sera appelé directement par l'escort.

Les policiers découvrent que trois numéros de téléphone différents sont mentionnés sur les annonces : l'un pour la Grèce, l'autre pour l'Italie et le dernier pour la France. Les trois renvoient à l'European Escort Agency, c'est-à-dire Margaret McDonald. En parallèle, une certaine Margaret McDonald a déposé plainte à Nice pour le vol de son sac qui contenait son téléphone portable... Le groupe des réseaux rebondit sur cette information : «Nous savions qu'elle venait deux fois par an en France. Nous avions à ce moment-là une description succincte : une femme brune, intellectuelle, sûre d'elle, quarante-trois ans, 1,75 m, d'une forte corpulence, à savoir une centaine de kilos. Considérée comme une femme d'affaires, elle paraît gérer son réseau du sexe comme une entreprise. Les surveillances des conversations téléphoniques sur les trois numéros durent des semaines. On apprend qu'elle voyage beaucoup, qu'elle a un pied-à-terre en Italie, un en Grèce. Quand elle vient en France, elle descend dans des hôtels trois étoiles où elle a ses habitudes. Elle parle beaucoup à ses filles, auxquelles elle va jusqu'à confier les secrets de sa vie sentimentale, ses déceptions... Elle a un rapport très amical avec ses protégées. Elle utilise des prête-noms : Caroline, Annabelle, Helena, etc., mais n'utilise pas de faux papiers.»

Au bout de six mois d'écoutes, les policiers savent avec précision que Margaret a soixante filles en France, qu'elle habite en Grèce dans la banlieue d'Athènes, qu'elle a des clients réguliers, qu'elle vit dans l'opulence, le luxe (caviar et champagne) et l'oisiveté. Elle ne voyage qu'en 1re classe. Bardée de diplômes supérieurs : École polytechnique de Londres, École supérieure de commerce de Reims, elle se présente comme une gérante d'affaires. Elle sait que son sex-business est illégal, mais qu'il permet de dégager beaucoup, beaucoup d'argent.

«À la fin du sixième mois, en avril 2002, on apprend qu'elle va venir à Paris. Elle se rend avenue Wagram pour un casting, afin de choisir de nouvelles escorts. Après les avoir photographiées et interrogées, elle prend un taxi pour se rendre dans un hôtel du 17e arrondissement, là où elle a ses habitudes parisiennes.»

Sur place, l'équipe du groupe des réseaux l'attend. Margaret est interpellée. Les policiers saisissent son passeport, les clés de ses appartements à Milan et à Athènes, et cinq mobiles et quinze cartes Sim. Dans sa chambre d'hôtel, ils mettent la main sur la pièce maîtresse : l'ordinateur qui recèle ses trésors !

«Le disque dur contient tout : la liste minutieuse des 440 filles de tous les pays européens : 120 en France, 100 en Italie, 47 en Allemagne, 33 en Suisse, 27 en Grèce, 23 en Grande-Bretagne, 16 en Espagne, 14 en Autriche, 7 en Turquie, 2 aux États-Unis, 2 à Dubaï, 1 en Afrique du Sud, 1 en Russie... ainsi que 30 taxi-boys. Mais aussi, le lieu et la date des rendez-vous avec tous les clients depuis des années, ainsi que le montant des prestations… Une mine de renseignements. On a trouvé des jeunes filles âgées de vingt à vingt-cinq ans, mannequins, mais aussi des profils en marge, des femmes comme tout le monde, secrétaires, fonctionnaires, désireuses d'arrondir leurs fins de mois.»

Auditionnée à la BRP, Margaret commence par tout nier dans un français parfait, l'une des nombreuses langues qu'elle maîtrise avec l'anglais, l'espagnol, l'italien, l'allemand, le grec. Elle a aussi de bonnes notions d'arabe et de japonais. Lors de sa garde à vue, Margaret McDonald explique aux policiers qui l'interrogent qu'elle comprenait bien qu'elle était en infraction en France, mais qu'elle ne pouvait pas imaginer qu'elle allait faire de la prison. Elle n'aurait jamais dû mettre le pied sur le sol français… Son séjour allait durer : huit mois de préventive à Fleury-Mérogis dans un premier temps.

Le jugement du tribunal ne la laissera pas repartir hors de France. Elle passera de longs mois dans une geôle française.

PROSTITUTION *Bardée de diplômes et polyglotte*

Mme Margaret et ses 450 « filles »

Tanguy Berthemet

D'une « Mme Claude », Margaret Mac Donald n'avait pas grand-chose. Au contraire, elle affichait les allures de la parfaite « executive woman ». Ses papiers la disent britannique, née à Bedford il y a quarante-trois ans. Cette grande brune, *« un peu forte »*, collectionne les diplômes : celui de l'Ecole polytechnique de Londres, de l'Ecole supérieure de commerce de Reims, auxquels se sont ajoutées des cours à la Sorbonne. Elle se dit *« gérante d'affaires »*. Et, pourtant, Margaret est tombée le 6 mai, interpellée par les hommes de la brigade de répression du proxénétisme (BRP) qui la soupçonnent d'être à la tête d'un réseau de prostitution, comprenant près de 450 « filles » dans le monde entier.

Depuis plusieurs années, la PJ parisienne tentait de suivre cette Britannique nomade. Vivant entre ses résidences de Londres, Athènes ou Milan, mais passant le plus clair de son temps de palace en palace, tout en se méfiant de Paris. Le 20 juin dernier, l'arrestation de Laura Scheich offrira la première piste sérieuse aux enquêteurs. A 21 ans, cette Allemande dirigeait une quarantaine de call-girls dans la capitale. Et elle avoue avoir fait ses débuts sous la houlette de Margaret. Mais, pour les policiers, l'organisation de Laura n'est autre que la *« succursale »* parisienne de celle de Margaret. De filatures en investigations, les spécialistes, agissant sur une commission rogatoire d'une juge parisienne, parviennent alors à retracer les lignes de ce circuit arrosant les principales villes d'Europe mais ayant des *« correspondantes »* jusqu'en Afrique du Sud, en Israël, aux USA, voire en Argentine.

La méthode est toujours la même. Margaret, elle-même ancienne « escort girl », bénéficiait de nombreux contacts dans le monde des affaires et du show-biz. Chefs d'entreprise en vue, vedettes, sportifs et autres riches cadres formaient un véritable fichier clients. Des annonces étaient également diffusées sur Internet ou dans de grands journaux internationaux. Ces quelques lignes, *« general escort girl »* ou *« escort girl internationale »*, accompagnées d'un numéro de téléphone servaient à recruter de nouveaux membres mais aussi des jeunes filles intéressées par le « métier ». Au bout du fil, une voix donnait les rendez-vous et annonçait les tarifs : 1 000 euros l'heure, dont Margaret gardait 40 %. Les « escort » s'affichaient également sur des sites Internet.

« Elle était très méfiante et possédait quelque quinze téléphones portables », explique l'un des enquêteurs. Début mai, la BRP est parvenue à appréhender Margaret, avenue de Wagram (VIIIe), non loin d'un grand hôtel où elle devait rencontrer deux « employées » et une nouvelle recrues. Sur elle, on devait saisir cinq téléphones mobiles, autant de cartes SIM, mais surtout un ordinateur portable. Sur le disque dur, une liste, avec le nom et les coordonnées de 440 « girls » et d'une trentaine de « taxi boys ». Agées de 20 à 25 ans, jolies, elles semblent présenter des profils assez divers. *« On trouve des jeunes filles en marge du monde du mannequinat, mais aussi des gens comme tout le monde, secrétaires ou fonctionnaires désireuses d'arrondir leurs fins de mois. »*

Interrogée, Margaret a nié, dans un français parfait – l'une des six langues qu'elle maîtrise avec l'anglais, l'espagnol, l'italien, l'allemand, le grec sans oublier de bonnes notions d'arabe et de japonais – toutes les accusations. Selon elle, jamais elle n'a forcé ses employés à avoir des relations sexuelles. L'argument n'a pas eu l'heur de convaincre. Elle a été mise en examen pour *« proxénétisme aggravé »* et incarcérée à Fleury-Mérogis. Hier, les policiers, qui tentent de découvrir les nombreux comptes bancaires de la suspecte, insistaient sur le côté *« exceptionnel »* de cette affaire tant par sa dimension que par la personnalité *« hors norme »* de sa *« première dame »*. Mme Margaret pourrait faire oublier Mme Claude.

Le Figaro *du 15 mai 2002.*

MATTHEW BARRETT, NUTRITIONNISTE PROXÉNÈTE POUR MILLIARDAIRES

L'affaire Matthew commence en décembre 2000. Confiée au juge Frédéric N'Guyen, l'enquête se concentre à ses débuts sur un voiturier libanais d'une trentaine d'années, qui conduit les véhicules d'une clientèle très fortunée. À l'occasion, il sert d'intermédiaire pour mettre en relation des clients et des call-girls. Son complice, trente-deux ans, «grand mystique», organise les déplacements des princes du Golfe, qu'il «approvisionne» en jeunes femmes lors de leurs séjours sur la Côte d'Azur ou dans les casinos de la Côte normande. Tous deux font travailler une dizaine de filles. Interpellés par les policiers du groupe des réseaux en avril 2001, les deux proxénètes reconnaissent les faits et mentionnent à plusieurs reprises le nom d'un Anglais : David Matthew Barrett. Rien de plus, sinon que, quand Matthew vient à Paris, il descend dans un hôtel de luxe de l'avenue Marceau. Les deux proxénètes placés en préventive sont libérés en juillet 2001.

Dans le courant de 2002, de nouveaux renseignements sur le dénommé Matthew permettent au groupe des réseaux de mieux situer l'homme. Trente-trois ans, d'origine jamaïcaine, de nationalité britannique, l'homme se présente comme nutritionniste et coach sportif pour une très riche famille du Moyen-Orient. Il voyage beaucoup, fait des tournées au Liban et dans les Émirats, des passages éclairs à Paris. Son hôtel de prédilection, un quatre étoiles, se situe avenue Marceau.

Fin janvier 2003, les écoutes téléphoniques permettent aux policiers de savoir qu'il compte venir à Paris en février. «On est sur place, commente un commandant du Groupe des réseaux. On le voit sortir avec un autre homme.

David Matthew Barrett.

Matthew avec ses amis et complices dans un grand restaurant parisien.

Ils se rendent à l'hôtel Alma-Marceau. De là, ils repartent en Mercedes avec quatre filles. On préfère les laisser filer. On sait qu'il va revenir, car l'on connaît ses prochaines réservations d'hôtels.»

Le 21 mars, sa suite est réservée à l'hôtel Regencia-Élysées, avenue Marceau. Les policiers le cueillent dans ses «appartements hôteliers» en compagnie d'un complice, un descendant d'une grande famille noble anglaise. Les deux hommes se sont connus dix ans plus tôt à Londres. Dans la suite, les policiers mettent sous scellés la parfaite panoplie du proxénète de luxe : des répertoires, un Caméscope numérique Sony avec des cassettes, des cédéroms, des liasses de dollars, un ordinateur portable, des passeports pour les filles, de nombreux relevés d'analyses médicales, pour le HIV, l'hépatite B, les recherches de mycoplasmes et de chlamydiae, faites dans un laboratoire privé du 16e arrondissement au nom des escort-girls et des escort-boys, des notes de frais au Ritz, trois talkies-walkies, des factures de suites dans des palaces à Dubaï, Sao Paolo, Beyrouth, des trousseaux de clés de coffres bancaires, 450 livres anglaises, 1 000 livres libanaises et 24 chèques American Express.

Sur place, dans le lit, il y a un troisième individu, un escort-boy. Il déclare que «les filles ne sont pas là. Elles sont en face, à la résidence Alma-Marceau». Les six beautés brésiliennes sont ramenées rue de Lutèce, à la BRP, pour être auditionnées, en tant que témoins, sur leurs activités et leurs déplacements. Issues du milieu des mannequins, nées entre 1980 et 1984, originaires de Rio et de Sao Paolo, les six jeunes filles confirment avoir été présentées à de riches clients arabes, à des émirs, à des princes arabes par Matthew, afin d'avoir des relations sexuelles avec eux. À Paris, à Dubaï, à Marbella, à Bahrein, chaque fille devait toucher 20 000 dollars pour plusieurs clients. Aucun client ne leur remettait de l'argent directement. L'une d'elles précise : «Les examens sanguins, c'est parce que les princes veulent des rapports sans préservatif. Mais encore une fois, on peut refuser. Le rôle de Matthew, c'est de recruter et de présenter des hommes et des femmes aux princes arabes. Il touche si on accepte d'avoir des rapports avec eux, mais je ne sais pas combien.»

Lors de son audition, le surnommé Matthew, David Barrett, né en août 1970 à Nottingham au Royaume-Uni, célibataire, sans enfants, déclare être «nutritionniste et garde du corps». «J'exerce ces deux activités à travers le monde. Je travaille en indépendant. Je trouve des clients par relations. Au départ, j'ai travaillé pour une agence, et après j'ai fait ma propre clientèle. Mes revenus mensuels varient entre 10 000 dollars et 20 000 dollars payés en espèces. Mes clients sont des gens fortunés, américains ou moyen-orientaux. Je suis payé pour mon travail de nutritionniste et de professeur de fitness. Il m'est arrivé d'organiser des soirées pour un prince milliardaire saoudien.»

Quand le commandant de police demande plus précisément au présumé proxénète : «Vos invités avaient-ils des relations sexuelles avec des émirs, des princes arabes ?» Matthew répond calmement : «Je ne sais pas, c'est leur vie privée.» Durant les premières heures de l'audition, les réponses de Matthew restent évasives.

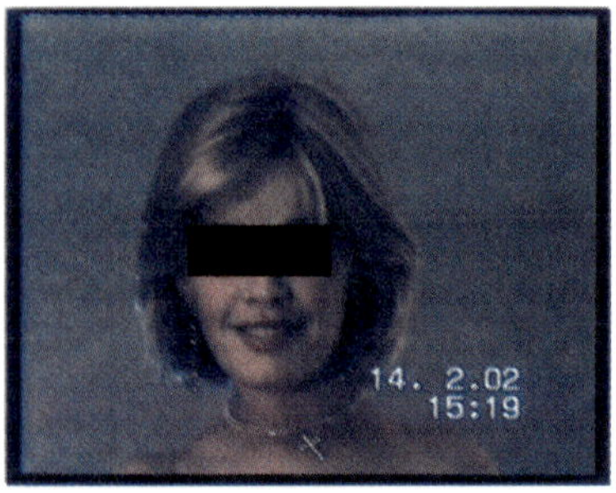

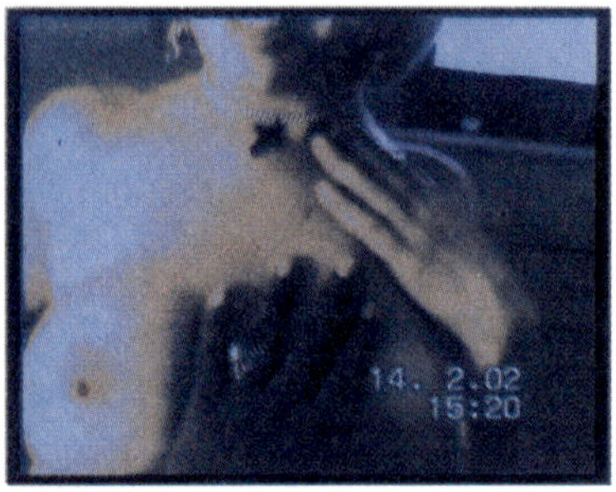

Le 14 février 2002, dans un appartement, 9 jeunes femmes défilent devant la caméra pour un casting.

LES FAITS DIVERS

L'affaire qui secoue le monde des stars

PROSTITUTION. L'arrestation, fin mars, d'un proxénète présumé dans un palace parisien risque d'éclabousser plusieurs stars de cinéma. Ce suspect, salarié d'un prince d'Arabie saoudite, affirme avoir fourni des prostituées de luxe à des vedettes.

DANS LA CATEGORIE « prostitution de luxe », les policiers de la BRP (brigade de répression du proxénétisme) estiment avoir réussi un coup de maître. « Des ex-mannequins pour une clientèle extrêmement huppée avec des profits considérables », résume l'un d'eux. Et en bouquet final, l'apparition en « guest star » de l'acteur vedette Leonardo DiCaprio, cité dans cette procédure instruite à Paris par le juge Francis Debons.

Personnage central de ce qui ressemble beaucoup à l'affaire De Niro, David B..., dit Matthew, 33 ans. Cet Anglais d'origine jamaïcaine a été « cueilli » le 21 mars dernier dans un palace de l'avenue Marceau, à Paris, alors qu'il rentrait d'une « tournée » au Liban et à Dubaï. Il ne s'agit ni de concert ni de tournoi sportif, mais d'une commande bien particulière financée par un prince d'Arabie saoudite : la mise à disposition d'un cheptel de jeunes hommes et femmes en vue d'ébats sexuels.

Lors de son interpellation, Matthew est entouré de son équipe au complet : un « assistant » présumé, Ramsay A..., 38 ans, cinq beautés brésiliennes, deux Vénézuéliennes, deux garçons et un travesti. Un large panel qui monnaie très cher ses services : pendant les trois mois de la « tournée » moyen-orientale, les prestations étaient rémunérées « 300 dollars par jour ». Lors de la première semaine de mars, le client de Matthew, membre de la famille royale, avait ainsi inauguré sa chaîne de télévision à Dubaï entouré de cette élégante compagnie. De quoi égayer les soirées, alors que les troupes de la coalition s'installaient dans la région. Lors des perquisitions, les policiers ont mis la main sur plusieurs milliers de dollars, des tests sanguins pour vérifier l'absence de maladies vénériennes chez les filles, des catalogues de call-girls, des caméscopes... La parfaite panoplie du proxénète VIP.

100 000 dollars sur un compte parisien

L'affaire a démarré en décembre 2000. L'enquête, alors confiée au juge Frédéric N'Guyen, rendu « célèbre » après avoir placé en garde à vue De Niro, se concentre sur Wissam N..., 30 ans, et Arthur K..., 32 ans. Le premier, chauffeur libanais, transporte une clientèle fortunée. A l'occasion, il sert d'« intermédiaire » pour mettre en relation clients et call-girls. C'est dans ce cadre qu'il rencontre Matthew. Le second est chargé d'organiser les déplacements de princes du Golfe, qu'il « approvisionne » en jeunes femmes lors de leurs déplacements dans les casinos de la côte normande ou de la Côte d'Azur. Lui aussi a eu l'occasion de traiter avec la « tête du réseau », qui a longtemps échappé aux enquêteurs en raison de ses fréquents déplacements.

Au total, une quinzaine de prostituées ont été identifiées dans le cadre de cette affaire. « Une dizaine ont été entendues et ont reconnu les faits, tout comme les deux intermédiaires », assure une source proche de l'enquête. Si Matthew entretenait une relation privilégiée avec un cheik saoudien, il avait aussi, selon les enquêteurs, élargi sa clientèle au milieu du show-biz. Une activité très rentable : sur son compte parisien, Matthew dispose de 100 000 dollars.

Matthew et Ramsay ont été placés en détention provisoire, alors que les intermédiaires sont sous contrôle judiciaire. Mᵉ Santoni, avocat de Matthew, s'est refusé à tout commentaire. Les policiers entendront-ils DiCaprio ? « Il n'apparaît que comme simple client, assure une source judiciaire. Cela n'a rien de répréhensible. De plus, son témoignage n'apporterait rien de plus. »

CHRISTOPHE DUBOIS

Matthew a été arrêté le 21 mars dans un palace de l'avenue Marceau, à Paris. (DR.)

« DiCaprio m'a invité avec mon groupe »

aux policiers qui l'ont interrogé

FACE AUX POLICIERS, David B. a d'abord noyé le poisson. « Je suis garde du corps et nutritionniste. Je travaille en indépendant, trouvant mes clients par relations », prétend le proxénète présumé. Cet Anglais d'origine jamaïcaine natif de Nottingham ajoute même qu'il a fait venir de flamboyantes Brésiliennes chez un émir à Dubaï parce qu'il « les trouvait amusantes. » Au fil des questions, David B., 32 ans, surnommé Matthew, va admettre qu'il fournissait ce prince arabe, ses proches et ses amis en « quantités inchiffrables », en jolies filles, beaux éphèbes et autres travestis... « Mon unique client », jure-t-il. Difficile à croire pour les enquêteurs.

Générosité

Deux filles, chaperonnées par Matthew, se sont ainsi retrouvées en compagnie de l'acteur américain Leonardo DiCaprio en janvier dernier à Paris. L'Anglais dit avoir rencontré le comédien au Man Ray, un restaurant et une boîte sélects. « Il était de passage à Paris pour la première de son film *Gangs of New York*. Il m'a invité dans sa suite au Plaza Athénée avec mon groupe et d'autres convives. Deux filles de mon groupe, Trifta et Renata, ont eu des relations sexuelles. » Mais l'homme précise qu'il n'a pas touché d'argent pour cela.

D'après ce récit, Leonardo DiCaprio a vraisemblablement passé un moment agréable avec deux protégées de Matthew, un personnage que les policiers soupçonnent d'être à la tête d'un réseau de prostitution de luxe. B. se présenta, lui, plus sobrement comme l'employé zélé du prince arabe, le cheik W. « Je suis son instructeur de fitness. On s'est connus en 1988 et je travaille pour lui depuis 1989. Il me paye environ 15 000 € par mois, en espèces. Nous voyageons souvent ensemble. » Début 2003, l'Anglais a participé à un périple de trois mois avec séjour au Liban puis à Dubaï en compagnie d'une dizaine de personnes dont cinq Brésiliennes, deux Vénézuéliennes, deux garçons et un travesti, tous ces gens ayant en commun une plastique de rêve. « Un voyage payé en grande partie par le cheik, le reste par moi. Chaque garçon et fille devaient toucher 300 € par jour. » A ce tarif, la facture au bout de trois mois a forcément été salée. Pourquoi cette générosité ?

« Le cheik l'exige »

Les enquêteurs ont trouvé la réponse dans la chambre d'hôtel de Matthew à Paris, découvrant des tests sanguins destinés à déceler d'éventuelles maladies sexuellement transmissibles. « Le cheik l'exige, moi aussi », convient Matthew, reconnaissant ainsi que les rencontres avaient une finalité sexuelle. « Mais personne n'était forcé », se défend-il. Parmi les filles « invitées » par l'Anglais, certaines déclarent que ce dernier les a présentées à des clients arabes dans des discothèques branchées de Paris. « Des cousins du cheik. Ces filles n'étaient pas payées », réplique Matthew, qui avait pourtant recruté à Paris un chauffeur français pour accompagner et surveiller les « mannequins » dans les boîtes...

Une call-girl a aussi mis en cause un autre Anglais, Ramsay A..., que Matthew exonère de toute responsabilité. Fils de très bonne famille londonienne, Ramsay, 38 ans, se retrouve malgré tout incarcéré pour proxénétisme aggravé. « Ses parents sont effondrés. Leur fils se remet tout juste d'un grave cancer. Matthew, que Ramsay connaît depuis huit ans, l'a invité à Dubaï pour lui changer les idées. Ramsay n'était au courant de rien », affirment Mᵉˢ Alain Fraitag et Olivier Dupont.

GEOFFROY TOMASOVITCH

L'acteur américain Leonardo DiCaprio a été cité par le proxénète présumé lors de son interrogatoire. (ANGELI)

Le précédent De Niro

LA DECISION avait déclenché une vive polémique : le juge Frédéric N'Guyen, qui enquêtait sur un vaste réseau international de prostitution, avait fait entendre comme témoin Robert De Niro, dont le nom était cité dans cette affaire. En février 1998, le magistrat avait dépêché les policiers de la mondaine dans le palace parisien où la star se reposait à l'occasion d'un tournage de film à Paris. Ce qui avait mis le héros de « Taxi Driver » dans une colère noire. Le différend s'était réglé à coups de procédures judiciaires entre le juge et l'acteur. Ce réseau était animé par un homme d'affaires libanais, un photographe de charme et un ancien mannequin. Le schéma de ces réseaux est souvent le même : des jeunes filles, plus ou moins consentantes, qui vendent leurs charmes à prix fort. Des intermédiaires — chauffeurs, DJ... — chargés de trouver des clients fortunés. Et des têtes de réseau, qui « fournissent » des jeunes femmes « recrutées » sur Internet ou dans les agences de mannequins.

C.D.

SAMEDI 26 AVRIL 2003 — 17

Le Parisien

Le Parisien *du 26 avril 2003*

Matthew se tait sur le nom de ses clients milliardaires. Il refuse de révéler leur nom et leur adresse. Il finit par énoncer au bout de nombreuses heures : «Je reconnais que je présente des filles et des garçons en vue de relations sexuelles, mais je ne force personne. Je propose à ces gens de vivre dans le luxe et s'ils ne veulent pas venir, personne ne les oblige. Si les gens me demandent des détails, j'évite de leur donner le nom des clients. Pour les Brésiliennes, je leur avais dit qu'elles gagneraient environ 20 000 dollars.»

Lors de la perquisition dans la suite de Matthew, les policiers ont découvert une photo de l'acteur Leonardo Di Caprio au restaurant le Man Ray, en compagnie de Martin Scorsese et de Daniel Day-Lewis. Matthew confirme avoir rencontré l'acteur au Man Ray : «Il m'a invité dans sa suite au Plazza Athénée avec d'autres invités. C'était pour la première de *Gangs of New York*, en janvier 2003.»

Le complice de Matthew, déclare aux policiers connaître Matthew depuis dix ans, depuis l'époque où il était mannequin, puis de s'arranger quand il vient à Paris «pour être plus près de lui, et de descendre à l'hôtel Alma-Marceau. Il m'arrive même de coucher dans sa chambre, mais pas dans son lit…» Pour toutes les autres questions, concernant son voyage à Dubaï avec Matthew, la présentation de jeunes filles et de jeunes hommes par Matthew à des Arabes du Proche-Orient, son voyage à Beyrouth avec le même Matthew, son complice répond invariablement et laconiquement : «Je ne sais pas… Je ne m'en rappelle pas.»

Au cours de l'enquête, les policiers ont saisi, en espèces, deux fois 100 000 euros, dans deux coffres différents. L'un avait été loué au siège d'une banque d'affaires de grande envergure. L'autre était dans une chambre louée par Matthew à l'hôtel Radison, à l'angle de l'avenue Marceau.

À l'issue de leur garde à vue, David Barrett et son complice ont été placés en détention provisoire. Maître Santoni, avocat de Matthew, s'est refusé à tout commentaire concernant l'affaire Di Caprio, alors qu'une certaine presse s'emparait inexorablement de l'événement.

Qu'en pense alors le juge N'Guyen ? Ce magistrat qui, après avoir déféré Robert De Niro devant la justice dans une autre affaire, a commencé en 2001 l'instruction de ce dossier qui allait rebondir sur l'affaire David Barrett, puis agiter une nouvelle fois le monde des stars avec le nom de Leonardo Di Caprio.

Le magazine *VSD* du 24 août 2003 en témoigne : «Léonard Di Caprio a eu très chaud, il a failli revivre le remake d'une sale histoire déjà vécue par une autre célébrité : Robert De Niro.»

Trois escorts qui travaillent pour Matthew. Dans le bar d'un palace à Dubaï.

Contrôlées et verbalisées plusieurs fois par jour, ces filles préfèrent ne pas se déplacer. Elles sont juste "mal garées", et collectionnent les PV.

Travestis et transsexuels au bois de Boulogne.

LA LOI DU GRAND NETTOYAGE

Sur le bureau de Mme Françoise de Panafieu, élue maire du XVIIe arrondissement en 2001, les plaintes des riverains, des associations du quartier ne cessent de s'accumuler. Trop de bruit, trop de bagarres. Les digicodes des portes sont cassés, les halls d'immeubles détériorés, les garages squattés, les voitures abîmées... la coupe est pleine.

Le nombre des filles ayant quitté les pays de l'Est pour se prostituer à Paris et celui des travestis latinos gonflent de jour en jour. Leurs attitudes ostentatoires, voire obscènes, provoquent la colère et l'exaspération de la plupart des commerçants et des habitants des secteurs qui se disent «salis», «pollués», «occupés» par la prostitution sur la voie publique. Mais que fait la police ? Pourquoi ne règle-t-elle pas cette situation ?

De source policière : «Les quatre mille contraventions délivrées par mois ne peuvent pas régler le problème. Le timbre-amende de 4e catégorie (pour racolage passif), voire plus rarement de 5e catégorie (pour racolage actif), n'ont pas d'action dissuasive suffisante. D'autant que la définition complexe du racolage actif, "incitation directe et non équivoque sur la voie publique ou dans un lieu public à accomplir des relations sexuelles", ne facilite pas le travail des policiers sur le terrain. Preuve de cette difficulté juridique, seuls quinze procès-verbaux pour racolage actif ont pu être dressés dans le 16e arrondissement en 2000. Le préfet de police a confirmé que le port de tenues provocantes ne constitue pas en soi un acte de racolage.» Certaines filles pouvaient être contrôlées et verbalisées plusieurs fois par semaine. Pour elles, c'était «une passe pour rien». Elles collectionnaient les timbres-amendes, mais ne bougeaient pas. Elles se considéraient comme «mal garées». C'est tout. Rien de plus grave. D'autres mesures s'imposaient. Le projet de loi sur la sécurité intérieure de Nicolas Sarkozy a relancé une fois de plus le vieux débat sur le plus vieux métier du monde. Le texte prévoyant l'expulsion des prostituées étrangères et l'interdiction de racolage passif, qui pouvait être passible de deux mois de prison et de 3 750 euros d'amende, n'a pas fait l'unanimité auprès des Français.

Selon un sondage publié le 7 octobre 2002 par *Le Figaro*, «tout en approuvant à 72 % le projet de loi, les Français sont en revanche plus réservés sur les mesures anti-prostitution. Le sujet les divise même en deux camps, presque parfaitement égaux : 47 % se disent plutôt favorables à l'interdiction de tout racolage pour les prostituées, tandis que 46 % y sont plutôt opposés». Un clivage qui reflète la position ambivalente des élus en matière de lutte contre la prostitution. Faut-il l'interdire ? Faut-il la libéraliser ?

France-Soir du 8 octobre 2002 publie un article sous la plume d'Anne-Noémie Dorion :

«Les Français divisés sur le racolage. Faut-il emboîter le pas de la Hollande, qui permet d'organiser le commerce du corps dans des conditions décentes, mais plonge les clandestines dans une descente aux enfers accélérée ? Faut-il suivre l'exemple suédois, qui, en pénalisant les clients des prostituées, lutte contre la souffrance des prostituées parfois au détriment de leur sûreté ?

Malgré des prises de position tendant à l'abolitionnisme, la France ne tranche toujours pas. De la réouverture des maisons closes proposée en juillet dernier par la député-maire du 17ᵉ, Françoise de Panafieu, à l'abolition totale défendue par Anne Hidalgo, première adjointe au maire de Paris, chaque politique français y va de ses propositions.»

Le 10 avril 2003, à la Maison de la mutualité à Paris, Nicolas Sarkozy, ministre de l'Intérieur, de la Sécurité intérieure et des Libertés locales, a exprimé, lors de son allocution destinée à l'ensemble des commissaires, ainsi que des officiers chargés de responsabilités particulières des différentes directions de police, et des cadres des directions administratives de la préfecture de police, pourquoi il a fait voter cette loi sur la sécurité intérieure.

«La loi a été faite pour que nos concitoyens soient plus tranquilles et pour que vous, vous soyez plus efficaces. S'il s'avérait qu'il y ait besoin de quelque complément que ce soit, dites-le nous et nous changerons. La capacité de réactivité est très importante pour vous, mais c'est un impératif pour nous. Alors dans ces nouvelles incriminations, je voudrais que vous pensiez tout particulièrement à la question de la prostitution, qui empoisonne la vie de ceux de nos compatriotes qui vivent dans les quartiers où, à une certaine heure du jour et de la nuit, on ne peut plus rentrer avec ses enfants. Je voudrais vous rappeler que j'ai pris des accords avec un certain nombre de gouvernements étrangers pour que les prostituées en situation irrégulière soient accueillies par des plates-formes d'organisations non gouvernementales dans leur pays. Je pense en particulier à la Bulgarie et à la Roumanie. De ce point de vue, il est très important que nous mettions un terme à l'inflation du processus qui faisait qu'année après année la prostitution étrangère sous toutes ses formes se multipliait dans un certain nombre de nos villes, et notamment dans la capitale. Mais dites-vous bien aussi qu'un coup d'arrêt a été porté à l'impuissance de vos forces de l'ordre que j'avais moi-même, vous vous en souvenez, monsieur le Préfet de police, pu constater une semaine après mon arrivée au ministère de l'Intérieur. Et de ce point de vue, les premières décisions judiciaires, y compris en appel, qui ont été rendues, sont extrêmement encourageantes.»

Les forces de police ont été amenées à appliquer ce texte de loi. La fille ne recevait plus de timbre-amende, elle était embarquée au poste de police de manière coercitive, mise en garde à vue, fouillée au corps, auditionnée sur son identité et sa prostitution. À l'issue de la garde à vue, de vingt-quatre heures au maximum, la réponse du parquet au policier était à 98 % la même : «Vous lui faites un rappel à la loi et vous la libérez.» On relisait le texte de

Prostitution

Goasguen propose de durcir la législation

FACE à une prostitution en recrudescence, dans les bois parisiens et sur les boulevards des Maréchaux, et en mutation avec l'arrivée massive de filles originaires d'Europe de l'Est, les élus reprennent l'initiative. Après la récente démarche de deux parlementaires UDF de Boulogne (Hauts-de-Seine) et de Maisons-Alfort (Val-de-Marne) auprès du ministre de l'Intérieur Daniel Vaillant, c'est Claude Goasguen qui déposait, hier, une proposition de loi. Le député DL, élu du XVIᵉ arrondissement, propose un renforcement de la législation contre le racolage. Il plaide en faveur d'un dispositif pénal sévère et de sanctions crédibles envers les prostituées, mais aussi envers leurs proxénètes « pour lesquels les peines devraient également être aggravées ».

BOIS DE BOULOGNE. *La proposition de Claude Goasguen intéresse très directement le XVIᵉ arrondissement, riverain du Bois de Boulogne, haut lieu de la prostitution.* (LP/ARCHIVES/JEAN-BAPTISTE QUENTIN.)

Revenir à l'ancienne distinction entre racolage « passif » et « actif »

Comme ses collègues, Claude Goasguen propose de revenir à l'ancienne distinction entre « racolage actif » et « racolage passif », en faisant du premier un délit puni de 20 000 F d'amende, assorti d'une peine d'intérêt général, et du second une contravention de cinquième classe.

Cette proposition de loi va très directement intéresser le XVIᵉ, riverain du Bois de Boulogne. Il est rare que la question de la prostitution ne soit pas posée, lors d'un Conseil de Paris, au préfet de police. Lundi dernier, Danièle Giazzi, Gérard Leban et Dominique Cane s'interrogeaient encore sur les mesures prises contre le racolage dans l'arrondissement, et tout particulièrement à l'abord des lycées.

Le préfet de police a confirmé que le port de tenues provocantes ne constitue pas en soi un acte de racolage. La définition complexe du racolage actif (incitation directe et non équivoque, sur la voie publique ou dans un lieu public, à accomplir des relations sexuelles...) ne facilite pas le travail des policiers sur le terrain. Pour preuve de cette difficulté juridique, seuls quinze procès-verbaux pour racolage actif ont pu être dressés dans le XVIᵉ depuis le début de l'année, ainsi que cinq procédures pour exhibition sexuelle (punies de peines d'emprisonnement d'un an et d'amendes de 100 000 F). Un délit autrement plus dissuasif que la contravention.

MARTINE CHEVALET

Le Parisien *du 26 octobre 2000.*

Le projet de loi sur la sécurité intérieure de Nicolas Sarkozy a déclenché la colère des prostituées, qui enchaînent les manifestations de prostestations.

Campagne d'affiches, diffusées en grand nombre.

la loi à la fille, en lui précisant que si on la reprenait encore à racoler sur la voie publique, cette fois-là elle serait sanctionnée. Pour les 2 % restant, la poursuite pouvait être différente, car il pouvait y avoir une infraction connexe : port d'arme, de stupéfiant, situation irrégulière. Dans ce cas, on retient la seconde infraction. Il n'était pas rare qu'une fille soit ramassée cinq à dix fois par mois et qu'elle reparte avec le même rappel à la loi. Si elle est indépendante, elle va finir par changer d'endroit, élire un secteur plus calme, sans policiers. Dix gardes à vue par mois, ça finit par être pénible, lassant, humiliant et c'est surtout un grand manque à gagner. Pendant qu'on les interroge, elles n'ont pas de client. Depuis que le racolage est devenu un délit et non une contravention, les prostituées ont réfléchi et changé leurs habitudes. Certaines Africaines se sont réfugiées dans les squats du 18e, dans les bois en grande banlieue. Les autres et les travestis ont choisi de travailler en camionnette dans les bois de Vincennes ou de Boulogne. Quant aux Chinoises, elles passent inaperçues en marchant à deux avec un sac de commissions, sans maquillage, comme si elles flânaient. Elles ne parlent pas. Elles ne peuvent donc pas être condamnées pour racolage.

Quand on observe la jurisprudence, on constate que les magistrats répugnent à appliquer les textes ; ils sont très réticents à condamner les prostituées. Il est très fréquent d'entendre : «C'est le client qui va à la prostituée, il sait ce qu'il fait et ce qu'il veut, et non la fille qui va au client.» En ce qui concerne les proxénètes, la loi a changé leurs habitudes. Certains ont déplacé leurs filles, les ont envoyées au bois de Vincennes ou en province. D'autres ont préféré les installer à l'étranger, car la loi prévoit que si la prostituée qui est en situation irrégulière en France dénonce son proxénète, elle pourra en échange bénéficier de papiers. Quant à la police parisienne, le préfet de police a souhaité optimiser l'action et la collaboration des services concernant la lutte contre le proxénétisme et le racolage à Paris. Pour cela, une nouvelle unité a été créée au sein de la direction de la police urbaine de proximité : l'Usit (Unité de soutien aux investigations territoriales). Installé en septembre 2003, au 3 et au 5 rue Riquet dans le 19e, ce dispositif d'une cinquantaine de fonctionnaires a été chargé de traiter, vingt-quatre heures sur vingt-quatre, l'ensemble des affaires de racolage générées au cours des opérations de voie publique.

Plus de deux tiers des prostituées sont victimes de la traite des êtres humains.

«Quand la loi du 18 mars 2003 a été votée, les hautes autorités directoriales se sont aperçues que de donner mission à tous les policiers de faire appliquer le texte, ce ne serait pas très efficace. Il fallait un service dissuasif, très spécialisé, capable d'interpeller cent prostituées à la fois.»

«L'Usit n'a pas pour autant supprimé ce domaine d'attribution particulier aux commissariats, qui conservent toute latitude d'agir en la matière», précise la note de service de la DPUP à tous les chefs de service du 16 octobre 2003. Une rapide circulation de l'information entre les états-majors des deux directions (Police judiciaire et police urbaine de proximité) a été instaurée afin d'optimiser la lutte contre le proxénétisme.

DES POLICIERS PRESSÉS ET DES MAGISTRATS PRIS DE VITESSE

Entre police et justice : deux vitesses…

Lundi 5 mai 2003, au tribunal correctionnel de Paris, en comparution immédiate, Véro, une jeune Nigériane de vingt-trois ans, demandeuse d'asile, ne comprend rien de ce qui lui arrive. Elle ne sait ni lire ni écrire et ne parle que quelques mots de français. Dans un anglais très hésitant, elle admet être amenée pour survivre à se prostituer de temps à autre. Elle est debout à la barre, afin d'être jugée par le tribunal pour «avoir publiquement procédé au racolage d'autrui», en vue d'une relation sexuelle tarifée. Véro et trois autres femmes sont parmi les premières mises en cause à être poursuivies à Paris depuis la loi du 18 mars 2003. Véro a été interpellée dans le XVIIIe arrondissement à la suite de plaintes de riverains, relayées par celles des élus. Sur le procès-verbal, les policiers ont inscrit qu'«elle opère à de nombreux va-et-vient et attrape les mains des passants pour les tirer vers les halls d'immeuble». Cette jeune femme a, de ce fait, pour les policiers, une attitude non équivoque : elle racole le client. À l'audience, la prévenue nie : «Je rentrais dans un magasin au moment de mon interpellation. Quand je me prostitue, je marche dans la rue et les hommes me demandent. Je vais chez eux, ils me donnent dix euros, plus des cadeaux. Je n'ai pas de souteneur. Je fais ça pour manger.»

«Ce qui est interdit, c'est le racolage public, actif ou non. Celui susceptible de troubler l'ordre public, la sécurité, la salubrité et la tranquillité. Le délit est caractérisé, il faut le condamner», explique le procureur. Maître Sinègre David, à la défense, plaide pour une procédure floue : «On n'a pas la preuve que cela ait abouti.» À 20 h 15, le tribunal a délibéré. Véro et ses trois consœurs sont relaxées. Les éléments apportés par l'accusation sont insuffisants… Près de deux mois après l'application de la loi Sarkozy, aucune fille ne s'est encore retrouvée à Paris derrière les barreaux, mais le temps des contraventions est bien fini. Les policiers arrêtent à tour de bras, les seconds relaxent à cause de procédures mal ficelées ou insuffisantes.

De la prison ferme pour les prostituées

À la BRP, le langage est très clair : se prostituer sur la voie publique entraîne désormais un passage en correctionnelle. Des peines de prison ferme pourront être prononcées, notamment envers les filles en situation irrégulière. Selon des responsables d'associations spécialisées dans l'aide aux prostituées, deux jeunes femmes ont déjà, ces deux dernières semaines, été reconduites dans leur pays d'origine et six autres sont en instance de départ. Pour l'heure, le climat sur les trottoirs parisiens est à la peur. Chaque soir, des ramassages ont lieu. Le stress augmente, les prostituées s'organisent pour passer au travers des contrôles de police. Certaines modifient leurs horaires et se mettent à travailler par téléphone avec le système des petites annonces, se réfugient dans les squats, les chambres de bonnes, les hôtels, les bars à hôtesses, les salons de massages, les camionnettes…

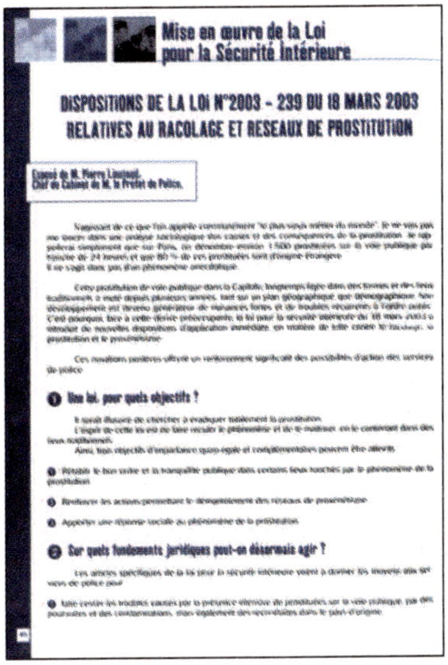

Mise en œuvre de la Loi pour la Sécurité Intérieure

DISPOSITIONS DE LA LOI N°2003 – 239 DU 18 MARS 2003 RELATIVES AU RACOLAGE ET RESEAUX DE PROSTITUTION

1 Une loi, pour quels objectifs ?

2 Sur quels fondements juridiques peut-on désormais agir ?

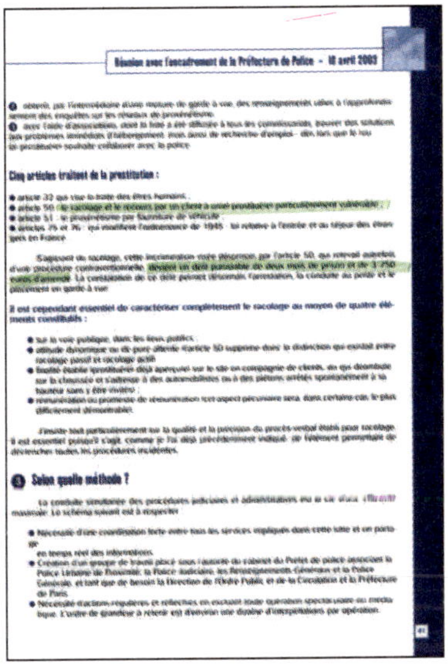

Réunion avec l'encadrement de la Préfecture de Police – 10 avril 2003

Cinq articles traitent de la prostitution :

Il est cependant essentiel de caractériser complètement le racolage au moyen de quatre éléments constitutifs :

3 Selon quelle méthode ?

Le jeudi 10 avril 2003, Nicolas Sarkozy, ministre de l'Intérieur, de la Sécurité intérieure et des Libertés locales, réunissait l'ensemble de l'encadrement de la préfecture de police à la Mutualité, pour présenter les dispositions de procédure pénale et les nouvelles incriminations introduites par la loi pour la sécurité intérieure.

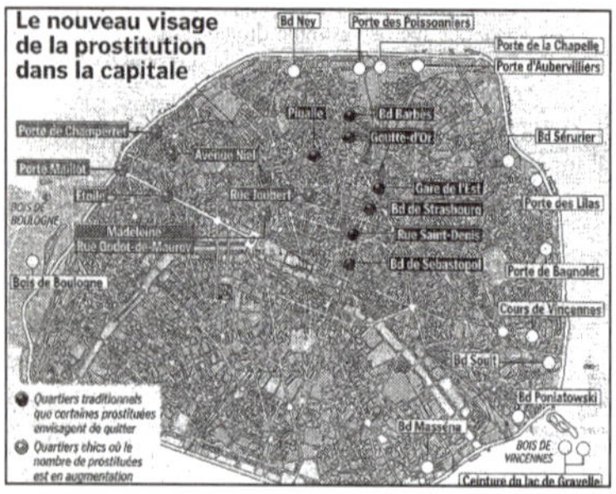

La loi sur la sécurité intérieure a provoqué un déplacement notoire de la prostitution parisienne sur la rive droite de la Seine.

UN, DEUX, TROIS, CHAT POLICIER…

Peur de la police. Peur de la justice. Peur du manque à gagner. Trois mois après l'instauration de la loi du 18 mars 2003, «les filles de joie sont bien à la peine» (*Libération* du 13 juin 2003).

«Avant, explique Cécile, quand on voyait la voiture de police, ça nous rassurait. Les clients savaient qu'on avait de bonnes relations avec eux. Là, dès qu'on aperçoit les inspecteurs, on se cache. Les clients ont compris qu'on n'est plus protégées, ils font n'importe quoi.»

Les policiers recourent à des «prélèvements» qui génèrent peur et insécurité. «Ça monte les filles les unes contre les autres, pourquoi moi et pas elle ? Est-elle protégée ? Donne-t-elle du fric aux flics ?» Le désordre, le désarroi, l'arbitraire, l'hypocrisie sont les maîtres mots des opposants à la loi Sarkozy.

«À Paris, au bois de Boulogne, l'attitude des policiers est totalement irrationnelle, raconte Tania, travesti équatorien. L'ambiance est curieuse, il y a des jours où les flics passent sans rien dire, d'autres où ils font une rafle massive…»

Le 3 juin, un travesti a été verbalisé sous le motif : «homme déguisé en femme hors période de carnaval». Selon Claude Boucher, du Bus des femmes, la loi a amené sur les trottoirs de nouvelles étrangères, encore plus nombreuses : «Les trafiquants gonflent leurs stocks, ils anticipent d'éventuelles expulsions. Les nouvelles arrivées sont encore plus surveillées, plus soumises aux violences de leur proxo. Ils les cognent pour qu'elles ne parlent pas, et les traditionnelles se font bouffer le terrain par ces réseaux.»

L'impunité des trafiquants est telle, selon elles, qu'ils n'hésitent pas à accompagner les filles qui viennent au bus pour bénéficier de l'aide médicale gratuite. Elles ont la peur au ventre, la peur de leur proxo, la peur de la police, la peur de la justice, la peur de leurs clients.

Pour Perlette Petit, vice-présidente de l'association Charonne, «la loi a rendu la prostitution clandestine, la prévention moins visible, l'insécurité grandissante. Les structures d'entraide se sont retrouvées à courir pour savoir où étaient passées les filles. La loi est tombée sans qu'il y ait eu aucune concertation avec les associations spécialisées, les structures de proximité. De son côté, le maire de Paris, Bertrand Delanoë, avait pris des mesures pour fermer le bois de Boulogne en 2003-2004 et faire partir les travestis et transsexuels brésiliens.

La loi a fait un nettoyage en surface, une ville plus propre, mais en dessous, le problème perdure et s'aggrave, du côté humain comme du côté sanitaire. Après mai 68, la prison Saint-Lazare a été fermée, même si elle était très critiquable, le lien existait entre la police, la prévention et les associations. Aujourd'hui, certes les filles n'ont pas à se soumettre à des contrôles médicaux, elles sont libres de disposer de leur corps et de leur maladie, mais pour gagner plus d'argent, elles sont prêtes à accepter des clients qui exigent des rapports sans préservatif. Porteuses du sida et enceintes, elles travaillent ; les amateurs de femmes enceintes et des mères qui allaitent n'hésitent pas à payer quelques billets d'euros en plus. Il est très souhaitable de rétablir un système de prévention en liaison avec la police.»

Photo de surveillance des filles au travail sur les Maréchaux.

UN CAMP DE PROXÉNÈTES SÉQUESTRE DES ADOLESCENTES ROUMAINES QU'ILS PROSTITUENT

L'une des missions prioritaires des groupes de voie publique est de surveiller, d'identifier, de répertorier, de contrôler les filles qui racolent sur la voie publique, et de remonter jusqu'à leurs proxénètes pour démanteler leurs réseaux. Chaque nationalité a ses secteurs privilégiés. Ses territoires. En 2003, les filles de l'Est (Albanie, Roumanie, Bulgarie, anciennes Républiques soviétiques) étaient plus particulièrement regroupées sur les boulevards des Maréchaux : porte de Bagnolet, porte de Montreuil, porte de Vincennes, porte d'Orléans et place du Maréchal-Juin (XVIIe).

Vue aérienne, prise en hélicoptère au dessus du camp de Roms de L'Ile-Saint-Denis.

«En tournant à des moments différents de la journée, pour voir là où il y avait des filles, nous avons constaté que certains soirs, quinze à vingt filles racolaient porte de Clignancourt. De mi-mai à mi-septembre 2003, nous avons mis en place le dispositif habituel : filatures et surveillances. Les filles, des Roumaines, étaient logées dans un camp de Roms installé sur une friche de L'Île-Saint-Denis (93). En deux mois, la densité s'est intensifiée. Il n'y avait plus vingt filles, mais soixante, soixante-dix… qui attendaient les clients. Toutes alignées sur une centaine de mètres. Nous avons identifié sur photographies plus de cent prostituées qui étaient passées entre les mains des Roms de L'Ile-Saint-Denis entre mai et septembre. On pensait alors que leur cheptel pouvait s'élever à cent cinquante jeunes femmes âgées de seize à vingt-deux ans au maximum.

Porte de Clignancourt, les filles amenaient le client dans les parkings, sous le périphérique, dans les voitures ou dans les hôtels du secteur pour une passe de quelques minutes à 20 euros. Des photos aériennes, prises en hélicoptère, nous ont permis de mieux appréhender la structure du camp et son occupation.

Deux grosses familles et un ou deux clans étaient implantés sur ce camp, une friche détenue par le conseil régional. Chaque famille et chaque clan avait : ses prostituées ; ses chauffeurs pour conduire tous les matins les filles et les ramener la nuit ; ses surveillants en poste sur les lieux de passe pour la discipline. Un chef, le "Secretarul" (juge), gérait les conflits entre les familles pour la possession de telle ou telle fille.

En parallèle, la Brigade des mineurs travaillait aussi sur notre objectif : des gamines en bas âge étaient envoyées mendier dans le métro, voler dans les magasins… Ils enquêtaient de leur côté.

Nous sommes parvenus à identifier le chef et son adjoint, et à cibler leurs activités. Ils se rendaient en Roumanie pour acheter des adolescentes (majeures ou mineures). Contre quelques billets, les parents, les petits amis

Le 22 septembre 2003, 200 policiers investissent le camp.

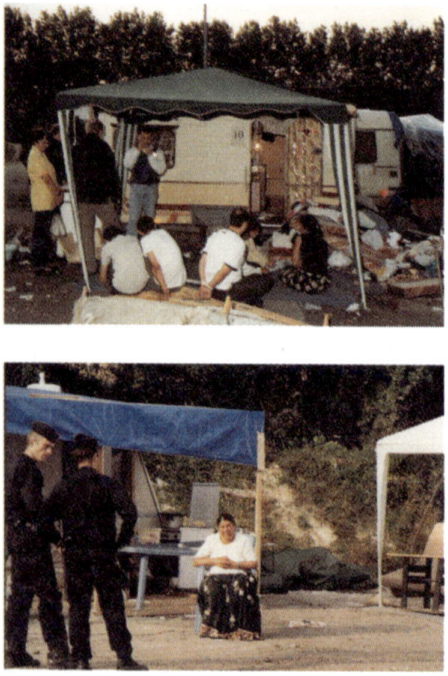

Tous les hommes de la BRP sont sur le terrain. Ils sont renforcés par des policiers d'autres brigades centrales et du SDPJ 93.

vendaient la fille. En cas de refus, on les enlevait de force. Les filles voyageaient en voiture, en minibus, en car jusqu'à leur destination prévue.

Sur place, trois surveillants étaient chargés de placer les plus dociles directement sur le trottoir. Les plus farouches étaient mises au pas durement : pas de nourriture, pas de cigarette, pas de douche, quelques séances de viol pour les casser. Des méthodes sévères, violentes.

Au cours de notre affaire, trois filles ont eu le courage de déposer plainte pour viol, sachant pertinemment le risque qu'elles faisaient encourir à leurs familles. À leur arrivée en France, elles avaient reçu des séances de mise en garde : "Si vous parlez aux flics, si vous vous sauvez, si vous désobéissez aux règles, on ira faire la même chose sur vos sœurs." Les femmes roms n'ont pas de rôle dans le proxénétisme. Elles entretiennent les caravanes, préparent les repas dans la journée, elles entraînent les mineurs à mendier avec elles. Elles ne se prostituent pas.»

Main basse sur le camp

«Le 22 septembre 2003, un important dispositif stratégique est mis en place. Plus de deux cents policiers sont sur le terrain. Les cinq groupes de notre Brigade étaient mobilisés, plus la BRI, plus le SDPJ 93, une partie de la Brigade des mineurs, une compagnie de sécurisation locale et la Brigade fluviale. Une véritable stratégie militaire pour investir le camp.

De retour au service, rue de Lutèce, trente filles ont été entendues et dix-huit proxénètes ont été mis en garde à vue. En 2003, la durée maximale d'une garde à vue ne dépassait pas quarante-huit heures. Les dix-huit proxénètes ont été déférés. Dix-huit incarcérations. Dix ans de prison ferme pour les deux organisateurs du réseau : le Secretarul et le responsable de la deuxième famille. Huit ans de prison ferme pour les adjoints. Six ans, quatre ans et trois ans pour les autres complices.

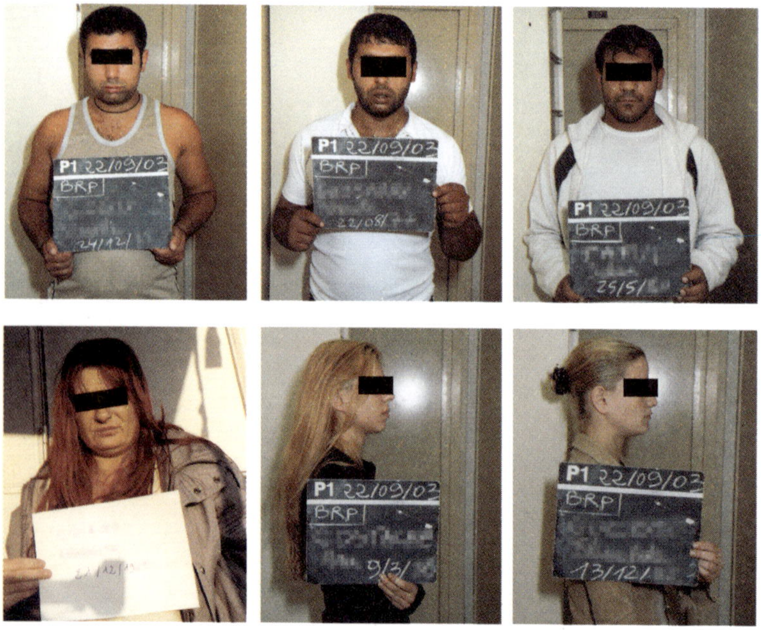

Dans les locaux de la BRP, rue de Lutèce, 32 filles sont entendues et 18 proxénètes sont mis en garde à vue.

10 mois plus tard…

«Une commission rogatoire délivrée par le juge d'instruction nous a conduits en Roumanie, où nous avons identifié les trois membres du réseau encore manquants. Ils étaient recherchés dans leur pays pour enlèvement de jeunes filles, celles qui justement avaient séjourné sur le camp de L'Île-Saint-Denis. À la suite d'un mandat d'arrêt européen, l'un a été arrêté à la frontière austro-hongroise ; rapatrié en France, il a été incarcéré. Les deux autres étaient installés à Madrid où ils tenaient une boîte de nuit. Rien d'autre qu'un bordel. Arrêtés en Espagne, ils sont venus faire leurs dix ans en France.»

LA CAVALE DE LAURA SCHLEICH

À Fleury, du fond de sa cellule, où elle est entrée le 21 juin 2001, Laura Schleich attend avec impatience le courrier de celui qui sait lui réchauffer le cœur. Ses mots doux et tendres effacent ses souffrances. Elle se sent aimée, désirée, attendue à sa sortie, prévue le 20 janvier 2002. Elle lui répond par des lettres enflammées. L'homme est originaire des Antilles françaises et habite dans la région de Sens.

Au début de l'année 2003, trois informations concomitantes arrivent dans les services de la BRP, au groupe des réseaux. Une tontine prostituée renseigne un policier. Elle vient d'avoir un rendez-vous pour un casting avec un certain Laurent. L'homme, un Antillais, est pris en filature par les policiers, il se dirige vers le sud de Paris. Sa voiture est immatriculée en Allemagne.

Le journal Casting Magazine publie une annonce de casting d'escorts avec, pour contact, un numéro de téléphone en Allemagne.

Le site Internet «prestige.biz», qui propose des escort-girls à 500 euros l'heure, 2 000 euros la nuit, renvoie sur un numéro de téléphone français, qui fait écran à une agence en Allemagne.

Trois éléments distincts sans lien direct, sinon l'Allemagne et un Antillais. Intuition ? Clairvoyance de professionnels ? Le commandant du groupe et ses hommes assemblent les trois éléments épars. Ils pressentent que Laura Schleich est derrière. Elle est Allemande. Elle aime avant tout les Africains et les Antillais. Elle est proxénète. En 2001, le dirigeant d'«elite-agence.com» et le numéro de l'agence «prestige-biz», mis sur écoutes, révèlent qu'un certain Laurent n'est autre que l'auteur des mots doux. Il est avec Laura Schleich à la tête du réseau et est bien connu des services de police, il a derrière lui une affaire d'homicide et côtoie le Milieu. Au fil des conversations, les policiers apprennent que tous les deux donnent des rendez-vous aux clients. Laura ne vient jamais en France. Elle sélectionne les filles par téléphone en Allemagne et les choisit. Elle vit en Allemagne, pour plus de sécurité.

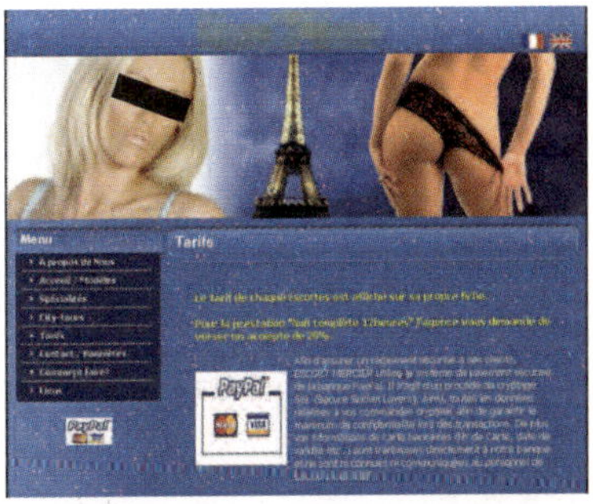

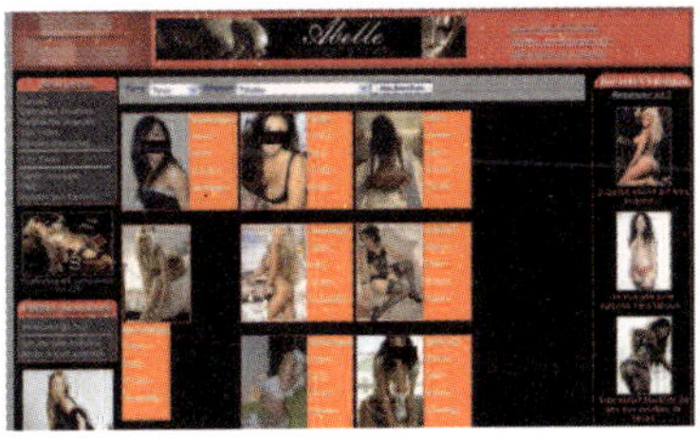

Le dénommé Laurent, lui, vient à Paris régulièrement pour récupérer l'argent auprès des filles et s'occuper de la suite du casting effectué en amont par Laura. Les filles sélectionnées ont rendez-vous à 7 h du matin avec lui en face du Fouquet's, sur les Champs-Élysées. Il les conduit en Belgique dans la journée, où les photos sont shootées par un professionnel discret, rodé à ce type d'images. Ils reviennent à Paris le soir même. Trois jours après, ces splendides créatures sont affichées sur le site «prestige-biz».

Dans les échanges téléphoniques, Laura se montre très violente, menaçante avec les filles : «Je vais téléphoner à tes parents, leur dire ce que tu oses faire, leur envoyer tes photos...»

Avec son amant, elle enchaîne les crises de jalousie. Le harcèle. Possessive, elle le soupçonne de lui mentir, lui reproche son manque total de disponibilité. De fait, il lui ment tout le temps, fait la fête sans elle, profite des superbes filles... Il consomme tout et beaucoup. Avec ou sans elle.

Un fait nouveau apparaît dans l'affaire. Pour ses clients qui n'ont pas d'hôtel, Laura loue des meublés de luxe dans les beaux quartiers de Paris. Les filles qui viennent d'Allemagne ou d'autres pays y logent pour un temps donné, sur ses indications.

Le 14 janvier 2004, les policiers profitent d'un rendez-vous pour un casting sur les Champs-Élysées pour interpeller Laurent. Durant l'audition, il reconnaît diriger une agence, mais nie totalement connaître une dénommée Laura Schleich.

L'enquête a établi que les meublés et les lignes de téléphone sont payés par Laura depuis l'Allemagne.

Alors que le fameux Laurent part en détention préventive, l'un de ses amis d'enfance est interpellé avec son amie, une prostituée. Ils travaillent tous deux pour le réseau. Ils surveillent les filles et déposent des clés à bon escient. Les petites besognes nécessaires…

Laura quitte l'Allemagne et va se réfugier en Suisse. Un mandat d'arrêt international est émis à son encontre. La «Pasionaria», se sentant à l'abri, va partir en quête d'une nouvelle passion amoureuse sur les bords du lac…

Le sociologue Saïd Bouamama.

QU'EST-CE QUI POUSSE DONC LES HOMMES À ALLER VOIR LES PROSTITUÉES ?

Le sociologue Saïd Bouamama a tenté de comprendre ce qui anime des hommes à payer, parfois très cher, pour avoir une relation sexuelle. Pour dresser un portrait des «clients de prostituées», Saïd Bouamama avait convenu, en collaboration avec le mouvement du Nid, de contacter des clients par l'intermédiaire de prostituées volontaires ou de travailleurs sociaux, ou d'aller à leur rencontre dans la rue. Mais quelques mois après le vote de la loi Sarkozy du 18 mars 2003, qui pénalise le racolage passif, personne n'a souhaité participer ouvertement à ce type d'enquête. Et si la prochaine étape était la condamnation du client ?

Devant le climat de méfiance et de réticences, l'enquête a été menée à partir d'entretiens semi-directifs auprès de quatre-vingt-quinze hommes clients, contactés par des petites annonces passées dans des journaux gratuits.

Dans son rapport rendu public le 18 octobre 2004, en présence de Nicole Ameline, la ministre de la Parité et de l'Égalité professionnelle, le sociologue Saïd Bouamama considère que «le clientélisme est un résultat social et non une tare individuelle qu'il suffirait de soigner ou de réprimer». Il remet en cause deux grandes idées reçues : «Le recours à la prostitution ne touche pas des personnes âgées isolées ou des jeunes gens travaillés par une libido exigeante. La majorité des clients sont des hommes de trente à cinquante ans qui vivent ou ont vécu en couple. 55 % ont un ou plusieurs enfants.»

Saïd Bouamama note une surreprésentation des cadres, employés et chefs d'entreprise. Il souligne que «pour certaines catégories sociales l'aspect financier freine beaucoup le recours à la prostitution». L'enquête démontre qu'«il n'y a pas un facteur déclenchant, mais dans chacune des trajectoires rencontrées, plusieurs déterminants qui s'articulent». Un ensemble complexe d'éléments de malaise illustre les rapports persistants de domination entre hommes et femmes.

75 % des hommes interrogés entrent dans la catégorie des «isolés affectifs et sexuels». Ils constituent la majorité des «réguliers» ou «occasionnels réguliers». La première cause avancée pour justifier leur pratique est la solitude, la grande difficulté à rencontrer «le sexe féminin». La peur des femmes ou la timidité les conduit à rechercher un «contact plus facile» sans avoir à se dévoiler.

«C'est difficile d'être à la hauteur devant une femme ; je manque terriblement d'affection, je suis trop seul, je ne sais pas comment faire. Avec une fille que l'on paye, c'est facile, c'est anonyme, il n'y a pas de complication. Je ne me suis jamais remis de ma grande déception amoureuse. J'ai toujours mal…»

«Ces clients se présentent comme des victimes, souligne l'enquêteur, afin de donner un sens acceptable à leur pratique.»

La deuxième cause mise en avant par les clients est la méfiance et la peur que les femmes leur inspirent. Ils les décrivent méchantes, égoïstes, compliquées. Certains vont jusqu'à exprimer une haine des femmes, qui sont vues et vécues comme des provocatrices. Ils reprochent à la société de les avoir fait sortir de leur rôle traditionnel. Ils recherchent dans la prostitution une relation de pure domination où l'homme serait de nouveau le «maître» et la femme «une chose».

Dans la troisième catégorie, intitulée «les acheteurs de marchandises», les hommes expliquent que leur recours à la prostitution est dû à une sexualité de couple insatisfaisante, frustrante. Cela se passe hors des foyers, avec une autre femme, parce que «la leur n'aime pas ça, ça la dégoûte, elle est passée à autre chose». Et eux, ont besoin de «se soulager, de répondre à leurs pulsions, c'est le seul moyen de combler leur manque».

«Cette vision, précise le sociologue, est largement répandue dans les représentations sociales. Il ne s'agit pas de mauvaises mœurs. Le client ne se considère pas comme un infidèle. Il ne trompe pas sa femme. Il se soulage de temps à autre sans s'engager affectivement… C'est un moindre mal.

43 % des hommes interrogés insistent sur l'allergie à l'engagement et à la responsabilité. « Avec une prostituée, il n'y a pas de devoir, on ne s'encombre pas de problèmes. C'est une relation sans conséquence. Sans lendemain. C'est un moyen sûr de rester en couple, sans courir le risque d'une rupture.»

25 % des clients se déclarent des habitués, dépendants de ce type de sexualité. Ils sont drogués au sexe facile, payant.

D'après l'article du Monde,
du 18 octobre 2004.

"Si j'ai acquis une certitude lors de mon enquête, c'est bien celle que les clients ne sont pas des hommes à part, malades ou pervers, mais seulement des êtres qui ont eu des difficultés dans leur couple ou dans leur rapport à la sexualité ou la rencontre amoureuse". Saïd Bouamama le 18 octobre 2004.

Angle rue Saint-Denis, rue Blondel.

Photographies prises par la BRP, le 14 octobre 2004, dans les studios de prostitution du 255 rue Saint Denis.

QUAND LE CHAT N'EST PAS LÀ, LES SOURIS DANSENT

« La politique du service, explique Guy Parent, le chef de la BRP depuis septembre 2004, est de maintenir, rue Saint-Denis, une pression constante, de veiller sans cesse. Un peu comme du lait sur le feu. La rue Saint-Denis a été, est toujours un fil rouge. La tendance des propriétaires de studios reste de sous-louer à des doublantes, ce qui rapporte beaucoup d'argent.»

Ces proxénètes sont le plus souvent des femmes, anciennes prostituées, qui ont investi de l'argent dans la pierre. Avec des filles qui font les trois-huit, chaque studio peut rapporter 10 000 euros par mois, pour quelques mètres carrés rue Saint-Denis. Le local est loué une première fois de 6 h du matin à 14 h. Non pas à une, mais à deux voire trois filles, qui y font monter leurs clients à tour de rôle. Chaque fille paye 1 000 euros par mois pour pouvoir utiliser le studio le matin. Une seconde équipe prend la relève, de 14 h à 20 h. Le prix du loyer grimpe : 1 350 euros par mois et par fille. Idem pour la troisième équipe, qui occupe les lieux de 20 h à 6 h. Pactole qu'il convient de multiplier par le nombre de studios possédés. Le gain est alléchant. D'autant que le loyer est toujours payable par quinzaine et par avance. Les proxos de la rue Saint-Denis touchent de confortables rentrées d'argent, sans engager de frais. Net d'impôts, en liquide. Ils demandent même aux filles de rémunérer elles-mêmes leur homme de sécurité : le videur. Généralement musclés, les Maghrébins et quelques gros bras africains se tiennent dans l'escalier pour intimider les intrus et venir en aide aux filles en cas de dérapage. Les policiers estiment que les videurs, souvent chargés également de ramasser l'argent, sont payés par les filles entre 600 et 800 euros par jour.

Un ancien du groupe des studios, des années quatre-vingt, se souvient qu'«il y avait deux fois plus de filles qu'aujourd'hui. Il n'était pas rare qu'un studio tourne avec trente à quarante filles… Ce qui signifie beaucoup, beaucoup d'argent. Des liasses de billets. Net d'impôts !»

Qui possède aujourd'hui ces studios ?

Officiellement d'anciennes prostituées reconverties. Mais il est impensable que de telles sommes puissent laisser le Milieu indifférent…

Les spécialistes savent très bien que, derrière les propriétaires en titre, se trouve toute une hiérarchie pyramidale de clans de voyous. Pour reprendre l'expression d'un ancien commissaire : «La rue Saint-Denis est la caisse de retraite des voyous.» Seule la nationalité des prostituées change. Les Françaises ont quitté le trottoir pour laisser place aux Ghanéennes, réputées dociles et payant rubis sur l'ongle les loyers des studios. Les Nigérianes et les Sierra-Léonaises racolent dans les rues adjacentes pour emmener leur client à l'hôtel. Pas de Russes, pas de filles de l'Est, ni de Chinoises, leur territoire est ailleurs.

La rue Saint-Denis sur objectif…

Le 1er juillet 2004, le commissaire divisionnaire Rigourd part à la retraite, son adjoint le commissaire principal Gardon assure l'intérim jusqu'au 1er septembre 2004. Cet ancien des Stups s'intéresse plus particulièrement aux coulisses occultes de la rue Saint-Denis : à ceux qui vivent très bien de l'argent de la prostitution sur la Côte d'Azur. Le groupe de répression du proxénétisme immobilier va réaliser sa première grosse affaire avec des méthodes propres.

Octobre 2004, le 255 rue Saint-Denis

«Une informatrice nous renseigne sur un immeuble qui tourne avec beaucoup de doublantes (locataires et sous-locataires). Nous obtenons le numéro de portable du videur, l'homme de main payé par les filles pour leur sécurité. Sa ligne est mise sur écoute. Les numéros des propriétaires des studios en contact avec les filles sont identifiés. Les écoutes se croisent ainsi que les surveillances. Le proxénétisme immobilier ne tarde pas à être flagrant. Au 255, toutes les caves ont été réunies en un même local aménagé en donjon sadomaso.»

Après de longs mois de domination, maîtresse Fathi est repartie se reposer au bled. Elle a laissé son local en sous-sol et son studio, quelques étages plus hauts dans l'immeuble, en gestion à sa fille. Lors de l'enquête, à l'image maternelle, sa fille pratiquait le SM dans la cave, à 200 euros la séance au minimum, beaucoup plus pour les spécialités.

Dans le même temps, elle louait le studio à onze doublantes, jeunes Maghrébines. Lors de la perquisition, les policiers de la BRP ont découvert un arsenal impressionnant de godemichés, de colliers, de fouets, de cordes, de chaînes, de poids, d'entraves, de baillons, de pinces à seins. Qu'ils soient soumis, esclaves, masochistes, fétichistes, adorateurs du pied, des talons aiguilles, des uniformes militaires, les clients, le plus souvent de milieux aisés, pouvaient laisser libre cours à leurs pratiques spécifiques.

Dans le donjon du 255, Fathi M., grande figure de la rue Saint-Denis, puis sa fille, ont exercé l'engodage, les punitions, les travestissements, l'humiliation, la féminisation, la dégradation, le champagne et le caviar (scatologie et urologie), la cire, le spéculum, le bandage, le spanking (fessées)... Des panneaux accrochés au mur : «Esclave à louer tous étages», des dessins coloriés de «caviar et champagne», des étagères entières remplies de talons aiguilles et de perruques, des portiques d'uniformes.

«Le 14 octobre 2004, on a dégringolé tout l'immeuble : sept studios et les caves. Les proxos au trou et les locaux fermés par arrêté préfectoral. Après le 255, on avait la méthode et les informations», explique cet ancien des Stups, commandant à la BRP.

Patiemment, avec stratégie, les enquêteurs ont suivi les filles qui remontaient la rue. Chassées du 255, elles sont allées au 273 et au 249. Même scénario. Même résultat. Proxénètes en garde à vue, local fermé sur décision du préfet de police.

«Le proxénète, précise le policier du groupe, est toujours plus affecté par la fermeture que par la condamnation financière. Les amendes n'ont qu'un faible effet dissuasif. Une grosse goutte d'eau. La situation devient par contre beaucoup plus critique avec l'arrivée de la Brigade financière, qui est à même de tout pouvoir assécher pour un temps donné. Durée qui peut être fatale.»

Le local en sous-sol, où exerce la fille de Fathi, 200 euros strict minimum la séance de SM...

Lors de la perquisition, la BRP a découvert un arsenal important de travestissements, de chaussures, de fouets… et de pancartes pour rappeler au client qu'il est esclave.

Quel est l'avenir de la rue Saint-Denis ?

«Il y a dix ans, la prostitution commençait au numéro 120. Aujourd'hui, les premières filles se situent à partir du 249, cela va de la rue du Ponceau au boulevard Saint-Denis. Nous progressons, à raison de dix studios fermés par an. Quand une propriétaire tombe pour proxénétisme immobilier, que son studio est fermé, elle préfère vendre son bien. Elle n'a pas envie de récidiver. Les peines de prison avec sursis sont une épée de Damoclès au-dessus de sa tête. D'autre part, les nouveaux propriétaires n'ont aucun désir d'avoir des filles qui travaillent dans leur immeuble. Le quartier se transforme. La pression policière constante, le prix de l'immobilier sans cesse en hausse et les exigences des élus, à l'écoute de leurs électeurs, poussent les prostituées à migrer sur le jeu de go de la prostitution parisienne.»

LES HÉTAÏRES DES AGENCES MATRIMONIALES

Carte de visite de l'agence matrimoniale Asio Étoile.

L'enquête commence par le biais d'une information communiquée à un commandant du groupe des réseaux : «Une femme propose la prostitution à des clients, elle laisse des bristols avec un téléphone dans les beaux hôtels de Paris. Elle aurait une agence matrimoniale, rue Labie, dans le 17e arrondissement.»

Les premières vérifications effectuées par les policiers confirment la véracité du renseignement. La femme soupçonnée, une Asiatique de quarante ans, May, est identifiée. Elle a déménagé sa société rue Nélaton, face au siège de la DST ! Les surveillances mises en place mettent en évidence un réseau classique d'escort-girls. Des filles très belles et très jeunes. May a en moyenne huit filles qui travaillent pour elle, dont sa propre fille Fany, qui vient de souffler ses vingt bougies.

Pour rester en famille et en bonne compagnie, Fany ramène ses amies de classe à la maison, où sa mère les incite à profiter financièrement de leur charme juvénile. Sarah est née en 1987, Sophia en 1988… May gère tout. Elle organise les rendez-vous, accompagne la fille pour sa première prestation, perçoit les 160 euros de la passe. Ensuite, elle partage : 80 euros pour elle, 80 euros pour l'hétaïre.

Interpellée par les policiers de la BRP, la Vietnamienne proxénète reconnaît sans difficulté les faits, sauf pour tout ce qui concerne sa fille. De son côté, Fany explique que sa mère a commencé en 2002 dans la rue. «C'était difficile, on n'avait plus d'argent. Alors, maman a eu l'idée de nous inscrire toutes les deux dans une agence de rencontre. Elle avait l'idée que l'on puisse y faire des passes. Moi, je rencontrais trois ou quatre hommes par mois. J'appliquais le tarif en vigueur : 300 euros pour une fellation, 400 euros pour l'amour, 500 euros pour les spécialités. La responsable de l'agence prenait 120 euros sur chaque rendez-vous. Je faisais ça par pur fantasme, juste pour me sentir exister.»

LES **FAITS DIVERS**

Les agences matrimoniales cachaient un réseau de prostitution

ENQUETE. La loi Sarkozy « antiracolage » a chassé la prostitution des rues, mais elle passe par de nouveaux circuits. Le dernier en date, des agences matrimoniales, dont les deux gérantes doivent être mises en examen aujourd'hui.

Le Parisien *du 18 novembre 2004.*

L'agence avait été créée avec un double système très astucieux : d'un côté une agence matrimoniale traditionnelle, de l'autre, plus cachée, une société coordinatrice de rencontres sexuelles tarifées. De manière très habile, la gérante de l'agence, faisait comprendre aux hommes qui ne parvenaient pas à trouver l'amour tant espéré, malgré plusieurs rendez-vous organisés avec des femmes, elles aussi à la recherche de l'âme sœur, que d'autres formules étaient envisageables. À défaut du grand amour et du coup de foudre, des relations physiques passionnées pouvaient être organisées.

Femme d'affaires, la quinquagénaire directrice de l'agence gérait à merveille son double classeur avec les photos de ses filles, plus ou moins déshabillées, selon les attentes de ses clients. Mariage ou partie fine ?

Des petites annonces publiées dans *Pariscope*, *Le Chasseur Français*, *J'annonce* présentaient l'agence comme une société capable de satisfaire les clients les plus exigeants. Pour gagner plus d'argent et se sentir plus libre, après quelques mois, May monte sa propre agence. Elle l'appelle d'un nom très proche. Elle continue de se prostituer pour la première et recrute pour sa propre agence. Sa fille Fany alterne entre les deux commerces…

Au total, les enquêteurs entendent plus d'une quinzaine de prostituées, toutes très jeunes, d'origines très diverses : Vietnam, Laos, et des étudiantes françaises. Toutes en situation régulière, considérées comme victimes au regard du Code pénal, elles sont auditionnées en qualité de témoins et n'encourent aucune poursuite. Ce qui n'est pas le cas des deux gérantes d'agences matrimoniales, poursuivies pour proxénétisme aggravé, et passibles de dix ans de prison ferme.

Fany sera sauvée de l'emprise psychique destructrice de sa mère par un ex-client-amant qui, éperdu d'amour pour cette belle Lolita vietnamienne, lui offre le gîte, le couvert, un autre métier et, surtout, la confiance en soi.

LA ROUTE NOIRE DU BOIS DE VINCENNES

Pour Noël 2004, les prostituées du bois de Vincennes n'ont pas vu le Père Noël, mais le Père Fouettard. En quelques semaines, les faibles lueurs des lampes à pétrole posées sur le tableau de bord des camionnettes garées en file indienne, route de la Pyramide et route Saint-Hubert, se sont quasi toutes éteintes.

Originaires du Ghana, du Cameroun, du Nigeria ou encore de Sierra Leone, des centaines de jeunes Africaines viennent vendre leur corps chaque nuit. Chassées du boulevard des Maréchaux par la loi Sarkozy sur le racolage, elles se sont déplacées au-delà du périphérique et sont venues rejoindre «les traditionnelles» qui occupaient déjà le terrain dans une quarantaine de camionnettes. Un modus vivendi régnait. Mais il a été rompu quand le nombre de camionnettes a dépassé les trois cents, pour atteindre les quatre

Des dizaines de camionnettes "Lupanar de fortune" s'alignent toutes les nuits le long des chaussées bitumées du bois de Vincennes. À leur bord, 3 ou 4 jeunes filles camerounaises, ghanéennes, ou nigérianes.

Les policiers de la BRP effectuent des vérifications auprès des prostituées du bois de Vincennes.

cents… Les promeneurs du week-end dérapaient sur les capotes usagées, les riverains étaient importunés par le ballet incessant des voitures de curieux ou de clients…

La pression médiatique et politique est montée. Les associations se sont alarmées de la situation précaire des quatre cents filles et de leurs conditions d'hygiène. «Elles travaillent à trois voire quatre dans la même camionnette. On est derrière avec la fille, les autres se serrent devant. C'est l'usine. Il n'y a pas de toilette intime. On ne sait pas si elles ont le sida. Comme il y a de moins en moins de clients à cause de la répression policière, certaines filles ne mettent plus de préservatif, c'est un véritable problème de santé publique», confie Maxime, un client habitué du Bois.

Dans la nuit noire, on ne distingue les camionnettes tous feux éteints que par le halo des lampes tempête posées sur le tableau de bord.

Quand et comment toutes ces filles sont-elles arrivées jusqu'à ces allées sombres de l'Est parisien ? Les témoignages confiés au médecin Grégoire et aux bénévoles de l'association du Bus des Femmes, qui depuis dix ans de terrain viennent en aide aux prostituées, restent assez laconiques. Joy, les yeux rougis par les vapeurs de pétrole, grelotte de froid sous sa serviette de bain enroulée sur son string et son soutien-gorge. Elle avale, le temps d'une pause, un thé sucré et se saisit d'une grosse poignée de préservatifs. Quand le médecin lui parle du sida et des précautions à prendre, elle lui répond : «Mon corps, ça va. Il me fait travailler. C'est des papiers qu'il me faut.»

La presse s'empare du Bois : «Les scandales du bois de Vincennes» *(Le Parisien* du 13 décembre 2004*)*. «L'abattage au bois de Vincennes» *(Le Journal du Dimanche* du 28 novembre 2004).

Droits de l'homme

Une enquête qui accuse la police de « harceler » les prostituées

UNE VOIX FUSE dans la salle : « Des PV, j'en ai pris encore 70 ! » Lancée en septembre sur le bois de Vincennes (XIIe) étendue en avril au bois de Boulogne (XVIe), une mission d'enquête sur les rapports entre les prostituées de ces zones et les policiers a été rendue publique hier à la Ligue des droits de l'homme (LDH) par la commission Citoyens-Justice-Police*.

Saisie de cas de « discriminations et de harcèlements policiers » dont un groupe de femmes africaines de Vincennes se disait victime, la commission s'est intéressée ensuite à l'ensemble des conséquences de la loi contre le racolage de mars 2003 sur la vie de ces prostituées « traditionnelles » et « indépendantes ». Son constat est sans appel : « Il y a arbitraire policier, carence de la justice, harcèlement financier et policier et paupérisation ! » ont dénoncé ses représentants.

Faute de réponse des institutions mises en cause (commissariat du XIIe, parquet de Paris, ministères…), le rapport repose entièrement sur la parole des prostituées et sur plusieurs « visites » sur le terrain. Au total, la commission a recueilli une quarantaine de témoignages (16 à Vincennes, 24 à Boulogne). « Tous convergent pour signaler des comportements humiliants, voire empreints de sexisme et de racisme à l'encontre des femmes africaines et des transsexuels de la part de *cowboys* de commissariats ! » s'indigne Marie-Agnès Combesque, de la LDH.

Des gardes à vue « abusives »

Le rapport calcule que la pluie de contraventions à 35 ou 90 € vaut aux prostituées 500 € d'amendes par mois en moyenne. Il revient sur les saisies de camionnettes, « illicites » d'après les juristes de la commission. Et critique des gardes à vue « abusives » : « vingt-quatre heures pour un simple racolage ! » s'étonne Eric Alt, du Syndicat de la magistrature.

Il dénonce aussi l'absence de protection effective de prostituées étrangères ayant pourtant dénoncé leurs proxénètes. Et signale plusieurs cas — une absence de secours à une prostituée qui tente de se suicider en garde à vue ; de l'argent non remis à l'issue d'une garde à vue — pour lesquels la commission appelle à l'ouverture d'enquêtes.

La commission a annoncé que trois parlementaires — Jean-Marie Le Guen (PS), Martine Billard (Verts), Nicole Borvo (PC) — allaient saisir prochainement la Commission nationale de déontologie de la sécurité. Elle entend aussi interpeller de nouveau le procureur de la République de Paris et les ministres de l'Intérieur et de la Justice.

PASCALE ÉGRÉ

* *Créée en janvier 2002, la commission Citoyens-Justice-Police, composée de membres de la LDH, du Syndicat des avocats de France, du Syndicat de la magistrature et du Mrap, s'intéresse aux « rapports entre les citoyens et les forces de sécurité » et au « contrôle et traitement de ces rapports par les institutions judiciaires ».*

VENDREDI 23 JUIN 2006

Le Parisien *du 23 juin 2006.*

Le seuil de tolérance est dépassé. Trop, c'est trop. Le nouveau préfet de police, Pierre Mutz, nommé le 6 décembre 2004, réagit avec fermeté. L'Usit pour le racolage et la BRP pour le proxénétisme immobilier (procédure envers les propriétaires des camionnettes, considérées comme des studios mobiles) sont chargées de nettoyer définitivement le bois de Vincennes. Ils opèrent à des interpellations quotidiennes. Quatre cents camionnettes, de deux cents à trois cents filles auditionnées – 98 % de celles-ci sont remises en liberté avec un simple rappel à la loi. Parallèlement, cent soixante-huit camionnettes sont envoyées à la fourrière pour infraction au Code de la route et plus de quatre-vingts saisies pour proxénétisme…

Privées de leur outil de travail, les filles se sont dirigées vers un autre havre, plus tranquille, plus sécurisé : les squats et les studios insalubres du quartier de la Goutte d'Or, dans le XVIIIe arrondissement.

LE MARÉCHAL-FERRANT DIRIGE DEPUIS SA FERME UN RÉSEAU DE TRAVESTIS BRÉSILIENS

Nicolas et ses assistants à Paris.

Nicolas, âgé de trente-huit ans, maréchal-ferrant lorrain, a préféré cesser de ferrer les sabots de ses chevaux pour se lancer dans des activités plus lucratives : le proxénétisme avec des filles et des travestis en provenance exclusive du Brésil. Pour échapper à la police belge, qui le soupçonnait déjà de proxénétisme, il décide de retourner sagement chez ses parents, dans un petit village. Six cents âmes, perdu dans la profonde campagne lorraine, un lieu au-delà de tout soupçon. De là, il dirige et gère son réseau de prostitution installé essentiellement à Paris, accessoirement en Lorraine.

Le PDG de cette PME particulière ne connaît pas la crise. Depuis 2003, chacun de ses «employés sexuels» lui rapporte une moyenne de 600 euros par semaine. Avec ses quinze filles et travestis sur le trottoir, il peut espérer 9 000 euros par semaine et 36 000 par mois. Les sabots des chevaux rapportent moins…

En décembre 2004, Nicolas semble avoir perdu ses porte-bonheur ancestraux, la machine va se gripper et s'enrayer : six filles portent plainte pour «violences et menaces» contre lui. Plusieurs d'entre elles sont adhérentes de l'association PASTT (Prévention action santé travail pour les transgenres) dirigée par Camille Cabral, personnalité médiatique influente. En tant que présidente du PASTT, Camille Cabral se rend à la BRP. Elle dénonce une situation intolérable. «Un mec amateur de travestis brésiliens julotte plusieurs travestis et transsexuelles à Nancy, au Luxembourg et en région parisienne. Il leur demande 600 euros par semaine. Ils sont logés à trois ou quatre par studio. Ils dorment les uns sur les autres.»

«Indianara, une adhérente du PASTT, parle de Nicolas. Il serait proxo et irait régulièrement au Brésil pour trouver des volontaires, pour venir se prostituer en France. Il leur propose de s'occuper de tout. La dette dont doit s'acquitter chaque exilé sexuel peut atteindre des milliers d'euros.»

En plus de la dîme mensuelle, il faut rembourser la dette justifiée par le voyage, le visa, l'accueil… Pour éviter de tomber, le maréchal-ferrant use de multiples stratagèmes pour intimider les plaignantes, les convaincre de retirer leur plainte. «140 kg qui vous injurient et vous menacent avec un regard de fou, ça marche !»

Le SRPJ de Nancy et la BRP de Paris sont co-saisis de l'affaire. Les policiers de Nancy mettent Nicolas sur écoute. À Paris, le groupe de recherches et d'investigations s'occupe de son assistant, l'homme qui gère les loyers, les appartements et effectue la surveillance. Sur les écoutes, Nicolas propose à son assistant de «menacer ces putes récalcitrantes en les brûlant à l'acétone». Celui-ci, culturiste à mi-temps, se livre d'autre part à un trafic d'anabolisants. Si les muscles et les menaces verbales et physiques ne

Camille Cabral

Militante associative, présidente du PASTT (Prévention action santé travail pour les transgenres), dermatologue de formation, d'origine brésilienne, de sexe masculin, Camille Cabral a été la première élue transsexuelle de la République française de 2001 à 2008 (sur une liste des Verts comme conseillère d'arrondissement dans le XVIIe à Paris).

Selon elle, «les travailleuses du sexe doivent acquérir un statut social et professionnel». Elle est co-organisatrice, avec le groupe militant Les Putes, de la marche de Fierté des travailleuses du sexe dite «Pute Pride». Fondatrice de la coopérative Red Light, elle vise à créer une dynamique d'économie solidaire auprès des travailleuses du sexe afin de les rendre moins vulnérables face aux proxénètes et aux mafieux.

suffisent pas, l'assistant est prêt à faire sauter l'immeuble qui les héberge. Il cherche du plastic auprès d'un Corse. L'Ocreth est saisi du dossier pour la partie Corse. Sur les écoutes, un autre assistant de Nicolas apparaît : son patronyme, Winchester Killer. Un état civil prédestiné. Petite main, il ramasse les billets.

Filé jour et nuit par les policiers de Nancy, le maréchal-ferrant reconverti dans le proxénétisme ignore tout de cette surveillance. Il continue à vaquer à ses occupations. Au volant de sa voiture ordinaire, il se rend régulièrement à Paris, où il possède un appartement, pour récolter le fruit des passes de ses employés.

À Paris, rue de La Boétie, Nicolas et un de ses assistants n'hésitent pas à menacer d'une arme un travesti pour qu'il retire sa plainte. La descente policière, à 6 h du matin, dans sa ferme en Lorraine, a permis de découvrir 23 000 euros en espèces. Les enquêteurs ont trouvé un plan de Paris sur lequel étaient annotés les logements des «protégés».

En parallèle, à 6 h du matin à Paris, la BRP interpelle un trosième assistant de Nicolas. Il se repose d'une nuit agitée passée avec un sublime travesti tahitien. Le complice informaticien qui crée des sites Internet pour les petites annonces, est lui aussi interpellé. Mis en garde à vue à Nancy, Nicolas ne dit rien. L'imposant personnage se terre dans son mutisme. À Paris, un de ses assistants balance tout ce qu'il sait. Nicolas le terrorise. La BRP faxe les auditions d'Arabie à ses collègues de Nancy.

Tous sont déférés à Paris.

Jugé, Nicolas prend six ans de prison ferme pour «proxénétisme aggravé et association de malfaiteurs».

QUATRE «MAMAS» PROSTITUENT DE JEUNES NIGÉRIANES EN LES MAINTENANT SOUS LE JOUG DU RITE VAUDOU

De la passe à la passion

Un jeune Français fréquente de plus en plus les camionnettes éclairées d'une lampe à pétrole, stationnées autour de l'hippodrome dans le bois de Vincennes.

Une jeune prostituée nigériane de son âge le fait basculer dans la passion. De plus en plus épris, il ne supporte plus de voir «sa conquête amoureuse», avec son air égaré, transie par une température glaciale et si peu vêtue en plein milieu des bois. Il n'a plus qu'une idée en tête, qui vire à l'obsession : la sortir de cette situation, et pour cela aller voir la police et dénoncer sa «mama» (surnom donné aux proxénètes africaines sévissant en France).

Sur les trottoirs du quartier Château-Rouge XVIIIe arrondissement.

De la passion à la dénonciation

La jeune prostituée reste très méfiante face aux forces de police. Dans son pays, police rime avec violence, abus. Ici, elle n'a pas de papiers. Seule l'insistance de son «client-amant» la convainc de se rendre en sa compagnie rue de Lutèce, dans les locaux de la BRP. Elle raconte son histoire, son parcours et finit par livrer le nom de sa proxénète en espérant, ainsi, avoir des papiers rapidement.

«Ces filles sont recrutées au Nigeria, où la plupart sont vendues par leur famille entre 6 000 et 10 000 euros. Une fois la transaction faite, l'acte signé, fréquemment devant un avocat local, les candidates à l'exil sont photographiées sous toutes les coutures et leurs mensurations sont prises avec précision. Elles sont ensuite emmenées à Lagos, où elles sont éduquées à la prostitution et maraboutées, afin de maintenir à distance une pression psychique et mystique sur elles.»

Totalement nues, elles sont présentées au marabout, qui pratique sur elles le rituel du culte d'Ogun, le dieu du fer. Le sorcier leur prélève des rognures d'ongle, une mèche de cheveux et quelques poils du pubis qu'il mêle avec le sang du coq ou de la chèvre sacrifiée. Les échantillons sont enfermés dans une boîte que le sorcier conserve précieusement chez lui. Avant de quitter leur pays, leur famille, et de prendre l'avion, les futures prostituées prêtent serment de ne jamais s'enfuir, sous peine d'être frappées de folie ou que des membres de leur famille ne meurent. Leur lien occulte au dieu du fer Ogun les rend totalement soumises et les plonge dans une peur insurmontable à la simple évocation de son nom ou de sa représentation.

Baignées dès le plus jeune âge dans la sorcellerie et les cultes vaudous, elles suivent des initiations qui visent à déconnecter leur corps de leur esprit, au point que ce dernier n'a plus aucune importance pour elles. Il peut tout subir. À leur arrivée dans la région parisienne, elles demeurent isolées pendant une ou deux semaines dans une chambre d'hôtel afin que leur conditionnement psychique soit renforcé et de les rendre soumises aux exigences de leur «mama».

«Sachant qu'une partie de leur corps est chez le sorcier, qui peut à tout moment agir sur elles par magie, terrorisées, elles observent un mutisme quasi absolu lorsqu'elles sont en garde à vue», explique un commandant de la BRP.

Envoûtées, les prostituées travaillent plusieurs mois, voire plusieurs années, en nourrissant l'espoir, trop souvent vain, qu'elles arriveront à rembourser

PROXÉNÉTISME *Des « mamas », à la tête de filières, arrêtées en région parisienne*

Des prostituées africaines maintenues sous le joug du rite vaudou

Christophe Cornevin

Réduire le corps humain à l'état de marchandise, en déposséder sa propriétaire pour s'assurer de sa soumission : cette pratique est à la base du proxénétisme. Ainsi, dans les filières de l'Est, les filles sont maintes fois frappées et violées dès leur arrivée en France jusqu'à ce que leur avilissement soit total. Au sein des réseaux d'Afrique noire en revanche, dont on estime qu'ils exportent un millier de jeunes femmes vers la seule région parisienne, la violence physique cède le pas à une emprise encore plus efficace. Remontant à des temps ancestraux, celle-ci puise ses racines dans la sorcellerie vaudoue.

La semaine dernière encore, quatre « mamas », surnom donné aux proxénètes noires sévissant en France, ont été écrouées par le tribunal de Bobigny, en Seine-Saint-Denis. Interpellées par la Brigade de répression du proxénétisme (BRP), ces Nigérianes d'une quarantaine d'années avaient réduit à l'esclavage une vingtaine de jeunes compatriotes. A l'arrière de camionnettes éclairées à la bougie dans le bois de Vincennes ou dans des hôtels miteux du quartier populaire de Château-Rouge à Paris, ces tayloristes du sexe, âgées de 22 à 29 ans, enchaînaient jusqu'à dix passes chaque nuit, tarifées entre trente et cinquante euros à une clientèle bas de gamme. Sans jamais tenter d'échapper à leur sort.

« *Les prostituées nigérianes et béninoises se pensent en fait toutes sous le joug d'Ogun, un Dieu de fer qui les plongent dans une indicible terreur à l'évocation même de son nom et de son image*, explique, sous le couvert de l'anonymat, une spécialiste travaillant pour divers services policiers et judiciaires. *Pétries de culture paganiste, elles ont suivi dès leur enfance une initiation visant à déconnecter leur esprit de leur corps. Au point que ce dernier n'a plus aucune importance à leurs yeux...* »

Selon nos sources, les prostituées nigérianes qui battent le pavé parisien sont toutes originaires des environs de Bénin-City, une région paysanne située à quatre heures de route de Lagos. « *Là-bas, les femmes enceintes prient pour mettre au monde des filles, car elles sont jugées plus rentables que les garçons*, explique la spécialiste. *Dès l'âge de quinze ans, elles font l'objet d'un négoce considéré comme légal.* » Devant un avocat local, les parents auraient coutume de vendre les adolescentes aux « mamas » pour des sommes oscillant entre 35 000 et 40 000 euros. Une fois l'acte signé, les candidates à l'exil sont photographiées sous toutes les coutures et leurs mensurations sont prises avant d'être livrées aux rituels vaudous. « *Les parents et une « mama » entraînent la jeune fille chez un féticheur*, confie un officier. *Ce sorcier de village lui prélève des poils, des cheveux, des ongles et du sang qu'il mélange avec celui d'un coq ou d'une chèvre sacrifiée.* »

L'ensemble des échantillons biologiques est enfermé dans un sac que le sorcier conserve à son domicile. Avant de prendre l'avion sous le couvert de visas touristiques, les futures prostituées prêtent alors le serment de ne jamais s'enfuir sous peine d'être frappées de folie ou d'être foudroyées par le dieu de fer Ogun. A leur arrivée en région parisienne, elles demeurent consignées à l'isolement pendant plus d'une semaine dans une chambre d'hôtel afin de parfaire leur conditionnement. « *Sachant qu'une partie de leur corps est en quelque sorte séquestrée dans leur pays d'origine, elles observent un mutisme quasi absolu lors de leur garde à vue*, explique un policier spécialisé. *Une seule fois, un sac dûment rempli par un féticheur a été saisi en perquisition. Lorsque ce dernier été présenté à l'une des prostituées, elle a été prise d'une crise d'hystérie. Comme possédée, elle était paniquée à l'idée que nos services ne le détruisent...* »

Parfois, le culte du vaudou dans l'univers de la prostitution africaine peut prendre un tour encore plus particulier : il serait ainsi d'usage, notamment chez les filles travaillant dans le bois de Vincennes, d'enterrer des « grigris » à proximité de leur camion afin de jeter des mauvais sorts sur leurs rivales ou d'attirer une clientèle d'Occidentaux plus aisée. En moyenne, ces Africaines envoûtées travaillent plusieurs mois, voire plusieurs années, en nourrissant le vain espoir de rembourser leur dette au réseau et de se libérer de la sorcellerie. Même lorsque la police réussit à les extirper d'une filière, les Africaines retombent souvent entre les mains d'autres « mamas », sous l'œil d'un Dieu de fer omniprésent.

Le Figaro *du 30 mars 2005.*

leur dette au réseau (de 40 000 à 50 000 dollars) et à se libérer du joug d'Ogun. Le montant exorbitant de la dette inclut le prix du voyage, l'accueil en France, la fourniture du passeport avec visa touristique, l'installation...

Des camionnettes du bois de Vincennes aux trottoirs de Château-Rouge

Les révélations de la jeune prostituée nigériane permettent à la BRP d'élaborer un dossier intéressant. Une commission rogatoire a été délivrée par un magistrat de Bobigny. Il s'avère qu'une partie du réseau a déjà été arrêtée trois ans auparavant en Italie. Certaines prostituées travaillent toujours en Italie.

Les surveillances permettent d'identifier une vingtaine de filles nigérianes et leurs mamas qui les prostituent, tout en les maintenant esclaves psychologiquement : le joug du rite vaudou est omniprésent dans leur vie quotidienne. Le moindre écart, et le nom du dieu est évoqué par la mama.

«Au cours des semaines de surveillance, explique un commandant du groupe de recherches et d'investigations, il nous est apparu qu'une vingtaine de femmes descendaient dans le quartier de Château-Rouge pour s'y prostituer. Elles n'étaient plus conduites au bois de Vincennes pour y travailler en camionnettes, mais à la Goutte d'Or. Les mamas avaient préféré éviter le bois pour un temps à la suite des nombreuses opérations et arrestations effectuées par la Police urbaine de proximité (PUP).

Nous cherchions un numéro de téléphone pour brancher les écoutes, mais tout le réseau avait craqué ses cartes à puce, le bouche à oreille circule très vite d'une porte à l'autre à la Goutte d'Or. C'est en filochant une mama qui est allée faire des analyses médicales et qui a laissé ses coordonnées téléphoniques au laboratoire, que nous avons pu récupérer son numéro de mobile. Ainsi, nous avons remonté la filière jusqu'à une dénommée Tina, la tête pensante, la "mama supérieure" de la filière. Installée en Angleterre, nous avons appris par des conversations téléphoniques qu'elle venait en France. Le 18 mars 2008, la BRP l'accueille à l'aéroport. Au cours de l'opération, sept autres personnes sont interpellées : trois "mamas" et leurs quatre assistants (trois de nationalité nigériane, un Français).

Les diligences préalables avaient permis à la BRP d'établir que ces quatre femmes faisaient venir ces filles depuis Lagos et organisaient leur prostitution, y compris du point de vue matériel, afin d'obtenir de chacune d'elles un remboursement estimé à 50 000 $ (le trajet, les faux papiers, l'hébergement...). Les hommes étaient chargés d'acheminer les prostituées sur leurs lieux de travail, de les surveiller et éventuellement de récupérer les gains pour les "mamas". La structure africaine est organisée sur un schéma principalement matriarcal.

Lors des auditions, l'une des prostituées a été convoquée pour reconnaître les mises en cause, sur photographies. La fille était tellement apeurée, qu'elle s'est mise à invoquer des dieux, à chanter des chants religieux pour se protéger du dieu du fer.»

À l'issue des gardes à vue, l'un des assistants a été remis en liberté, les sept autres personnes mises en cause ont été présentées au magistrat instructeur : cinq ans de prison pour Tina, la tête de réseau, trois ans pour les trois autres mamas.

*L'affaire du 18 rue Max-Dormoy, Paris XVIIIe*

À deux pas du théâtre des Bouffes du Nord, un autre spectacle se produit avec une troupe de quarante Ghanéennes et Ivoiriennes, au 18 rue Max-Dormoy. Le tarif de base est de 20 euros la passe. La prestation se déroule dans un petit immeuble modeste, racheté par la Mairie de Paris, en attente d'être réaménagé en appartements sociaux.

Désaffecté, sans eau, sans électricité, sans chauffage, toutes les fenêtres murées, ce local sordide est squatté et abrite une intense activité clandestine du lever au coucher du soleil.

Huit organisateurs gèrent de main de maître le fonctionnement de ce réseau extrêmement bien structuré. Un Ivoirien âgé de quarante-sept ans conduit tous les matins les prostituées jusqu'au squat. Sur place, sa femme, telle une directrice de production gère, organise, distribue les rôles de chacune. Son assistante chef, «mama cantine», prépare les plateaux repas et les distribue

LA POLICE FRANÇAISE ACCUSÉE DE TORTURER UN PROXÉNÈTE INDONÉSIEN

Des hommes et des filles arpentent le trottoir des Maréchaux toutes les nuits entre la porte de Saint-Ouen et la porte de la Chapelle. C'est un réseau très structuré. L'information remonte aux oreilles attentives des policiers de la BRP.

Le groupe des réseaux met en place ses premières surveillances dès octobre 2000. Ils observent le ballet incessant entre le trottoir et trois hôtels situés dans le secteur Clignancourt. Androgynes, hommes, femmes, travestis (non opérés), transsexuels, tous sont originaires de l'archipel indonésien, nés à Bali, Sumatra, Java, Bornéo... Un Indonésien, Saputra, surveille le système. Il a des yeux partout, et pourtant il ne voit pas que la police enquête. Lors de son interpellation dans sa chambre d'hôtel, 80 000 francs en billets «Pascal» sont trouvés dans un tiroir.

Les auditions des victimes, les prostitués (hommes et femmes), font apparaître que la filière fonctionne avec un responsable à Jakarta, qui gère l'obtention des visas, l'achat des billets d'avion pour ceux qui désirent venir se prostituer à Paris... Pour un séjour de quatre-vingt-dix jours, les expatriés doivent rembourser 6 000 dollars au réseau de Jakarta, plus 2 000 dollars au responsable local à Paris, en la personne de Saputra.

Homosexuel, ancien prostitué à Jakarta, âgé de trente et un ans, Saputra sert de courroie de transmission à Paris. Il accueille les nouveaux, les installe, leur indique les tarifs, les hôtels, et récolte les gains. Il gère.

Mis en garde à vue, l'homme parle. Il explique les rouages du système et donne des noms en Indonésie. Les enquêteurs remontent alors jusqu'à un couple qui se charge du recrutement des travestis, de les faire opérer, de leur fournir les visas et les billets d'avion. En contrepartie, ils les obligent à signer devant témoins une reconnaissance de dette sur papier officiel timbré. S'ils ne remboursent pas la dette qu'ils contractent, tous leurs biens peuvent être vendus. Sans recours possible.

En attente d'être déféré devant la justice, Saputra passe quelques heures dans une cellule au dépôt situé au sein du palais de justice de Paris. Contre toute attente, l'homme prend son pull, l'enroule autour de son cou et l'accroche à la porte de sa geôle. Il meurt sur le coup, le 13 octobre 2000.

L'enquête confiée à l'IGS (Inspection générale des services) conclut à une regrettable erreur de surveillance. L'autopsie ordonnée par le parquet confirme le suicide par strangulation. La seconde autopsie, réalisée à Jakarta, déclenche un scandale. La famille dénonce le fait qu'aucun rapport de l'autopsie pratiquée en France ne leur a été communiqué, et que de nombreuses parties vitales (cou, gorge, langue, anus, une partie du cerveau) ont été prélevées sans aucune explication et remplacées par des morceaux de coton hydrophile par les médecins légistes parisiens. D'après l'expert indonésien,

sur place moyennant une grosse somme. Tout est prévu, sauf la trop forte fréquentation et l'alerte donnée par les riverains à la police.

Le commandant du groupe de répression du proxénétisme immobilier de la BRP décrit les conditions terribles du travail à la chaîne et sans hygiène des prostituées. Elles sont muselées par la peur des représailles, non seulement humaines des «mamas», mais aussi divines et invisibles des sorciers vaudous.

«On nous prend les ongles, des cheveux et du sang. On y ajoute des os de volailles ou d'animaux à quatre pattes. Le sorcier réalise les mêmes prélèvements sur une personne proche que l'on aime, notre mère ou notre sœur. Après une longue série de chants et d'incantations, le sorcier, qui a tout réduit en poudre, m'a demandé de sauter sur ces cendres et de promettre d'être toujours fidèle, obéissante et reconnaissante quelles que soient les conditions, sinon il arriverait un terrible malheur à ma mère», raconte l'une des jeunes victimes au policier.

Vingt filles ont été entendues par la BRP. Leurs «mamas» et assistants ont été condamnés pour proxénétisme immobilier.

Le squat est redevenu silencieux. En attendant les pelleteuses, tous les accès sont interdits à toute âme qui vive.

La politique de répression du proxénétisme mise en place en mars 2005 poursuit son cours inexorablement...

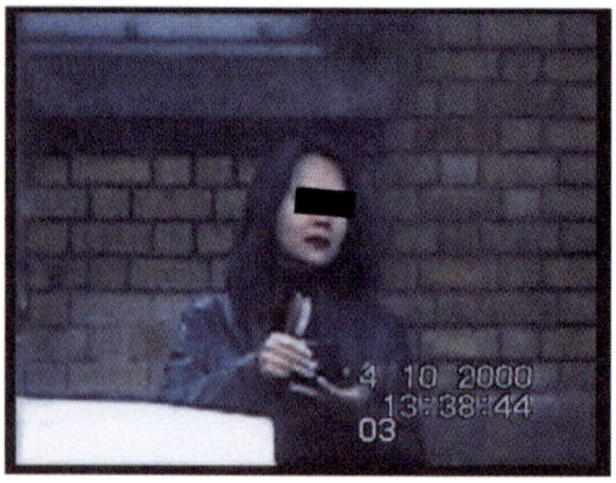

Photos de surveillance des travestis au travail sur le trottoir des maréchaux entre la porte de Saint-Ouen et la porte de la Chapelle.

cet acte volontaire masquait la vérité. Les organes absents contenaient à l'évidence les preuves de la cause réelle du décès.

Quatre mois après la mort de Saputra, une nouvelle vague de travestis indonésiens venus de Jakarta déferle sur les Maréchaux parisiens. Mêmes fausses attestations de travail, mêmes types de visas, même fonctionnement, mêmes hôtels, mêmes trottoirs… Même réseau.

Mais il n'y a plus de Saputra à Paris. La tête du réseau parisien n'a pas été remplacée. Tous, travestis, transsexuels et prostitués sont entendus par les policiers. Ils dénoncent la même filière dirigée depuis Jakarta par deux transsexuels, Vina et Carolina, alias «Lia».

L'enquête stagne. Il n'y a plus de nouveau travesti qui débarque à Paris. Les demandes d'entraides judiciaires en Indonésie n'aboutissent pas.

Puis, tout se précipite début 2005. L'officier de liaison, en poste à l'ambassade de France à Jakarta, organise un voyage de formation à Paris pour les responsables de la police indonésienne. Les enquêteurs du groupe des réseaux profitent alors de l'opportunité pour rencontrer et exposer l'affaire de la filière indonésienne, démarrée en octobre 2000, à leurs visiteurs.

Fait exceptionnel, les policiers indonésiens peuvent prendre les plaintes des victimes et poursuivre les auteurs de proxénétisme. Car, en Indonésie, le code de procédure est tel que si la plainte n'est pas recueillie par des policiers indonésiens, la poursuite judiciaire n'est pas valable. Il fallait donc ce concours de circonstances rare pour que les policiers français puissent faire exécuter la commission rogatoire internationale qui était restée lettre morte pendant cinq ans.

À Jakarta, le dénommé Lia est sous mandat de dépôt pour exercice illégal de la médecine. Non content d'avancer l'argent aux travestis pour qu'ils aillent se faire opérer dans des conditions souvent dangereuses, il s'était érigé en «infirmier apprenti sorcier» en promettant aux uns et aux autres de sublimes poitrines moyennant quelques injections d'hormones dosées selon ses appréciations personnelles…

Lia se révèle, au cours des auditions conduites par les deux policiers français, être le responsable en chef du «Syndicat exportateur de prostitués travestis». Il fournissait à chaque candidat de faux documents pour le bureau de l'Immigration, puis une fausse identité, un billet d'avion… Lia, recrutait à Jakarta-Ouest, dans le secteur de la rue Prapanca, où travestis et transsexuels racolent la clientèle locale. Dans ce pays musulman, la prostitution féminine s'épanouit dans les maisons closes, à l'abri des regards. Lia savait être vigilant. Il recrutait plusieurs amis pour connaître les prostitués qui remplissaient toutes les conditions requises. Ensuite, il développait son argument social : «Si tu es prostitué à Jakarta, va plutôt tenter ta chance à Paris. Paris est une ville pleine de promesse, de travail, de meilleures conditions de vie…»

Grâce à son audace, il avait osé coopérer avec les hauts fonctionnaires et responsables de l'État…

Le travesti Ririn, qui s'était rendu à Paris deux fois pour récolter l'argent gagné, soit quelque 225 000 euros par mois pour un groupe de cinquante expatriés prostitués, reconnaissait également avoir reçu de chaque travesti

1 000 dollars. Cette somme représente à Jakarta un montant astronomique. Le revenu mensuel moyen est de 884 000 rupiahs, soit 98 euros.

Quant à Tata, l'amant de Lia, marié et père de deux enfants, fonctionnaire au ministère des Affaires étrangères, il collaborait au réseau pour l'obtention rapide et sans bavure des visas. Il avait pour sa participation active reçu une enveloppe de 3 000 dollars.

Les trois mis en cause furent condamnés par défaut en France à douze ans de prison ferme pour proxénétisme aggravé et traite d'êtres humains.

«Cependant, il n'y a toujours pas à ce jour, note le commandant de police, de convention d'extradition entre la France et l'Indonésie. Mais, aujourd'hui, il est à noter qu'on ne voit plus un seul travesti indonésien sur la voie publique à Paris… Il faut dorénavant aller à Jakarta-Ouest.»

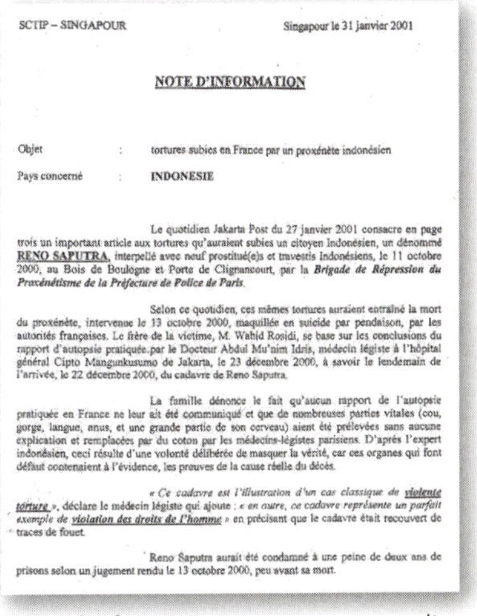

SCTIP – SINGAPOUR Singapour le 31 janvier 2001

NOTE D'INFORMATION

Objet : tortures subies en France par un proxénète indonésien

Pays concerné : **INDONESIE**

Le quotidien Jakarta Post du 27 janvier 2001 consacre en page trois un important article aux tortures qu'auraient subies un citoyen Indonésien, un dénommé **RENO SAPUTRA**, interpellé avec neuf prostitué(e)s et travestis Indonésiens, le 11 octobre 2000, au Bois de Boulogne et Porte de Clignancourt, par la ***Brigade de Répression du Proxénétisme de la Préfecture de Police de Paris***.

Selon ce quotidien, ces mêmes tortures auraient entrainé la mort du proxénète, intervenue le 13 octobre 2000, maquillée en suicide par pendaison, par les autorités françaises. Le frère de la victime, M. Wahid Rosidi, se base sur les conclusions du rapport d'autopsie pratiquée par le Docteur Abdul Mu'nim Idris, médecin légiste à l'hôpital général Cipto Mangunkusumo de Jakarta, le 23 décembre 2000, à savoir le lendemain de l'arrivée, le 22 décembre 2000, du cadavre de Reno Saputra.

La famille dénonce le fait qu'aucun rapport de l'autopsie pratiquée en France ne leur ait été communiqué et que de nombreuses parties vitales (cou, gorge, langue, anus, et une grande partie de son cerveau) aient été prélevées sans aucune explication et remplacées par du coton par les médecins-légistes parisiens. D'aprés l'expert indonésien, ceci résulte d'une volonté délibérée de masquer la vérité, car ces organes qui font défaut contenaient à l'évidence, les preuves de la cause réelle du décés.

« Ce cadavre est l'illustration d'un cas classique de violente torture », déclare le médecin légiste qui ajoute : *« en outre, ce cadavre représente un parfait exemple de violation des droits de l'homme »* en précisant que le cadavre était recouvert de traces de fouet.

Reno Saputra aurait été condamné à une peine de deux ans de prisons selon un jugement rendu le 13 octobre 2000, peu avant sa mort.

Note d'information parvenue aux policiers du groupe des réseaux de la BRP.

LA GOUTTE D'OR, TERRE D'ACCUEIL DES PROSTITUÉES

La Goutte d'Or. Un quartier de tradition populaire dans le sud du XVIIIe arrondissement. Une petite dizaine d'hectares délimités par le boulevard de la Chapelle et le métro aérien au sud, les rails des chemins de fer de la gare du Nord à l'est, la rue Polonceau au nord, le boulevard Barbès et la rue des Poissonniers à l'ouest.

Le quartier de la Goutte d'Or en 1910.

Un quartier très actif où poussait la vigne au Moyen Âge, d'où son appellation. Un quartier qui a fourni six millions de livres de salpêtre à la Régie des poudres de l'État en 1787 (extraits de la nitrière de cinq moulins sur le versant sud de la butte). Un quartier qui a reçu l'arrivée des chemins de fer liés à la révolution industrielle du milieu du XIXe siècle. Les ateliers de mécanique, les fonderies de la Chapelle, la production de gaz d'éclairage et la construction de matériel ferroviaire dans le faubourg Saint-Denis ont attiré de nombreux provinciaux et des étrangers vers ces nouveaux pôles d'activités industrielles. Terre d'accueil, la commune de La Chapelle, qui n'est qu'un hameau de sept cents âmes en 1800, est devenue une véritable cité ouvrière de trois cent mille individus en 1856. Les très nombreux ateliers favorisent la naissance de cette culture ouvrière, immortalisée par Émile Zola dans *L'Assommoir*, publié en 1877.

Prostitution, alcool, misère et tromperie sont au cœur du roman. Gervaise, l'«héroïne», tente pour survivre de vendre la seule chose qui lui reste : son corps. Déchue, bafouée, elle meurt abandonnée de tous dans une niche, sous l'escalier d'un immeuble du quartier de la Goutte d'Or…

L'usine d'amour du 106 boulevard de la Chapelle – chez la Veuve Bonnet – a été transformée à sa fermeture en centre d'accueil de l'Armée du Salut (aujourd'hui démoli).

Entre les deux guerres, une tradition de terre d'accueil se perpétue : les Maghrébins, et plus particulièrement les Algériens, viennent s'y installer. Y vivre. Y survivre. Les amours tarifés prennent place dans les maisons d'abattage à des cadences infernales. Quasi inhumaines.

«La maison où je devais travailler était une espèce de baraque à moitié démolie. […] J'en ai fait jusqu'à treize clients sans me relever. Je ne sentais plus mes reins, tellement j'avais mal». Marie-Thé, qui décrit son lot quotidien dans la revue *Les Temps Modernes* (publiée en 1947), a travaillé dès la fin de son adolescence pendant trente ans entre la rue de la Charbonnière, le boulevard de Clichy et le boulevard Barbès. L'amour à la chaîne peut atteindre l'enfer.

«Les filles faisaient soixante à cent passes par jour sans aucune condition d'hygiène. Le prix d'une passe était celui d'un verre de vin au bar», note l'historienne Brigitte Rochelandet.

Dans le triangle d'or du XVIIIe, les usines d'amour réputées pour «la baise pas chère» se nomment : Le Panier Fleuri, 8 boulevard de la Chapelle (là où tapinait Casque d'Or), Chez la veuve Bonnet, 106 boulevard de la Chapelle, Carmela, 74 boulevard Barbès, La Charbo, à l'angle de la rue Charbonnière et de la rue de Chartres.

Lors des courtes poses dans les bonnes "maisons", les filles avaient le droit de se réchauffer près du poêle quelques instants. Un moment de grâce.

«Bordel-usine» : Le Panier Fleuri détient la palme de l'affluence. Son patron, «Maurice le Croquemort» (ancien employé des pompes funèbres), a pu se retirer des affaires après la guerre avec une fortune de plusieurs dizaines de millions, alors que ses pensionnaires ne recevaient chacune que vingt sous par passe. Une misère. La clientèle ne roule pas sur l'or. Ouvriers, soldats sans le sou (notamment les Bat' d'Af'), immigrés, font la queue pour l'amour. Les jours d'affluence, la file d'attente s'étale sur le trottoir. «Vite fait, pas cher» : les clients se succèdent, la braguette déjà ouverte. Derrière un rideau, les filles officient. Après chaque coït, elles passent un coup d'éponge sur la toile cirée qui recouvre la table qui leur sert d'outil de travail. L'acte d'amour est réduit à son strict minimum. Les préliminaires sont totalement inexistants, l'homme a entre trois à cinq minutes pour jouir. Pour certains, l'excitation est telle qu'ils n'ont pas l'opportunité d'attendre. Il n'y a pas d'ébats, pas de pénétration. Tout s'est passé trop vite, dans les marches de l'escalier. Les filles consument rapidement leur seul capital : leur corps. Bêtes de sexe, traitées comme des bêtes de somme, elles vieillissent vite. Trop vite. Les maladies, l'alcool, les grossesses... Dès qu'elles perdent de leur valeur marchande sexuelle, les placeurs, chargés d'approvisionner les maisons en chair humaine fraîche, les font descendre dans la hiérarchie bien établie des bouges. On disait : «Aller à la Monjol», en référence au fort de Monjol dans le XIXe autour duquel on trouvait les pires «enfers d'abattage» de la capitale. Ils furent rasés en grand nombre dans les années 1930. Usées, utilisées jusqu'au dernier souffle, les filles renvoyées du Panier Fleuri ou de la Monjol finissaient leur carrière en une ultime étape qui pouvait être la rue, la prison ou l'hôpital Saint-Lazare.

Carte postale de 1900.
Une indépendante.

Pour punir les filles qui tentaient de gruger leur souteneur ou qui essayaient de s'échapper, il suffisait de quelques mois au Panier Fleuri pour les dissuader de récidiver. De soixante à quatre-vingts passes par jour, tous les jours, samedi, dimanche et jours fériés. La clientèle affluait. Les tiroirs-caisses se remplissaient. L'efficacité était optimale.

Les années quatre-vingt

Après l'immigration maghrébine, l'immigration africaine : Cameroun, Nigeria, Togo, Mali, Ghana, Cap-Vert... Dans les années quatre-vingt, une trentaine de nationalités se côtoyaient, cohabitaient pour le meilleur et parfois le pire.

Sur une surface de six hectares, deux cent dix immeubles, soit trois mille neuf cents logements, abritaient une population oscillant entre six mille et huit mille personnes, à 70 % étrangères.

Rue de la Charbonnière en mars 1977. Des deux côtés de la rue, les hommes attendent leur tour devant "les maisons" pour une passe.

Au fur et à mesure des vagues successives d'immigrés, l'habitat s'est fortement dégradé. Le faible rapport de ces immeubles et l'image de «ghetto» du quartier n'avaient rien d'encourageant pour inciter les propriétaires à entretenir des biens de plus en plus vétustes. La situation n'a cessé d'empirer : délabrement des immeubles insalubres ou en péril, situation d'occupations illégales, loyers impayés... auxquels s'ajoutaient, de fait, les nuisances sonores, les attroupements de prostituées sur les trottoirs, les rackets, les trafics de stupéfiants... Tout pour rendre le quartier particulièrement sensible et transformer cette traditionnelle terre d'accueil en préoccupation majeure pour les pouvoirs publics. Dans le cadre du programme de l'Est parisien, une vaste opération d'aménagement du quartier démarra en 1983.

L'hôtel du n° 14 reçoit une moyenne de 400 clients par jour. Essentiellement des travailleurs émigrés.

L'enquête d'insalubrité se déroule de décembre 1983 à mai 1985. L'enquête d'utilité publique (de juin à septembre 1984), puis la procédure particulière (qui définie les îlots sensibles) valident totalement l'opération d'aménagement proposée par la Ville de Paris, de concert avec la préfecture de Paris. L'opération Goutte d'Or «nouveau quartier» peut commencer. La ville fixe cinq objectifs majeurs : rénover ; assainir ; préserver ; reloger ; maîtriser.

L'opération d'aménagement et de remodelage du quartier sera longue : 40 % des immeubles sont estimés par les enquêteurs et experts totalement insalubres. Irrémédiable. Il ne se présente pas d'autre solution que celle de démolir pour reconstruire du neuf. Soit mille trois cents logements, ce qui entraîne le relogement de trois mille personnes.

En 1986, les engins de démolition font tomber les premiers immeubles en péril. Un nouveau quartier parisien, où la Ville promet le renouveau dans l'harmonie, se dessine. En ce qui concerne la prostitution, les «mamas» s'adaptent, elles n'ont de cesse de faire travailler leurs recrues dans le quartier. Les immeubles promis à démolition prochaine sont squattés. Il n'y a plus de loyers à payer. Les exploitants d'hôtels sensibles, aux gains faciles, n'hésitent pas à réserver aux passes quelques chambres de leurs établissements. Pour tenter de masquer leur activité délictueuse, certains hôteliers prennent la précaution de ne pas recevoir la même fille plus d'une seule fois par nuit.

Dans son rapport annuel d'activité de 1982, le commissaire divisionnaire Marcel Morin, chef de la Brigade des stupéfiants et du proxénétisme, mentionne trois procédures pour «réception habituelle de femmes de débauche» à l'encontre d'hôteliers proxénètes. Seules les chambres où s'exerce la prostitution sont fermées pour une durée non déterminée (décision préfectorale). Les autres restent à louer. À qui ? À l'hôtelier de réfléchir entre le risque et l'appât du gain facile et rapide.

Bien informés, certains gérants n'hésitent pas à louer le jour à des prostituées des chambres payées au mois par leur occupant, qui ne rentre la nuit que pour dormir. Les lits tournent vingt-quatre heures sur vingt-quatre. La serviette-éponge étalée sur le couvre-lit disparaît à heures fixes avant l'arrivée du locataire en titre. La tâche devient bien plus facile pour les policiers de la BSP de faire fermer une chambre occupée normalement à mi-temps ! Quand les chambres ne sont pas mises sous scellés pour proxénétisme, d'autres sont murées en attente de la pelleteuse. Démolition oblige, pour résorber l'insalubrité.

Le quartier mute, la prostitution évolue.

Sous couvert de demande d'asile politique, les prostituées ghanéennes arrivent en masse en France. Les mamas qui les accueillent à Paris les placent en priorité rue de Budapest et à la Goutte d'Or. Logées dans des conditions précaires, elles sont contraintes de travailler dans des conditions misérables, sans aucune hygiène, dans des squats, des studios sordides, des rampes d'escalier, des cours d'immeuble…

Nouvel urbanisme. Nouveaux habitants. Nouvelles mœurs.

Les digicodes, les caméras de surveillance, les vigiles de sécurité et les nouveaux locataires incitent vivement les prostituées africaines à partir. Leurs allées et venues sont vues, surveillées, voire dénoncées. Le temps des immeubles insalubres et des squats est révolu. Elles migrent de quelques rues, au nord du quartier rénové, dans le secteur Château-Rouge et Max Dormoy. Le périmètre déjà investi par d'autres Africaines se densifie. Les mamas trouvent encore des squats ou des appartements, même très dégradés, pour leurs filles, qui ont tendance à trouver que la vie qu'elles mènent à Paris est de toute façon meilleure que celle qu'elles auraient pu avoir dans leur pays (massacres, guerres, esclavage). Exilées à Paris, leur désir de retrouver les us et coutumes du pays est essentiel.

Elles se regroupent, d'où des nuisances et des troubles à l'ordre public jour et nuit… Les riverains, qui arrivaient à accepter, à supporter un petit nombre de filles, sont exaspérés par les grappes humaines qui ne cessent de grossir et de s'agglutiner à l'angle des rues, sur les trottoirs, pour racoler. Les plaintes se multiplient auprès des services de police et des élus.

En 2005, la Semavip, société d'économie mixte, chargée de la réhabilitation du secteur Château-Rouge, lance les toutes premières opérations pour cinquante immeubles proches du métro Château-Rouge.

La prostitution se masse, se resserre rue Myrha, rue Léon, rue de Laghouat et, plus à l'est, rue Stephenson et rue Max Dormoy. Elle devient très massive, très visible. Trop visible. Au printemps 2005, le secteur Château-Rouge devient une priorité de la BRP.

«Il fallait éviter que Château-Rouge devienne la concentration de toute la prostitution africaine. Notre mission se concentra sur la fermeture systématique des studios de passe afin de restreindre le tissu prostitutionnel, pour arriver à une situation acceptable», explique l'un des responsables de la BRP.

L'inexorable machine policière se met en route pour démanteler les réseaux : filatures, écoutes, surveillance des mamas et des prostituées. Les arrestations se succèdent.

Démolition du 51 rue de la Goutte d'Or. Le 21 novembre 1996.

LE BAR MONTANT DE LA GARE DU NORD

10 janvier 2006, 18 h. Les abords de la gare du Nord sont difficiles à pratiquer. Une pluie froide accentue les problèmes de circulation. Les enquêteurs du groupe de voie publique, qui reviennent d'une surveillance dans le secteur Goutte d'Or, rue des Gardes, rentrent au service, à la Cité, en empruntant la rue Saint-Quentin. Ils en profitent pour jeter un œil sur l'hôtel-bar-brasserie des Belges. Au numéro 35 bis. Un renseignement confidentiel vient de leur arriver. De fait, le nombre d'hommes seuls qui rentrent et sortent attire inexorablement leur attention.

Dès lors, plusieurs dispositifs de surveillance sont mis en place du 12 au 16 janvier aux abords de l'hôtel-bar-brasserie des Belges. Des clients de toutes nationalités, de tous âges, de toutes origines rentrent dans le bar-brasserie. Dans une première salle, Mme Odette V., soixante-douze ans, la mère, sert des petits noirs au zinc. En enfilade, au fond, une autre salle de restauration plus petite avec quelques tables en formica et des banquettes en skaï marron rafistolées au Chatterton. Mais ici, on ne mange pas, on se restaure autrement. Comme dans les maisons closes avant leur fermeture en 1946, les filles attendent le client, cigarette et verre à la main. La radio à fond vocifère des variétés.

Sept ou huit filles se relayent, selon les jours, par groupe de trois, pour être choisies par le «client» et monter ensuite «en passe» à l'hôtel. Ces prostituées indépendantes, âgées de quarante à soixante ans, toutes d'origine maghrébine, ont leurs habitués et leurs habitudes. Du bar à la chambre, il n'y a qu'à passer devant le comptoir, ouvrir la porte qui sépare la brasserie de l'hôtel, et monter les marches de l'escalier intérieur.

«Il ne manquait que la lanterne rouge et le gros numéro devant l'entrée. On était revenu à la fin des années cinquante. Le décor, la musique, le formica, l'ambiance, la lumière… Tout y était. Le client devait solliciter l'autorisation de se rendre dans la salle du fond auprès de la tenancière. Avec avis favorable, il choisissait sa complice de plaisir, discutait les tarifs, repassait par le comptoir pour régler 20 euros la chambre à la taulière», explique un lieutenant.

Savonnette et serviette, comprises dans le prix de la chambre, sont renouvelées entre chaque passe. Une employée polyvalente, une charmante dame de cinquante-six ans, fait systématiquement les chambres entre chaque passe. «Parfois, expliquera-t-elle au policier qui l'interroge, je n'avais même pas assez de temps, il y avait trop de demandes à certaines heures.»

Les clients entendus par la police ont précisé qu'ils déboursaient 20 euros pour la chambre, encaissés à la caisse au bar, et 20 euros pour la passe, payés directement à la fille, qui ne reversait rien à l'hôtel. La responsable en titre de l'hôtel, la fille aînée, Cécile V. explique, lors de son audition du 16 janvier 2006, «faciliter l'activité des prostituées dans son établissement pour combler la baisse de revenus de la partie restauration». Elle ajoute «reverser intégralement les gains

L'hôtel-brasserie des Belges à quelques mètres de la gare du Nord. En apparence, un établissement très banal, et pourtant ses propriétaires l'exploitaient comme une maison close à l'ancienne.

Aujourd'hui on ne consomme plus que des bières à l'hôtel-bar-brasserie des Belges. Rien de plus.

de la prostitution dans le commerce en "gonflant" le poste restauration». Elle reconnaissait donc, de fait, blanchir de l'argent issu de la prostitution. Cécile V. a la trentaine, un visage fermé, marqué, sans maquillage. Elle dit ne pas comprendre l'acharnement de la police contre leur établissement : «Je ne vois pas ce qu'ils veulent faire, repousser les filles dans la rue. Sans aucun lieu ? Ou supprimer la prostitution ? Arrêtons ce délire à Paris. La prostitution, tout le monde le sait, ne peut pas disparaître, ou alors ils n'ont qu'à couper la queue à tous les mecs !»

Cécile tient avec sa mère et sa sœur, en famille, entre femmes, un lieu qu'elle qualifie de «populaire». Elle précise que «depuis 2002, à raison de quinze passes par jour soit 300 euros, tous les jours, samedi, dimanche inclus, la somme accumulée pouvait avoisiner 346 000 euros». Les deux sœurs ont reconnu sans difficulté avoir agi en complète illégalité, totalement conscientes des risques encourus, puisque leurs parents avaient déjà été condamnés pour les mêmes faits, dans le même établissement, en 1979 et 1985. À l'issue de cette garde à vue, les trois femmes ont été libérées sur instruction du magistrat de permanence.

La suite de l'enquête a établi le patrimoine des trois mises en cause : 600 000 euros avaient été placés sur des comptes bancaires, comptes titres, comptes de placement. L'inventaire des biens immobiliers a permis d'identifier, pour la mère : des propriétés en Corrèze, des terrains dans le Cantal, sept studios rue de Dunkerque, un appartement de 80 m² rue de Maubeuge, un bien bâti en Corrèze, une ferme exploitée par le fils de la famille en Corrèze. Plusieurs appartements parisiens, pour les deux sœurs…

Dans un premier temps, trois chambres de l'hôtel-bar-brasserie des Belges ont été fermées, par arrêté préfectoral du 30 janvier 2006. Dans un second temps, le bar des Belges a été frappé de fermeture administrative par arrêté préfectoral le 6 mars 2006. À l'issue de leur jugement, les trois femmes ont dû payer une forte amende et promettre de se racheter une sagesse. Le modèle des parents n'est pas toujours bon à suivre…

Autre temps. Autres mœurs. Autre police. Aujourd'hui, on ne monte plus à l'hôtel-bar-brasserie des Belges, on consomme des bières belges au comptoir et en salle, où le Manneken-Pis veille.

NADIA, LA GRANDE ORDONNATRICE DE TOUS LES PLAISIRS POUR LES PRINCES DU MOYEN-ORIENT

«Une fille marocaine, d'une trentaine d'années, travaille dans le milieu des princes et des hommes d'affaires du Moyen-Orient. Elle leur fournit à leur demande des call-girls marocaines. Elle s'appelle Nadia. Dans le quartier des Champs-Élysées, elle fréquente les bars des grands hôtels, les cabarets orientaux : l'Oscar, l'Élysée-Liban… jusqu'à deux, trois heures du matin…» Ce renseignement anonyme parvient discrètement à l'un des policiers du groupe des réseaux. Les policiers commencent l'enquête, ils ont un surnom, un téléphone et des lieux de nuit. À eux de jouer.

«Ce milieu est très particulier. Pas d'Internet, pas de site. Juste le bouche à oreille. Une sorte de téléphone arabe», commente un commandant chargé du dossier. Rapidement, Nadia est identifiée. Elle sort et vit la nuit, elle mène grand train. Elle flambe. Homosexuelle, elle drague les filles et les essaye le plus souvent avant de les proposer à ses clients. Elle sait avantageusement faire jouer la concurrence entre ses différentes favorites. Comme un chef d'orchestre, elle compose et dirige son réseau bien particulier de call-girls, presque toutes d'origine marocaine.

«Il y a deux sortes de clients moyen-orientaux, indique une source proche du dossier. Il y a ceux qui veulent des jeunes femmes différentes de celles qu'ils peuvent trouver dans leur pays. Pour vivre pleinement leur dépaysement et leur exotisme, ils choisissent des blondes aux yeux clairs. Pour ceux qui ne tiennent pas à changer leurs habitudes, ces jolies jeunes Marocaines leur conviennent parfaitement.»

Ancienne prostituée, Nadia connaît bien les arcanes du métier. Le fait d'être une femme aimant les femmes lui permet d'établir un lien très fort avec ses jeunes recrues, déjà prostituées ou non. Sa cible est précise : des Marocaines, de préférence sans papiers, de dix-huit à vingt-cinq ans, venant de Casablanca. Sa méthode est redoutable. En se promenant sur l'avenue des Champs-Élysées, elle observe, puis aborde les jeunes filles qui regardent les vitrines de luxe. Dans l'atmosphère du bar du Fouquet's, la conversation s'oriente sur l'exil, le Maroc, la famille, les difficultés pour bien vivre à Paris, les solutions pour gagner beaucoup d'argent et côtoyer des personnalités…

Nadia aime séduire, choisir, recruter ses filles tantôt dans la rue, tantôt dans les cabarets orientaux, ou encore en finançant le voyage de professionnelles marocaines. Dans le cadre de la commission rogatoire, délivrée par la juge d'instruction Nathalie Turquey, les enquêteurs du groupe des réseaux dénouent un à un les fils du complexe réseau.

À l'image de l'Anglaise Margaret McDonald, de l'Allemande Laura Schleich ou de la célèbre Madame Claude, Nadia a su établir un réseau personnalisé à son diapason. Grande ordonnatrice de tous les plaisirs de l'un des plus hauts dignitaires de l'émirat du Qatar, Nadia organise tout : restaurant, cabaret, filles, suite dans les palaces… Tout est payé en liquide, rubis sur l'ongle. Satisfait des prestations luxueuses qui lui sont offertes, le prince en parle à ses nombreux amis et leur recommande Nadia. Le bouche à oreille fonctionne à merveille, surtout lorsqu'il s'agit du plaisir et du sexe…

Hommes d'affaires, princes des différents Émirats, dignitaires de Libye font appel aux services particuliers de Nadia. «Elle sait envoyer des filles dans le Golfe pour une fête, un événement, ou satisfaire les désirs de l'un des fils du colonel Kadhafi lors de ses escapades parisiennes…» Nadia paye directement ses quarante filles, environ 2 000 euros en liquide, par «engagement». Mais il arrive qu'elles soient en plus rétribuées en cadeaux dans les boutiques de luxe parisiennes. Devenue incontournable dans ce milieu, Nadia a vécu un cauchemar le 21 mars 2006 à 6 h 30, lorsque les policiers ont frappé à la porte de son studio parisien.

Les jeunes femmes venaient presque toutes du Maroc. Nadia les destinait à des princes, dignitaires et hommes d'affaires du Moyen-Orient et des Émirats.

«Au lit avec l'une de ses protégées, Nadia dormait encore lorsque nous avons été amenés à défoncer la porte d'entrée. Au premier coup de bélier, la glace a explosé. Nous sommes entrés avec éclat. La jeune femme vite réveillée déclare ne rien détenir chez elle. Mais la panière à linge sale cache de nombreuses boîtes de médicaments remplies d'argent en liquide. Plus de 7 000 euros.

Lors de son audition, Nadia pleure, gémit et finit par admettre qu'elle est proxénète parce qu'elle a besoin d'argent pour s'acheter de l'alcool et sa cocaïne. Elle prend 20 à 30 % de commission sur les passes, mais gère tout.»

La grande ordonnatrice des plaisirs part en détention provisoire. Les enquêteurs s'intéressent de plus près aux flux financiers générés par le réseau, qui peuvent atteindre plusieurs milliers d'euros par semaine. L'argent en liquide repart au pays, via des relations. À Paris, les policiers découvrent un système de compensation en liquide ou en avoir, en se rendant eux-mêmes dans les boutiques de luxe. Quand Nadia ou ses protégées se faisaient offrir des bijoux, des parfums, des tailleurs, des sacs Vuitton, Dior, Chanel ou Roberto Cavalli, elles rendaient dans les jours qui suivaient les articles achetés et se faisaient rembourser un pourcentage de leur valeur.

RECONVERSION SURPRENANTE : DU FOOTBALL À L'HÔTEL DE PASSE POUR TRAVESTIS

Allée de la Reine-Marguerite, en plein bois de Boulogne, la rumeur s'ébruite… «Les travestis peuvent emmener leur client dans un hôtel, avenue de Clichy, moyennant une taxe sur chaque passe… Leur chambre leur sert de lieu de résidence pour y vivre, y dormir, mais aussi pour y faire leurs passes la nuit.»

Au printemps 2006, les bruits remontent aux oreilles des policiers du groupe de contrôle de la prostitution et de la pornographie. Interpellés pour délit de racolage, plusieurs travestis étrangers indiquent pouvoir aller avec leur client à l'hôtel. À chaque passe, le gérant de l'hôtel prélève une dîme de 16 euros, toujours en espèces. L'hôtel n'accueille que des travestis et réclame 150 euros en échange du simple certificat d'hébergement qui est obligatoire, le sésame des démarches administratives.

Les témoignages des travestis dressent un tableau complet :

«Je suis travesti, mon surnom est Tina, je suis né à Koubba en Algérie, mais je suis titulaire d'une carte d'identité hongroise, car j'ai demandé dans ce pays le statut de réfugié politique. Je me prostitue depuis dix ans au bois de Boulogne, je me place toujours au niveau de la porte d'Auteuil, à l'entrée du Bois. Depuis trois mois, je réside dans l'hôtel avenue de Clichy. J'y vais de manière discontinue depuis des années. Cet hôtel est l'un des rares établissements à Paris qui accepte les travestis. Le prix de la chambre est de 40 euros par jour, à régler en liquide. Quand il m'arrive d'amener un client à l'hôtel, entre 1 h et 3 h du matin, je lui demande 80 euros, alors que dans le Bois, c'est 30 euros. Quand le client sort au bout de trente à quarante minutes, Karim, le gérant, vient tout de suite me demander son pourcentage sur la passe : 16 euros. Il nous surveille depuis son bureau au sous-sol, grâce à la caméra de contrôle qui est placée à l'entrée et dans le couloir intérieur de l'hôtel. Moi, je n'ai jamais eu de problème avec Karim, c'est lui le véritable responsable de l'hôtel, son frère n'a qu'un rôle inférieur. Karim ne vit pas à l'hôtel, mais il est là chaque soir. Je sais qu'il a déjà frappé des travestis avec qui il a eu des embrouilles d'argent. En moyenne, il y a une vingtaine de clients par soir qui viennent à l'hôtel.»

«Je m'appelle Rachid, je suis un travesti, je me prostitue au niveau de la porte Dauphine dans le bois de Boulogne, de 22 h à minuit, environ trois fois par semaine. Mes tarifs sont de 20 euros la fellation, 30 euros pour l'amour. Quand le client veut du confort, je l'emmène à l'hôtel de l'avenue de Clichy. Dans la chambre, le tarif change, c'est de 60 à 80 euros. À chaque passe, le réceptionniste me demande 16 euros en liquide. J'ai commencé à me prostituer début 2003 sur les Maréchaux au niveau de la porte de Clichy, mais avec la loi sur le racolage, c'était devenu invivable, alors je suis entré au bois de Boulogne.»

«Je m'appelle Juan Carlos, je suis un travesti, je me prostitue depuis un an en France, avant j'étais à Buenos-Aires. Je travaille deux ou trois jours par semaine de 20 h à 23 h uniquement au bois de Boulogne, allée de la Reine-Marguerite. Ça me suffit largement. Au Bois, je demande 30 euros pour une fellation. Mais pour l'amour, je préfère vraiment aller dans ma chambre à l'hôtel, c'est plus agréable et moins dangereux. Pour le client c'est 80 euros, sur lesquels je reverse 16 euros au gérant de l'hôtel. Il profite de notre situation d'étrangers et de travestis, il nous rackette.»

Par rapprochement et grâce à leur documentation, les policiers établissent la liste des trente et un travestis étrangers ayant eu pour domicile l'hôtel de l'avenue de Clichy. Tous ont fait l'objet de procédures de racolage. Après les procès-verbaux des travestis, entendus comme victimes, suivent les procès-verbaux des clients, entendus comme témoins… Aux abords de l'hôtel, un dispositif de surveillance discrète se met en place pour plusieurs nuits, de 22 h à 3 h du matin. Aucune mention ne révèle la raison sociale du lieu. Grande sobriété. Au rez-de-chaussée de l'immeuble, un local commercial désaffecté contribue à donner une impression de tristesse. Les couples hétéroclites entrent et sortent sans interruption toute la nuit… L'hôtel fonctionne bien, très bien. Au rond-point de la porte de Boulogne, à proximité de l'allée de la Reine-Marguerite, deux capitaines de police surveillent le retour au Bois des travestis qui s'y font raccompagner par leur client.

Dans la logique de l'enquête, le 26 avril à 1 h 50, un commerçant aveyronnais au volant de son Alpha Romeo est invité à suivre les policiers dans leur véhicule, afin de procéder à une petite audition. L'homme, mal à l'aise, se sent coupable. Et si une convocation arrivait ultérieurement à son domicile ? Et si sa femme l'apprenait ? Comment être sûr que ce regrettable et déplorable incident n'allait pas avoir de réelles conséquences fâcheuses ? L'homme avait juste passé une journée à Paris, dans le cadre de ses activités professionnelles.

Des travestis du bois de Boulogne ramènent leurs clients à l'hôtel avenue de Clichy, pour un plus grand confort et plus d'intimité.

Le soir, en passant par le bois de Boulogne, qui était sur sa route, il s'est laissé tenter par une prostituée qu'il a trouvée charmante. Elle lui a annoncé ses tarifs : 40 euros dans le Bois, 100 euros au domicile. Il a opté pour la seconde solution. Elle est montée à bord de sa voiture, puis elle lui a indiqué le chemin. Il n'a pas vu que c'était un hôtel. Il n'y avait personne dans le hall. Au deuxième étage, elle a ouvert la porte de chez elle avec ses clés. Il lui a donné deux billets de 50 euros. Quand elle a enlevé le haut, elle lui a dit qu'il était un travesti. Ils n'ont pas fait grand-chose. Juste une simple fellation. Mais complète. Il l'a redéposé au Bois, là où il l'avait trouvé, sans rien connaître de lui, ni son nom ni son âge. Tout s'est passé en silence. Le travesti avait une forte poitrine, un beau visage, des cheveux longs bruns et brillants.

Poursuivant l'enquête de flagrant délit, le matin du 26 avril, les policiers interpellent les deux frères tenanciers et perquisitionnent l'hôtel : 24 000 euros en espèces, une comptabilité manuscrite et une pile de certificats d'hébergement... Les quinze fonctionnaires en service ne sont pas trop nombreux pour discipliner la horde de travestis et de transsexuels réveillés bien trop tôt, et bien mal à propos. Il est 7 h, les deux interprètes en portugais s'évertuent à presser les retardataires. Tandis que les uns se pomponnent, les autres se font oublier et refusent de sortir de leur lit. C'est à celui ou celle qui y mettra le plus de mauvaise volonté et qui parlera le plus fort. Après quelques moments d'énervement, ils sont tous transportés à bord des véhicules de la PUP, rue de Lutèce, afin d'y être auditionnés. Un vrai convoi carnavalesque. Au cinquième étage, dans le hall, encore endormis, en mal de rasage, chacun délivre son identité, sa nationalité, sa date de naissance, sa situation familiale.

Le lieu de résidence est le même pour tous : l'hôtel de l'avenue de Clichy, Paris XVIIe. Vingt-trois des vingt-cinq travestis mettent en cause l'activité de proxénète des deux frères.

Mis en garde à vue, les deux frères ont du mal à expliquer leur spécialité hôtelière et leur bénéfice mensuel en liquide, évalué entre 9 000 et 18 000 euros juste sur les passes.

L'aîné, décrit comme le véritable responsable, nie l'intégralité des faits. Il déclare «vivre dans l'hôtel et être employé au noir par son frère. Footballeur professionnel pendant dix ans, tout l'argent gagné au foot, précise-t-il, a été dilapidé par la mauvaise gestion de mes proches». Comme il ne lui restait plus que les biens immobiliers acquis au cours de sa carrière, dont l'immeuble de l'avenue de Clichy acquis en 1995 pour 2,3 millions de francs, il a dû pour gagner sa vie se mettre d'accord avec son frère et sa sœur pour exploiter l'hôtel. Depuis 1999, son frère et sa sœur sont cogérants de la société. Lui n'est payé que par un salaire de 1 200 à 1 300 euros par mois. En parallèle, il s'occupe de faire des chantiers au noir. À l'hôtel, hormis les travaux, il précise ne rien faire, absolument rien. «Je reste dans ma chambre au rez-de-chaussée et je regarde la télé. Je ne connais pas la clientèle de l'hôtel. Je n'ai aucun rapport avec elle, je ne dépanne jamais mon frère, le jour ou la nuit à la réception de l'hôtel...» L'intéressé persiste et signe ses différents procès-verbaux.

23 travestis brésiliens mettent en cause l'activité des deux ex-footballeurs proxénètes. Les deux frères vont avoir du mal à expliquer leur spécialité hôtelière...

Son frère cadet n'est pas plus loquace, sauf en ce qui concerne ses clients. «Je suis gérant de la SARL de l'hôtel depuis dix ans, j'ai acheté les murs grâce à mon héritage et à mes économies réalisées quand j'étais footballeur professionnel. Je détiens 50 % des parts de la société, ma sœur et ma mère les 50 % restants. La société ne comprend aucun salarié, je suis le seul.» Il précise par la suite que son frère lui donne un coup de main, il ne s'occupe que des travaux, il n'a pas de salaire mais quelques billets pour l'aider financièrement.

«Logé à l'hôtel, il m'aide aussi à me faire respecter des travestis clients. Je l'héberge, il m'aide, c'est juste familial. Je l'aide comme il m'a aidé auparavant, donc je lui dois beaucoup… Le taux d'occupation de l'hôtel est de 60 %. Le prix des trente chambres est variable. Bien que fixé à 30 euros, je suis parfois obligé à la dernière minute, de brader pour tenter de remplir l'hôtel.»

Le frère cadet reconnaissait au cours de l'audition que son établissement était occupé en grande majorité par les travestis qui pouvaient partir à l'étranger puis revenir. Il concluait : «Ces travestis se prostituent au bois de Boulogne, maintenant, tout ce qui se passe au Bois, ça ne me regarde pas, je n'ai pas de lien, ni de contact avec eux. Des fois, ils essayent de venir dans leur chambre faire des passes, mais je m'y oppose. Dès que je ne les laisse pas entrer, j'ai des menaces le lendemain, ou ma voiture est rayée. Je nie les faits de proxénétisme qui me sont reprochés. Je ne suis pas proxénète.»

Les deux frères ont été déférés le 27 avril 2006 devant le parquet et placés sous mandat de dépôt pour proxénétisme aggravé. Sur commission rogatoire, les policiers ont continué à enquêter sur les comptes bancaires et les revenus occultes de la famille.

MAYOR : BANQUIER - AGENT DE VOYAGES ET PROXÉNÈTE

Tout démarre par une affaire de petite importance : trois prostituées nigérianes qui racolent porte de Saint-Cloud. Un couple de proxénètes africains qui vit dans le XVIIe. La femme surveille les filles et vend ses charmes occasionnellement.

La BRP intervient, la BRP interpelle.

Le mis en cause, lors de l'audition de la garde à vue, essaie de se défendre : «Moi, je suis tout petit dans le système. Il y a beaucoup plus gros. Énorme. Lui, il va au pays, acheter les filles, il les fait venir, il en a beaucoup. Il s'agit de Mayor, un Nigérian. Il tient un vidéo-club.»

Dès lors, les surveillances commencent. Les filatures mènent les enquêteurs du groupe de voie publique au Perreux-sur-Marne. Mayor, y vit avec sa femme nigériane âgée de vingt ans, Omoyewen. Elle est enceinte de lui. Mayor a fait l'objet d'une procédure pour proxénétisme aggravé en mai 2004, par les services de Boulogne-sur-Mer, ce qui lui a valu onze mois d'incarcération. Libéré en avril 2005, il a repris derechef son activité. Depuis, sa présence est constante dans le secteur Barbès, Labat, Marcadet et Poissonniers.

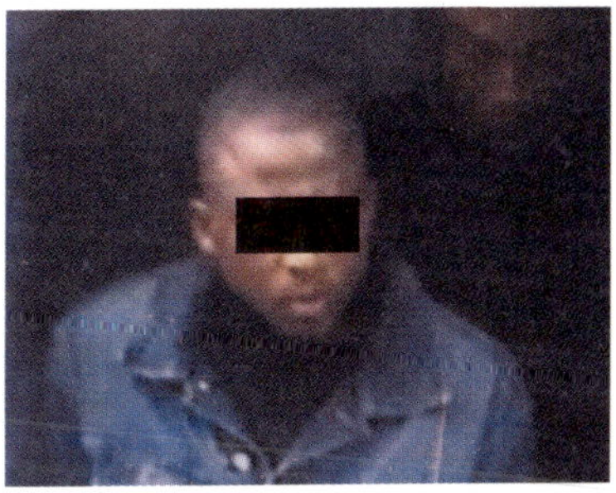

Mayor, un homme orchestre très bon gestionnaire.

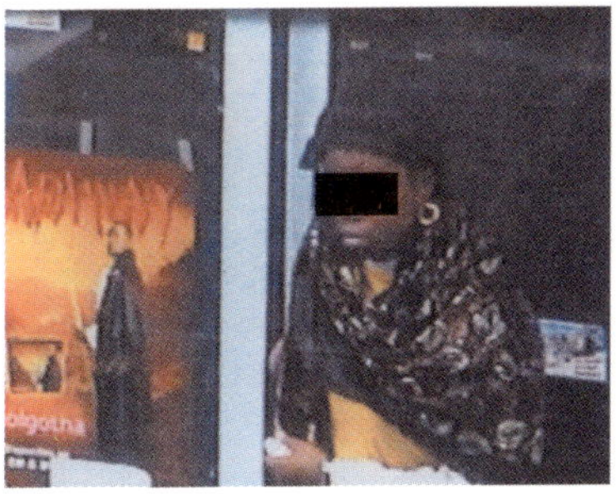

Sa femme Omoyewen, enceinte de plusieurs mois, à la sortie du vidéo-club.

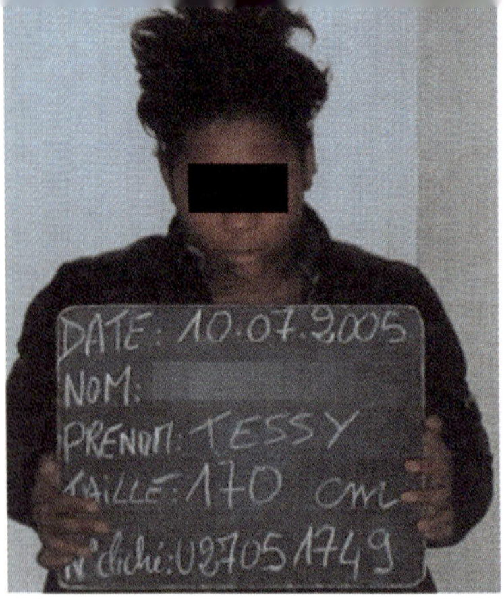

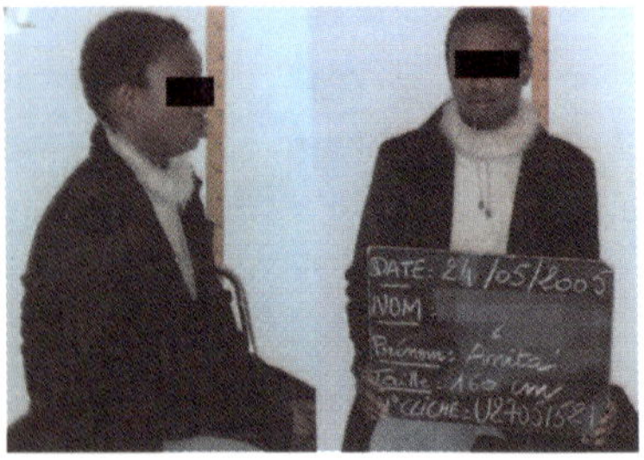

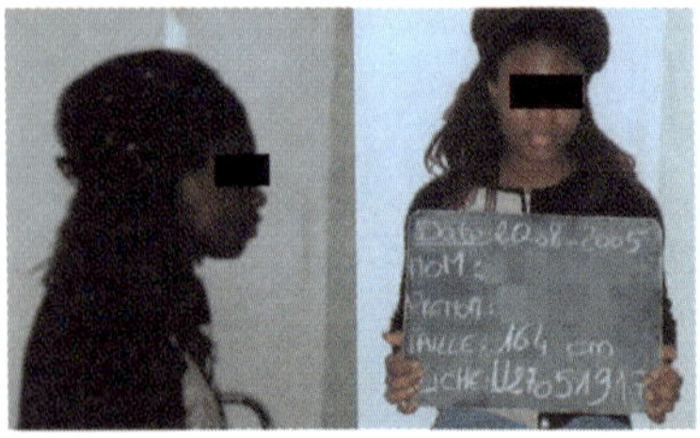

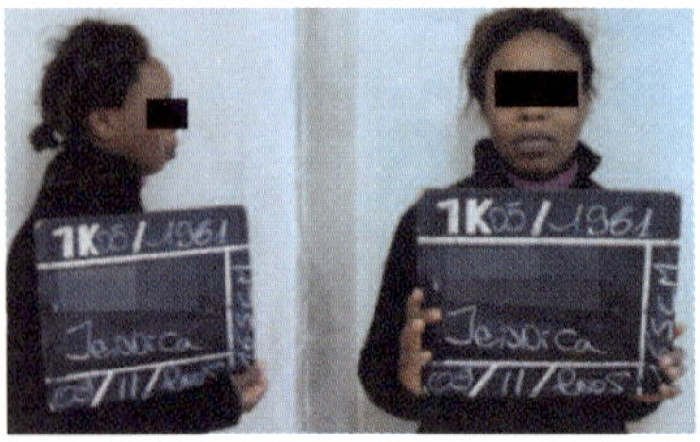

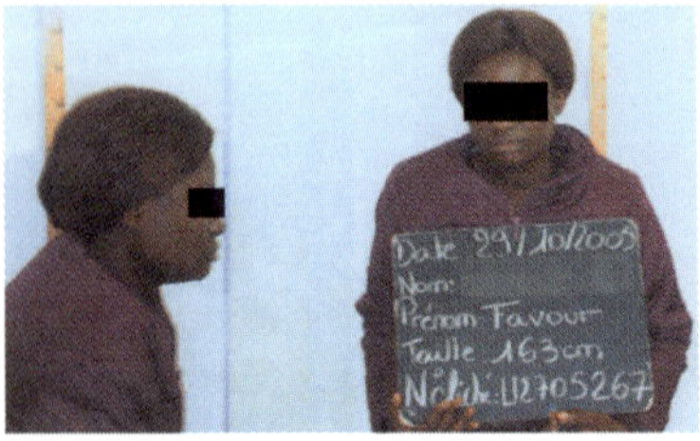

Les prostituées africaines qui travaillent pour Mayor sont tenues de faire une moyenne de 20 à 25 passes par jour. Le client paye entre 20 à 40 euros selon la prestation sexuelle. Considérées comme victimes aux yeux de la loi, elles sont entendues par les policiers de la BRP.

«Les filatures de Mayor, explique un commandant du groupe de recherches et d'investigations n° 1, sont extrêmement difficiles. Le milieu africain est fermé. Mayor semble connaître énormément de monde sur le secteur, dans le milieu des toxicomanes de voie publique et des salons de coiffure africains. En conséquence, il est devenu nécessaire d'avoir recours à des surveillances techniques de ses deux lignes de téléphones portables, afin de faire progresser plus efficacement les investigations.»

Mayor impose à chacun la méfiance. Il ne faut jamais parler d'argent au téléphone. Pour ces correspondantes, il préfère les rencontrer. Au pire, en cas d'urgence, il rappelle d'une cabine. Les interprètes requis pour traduire les écoutes notent que «les femmes qui sont en contact avec Mayor lui témoignent de grandes marques de respect. Elles utilisent des termes nigérians réservés uniquement aux "grands hommes". Au cours de conversations, Mayor se présente comme le président de la communauté Edo de Paris».

L'enquête établit que le couple Mayor et Omoyewen est responsable d'un commerce de vidéo-club. À l'intérieur du magasin, plusieurs cabines téléphoniques permettent de téléphoner à des tarifs très bas vers l'étranger. Essentiellement vers les pays africains. Au fond du local, un bureau à l'abri des regards, bien isolé, abrite les activités cachées du couple. C'est là, dans cette pièce, que l'un ou l'autre reçoit chaque jour les mamas et les prostituées les plus intégrées au réseau du secteur Clichy et Marcadet-Poissonniers, qui viennent remettre la «compté».

Mayor gère son réseau de prostitution comme un homme d'affaires. Cultivé, rusé, ce Nigérian de trente et un ans, est issu d'une famille aisée, bien introduite dans les arcanes du pouvoir. À Paris, depuis sa boutique, il a établi un système de transfert de capitaux vers Benin City, une sorte d'organisme financier à l'image de Western Union, qui échappe à tout contrôle. Envoyer de l'argent au pays devient simple, discret et très rentable pour Mayor, qui prélève une dîme de 10 % sur les sommes versées. Chaque individu qui déposait des euros recevait en échange un numéro de code, dans lequel il y avait toujours le mot «CD». Il fallait traduire par exemple vingt CD égalent 200 euros. La personne bénéficiaire de l'envoi se rendait à Benin City, au bureau de change tenu par la famille de Mayor, en alternance : son frère, ses deux femmes et un beau-frère. Avec le code, la personne retirait l'argent. Ce bureau disposait toujours d'argent en euros. Jamais en rupture, il était régulièrement alimenté par les activités du couple «Mayor-Omoyewen» et maintenu à niveau grâce aux porteurs qui amenaient de Benin City les filles à prostituer à l'aller et repartaient de Paris avec les liasses d'euros.

Les bénéfices ne restent pas en France, ils sont investis à point nommé au pays dans des chaînes de stations-service, dans l'immobilier. Le réseau de Mayor rapporte des sommes considérables.

«Il prend, explique le commandant de police, 60 à 70 % des gains des passes. La passe est entre 20 et 40 euros selon la prestation sexuelle, qui dure de dix à quinze minutes. Les jeunes femmes font vingt à vingt-cinq passes par jour, dans les parkings, les voitures des clients ou dans les hôtels, quand l'intéressé paye la chambre. Les "mamas" (mères maquerelles/surveillantes) viennent plusieurs fois par semaine rapporter la "compté" au vidéo-club.

Quand une fille désobéit, qu'elle ne travaille pas, elle est remise au pas, redressée par Omoyewen, qui lui remémore les pratiques vaudoues exercées sur elle par le sorcier avant son départ : "Si tu désobéis, tes sœurs et ta famille vont en subir les conséquences. Tu seras responsable, coupable de leur maladie, de leur folie."

La peur du "juju", de l'acte de magie, la vue d'une simple image de sorcier les terrifient. C'est même allé jusqu'à créer un problème interne auquel nous ne nous attendions pas. Pour traduire les écoutes au bureau, nous avions au cours de l'enquête deux interprètes. L'une traduisait le edo en pidgin english, la seconde le pidgin-english en français. Elles venaient tous les jours. Un week-end d'astreinte, un collègue a affiché sur le mur du bureau une impression d'une photo de sorcier nigérian. Le lundi matin, les deux femmes, en voyant cette image, ont hésité à pénétrer dans la pièce pour y travailler. L'une a fermé les yeux, l'autre a fait trois pas en arrière dans le couloir pour ne plus avoir cette image insupportable face à elle : "Ça porte malheur ! Il faut enlever, cacher cette image. Les dieux peuvent vouloir se venger."»

Au fil de l'enquête, Mayor se révèle être un éminent stratège. Il a ses réseaux de filles achetées au pays, placées et rentabilisées au maximum sur plusieurs points à Paris, en banlieue à Savigny-le-Temple, à Boulogne-sur-Mer, à Angers, mais encore à Madrid, Turin, aux îles Canaries… Il a son propre bureau de transfert de fonds et joue aussi le rôle d'intermédiaire pour d'autres proxénètes en tant qu'organisateur de voyages bien particuliers. Quatre ou cinq passeurs travaillent alternativement pour Mayor. Ils munissent les filles de passeports achetés en Sierra Leone. Les mêmes passeports servent à chaque transfert. Rares sont les propriétaires en titre de leur identité papier.

Avec des papiers de Sierra Leone, les filles en situation irrégulière en France ne sont pas expulsables. Sans délégation diplomatique du pays étranger sur le territoire français, pas d'expulsion possible. Lors d'écoutes, un nouveau nom ressort : Iyaegbe dite «Meg». Le numéro deux du réseau. Une Nigériane de vingt-six ans, née à Benin City, sans profession, sans domicile fixe, en situation irrégulière au regard des autorités françaises. Tous les dimanches après-midi, Meg organise dans sa chambre d'hôtel, rue Marcadet, une réunion des mamas qui assurent le terrain. Omoyewen ne manque aucune cérémonie. Rituels ? Thé du dimanche ? Pratique religieuse ? Les officiers de police cherchent à savoir ce qui se trame tous les dimanches à heure fixe entre les quatre murs d'une chambre d'hôtel. Mayor est le seul homme présent qui est accepté dans cette confrérie féminine. Mises au point hebdomadaires, résolution des problèmes rencontrés, diversification des secteurs face à la surveillance et à la pression policière…

Le 28 février 2006, la BRP tape dans les différents sites. Un effectif se rend au domicile de Mayor où se trouvent Omoyewen, quelques jeunes Nigérianes juste un peu défraîchies et plusieurs complices. D'autres interpellent les prostituées au petit matin, dans les trois hôtels du secteur Marcadet où elles sont sommairement logées. Vingt filles sont conduites au service, entendues, puis remises en liberté. Les interprètes traduisent

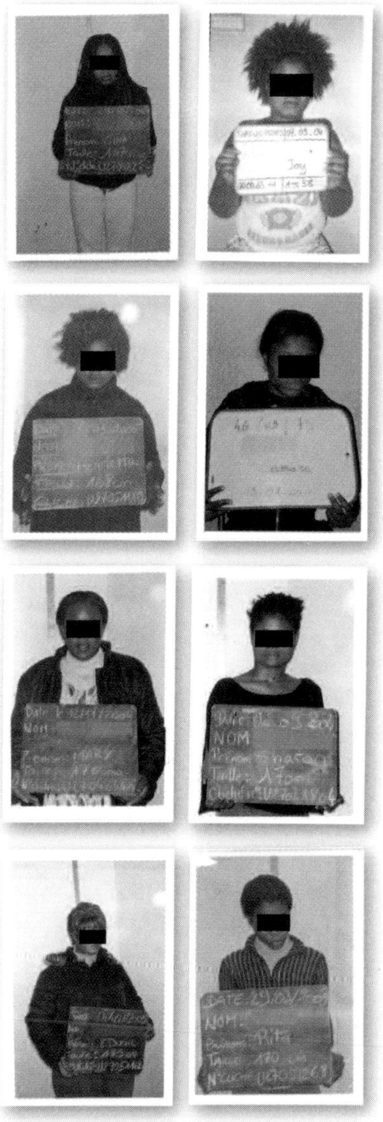

Avec des papiers de Sierra Leone, ces prostituées en situation irrégulière en France ne sont pas expulsables.

Photos de surveillance prise au Caméscope rue Myrha.

quand les filles parlent. La peur, l'émotion, les locaux les intimident. Que va-t-il se passer ? Vont-elles être renvoyées chez elles ? Et le Juju ?

Le rôle des femmes traductrices et des officiers de police est de créer un climat de confiance suffisant pour dépasser le mutisme. Beaucoup préfèrent mentir, selon un schéma préétabli, toujours le même.

«Je suis venue en France en 2000, car ma famille est très pauvre, mon père malade. Je voulais les aider. J'ai pris un avion et je suis arrivée ici. Je suis venue dans le but de me prostituer, de gagner de l'argent. Depuis mon arrivée à Paris, je me débrouille toute seule.

– Pourquoi mentez-vous ? Vous savez bien qu'aucune prostituée ne vient en France sans faire partie d'un réseau, et surtout sans l'aide de personne ?

– Je ne peux pas répondre sur ce que je ne sais pas. Personne ne m'a jamais aidée.»

Au fil des auditions, les langues se délient parfois. Quand un mensonge en chasse un autre, il laisse apparaître un zeste, puis un soupçon, puis une apparente vérité à la vue des images de surveillance et à l'audition des conversations téléphoniques enregistrées.

À l'issue des soixante-douze heures de garde à vue, les trois principaux mis en cause sont déférés. Mayor prend cinq ans de prison ferme, Lyaegbe trois ans. Omoyewen n'accouchera pas en prison. Hospitalisée à l'Hôtel-Dieu durant sa garde à vue, puis déférée, puis mise en examen, elle est remise en liberté malgré sa peine prononcée de dix-huit mois.

NADIA BEURETTE

Nadia Beurette, une figure emblématique de la célèbre rue Blondel, est interpellée le 28 mai 2006 à 23 h 35 par le groupe de répression du proxénétisme immobilier de la BRP. Accompagnée de son homme de main, elle sort alors de son domicile quai de Valmy (X^e^).

Née en Algérie en 1964, titulaire d'un CAP de coiffure, cette prostituée, a le charme et la prestance des femmes battantes. Autoritaire, menaçante, séductrice, manipulatrice, confiante en son physique et en son verbe, Nadia n'a rien à envier à d'autres créatures féminines. Ses yeux de biche, ses lèvres pulpeuses, son opulente poitrine remodelée digne d'une publicité idéale pour artiste de la chirurgie esthétique, son allure élégante, son goût pour les manteaux de fourrure, son appétit pour les bijoux précieux font d'elle ce que certains appellent une «bombe». À tort ou à raison.

Nadia, elle, ne dément pas sa réputation de «femme de voyou». Son homme est tombé à Marseille pour braquage de fourgon en 2002. Les écoutes ont révélé qu'elle faisait travailler des filles rue Blondel. Après un temps de détention provisoire en 2002 pour proxénétisme, Nadia a immédiatement repris ses activités habituelles pendant que son concubin purgeait ses quinze ans de prison.

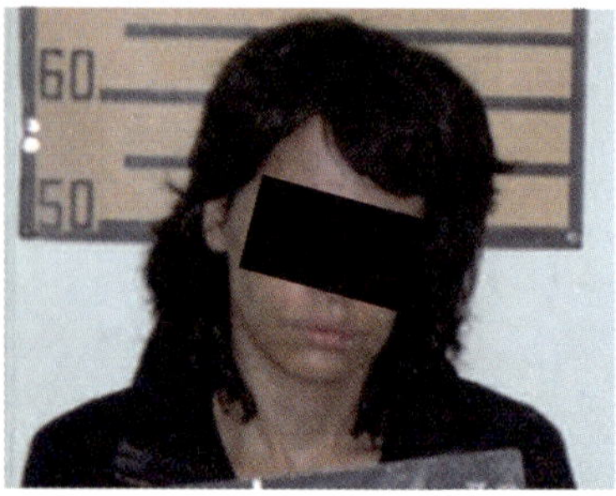

Nadia Beurette, lors de son interpellation dans les locaux de la BRP.

«Au lieu de se calmer, de faire profil bas, commente un commandant de la BRP, elle devient la patronne du 28 rue Blondel. Elle prend de l'ascendant.» Elle a un studio à son nom dans lequel elle travaille. Mais cela ne lui suffit pas. Elle prend contact avec une ancienne prostituée fatiguée, retirée à Lyon, qui possède un studio au deuxième étage du 28. Elle s'engage à lui verser un pourcentage sur les 2 000 euros de loyer. Elle y place une prostituée, puis deux, puis cinq. Au sixième étage, une autre propriétaire marseillaise, accepte de conclure un contrat avec elle. Nadia lui promet les trois quarts des 5 000 euros par mois de loyer payés par deux filles. En réalité, elle n'y place pas deux mais six filles.

Elle achète entre-temps un appartement au 17 rue Blondel à une femme qui est hors du circuit – elle travaille dans les assurances –, avec qui elle entretient une relation amoureuse. Elle y met cinq filles qui paient 1 500 euros chacune. Elle ne cesse d'augmenter la voilure. Elle compte sur son aura, sa réputation «d'avoir une équipe de voyous marseillais derrière elle».

Qui trop embrasse, mal étreint. La BRP va passer de la surveillance à la répression.

«Quand on prononçait le nom de Nadia dans la rue Blondel, c'était pour dire que l'on ne pouvait pas en parler.» Elle tient la rue. Elle augmente les loyers. 7 500 à 8 000 euros de bénéfice net, en liquide, par mois. Pas d'impôt.

Son homme à tout faire, dont le dévouement est à toute épreuve, l'assiste au quotidien. Il récupère les factures EDF des studios, assure certains transferts de fonds, sert de chauffeur à Nadia. Elle s'assure du service de videurs, toujours prompts à l'informer. En cas d'indisponibilité ou d'absence de sa part, elle charge Noura de collecter en son nom les loyers des doublantes et d'exercer la surveillance de la rue, son fief. Chassées progressivement de la rue Saint-Denis, les doublantes cherchent, par nécessité, des studios à louer. Selon le schéma inéluctable de l'offre et de la demande, Nadia ne refuse pas la demande des filles, lesquelles sont contraintes, face à la pénurie, d'accepter des loyers exorbitants.

Le groupe de répression du proxénétisme immobilier s'intéresse très particulièrement, en janvier 2006, à celle qui fait régner la peur et le respect rue Blondel. Surveillances. Écoutes. Le système policier mis en place suit son cours.

En juin, Nadia n'aura pas le temps d'aller au bled apporter de l'argent. Elle a toujours eu conscience que ce n'était pas bon pour elle de constituer un patrimoine en France. Le 28 mai 2006, à 23 h 35, la BRP l'interpelle en compagnie de son homme de main José devant son domicile. Amenés au service, mis en garde à vue, les deux mis en cause restent évasifs, peu enclins à parler. Lorsque Nadia compare le 29 mai devant le lieutenant de police de la BRP qui lui demande de lui parler de la rue Blondel, où elle se prostitue, elle répond :

«Au 28, il y a Lelé qui travaille au sixième étage. Elle est propriétaire et se prostitue. Il y a Chloé qui est propriétaire au sixième, elle se prostitue quand elle est là. Il arrive qu'elle vienne mais très rarement, elle habite dans le Sud, je ne sais pas où exactement.

– Des prostituées travaillent-elles dans le studio quand elle n'est pas là ?

– Je sais qu'il y en a, mais je ne sais pas combien, ni leurs noms. Il y a Dany au premier étage, une brune. Et une autre Dany, blonde qui se prostitue et est propriétaire, sans doublante. Au deuxième étage, il y a Laurence, une

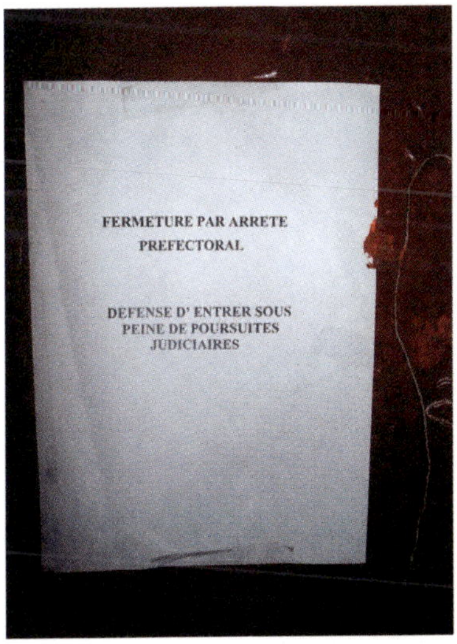

Le 28 rue Blondel : le fief de Nadia Beurette.

Les quatre studios du 28 rue Blondel, exploités par Nadia, lui sont confisqués. Ils sont fermés par arrêté préfectoral.

grande black, Michou, Dominique, Sabrina et une autre dont je ne me souviens plus le nom.

– Avez-vous mis à disposition de prostituées votre studio ou des studios, de tiers, moyennant finance ?

– Non, sauf deux fois pour une copine, Fadela.»

Nadia persiste et signe les différents procès-verbaux des 29, 30 et 31 mai 2006. Et maintenant ses déclarations : elle ne sait pas, ne connaît pas, elle n'a pas touché d'argent de la prostitution d'autres filles, à l'exception du loyer envoyé à Chloé dans le Sud. Nadia est condamnée à quatre ans de prison ferme, plus une amende de 30 000 euros. Ses quatre studios sont confisqués. Déstabilisée, Nadia encaisse sa sentence.

Son nom ne résonne plus dans les escaliers et les halls d'entrée de la rue Blondel. Le silence est de mise.

COUP DE FILET MAGISTRAL DE LA BRP : DIX PROXÉNÈTES ET SOIXANTE FILLES

Le 28 septembre, dix proxénètes sont déférés devant le juge d'instruction pour être mis en examen. Le mardi 26 septembre 2006, à la suite d'une longue enquête, le groupe de recherches et d'investigations n° 2 a démantelé un réseau de proxénètes qui sévissait depuis plusieurs mois dans un immeuble au 70 rue Myrha. Chaque protagoniste encourt, pour proxénétisme aggravé, dix ans de réclusion criminelle et 750 000 euros d'amende. Le Code pénal prévoit, lorsque le proxénétisme est commis en bande organisée, jusqu'à vingt ans de réclusion criminelle et 3 millions d'euros d'amende.

Attroupement, bruit, nuisances, plaintes des riverains auprès des élus du quartier… Le scénario se répète.

«J'avais alerté le syndic de mon immeuble, l'année dernière, explique un commerçant installé dans la rue depuis 1980. Elles étaient là, en permanence. Elles attiraient des clients qui fréquentaient les boutiques exotiques. Elles s'étalaient sur plusieurs dizaines de mètres. Le syndic m'avait répondu : "Il faut patienter, la police enquête".»

À la suite des désordres sur la voie publique, la BAC de Clignancourt avait réalisé une vidéosurveillance des filles. Reprise et approfondie par la BRP, l'enquête a mobilisé plusieurs spécialistes durant presque une année.

Une soixantaine de jeunes prostituées africaines travaillent sous la contrainte. Maraboutées avant leur départ, elles vivent dans la peur des représailles.

«Dix mois pour démanteler un réseau particulièrement bien organisé, commente un commandant du groupe. Les prostituées, âgées de vingt à cinquante ans, étaient placées sous une étroite surveillance, et contraintes à l'abattage dans des conditions d'hygiène déplorables. Une Malienne, "Marianne", âgée de quarante ans, et son mari, un Antillais technicien de surface, âgé de quarante-sept ans, étaient soupçonnés d'être les responsables. Elle était déjà tombée pour proxénétisme en mai 2005 et avait été jugée

Un réseau de prostituées africaines démantelé

Six proxénètes ont été déférés devant le juge d'instruction, jeudi 28 septembre, suite à une opération policière dans le 18e arrondissement de Paris

Une vaste opération de police conduite, mardi 26 septembre, dans le 18e arrondissement de Paris, a provoqué le démantèlement d'un réseau de proxénétisme qui sévissait depuis plusieurs mois. Un petit immeuble du 70, rue Myrrha, à deux pas du boulevard Barbès, avait été transformé en haut lieu de la prostitution africaine.

Dans une demi-douzaine d'appartements situés à cette adresse et dans deux autres loués ou sous-loués au 76 de la même rue, une soixantaine de femmes – en majorité d'origine ghanéenne – exerçaient sous la coupe de six personnes qui ont toutes été déférées devant le juge d'instruction, jeudi 28, pour être mises en examen.

La présence des prostituées avait suscité de nombreuses plaintes des riverains, notamment auprès des élus du quartier. Les policiers locaux avaient alors entamé une enquête, reprise et approfondie par la brigade de répression du proxénétisme (BRP). « *J'avais alerté le syndic de mon immeuble l'année dernière*, explique un commerçant installé dans la rue depuis 1980. *Elles étaient là en permanence. Elles attiraient des clients qui fréquentaient les boutiques. Elles s'étalaient sur plusieurs dizaines de mètres. Il m'avait répondu : "Il faut patienter, la police enquête".* »

70, rue Myrrah, dans le 18e arrondissement de Paris. Le 26 septembre, une opération de police y a été conduite pour démanteler un réseau de prostitution africaine où une soixantaine de femmes étaient sous la coupe de six personnes. JULIEN DE WECK POUR « LE MONDE »

Dette contractée dans leur pays

Le réseau était particulièrement bien organisé : les prostituées, âgées de 20 à 50 ans, étaient placées sous une étroite surveillance et contraintes à l'« abattage » dans des conditions d'hygiène déplorables. Une Malienne de 40 ans et son conjoint, âgé de 47 ans, sont soupçonnés d'être les principaux instigateurs. Ils employaient une vingtaine de femmes, desquelles ils exigeaient la remise d'une somme de 200 à 500 euros tous les dix jours. Les tarifs pratiqués pour une passe s'élevaient de 20 à 30 euros. Ils s'étaient associés à deux Ghanéennes qui avaient pour mission de surveiller les prostituées et de collecter l'argent versé par les clients.

Une Algérienne, âgée de plus de 60 ans, propriétaire d'un appartement au 70, faisait, elle, travailler une dizaine de femmes. Un Marocain assurait la surveillance de l'ensemble, tandis qu'une sixième personne, un Sénégalais de 61 ans, avait en charge la logistique ; il s'occupait de la maintenance et du ménage des locaux.

Lors des perquisitions effectuées dans le cadre de l'enquête, environ 15 000 euros ont été saisis. Parmi les prostituées interpellées par la police, cinq étaient en situation irrégulière. Une seule d'entre elles a fait l'objet d'un arrêté de reconduite à la frontière ; les quatre autres ont été remises en liberté.

Comme dans la plupart des affaires de proxénétisme impliquant des femmes africaines, les prostituées étaient tenues par une dette contractée dans leur pays pour venir en France. Cette dette s'élève à environ 50 000 dollars (39 400 euros). Elles étaient mises dans l'obligation de rembourser, sous la menace de représailles envers leurs familles, restées au pays. Certaines d'entre elles étaient même « maraboutées » avant leur départ, afin de s'assurer de leur docilité.

« *En fait*, reconnaît le commerçant, *elles ne posaient pas de problème en elles-mêmes. Il n'y avait jamais d'embrouilles dans la rue. Mais nous sommes quand même soulagés : depuis mardi, c'est redevenu plus calme.* » Dans la rue Myrrha, vendredi 29 septembre, plus une seule prostituée n'était visible. ■

PASCAL CEAUX

Le Monde *du 1er octobre 2006.*

pour l'affaire du 24 rue Myrha ! Après ses quelques mois de prison, elle a immédiatement repris ses activités lucratives. Le couple, assisté de deux femmes de main, deux Ghanéennes («mamas» et prostituées) employait une vingtaine de femmes. Ils exigeaient d'elles une remise de 200 à 500 euros tous les dix jours. Le prix de la passe était fixé entre 20 et 30 euros.

De son côté, une Algérienne, âgée de plus de soixante ans, propriétaire d'un appartement dans l'immeuble du 70 rue Myrha, faisait travailler une dizaine de jeunes femmes. Un septième personnage, un Sénégalais de soixante et un ans, avait en charge la logistique de l'entreprise, il s'occupait de la maintenance et du ménage des locaux. De plus, il sous-louait son appartement du 49 rue Myrha aux filles pour se prostituer la nuit.

L'enquête nous a menés trois immeubles plus loin, au 76 rue Myrha. Là, nous avons découvert un autre appartement occupé par des passes répétitives. Après dix mois d'enquête, nous avions identifié soixante filles qui tapinaient dans la rue Myrha. La date pour l'opération a été choisie. Un dispositif important a été monté : quarante policiers, douze locaux à "taper" pour proxénétisme aggravé. Lors des perquisitions, 15 000 euros ont été saisis. Parmi les prostituées interpellées, cinq étaient en situation irrégulière. Une seule d'entre elles a fait l'objet d'un arrêt de reconduite à la frontière. Les quatre autres ont été remises en liberté. Comme dans la grande majorité des affaires de proxénétisme qui impliquent des femmes africaines, elles sont tenues de rembourser une dette contractée dans leur pays d'origine pour leur venue et leur accueil en France. Cette somme s'élève à environ 50 000 dollars.»

Vendredi 29 septembre 2006, un calme inhabituel règne sur la rue Myrha. Plus une seule prostituée visible sur la chaussée. Les principaux mis en cause sont tous allés au trou pour quelques mois.

Depuis l'affaire du 24 rue Myrha en mai 2005, et celle du 70 et 76 rue Myrha, il n'y a plus de racolage dans la rue, ni d'appartement disponible pour la prostitution. Les mamas encore en liberté doivent une fois de plus s'adapter. Elles envoient les filles en grande banlieue. Elles prennent le train tous les matins pour aller travailler…

Rue Myrha à la Goutte d'Or.

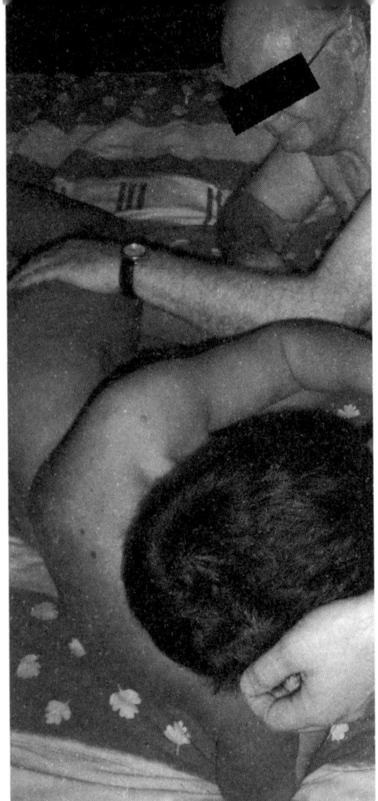

Dans une chambre d'un hôtel, avenue de Clichy... Le 8e gang bang organisé par le couple belge.

Proxénétisme

Le couple belge organisait des soirées gang bang

LE SEXE n'a pas de frontières. Depuis plusieurs mois, un couple de résidents belges organisait des rencontres privées et tarifées dans des hôtels parisiens. Leur spécialité : le gang bang ou, pour les non-initiés, une pratique qui consiste en un accouplement d'une femme avec plusieurs hommes à la suite.

Pour avoir le droit aux faveurs de Corinne, une jeune Wallonne de 27 ans, chaque amateur devait s'acquitter du règlement de 100 €, payable avant le début des festivités. Mais avant-hier, ces messieurs ont dû se contenter de simples préliminaires. La brigade de répression du proxénétisme a décidé de mettre un terme aux ébats en procédant à l'interpellation du principal organisateur de ces parties fines.

Une activité lucrative

Arrêté dans le hall de l'hôtel de l'avenue Laumière (XIXe), Fabrice, 38 ans, a été trouvé en possession de près de 1 000 € en liquide, soit la somme que venait de lui verser la dizaine de clients présents ce soir-là. Car, pour la justice, il s'agit bien de proxénétisme malgré les récriminations de la jeune femme. Celle-ci a en effet affirmé aux enquêteurs qu'elle était l'amante de Fabrice et qu'elle ne tirait pas profit de ces activités. On a du mal à la croire quand on sait que les deux complices organisaient le même type de soirées à Bruxelles.

Pour attirer de nouveaux adeptes, l'homme avait en outre créé un site de rencontres au nom sans équivoque (Gang Bang Palace) où étaient annoncées les prochaines soirées en Belgique et en France. Corinne a d'ailleurs reconnu avoir participé à une petite dizaine de gang bang dans la capitale française. Elle aurait empoché selon ses dires de 8 000 € à 10 000 € depuis le mois de mai grâce à ses activités libertines. Alors qu'elle était laissée libre après ses auditions, son compagnon a en revanche été déféré devant la justice et devait comparaître hier après-midi devant le tribunal correctionnel. Il encourt jusqu'à sept ans d'emprisonnement et 150 000 € d'amende.

F.D.

SAMEDI 16 DÉCEMBRE 2006

Le Parisien *du 16 décembre 2006.*

LE GANG BANG DE NOËL N'AURA PAS LIEU

Au cinquième étage du 3 rue de Lutèce, dans les bureaux de la BRP, des enquêteurs aguerris au Web passent des heures à surveiller la Toile, à la recherche de sites qui pourraient cacher des réseaux de proxénétisme.

Après les grandes époques du téléphone, du Minitel rose, Internet a détrôné les autres technologies pour proposer tout ce que le sexe tarifé ou non peut offrir : sites, chats, liens, blogs...

«S'ils sont tarifés, c'est illégal, donc on commence à enquêter. À partir du moment où l'organisateur de rencontres sexuelles tire un bénéfice financier, on est dans le proxénétisme», commente un officier. Quelques clics sur «GB» : gangbang, traduire par relations sexuelles de plusieurs partenaires masculins avec une seule femme, et 28 700 000 résultats s'affichent !

Une information remontée dans les services dirige un officier du groupe de recherches et d'investigations n° 2 vers un site GB privilégié. Un couple belge organise des rendez-vous très particuliers, régulièrement, à Paris et en Belgique dans une chambre d'hôtel l'après-midi. La participation aux frais pour goûter aux plaisirs du gang bang est de 100 euros par personne. L'officier s'inscrit sous une fausse identité et une fausse adresse sur le site. Il se montre très intéressé pour la prochaine rencontre. Par messagerie, le jour et le lieu sont fixés. En retour, le dispositif policier se met en place. Surveillance devant et dans l'hôtel à Montreuil.

L'objectif est de comprendre quel est le rôle du compagnon de cette femme. Est-il échangiste, amateur de relations multiples ? Sa compagne est-elle contrainte de se prostituer ? Est-il proxénète ?...

Pour évaluer le nombre de clients, la caméra de surveillance de l'hôtel se révèle précieuse. Quinze personnes défilent sur l'écran. L'organisateur se tient debout dans le hall, près de l'ascenseur. Les hommes, futurs clients consommateurs, se dirigent sans hésiter vers lui. Ils lui donnent chacun 100 euros. Les enquêteurs attendent une heure, la fin de la séance. Sans intervenir. Ils surveillent et écoutent à l'étage. Les clients quittent la chambre et repartent les uns derrière les autres... Ils sont identifiés par leur plaque d'immatriculation ou pris en filature. Le couple quitte l'hôtel sereinement et regagne son véhicule flambant neuf. Un mois plus tard, le couple annonce son retour sur Internet. Le message est archivé, car pour les policiers, il s'agit d'une pièce à conviction. Selon le Code pénal, l'usage d'un moyen de communication moderne dans une affaire de proxénétisme entraîne des circonstances aggravantes.

Un nouveau rendez-vous est prévu. Un après-midi libertin à l'hôtel, avenue de Clichy. C'est le huitième gang bang du couple en France. Même scénario. Du côté policier : planques, surveillances, photographies ; du côté libertin : dix clients payent à l'organisateur qui encaisse l'argent. Avec un air débonnaire, il les guide jusqu'à l'ascenseur et leur indique l'étage. Tous sont des hommes seuls, sans bagages, d'apparence plutôt aisée. La séance démarre. «On a attendu que ça commence pour intervenir. Pour faire un flagrant délit qui tienne la route», se souvient l'un des officiers de police. L'organisateur, proxénète présumé, est interpellé dans le hall. Très surpris, il ne comprend pas pourquoi.

«Nous, on fait ça pour nous, une fois par mois, pour s'amuser nous-mêmes. C'est interdit ?

– Les gens vous payent 100 euros chacun, dix clients ça fait 1 000 euros ! À partir du moment où ces rencontres sexuelles vous procurent un bénéfice financier, on change de registre. C'est très clairement du proxénétisme, Monsieur.

– C'est la participation pour les frais.

– La chambre d'hôtel est à 200 euros, ça fait un petit bénéfice pour vous !»

Tandis que l'interrogatoire se poursuit au rez-de-chaussée, l'équipe de policiers fait irruption dans la chambre.

«Police Nationale. Pouvez-vous vous rhabiller Madame ? Chacun prend ses petits effets et ses petits papiers.»

La femme était en plein ébat avec deux partenaires. Nus, les autres assistaient à la scène en état d'excitation. Situation inédite. Arrêt net du désir. Les clients sont entendus, libertins, aucun n'a semble-t-il pensé au proxénétisme. Un homme de soixante-dix ans, retraité de la Marine nationale, se précipite sur sa sacoche en cuir. Ancien ingénieur du son, il enregistrait tous les bruits des ébats. Le soir, il se masturbait au rythme de la bande son avec plaisir.

L'organisateur, un courtier d'assurance belge, d'une cinquantaine d'années, marié, est inconnu des services de police. Valérie, sa maîtresse, professeur d'université, déclare n'avoir eu envie que d'essayer la prostitution, rien de plus. Prostituée, considérée comme victime, elle est entendue par les enquêteurs.

«C'est un pur fantasme de me sentir prostituée. Mon ami, ça l'excite de me savoir avec plusieurs hommes. J'ai un grand appétit. Lui seul ne peut pas me satisfaire. C'est entre adultes consentants. Il ne peut pas assumer ma forte personnalité. C'est tout. On se fait plaisir.» Pour ce couple illégitime, l'argent du gang bang est présenté comme un moyen de financer leur double vie, de faire des extras, de passer du bon temps. Mais la tenue d'un fichier précis de comptabilité dans l'ordinateur de l'organisateur trouble les enquêteurs.

«Cela ne semble pas être que pour le plaisir.

– Mon ami ne touche pas d'argent. J'utilise tout pour moi seule. Il m'aime. C'est de la passion. Au-delà de la raison.»

Valérie passe sa première nuit seule à Paris. Son compagnon essaye de trouver le sommeil dans sa cellule de garde à vue. Sa femme pense qu'il a été arrêté en France, pour excès de vitesse. Elle ignore tout. Au petit matin, il tente de justifier son attitude.

«Il n'y a pas d'enrichissement personnel, ni de son côté, ni du mien. Je n'ai pas besoin de ça pour vivre.»

L'homme plaide, durant toute son audition, le fantasme et non le profit. Le chef d'entreprise, qui a néanmoins encaissé 150 000 euros dans l'année, soit 15 000 euros par mois, va devoir s'en expliquer devant le procureur. Son ordinateur et sa voiture neuve d'une valeur de 50 000 euros sont placés sous scellés, pour avoir servi à l'organisation du gangbang. Il est déféré devant le parquet. Le substitut du procureur dispose de quelques heures

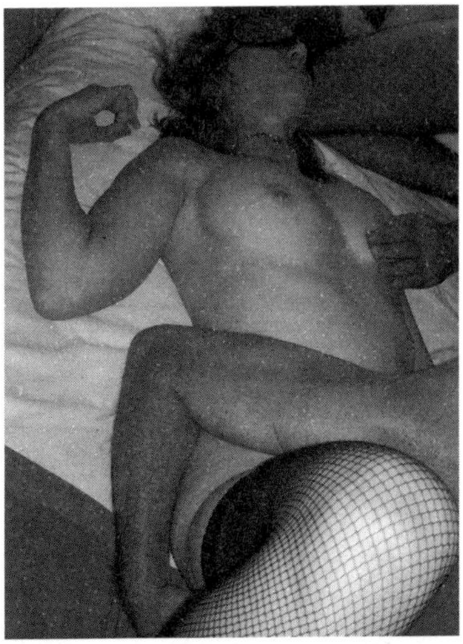

Les policiers de la BRP ont su attendre le moment le plus opportun pour mener à bien leurs interpellations.

pour prendre connaissance de tous les détails de cette affaire : «Proxénétisme aggravé par le fait d'utiliser des moyens modernes de télécommunications»

«Vous reconnaissez les faits ?

– Oui, j'ai fait ça pour satisfaire les fantasmes de ma copine.»

Jugé en comparution immédiate, dans l'après-midi, le courtier d'assurance belge encourt dix ans de prison ferme. Après trois jours d'attente et d'inquiétude, il en ressort avec dix mois avec sursis, 5 000 euros d'amende, et plus de voiture. À minuit et demi, il est libre. Son premier geste, en sortant du palais de justice, est de saisir son téléphone portable pour appeler sa femme en Belgique. Les retrouvailles avec sa compagne illégitime attendront... Le gangbang de Noël n'aura pas lieu.

Les cédéroms des meilleurs gang bang de Valérie n'arriveront pas dans la boîte aux lettres des clients les plus assidus...

Petit Papa Noël aura-t-il l'audace de les déposer avec humour dans d'autres souliers au pied d'un sapin tricolore ?

LE PETIT CHAPERON ROUGE À PIGALLE

La jeune femme anglaise, agée de 19 ans se fait connaître en collant dans le quartier Pigalle, un peu partout, des affichettes avec son numéro de portable, son nom et ses tarifs. Une pratique peu courante.

De Pigalle, un renseignement arrive à la Brigade de répression du proxénétisme : «Une jeune femme anglaise, toujours vêtue d'une pèlerine rouge, âgée de dix-neuf ans, se prostituerait dans les sex-shops et les hôtels du secteur Pigalle. Elle vivrait à l'hôtel aux Abbesses et donnerait tout l'argent de ses passes à un Anglais. Cet homme lui prendrait tout.» Elle se fait connaître par le biais d'affichettes qu'elle colle dans tout le quartier avec son numéro de portable, son prénom, Hannah, et ses tarifs : 55 euros les trente minutes, 100 euros l'heure.

Le groupe de recherches et d'investigations s'intéresse à Hannah et assiste, en face du Moulin-Rouge, à un rendez-vous qu'elle a fixé à un client. Les filatures conduisent les enquêteurs à vérifier qu'elle vit avec son ami anglais dans un hôtel aux Abbesses. Elle se prostitue quotidiennement dans les cabines des sex-shops et dans des chambres d'hôtel quand l'hôtel l'accepte.

À la mi-décembre, le temps est gris ; en haut de la rue des Martyrs, Hannah sort de l'hôtel avec son client. La BRP l'interpelle. L'homme reconnaît avoir eu une relation sexuelle tarifée. À quelques pas, à l'angle du boulevard de Clichy et du boulevard de Rochechouart, le julot casse-croûte attend l'argent de la jeune femme vêtue de la capeline rouge.

Lors de l'audition des deux individus, rue de Lutèce, dans les bureaux de la BRP, l'identité du proxénète anglais ne semble pas cohérente : «Hannah nous donnait un nom, lui un autre, il n'avait pas de papiers d'identité. Dans son agenda téléphonique nous avons repéré "mam" et un numéro en Angleterre. Sa mère a coupé court à notre appel, elle a prétendu ne pas avoir de fils. Nous avons contacté son père qui, lui, nous a appris que son fils était recherché pour pédophilie et pornographie et qu'il fallait absolument lui dire de rentrer en Angleterre et de se rendre à la police. Confondu par la situation imprévue, la parole a fait place au mutisme. Il nous a expliqué qu'il était tombé pour diffusion d'images pornographiques d'enfants sur le Net. Condamné à plusieurs années de prison, il avait décidé après le procès de s'évader au plus vite avec son amie. Arrivés sur l'île de Jersey, ils ont opté pour la traversée de la Manche en canoë-kayak jusqu'au continent. Puis direction Saint-Chamond, dans le département de la Loire en auto-stop. Ils rencontrent une jeune étudiante, se lient d'amitié avec elle, et lui empruntent 1 000 euros. Quelques jours plus tard, les poches à nouveau vides, Hannah s'exerce à la prostitution sur le trottoir de la commune, près de la gare. Son compagnon participe également et se maquille en femme…

Puis direction Pigalle, les sex-shops et les trottoirs.

Le proxénète anglais a été condamné à plusieurs mois de prison ferme avant d'être conduit en Angleterre.

Le Petit Chaperon rouge ne fréquente plus Pigalle…»

LE GRAND MAÎTRE SM GAY

Courant décembre 2007, une lettre anonyme adressée à la police dénonce un dénommé Thierry, maître SM gay, propriétaire d'un donjon sado masochiste, dans le IVe. «Il soutiendrait la prostitution de plusieurs hommes, via des sites Internet, et serait revendeur de stupéfiants.»

Le parquet saisit la BRP quelques jours avant Noël. Rapidement, l'enquête menée par le groupe de recherches et d'investigations identifie les deux grands maîtres SM gay, qui, en France, font autorité en la matière. Thierry est l'un des deux. Sur un site, Thierry (Gur666) énumère ses pratiques et ses spécialités : flagellation, «fist», «fuck pisse», «foot fuck», lavement. Accessoirement, il propose de vendre 4 cm^{2} de sa peau pour les faire tatouer.

Le maître SM revendique son goût immodéré et incommensurable pour les uniformes, le cuir, le latex, le fétichisme. Il aime pratiquer le «bareback». Dans un rodéo, cela signifie monter son cheval à cru. Dans les relations sexuelles, dans le milieu gay, c'est baiser sans préservatif. Il affectionne l'usage des masques à gaz, ce qui permet en modifiant le filtre d'inhaler en permanence des poppers à forte concentration. Certains «vrais bâtards» (soumis) viennent à lui, pour lui demander de se faire introduire des balles de ping-pong, de pétanque ou de billard dans l'anus. Le but est de les garder le plus longtemps possible avec toutes les contraintes de la vie quotidienne. Les plus dangereuses sont les balles de ping-pong car elles sont légères et ont tendance à remonter dans l'intestin. Il peut être très difficile de les expulser…

Au cours de l'enquête, il apparaît que Thierry propose sa «playroom» et ses services spécialisés sur un second site Internet. Les tarifs affichés oscillent de 150 euros de l'heure à 700 euros pour une nuit. Occasionnellement, le maître SM met son donjon à disposition pour des escorts qui viennent avec leurs clients moyennant quelques centaines d'euros.

Lors de la perquisition dans son donjon, qui n'est autre qu'une pièce spécialement aménagée de son appartement, les policiers de la BRP ont trouvé

Photos prises par la BRP dans la "playroom" du maître SM, lors de son interpellation chez lui, le 2 juillet 2008.

une panoplie très complète pour exercer des activités sexuelles extrêmes : fouet, collier, batte de baseball, speculum, crochets, anneaux, aiguilles, clous, cire d'abeille et des dosettes de GBL. La drogue du violeur. Le gamma-butyrolactone (GBL) est utilisé dans l'industrie comme solvant à peinture, époxy ou vernis à ongles. Ses caractéristiques très acides font fondre le plastique et blanchissent les vernis. Ingéré à très faible dilution, il se transforme *in vivo*, dans le corps humain, en GHB (acide gamma-hydroxy-butyrique). Il produit certains effets : euphorie, sexualité débridée, augmentation de la libido, dilatation extrême… mais aussi des comas mortels en cas d'overdose. Se procurer du GBL est un jeu d'enfant : il est en vente libre sur Internet. La seule difficulté est de savoir réaliser la bonne dilution, compte tenu de son caractère hautement acide et dangereusement mortel. Pris à une certaine dose, il permet de vivre des activités physiques extrêmes (brûlures, dilatation…).

Interpellé le 2 juillet 2008 pour proxénétisme, mis en garde à vue, auditionné, déféré, le maître SM gay sera finalement relaxé.

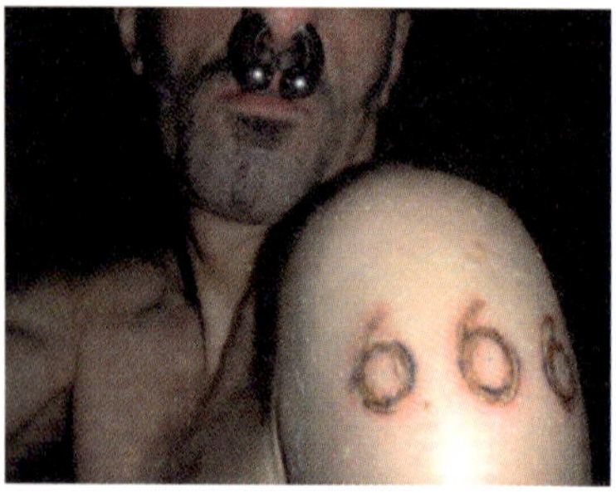

"Branding" : marquage au fer rouge. Symbole de provocation du maître SM.

GUR666, ESCORT GAY SADOMASO

Après une première prise de contact dans un café rue de Rivoli, dans le courant de la deuxième semaine de décembre, Thierry a accepté, le 22 décembre 2008, de témoigner sur la manière dont il a vécu son parcours pour proxénétisme aggravé : son interpellation, sa garde à vue, ses auditions à la BRP, sa nuit au dépôt, son attente entre le 3 juillet (date où le procureur de la section C2 l'a libéré) et le 25 août (date de son procès).

«Au début de l'été, le 1er juillet dans l'après-midi, un client m'a téléphoné pour m'avertir qu'il venait d'être entendu par les policiers de la Brigade de répression du proxénétisme, rue de Lutèce, au sujet du site "gayromeo.com", pour savoir depuis combien de temps nous nous connaissions et quelle était la nature de nos rapports. Il m'a laissé comprendre qu'au vu des questions qui lui avaient été posées, il y avait de fortes probabilités que j'allais avoir très prochainement de leurs nouvelles.

C'est en tant que serveur dans un bar homo que j'ai connu Philippe. Il était client. On s'est ensuite rencontrés sur le site gayromeo où je suis inscrit sous le pseudo "Barebackuir" et "GUR666" comme escort. La playroom de Philippe ayant subi un grave incendie, je l'ai dépanné chez moi, dans ma pièce aménagée en donjon, avec mon "sling" (une balançoire qui permet de faciliter les pénétrations anales). On se voyait tous les deux à trois mois. Je lui faisais payer mes services d'escort avec la mise à disposition de ma playroom. Selon ses envies, on était de trois à cinq escorts pour totalement le satisfaire. Je ne lui louais pas ma playroom et je ne percevais pas d'argent sur les prostitués qui venaient. Je ne pensais pas tomber sous le coup de la loi et être considéré comme proxénète. J'avais la conscience totalement tranquille.

Le 2 juillet à 10 h 15, j'étais à la maison tout nu en train de manger un yoghourt, quand on a frappé à la porte. Trois hommes en civil se sont présentés avec des brassards de police au bras. Après avoir enfilé mon peignoir, j'ai ouvert la porte. Dans la nuit, j'avais eu la prémonition qu'ils allaient venir. Je ne cessais de me remémorer le coup de fil de Philippe. Le souci n'était pas pour moi, le fait de recevoir des escorts, mais d'avoir à la maison un litre de GBL. Le lieutenant de police m'a expliqué pourquoi il était là. Un courrier anonyme, daté du 21 décembre 2007, adressé à monsieur le procureur au tribunal de grande instance, de Paris était parvenu sur leur bureau. De là, une enquête préliminaire sur instruction du parquet. La lettre précisait mon nom, mon adresse exacte et me dénonçait pour les faits suivants «développer et soutenir activement la prostitution de plusieurs hommes via plusieurs sites gays spécialisés». Plus grave, les écrits m'accusaient de soutenir depuis deux ans un mineur de dix-sept ans et de revendre des stupéfiants.

Tout de suite, j'ai pensé à deux personnes qui auraient pu suffisamment m'en vouloir pour en arriver à la délation : un de mes anciens chefs de service ou l'ex de mon chéri, qui lui en veut terriblement de leur séparation. Les policiers ont perquisitionné mes 38m² et fait des photos de tout mon matériel. Ils n'ont pas trouvé d'argent. À 11 h, ils me signifiaient ma garde à vue. Un tee-shirt dans mon sac, je les ai suivis en confiance. Sans menottes, avec une très grande discrétion, ils m'ont amené dans leurs locaux. Dans mon idée, à 17 h j'étais dehors, une fois l'audition finie. À ce moment-là, mon seul souci était la présence du litre de GBL à la maison. Je me le procure à 60 euros sur Internet pour mon usage d'escort. Un litre de ce solvant détourné peut durer plus d'un an. Il se transforme en GHB dans le corps une fois ingéré. Ils m'ont demandé de prendre contact avec Rémy, mon petit ami, avec qui je vis, et avec Dimitri, un ami escort.

Rémy est arrivé à 14 h. On s'est aperçus un instant dans le couloir. Toute la journée, on m'a interrogé, on m'a expliqué la situation. J'avais confiance.»

Rémy, qui a souhaité accompagner Thierry ce 22 décembre, prend la parole à son tour et témoigne librement : «Moi, en prenant connaissance de la lettre, j'ai su tout de suite qui l'avait écrite. J'ai reconnu le style, la façon d'écrire de mon ex. J'ai expliqué au commandant de police le pourquoi du comment. Puis, ils m'ont demandé de confirmer ou d'infirmer les dires de Thierry et de Philippe. Est-ce que je me prostitue ? Oui. Est-ce que je participe aux parties chez Thierry ? Oui. Est-ce que je reçois d'autres hommes dans la playroom de Thierry ? Non.

J'ai précisé que si Thierry s'adonne au proxénétisme, comme le définissent les termes de la loi, terme qui me choque d'ailleurs, ça ne l'est uniquement que pour subvenir aux besoins de notre couple, pour payer le loyer, remplir le frigo, et pas du tout pour faire fortune.»

Lors de son audition, Thierry confirmait que la venue d'autres escorts et de leurs clients dans sa playroom était avant tout d'un intérêt ludique, même si le fait qu'il prenait une participation financière supérieure, lui permettait d'arrondir ses fins de mois difficiles. Il évaluait ses revenus ainsi gagnés, depuis deux ans, à 150 euros par mois.

À 17 h, le master SM Thierry ne retrouve pas l'air pur de l'île de la Cité. Il

Esclave en tenue de "créature" à la Gay Pride 2008 à Paris.

Tenue d'esclave en vue d'accentuer l'effet de dépersonnalisation.

Un maître fumant son cigare. Un des attributs du maître SM.

Les menottes et le portefeuille portés à gauche sont un signe de reconnaissance du maître, portés à droite, de l'esclave.

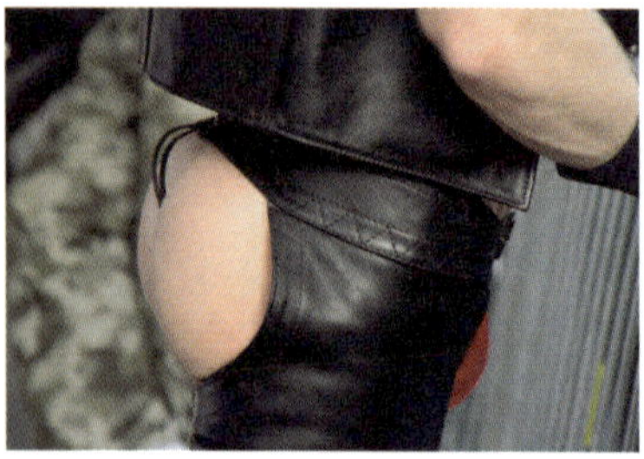

"Le Chap's" : pantalon de cuir ouvert devant et derrière pour laisser le sexe et le "cul" à disposition du maître.

Cagoule cadenacée portée par un esclave sous contrôle total. L'esclave n'a pas la clé. Seul le maître la détient.

n'est pas relâché. La garde à vue est maintenue. Photos d'identité judicaire, prélèvement de salive aux fins de comparaison et d'enregistrement dans le fichier national automatisé des empreintes génétiques. Ce prélèvement est mis sous scellés et transmis au laboratoire de police scientifique de Lyon…

«À 18 h 30, le commandant me prévient que je vais passer la nuit au dépôt et que les auditions reprendront le lendemain matin. Il m'apprend que le GBL, bien qu'étant le composant actif du GHB, n'est classé ni produit stupéfiant ni substance vénéneuse. La détention de ce produit n'est alors constitutive d'aucune infraction à la législation des stupéfiants.

On traverse le boulevard du Palais à pied, je suis menotté. L'inquiétude monte, je pensais vraiment être relâché pour la soirée. Suis-je considéré comme proxénète ? J'ai alors l'impression que le parquet veut en savoir plus sur le proxénétisme que sur le milieu gay.»

Ma nuit au dépôt. *Midnight Express* revisité.

À l'intérieur du palais de justice, à quelques envolées de la Sainte-Chapelle, une lourde porte en acier gris, digne d'une chambre forte, constitue l'entrée vers le dépôt. Un lieu de passage, pour une nuit, au maximum pour vingt heures, avant d'être déféré – ou non. Une section hommes. Une section femmes. Thierry est dirigé à droite, section mâles !

«Après que l'on m'a retiré les menottes et enregistré, puis fouillé à corps, j'ai dû attendre dans une pièce fermée avec d'autres mis en cause. Il y avait quatre bancs pour quarante, dont trois étaient déjà investis par des dormeurs, un lavabo branlant et une toilette à la turque. J'ai mangé ma barquette de nourriture, plus pour passer le temps que par appétit. Immonde. Elle a fini sur la pile des autres dans un coin de la pièce.

À 21 h, certains sont partis en cellule. À chaque fournée, c'est le même principe : "Les trois suivants, Messieurs". J'ai appris très vite comment on communique avec ceux qui sont déjà en cellule, comment on fait pour savoir qui est déjà dedans. Par tempérament, je me suis mis à l'écart des groupes constitués, mais les questions fusaient : "Et toi, pourquoi t'es là ? T'as fait quoi ? T'as du fric sur toi ?"

Il faut vite que je montre que je n'ai pas peur, que je me lève du haut de mes 1,90 m et que j'exprime pourquoi je suis là. "Je suis pédé, je suis ici pour proxénétisme et revente de stupéfiants." Réaction : le respect. Le silence. Assis à nouveau dans le même coin, j'ai eu la paix. Soixante mecs sont passés, entre ceux qui entrent et ceux qui sortent. Les piles de barquettes de bouffe s'affaissaient au sol, comme des morceaux de sucre détrempés. Les odeurs de transpiration, de pisse, de graisse s'unissaient pour le pire.

À 1 h du matin, on était plus que six dans la pièce à attendre notre mise en cellule. Ça hurlait, ça se vantait de ses derniers exploits de taule… Avec deux autres types, j'ai pénétré dans un réduit pour y passer la nuit. Trois lits superposés, une toilette, un banc. Allongé sur la planche de bois qui sert de sommier, l'ampoule de 100 watts allumée en permanence, j'ai cherché le sommeil. Pas de drap, pas d'oreiller, pas de couverture. Rien. Pour moi, tout s'emmêlait. La taule, peut-être que je n'allais pas sortir, que l'on ne m'avait pas compris… Un vrai *Midnight Express*. Par épuisement et par stress mes paupières se sont fermées. Les deux autres dormaient me semble-t-il paisiblement depuis bien longtemps. Durant la nuit, j'ai eu à utiliser les toilettes, et j'ai découvert que son mode d'emploi reste très précaire : il faut tendre le bras par la porte de la cellule et attendre le bon vouloir du gardien pour obtenir le rouleau de papier. L'attente peut être longue, très, très longue… Puis, il faut de nouveau patienter pour que l'homme en uniforme reprenne le rouleau, tire la chasse d'eau depuis l'extérieur, et qu'enfin l'odeur nauséabonde qui avait envahi les quelques mètres carrés de la geôle puisse se dissiper.

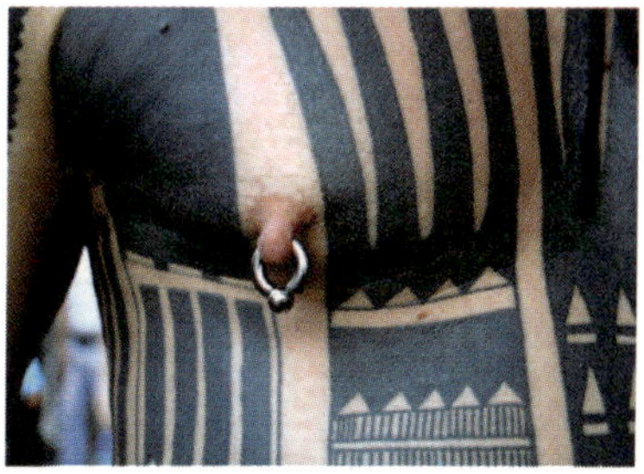

Le piercing du sein améliore théoriquement la sensibilité.

À 7 h, on tambourinait sur la porte en bois massif. Réveil. Petit déjeuner. J'imaginais un café chaud, même une lavasse. Mais à défaut de décaféiné ou de chicorée, c'était de l'eau sucrée à l'orange avec quelques biscuits bretons. De la cellule, retour à la pièce commune avant d'être reconduit rue de Lutèce en garde à vue par les policiers attentionnés. Je ne m'attendais pas à ce qu'ils s'inquiètent de mon état psychologique.

L'esclave porte un masque à gaz, le maître peut contrôler sa respiration.

Le 3 juillet à 9 h 30, avec un bon café chaud, une nouvelle audition a commencé pour me demander si je souhaitais revenir sur mes propos de la veille. J'ai répondu que je les maintenais. Pour moi, il y a deux intérêts dans le fait d'être escort. Le premier est de jouer avec des partenaires initiés, le second est de pouvoir en retirer un léger bénéfice, une somme de 150 euros par mois en moyenne, une somme bien utile pour arrondir mes fins de mois.

Avant la venue des policiers, je pensais que le proxénétisme consistait à prendre l'argent des escorts et non pas à leur permettre de travailler en leur prêtant mon local. J'ai pris conscience de la loi a posteriori.

Le commandant m'a fait signer les procès-verbaux et m'a annoncé que j'allais être déféré devant le substitut du procureur. Un nouveau voyage menotté. De la rue de Lutèce au dépôt. Du dépôt à la souricière, située au 34 quai des Orfèvres, puis ma comparution devant la procureur. Agressive, elle a noté : “Il ne pensait pas tomber sous le coup de la loi.” Libéré, je suis ressorti avec une date d'audience devant la 12e chambre correctionnelle pour le 25 août 2008.»

L'attente des vingt-trois jours…

«Ce délai, une horreur. Mon avocat, un gay rencontré par l'intermédiaire d'un client, m'a averti que ce n'était pas un dossier ordinaire, que certaines photos prises dans les deux sites présentaient des scènes très trash, très crues, très dérangeantes. J'ai compris que mon dossier était tabou. On me connaît dans le milieu pour être provocateur et bareback. Le 24 août. Le doute. L'angoisse montait. Et si le juge demain était moraliste et homophobe ?

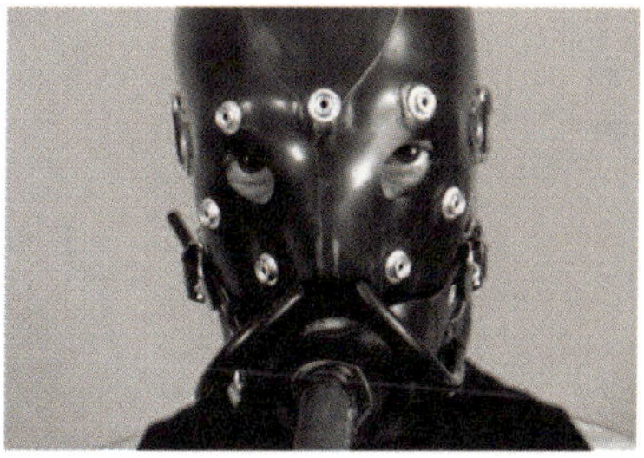

Le maître peut rajouter sur les pressions de la cagoule un masque en cuir latex totalement opaque qui rend l'esclave aveugle et dépendant.

Le jour J est arrivé. 13 h 30. 12e chambre. Quand le juge a pris mon dossier en main, il a soupiré et prononcé mot pour mot cette phrase qui me reste gravée à jamais en ma mémoire : “Voilà un dossier qui nous rappelle les heures sombres de notre histoire.” Il a évoqué mon affaire. Tout est allé très vite. Pas d'amende. Pas de prison avec sursis. Je ne me souviens plus exactement de la réquisition du procureur, je crois qu'il n'a rien demandé. Quand le président du tribunal m'a annoncé après délibération ma relaxe, j'ai senti les larmes me monter aux yeux.»

L'extrême. Le phantasme du chien avec sa laisse. Il marche sur ses coudes et sur ses genoux. Il porte un godemiché qui symbolise la queue du chien.

L'après-tribunal

«Il y a eu le pendant, mais aussi l'après. Cet épisode de ma vie m'a profondément marqué. Fin août, je me suis enfermé chez moi, j'ai pris quinze kilos, je n'osais plus sortir. Éruption de boutons, stress, dépression. Lors d'une récente soirée, mon délateur m'a croisé. Je sais qu'il m'a vu, il a détourné la tête. Ma victoire est de l'avoir regardé en face et qu'il parte. Depuis, je pense être sorti de l'impasse. Je vais mieux. J'ai perdu mes kilos, j'ai repris du muscle et, surtout, j'ai retrouvé ma sexualité épanouie. »

«LE 10 BIS», UN HÔTEL DE RENDEZ-VOUS TRÈS DISCRET

Enseigne du "10 bis".

À proximité du périphérique, à deux pas du palais des Congrès, un hôtel de rendez-vous réputé pour sa discrétion accueille les couples plus ou moins légitimes, entre 13 h et 2 h du matin.

Un décor rococo : une grande glace au plafond dans chaque chambre, des tentures en plissé rouge, des lumières douces tamisées, une atmosphère de lupanar qui rappelle, à dessein, l'âge d'or des maisons de tolérance…

«Notre clientèle, explique le gérant en titre du 10 bis, vient ici rechercher le décor tamisé, l'ambiance feutrée et, de plus, notre plus grande discrétion. Dans un hôtel classique, il peut être gênant de rentrer sans valise au milieu de l'après-midi, et de demander à la réception de guider Mme Untel dans votre chambre dès son arrivée. Ici, c'est normal. Nous sommes un établissement conçu pour le sexe. Rien que pour le sexe.»

Une chambre du "10 bis". Un décor très chargé qui tend à rappeler l'atmosphère de certaines maisons closes des années 30-40.

Il y a sept chambres au total : quatre au second, trois au troisième étage. Le premier et le sixième étage sont réservés à un usage privé. Toutes les chambres sont munies d'un cabinet de toilette privatif et d'un téléphone relié au standard de l'hôtel. Chaque étage dispose d'un WC et de l'ascenseur. Nous avons une clientèle d'habitués. Du bouche à oreille. Les nouveaux adorent ou détestent cette atmosphère particulière, qui peut rappeler certains films tournés dans des hôtels de rencontres. Les quatrième et cinquième étages sont aménagés en club libertin, totalement indépendant de l'hôtel. Ce sont deux activités séparées. Les clients du club échangiste ne sont pas les clients de l'hôtel. Nous sommes les seuls en France à fonctionner avec un hôtel et un club au sein d'un même établissement. D'ailleurs, il y a un an et demi, après les travaux de remise aux normes incendie, la préfecture de police ne savait pas dans quelle case nous mettre pour le classement incendie : hôtel de tourisme ou club libertin licence 4 ? Ils ont opté pour club libertin : les normes sont plus draconiennes.

Nous ne faisons pas de soirée à thème. Pas d'anniversaire. Pas d'événement. La discrétion est de mise. C'est notre clé de voûte. Très peu de publicité, un rappel de temps à autre dans *Pariscope*. Un petit encart, c'est tout. Le bouche à oreille fonctionne. Nous surveillons avec rigueur la très bonne tenue de nos clients. Pas de jean, ni de veste de travail, ni de baskets, ni de vêtement de sport. Dès que nous repérons une femme qui vient à plusieurs reprises avec un homme différent, nous lui demandons de ne plus fréquenter notre établissement. Nous avons de très bons contacts avec les policiers de la Mondaine. Nous voulons à tout prix avoir une clientèle sélecte, qui vient ici en toute confiance pour des rendez-vous galants à l'hôtel, ou pour participer à des ébats sexuels collectifs au club.»

On peut reprocher au gérant du 10 bis d'être parfois trop restrictif et de tomber sous le coup de la loi pour discrimination. Mais pour lui, la survie et le mode de fonctionnement du «10 bis» exigent des critères sélectifs rigoureux. «En vingt-cinq ans de métier, je ne me suis trompé qu'une seule fois. J'étais là depuis un an, je servais au bar. J'ai cru que l'une des femmes présente au club était une professionnelle. C'était intuitif. Après lui avoir dit qu'elle ne correspondait pas à notre clientèle, je me suis rendu compte de ma grave erreur quand son mari a pris la parole. Je les ai invités au bar, et je me suis excusé. C'est la seule fois.»

Une alcôve du club libertin du "10 bis".

LE DERNIER CINÉMA PORNO DE PARIS

Le Beverley : dernier cinéma porno de Paris, situé rue Villeneuve, à quelques mètres de la rue de la Lune, dans le IIe arrondissement. M. Maurice Laroche, l'heureux et dynamique propriétaire, accueille avec le sourire, tous les jours, un public assidu d'hommes amateurs de films X. Quatre marches plus haut, dans la cabine de projection, il change les bobines de trente-cinq millimètres et veille à la bonne tenue des spectateurs dans la salle obscure.

«Quelques amusements, c'est normal, mais dès que je vois à la vidéosurveillance qu'un vieux monsieur se promène nu dans la salle, j'interviens et lui demande gentiment de se rhabiller. Il n'y a jamais d'incident grave. Si ! une fois ! une crise cardiaque en pleine séance. Ce cinéma, c'est une grande partie de ma vie. Je préférerais finir ici, mourir d'un coup dans ma cabine de projection, que de regarder avec nostalgie les affiches des films X et les photos où je pose en compagnie de beautés en porte-jarretelles à côté du projecteur. Ici, pendant l'entre-deux-guerres, c'était une brasserie auvergnate avec un grand dancing. André Verchuren y a fait ses débuts. Dans les années cinquante, le restaurant a perduré, la salle de danse a disparu au profit d'un cinéma. Le cinéma d'alors s'appelait Le Bikini. Il projetait des films traditionnels : western, polar, comique, porno.

La loi sur le film X, sous Giscard, a confiné le porno dans un ghetto. La motivation de cette nouvelle loi, c'est toujours la même : l'argent. Faire rentrer de l'argent dans les caisses de l'État par tous les moyens. Du jour au lendemain, la nouvelle taxation sur le porno a grevé les budgets des producteurs de 50 %. Les films se sont alors faits en trois à quatre jours avec le minimum de dépense pour le scénario, le décor… Il fallait rentabiliser.

L'enseigne lumineuse du Beverley, rue Villeneuve

Intérieur de la cabine de projection du Beverley, juin 2009.

M. Maurice Laroche, propriétaire du cinéma Beverley, propose tous les jours des films X aux amateurs. Il pense être le dernier des Mohicans du porno.

Dans le hall du Beverley, des affiches collector.

En 1975, mon patron de l'époque a choisi d'être classé cinéma X. À l'ombre du grand Rex, il valait mieux se distinguer, opter pour une spécialité, plutôt que de survivre.

En 1992, quand le propriétaire est parti à la retraite, j'ai pris sa succession. Je me suis endetté, mais je voulais absolument continuer sur la lancée du porno. C'est une position de résistant qui aime la vie. Dans une société où l'hypocrisie règne, j'ai dit et je maintiens : «Faisons front face à cette vague de fond d'hypocrisie.»

Aujourd'hui, à part D3 distribution à Lyon, il n'y a plus d'autre choix. Les vingt distributeurs de films porno ont tous fermé les uns derrière les autres. On ne tourne plus en trente-cinq millimètres. C'est trop cher et totalement dépassé. Je loue ce que je trouve de mieux, ce qui me paraît le plus attendu par mon public. Beaucoup viennent ici pour l'atmosphère, la nostalgie des films des années soixante, soixante-dix, quatre-vingt. C'est une atmosphère "bon pépé". Les jeunes sont peu nombreux, ils regardent des DVD, téléchargent sur Internet. Tout le monde ne peut pas se divertir et regarder un film porno à la maison, en famille…

Le premier vendredi de chaque mois, j'organise des "soirées couples", légitimes ou illégitimes. Monsieur et Madame pénètrent dans la salle avec un ou une amie. Le but est de se faire plaisir, des caresses, des exhibitions, du libertinage. Deux fois par semaine, le jeudi et le samedi soir, des couples mélangistes se retrouvent pour visionner un vintage porno et partager une soirée libertine. J'apporte un peu de piment dans le couple.»

Le Beverley ne semble pas souffrir de la crise, ouvert tous les jours de 11 h à 22 h, le cinéma est permanent. Certains, sans attendre l'hiver, prennent un billet pour la journée. Attention, toute sortie est définitive sauf pour sortir fumer une cigarette. Le patron est indulgent et compréhensif. Il pense être le dernier des Mohicans du porno. S'il tient le coup, pense-t-il, si on ne lui met pas des bâtons dans les roues, c'est parce qu'il donne beaucoup d'argent à l'État.

VÉRA, TRAVESTI BRÉSILIEN, 62 ANS, IMPASSE DU CURÉ (XVIIIe)

Un mètre quatre-vingt-six, escarpins rouges, sac en reptile teinté de rose, pantalon ample en lin blanc, justaucorps noir moulant une poitrine généreuse et provocante, Véra rentre rapidement chez lui, impasse du Curé. On l'attend. Un bon client à spécialité. Il habite et travaille au fond de l'impasse dans un studio de quelques mètres carrés très bien aménagé.

Son parcours depuis la favela de Rio est presque un archétype de la vie du travesti brésilien arrivé en France : prostitution pour payer l'opération, traitement aux hormones, achat du passeport et du visa pour la France avec une grosse dette à rembourser. À Paris, destination le bois de Boulogne, puis pour les plus chanceux et les plus fortunés, un studio à eux. Issu d'un milieu pauvre, Véra a eu l'opportunité de se cultiver grâce à des amants lettrés. À soixante-deux ans, il continue à travailler à raison de trois à quatre clients par vingt-quatre heures, parfois le jour, parfois la nuit. «Moi, j'aime ça, j'ai besoin de faire l'amour tous les jours, sinon je ne vais pas bien.

Le corps, c'est ce que Dieu a fait de plus beau.» Il embrasse la médaille de la Vierge miraculeuse qui est suspendue à une chaîne entre ses deux seins.

«Depuis que j'ai quatorze ans, je vis de mon corps. Quand je suis arrivée à Paris, je me suis fait engager dans un music-hall comme danseuse, puis dans une revue en tant que femme, j'ai adoré. Après le spectacle, un ami (un ex-client) m'amenait dans sa voiture de course rouge au bois de Boulogne. J'ai eu une vie irracontable. J'adore l'opéra, la grande musique classique : Verdi, Wagner, Liszt, Mozart. Avec certains clients, je prépare des mises en scène. Je les habille pour mieux les re-déshabiller en musique. J'ai eu pendant plusieurs années un client trapéziste. Il m'a même fait installer un trapèze chez moi pour que l'on fasse l'amour dans les airs, sur une bande son de steel-band du carnaval de Trinidad. Il n'y a pas que les hommes seuls qui viennent me voir, il y a aussi des couples. Et très rarement des femmes seules. Là c'est du pur fantasme, de la curiosité ou de l'initiation. Je suis une femme qui a une queue et qui sait s'en servir. C'est beau de faire l'amour avec une autre femme, j'adore le contact des peaux. La femme, c'est la peau, la caresse. L'homme, c'est la vue, l'odeur qui les excite. Les hommes viennent chercher ce qu'ils n'ont pas chez eux, avec leur partenaire (homme ou femme). La vue d'une poitrine bien gonflée et en même temps d'un sexe en érection, ça les excite. Je vois leurs pupilles qui se dilatent, leur peau se détendre, leur bouche s'ouvrir. C'est l'un des moments que je préfère.

Être pute, c'est le plus beau métier du monde. Quand il n'y a pas de violence ni de contrainte. On voit des riches, des pauvres, des beaux, des laids, des petits, des obèses, des maigres, mais tout nus face à moi qui les désire, ils ont tous un point commun : ils viennent combler un manque, ils rêvent de sentir un corps vivant en eux. Le cul, c'est la loi du monde. Le pouvoir, l'argent et le cul. Le triangle sacré. Le cul a toujours mené le monde. L'argent que je gagne, il a une odeur, belle et forte. Les billets, je les sens. Ils sentent le stupre, le sperme, et ça c'est ma récompense. C'est mon bonheur à moi. Il me donne envie de continuer, de ne jamais m'arrêter. Les flics, j'ai eu quelques contacts avec. Il y a ceux qui, la nuit, abusent de nous. Ils sont en groupe, en voiture, ils ont le pouvoir, ils savent qu'on est vulnérable, et qu'on ne peut que se taire. Alors, on ouvre la bouche... Dans les bureaux, c'est différent. J'ai déjà été convoqué. Ils ont été aimables, sans brusquerie, juste des questions. Je vis sans papiers en règle. Je vais chercher des préservatifs à la boutique Charonne, rue Philippe-de-Girard. Je n'ai pas de téléphone portable. Je veux être tranquille. Sans embrouille. Le plus difficile, c'est de supporter la jalousie des autres. On joue au go et aux échecs en même temps.

La loi Sarko, ça a été la panique en 2003 et 2004. Les flics ont nettoyé le Bois. Il y avait des rafles non-stop. Après cette vague de répression, aujourd'hui c'est redevenu beaucoup plus calme au Bois. Je le sais par des amies, moi je n'y vais plus. Je travaille chez moi, et, quand je sors, je suis sur les boulevards extérieurs au nord. Le racolage, ce n'est plus une contravention, mais un délit. Les flics, ça ne les amuse pas de remplir plein de papiers pour une pute. À chaque garde à vue, une procédure et puis on est relâché. Les magistrats ne donnent pas de suite en général. Depuis cette loi hypocrite, je me suis fait gauler une fois. Mon problème, c'est surtout les papiers. Je voudrais surtout ne pas me faire expulser. J'ai pris contact avec une juriste dans une association pour monter un dossier. Il paraît que quand on peut prouver que l'on est HIV ou que l'on a une hépatite C, ça simplifie la demande à la préfecture de police.»

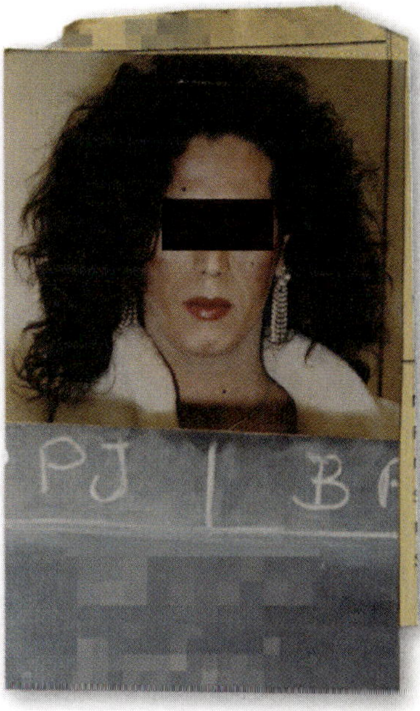

Travestis brésiliens ayant été interpellés par la BRP.

À CINQ ANS DÉJÀ, JE VOULAIS ÊTRE COMMISSAIRE

« En 1974, j'avais cinq ans. Mes parents, obligés de partir travailler en province, avaient loué le petit appartement qu'ils venaient juste d'acheter à Paris dans le 13e arrondissement.

Un matin, ma mère découvre dans le journal que la police venait de faire une descente et une arrestation dans son appartement parisien, occupé alors par une jeune Japonaise. Stupeur.

Ma mère, très inquiète, est allée aussitôt au commissariat du Mans demander des conseils. On lui a recommandé alors de monter à Paris où, du commissariat du 13e puis à la préfecture de police, elle a été dirigée vers la DST, place Beauvau, en lui précisant que, étant donné l'affaire, si ses jeunes enfants l'accompagnaient, elle était plus sûre d'en ressortir... !

Je me suis donc retrouvée, à cinq ans, avec mon frère de sept ans, dans un grand bureau, tous les deux assis dans un grand fauteuil, avec un monsieur très important qui interrogeait ma mère. Ce fut le "tournant de ma vie". Je m'en souviens parfaitement. J'ai gardé en moi ce moment précis ; c'était grave et d'une grande importance. À la fin de l'interrogatoire, le commissaire a demandé à ma mère s'il était possible de louer cet appartement à de jeunes policiers qui sortaient de l'école : c'était l'épreuve, sans doute, pour tester sa bonne foi. Elle n'a pas hésité un instant pour donner son accord.

Quand je suis retournée en classe, au fond de ma province, je n'avais plus qu'une idée : être commissaire de police. J'avais été très impressionnée. "Ça ne m'a pas lâchée." Le bac, la fac de droit, la licence : un seul objectif, être policier... un jour. Je me suis présentée au concours de commissaire. Je l'ai raté. L'année suivante, j'ai réussi le concours d'inspecteur. Avec le recul, c'était mieux. Le parcours du commissaire n'était pas un bon choix pour moi. C'est un homme qui est seul, me semblait-il à l'époque, qui gérait des effectifs et trop loin du terrain. Mon souhait était, et est toujours autre : les filatures, la procédure, le contact avec les gens, "défendre la veuve et l'orphelin". Me rendre utile, à la fois à la victime et au mis en cause.

Après six ans de commissariat, j'ai eu envie de partir, de voir autre chose. J'ai demandé la Mondaine et les Mineurs, où il y avait déjà quarante femmes, soit 50 % des effectifs. À la Mondaine, elles étaient trois femmes flics. Affectée aux Mineurs, quai de Gesvres, j'ai découvert le milieu des pédophiles pervers et retors.

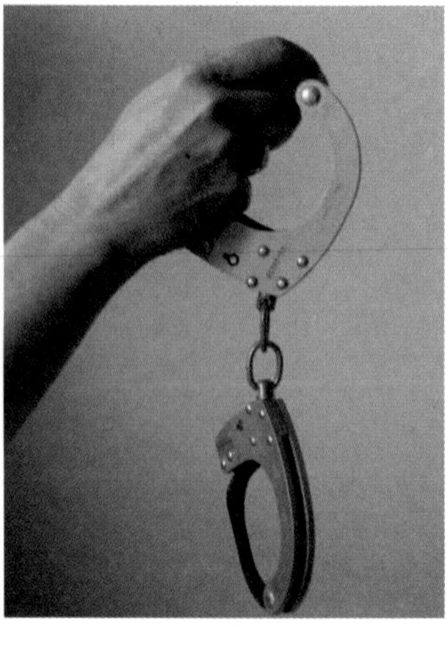

Quatre cent cinquante dossiers en six ans, de la simple fugue aux assises... J'ai mis au point au fil des affaires une technique intimiste d'audition qui amenait les types à tout raconter en détail ; ainsi, les verrous sautaient. Mais à la longue cela devenait assez malsain, étouffant, perturbant même. J'avais envie de voir autre chose. Après les Mineurs, donc, la Mondaine. J'avais envie de savoir ce qu'il y a derrière ce mythe, aller derrière le décor, dans les coulisses. Connaître la face cachée. Le côté fermé du service m'attirait. Adolescente, je m'imaginais un jour pénétrer au 3 rue de Lutèce.

Depuis, mon rêve est devenu réalité. Tous les jours je passe la porte et monte au cinquième étage en tant que numéro deux d'un groupe.

Par rapport aux autres services, ici on pratique l'investigation dans toute sa splendeur : planques, filatures, écoutes téléphoniques. Ça fait du bien de vivre dans ce service d'initiative et d'y apporter aussi une touche féminine.»

10 % de femmes à la BRP. Un pourcentage jamais atteint. Cinq femmes, du brigadier au commandant fonctionnel, plus deux secrétaires pour une brigade de cinquante-trois fonctionnaires : 10 % de femmes. Un record.

Chef de la BRP, le commissaire divisionnaire Guy Parent explique son choix. Pourquoi une telle ouverture aux femmes dans ce service, si traditionnellement masculin, fermé aux dames ?

«Je souhaitais avoir un personnel féminin par groupe. Dans la lutte contre le proxénétisme, qui est principalement à l'encontre des femmes, je reste convaincu qu'une femme a grandement sa place. Si la victime préfère s'exprimer devant une femme, elle peut le faire. On lui donne le choix, ce qui nous donne l'assurance que des informations précieuses ne vont pas nous échapper. D'ailleurs pour les viols, les infractions sexuelles, les directives de la police nationale imposent que la victime puisse avoir l'opportunité de choisir le sexe de son interlocuteur pour l'audition. Surtout que son silence ne soit pas dû au fait qu'elle ne veuille pas parler à un homme. Une autre raison est liée à notre travail d'investigation : lors des surveillances et des filatures, la présence d'un couple dans une voiture passe beaucoup plus inaperçue que deux hommes assis côte à côte. D'autre part, je suis convaincu que dans un groupe, l'élément féminin est modérateur et non perturbateur. La femme, qui peut être "paternée" par ses collègues, saura de son côté leur apporter une touche féminine capitale.

Dans le service, certains préfèrent, au bureau de l'état-major, s'adresser plus à une femme qu'à un homme et vice-versa. Nous avons donc un homme et une femme commandant fonctionnel. La possibilité du choix crée l'équilibre.

Mes prédécesseurs estimaient que les hommes avaient un contact privilégié avec les prostituées. Cette brigade n'a pas toujours eu bonne réputation. Elle a traversé des moments difficiles. Il était une époque où la Mondaine était constituée de policiers chevronnés, qui venaient y finir leur carrière. Ils ne souhaitaient pas la présence de femmes, elles le savaient. Peu d'offre, donc pas de candidate.»

Le matin à 9 h, devant la porte d'entrée du 3 rue de Lutèce.

JEUX DE MAINS, JEUX DE VILAINS

Mardi 4 novembre 2008, tribunal de grande instance de Paris, 14e chambre correctionnelle.

Après avoir jugé un flagrant délit de stupéfiant (2 kg de cocaïne), une affaire de proxénétisme hôtelier liée à la prostitution chinoise (hôtel de Nantes, quartier Stalingrad), un délit de faux permis de conduire, après avoir renvoyé un détenu étranger au dépôt pour parer à l'absence remarquée et non justifiée du traducteur pakistanais (lequel, retenu dans un autre jugement au tribunal de

La 14e chambre du tribunal de grande instance de Paris.

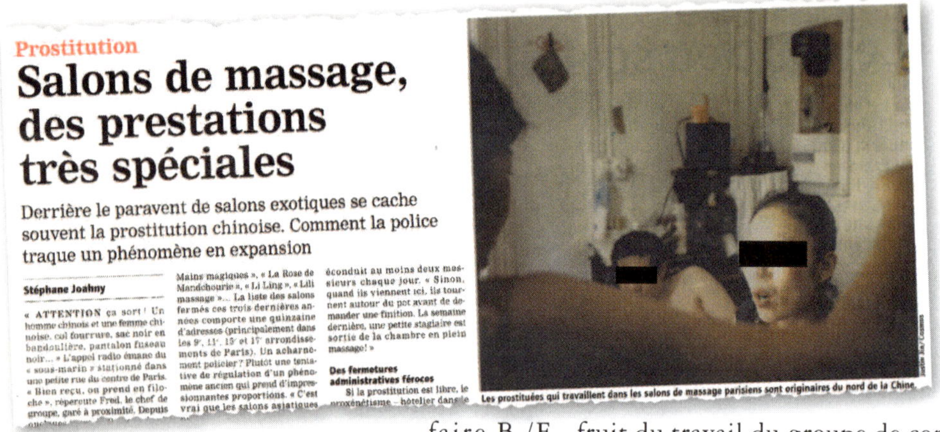

Prostitution

Salons de massage, des prestations très spéciales

Derrière le paravent de salons exotiques se cache souvent la prostitution chinoise. Comment la police traque un phénomène en expansion

Stéphane Joahny

« ATTENTION ça sort ! Un homme chinois et une femme chinoise, col fourrure, sac noir en bandoulière, pantalon fuseau noir... » L'appel radio émane du « sous-marin » stationné dans une petite rue du centre de Paris. « Bien reçu, on prend en filoche », répercute Fred, le chef de groupe, garé à proximité. Depuis

Mains magiques », « La Rose de Mandchourie », « Li Ling », « Lili massage »... La liste des salons fermés ces trois dernières années comporte une quinzaine d'adresses (principalement dans les 9ᵉ, 11ᵉ, 15ᵉ et 17ᵉ arrondissements de Paris). Un acharnement policier ? Plutôt une tentative de régulation d'un phénomène ancien qui prend d'impressionnantes proportions. « C'est vrai que les salons asiatiques

éconduit au moins deux messieurs chaque jour. « Sinon, quand ils viennent ici, ils tournent autour du pot avant de demander une finition. La semaine dernière, une petite stagiaire est sortie de la chambre en plein massage ! »

Des fermetures administratives féroces

Si la prostitution est libre, le proxénétisme – hôtelier dans le

Les prostituées qui travaillent dans les salons de massage parisiens sont originaires du nord de la Chine.

Le Journal du Dimanche
du 21 décembre 2008.

Nanterre, arrivera essoufflé avec plus d'une heure de retard), le président du tribunal, M. Devernoix de Bonnefon, saisit son dernier dossier de l'après-midi : l'affaire B./F., fruit du travail du groupe de contrôle de la prostitution et de la pornographie de la BRP.

«Une affaire simple et très classique, un salon de massage qui a dérapé», commente le parquet.

Le gérant du salon, M. B., soixante-quatre ans, ancien agent de sécurité, déclare «avoir accepté de s'occuper de la partie administrative du salon de massage, en tant que gérant, juste pour aider ses deux belles-sœurs chinoises, les deux sœurs de sa femme, car elles parlent très mal le français». Il est plus facile pour lui, en tant que Français, de vérifier les titres de séjour, de rédiger les déclarations d'Urssaf, les contrats de travail, les feuilles de paie…

«J'étais assistant, mon activité était périphérique. Je ne prenais pas de décision, elles revenaient toutes à mes deux belles-sœurs qui choisissaient les masseuses, jugeaient de les garder ou non… Mon salaire était de 600 euros par mois. Quand la police est arrivée, nous n'avions même pas deux mois d'existence.»

L'homme maintient qu'il se doutait que les masseuses du salon Jindou, dont il était le gérant, prodiguaient quelques faveurs manuelles, moyennant 40 euros de pourboire, à leurs clients. Mais il n'en a vraiment pris conscience que lorsque, en juillet 2007, le commissariat du Xᵉ l'a appelé pour le mettre en garde à vue. Il a réuni ses masseuses, leur a parlé. «Je n'ai pas dû être assez ferme, assez autoritaire», précise-t-il. Il n'a jamais eu l'idée de regarder la caméra de surveillance. Elle était éteinte. Il ne savait pas la faire marcher. La technique, ce n'est vraiment pas son domaine de prédilection.

Quand la police l'a interpellé, il était alors dans le salon, il revenait de la banque voisine, où il avait déposé 3 000 euros, la recette du salon. Lui et ses deux belles-sœurs se sont vu notifier le 7 août 2007 une mesure de garde à vue, à l'échéance de laquelle ils sont allés, tous les trois, passer deux mois et demi de prison préventive.

M. B. s'est marié par amour avec Mˡˡᵉ F., une ancienne «marcheuse» de Strasbourg-Saint-Denis. Du client, il est devenu le mari. Ses deux belles-sœurs, qui exploitaient le salon avec lui, sont deux anciennes prostituées qui ont été interpellées plusieurs fois pour racolage. Dans le salon, quatre masseuses chinoises sur huit sont connues de la BRP comme s'étant prostituées sur la voie publique dans le même secteur Strasbourg-Saint-Denis (de 2004 à 2007).

Devant le salon de massage.
Photo de surveillance.

Y a-t-il de la fumée sans feu ?

Le procureur de la République notifie que de nombreux salons de massages fleurissent dans la capitale pour satisfaire la mode du bien-être. Certains offrent à leur clientèle masculine des prestations sexuelles, ce qui leur rapporte beaucoup d'argent. Au vu et après examen du dossier, l'accusation demande : «Quinze mois avec sursis et 20 000 euros d'amende pour chacun.»

L'avocate de M. B. plaide la bonne foi de son client, qui, depuis deux mois, est venu plus de dix fois la voir dans son cabinet : «Il ne comprend pas qu'on puisse lui reprocher d'être proxénète. Un proxénète est un homme qui force, qui contraint une femme à se prostituer. Ça, ce n'est pas lui. Il n'a jamais obligé quiconque, il n'en est pas capable. Il a fait deux mois et demi de prison pour ne pas avoir eu les yeux assez ouverts et ne pas avoir eu assez d'autorité après que le commissaire l'a prévenu ! Jamais il n'aurait pu penser que c'était si grave. Il est dépassé par les événements, il a juste voulu aider ses belles-sœurs. Il s'excuse. Il ne le refera jamais.»

Les deux sœurs chinoises, elles, ont fait appel à un autre avocat pour les défendre : maître Michel. Avec éloquence et humour, l'homme en robe noire s'adresse au parquet avec prestance : «Ma grand-mère avait raison : jeux de mains, jeux de vilains. Une affaire de massage. Main. Sage. Monsieur le Président, la FM : deux lettres. Que signifient-elles ? Non pas la SM, mais la FM. La FM signifie, monsieur le Président, finition manuelle. Dans une salle privée, à l'abri des regards, un homme demande à une masseuse de le masturber pour son plaisir. Est-ce que ce service manuel caractérise un acte de prostitution ? À qui cela fait du mal ? À qui cela porte-t-il préjudice de faire une FM ? La prostitution, n'est-ce pas vendre son corps d'une façon ou d'une autre, offrir un orifice de son corps ? Dans le salon Jindou, nous sommes bien loin de cette définition. Franchement, Monsieur le président, deux mois et demi de prison pour des FM ? Et quinze mois de prison avec sursis ? C'est démesuré. Nous marchons sur la tête. Ce n'est pas ma conception de la vie, ni de la morale. Nous sommes réunis, de grands professionnels dans cette chambre, depuis plus d'une heure pour évaluer des FM… Quand les filles pratiquent des FM, ça attire le chaland, qui a le bénéfice d'un extra pour pas cher. C'est parce que le client va revenir dans le salon, parce qu'il est satisfait, que l'on envoie mes clientes en prison ? Je suis convaincu que nous allons revenir aux maisons closes. On y est déjà revenu. Il suffit d'aller sur Internet pour trouver pléthore de filles qui se regroupent dans des appartements et offrent des prestations sexuelles tarifées…»

La suite de la plaidoirie s'axe sur le peu d'argent gagné par le salon en un mois. Chaque massage est facturé 38 euros, le pourboire pour la FM est intégralement gardé par la masseuse, l'amende demandée par l'Accusation est de 20 000 euros pour chacun, soit 60 000 euros. Une somme exorbitante. Démesurée. L'audience est levée.

Après délibération, le président du tribunal énonce la sanction retenue : six mois de prison avec sursis pour chacun. Pas d'amende. Le rejet des demandes de restitution de scellés (quelques milliers d'euros trouvés au domicile du gérant).

Pratiquée sur une musique douce, la FM n'a pas fini de faire parler d'elle et couler de l'encre sympathique…

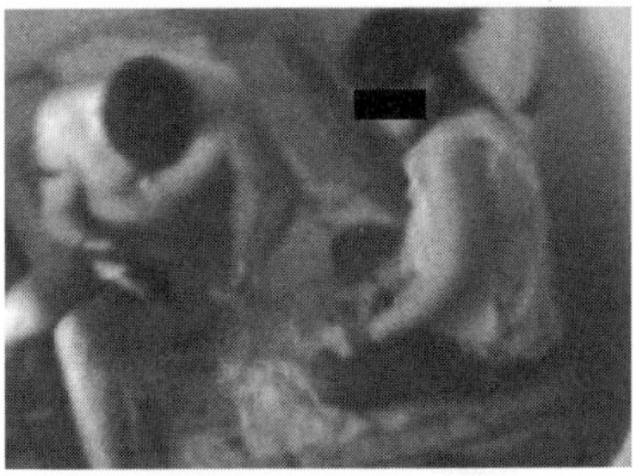
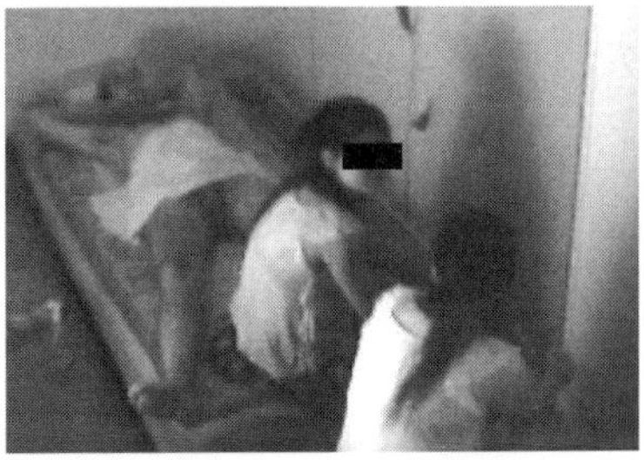

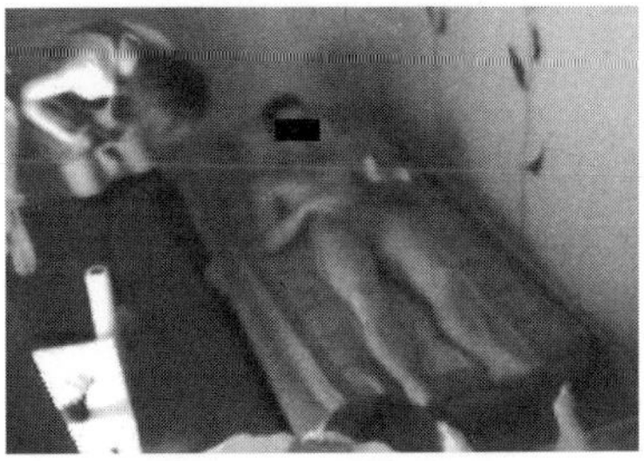

Massages avec finitions manuelles.

Maquillage extravagant et cornettes.
Une sœur de la Perpétuelle Indulgence rejoint la nuit pour distribuer préservatifs, joie et écoute.

LE MONDE DE LA NUIT

LE GROUPE CABARETS

Le groupe cabarets, un groupe mythique, emblématique de la Mondaine. Celui par qui le scandale peut arriver.

L'œil de la Police judiciaire dans la nuit parisienne qui voit tout, démasque tout, l'œil qui régule le système pour ne pas qu'il explose. Un groupe qui laisse par ses attributions l'imagination vagabonder, s'envoler. Un groupe qui amène beaucoup d'interlocuteurs à fantasmer : «Ces flics, ils ont une vie extraordinaire. Ils ont tout pouvoir. Ils peuvent, à leur bon vouloir, te fermer ou te laisser la nuit. Ils font ce qu'ils veulent. Ils entrent partout, sont reçus comme des pachas : champagne, filles, sans parler des enveloppes… De vrais princes de la nuit.» Ce groupe, qui a fait couler beaucoup d'encre, de salive et d'alcool, a suivi inéluctablement l'évolution des mœurs et les grandes réformes de la Police nationale.

À la grande époque de la Mondaine, seuls les policiers du groupe cabarets portaient au revers de leur veston un pin's représentant un œil, à l'image du logo de l'agence de détective américaine Pinkerton. Ce symbole emblématique,

"Le Madison" : un des nombreux bars à hôtesses du quartier Pigalle.

"Le Night" : une discothèque du XVIIe arrondissement, réputée pour enterrer sa vie de garçon et de jeune fille.

"Le Donjon" : dans une tour médiévale du XIIIe siècle, ce club échangiste sur trois niveaux, organise des soirées "club SM".

"LE 2 + 2" : l'unique club échangiste qui ouvre de 14 h jusqu'à l'aube.

signe de reconnaissance, leur servait de passe-droit dans tous les lieux de la nuit. Si cette épinglette rarissime n'a plus court à la BRP et qu'elle se vend à prix d'or aux enchères à Drouot, les policiers du groupe cabarets perpétuent l'appellation d'origine :

«Bonsoir, c'est la Mondaine.» Pourtant, la Mondaine n'est plus depuis 1975. Alors, pourquoi ne pas dire : «Bonsoir, c'est la BRP» ?

«La Mondaine : tous les portiers, tous les gens qui connaissent la nuit, qui font partie de la nuit, qui sont intégrés à la nuit, utilisent le mot Mondaine, et pas un autre pour nous désigner. Les mots "brigade", "répression", "proxénétisme" ont tendance à faire peur. Immédiatement, il y a suspicion. Nos interlocuteurs pensent que l'on vient pour les arrêter, les ramener au service», explique un capitaine du groupe.

«Quand je suis arrivé au groupe le 2 janvier 2001, commente un commandant, ils n'étaient plus que cinq fonctionnaires pour assurer des permanences effectives toutes les nuits. Une situation ingérable compte tenu des paramètres : être deux par secteur, sachant que Paris était découpé en trois secteurs qui couvraient chacun sept arrondissements. À défaut de résoudre l'équation, il y avait sur le planning plein de nuits où ne figurait aucun nom...»

Il avait même été question, à la fin des années 1990, de supprimer totalement la Brigade qui était descendue à trente-cinq fonctionnaires. Le credo de la sécurité avait eu le temps de faire son chemin et de saigner les effectifs de la BRP.

Dès septembre 1997, sous l'impulsion du préfet Philippe Massoni, la préfecture de police prit le parti de dépoussiérer l'organisation presque centenaire de ses services pour «bâtir une police plus proche, plus accessible, plus simple et plus présente». Le résultat se traduisit par l'arrêté du 12 janvier 1999 qui fit disparaître la Direction de la sécurité publique, pour la remplacer par deux directions nouvelles de police : la DPUP (Direction de la police urbaine de proximité) et la DOPC (Direction de l'ordre public et de la circulation). Dans ces manœuvres, la Direction de la police judiciaire parisienne perdit ses commissariats de quartier, qui furent dès lors rattachés à la toute jeune DPUP.

«Cette réforme est la plus importante depuis celle menée à bien en 1913 par Célestin Hennion, autre commissaire avec Philippe Massoni à être devenu Préfet de police», écrit le contrôleur général Charles Diaz. Elle entre en vigueur le dimanche 18 avril 1999 à 6 h 30. Forte d'un effectif de trente-trois mille agents et d'un budget de plus de 9,2 milliards de francs (dont 1,1 milliard versé par la Ville de Paris), la Préfecture de police fait alors ses premiers pas dans «l'ère de la proximité» avec un temps d'avance sur le reste de la France.

Ainsi, la nouvelle répartition des compétences judiciaires entre la Direction de la police judiciaire et la Direction de la police urbaine de proximité fut établie par un protocole signé le 18 avril 1999. Chacune des Directions avait une compétence de principe pour les infractions commises dans les établissements de la nuit. Sur le terrain, la lutte d'influence grandissait. Le groupe cabarets avait de plus en plus de mal à faire respecter son territoire compte tenu de son faible effectif. Sept fonctionnaires en 1998, cinq en 1999, cinq en 2000, six en 2001, sept en 2002 et 2003.

«Même si nous étions renforcés par nos collègues du service pour assurer les nuits, les journées n'étaient jamais assez longues, entre les multiples coups de téléphone, le judiciaire, la réception des exploitants convoqués pour demande d'autorisation, les nuisances, les imprévus…

Aujourd'hui, le groupe cabarets ne fait plus autant de procédures, alors que quand je suis arrivé en 2001 il ne s'occupait pratiquement que du judiciaire. Tout le gros de l'administratif était traité par les commissariats. Le jour où une procédure se déclenchait, il fallait supprimer la nuit. Faute d'effectifs, nous avions demandé un cabinet annexe de procédure à la Direction. Il nous a été refusé. Alors, les commissariats ont gardé la main. Ils ont occupé le terrain du judiciaire et de l'administratif. La situation est devenue opaque, floue. En 2003, les deux tiers des établissements de nuit étaient sous l'autorité directe des commissariats qui géraient les autorisations et sanctionnaient. Le groupe cabarets se chargeait particulièrement des lieux à connotation sexuelle où la DPUP ne rentrait pas, sauf lors de problèmes administratifs (sécurité, nuisances sonores…), chacun tirait la couverture à lui. Les accords de principe n'étaient plus respectés. Sans liste établie, les commissariats délivraient toutes les autorisations exceptionnelles d'ouverture de nuit de 2 h à 4 h du matin. Une discothèque qui ferme à 2 h du matin ne fait pas le plein longtemps. L'ouverture de nuit est capitale, vitale. La tranche 2 h-4 h rapporte beaucoup d'argent au propriétaire de l'établissement de nuit. Acquérir l'imprimé délivré et signé par le préfet de police est un *sine qua non*.

Pour une demande d'ouverture de 2 h à 4 h, deux enquêtes étaient menées en parallèle afin d'instruire le dossier. L'une par le Groupe cabarets, l'autre par le service des débits de boissons du commissariat d'arrondissement. Elles pouvaient être contradictoires, mais la décision finale revenait au préfet. Pour un événement exceptionnel, une soirée particulière, l'établissement demandait au commissariat une dérogation, une autorisation exceptionnelle pour une nuit. Cette demande n'arrivait jamais sur notre bureau. Nous n'étions informés que par l'exploitant lui-même. La signature du commissaire était suffisante, pas de démarche auprès du préfet.

On s'est rendu compte que certains demandaient des autorisations exceptionnelles pour tous les week-ends, c'était dans leur cas éminemment plus facile que de constituer un dossier pour une demande permanente. Une méthode pour contourner la procédure officielle plus longue et plus difficile à obtenir.

De mois en mois, le protocole a été de plus en plus remis en cause, car le territoire de la nuit était de moins en moins clairement défini. Sans liste établie, juste avec une répartition de bon sens et des accords de principe, la lutte d'influence entre les deux Directions n'a cessé de s'intensifier. Des policiers de la PUP n'hésitaient pas à se présenter comme étant de la Mondaine, et à entrer dans des établissements autres que ceux qui leur étaient réservés (à savoir les bars de quartier). Sur certains arrondissements, des groupes de nuit de la PUP ont été spécialement créés. Cette situation a engendré la plus grande confusion dans les esprits des exploitants, qui ne savaient plus qui était leur véritable interlocuteur. Dans la mesure où les commissariats géraient les nuisances, la sécurité, les escroqueries pour tous

Rue Guisarde, une petite rue de Saint-Germain-des-Prés, surnommée rue de la Soif. Les habitués s'y retrouvent pour boire jusqu'à plus soif.

"Le Paradis Latin" : cabaret du Quartier latin. Dîners spectacles typiques des revues à la française.

Le nouveau propriétaire de "Bobino" a souhaité faire revivre cette salle mythique de music-hall. Gros travaux et nouvelle revue à la clé.

"Élysées-Orient" l'un des cabarets orientaux des Champs-Élysées qui propose un dîner spectacle avec danseuses et musique arabes : raï, choabi, khaliji...

les établissements de la nuit, les gérants et les propriétaires étaient convoqués par eux pour ce type d'affaire et pour tout l'administratif. À nous, les autorisations permanentes et les sanctions. Les commissariats de quartier du IXe arrondissement croulaient sous les plaintes déposées par les clients, à la suite d'escroqueries commises dans les bars à hôtesses et les cabarets de Pigalle. Ils manquaient souvent de renseignements essentiels pour la poursuite des investigations. Quand les dossiers nous étaient transmis, il y avait un tel décalage de temps, un tel retard, que toute exploitation devenait ardue. Il n'était alors plus possible de motiver une demande de fermeture administrative visant l'urgence.»

Si la DPUP a marginalisé pour un temps le groupe cabarets de la BRP, a-t-elle été jusqu'à vouloir remettre en cause son existence propre ?

Devant l'opacité, les intérêts en jeu et l'incompréhension régnante début 2005, le commissaire divisionnaire Guy Parent, chef de la BRP, a sollicité le préfet de police, Pierre Mutz, en vue d'une réappropriation et d'une affirmation des compétences exclusives appartenant au groupe cabarets. Le projet présenté a été très probant. Le 17 mai 2005, un protocole de répartition des compétences judiciaires entre la Direction de la police judiciaire et la Direction de la police urbaine de proximité a été signé par le préfet de police. La BRP avait dorénavant compétence sur une liste d'établissements de nuit à caractère sexuel, sur les discothèques, les bars et les restaurants à ambiance musicale accueillant plus de cent cinquante personnes, ainsi que sur les établissements de nuit gérés par les «grandes familles». S'ajoutait à la liste, pour des raisons d'opportunité propres à l'activité de Police judiciaire, d'autres lieux de nuit, qui semblaient liés au milieu du grand banditisme ou du show-business.

"Le Cupidon", club échangiste intimiste et courtois.

Cinq cents établissements de nuit sont entrés dans le champ de compétence exclusive de la BRP.

«Le protocole, précise le chef du groupe cabarets, a changé la nature de notre métier. Avant, on entrait, on gérait l'intérieur, le commissariat l'extérieur. Depuis, nous avons gardé l'intérieur et pris aussi l'extérieur. À partir du moment où nous gérons des établissements, nous prenons aussi bien les demandes exceptionnelles d'ouverture que les mises en conformité et les nuisances. On prend tout ce qui concerne le lieu, pour que le patron puisse n'avoir qu'un seul interlocuteur. Ce qui reste de l'ancien système, ce sont les deux enquêtes pour instruire le dossier auprès du préfet de police, pour les demandes d'ouverture de nuit permanente. Des liens de convivialité peuvent se créer, mais cela n'empêche aucunement de se livrer à des sanctions. Les gérants nous demandent conseil et sécurité. Notre principe : être incontournables. Une présence. Une écoute dans la nuit. Notre force est de pouvoir intervenir sur un simple coup de fil à la demande d'un patron, d'un homme en charge de la sécurité, être présents dans l'urgence, à la demande. Nous sommes au centre de la toile que nous tissons.

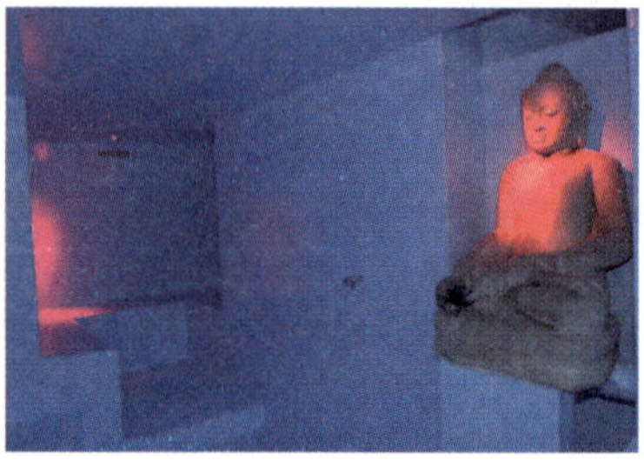

Le bouddha surveille ce qui se passe dans les vapeurs du hammam échangiste du "Moon City".

Nous, les policiers qui travaillons au groupe cabarets, nous avons choisi délibérément et volontairement d'y venir. Même dans la Maison, cela reste un groupe mythique. Le mythe perdure. Le relationnel, le banditisme, les voyous, les VIP, les mondains... Pour moi, précise le chef du groupe actuel, c'est une réelle expérience de vie, j'ai rencontré des gens de la nuit que je n'aurais jamais pu connaître autrement. Une activité que je ne soupçonnais même pas. Mais on apprend parfois à ses dépens que tout est interprété. Le milieu, la nuit, l'oralité portent à la rumeur. Pour bien connaître un secteur, il faut un à deux ans, le temps nécessaire pour établir de bons contacts, des relations de confiance. Je pense qu'il ne faut pas rester plus de cinq ou six ans au groupe cabarets. Passé ce délai, tu es trop connu, tu ne maîtrises plus ton image. Les gens parlent pour toi, ils te prêtent des pouvoirs démesurés et des intentions irréelles. Les rumeurs se répandent. Nous n'avons aucun pouvoir de sanction directe, nous proposons au cabinet du préfet, lui seul dispose et décide. Mais dans le milieu de la nuit, tout est interprété, répercuté avec exagération.

Aujourd'hui, au groupe cabarets, on ne peut plus dire qu'on boit, nous buvons tous du Perrier et du soda. Ils ne peuvent plus dire qu'on baise les filles, ça se voyait, c'est devenu rédhibitoire. Alors, ils peuvent toujours dire qu'on prend des enveloppes et que ça se fait discrètement et silencieusement. Alors, ça continue à se dire. Tout est bon pour un patron, pour se plaindre ou pavoiser : "En ce moment, on n'y arrive plus, impossible de joindre les deux bouts, il faut que l'on donne de l'argent." C'est faux, bien sûr, mais ça circule à notre insu. Nous sommes les seuls à être en prise directe avec les commerçants de la nuit, dont l'objectif numéro un est de gagner de l'argent, beaucoup d'argent.

En 2008, nous gérons cinq cent vingt-cinq établissements parisiens, soit une moyenne de cent cinquante par secteur. En octobre 2003, en tant que nouveau chef du groupe, j'ai souhaité changer le découpage préexistant de Paris en nouveaux secteurs, afin d'assurer toutes les nuits. Un découpage qui tient beaucoup plus d'un calcul mathématique et analytique que des secteurs géographiques (Nord, Sud, Est, Ouest, Centre). Pour résoudre l'équation, le plus probant a été d'établir quatre secteurs à peu près équivalents en charge de travail et en nombre d'établissements :

- les 1er, 2e, 3e, 4e arrondissements (secteur gay) et dix établissements dans le 10e ;
- le 9e (secteur Pigalle) et le 18e, avec ces arrondissements peu chargés : les 13e, 14e et 19e ;
- les 5e, 6e, 11e avec le 7e et le 17e ;
- le 8e (secteur Champs-Élysées) avec des secteurs beaucoup plus légers : les 16e, 12e, 15e et 20e.

La règle du binôme, soit deux policiers par secteur chaque nuit, n'échappe à l'exception que pour le secteur Champs-Élysées, où la charge de travail est telle que même trois fonctionnaires y suffisent à peine. Quant aux fameux "blancs", rédigés pendant des décennies par le groupe cabarets pour informer la hiérarchie de qui fait quoi avec qui ? et comment ? ils existent toujours, mais la société ayant radicalement changé ces dernières années, ils n'ont plus aujourd'hui le même côté sulfureux. Il n'y a presque plus de lieu public où les gens connus affichent leurs ébats. Ils pratiquent loin des appareils photo, des téléphones portables. Avant, on disait, dans tel endroit on a vu M. X, maintenant on ne dit plus, on montre la photo en temps réel et on la diffuse sur le Net, dans les journaux "people". L'oralité, la rumeur ne permettaient pas de prouver les faits. Le numérique a bouleversé les audaces des libertins contemporains.»

"Le New Monocle" : bar à hôtesses de Montparnasse.

"Le Stringfellows" : cabaret de table-dance ouvert depuis février 2002. Clientèle d'hommes d'affaires et de provinciaux fortunés.

"Aux Trois Mailletz" : cabaret, piano bar du Ve arrondissement. Haut lieu du jazz de l'après-guerre, il accueille toutes les nuits chanteurs et groupes de musique.

❶ "le Sully" : l'un des plus anciens bars à hôtesses de Pigalle.
❷ "L'Entrevue" : cabaret de strip-tease de Pigalle. Clientèle très touristique.
❸ "Le Moulin-Rouge" : un cabaret mythique du french cancan.
❹ "Le Dépôt" : discothèque gay sur plusieurs niveaux avec nombreux "backrooms", vient de fêter ses 10 ans.
❺ "Folies Pigalle" : la grande discothèque de la place Pigalle. Clientèle jeune de banlieue.
❻ "Le Queen" : discothèque emblématique des Champs Élysées. Les physionomistes et sécurités veillent de près à la bonne tenue de la clientèle.
❼ "Cris et chuchotements" : club échangiste pour couple fétichistes et amateurs de SM.
❽ "Le Palais M" : nouvelle discothèque très branchée, très jeune, située au sein du Palais des Congrès. Une foule dense et compacte les week-end.
❾ "l'Overside" : revendique d'être une discothèque libertine et non un simple club échangiste. Pouvoir s'exhiber en string sur la piste de danse doit être un plaisir et non une gêne.
❿ ⓫ "Hustler club" : inauguré le 31 octobre 2002 par Larry Flint, ce club de table-dance attire une clientèle hétéroclite qui vient demander des strip-teases personnalisés.
⓬ "Le Keller's" : bar gay, branché sur le fétichisme, cuir, latex et uniformes.

1

2

3

4

5

6

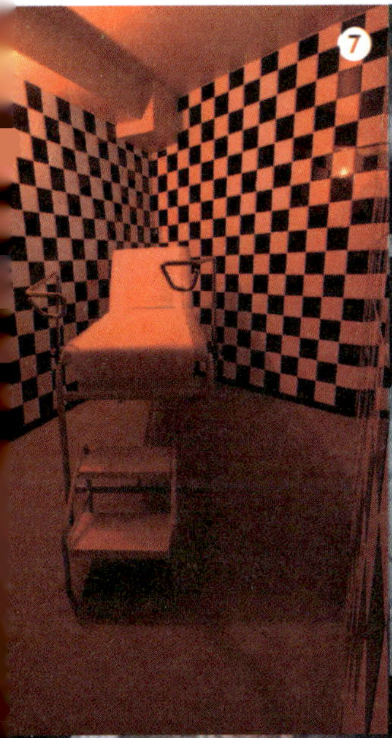

HUSTLER CLUB
PARIS

15e chambre du tribunal de grande instance de Paris.

LA SECTION C2 DU PARQUET DE PARIS

Les affaires de lutte contre le proxénétisme sont traitées au parquet de Paris par la section C2, chargée de la lutte contre la criminalité organisée non financière.

La magistrate, Mme Véronique Degermann, vice-procureur, qui dirige depuis trois ans cette section, composée de sept magistrats (vice-procureurs et substituts), est à ce titre en relation continue avec les policiers de la BRP.

«*Quelle est la politique actuelle du parquet de Paris dans la lutte contre le proxénétisme ?*

– Nous souhaitons maintenir une politique pénale qui exerce des pressions sur tous les fronts simultanément : le proxénétisme violent des pays de l'Europe de l'Est, le proxénétisme africain, particulièrement présent à la Goutte d'Or et au bois de Vincennes, le proxénétisme immobilier brésilien, les studios de la rue Saint-Denis et le proxénétisme chinois, qui s'exerce en appartements et en salons de massage. Nous sommes très vigilants et attentifs face à ce phénomène récent, émergeant depuis 2001. Nous n'avons pas établi de mafia chinoise qui contrôlerait la prostitution sur la capitale.

Les peines prononcées par les juges sont souvent peu sévères compte tenu des sanctions prévues par le Code pénal. Pourquoi ?

– Le tribunal a du mal à sanctionner le proxénétisme quand il n'y a pas de violence exercée à l'encontre des victimes. Les magistrats intègrent difficilement les affaires dans lesquelles le proxénétisme résulte d'un consensus entre la prostituée et son proxénète. Ces filles ne se considèrent pas comme des victimes, bien que juridiquement elles soient considérées comme telles.

À l'encontre des réseaux roumains qui exercent des contraintes, des violences, voire des sévices sur les prostituées qu'ils exploitent, les juges suivent nos réquisitions. Ils n'hésitent pas à prononcer de belles peines. Sept à huit ans de prison. Les actes de violence sont majoritairement générateurs de peines de prison ferme.

Récemment, dans l'affaire de la proxénète Nadia Beurette, propriétaire de plusieurs studios rue Blondel, la peine prononcée a été lourde : quatre ans de prison ferme, 30 000 euros d'amende et la confiscation de ses quatre studios. Ses excès, sa violence verbale, ses menaces et les profits énormes qu'elle tirait des loyers de ses studios ont interpellé les juges.

Dans le proxénétisme africain, le "juju" est considéré comme une contrainte morale sanctionnée au même titre qu'une contrainte physique. Le tribunal retient le fait que ces femmes africaines prostituées sont des victimes, captives, conditionnées par la peur de "juju". Terrorisées par le rituel de magie, dépendantes psychiquement, elles obéissent à leur "mama". Nous avons de très grosses difficultés à travailler avec ces jeunes femmes et à obtenir d'elles qu'elles acceptent de parler. Ce système d'abattage bien orchestré

L'assistance du GIR et de la PIAC à la BRP

«Le GIR, précise le commissaire divisionnaire Guy Parent, chef de la BRP, prolonge l'action de la BRP sur le plan financier et pénal.

Le GIR, Groupe d'intervention régionale, dispose en son sein de plusieurs inspecteurs spécialisés chacun dans un domaine spécifique : un inspecteur des impôts, un inspecteur du travail, un inspecteur de l'Urssaf, un douanier...

Dans les affaires de bars à hôtesses et de salons de massage, les policiers découvrent quasi systématiquement dans le fonctionnement de ces établissements des infractions qui relèvent de la compétence de ces administrations partenaires. Chaque inspecteur va investiguer dans sa spécialité.

L'inspecteur des impôts va rechercher le véritable chiffre d'affaires pour pouvoir déterminer la dissimulation fiscale et demander des redressements.

L'inspecteur du travail va relever toutes les infractions au droit du travail.

L'inspecteur de l'Urssaf part à la recherche des personnes non déclarées, du travail dissimulé. Il dresse des procédures qu'il joint à celles de la BRP.

Les douaniers, eux, recherchent l'origine et la provenance des alcools. Ils vérifient la comptabilité des boissons,

le paiement des taxes...
L'intervention du GIR avec ses administrations partenaires permet de balayer un large champ financier, qui dépasse celui du proxénétisme.
Créée en 2005, la Piac, Plateforme d'identification des avoirs criminels, composée de policiers et de techniciens de la finance, dépend de l'Office central de répression de la grande délinquance financière. Saisie par le juge d'instruction, la Piac intervient conjointement avec la BRP pour identifier les biens mobiliers et immobiliers provenant du proxénétisme. Elle détermine l'historique des comptes bancaires, les parts des sociétés détenues par les mis en cause, les biens immobiliers qui sont la propriété des proxénètes, la nature des contrats d'assurance-vie...
De plus, la Piac épluche dans les moindres détails le train de vie des mis en cause...
Experts dans les domaines patrimoniaux et dans la technicité fiscale, les policiers de la Piac remettent leur conclusion au juge d'instruction.
Ces documents, très précieux, permettent au parquet de requérir des sanctions pénales et financières beaucoup plus conséquentes, ainsi que la confiscation des biens mobiliers et immobiliers.»

Propos recueillis auprès du commissaire divisionnaire Guy Parent, chef de la BRP, le 31 mai 2009, à Paris.

n'est pas facile à éradiquer car quand ces prostituées sont bien endurcies, elles deviennent à leur tour des mamas et font carrière. Elles gravissent progressivement tous les barreaux de l'échelle. Ces mamas peuvent être condamnées à plusieurs années de prison ferme quand les juges retiennent la violence. Mais il y a peu, très peu, de sanction financière prononcée, car l'argent est systématiquement renvoyé au pays. Ici, en France, elles n'ont pas de bien foncier.

Côté prostitution brésilienne, les prostituées et les travestis arrivent en France volontairement. Ces personnes ne sont pas contraintes. La BRP fait tomber le ou les propriétaires des appartements qui encaissent des loyers exorbitants.

Au bois de Boulogne, les querelles de territoire peuvent être virulentes. Pour pouvoir exercer, la ou le prostitué devra payer un pourcentage sur ses passes au proxénète qui gère et distribue les emplacements sur son secteur. De fait, le tribunal demande peu de sanction financière, car l'argent ne reste pas en France, il repart de suite au pays. Les fermetures administratives sont plus ou moins sévères selon les dossiers.

Rue Saint-Denis, les prostituées ne subissent pas de contrainte. Ce sont elles qui sont demandeuses de studios pour pouvoir y exercer leur activité. Elles alimentent le processus d'offre et de demande. Les propriétaires proxénètes (le plus souvent des anciennes prostituées, mais parfois encore en activité) n'hésitent pas à fixer des loyers records. Les sanctions encourues par ces femmes proxénètes sont de deux ordres. D'une part judiciaire, elles sont prononcées par le tribunal qui va ordonner la saisie des sommes d'argent retrouvées lors des perquisitions par les policiers de la BRP. Cet argent saisi par la justice est alors confisqué ainsi que les biens mobiliers et immobiliers.

D'autre part, des mesures administratives sont prises par le préfet de police qui ordonne la fermeture du ou des studios pour une durée indéterminée.

La prostitution chinoise, quant à elle, évolue sur deux fronts distincts : la voie publique et les salons de massage. C'est la prostituée qui recherche un local pour y exercer ses activités sexuelles. Elle accepte de payer un loyer exorbitant ou de rétrocéder un pourcentage sur ses passes. Elle dépend de son proxénète propriétaire pour vivre. Mais cette servitude n'est que très rarement prise en compte par le tribunal. Il n'y a pas de violence physique. Dans la majorité des procédures, le tribunal confisque les sommes d'argent saisies, et le préfet de police ordonne la fermeture administrative des locaux dédiés à la prostitution.

Pour les affaires de salons de massage, devant la tendance exponentielle de leur multiplication, nous requérons de grosses peines afin de dissuader leur extension massive. Mais nous ne sommes que peu suivis par les juges, qui retiennent le fait qu'il n'y a ni contrainte, ni violence à l'encontre de ces masseuses qui pratiquent le plus souvent des finitions sexuelles.

Nous avons beaucoup de difficultés à faire accepter au tribunal que ces filles vont travailler dans ces salons, non par choix et par plaisir, mais par contrainte économique. Elles sont démunies. Elles ont besoin d'argent pour vivre, rembourser leurs dettes et faire vivre leur famille au pays.

Cette même situation de dépendance financière se retrouve dans les procédures à l'encontre des bars à hôtesses parisiens.

Dans les salons de massage et les bars à hôtesses, le tribunal considère qu'il n'y a pas de contrainte physique ; mais l'assujettissement financier ne peut-il pas être considéré comme une forme de contrainte ?

Dans les deux cas, les filles acceptent de fait, avec une plus ou moins grande résignation, cette solution à leur quête financière. Les proxénètes exploitent et abusent de cette dépendance économique, tels de vrais usuriers. Le tribunal considère encore bien trop souvent que ces femmes ne sont pas obligées. Elles peuvent choisir. Les condamnations restent dérisoires. À l'audience, le mot proxénète garde toujours une connotation péjorative. Le tribunal et l'évolution des mœurs ne poursuivent pas forcément au même rythme. Un choc culturel subsiste. Une sorte de conformisme des images traditionnelles de la prostitution des années soixante perdure dans certaines audiences.

Il y a une ambivalence marquante entre le Paris de la nuit, le Paris exotique de la fête et les dossiers de poursuites contre le proxénétisme, liés aux bars à hôtesses.

Le parquet peut s'interroger. Pourquoi ces bars à hôtesses existent encore ? Pourquoi tel établissement tombe plutôt que tel autre ? Qu'est-ce qui le justifie ? Nous sommes devant une grande forme d'hypocrisie. D'une part ces établissements participent activement au fonctionnement de la nuit parisienne, d'autre part, nul n'est dupe de ce qui se passe à l'intérieur. Nul ne peut ignorer que la prostitution y est de mise.

Pour ma part, je fais confiance au chef de la BRP, le commissaire divisionnaire Guy Parent, avec qui j'entretiens une relation franche et fiable. J'approuve la politique qu'il mène au sein de son service dont il me tient informée régulièrement. Nous faisons ensemble, plusieurs fois par an, le point et réfléchissons à des choix et à des solutions. À une politique commune.

À titre prospectif, comment envisagez-vous dans l'avenir la lutte contre le proxénétisme ?

Nous ne notons aucune tendance vers une évolution de libéralisation, mais enregistrons plutôt une accentuation de la politique répressive.

Pensez-vous que le parquet amènera les juges à prononcer à l'avenir des sanctions plus sévères ?

Nous y travaillons. Dans le passé, le patrimoine n'était pas touché. La tendance évolue. Le parquet se bat pour demander des sanctions plus élevées dans le domaine patrimonial. Nous essayons de démontrer auprès du tribunal les très forts profits générés par la prostitution. Mais les juges ont encore du mal à sanctionner lourdement. Cependant, nous notons des changements conséquents, liés à l'assistance du GIR et de la PIAC à la BRP pour prolonger les poursuites judiciaires.»

Propos recueillis auprès de Mme Véronique Degermann,
vice-procureur, section C2,
le 5 mai 2009 au parquet de Paris.

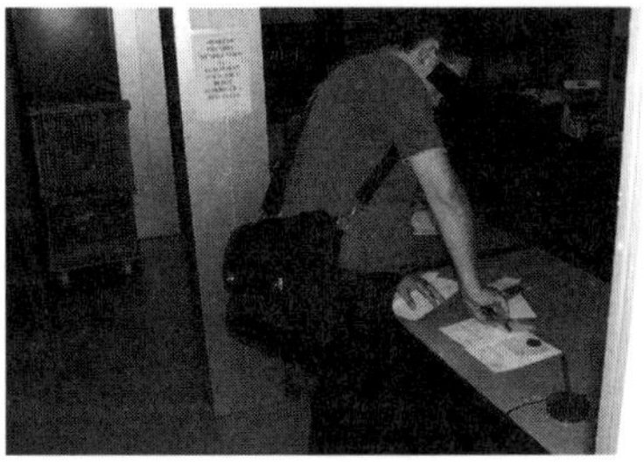

L'acheminement des scellés et de la procédure au greffe.

La conduite du gardé à vue au dépôt, encadré par deux policiers de la BRP.

INDEX

INDEX DES SIGLES

ADS : Adjoint de sécurité.
BA : Bureau administratif (ou bureau du personnel).
BAC : Brigade anticriminalité.
BCG : Bureau de la correspondance générale.
BOM : Bureau organisation et méthodes.
BPM : Brigade de protection des mineurs.
BRB : Brigade de répression du banditisme.
BRI : Brigade de recherche et d'intervention, qui garde toujours son ancienne appellation, l'Antigang.
BRIF : Brigade de recherches et d'investigations financières (ou 10e Cabinet de délégations judiciaires).
BRP : Brigade de répression du proxénétisme
BSP : Brigade des stupéfiants et du proxénétisme (ou Stups ou Mondaine).
CAB : Cabinet de délégations judiciaires.
CNDS : Commission nationale de déontologie de la sécurité.
CNCIS : Commission nationale de contrôle des interceptions de sécurité.
CR : Commission rogatoire.
CRS : Compagnie républicaine de sécurité.
Crim' : Brigade criminelle.
DAPN : Direction de l'administration de la Police nationale.
DGPN : Direction générale de la Police nationale.
DGSE : Direction générale de la sécurité extérieure.
DNAT : Division nationale antiterroriste (ex-«6»).
Doc : Bureaux d'études juridiques et de documentation.
DPJ : Division de Police judiciaire.
DST : Direction de la surveillance du territoire.
FASP : Fédération autonome des syndicats de police.
FPR : Fichier des personnes recherchées.
GSPR : Groupe de sécurité de la présidence de la République.
IGA : Inspection générale de l'Administration.
IGPN : Inspection générale de la Police nationale.
IGS : Inspection générale des services.
IJ : Identité judiciaire.
INHES : Institut national des hautes études de sécurité.
Interpol : Organisation internationale de police criminelle.
MILDT: Mission interministérielle de lutte contre la drogue et la toxicomanie.
OCLOO : Office central de lutte contre le crime organisé, fusion de l'OCRB (Office central pour la répression du banditisme), de l'OCRTAEMS (Office central pour la répression du trafic des armes, explosifs et matières sensibles) et de l'OCPRF (Office central chargé des personnes recherchées ou en fuite).
OCRTEH : Office central de répression de la traite des êtres humains.
OCRTIS : Office central pour la répression du trafic illicite de stupéfiants.
OPJ : Officier de police judiciaire.
PAF : Police aux frontières.
PJ : Police judiciaire.
PJPP : Police judiciaire de la Préfecture de police.
PP : Préfecture de police.
PV : Procès-verbal.
RAID : Unité d'assistance, de recherche, d'intervention et de dissuasion.
RG : Renseignements généraux.
SAT : Section antiterroriste du parquet de Paris.
SATI : Service archives et traitement de l'information.
SCHFPN : Syndicat des commissaires et hauts fonctionnaires de la Police nationale.
SCTIP : Service de coopération technique international de la Police.
SDPJ : Service départemental de Police judiciaire.
SGP-FO : Syndicat général de Police – Force ouvrière.
SNIP : Syndicat national indépendant et professionnel (CRS).
SNOP : Syndicat national des officiers de police.
SNRO : Section nationale de recherche opérationnelle des RG.
SPHP : Service de protection des hautes personnalités.
SRPJ : Service régional de Police judiciaire.
STIC : Système de traitement des infractions constatées.
UCLAT : Unité de coordination de la lutte antiterroriste.
UNSA – Police-SNPT : Union nationale des syndicats autonomes – Syndicat national des policiers en tenue.
USIT : Unité de soutien aux investigations territoriales.

LES MOTS DU SEXE

Bareback : Personne séropositive se refusant à toute pratique sexuelle protégée.
Bukkake : Pratique sexuelle. Plusieurs hommes éjaculent simultanément ou à la suite les uns des autres sur le visage d'une seule femme.
Fist : Pénétration anale par le poing.
Foot fuck : Pénétration anale par le pied.
Fuck pisse : Uriner pendant une pénétration.
Lavement : Injection d'eau tiède par voie rectale grâce à un embout de douche ou une poire à lavement.
SM : sadomasochiste.

BIBLIOGRAPHIE

Laure Adler, *La Vie quotidienne dans les maisons closes. 1830-1930.* Éditions Hachette, Paris, 1990.

Louis Andrieux, *Souvenirs d'un préfet de police.* Éditions Rouff, Paris, 1885.

Claude Angeli, Paul Gillet, *La Police dans la politique 1944-1954.* Éditions Grasset, Paris, 1967.

Jacques Arnal, *Boulevard de la Mondaine.* Éditions Filipacchi, Paris, 2007.

William Assayag, Jean-Noël Fournier, *36, quai des Orfèvres.* Éditions Alain Moreau, Paris, 1989.

Michel Aubouin, Arnaud Teyssier, Jean Tulard, *Histoire et dictionnaire de la Police. Du Moyen Âge à nos jours.* Éditions Robert Laffont, collection «Bouquins», Paris, 2005.

Edmond-Jean-François Barbier, *Chronique de la Régence et du règne de Louis XV.* G. Charpentier, Paris, 1885.

Michèle Barrière, *Souper mortel aux étuves.* Éditions Agnès Viénot, collection «Unité de lieux», Paris, 2006.

Erica-Marie Benabou, *La Prostitution et la Police des Mœurs du XVIIIe siècle.* Éditions Perrin, Paris, 1987.

Michel Bergès, *Michel Foucault et la police.* Centre d'études et de recherches sur la police, Toulouse, 1988.

Jean-Marc Berlière, "Les Brigades du tigre : la seule police qu'une démocratie puisse avouer ? Retour sur un mythe", in *Une histoire politique de l'administration française.* Éditions La Découverte, Paris, 2000.

Jean-Marc Berlière, *L'Institution policière en France sous la IIIe République (1875-1914).* Université de Bourgogne, 1991.

Jean-Marc Berlière, *La Police des mœurs sous la IIIe République.* Édition Seuil, Paris, 1992.

Jean-Marc Berlière, *Le Préfet Lépine. Vers la naissance de la police moderne.* Éditions Denoël, Paris, 1993.

Alphonse Boudard-Romi, *L'Âge d'or des maisons closes.* Éditions Albin Michel, Paris, 1990.

Patrick Buisson, *1940-1945 Années érotiques.* Éditions Albin Michel, Paris, 2008.

Danièle Burel, *Pas plus pute qu'une autre.* Éditions Les empêcheurs de tourner en rond/Seuil, Paris, 2003.

Michael Camille, *L'Art de l'amour au Moyen Âge.* Éditions Könemann, Cologne, Allemagne, 2000.

Gaston Capon, *Les Maisons closes au XVIIIe siècle.* Rapport de police, documents secrets, 1903.

Ernest Daudet, *La Police politique, chronique des temps de la Restauration, d'après les rapports des agents secrets et les Papiers du Cabinet noir 1815-1820.* Éditions Plon, 1912.

Jacques Delarue, *Histoire de la Gestapo.* Éditions Fayard, Paris, 1962.

René Delpêche, *L'Hydre aux mille têtes. Une grande enquête, un document illustré sur la prostitution.* Éditions Karolus, Paris, 1961.

Alain Dewerpe, *Espion. Une anthologie historique du secret d'État contemporain.* Éditions Gallimard, Paris, 1994.

Ernest Ernest, *Sex graffiti.* Éditions Alain Moreau, Paris, 1974.

Michel Foucault, *Histoire de la folie à l'âge classique.* Éditions Gallimard, collection «Tel», Paris, 1976.

Michel Foucault, *Surveiller et punir : naissance de la prison.* Éditions Gallimard, Paris, 1975.

Rémy Fuentes, *Striptease.* Éditions La Musardine, Paris, 2006.

Bruno Fuligny (sous la direction), *Dans les secrets de la Police.* Éditions L'Iconoclaste, Paris, 2008.

Henri Gaubert, *Conspirateurs au temps de Napoléon 1er.* Éditions Flammarion, Paris, 1962.

Bronislaw Geremek, *Inutiles au monde : truands et misérables dans l'Europe moderne (1350-1600).* Éditions Gallimard-Julliard, Paris, 1980.

Joseph Gibert, *Une si douce occupation : Simone de Beauvoir et Jean-Paul Sartre 1940-44.* Éditions Albin Michel, Paris, 1998.

Jacques Godechot, *La Contre-révolution. 1789-1804.* PUF, Paris, 1961.

Maurice Grimaud, *En mai, fais ce qu'il te plaît.* Éditions Stock, Paris, 1977.

Georges Groussard, *Service secret 1940-1945.* Éditions La Table Ronde, Paris, 1964.

Yves Guyot, *La Prostitution.* Charpentier, Paris, 1882.

Joël Hespey, *S.M.*. Éditions Spengler, Paris, 1994.

Bernard Joubert, *Anthologie érotique de la censure.* Éditions La Musardine, Paris, 2001.

Hélène L'Heuillet, *Basse politique, haute police. Une approche philosophique de la police.* Éditions Fayard, Paris, 2001.

Dominique Lecomte, *Quai des ombres, vingt ans au service des morts.* Éditions Fayard, Paris, 2003.

Bernard Lecornu, *Un préfet sous l'occupation allemande.* Éditions France Empire, Paris, 1984.

Louis Lépine, *Mes souvenirs.* Éditions Payot, Paris, 1929.

Roger Le Taillanter, *Paris sur vices. La descente aux enfers de la brigade mondaine.* Éditions Julliard, Paris, 1982.

Louis Madelin, *Fouché.* Éditions Plon, Paris, 1901.

Christophe Marcq (textes), Cunéo (dessins), *Le Petit Madame H illustré.* Éditions Gaies et Lesbiennes, Paris, 2002.

Clara di Meglio, Norberto Valentini, *Le Sexe au confessionnal.* Éditions Flammarion, Paris, 1973.

Sébastien Mercier, *Le Tableau de Paris.* Éditions Mercure de France, Paris, 1994.

Martine Monteil, *100 ans de Police Judiciaire.* Éditions Michel Lafon, Neuilly-sur-Seine, 2007.

Martine Monteil, *Flic tout simplement.* Éditions Michel Lafon, Neuilly-sur-Seine, 2008.

Pascal Ory, *Les Collaborateurs.* Éditions Seuil, Paris, 1976.

Pierre Ottavioli, *Échec au crime. Trente ans au quai des Orfèvres.* Éditions Grasset, Paris, 1985.

Alexandre Parent-Duchâtelet, *De la prostitution dans la ville de Paris, considérée sous le rapport de l'hygiène publique, de la morale et de l'administration.* Baillère, Paris, 1836.

Alexandre Parent-Duchâtelet, *La Prostitution à Paris au XIXe siècle.* Éditions Seuil, collection «Points/Histoire», Paris, 1981.

Denis Peschanski, *Justice, répression et persécution en France de la fin des années 1930 au début des années 1950.* IHTP, Paris, 1993.

Pauline Réage, *Histoire d'O.* Éditions Jean-Jacques Pauvert, Paris, 1954.

William de Ridder, *Wet Dreams.* Joy Publications, Amsterdam, 1973.

Brigitte Rochelaudet, *Maisons closes autrefois.* Éditions Minerva, 1999.

Willy-Paul Romain, *Le Dossier de la police en bourgeois et en tenue.* Éditions Perrin, Paris, 1966.

Jacques Rossiaud, *La Prostitution médiévale.* Éditions Flammarion, Paris, 1988.

Jacques Termeau, *Maisons closes de province : l'amour vénal au temps du réglementarisme, à partir d'une étude du Maine-Anjou.* Cénomane, Le Mans, 1986.

Robert-André Vivien, *Solution au problème de la prostitution.* Éditions S.L.E.L., imprimé à Lille, 1960.

REVUES

Jean-Marc Berlière, "*La Naissance des renseignements généraux.*" *Historia* n° 585, septembre 1995.

"Maisons closes et traite des blanches. Le commerce du sexe." *Le Magazine littéraire* n° 264, *L'Histoire* : dossier «Le commerce du sexe», Paris, avril 2002.

"*Sade, les fortunes du vice.*" *Le Magazine littéraire*, HS n° 15, Paris, novembre-décembre 2008.

CRÉDITS ICONOGRAPHIQUES

Agence Roger Viollet :
Couverture, pages 77, 98, 99 (André Zucca, bibilothèque historique de la ville de Paris), 101, 118.

Agence AKG :
pages 94 (Ullstein Bild), 96, 99 (Ullstein Bild), 100 (Denise Bellon), 100 (Ullstein Bild), 103 (Stephan Arczynski).

Collection Pierre Ottavioli :
pages 147, 148,150,152, 156.

Collection Richard Fahl :
pages 171, 172, 174, 211.

Collection Marc Dorcel :
pages 175, 176, 177.

Collection Robert Dufossé :
pages 180, 181, 182, 183.

Collection Patrick Riou :
pages 192, 193.

Collection Martine Monteil :
pages 213, 215.

Collection Yves Castano :
Page 225.

Collection Miss Sue :
pages 240, 241, 242, 243.

Collection Gur 666 :
pages 244, 302, 303, 304, 306.

Collection FINALE :
pages 30, 48, 53, 54, 63, 64, 66, 67,69, 73, 74, 76, 77, 79, 97, 101, 102, 120, 125, 132, 136, 381.

Collection Michel Dixmier :
pages 45, 46, 52, 60, 82, 83.

Photos Véronique Willemin :
pages 11, 19, 20, 22, 25, 29, 36, 37, 48, 60, 61, 65, 105, 129, 139, 147, 148, 165, 169, 170, 173, 184, 187, 190, 227, 233, 234, 235, 246, 247, 278, 284, 285, 286, 295, 296, 300, 306, 307, 308, 310, 311, 318, 320, 321, 322, 323, 324, 325, 329.

Archives musée de la Police :
pages 17, 28, 31, 34, 35, 38, 40, 41, 42, 43, 44, 46, 49, 50, 52, 55, 56, 57, 58, 59, 62, 64, 66, 70, 71, 72, 80, 83, 84, 85, 86, 87, 88, 89, 90, 91, 92, 93, 96, 97, 104, 106, 107, 108, 109, 110, 111, 112, 113, 114, 115, 116, 117, 119, 120, 121, 122, 123, 124, 126, 127, 128, 130, 131, 133, 134, 135, 136, 137, 138, 144, 145, 152, 153, 155, 157, 158, 159, 162, 163, 164, 165, 166, 167, 168, 173, 178, 179, 184, 185, 186, 188, 189 , 192, 196, 197, 198, 201, 202, 203, 304, 205, 206, 207, 208, 209, 210, 212, 214, 215, 217, 218, 219, 221, 224, 226, 227, 228, 229, 230, 231, 232, 235, 236, 238, 239, 248, 249, 250, 251, 252, 253, 254, 255, 257, 258, 259, 260, 261, 262, 264, 265, 266, 267, 269, 270, 271, 272, 273, 274, 275, 276, 277, 280, 281, 286, 287, 288, 291, 292, 293, 294, 296, 297, 298, 299, 300, 301, 302, 308, 309, 312, 313.

Droits réservés :
pages 12, 14, 15, 16, 17, 18, 20, 21, 22, 23, 24, 25, 26, 27, 28, 29, 30, 31, 32, 33, 36, 37, 39, 45, 63, 73, 74, 78, 81, 104, 105, 129, 132, 139, 140, 141, 142, 143, 146, 149, 151, 153, 160, 162, 164, 165, 168, 193, 194, 196, 199, 200, 216, 220, 237, 255, 256, 257, 262, 263, 267, 268, 276, 282, 283, 290, 291, 314, 315, 316, 324, 325, 326.

REMERCIEMENTS

Cette plongée dans l'histoire et dans les Archives de la police des mœurs n'aurait pas pu se concrétiser sans l'adhésion et la confiance de Christian Flaesch, directeur de la Police judiciaire de la préfecture de police, ainsi que celles des policiers qui ont été les patrons successifs de la Mondaine, de la BSP, puis de la BRP.

Pierre Ottavioli, contrôleur général honoraire de la Police judiciaire.

Patrick Riou, inspecteur général à l'Inspection générale de la Police nationale.

Michel Bouchet, commissaire divisionnaire honoraire.

Martine Monteil, préfet au secrétariat général de la zone de défense de Paris.

Yves Castano, commissaire divisionnaire honoraire.

Daniel Rigourd, commissaire divisionnaire honoraire.

Guy Parent, chef de la BRP, commissaire divisionnaire à l'échelon fonctionnel.

Dans la «Grande Maison», François Jaspart, inspecteur général à l'Inspection générale de la Police nationale, Charles Diaz, contrôleur général à l'Inspection générale de la Police nationale, m'ont guidée et offert leur précieuse participation.

Grâce à la contribution de Véronique Degermann, vice-procureur, chef de la section C2, ce livre s'est enrichi.

Je tiens à remercier chaleureusement toutes celles et tous ceux qui m'ont accordé suffisamment de crédit et de confiance au sein de la BRP et d'autres brigades centrales pour m'aider de manière anonyme, compte tenu du respect de leur activité professionnelle en cours.

Cet ouvrage n'aurait certes pas pu voir le jour sans le concours du chef de service des archives et du musée de la Police, Claude Charlot, et de l'ensemble de son personnel.

Les recherches historiques ont bénéficié des conseils de Jean-Marc Berlière, historien, Catherine Chauchard, conservatrice de la bibliothèque des Littératures policières, Michel Dixmier, collectionneur, Michel Froidevaux, directeur de la Fondation internationale d'arts et littératures érotiques à Lausanne, Claude Reyberat, collectionneur, Miguel et Gilbert Segas, antiquaires, Raymond Vinot, expert en cartes postales anciennes, du musée de l'Érotisme à Amsterdam et du musée de l'Érotisme à Paris.

Je veux rendre hommage aux prostituées, travestis, transsexuels, homosexuels qui ont accepté de témoigner sur leurs rapports avec la police des mœurs : Danièle Burel, Denise, Gur 666, Mère Inno de l'ordre des Sœurs de la Perpétuelle Indulgence, Miss Sue, Véra, et toutes celles et tous ceux qui préfèrent rester discrets sur leur patronyme.

Sans oublier, côté associations : Suzanne Cagliero, Annie Garnier-Muller, Marianne Goldfarb de l'Espace Femmes, Catherine Petit de l'association Charonne, ainsi que Brigitte Barbaray, juriste, et Céline Rosa, psychologue.

Je témoigne toute ma reconnaissance à celles et ceux qui m'ont généreusement offert de leur temps, m'ont fait part de leurs conseils et de leurs remarques : Gérard Aimé, Marc Dorcel, Richard Fahl, Christophe Jardin, Catherine Dejean, Catherine Paradis, Thierry Sauvage.

Un immense merci pour leur disponibilité aux propriétaires et gérants des établissements emblématiques de la nuit. Ils ont contribué à étoffer ce livre en apportant leur pierre à l'ouvrage : Le 2 + 2 : M. Herrmann Roger et Mme Herrmann Chantal ; Bobino : M. Baillon Frédéric et M. Louvin Gérard ; Carré Washington : M. Vahidi Farzad ; Caveau de la Huchette : M. Dorise Daniel ; Cris et Chuchotements : M. Le Caillon Pascal ; Le Cud Bar : M. Lalande Renaud et M. Lalanne Bruno ; Le Cupidon : Mme Eichert Martine épouse Belhadj ; Le Dépôt : M. Calleeuw Alain ; Don Camilo : M. Vergnes et Hafid ; Le Donjon ex Château des Lys : Mme Bernier Muriel épouse Lis et M. Lis ; L'Élysée Orient : M. Boumaza Ahmed et M. Namani Mustapha ; L'Entrevue : M. Cohen Jacques et M. Ferrandez Hubert ; Folie's Pigalle : M. Karamoko Idrissa ; Hustler : M. Fratellini Pascal ; French Lover Bar : Mme Zidane Christine ; Keller's : M. Dufosse Robert ; Le Lido : M. Fontan Jean-Paul, M. Mathieu Francis et M. Roger Stéphane ; Le Madison : Mme Rabehi Houria ; Le Moon City : M. Benhamou Eliezer ; Le Moulin Rouge : M.Clavier Michel, M. Clerico Joseph et M. Poussimour Henri ; Le New Monocle : M. Éric Roussel et Mme Zerag Karima ; Le Night Life : M. Chauvelon Étienne ; No Comment : M. Mitteaux Alain ; Overside : M. Andueza Alain et Mme Andueza Danièle ; Palais M : M. Salame Talal ; Le Paradis Latin : M. Israel Sydney ; Pink Paradise : M. Dentroux Patrick et M. Paget Nicolas ; Le Pousse au Crime : M. Lavernhe Christophe et Mme Lavernhe Laurence ; Queen : M. Fatien Philippe et M. Gomez Tony ; Stringfellows : M. Hekic Marc ; Le Sully : M. et Mme Lucaferri ; Trois Mailletz : M. Boni Jacques.

Ce livre a bénéficié des corrections attentives et constructives du commissaire divisionnaire Guy Parent, chef de la BRP.

Achevé d'imprimer en septembre 2009
Imprimé et relié en Union européenne